KB240086

공략서

劝云 외 지음 · 한선영 해설

동양books

 北경대 新 HSK 듣기 공략 6급 공략서

초판 인쇄 | 2012년 1월 20일
초판 발행 | 2012년 1월 30일

지은이 | 刘云 외
해설 | 한선영
발행인 | 김태웅
총괄 | 권혁주
기획 | 조희준
책임편집 | 한지순, 최미진
편집 | 유재민, 도진경, 연윤영
표지디자인 | 박서현
내지디자인 | 이호영
마케팅 | 조도현, 정상석, 서재욱, 장영임,
　　　　김귀찬, 왕성석, 김철영
제작 | 현대순

발행처 | 동양북스
등록 | 제 10-806호(1993년 4월 3일)
주소 | 서울시 마포구 서교동 463-16호 (121-842)
전화 | (02)337-1737
팩스 | (02)334-6624
웹사이트 | http : //www.dongyangbooks.com
　　　　　http : //www.dongyangTV.com

ISBN 978-89-8300-875-6 14720
　　　 978-89-8300-874-9 (세트)

刘云 主编 2011年
本作品原由北京大学出版社出版。韩文版经由北京大学出版社授权DongYang Books
于全球独家出版发行，保留一切权利。未经书面许可，任何人不得复制、发行。

이 책의 한국어판 저작권은 북경대학출판사와의 독점 계약으로 동양북스에 있습니다.
신저작권법에 의해 한국 내에서 보호를 받는 저작물이므로 무단 전재와 복제를 금합니다.

이 교재를 펼쳐보고 계신 분들은 이미 중국어 어느 정도 하신다는 고수들일 것이다. 먼저, 新HSK 최고 등급인 6급을 도전하는 도전정신과 지금까지의 노력에 박수를 보내고 싶다. 지금 여러분이 해야 할 일은 한 문장씩 듣고 받아쓰기 하는 것보다는 많은 양의 문제를 풀어보고 모르는 어휘를 체크하여 다양한 방면의 상식과 어휘력을 쌓는 것이 중요하다. 이 교재는 6급에서 나오는 유형별로 학습한 후, 방대한 양의 모의고사가 준비되어 있다. 이제 여러분의 선택과 노력이 필요할 뿐이다. 여러분의 듣기 마스터의 대장정에 한선영과 함께 출발~!

这山望着那山高。

이 산에서 보면 저 산이 더 높아 보인다.

수업을 하다 보면 자신의 실력을 한탄하면서, 다른 사람의 실력이 높음을 부러워하는 학생들에게 저는 얘기하죠. "야! 부러워하지 마! 쟤가 듣기를 잘하는 이유는 너보다 더 오랫동안 중국에서 살았거나, 더 오랫동안 중국어를 배웠거나 아니면 더 열심히 듣기 훈련을 했기 때문이야." 그렇다! 모든 일에는 다 이유가 있고 원인이 있다. 다른 사람이 나보다 더 어학에 천부적인 재능을 가졌든 아니면 더 시간과 돈과 노력을 투자했든 분명히 뭔가가 있을 것이다. 하지만, 우리는 종종 이 모든 상황을 배제하고, 자신이 듣기가 잘 안 된다는 현실만 가지고 부정적인 시각을 갖는다.

이 순간! 우리는 자신의 현 위치를 명확히 알아야 한다. 내가 평상시 듣기를 잘하기 위해 무슨 노력을 했는지, 몇 시간을 투자했는지, MP3 안에 듣기 파일이 몇 개나 있는지……. 듣기는 학원에서 수업시간에만 풀어 보았다고? NO!! 듣기는 선생님이 해줄 수 있는 부분이 아주 적은 영역이다. 결국 자신의 뇌가 주동적으로 사고하고 판단해야 하는 자신의 문제인 것이다. 여러분이 이 교재를 통해 자신과의 싸움에서 이길 수 있길 바란다.

好的开始是成功的一半。

좋은 시작은 절반의 성공이다.

어떤 교재로 어떻게 공부할 것인가? 이것 또한 중요한 부분이다. '好的开始是成功的一半'이라고 하지 않던가! 듣기를 하기 위한 좋은 파트너를 찾아야 한다.

이 책은 중국의 명문대학 北京大学의 교수진들이 직접 출제한 퀄리티 있는 문제와 문제 푸는 요령과 비법이 수록되어 있다. 또한 공부하면서 학습의 효율을 높이기 위해 해석과 해설 그리고 요약내용과 단어까지 정리되어 있어서 듣기 공부하기에 최적화된 교재이다. 공부하면서 이런 문제가 정말 나오나? 이거 기출문제 스타일 맞아?라고 쓸데 없는 데 마음을 쓰거나 의심을 할 필요가 없다. 먼저 믿을 수 있는 교재를 선택하고, 꾸준한 노력을 통해 좋은 결실을 맺길 바란다.

좋은 교재 나올 수 있게 도와주신 동양북스 편집자 분들께 감사 드립니다.

해설　**한 선 영**

新 HSK 소개

　　新HSK는 국제 중국어능력 표준화 시험으로, 중국어가 모국어가 아닌 수험생의 생활·학습·업무 중 중국어를 이용하여 교제를 진행하는 능력을 중점적으로 측정한다.

1. 구성 및 용도

　　新HSK는 필기시험과 구술시험으로 나누어지며, 각 시험은 서로 독립되어 있다. 또한 新HSK는 ① 대학의 신입생 모집·분반·수업 면제·학점 수여 ② 기업의 인재채용 및 양성·진급 ③ 중국어 학습자의 중국어 응용능력 이해 및 향상 ④ 중국어 교육기관의 교육성과 파악 등의 참고 기준으로 사용할 수 있다.

필기시험	구술시험
新HSK 6급 (구 고등 HSK에 해당)	新HSK 고급
新HSK 5급 (구 초중등 HSK에 해당)	新HSK 고급
新HSK 4급 (구 초중등 HSK에 해당)	新HSK 중급
新HSK 3급 (구 기초 HSK에 해당)	新HSK 중급
新HSK 2급 (신설)	新HSK 초급
新HSK 1급 (신설)	新HSK 초급

※ 구술시험은 녹음 형식으로 이루어진다.

2. 등급

　　新HSK 각 등급과 〈국제 중국어능력 기준〉, 〈유럽 언어 공통 참고규격(CEF)〉의 대응 관계는 아래와 같다.

新HSK 등급	어휘량	국제 중국어능력 기준	유럽 언어 공통 참고규격(CEF)
6급	5,000 이상	5급	C2
5급	2,500	5급	C1
4급	1,200	4급	B2
3급	600	3급	B1
2급	300	2급	A2
1급	150	1급	A1

| 新HSK 1급 | 매우 간단한 중국어 단어와 문장을 이해하고 사용할 수 있으며, 구체적인 의사소통 요구를 만족시키고 진일보한 중국어 능력을 구비한다. |

新HSK 1급 매우 간단한 중국어 단어와 문장을 이해하고 사용할 수 있으며, 구체적인 의사소통 요구를 만족시키고 진일보한 중국어 능력을 구비한다.

新HSK 2급 익숙한 일상 화제에 대해 중국어로 간단하고 직접적인 교류를 할 수 있으며, 초급 중국어의 우수 수준이라 할 수 있다.

新HSK 3급 중국어로 일상생활·학습·업무 등 방면에서 기본 의사소통이 가능하며, 중국에서 여행할 때 대부분의 의사소통이 가능하다.

新HSK 4급 비교적 넓은 영역의 화제에 대해 중국어로 토론할 수 있으며, 원어민과 비교적 유창하게 대화할 수 있다.

新HSK 5급 중국어로 신문과 잡지를 읽고 영화와 TV 프로그램을 감상할 수 있으며, 중국어로 비교적 완전한 연설을 할 수 있다.

新HSK 6급 중국어로 된 정보를 가볍게 듣고 이해할 수 있으며, 구어 또는 서면어의 형식으로 자신의 견해를 유창하게 표현할 수 있다.

3. 접수

① **인터넷 접수** : HSK 홈페이지(www.hsk.or.kr)에서 접수
② **우 편 접 수** : 구비서류(응시원서+반명함판 사진+응시비 입금영수증)를 동봉하여 HSK한국사무국으로 등기 발송
③ **방 문 접 수** : HSK한국사무국 또는 서울공자아카데미(HSK한국사무국 2층)에서 접수
　　　　　　　　[접수시간] 평일- 오전 10시~12시, 오후 1시~5시 / 토요일- 오전 10시~12시
　　　　　　　　[준비물] 응시원서, 사진 3장(3×4cm 반명함판 컬러 사진, 최근 6개월 이내 촬영)

4. 시험 당일 준비물

수험표, 2B 연필, 지우개, 신분증
※유효한 신분증:
18세 이상- 주민등록증, 운전면허증, 기간만료 전의 여권, 주민등록증 발급신청 확인서
18세 미만- 기간만료 전의 여권, 청소년증, HSK 신분확인서
주의! 학생증, 사원증, 의료보험증, 주민등록등본, 공무원증은 인정되지 않음

5. 성적조회, 성적표 수령

　시험일로부터 1개월 후 중국고시센터 홈페이지(www.hanban.org)에서 개별 성적조회가 가능하며, 성적표는 시험일로부터 40일경에 발송된다.

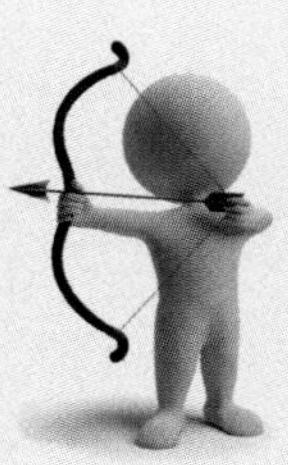

新 HSK 6급 소개

1. 新 HSK 6급

- **어휘 수** : 5,000개 이상
- **수 준** : 중국어로 된 정보를 가볍게 듣고 이해할 수 있으며, 구어 또는 서면어의 형식으로 자신의 견해를 유창하게 표현할 수 있다.
- **대 상** : 5,000개 또는 그 이상의 상용어휘 및 관련 어법지식을 가지고 있는 학습자를 대상으로 한다.

2. 시험 구성

시험 과목	문제 형식	문항 수		시간
듣기	제1부분	15	50	약 35분
	제2부분	15		
	제3부분	20		
듣기 답안지 작성 시간				5분
독해	제1부분	10	50	50분
	제2부분	10		
	제3부분	10		
	제4부분	20		
쓰기	작문	1		45분
합계		101		약 135분

※ 총 시험 시간은 140분이다. (개인정보 작성 시간 5분 포함)

3. 영역별 문제 유형

듣기	제1부분 (15문제)	**단문 듣고 일치하는 내용 고르기** 단문을 듣고 들려준 내용과 일치하는 답안을 시험지에 제시된 4개의 보기 중에서 고른다. (녹음은 1번 들려준다.)
	제2부분 (15문제)	**인터뷰 듣고 질문에 답하기** 3개의 인터뷰(취재 내용)와 인터뷰당 5개의 문제로 구성된다. 인터뷰를 듣고 들려주는 문제에 알맞은 답안을 시험지에 제시된 4개의 보기 중에서 고른다. (녹음은 1번 들려준다.)
	제3부분 (20문제)	**장문 듣고 질문에 답하기** 장문과 지문당 3~4개의 문제로 구성된다. 장문을 듣고 들려주는 문제에 알맞은 답안을 시험지에 제시된 4개의 보기 중에서 고른다. (녹음은 1번 들려준다.)

독해	제1부분 (10문제)	**틀린 문장 고르기** 한 문제당 4개의 문장이 주어진다. 4개의 문장 중 어법 또는 논리적으로 잘못된 문장을 고른다.
	제2부분 (10문제)	**빈칸에 알맞은 단어 조합 고르기** 지문마다 몇 개의 빈칸이 있다(한 지문당 3~5개). 문맥을 파악하여 빈칸에 알맞은 단어의 조합을 보기에서 고른다.
	제3부분 (10문제)	**빈칸에 알맞은 문장 고르기** 2개의 지문과 지문당 5개의 빈칸이 있다. 문맥을 파악하여 빈칸에 알맞은 문장을 보기에서 고른다.
	제4부분 (20문제)	**장문 독해하고 질문에 답하기** 한 지문당 몇 개의 문제가 나온다. 지문을 읽고 제시된 질문에 알맞은 답을 보기에서 고른다.
쓰기	1문제	**장문 읽고 요약하기** 약 1,000자 분량의 지문 한 편을 읽고(제한시간 10분), 400자 내외로 요약한다(제한시간 35분). 지문을 읽는 동안에는 절대 메모를 할 수 없으며, 요약문을 쓸 때에도 지문을 다시 볼 수 없다. 요약문의 제목은 스스로 정하고, 원문의 내용을 서술할 뿐 자기의 관점이 들어가서는 안 된다.

4. 성적

성적표는 듣기, 독해, 쓰기 세 영역의 점수 및 총점이 기재되며, 총점이 180점을 넘어야 합격이다.

	만점	점수
듣기	100	
독해	100	
쓰기	100	
총점	300	

※HSK성적은 시험일로부터 2년간 유효하다.

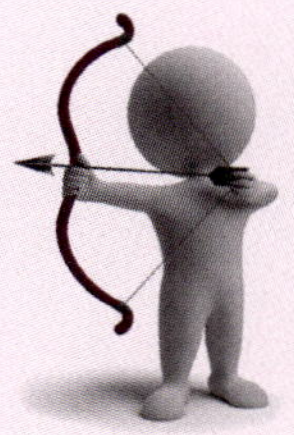

듣기 문제 유형 소개

부분	총 문항수	지문 수	지문당 문항	지문 내용
第一部分	15문항	15개	1문항	100자 내외의 에피소드, 유머, 신변 잡기적 일화, 뉴스, 보도, 견해문 등이 제시된다.
第二部分	15문항	3개	5문항	700자(한 페이지 분량의) 내외의 긴 대화문으로 남녀의 인터뷰 내용이 제시된다.
第三部分	20문항	6개	3~4문항	300자 내외의 서술형 지문으로 유머, 철학, 소개, 관점에 관련된 내용이 제시된다.
	총 50문항	약 35분		각 2점씩 총 100점 만점

Tip

❶ 보기 파악 : 보기 파악을 통해 중점적으로 들어야 할 부분을 미리 파악해 놓으면 좋다.

❷ 소거법 사용 : 듣기를 하면서 절대 답이 아닐 것 같은 내용을 소거법을 통해 제거해야 한다. 만약 2개를 소거하고 남은 2개의 보기에서 고른다면 정답확률은 그만큼 높아지기 때문이다.

제 I 부분 단문 듣고 판단하기

1. 문제 유형

질문이 따로 제시되지 않으며, 지문의 내용과 일치하는 내용을 고르는 문제이다.

2. 유형별 공략법

① 유머: 단순한 내용이해가 중요한 것이 아니라 왜 이 내용이 웃긴지를 이해했는가가 중요하므로, 이야기의 요지를 정확히 파악하고 웃음코드를 짚어낼 수 있어야 한다.

② 설명문: 듣기 1부분에서 가장 많은 비중을 차지한다. 과학지식, 민족의 풍속습관, 사물 소개, 직업 특징 등의 내용이 나오므로, 다양한 지문을 통해 어휘력을 향상시켜 놓아야 한다.

③ 논술문: 이러한 문장은 자신의 상식으로 접근하면 큰 낭패를 볼 수 있다. 왜냐하면 작가는 기존의 상식이나 생각을 바로잡고자 자신만의 주장을 펼칠 수 있기 때문이다. 정답을 고를 때는 항상 작가의 관점이 최우선이 되어야 한다.

1. 문제 유형

6급 듣기 중 유일하게 대화문으로 제시되는 부분이다. 인터뷰 형식을 듣고 질문에 맞는 정답을 고르는 문제이다.

2. 유형별 공략법

① 질문자와 대답의 흐름을 꿰뚫어라.

인터뷰 형식이므로 질문자가 질문하면, 상대방이 질문에 대한 대답을 하거나 긍정이나 부정의 반응을 보이게 된다. 질문의 의도가 무엇인지, 상대방은 어떠한 반응을 보이는지 파악하면서 들어야 한다.

② 남녀 구분을 잘하자.

화자가 한 말의 내용은 기억하면서 누가 말한 것인지 혼동되지 않도록 남녀 구분을 잘하자.

③ 자신과 대화하고 있다고 생각하자.

성우의 목소리를 자신의 친구라고 생각하고 듣자. 어떤 뉘앙스인지, 어떤 논지를 가지고 말하는지 귀를 쫑긋 세워 들어야 한다.

1. 문제 유형

6편의 긴 지문 형식으로 각 지문마다 몇 개의 문제가 주어지고 녹음을 듣고 4개의 보기 중에서 정답을 고르는 문제이다.

2. 유형별 공략법

① 문제 힌트는 순서대로 제시된다.

항상 그런 건 아니지만, 1개의 인터뷰에 5개의 문제가 제시되면, 첫 번째 단락의 내용이 1번 문제로 등장하고, 나머지도 순서대로 제시될 가능성이 높다. 들으면서도 보기에 눈을 떼지 말고 들어야 하며, 녹음이 나오기 시작하면 들리는 내용과 관련된 보기에 체크 메모하면서 들어야 한다.

② 핵심어휘에 주목하라.

강조를 나타내는 尤其是, 特别是, 关键在于 / 원인을 나타내는 因为, 为了, 难怪 / 역접을 나타내는 可是, 但是, 不过, 然而 등의 어휘가 나오면 힌트가 나올 확률이 높아진다.

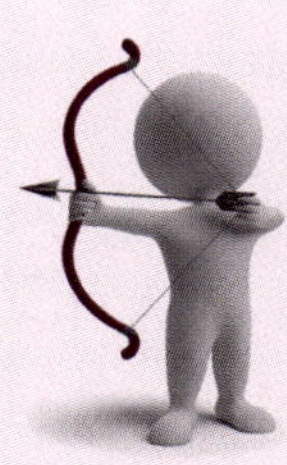

이 책의 특징 Features

예제 맛보기
예제로 문제 풀이요령을 익히고 부분별 유형을 정확히 분석한다.

듣기 부분별 시험 공략
듣기 제 1, 2, 3부분의 문제유형을 간략히 소개하고, 문제를 풀 때 유의해야할 사항을 짚어본다.

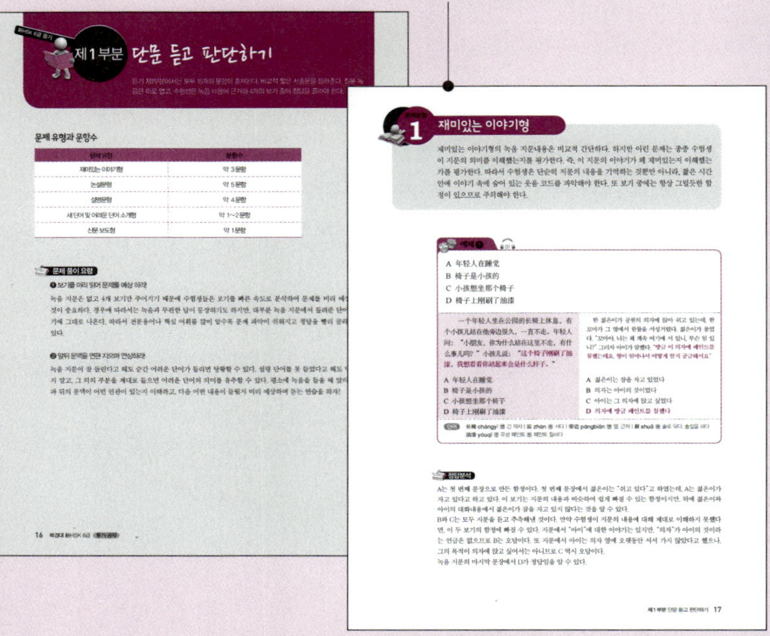

연습문제 공략
연습문제로 다양한 문제를 풀어보고 문제풀이 요령을 익힌다.

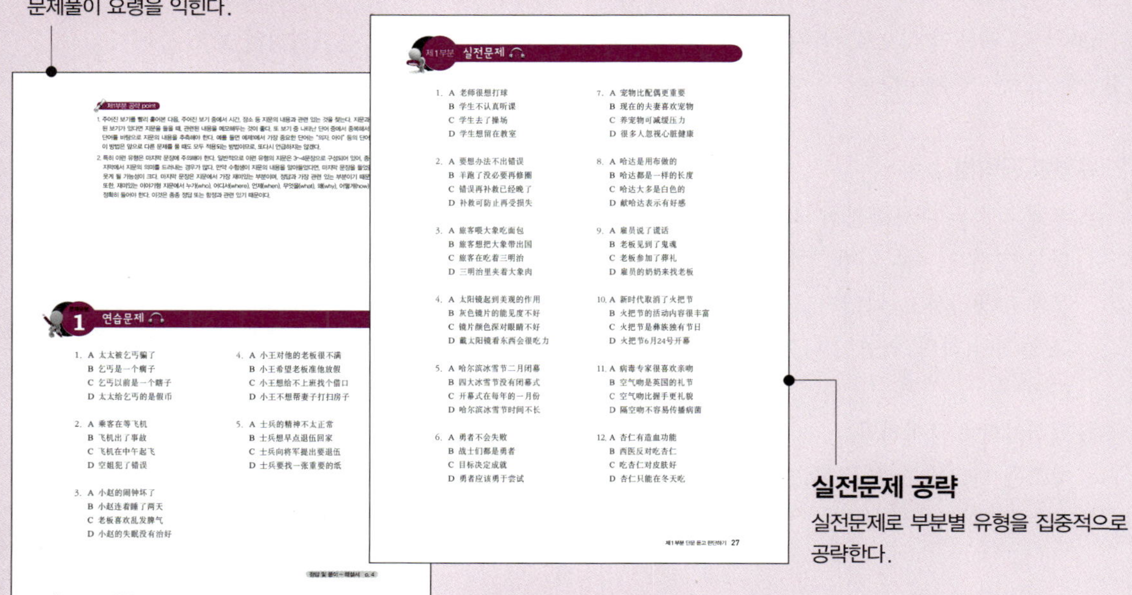

실전문제 공략
실전문제로 부분별 유형을 집중적으로 공략한다.

실전모의고사 공략

듣기 실전모의고사 5세트로 실제 시험처럼 시간을 지키면서 문제를 풀고
실전 감각을 키운다.

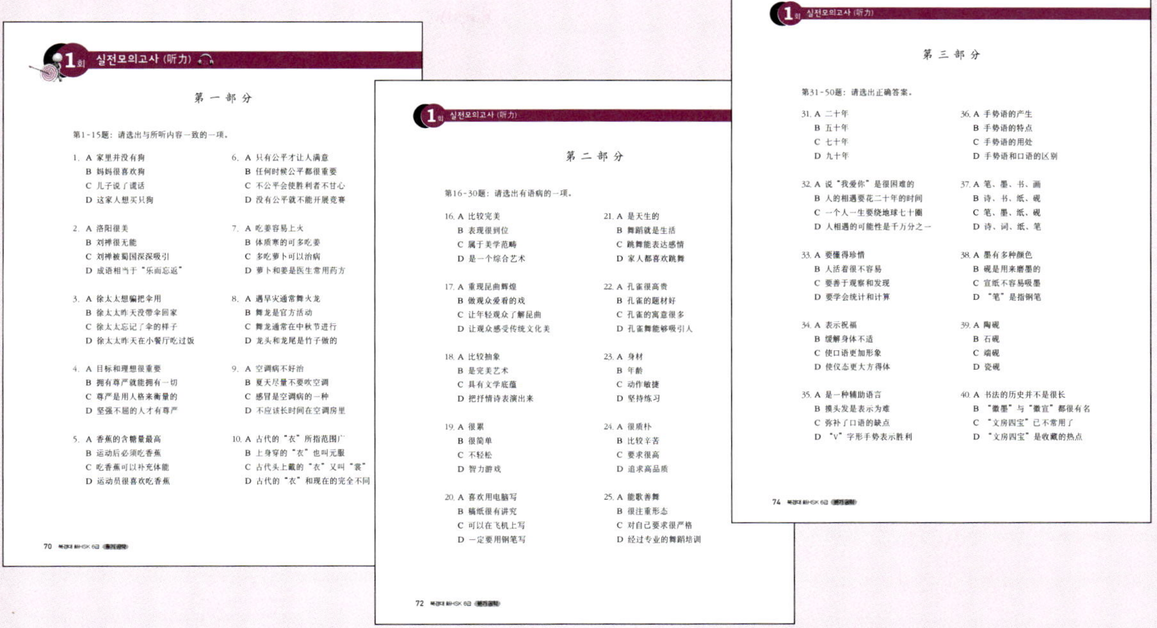

해설서

친절한 해설 공략

공략서에서 다루었던 연습문제, 실전문제, 실전모의고사 문제들을 정확한 한글
해석과 친절한 해설을 제공하여 독자들의 문제풀이 이해를 돕는다.

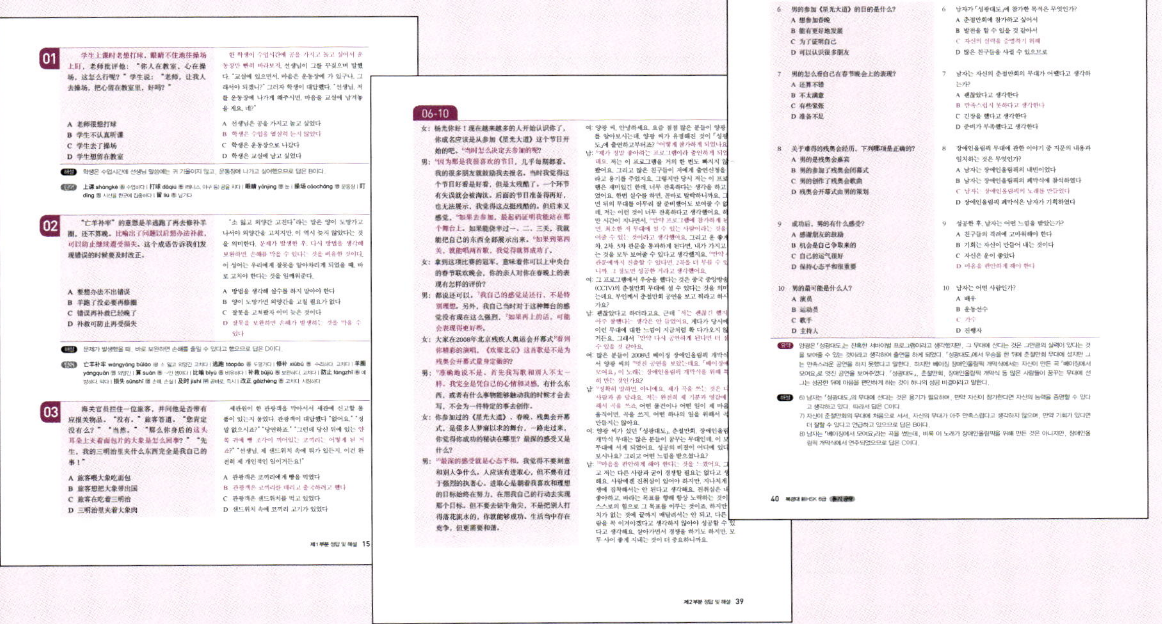

차례   Contents

제1부분

제2부분

제3부분

실전
모의고사

해설서

〈북경대 新HSK 6급 듣기 공략〉과
함께라면
당신의 6급 듣기 고득점 취득이 쉬워집니다!
加油!

제1부분 단문 듣고 판단하기

제1부분 단문 듣고 판단하기

듣기 제1부분에서는 모두 15개의 문항이 출제된다. 비교적 짧은 서술문을 들려준다. 질문 녹음은 따로 없고, 수험생은 녹음 내용에 근거해 4개의 보기 중에 정답을 골라야 한다.

문제 유형과 문항수

문제 유형	문항수
재미있는 이야기형	약 3문항
논설문형	약 5문항
설명문형	약 4문항
새 단어 및 어려운 단어 소개형	약 1~2문항
신문 보도형	약 1문항

문제 풀이 요령

❶ 보기를 미리 읽어 문제를 예상 하라!

녹음 지문은 없고 4개 보기만 주어지기 때문에 수험생들은 보기를 빠른 속도로 분석하여 문제를 미리 예상하는 것이 중요하다. 경우에 따라서는 녹음과 무관한 답이 등장하기도 하지만, 대부분 녹음 지문에서 들려준 단어가 보기에 그대로 나온다. 따라서 전문용어나 핵심 어휘를 많이 알수록 문제 파악이 쉬워지고 정답을 빨리 골라낼 수 있다.

❷ 앞뒤 문맥을 연관 지으며 연상하라!

녹음 지문이 잘 들린다고 해도 순간 어려운 단어가 들리면 당황할 수 있다. 설령 단어를 못 들었다고 해도 당황하지 말고, 그 외의 부분을 제대로 들으면 어려운 단어의 의미를 유추할 수 있다. 평소에 녹음을 들을 때 앞의 문맥과 뒤의 문맥이 어떤 연관이 있는지 이해하고, 다음 어떤 내용이 들릴지 미리 예상하며 듣는 연습을 하자!

1 재미있는 이야기형

재미있는 이야기형의 녹음 지문내용은 비교적 간단하다. 하지만 이런 문제는 종종 수험생이 지문의 의미를 이해했는지를 평가한다. 즉, 이 지문의 이야기가 왜 재미있는지 이해했는가를 평가한다. 따라서 수험생은 단순히 지문의 내용을 기억하는 것뿐만 아니라, 짧은 시간 안에 이야기 속에 숨어 있는 웃음 코드를 파악해야 한다. 또 보기 중에는 항상 그럴듯한 함정이 있으므로 주의해야 한다.

 예제 ❶  01

A 年轻人在睡觉
B 椅子是小孩的
C 小孩想坐那个椅子
D 椅子上刚刷了油漆

一个年轻人坐在公园的长椅上休息，有个小孩儿站在他旁边很久，一直不走。年轻人问："小朋友，你为什么站在这里不走，有什么事儿吗？"小孩儿说："这个椅子刚刷了油漆，我想看看你站起来会是什么样子。"

한 젊은이가 공원의 의자에 앉아 쉬고 있는데, 한 꼬마가 그 옆에서 한참을 서성거렸다. 젊은이가 물었다. "꼬마야, 너는 왜 계속 여기에 서 있니, 무슨 일 있니?" 그러자 아이가 말했다. "방금 이 의자에 페인트를 칠했는데요, 형이 일어나서 어떻게 할지 궁금해서요."

A 年轻人在睡觉
B 椅子是小孩的
C 小孩想坐那个椅子
D 椅子上刚刷了油漆

A 젊은이는 잠을 자고 있었다
B 의자는 아이의 것이었다
C 아이는 그 의자에 앉고 싶었다
D 의자에 방금 페인트를 칠했다

단어 长椅 chángyǐ 명 긴 의자 | 站 zhàn 동 서다 | 旁边 pángbiān 명 옆, 근처 | 刷 shuā 동 솔로 닦다, 솔질을 하다
油漆 yóuqī 명 유성 페인트 동 페인트 칠하다

정답분석

A는 첫 번째 문장으로 만든 함정이다. 첫 번째 문장에서 젊은이는 "쉬고 있다"고 하였는데, A는 젊은이가 자고 있다고 하고 있다. 이 보기는 지문의 내용과 비슷하여 쉽게 빠질 수 있는 함정이지만, 뒤에 젊은이와 아이의 대화내용에서 젊은이가 잠을 자고 있지 않다는 것을 알 수 있다.

B와 C는 모두 지문을 듣고 추측해낸 것이다. 만약 수험생이 지문의 내용에 대해 제대로 이해하지 못했다면, 이 두 보기의 함정에 빠질 수 있다. 지문에서 "아이"에 대한 이야기는 있지만, "의자"가 아이의 것이라는 언급은 없으므로 B는 오답이다. 또 지문에서 아이는 의자 옆에 오랫동안 서서 가지 않았다고 했으나, 그의 목적이 의자에 앉고 싶어서는 아니므로 C 역시 오답이다.

녹음 지문의 마지막 문장에서 D가 정답임을 알 수 있다.

1. 주어진 보기를 빨리 훑어본 다음, 주어진 보기 중에서 시간, 장소 등 지문의 내용과 관련 있는 것을 찾는다. 지문과 관계된 보기가 있다면 지문을 들을 때, 관련된 내용을 메모해두는 것이 좋다. 또 보기 중 나타난 단어 중에서 중복해서 나온 단어를 바탕으로 지문의 내용을 추측해야 한다. 예를 들면 예제1에서 가장 중요한 단어는 "의자, 아이" 등의 단어이다. 이 방법은 앞으로 다른 문제를 풀 때도 모두 적용되는 방법이므로, 또다시 언급하지는 않겠다.

2. 특히 이런 유형은 마지막 문장에 주의해야 한다. 일반적으로 이런 유형의 지문은 3~4문장으로 구성되어 있어, 종종 마지막에서 지문의 의미를 드러내는 경우가 많다. 만약 수험생이 지문의 내용을 알아들었다면, 마지막 문장을 들었을 때, 웃게 될 가능성이 크다. 마지막 문장은 지문에서 가장 재미있는 부분이며, 정답과 가장 관련 있는 부분이기 때문이다. 또한, 재미있는 이야기형 지문에서 누가(who), 어디서(where), 언제(when), 무엇을(what), 왜(why), 어떻게(how) 등을 정확히 들어야 한다. 이것은 종종 정답 또는 함정과 관련 있기 때문이다.

연습문제 02

1. A 太太被乞丐骗了
   B 乞丐是一个瘸子
   C 乞丐以前是一个瞎子
   D 太太给乞丐的是假币

2. A 乘客在等飞机
   B 飞机出了事故
   C 飞机在中午起飞
   D 空姐犯了错误

3. A 小赵的闹钟坏了
   B 小赵连着睡了两天
   C 老板喜欢乱发脾气
   D 小赵的失眠没有治好

4. A 小王对他的老板很不满
   B 小王希望老板准他放假
   C 小王想给不上班找个借口
   D 小王不想帮妻子打扫房子

5. A 士兵的精神不太正常
   B 士兵想早点退伍回家
   C 士兵向将军提出要退伍
   D 士兵要找一张重要的纸

정답 및 풀이 – 해설서 p. 4

논설문형

논설문형은 듣기 제1부분에서 비교적 자주 출제되며, 출제비중은 약 30%를 차지한다. 논설문형 지문은 어떤 사회현상에 대해서 평가하거나, 어떤 사건에 대해 이야기하면서, 그 사건에 대한 결론을 내린다. 논설문의 가장 큰 특징은 작가의 관점을 드러내거나, 어떤 이치를 설명한다는 것이다. 따라서 시험에 응시하면서 수험생들은 지문에서 작가의 관점과 태도를 주의 깊게 들어야 한다.

 예제 **2**  03

A 机会越多越好
B 做决定前要多思考
C 机会越多越让人犹豫
D 犹豫有时候会带来好处

机会并不是越多越好，当你的面前只有一条路时，或许你会坚定地走下去，最终到达目的地。但当你有很多机会时，或许你会与成功擦肩而过，因为你在很多时间里都在犹豫，而机会经常在犹豫中失掉。

A 机会越多越好
B 做决定前要多思考
C 机会越多越让人犹豫
D 犹豫有时候会带来好处

기회가 많은 것이 꼭 좋은 것만은 아니다. 당신의 눈앞에 오직 하나의 길밖에 없을 때, 당신은 꿋꿋하게 앞으로 나아갈 것이고, 끝내 목표를 이룰 것이다. 그러나 만약 당신에게 기회가 많다면, 당신은 성공을 그냥 지나칠 수도 있다. 왜냐하면, 당신이 망설이는 동안, 기회는 사라지기 때문이다.

A 기회는 많을수록 좋다
B 결정을 할 때는 많이 고민해야 한다
C 기회가 많을수록 사람은 망설이게 된다
D 망설임이 어떤 때는 좋은 결과를 가져다준다

단어 机会 jīhuì 圆 기회 | 面前 miànqián 圆 앞, 눈 앞 | 或许 huòxǔ 图 아마, 어쩌면 | 坚定 jiāndìng 圈 꿋꿋하다, 확고하다 | 目的地 mùdìdì 圆 목적지 | 擦肩而过 cājiān érguò 어깨를 스쳐 지나가다 | 犹豫 yóuyù 图 망설이다, 주저하다

 정답분석

A는 지문의 첫 번째 문장을 통해 오답임을 알 수 있다.
B는 지문에서 언급하지 않았으므로 B역시 오답이다.
D는 지문에서 언급한 "당신이 망설이는 동안, 기회는 사라지기 때문이다"라는 내용과 상반되므로 오답이다.
C와 직접 관련된 문장은 작가의 관점을 반영했음을 알 수 있다. 문장에 "但, 因为, 而"등의 접속사에 유의하면서 문제를 풀어야 한다. 지문의 두 번째 문장의 "但……, 因为……, 而" 구문에서 C가 정답임을 알 수 있다.

1. 논설문은 항상 작가의 관점을 드러내며, 작가의 관점을 나타낼 때는 "认为", "觉得", "因此", "所以", "总而言之" 등을 자주 사용한다. 만약 시험에서 이런 단어들이 나왔다면, 그 다음 지문에서 키워드가 나올 가능성은 매우 크다.

2. 어떤 논설문은 초반에 바로 작가의 관점을 드러내며, 어떤 논설문은 아예 마지막 문장에서 작가의 관점을 드러낸다. 따라서 논설문 지문이 나오면, 첫 문장과 마지막 문장에 유의해야 한다.

문제유형 2 연습문제

1. A 邮轮旅游大受中国游客欢迎
   B 邮轮旅游的价格相对较高
   C 邮轮上安排了各种娱乐活动
   D 邮轮旅游的日程安排比较紧

2. A 态度决定我们的生活
   B 思想像磁铁一样吸引着我们
   C 我们可以改变环境适应生活
   D 生命中发生的事情决定态度

3. A 中国的公共场所很热闹
   B 外国人对这些声音很习惯
   C 中国的公共场所充满噪音
   D 公共场所不应该播放音乐

4. A 批评别人不要太直接
   B 很多人不愿承认错误
   C 很多人批评别人太严厉
   D 不要太看重自己的尊严

5. A 上班族经常不吃晚餐
   B 晚餐不能吃得太丰盛
   C 午餐应该吃得简单一点
   D 90%的肥胖者不吃早餐

정답 및 풀이 – 해설서 p. 6

3 설명문형

설명문형 지문은 듣기 제1부분에서 출제비중이 40% 이상을 차지한다. 설명문은 어떤 사물의 특징이나, 혹은 어떤 규칙을 설명하는데, 내용은 다음과 같이 3가지로 살펴볼 수 있다.
(1) 과학지식을 소개하는 유형이다. 이런 유형은 생활에서의 보건 의식에 관한 내용이 가장 많으며, 때로는 천문 지리 혹은 동식물과 관련된 내용도 나온다.
(2) 어떤 풍속과 관습을 설명하거나, 혹은 어떤 직업과 산업의 특징을 설명하는 유형이다.
(3) 어떤 식품이나 새로운 상품과 관련된 과학 기술, 서적, 잡지 등을 설명하는 유형이다.

예제 ❸  05

A 少喝矿泉水好
B 矿泉水有益健康
C 矿泉水不含矿物质
D 矿泉水对身体不好

矿泉水是指未经污染、从地下深处自然涌出或人工开采所得的天然地下水。矿泉水富含人体所需的各种矿物质和微量元素，这些矿物质很容易被人体吸收，对人体生理功能有积极作用。

A 少喝矿泉水好
B 矿泉水有益健康
C 矿泉水不含矿物质
D 矿泉水对身体不好

광천수는 오염되지 않은, 지하 깊은 곳에서 저절로 솟아나거나, 인공적으로 만들어낸 천연 지하수를 가리킨다. 광천수는 인체에 필요한 각종 광물질과 미량원소를 풍부하게 함유하고 있으며, 광물질은 인체에 쉽게 흡수되어, 우리 몸의 생리기능에 큰 역할을 한다.

A 광천수를 적게 마시는 것이 좋다
B 광천수는 건강에 이롭다
C 광천수는 광물질을 함유하지 않는다
D 광천수는 신체에 좋지 않다

단어 矿泉水 kuàngquánshuǐ 몡 광천수 | 污染 wūrǎn 몡 오염 | 地下 dìxià 몡 지하 | 深处 shēnchù 몡 깊은 곳 | 涌出 yǒngchū 동 솟아나다 | 开采 kāicǎi 동 (지하에 있는 것을) 개발하다 | 地下水 dìxiàshuǐ 몡 지하수 | 富含 fùhán 동 많이 함유하다 | 矿物质 kuàngwùzhì 몡 광물질 | 微量元素 wēiliàng yuánsù 몡 미량원소 | 生理功能 shēnglǐ gōngnéng 생리기능

정답분석 

이 지문은 설명문으로 "광천수"에 대해서 설명하고 있다. 첫 번째 문장에서 광천수가 무엇인지 설명하고 있으며, 뒤에는 광천수의 특징과 그 역할에 대해서 소개하고 있다.
A의 "적게 마신다"는 지문에서 언급한 바가 없으므로 A는 오답이다.
지문에서 광천수는 광물질과 미량원소를 함유하고 있고 우리 몸의 생리기능에 도움을 준다고 했으므로 C와 D는 역시 오답이다.
지문의 마지막 문장에서 B가 정답임을 알 수 있다.

1. 설명문은 항상 어떤 사물에 대해 사람들이 잘 알지 못하는 특징을 소개하거나, 사람들이 어떤 사물에 가지고 있는 잘못된 생각을 바로잡는 내용이 많다. 예를 들면, 건강 관리에 관한 지식을 소개할 때, 대개 사람들이 보편적으로 가지고 있는 잘못된 생각을 먼저 언급한 후, 올바른 인식을 소개한다. 따라서 설명문에서 종종 전환의 의미를 가지고 있는 단어들이 나오는데, 예를 들면 "并不是", "但是", "可是", "不是⋯⋯而是⋯⋯" 등이 있다. 흔히 이런 단어들 뒤에 오는 문장이 지문의 핵심 문장이며, 이런 단어가 있는 문장이 문제 해결의 포인트이다.

2. 설명문은 사물의 특징을 소개하므로 지문에서 "특성, 특징" 같은 단어가 나올 수 있는데, 이런 단어가 있는 문장을 잘 들어야 한다.

3. 설명문의 구조는 비교적 명확하다. 가장 쉽게 볼 수 있는 것은 첫 번째 문장에서 주제 및 이 지문에서 무엇을 설명할 것인지 언급하고, 뒤에서 자세히 소개한다. 아니면 첫 문장에서는 잘못된 생각들을 언급하고, 두 번째 문장에서 이를 바로잡으면서 올바른 인식을 소개한다. 따라서 설명문에서 첫 번째 문장과 마지막 문장에 유의해야 한다.

문제유형 3 연습문제 🎧 06

1. A 不渴时不要喝水
   B 运动前不要多喝水
   C 平时多喝水很重要
   D 每天应该喝8杯水

2. A 桂林的历史不长
   B 桂林在广西南部
   C 桂林经济比较落后
   D 桂林是一个旅游城市

3. A 出油过多的问题无法解决
   B 清洁皮肤的次数不能太多
   C 洗脸能调节皮肤的整体状态
   D 洗脸用品对清洁皮肤没有用

4. A 昆明的夏天很炎热
   B 昆明市民比较长寿
   C 昆明的城市规模不大
   D 昆明以少数民族为主

5. A 简历最好写两页以上
   B 简历的字体最重要
   C 简历最好和求职信一起发
   D 邮件标题应标明性别和年龄

정답 및 풀이 – 해설서 p. 9

새 단어 및 어려운 단어 소개형

이런 문제 역시 듣기 제 1부분에서 반드시 나오는 유형이다. 하지만 출제비중은 크지 않으며, 보통 1~2문제가 출제된다. 일반적으로 수험생이 지문에서 제시한 단어의 의미를 파악했는지를 평가한다. 따라서 지문을 듣고 제시된 단어의 뜻을 빠르게 추측해내는 것이 문제 해결의 핵심이다.

 예제 4   07

A "春运" 指火车运输
B "春运" 和汽车无关
C "春运" 指春节期间的运输
D "春运" 的 "春" 指的是 "春天"

快到春节了，常常听到 "春运" 这个词，"春运" 是什么意思呢？ "春" 就是指中国最传统的节日春节；"运" 就是指 "运输"。 "春运" 就是指春节期间的运输，主要包括火车、飞机、汽车等交通工具的运输情况。

A "春运" 指火车运输
B "春运" 和汽车无关
C "春运" 指春节期间的运输
D "春运" 的 "春" 指的是 "春天"

춘절이 다가올 때면, "춘윈"이라는 말을 자주 듣게 되는데, "춘윈"은 과연 무슨 뜻일까? "춘"은 중국의 가장 대표적인 명절인 춘절을 가리키고, "윈"은 운송을 가리킨다. 따라서 "춘윈"은 춘절 동안의 운송을 가리키는데, 주로 기차, 비행기, 자동차 등 교통수단의 운송 상황을 말한다.

A "춘윈"은 기차운송을 가리킨다
B "춘윈"은 기차와 관계없다
C "춘윈"은 춘절기간의 운송을 가리킨다
D "춘윈"의 "춘"은 봄을 가리킨다

단어 春节 Chūn Jié 명 음력 설날, 춘절 | 指 zhǐ 동 가리키다 | 节日 jiérì 명 명절 | 运输 yùnshū 명 운송, 운수 | 火车 huǒchē 명 기차 | 交通工具 jiāotōng gōngjù 명 교통수단

 정답분석

이 지문에서는 "춘윈"의 뜻을 설명하고 있다. 먼저 "춘윈"의 "춘"의 의미를 설명한 후, "윈"의 의미를 설명하다가 마지막에는 "춘윈"의 의미를 소개하고 있다.

지문의 마지막의 "춘윈"은 춘절 동안의 춘절을 가리키는데, 주로 기차, 비행기, 자동차 등 교통수단의 운송을 가리킨다는 내용에서 A와 B는 오답임을 알 수 있다.

D의 春은 春天이 아니라 春节를 말하는 것이므로 오답임을 알 수 있다.

지문의 설명에 따르면 C가 정답이다.

1. 새로운 단어나 어려운 단어를 설명하는 지문에서 가장 중요한 문장은 바로 새로운 단어를 언급한 문장이다. 종종 이런 문장에 문제해결의 열쇠가 있으며, 일반적으로 정답과 관계 있다. 이런 문장은 보통 지문의 맨 앞에 있거나, 맨 뒤에 있으므로 지문을 들을 때, 첫 번째 문장과 마지막 문장에 집중해야 한다.

2. 어떤 단어를 소개할 때, 일련의 문장구조를 습관적으로 사용한다. 예를 들면 "A的意思是", "……就是 A", "A就是指……"이다. 만약 이런 구조의 문장을 듣게 되면 단어의 뜻을 소개할 가능성이 높으므로 유의해야 한다.

문제유형 **4** 연습문제 08

1. A 右脑管理形象思维
   B 开发右脑就会成功
   C 左撇子的右脑很发达
   D 左撇子比一般人聪明

2. A 很多人吃饭很随便
   B 很多人不喜欢吃饭
   C 年轻人喜欢乱吃东西
   D 不少人一天只吃两顿饭

3. A 交换游伙伴相互间很熟悉
   B 交换游伙伴要负责当导游
   C 交换游伙伴要负担住宿费
   D 交换游伙伴相互交换住处

4. A 微博对用户的要求比较高
   B 用户可以通过手机上微博
   C 推销产品是微博的主要作用
   D 微博对信息的篇幅没有限制

정답 및 풀이 – 해설서 p. 11

이런 유형은 듣기 제 1부분에서 자주 출제되지 않으며, 출제되더라도 간혹 한 문제 정도 나온다.

 **예제 ❺**  09

A 雪停了
B 天阴了
C 明天还会有雪
D 交通受到很大影响

沈阳持续一夜的皑皑大雪已于今天上午九时左右停止。目前沈阳天气晴朗，到处是一片银白的景象，孩子们欢快地在雪中嬉戏玩耍，人们在路边驻足欣赏雪景。	션양에 밤새 계속된 눈은 오늘 오전 9시쯤 그쳤다. 지금 션양의 날씨는 맑고, 곳곳에서 새하얀 풍경을 감상할 수 있다. 아이들은 하얀 눈 위에서 즐겁게 뛰어놀고, 사람들은 거리에 서서 하얀 풍경을 감상하고 있다.
A 雪停了 B 天阴了 C 明天还会有雪 D 交通受到很大影响	**A 눈이 그쳤다** B 날씨가 흐려졌다 C 내일도 눈이 올 것이다 D 교통이 큰 영향을 받았다

 단어　沈阳 Shěnyáng [지명] 션양(심양) | 皑皑 áiái [형] 새하얗다 | 大雪 dàxuě [명] 큰 눈 | 阴 yīn [형] 흐리다 | 晴朗 qínglǎng [형] 맑다, 쾌청하다 | 银白 yínbái [명] 은백색 | 嬉戏 xīxì [동] 놀다, 장난하다 | 玩耍 wánshuǎ [동] 놀다, 장난하다 | 驻足 zhùzú [동] 걸음을 멈추다

 **정답분석**

이 지문은 주로 심양의 날씨를 소개하고 있다.

지문의 첫 번째 문장을 바탕으로 A가 정답임을 알 수 있다. 따라서 "현재 심양의 날씨는 맑다"는 문장에서 B는 오답임을 알 수 있다. 지문에서는 내일의 날씨를 언급하지 않았고, 교통상황에 대해서도 말하지 않았으므로 C, D 모두 오답이다.

1. 신문의 특징으로 보아, 이런 지문의 첫 번째 문장은 보통 지문 전체의 주요 내용과 가장 중요한 정보를 소개한다. 따라서 첫 번째 문장을 집중해서 들어야 한다.

2. 신문 보도형 지문에는 항상 시간 혹은 각종 숫자가 나오는데, 이런 숫자를 주의해서 들어야 하며, 들은 숫자는 메모해 두는 것이 가장 좋다.

문제유형 5 연습문제 🎧 10

1. A 今天最冷
   B 周一气温6度
   C 明天可能又湿又冷
   D 苏南地区没有大风

2. A 年底买车的人多
   B 补贴政策会持续下去
   C 年前所有购车都享受优惠
   D 南京市日均上车牌500多辆

정답 및 풀이 – 해설서 p. 13

1. A 老师很想打球
   B 学生不认真听课
   C 学生去了操场
   D 学生想留在教室

2. A 要想办法不出错误
   B 羊跑了没必要再修圈
   C 错误再补救已经晚了
   D 补救可防止再受损失

3. A 旅客喂大象吃面包
   B 旅客想把大象带出国
   C 旅客在吃着三明治
   D 三明治里夹着大象肉

4. A 太阳镜起到美观的作用
   B 灰色镜片的能见度不好
   C 镜片颜色深对眼睛不好
   D 戴太阳镜看东西会很吃力

5. A 哈尔滨冰雪节二月闭幕
   B 四大冰雪节没有闭幕式
   C 开幕式在每年的一月份
   D 哈尔滨冰雪节时间不长

6. A 勇者不会失败
   B 战士们都是勇者
   C 目标决定成就
   D 勇者应该勇于尝试

7. A 宠物比配偶更重要
   B 现在的夫妻喜欢宠物
   C 养宠物可减缓压力
   D 很多人忽视心脏健康

8. A 哈达是用布做的
   B 哈达都是一样的长度
   C 哈达大多是白色的
   D 献哈达表示有好感

9. A 雇员说了谎话
   B 老板见到了鬼魂
   C 老板参加了葬礼
   D 雇员的奶奶来找老板

10. A 新时代取消了火把节
    B 火把节的活动内容很丰富
    C 火把节是彝族独有节日
    D 火把节6月24号开幕

11. A 病毒专家很喜欢亲吻
    B 空气吻是英国的礼节
    C 空气吻比握手更礼貌
    D 隔空吻不容易传播病菌

12. A 杏仁有造血功能
    B 西医反对吃杏仁
    C 吃杏仁对皮肤好
    D 杏仁只能在冬天吃

13. A 做人要学会谦逊
    B 成功后才可以谦逊
    C 谦逊就是不说真话
    D 不要在乎别人的赞美

14. A 运动会进行了七天
    B 运动会搭建了大平台
    C 有两千人参加运动会
    D 一千二百名市民参加拔河

15. A 男孩关心老人的健康
    B 男孩怕别人吃他的东西
    C 男孩想送老奶奶礼物
    D 男孩想坐下来休息一下

16. A 夫人喜欢买雨伞
    B 教授拿回自己的伞
    C 教授的记性不好
    D 夫人帮教授找到伞

17. A 醋能治疗肠胃病
    B 花生可避免消化不良
    C 花生可以降低血压
    D 醋泡花生对身体有益

18. A 小李的钢琴很神奇
    B 小李影响邻居休息
    C 邻居去敲小李的门
    D 朋友的钢琴弹得不好

19. A 好习惯也有消极面
    B 博士认为自己很成功
    C 失败的人喜欢散步
    D 习惯对人的影响很大

20. A 电视机是一种毒品
    B 看电视可以放松心情
    C 成年人习惯看电视
    D 看电视容易让人不快乐

21. A 许多宝宝只吃零食
    B 宝宝不喜欢尝试新食物
    C 家长偏食会影响孩子
    D 饮食单调造成孩子生病

22. A 环境决定命运
    B 命运是自己掌握的
    C 心态可以改变环境
    D 人的命运受别人影响

23. A 打哈欠要正视对方
    B 东张西望说明有心事
    C 要注意谈话时的姿势
    D 疲倦时应及早休息

24. A 豆浆是一种中药
    B 喝豆浆有美容作用
    C 豆浆适宜女性饮用
    D 多喝豆浆不会生病

25. A 会徽上有五羊标志
    B 孙中山纪念堂象征广州
    C 会徽以中山纪念堂为背景
    D 中山纪念堂于2006年建成

26. A 妻子很爱唠叨
    B 妻子身体不舒服
    C 丈夫得了失眠症
    D 丈夫不喜欢吃药

27. A 旅游应选在春天进行
    B 阳光浴可以锻炼身体
    C 旅游对身体很有好处
    D 旅游是晒太阳的好时机

28. A 唐朝时出现了蜡染
    B 只有苗族人会蜡染
    C 秦朝时很流行蜡染
    D 最初蜡染是手工制作

29. A 跑酷没有年龄限制
    B 跑酷在中国很流行
    C 跑酷有专门的运动场所
    D 跑酷需要很好的体力

30. A 用紫砂壶要泡好茶叶
    B 紫砂壶可以吸收茶叶
    C 用紫砂壶泡的茶很好喝
    D 紫砂壶都是纯手工制作

31. A 孩子的成绩非常差
    B 孩子表演了很棒的节目
    C 孩子在班里表现很好
    D 孩子将得到爸爸的表扬

32. A 结果比过程有意义
    B 表扬不利于孩子成长
    C 表扬使人不再努力
    D 应该夸奖孩子的努力

33. A 咖啡会使大脑极度抑制
    B 咖啡很快就能被人体吸收
    C 喝酒后不要马上喝咖啡
    D 咖啡对人的损害超过酒精

34. A 小王想确认位置
    B 小王想向那个人道歉
    C 小王的视力不好
    D 小王不知是否踩了别人

35. A 不能拣便宜的菜买
    B 一起买菜可以增进感情
    C 夫妻间要互相批评
    D 要学会尊重自己的另一半

36. A 世界遗产共有40个
    B "中国丹霞"是世界遗产
    C 世界遗产委员会在巴黎
    D 中国的世界遗产共有34个

37. A 有些年轻人一直遭受打击
    B 年轻人的事业都很成功
    C 有些年轻人的意志不坚定
    D 有些年轻人所处的环境不好

38. A 夏天吃不到烤鸭
    B 北京烤鸭最负盛名
    C 天气热无法制作烤鸭
    D 烤鸭味道受季节影响

39. A 努力比机遇更重要
    B 有机遇就可以成功
    C 机遇是成才的关键
    D 机遇时刻都会降临

40. A 名片不可以塞入口袋
    B 递交名片时要先看一遍
    C 递名片时要注视着对方
    D 对别人的名片要表示重视

41. A 要从小培养承受能力
    B 父母要陪孩子做游戏
    C 优秀的人懂得迁就别人
    D 做游戏时不能让着对方

42. A 长期吃油条不好
    B 豆浆可以帮助消化油脂
    C 豆浆的热量很高
    D 油条不能和豆浆一起吃

43. A 家庭装修不应太浪漫
    B 灯光对视力有很大危害
    C 多彩灯光会造成污染
    D 灯具太多影响儿童发育

44. A 吊兰不适宜放在室外
    B 吊兰可以使空气清新
    C 吊兰里必须要加活性炭
    D 活性炭可以让吊兰茂盛

45. A 年轻人需要帮助
    B 后面有人在追他们
    C 前面有人等待救助
    D 年轻人嫌我的速度慢

정답 및 풀이 − 해설서 p. 14

□ Key Point ❶ 난이도 포인트 분석

□ Key Point ❷ 인터뷰 지문 내용 분석

실전문제

제2부분 인터뷰 듣고 판단하기

듣기 제2부분은 일반적으로 3개의 인터뷰 지문으로 구성되어 있으며, 한 개의 인터뷰 지문에서 각각 5개의 문제가 출제된다. 수험생은 지문의 내용을 잘 듣고, 알맞은 보기를 선택하면 된다.

문제 풀이 요령

❶ 화자의 질문과 대답에 귀를 기울이자!

진행자의 질문에 주의해야 한다. 듣기 문제는 대부분 진행자의 질문과 밀접한 관계가 있거나, 내용이 일치한다. 혹은 그 내용 안에 답이 포함되어 있으며, 또한 인터뷰 내용 전개와 문제 순서 역시 기본적으로 일치한다.

또한 인터뷰에 응한 사람의 대답에 주의해야 한다. 진행자의 질문을 문제라고 본다면, 인터뷰에 응한 사람의 대답은 문제에 대한 답이다. 인터뷰에 응한 사람의 대답을 들을 때, 시험지 상의 보기 내용을 살펴보고, 만약 보기의 내용이 인터뷰에 응한 사람의 대답에서 나올 경우, 정답일 가능성이 높으므로 보기 옆에 표시를 하자.

❷ 메모하는 습관을 기르자!

긴 인터뷰를 듣다 보면 누가 무슨 말을 했는지 헷갈릴 수 있다. 그래서 간략하게 메모를 하면서 듣는 것이 중요하다. 전체적인 내용을 쭉 적기보다는 해당 문제의 보기를 먼저 보고 관련되는 내용이 들리면 옆에 간단히 메모하는 것이다. 메모할 때는 전체적인 내용의 흐름과 각각의 대화 인물의 주제를 머릿속으로 파악하면서 구체적으로 기억해야 할 내용(숫자, 명사)은 짧게, 가장 빨리 쓸 수 있는 언어로 메모한다.

❸ 폭넓은 지식을 쌓자!

중국 당대 유명한 인물, 혹은 각지의 중요한 활동에 대해 많이 알고, 평소 이에 대한 지식을 쌓아야 한다. 하지만 낯선 내용이 나왔다고 해서 긴장할 필요는 없으며, 자신감과 인내심을 가지고 시험에 응하면 된다.

❹ 녹음 지문을 듣기 전에 먼저 보기를 살펴보자!

각 인터뷰는 5개의 문답으로 진행되므로, 연속적으로 있는 5개의 문제의 보기를 살펴보고, 각각의 문제를 예측해야 한다.

❺ 이야기의 요점을 파악해야 한다.

먼저 인터뷰에 응하는 사람과 그의 신분, 일, 성장과정, 이야기의 주제, 제시된 수치, 시간 등을 파악해야 한다.

Key Point 1 — 난이도 포인트 분석

듣기 제2부분은 新HSK 6급 듣기에서 가장 어려운 부분이다. 이 부분이 가장 어려운 이유는 다음과 같다.

❶ 새로운 문제 유형

新HSK 6급 듣기의 제2부분은 新HSK 1급부터 5급까지의 듣기문제 및 구HSK의 듣기문제와 크게 다르다. 이런 새로운 문제유형에 대해서 수험생들이 사전에 모의 테스트를 하지 않는다면, 자신의 실력을 발휘하기는 어려울 수 있다.

❷ 긴 지문과 긴 문제 풀이 시간

각 인터뷰 지문은 700여 자로 구성되어 있으며, 일반적으로 한 개의 인터뷰 지문에 4분의 시간이 주어진다. 이렇게 긴 지문과 긴 문제풀이 시간은 수험생에게 큰 부담이 될 수 있으며, 수험생들은 이에 적응하는 데 어려움을 느낄 수 있다.

❸ 광범위한 내용과 복잡한 어휘

인터뷰 내용은 사람에 대한 인터뷰뿐 아니라, 각종 활동 및 어떤 사물 대한 취재에 이르기까지 매우 다양하다. 내용 대부분은 수험생들에게 익숙하지 않은 것으로, 이는 수험생에게 낯설게 느껴질 수 있다. 게다가 인터뷰에서는 종종 전문용어가 나오기도 하는데, 이는 수험생들이 내용을 파악하는 것을 더욱 어렵게 한다.

Key Point 2 — 인터뷰 지문 내용 분석

앞에서 언급한 것처럼 인터뷰 지문의 내용은 매우 다양하다. 하지만 우리는 많은 문제유형에 대한 분석을 바탕으로, 그 안에 있는 규칙을 발견할 수 있다. 간단히 살펴보면 다음과 같다.

❶ 인물이 내용의 핵심이다

내용이 어떻게 진행되든지, 각각의 인터뷰에는 모두 주인공이 있는데, 보통은 인터뷰에 응하고 있는 사람이 바로 주인공이다. 따라서 수험생들은 먼저 인터뷰에 응하고 있는 사람이 누구인지 파악해야 한다.

❷ **초반에 인터뷰의 주제를 언급한다**

어떤 인터뷰 내용의 주제는 초반에 언급된다. 만약 인터뷰 내용이 사람을 인터뷰하는 것이라면, 지문 초반에 인터뷰에 응한 사람의 이름, 신분, 하는 일 등이 무엇인지 간단하게 소개될 것이다. 만약 인터뷰 내용이 어떤 활동에 관한 것이라면, 초반에 이 활동의 시간, 장소, 미치는 영향 등이 간략하게 언급될 것이다.

❸ **최소 4개 이상의 문답형식으로 구성된다**

진행자의 질문과 인터뷰에 응한 사람의 대답을 하나로 엮어본다면, 우리는 지문이 짧아도 최소 4개의 문답이 진행된다는 것을 알 수 있다.

① 만약 사람을 인터뷰하는 지문이라면, 4개의 문답에서 진행자는 인터뷰에 응한 사람의 유년시절, 학업, 일, 취미, 사업, 앞으로의 계획 등에 대해 질문할 것이다.

② 만약 인터뷰 내용이 어떤 활동에 대한 것이라면, 이 활동의 취지, 발전 상황, 특징, 미치는 영향 등을 질문할 것이다.

예제 ❻ 🎧 12

1　A　修改自己的作品　　　　4　A　情节曲折奇特
　　B　完成第15部小说　　　　　　B　表现传统美德
　　C　把小说改编成电影　　　　　C　具有中国风格
　　D　成为《新晚报》的编辑　　　D　反映现代生活

2　A　兴趣爱好　　　　　　　5　A　朴素传统
　　B　工作需要　　　　　　　　　B　忙碌充实
　　C　为了赚钱　　　　　　　　　C　平淡悠闲
　　D　为了证明自己　　　　　　　D　时尚现代

3　A　能让人感到安慰
　　B　体现中国武术精神
　　C　体现中国价值观念
　　D　反映中国传统生活方式

女：欢迎一代武侠小说大师金庸先生。您好，最近很多人都在议论，说您正在修改自己的武侠小说？

男：[1]是这样的，到现在已经改了七年，我把自己以前的作品全部改完了。从《书剑恩仇录》开始改，有十五部小说，每一部小说差不多都要改，现在已经全部改完了，新的修改本也已经全部出版了。

여: 한 시대를 대표하는 무협소설의 대가이신 진용 선생님을 모셨습니다. 안녕하세요 최근 많은 분들이 선생님께서 현재 자신의 무협소설을 수정하고 계시다고 하던데요?

남: [1]네 맞아요. 현재까지 벌써 7년 동안 수정작업을 하고 있고, 예전의 작품들을 모두 고쳤어요. 저는 「서검은구록」을 시작으로 모두 15부의 소설을 썼는데, 거의 모든 소설을 고쳐야겠다고 생각하게 됐어요. 그리고 현재 모든 수정작업을 마쳤지요. 새롭게 수정된 소설은 이미 출판되었고요.

女：最初开始写武侠小说，是为了一个乐趣，是不是？

男：²最初是工作上需要的。主要是我在《新晚报》做编辑，《新晚报》需要这样一篇稿子，人家知道我喜欢谈论武侠小说，算是比较了解的，所以我就被抓来写了。

女：您的读者遍布全球华人世界，无论什么职业、什么性别。您有没有考虑过，为什么您的作品大家都能接受？

男：想过，³我认为是因为代表了中国的传统思想的核心价值。

女：您觉得这个核心的价值是什么？

男：我觉得是忠孝仁爱这种道德观念，对待朋友应该要真诚，对待父母应该孝敬，这种价值观念是中国人大致一样的。

女：您曾经说过，武侠小说是没有前途的，因为这些古代的事情离现在的生活越来越远了。但是在现实中我们恰恰看到您的小说被无数遍地改编成电视剧、电影，然后又编成电脑游戏，是每一代年轻人都喜爱的文化产品，这和您的话之间有矛盾吗？

男：我没有说武侠小说没有前途，我意思是说要发掘武侠小说越来越困难了。

女：要再写下去越来越困难？

男：对，⁴我想将来这个武侠小说的前途不是写古代了，可能是写现代了。

女：作为人生的境界来说，您现在最希望自己能够达到的一种境界是什么？

男：我现在年纪大了，⁵我希望可以平平淡淡过生活，有机会能够游山玩水一下。

1　男的刚刚完成了一项什么工作？

　　A 修改自己的作品

　　B 完成第15部小说

　　C 把小说改编成电影

　　D 成为《新晚报》的编辑

여: 처음엔 재미로 무협소설을 쓰기 시작하셨죠? 그렇죠?

남: ²처음에는 일로 시작하게 되었어요. 저는 「신만보」에서 편집 일을 하고 있었는데, 「신만보」에 기재할 원고가 필요했었죠. 그때, 신문사 측에서는 제가 무협소설에 대해 이야기하는 것을 좋아하니까, 소설에 대해 잘 안다고 생각했나 봐요. 그래서 제가 쓰게 되었어요.

여: 선생님의 독자는 전 세계에 있는 중국인으로, 직업과 성별에 관계 없이 아주 널리 분포해 있는데요. 선생님은 선생님의 작품이 왜 사람들에게 인기가 있는지, 생각해보신 적이 있으신가요?

남: 생각해본 적 있어요. ³저는 제 소설이 중국 전통사상의 핵심가치를 표현하고 있기 때문이라고 생각해요.

여: 선생님께서는 그 핵심가치가 뭐라고 생각하시나요?

남: 저는 충, 효, 인, 애 같은 도덕적 관념이라고 생각해요. 친구를 대할 때는 진심으로 대하고, 부모를 대할 때는 효로써 대하는 것 말이죠. 그리고 이런 가치관념은 모든 중국인에게 있는 것이지요.

여: 선생님께서 이전에 무협소설의 미래가 없다고 하시면서, 이는 옛날의 상황과 현재의 생활이 나날이 달라지고 있기 때문이라고 말씀하셨는데요. 그러나 현재 선생님의 소설은 연속극, 영화로 각색되고, 또 인터넷 게임으로도 만들어지면서 거의 모든 세대의 젊은이들이 좋아하는 문화상품이 되고 있는데, 이것은 선생님의 생각과 모순되는 것이 아닌가요?

남: 저는 무협소설의 미래가 없다고 말하지 않았어요. 제 말의 뜻은 무협소설을 발굴해내는 것이 점점 더 어려워지고 있다는 것이에요.

여: 소설을 쓰는 것이 점점 힘들어지고 있다는 것인가요?

남: 맞아요. ⁴저는 무협소설의 미래는 옛날이야기를 쓰는 것이 아닌, 현대의 이야기를 쓰는 데 있다고 생각해요.

여: 인생의 목표에 대해 이야기한다면, 선생님은 무엇을 더 하고 싶으세요?

남: 저는 이미 나이가 많이 들었어요. ⁵그래서인지 평범하게 살고 싶고, 기회가 된다면, 경치를 감상하면서 살고 싶네요.

1　남자는 이제 막 어떤 일을 마쳤는가?

　　A 자신의 작품을 수정했다

　　B 15번째 소설을 완성했다

　　C 소설을 영화로 각색했다

　　D 「신만보」의 편집자가 됐다

2　男的最初写小说的原因是什么?
　　A　兴趣爱好
　　B　工作需要
　　C　为了赚钱
　　D　为了证明自己

3　男的的作品为什么很受欢迎?
　　A　能让人感到安慰
　　B　体现中国武术精神
　　C　体现中国价值观念
　　D　反映中国传统生活方式

4　男的认为武侠小说的前途是什么?
　　A　情节曲折奇特
　　B　表现传统美德
　　C　具有中国风格
　　D　反映现代生活

5　男的希望以后过什么样的生活?
　　A　朴素传统
　　B　忙碌充实
　　C　平淡悠闲
　　D　时尚现代

2　남자가 처음 소설을 쓰게 된 이유는 무엇인가?
　　A　재미로 해보고 싶어서
　　B　일 때문에
　　C　돈을 벌고 싶어서
　　D　자신의 실력을 증명하기 위해서

3　남자의 작품은 왜 인기가 있는가?
　　A　사람들에게 위로가 되기 때문에
　　B　중국 무술의 정신을 보여주기 때문에
　　C　중국의 가치관념을 보여주기 때문에
　　D　중국 전통 생활방식을 보여주기 때문에

4　남자는 무협소설이 앞으로 어떤 방향으로 나아가야 한다고 보는가?
　　A　줄거리가 복잡해야 한다
　　B　전통적인 미덕을 표현해야 한다
　　C　중국 특색을 가지고 있어야 한다
　　D　현대 생활을 반영해야 한다

5　남자는 앞으로 어떻게 살고 싶어 하는가?
　　A　소박하게 전통적으로
　　B　바쁘고 생활에 충실하면서
　　C　평범하고 여유롭게
　　D　현대적으로 세련되게

요약　무협소설의 대가 진용은 지난 7년 동안 자신이 쓴 15부의 소설을 수정했고, 그 소설들은 이미 출판되었다. 평소 무협소설에 관심 있던 그는 「신만보」에서 편집 일을 하면서 기재할 원고가 필요하게 되자 그때부터 무협소설을 쓰기 시작했다. 특히 그는 소설 속에서 충, 효, 인, 애 같은 중국의 핵심가치를 표현하여 많은 중국인의 사랑을 받았고, 그의 소설이 연속극, 영화, 인터넷 게임으로 만들어지면서 모든 세대의 사람들이 좋아하게 되었다. 무협소설의 미래는 과거가 아닌 현대의 이야기를 하는 것에 있다고 말하는 그에게 더 하고 싶은 것이 있다면 바로 평범하게 경치를 감상하며 자연과 어우러져 사는 것이라고 한다.

단어　武侠小说 wǔxiá xiǎoshuō 몡 무협소설 | 大师 dàshī 몡 대가 | 金庸 Jīn Yōng 인명 진용(김용) [중국의 무협소설 대가로 대표적인 작품으로는 「사조영웅전」, 「의천도룡기」 등이 있다] | 议论 yìlùn 통 의견을 나누다, 이야기하다 | 修改 xiūgǎi 통 고치다, 수정하다 | 作品 zuòpǐn 몡 작품 | 书剑恩仇录 shūjiàn ēnchóu lù 서검은구록 | 开始 kāishǐ 통 시작하다 | 部 bù 양 영화, 서적 등을 세는 단위 | 出版 chūbǎn 통 출판하다 | 写 xiě 통 쓰다 | 乐趣 lèqù 몡 즐거움, 재미 | 新晚报 xīnwǎnbào 신만보 | 编辑 biānjí 통 편집하다 몡 편집 | 篇 piān 양 편 [일정한 형식을 갖춘 문장을 세는 단위] | 稿子 gǎozi 몡 원고 | 谈论 tánlùn 통 이야기하다 | 算 suàn 통 ~인 셈이다 | 了解 liǎojiě 통 이해하다, 알다 | 读者 dúzhě 몡 독자 | 遍布 biànbù 통 널리 분포하다 | 职业 zhíyè 몡 직업, 일 | 考虑 kǎolǜ 통 생각하다, 고려하다 | 接受 jiēshòu 통 받아들이다 | 代表 dàibiǎo 통 대표하다 | 传统 chuántǒng 몡 전통 | 思想 sīxiǎng 몡 사상 | 核心 héxīn 몡 핵심 | 价值 jiàzhí 몡 가치 | 忠 zhōng 몡 충 | 孝 xiào 몡 효 | 仁 rén 몡 인 | 爱 ài 몡 애 | 对待 duìdài 통 대하다 | 大致 dàzhì 뭐 대체로 | 前途 qiántú 몡 전망 | 恰恰 qiàqià 뭐 꼭, 때마침 | 改编 gǎibiān 통 편집하다, 각색하다 | 电视剧 diànshìjù 몡 드라마, 연속극 | 电影 diànyǐng 몡 영화 | 电脑游戏 diànnǎo yóuxì 몡 컴퓨터게임 | 矛盾 máodùn 몡 모순 | 发掘 fājué 통 발굴하다 | 困难 kùn'nan 몡 곤란, 어려움 톙 어렵다, 곤란하다 | 古代 gǔdài 몡 고대, 옛날 | 境界 jìngjiè 몡 경지 | 年纪 niánjì 몡 연령, 나이 | 平淡 píngdàn 톙 평범하다, 수수하다 | 游山玩水 yóushān wánshuǐ 셩 경치를 감사하다, 자연에서 노닐다

① 보기를 훑어보고, 메모를 한다.

지문을 듣기 전에 보기를 훑어보는 것은 우리가 인터뷰 내용과 문제를 예측하는 데 도움이 된다. 그리고 듣기 지문에서 보기에 있는 어휘가 나오는지 특히 주의해야 한다. 예를 들면 다음과 같다.

1) 보기를 살펴보면, 남자가 무엇을 했는지 물어보고 있다는 것과 이 사람이 작가라는 것 등을 알 수 있다. 처음에 여자의 질문에서 우리는 "선생님께서 현재 자신의 무협소설을 고치고 있다"라고 질문하는 것을 들을 수 있는데, 이는 문제 1번의 A와 일치한다. 또한 뒤에 남자는 이 질문에 대해 "맞다"고 대답하고 있으므로 A에 정답표시를 하면 된다.

2) 보기를 살펴보면, '왜'라는 질문을 했다는 것을 알 수 있다. 두 번째 질문과 대답을 보면, 남자의 대답에서 우리는 "처음에는 일로 시작했다"는 것을 들을 수 있는데, 이는 문제 2번의 B와 일치한다. 따라서 B에 정답표시를 하면 된다.

3) 보기를 통해 무슨 의미인지를 묻고 있다는 것을 예측할 수 있으며, 세 번째 질문에서 남자가 본인의 소설이 중국 전통사상의 핵심가치를 표현하고 있기 때문에 대중에게 인기가 있는 것 같다고 말하는 것으로 볼 때 C에 정답표시를 하면 된다.

4) 보기를 통해 남자의 소설이 가지고 있는 특징과 관련이 있음을 알 수 있다. 여섯 번째 질문과 대답을 보면, 남자의 대답에서 "현대에 관해 써야 한다"는 대답을 들을 수 있는데, 이는 문제 4번의 D와 일치한다. 따라서 D에 정답표시를 하면 된다.

5) 그의 생활과 관련이 있다는 것을 알 수 있다. 마지막 질문과 대답을 보면, 남자의 대답에서 "평범하게 살고 싶다"고 말한 것을 들을 수 있으며, 이는 문제 5번의 C와 일치하므로 보기 C에 정답표시를 하면 된다.

② 문제를 분석한다

뒤에 들려주는 문제를 보면, 우리는 5개의 문제가 모두 여자의 질문에 숨어 있음을 알 수 있다. 예를 들면 다음과 같다.

1) 인터뷰에서 여자의 첫 번째 질문과 일치한다. 여자의 첫 번째 질문은 바로 "안녕하세요. 최근 많은 사람들이 선생님께서 현재 자신의 무협소설을 고치고 계시다고 하던데요?"였으며, 이는 문제 1번의 질문 "남자는 막 어떤 일을 끝마쳤는가?"의 내용에 부합한다.

2) "남자가 처음 소설을 쓰게 된 이유는 무엇인가?"라고 질문하고 있으며, 이는 인터뷰에서 여자의 두 번째 질문 "처음 무협소설을 재미로 쓰기 시작한 것이 맞나요?"의 내용과 부합한다.

3) "남자의 작품은 왜 인기가 있는가?"라고 질문하고 있으며, 이는 인터뷰에서 여자의 세 번째 질문 "선생님은 선생님의 작품이 왜 사람들에게 인기가 있는지, 생각해보신적 있으신가요?"의 내용과 부합한다.

4) "남자는 무협소설은 앞으로 어떻게 쓰여져야 한다고 보는가?"라고 질문하고 있으며, 이는 인터뷰에서 여자의 네 번째 질문 "소설을 쓰는 것이 점점 힘들어지고 있다는 것인가요?"의 내용과 부합한다.

5) "남자는 앞으로 어떻게 살고 싶어 하는가?"라고 질문하고 있으며, 이는 인터뷰에서 여자의 다섯 번째 질문 "선생님은 무엇을 더 하고 싶으신가요?"의 내용에 부합한다.
   따라서 5개의 문제의 답은 각각 A, B, C, D, C이다.

위와 같은 분석을 통해서, 시험문제가 우리가 도출한 규칙 및 4번, 5번 문제해결요령과 일치함을 알 수 있다. 즉, 듣기 과정에서 진행자의 질문에 주의해야 하는데, 왜냐하면 진행자의 질문이 문제와 관련이 있으며, 순서도 기본적으로 일치하기 때문이다. 이외에 보기 중의 단어와 인터뷰에 응한 사람의 질문을 맞춰보고, 일치하는 단어가 있다면, 바로 표시를 해두어야 한다.

1. A 不赞成这种说法
   B 现在出版的书太贵
   C 要提高读书意识
   D 人们没有读书时间

2. A 最新出版的
   B 从别处借来的
   C 以前读过的
   D 买过但还没读的

3. A 发展得又快又好
   B 网络小说是武侠小说
   C 看不起网络文学
   D 大部分作品写得不精致

4. A 小说
   B 剧本
   C 系列丛书
   D 个人传记

5. A 让读者更了解自己
   B 可以提高大家的写作水平
   C 会受到大家的欢迎
   D 是自己作品中最好的一部

6. A 想参加春晚
   B 能有更好地发展
   C 为了证明自己
   D 可以认识很多朋友

7. A 还算不错
   B 不太满意
   C 有些紧张
   D 准备不足

8. A 男的是残奥会嘉宾
   B 男的参加了残奥会闭幕式
   C 男的创作了残奥会歌曲
   D 残奥会开幕式由男的策划

9. A 感谢朋友的鼓励
   B 机会是自己争取来的
   C 自己的运气很好
   D 保持心态平和很重要

10. A 演员
    B 运动员
    C 歌手
    D 主持人

11. A 美术家
    B 钢琴老师
    C 企业家
    D 礼仪老师

12. A 参加研讨会
    B 多结交朋友
    C 自己开办学校
    D 上一个培训班

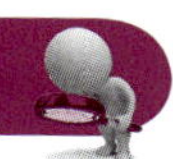

13. A 做事要执著
    B 学会全面思考问题
    C 树立人生目标
    D 改善自己的人际关系

14. A 礼仪决定人际关系
    B 礼仪最高境界是"和谐"
    C 中国礼仪已经国际化
    D 礼仪有时代性和区域性

15. A 品行
    B 容貌
    C 身高
    D 人缘

16. A 媒体大力宣传
    B 要有优惠政策
    C 自己现身说法
    D 要靠社会舆论

17. A 跟不上社会发展
    B 只顾眼前的利益
    C 不知道回报社会
    D 不懂得充实自己

18. A 用实际行动去影响别人
    B 觉得那些人的觉悟太低
    C 媒体应加大对自己的宣传
    D 和那些人讲做人的道理

19. A 用自己一半的工资
    B 发动企业家朋友捐款
    C 平时去做环保工作
    D 捐出公司利润的一半

20. A 助人为乐的精神
    B 社会给自己的回报
    C 事后得到的表扬
    D 大家对自己的尊敬

21. A 要合理使用化妆品
    B 女人出门都需要化妆
    C 化妆是种流行趋势
    D 化妆可以使人更漂亮

22. A 年轻的爱美女性
    B 有能力买化妆品的人
    C 有工作需要的人
    D 敢尝试新鲜事物的人

23. A 眉笔
    B 面霜
    C 胭脂
    D 口红

24. A 非洲女性
    B 欧洲女性
    C 亚洲女性
    D 所有女性

25. A 自己影响了别人
    B 创造了自己的品牌
    C 使大家变得更漂亮
    D 自己成了著名人士

26. A 拍不出有价值的电影
    B 院线几乎被商业电影垄断
    C 导演的素质有待提高
    D 盗版碟对电影票房的冲击

27. A DV拍摄的
    B 16毫米胶片拍摄的
    C 高清拍摄的
    D 32毫米胶片拍摄的

28. A 行政权力的干预
    B 名导演都有行政职位
    C 商业大片的大肆宣传
    D 年轻导演没有发展空间

29. A 非常不喜欢这类电影
    B 不赞同它的操作模式
    C 破坏了社会基本原则
    D 散布了不好的价值观

30. A 太重视票房收入
    B 电影的分级制度
    C 年轻演员不爱学习
    D 儿童题材电影太少

정답 및 풀이 – 해설서 p. 36

제3부분 장문 듣고 판단하기

듣기 제3부분은 6개의 단문으로 구성되어 있고, 모두 20문제가 출제되며, 한 개의 지문에서 2~4개의 문제가 출제된다. 지문의 내용은 비교적 광범위한데, 재미있는 이야기형, 철학적인 이야기형, 지식 소개형, 작가의 관점 제시형 등 다양하다.

문제 유형과 출제비중

지문내용	출제비중	지문내용의 특징
재미있는 이야기형	0~1편	재미있는 부분이 명확하지 않으므로, 수험생이 직접 터득해야 한다.
철학적인 이야기형	2~3편	이야기 속에 인생의 진리가 담겨 있으며, 일반적으로 맨 마지막에서 내용을 다시 정리한다.
지식 소개형	1~2편	각종 지식을 소개하며, 초반에 주제를 제시한다.
개인적 관점 제시형	1~2편	작가의 어떤 사건 혹은 사물에 대한 생각과 관점을 드러낸다.

문제 풀이 요령

❶ 듣기 1부분의 연장선이다!

대화문의 길이만 길어졌을 뿐, 내용은 우리가 일상생활에서 쉽게 접하는 이야기 위주로 출제된다. 지문이 길기 때문에 집중해서 듣고 올바른 메모를 하는 습관을 기르도록 한다.

❷ 몇 번까지 풀어야 하는지 미리 표시한다!

하나의 지문에 여러 개의 문제가 나올 경우에는 듣게 될 내용이 몇 번부터 몇 번까지 해당이 되는지 미리 파악하고 들어야 한다. 문제마다 상단에 풀어야 할 문제 범위를 꼭 확인하고 시험지 상에 해당 범위를 표시해 두는 것도 하나의 좋은 방법이다.

❸ 소거법으로 정답을 찾아라!

녹음을 들으며 4개의 보기 중에 확실하지 않은 것부터 소거한다. 문제는 녹음 지문의 순서대로 나올 확률이 높다. 보기를 우선 분석하고 녹음을 듣다가 관련 내용이 들리면 녹음과의 일치 여부를 문제 옆에 표기하며 정답을 고른다.

문제출제 순서 분석

시험의 문제출제 순서는 일반적으로 지문의 순서와 일치한다. 또한 보기 ABCD의 순서는
주로 보기 자체의 문장길이에 따라 배열된다.

예제 ❼ 🎧 14

1　A 制定计划
　　B 放松心情
　　C 充分利用时间
　　D 选择好的学习方法

2　A 1个月
　　B 1～3个月
　　C 3个月
　　D 半年到一年

3　A 要概况
　　B 要简单
　　C 要具体
　　D 要有个性

4　A 追求完美
　　B 重视短期计划
　　C 准备多个计划
　　D 计划要有灵活性

---

[1]做什么事有了计划就容易取得好结果。学习也是这样，毫无计划的学习是散漫的，松松垮垮的，很容易被外界影响，所以想取得好的学习效果，制订计划是很有必要的。计划分长期计划和短期计划。[2]在一个比较长的时间内，比方说一年或半年，可以制订一个长期计划。由于实际生活中有很多变化，无法预测，所以这个长期计划不需要很具体，只要对必须要做的事做到心中有数即可。而更近一点的，[3]比如下一个星期的学习计划，就应该尽量具体些，把大量的任务分配到每一天中去完成，这样长期计划就可以逐步实现。可见，没有长期计划，生活就没有大方向；同样，没有短期安排，目标也很难达到。所以二者缺一不可。制订计划时还应该注意，计划不要定得太满、太死，要留出一点空余的时间，使计划有一定的灵活性。毕竟现实不会完美地跟着计划走，[4]给计划留有一定的余地，这样完成计划的可能性就增加了。

[1]어떤 일이든, 계획이 있으면 좋은 결과를 얻을 수 있다. 공부도 역시 마찬가지다. 계획 없이 공부하면 매우 산만하고 해이해지며, 외부 환경의 영향을 쉽게 받게 된다. 따라서 좋은 학습효과를 거두고 싶다면, 계획을 세우는 것은 필수이다. 계획은 장기계획과 단기계획으로 나누어 볼 수 있다. [2]비교적 긴 시간, 예를 들면 일 년 혹은 반년 정도의 시간은 장기계획을 세워야 한다. 일상생활에는 많은 변화가 있어, 예측할 수 없으므로 장기계획은 구체적일 필요는 없으며, 반드시 해야 할 일에 대한 계획만 있으면 된다. [3]더 가까운 미래, 예를 들면, 다음 주의 공부 계획은 최대한 구체적으로 세워, 많은 양의 계획을 매일 나누어 완수할 수 있도록 한다. 이렇게 하다 보면, 장기계획도 점차 실현될 수 있다. 장기계획이 없다는 것은, 생활의 큰 방향이 없다는 것이다. 마찬가지로, 단기적인 계획이 없으면, 목표는 실현되기 어렵다. 따라서 두 가지 계획 모두 있어야 한다. 계획을 세울 때는 너무 빡빡하고, 무리하게 짜서는 안 되며, 여유시간을 남겨서 계획에도 융통성이 있도록 해야 한다. 왜냐면 현실은 계획에 맞게 완벽하게 살아갈 수 없기 때문이다. [4]따라서 계획에도 여지를 남겨두어야 계획이 실현될 가능성은 더 커진다.

1 要取得好的学习效果，应该怎么样？ 　A 制定计划 　B 放松心情 　C 充分利用时间 　D 选择好的学习方法	1 좋은 학습효과를 거두려면 어떻게 해야 하는가? 　A 계획을 세운다 　B 마음을 편하게 먹는다 　C 시간을 잘 활용한다 　D 좋은 학습 방법을 선택한다
2 长期计划一般指多长时间的计划？ 　A 1个月 　B 1～3个月 　C 3个月 　D 半年到一年	2 장기계획은 일반적으로 어느 정도의 시간 계획을 말하는가？ 　A 1개월 　B 1~3개월 　C 3개월 　D 6개월~1년
3 制订一个星期的计划，应该注意什么？ 　A 要概况 　B 要简单 　C 要具体 　D 要有个性	3 일주일의 계획을 세울 때, 어떤 점에 주의해야 하는가？ 　A 요약적이어야 한다 　B 간단해야 한다 　C 구체적이어야 한다 　D 개성이 있어야 한다
4 如何增加完成计划的可能性？ 　A 追求完美 　B 重视短期计划 　C 准备多个计划 　D 计划要有灵活性	4 어떻게 하면 계획이 실현될 가능성을 높일 수 있는가？ 　A 완벽을 추구해야 한다 　B 장기계획을 중요하게 생각해야 한다 　C 많은 계획을 세워야 한다 　D 계획에 융통성이 있어야 한다

요약 제목: 계획을 세우는 요령

주제어: 계획은 장기계획과 단기계획으로 나눠 세워야 한다.

어떤 일이든, 계획이 있으면 좋은 결과를 얻을 수 있듯이 공부 역시 계획이 필요하다. 계획은 일 년 혹은 반년 정도의 계획인 장기계획과 일주일 정도의 단기계획으로 나눌 수 있다. 장기계획은 구체적일 필요는 없다. 하지만 단기계획은 최대한 구체적으로 세워 매일 완수해 나갈 수 있도록 해야 한다. 이렇게 하다 보면 장기계획도 점차 실현되게 된다. 단, 주의할 점은 계획을 너무 빡빡하게 짜서는 안 되고, 융통성 있게 여유시간을 남겨야 실현가능성이 커진다.

단어 计划 jìhuà 몡 계획 | 取得 qǔdé 됨 얻다 | 结果 jiéguǒ 몡 결과 | 学习 xuéxí 몡 공부, 학습 | 毫无 háowú 조금도 ~이 없다 | 散漫 sànmàn 톙 산만하다 | 松松垮垮 sōngsōng kuǎkuǎ 톙 해이하다 | 效果 xiàoguǒ 몡 효과 | 制定 zhìdìng 됨 만들다, 세우다 | 分 fēn 됨 나누다 | 长期 chángqī 몡 장기, 긴시간 | 短期 duǎnqī 몡 단기, 짧은 시간 | 预测 yùcè 됨 예측하다 | 具体 jùtǐ 톙 구체적이다 | 心中有数 xīnzhōng yǒushù 톙 마음속에 자신이 있다, 계획이 있다 | 尽量 jìnliàng 閉 최대한 | 分配 fēnpèi 됨 나누다, 분배하다 | 安排 ānpái 됨 분배하다, 안배하다 | 缺 quē 됨 부족하다 | ……不可 bùkě ~하지 않으면 안 된다 | 满 mǎn 톙 가득차다 | 死 sǐ 톙 지나치다 | 空余 kōngyú 톙 남다 | 余地 yúdì 몡 여지

우리는 위의 4개의 문제와 지문의 순서가 일치한다는 것을 알 수 있다. 따라서 지문을 들으면서 보기를 봐야 한다. 만약 보기에 지문의 내용과 일치하거나 비슷한 단어가 있다면, 그것이 정답일 가능성이 크다. 예를 들어 문제 1번을 풀 때, 문제가 처음 두 문장에서 출제될 것이라고 예측을 하고, 보기에서 지문의 내용과 일치하는 단어를 찾는다. 그리고 지문에서 "계획을 세운다"를 들으면, A에 표시하여 문제를 풀 때 참고하도록 한다. 그리고 나서 문제 "좋은 학습효과를 거두려면 어떻게 해야 하는가?"를 들으면, 답에 대해 확신할 수 있을 것이다. 이와 같은 방식으로 나머지 문제를 풀면 된다. 각 문제의 답은 A, D, C, D이다.

Key Point 2 핵심어휘 분석

지문에 글쓴이가 강조하려는 부분이 있다면, 종종 이 부분에서 문제가 출제된다. 그리고 이런 부분에는 정해진 문장 구조와 구가 사용되는데, 다음과 같이 ❶ 대강의 내용 정리 ❷ 강조 ❸ 원인 제시 ❹ 전환 ❺ 가설로 나누어 볼 수 있다.

❶ 대강의 내용 정리

단 어	예 문
可以说…… ~라 할 수 있다	可以说，化学家创造了一个新的物质世界。 화학자들이 새로운 물질세계를 창조했다고 할 수 있다.
应该说…… ~라 할 수 있다	应该说，读完这本书后收获是非常大的。 이 책을 읽고 깨달은 것이 매우 많다고 할 수 있다.
毫无疑问（无疑）…… 의심할 여지 없이	毫无疑问，中国正迅速向现代化进程迈进。 의심할 여지 없이, 중국은 빠르게 현대화되고 있다.
由此可见（可见）…… ~임을 알 수 있다	由此可见，聪明不是天生的，勤奋动脑才是获得才智的唯一途径。 똑똑한 것은 선천적인 것이 아니며, 열심히 연구하는 것이 지혜를 얻는 유일한 방법임을 알 수 있다.
总而言之（总之）…… 한 마디로 말하면	总之，我们都是因为热爱文艺才背井离乡的。 한 마디로 말하면, 우리는 모두 문예를 사랑하여 고향을 떠났다.
总的来说…… 전반적으로	总的来说，我的父母没有中国大部分父母那么严厉。 전반적으로, 우리 부모님은 중국 대부분의 부모님처럼 엄하지 않다.
与其说……，倒不如说…… ~라 말하느니, 차라리 ~라 하겠다	与其说是呼吁，倒不如说是请求。 호소한다고 하느니, 차라리 요청한다고 하는 편이 낫겠다.
也就是说…… 다시 말해서	也就是说，每13秒钟，就有一人被烟草夺去生命。 다시 말해, 13초마다 한 사람이 담배로 인해 생명을 잃는다.
事实证明…… 사실이 ~을 보여준다	很多事实证明，小小预防针，可以救很多命。 많은 사실이 예방접종이 많은 생명을 구할 수 있다는 것을 보여준다.
调查显示…… 조사결과에 따르면	调查显示，九成以上孩子希望母亲"少说两句"。 조사결과에 따르면, 학생들의 90%이상이 어머니가 "말을 적게 했으면" 좋겠다고 생각한다.

一般来说……	一般来说，谦虚好学的人更容易成功。
일반적으로 말해서	일반적으로 말해서, 겸손하게 배우기 좋아하는 사람이 성공하기 쉽다.
多数人认为（以为）……	多数人以为，爱情是一种心理现象。
많은 사람들은 ~라 생각한다	많은 사람들이 사랑은 심리적인 현상이라고 생각한다.
这就告诉我们……	这就告诉我们，就业问题关系到社会的稳定。
이는 우리에게 ~을 말해준다	이는 우리에게 취업문제가 우리 사회의 안정과 관계 있다는 것을 말해준다.

예제 ❽ 🎧 15

A 要有眼光
B 要多听少说
C 不可轻信别人
D 不可盲目乐观

　　古时候，有个商人献给国王三个外表一模一样的金人，同时出了一道题目：这三个金人哪个最有价值？

　　国王想了许多办法，请来珠宝匠检查，称重量，看做工，都是一模一样的。怎么办？最后，有一位老大臣说他有办法。

　　他拿了三根稻草，把第一根插入第一个金人的耳朵里，稻草从另一个耳朵出来了。第二个金人的稻草从嘴巴里掉了出来。而第三个金人，稻草进去后掉进了肚子里，什么响动也没有。老臣说："第三个金人最有价值。"商人说答案正确。

　　这个故事告诉我们，最有价值的人，不一定是最能说的人。老天给我们两只耳朵一个嘴巴，本来就是让我们多听少说的。善于倾听，才是成熟的人最基本的素质。

这段话主要想告诉我们什么？
A 要有眼光
B 要多听少说
C 不可轻信别人
D 不可盲目乐观

　　옛날 한 상인이 국왕에게 똑같이 생긴 불상을 바치면서, 문제를 냈다. 3개의 불상 중 어느 불상이 가장 가치 있는 것일까요?

　　국왕은 온갖 방법을 동원하였다. 보석상을 불러와 조사하기도 하고, 무게를 재보기도 하고, 가공된 부분을 살펴보기도 했지만, 모두 똑같았다. 어떻게 할까?하다가 마지막에 한 늙은 대신이 왕에게 방법이 있다고 말했다.

　　그는 세 가닥의 볏짚을 가져와서는 한 가닥의 볏짚을 첫 번째 불상 귀에 끼워 넣었다. 그러자 볏짚은 반대쪽 귀에서 나왔다. 두 번째 불상의 볏짚은 입에서 나왔다. 그런데 세 번째 불상에서는 끼워 넣은 볏짚이 배에서 나왔고, 어떠한 소리도 나지 않았다. 대신은 말했다. "세 번째 불상이 가장 가치 있는 것입니다." 그러자 상인은 대신의 말이 정답이라고 했다.

　　이 이야기는 우리에게 가장 가치 있는 사람이 꼭 말을 가장 잘하는 사람은 아니라는 것을 말해준다. 하늘이 우리에게 두 개의 귀와 한 개의 입을 준 것은 우리에게 많이 듣고, 적게 말하라는 뜻이다. 남의 말을 잘 경청하는 것이 바로 성숙한 사람의 기본적인 자질이다.

이 이야기는 우리에게 무엇을 말해주는가?
A 안목이 있어야 한다
B 많이 듣고 말은 적게 해야 한다
C 쉽게 남을 믿어서는 안 된다
D 마냥 낙관적이어서는 안 된다

요약 제목: 성숙한 사람의 자질

주제어: 말을 많이 하기보다 남의 말을 잘 들어주는 사람이 성숙한 사람이다.

한 상인은 국왕에게 똑같이 생긴 3개의 불상을 바치며, 어느 불상이 가장 가치 있는 것인지 맞춰보라고 했다. 국왕은 여러 방법을 썼으나, 답을 알아내지 못하였다. 함께 있던 대신은 볏짚 세 가닥을 각각 불상의 귀에 끼워 넣었고, 아무 소리도 나지 않고 볏짚이 배에서 나온 3번째 불상이 가장 가치 있다는 것을 알아내었다. 볏짚이 귀와 입에서 나온 불상보다 배에서 나온 불상이 가치 있다는 것은 말을 많이 하기보다 남의 말을 잘 들어주는 것이 성숙한 사람이라는 것을 말해주는 것이다.

단어 商人 shāngrén 圐 상인 | 一模一样 yìmó yíyàng 완전히 똑같다 | 金人 jīnrén 圐 불상 | 价值 jiàzhí 圐 가치 | 珠宝匠 zhūbǎojiàng 圐 보석상 | 称 chēng 圄 (무게를) 달다 | 重量 zhòngliàng 圐 중량, 무게 | 做工 zuògōng 圐 가공 상태 | 大臣 dàchén 圐 대신 | 稻草 dàocǎo 圐 볏짚 | 根 gēn 圀 가늘고 긴 것을 세는 양사 | 插入 chārù 圄 꽂다, 끼워 넣다 | 耳朵 ěrduǒ 圐 귀 | 嘴巴 zuǐba 圐 입 | 肚子 dùzi 圐 배 | 响动 xiǎngdòng 圐 소리 | 老天 lǎotiān 圐 하늘 | 成熟 chéngshú 圄 성숙하다 | 素质 sùzhì 圐 자질, 소양

📖 정답분석

이런 지문은 앞에서 하나의 이야기를 들려준다. 따라서 이야기를 절반가량 들었을 때, 이야기의 전개 및 세부내용에 주목하고, 동시에 언제 비유적으로 표현한 내용이 나오는지 주의해야 한다. 그리고 "这个故事告许我们(이 이야기는 우리에게 ~을 말해준다)"를 들으면 수험생은 이것이 매우 중요한 부분이며, 문장의 내용을 종합정리하는 문제가 출제될 수 있다는 것을 생각해야 한다. 따라서 이 부분을 집중해서 들어야 하며, 보기 중에 이 부분과 의미가 일치하는 것이 있는지 확인해 보아야 한다. 여기서는 B "많이 들어주고 적게 말한다"가 마지막 문장과 의미가 일치하므로 수험생은 이에 표시하여 참고 한다. 따라서 이 지문의 답은 B이다.

❷ 강조

단 어	예 문
要知道…… ~을 알아야 한다	要知道参加奥运会是得承受巨大压力的。 올림픽에 참가하는 것은 큰 중압감을 이겨내야 하는 것임을 알아야 한다.
尤其是…… 특히	问他一个问题，尤其是严肃的问题，他总会先讲一个笑话。 그에게 질문을 하면, 특히 진지한 질문을 해도, 그는 먼저 재미있는 이야기부터 한다.
特别是…… 특히	拍电影是辛苦的，特别是功夫片。 영화를 찍는 것은 고생스러운 일인데, 특히 쿵푸영화가 그렇다.
遗憾的是…… 유감스러운 것은	令人遗憾的是，他们并未对此做出任何反应。 유감스러운 것은 그들이 이에 대해 어떠한 반응도 보이지 않았다는 것이다.
不幸的是…… 불행히도	不幸的是，我们的教练不但输了比赛还丢了工作。 불행하게도 우리 코치님은 시합에서도 지고, 직업도 잃었다.
关键在于…… 핵심(관건)은 ~에 있다	要给人留下良好的第一印象，关键在于自身修养。 사람에게 좋은 첫인상을 주려면, 그 핵심은 자신의 품성을 기르는 데 있다.
连……都…… ~조차도 ~하다	有时候连吃饭都成了问题。 어떤 때는 밥을 먹는 것조차도 문제다.
不是…… 而是…… ~이 아니라 ~이다	它给我带来的不是感动，而是莫名的伤感。 그것이 나에게 가져다 준 것은 감동이 아니라, 알 수 없는 슬픔이다.

A 舞蹈家
B 舞蹈教师
C 芭蕾舞演员
D 业余舞蹈爱好者

跳舞是充满喜悦的。你也许会觉得举重很有意思，或者认为花45分钟在跑步机上的感觉很棒。但我认为，跳舞带给人们的乐趣是大不相同的，那是一种从骨子里涌出的喜悦，并且是一种使我们更贴近生命的感觉。

看看那些跳舞的人的脸庞吧！他们的脸上总是散发着一种光芒，而我不相信在健身中心或是越野赛跑中能看见这种光芒。当舞者流汗时，他们微笑着，而他们的微笑是灿烂耀眼的。我所说的不是专业的舞者，而是在街角跳街舞、在公共场所大扭秧歌的人们，以及在城里的俱乐部自由自在地跳舞的情侣们。

这段话中的"舞者"指的是谁？
A 舞蹈家
B 舞蹈教师
C 芭蕾舞演员
D 业余舞蹈爱好者

춤을 추는 것은 매우 즐겁다. 당신은 역도가 재미있다고 생각하거나, 45분 동안 러닝머신에서 뛰는 느낌이 좋다고 생각할 수 있다. 그러나 나는 춤을 추는 것이 주는 즐거움은 좀 다르다고 생각한다. 그것은 일종의 뼛속에서 솟아나는 즐거움이며, 또한 나에게 살아 있음을 느끼도록 하는 것이다.

춤을 추는 사람들의 얼굴을 보라! 그들의 얼굴은 항상 빛이 나는데, 나는 헬스장 혹은 들판의 시합에서도 이런 빛을 볼 수 있다고 생각하지 않는다. 댄서가 땀을 흘릴 때, 그들은 미소를 짓는데, 그 미소는 찬란하고 눈부시다. 여기서 내가 언급한 것은 전문적인 댄서를 가리키는 것이 아니고, 길거리에서 힙합을 추고, 공공장소에서 앙가(북방 농촌지역의 민간 가무)에 맞춰 춤을 추는 사람들, 그리고 도시의 클럽에서 자유롭게 춤을 추는 연인들을 말하는 것이다.

이 지문에서 말하는 "댄서"는 누구를 지칭하는가?
A 무용수
B 무용 선생님
C 발레 댄서
D 춤을 좋아하는 사람

요약 제목: 춤이 주는 즐거움
주제어: 춤을 좋아하는 사람들의 미소는 항상 빛이 난다.
춤이 주는 즐거움은 다른 즐거움과 달리 뼛속에서 솟아나는 즐거움이며, 또 내가 살아 있음을 느끼도록 하는 것이다. 춤을 추는 사람들의 얼굴은 항상 빛나는데, 다른 곳에서는 이런 빛을 찾아볼 수 없다. 댄서가 땀을 흘릴 때, 그들의 미소는 찬란하고 눈부시다. 여기에서 댄서는 전문적인 댄서가 아닌 길거리나 공공장소 혹은 클럽에서 자유롭게 춤을 추는 사람들, 즉 춤을 좋아하는 사람들을 말하는 것이다.

단어 跳舞 tiàowǔ 图 춤추다 | 喜悦 xǐyuè 图 유쾌하다, 즐겁다 | 举重 jǔzhòng 뗑 역도 | 跑步机 pǎobùjī 뗑 러닝머신 | 乐趣 lèqù 뗑 재미, 즐거움 | 贴近 tiējìn 图 바짝 다가가다, 접근하다 | 脸庞 liǎnpáng 뗑 얼굴 | 散发 sànfā 图 (빛을) 발산하다, 내뿜다 | 光芒 guāngmáng 뗑 빛 | 健身中心 jiànshēn zhōngxīn 뗑 헬스장 | 越野赛跑 yuèyě sàipǎo 넓은 들을 건너다 | 流汗 liúhàn 图 땀을 흘리다 | 舞者 wǔzhě 뗑 댄서 | 街角 jiējiǎo 뗑 길거리 | 街舞 jiēwǔ 뗑 힙합 | 扭秧歌 niǔyānggē 앙가를 부르다[앙가는 북방 농촌지역에서 유행하는 민간 가무의 일종으로, 현재는 秧歌队가 조직되어 전국적으로 농촌의 선전 활동을 한다] | 俱乐部 jùlèbù 뗑 클럽 | 情侣 qínglǚ 뗑 연인, 애인

이 문제는 구체적 내용에 관한 문제이다. 수험생이 만약 주의해서 듣지 않았다면, 답을 찾지 못할 수도 있다. 그러나 만약 요령이 있고, 우리가 앞서 언급한 자주 사용하는 문장 구조를 익혔다면, 수험생이 "여기서 내가 언급한 것은 전문적인 댄서를 가리키는 것이 아니고, 길거리에서 힙합을 추고, 공공장소에서 앙가에 맞춰 춤을 추는 사람들, 그리고 도시의 클럽에서 자유롭게 춤을 추는 젊은이들을 말하는 것이다"를 들을 때, "不是……而是……(~이 아니라 ~이다)"의 문장 구조가 생각날 것이다 그럼 수험생은 이것이 중요한 부분이라는 것을 알 수 있을 것이고, 이 내용에 맞춰 표시하면 된다. 그러면 수험생은 정답을 찾아낼 수 있다. 이 지문에 답은 D이다.

❸ 원인

지문에서 원인 및 목적과 관련 있는 내용도 시험에 출제될 가능성이 있다. 따라서 아래의 관련단어와 구조를 익혀야 한다.

원인-관련어 구조	예 문
……，所以…… ~, 그래서~	他刚从上海来，所以不知道前几天发生的事。 그는 방금 상하이에서 왔다. 그래서 며칠 전에 벌어진 일에 대해서 모른다.
……，难怪…… ~, 어쩐지~	原来他的车坏了，难怪他到现在都没来。 그의 차가 고장 났구나! 어쩐지 그가 지금까지 안 오더라.
……，怪不得…… ~, 어쩐지~	外面下大雪了，怪不得房间里这么亮。 밖에 폭설이 내렸다. 어쩐지 방이 이렇게 밝더라.
导致 초래하다	这次恋爱的失败，直接导致了他学习成绩直线下降。 이번 연애의 실패는 그의 성적이 하락을 초래했다.
从而 그리하여	通过调查研究发现问题，从而找到解决问题的方法。 조사연구로 문제를 발견했다. 그리하여 문제를 해결할 방법을 찾았다.

관련어-원인 구조	예 문
因为…… 왜냐하면	因为路上堵车，我才来得这么晚。 왜냐하면 차가 막혔기 때문에 나는 이렇게 늦었다.
是因为…… 왜냐하면	我一直很喜欢小鸟，是因为它可以给我带来无限生机。 나는 항상 작은 새를 좋아했다. 왜냐하면 작은 새는 나에게 무한한 희망을 주기때문이다.
之所以……，是因为…… ~인 원인은 ~때문이다	她之所以生气，是因为她男朋友忘记了她的生日。 그녀가 화를 낸 원인은 그녀의 남자친구가 그녀의 생일을 깜빡 했기 때문이다.
为了…… ~을 위하여	为了翻译这本书，他花了一年的时间。 이 책을 번역하기 위해서, 그는 1년이라는 시간을 썼다.
可见…… ~임을 알 수 있다	"不当总统，就做模特"，可见对一个爱幻想的女孩子来说，模特是一个多么诱人的行业。 "대통령이 되지 못한다면, 모델이 되라" 이 말에서 환상을 쫓는 여자에게 모델이 얼마나 매력적인 직업인지 알 수 있다.

好在…… 다행히도 ~하다	**好在**对手最后一个球没踢进，我们终于艰难地取得了胜利。 **다행히도** 상대방의 마지막 슛이 들어가지 않아 우리는 마침에 힘겹게 승리**했다.**
由于…… ~때문에	**由于**雨实在太大，我们就放弃了继续前行的计划。 비나 너무 많이 왔기 **때문에,** 우리는 계속 가려는 계획을 포기했다.
多亏…… 덕분에, 다행히도	他昨天突然晕倒在路上，**多亏**一位同学路过，把他背了回来。 그는 어제 갑자기 길거리에 쓰러졌다. **다행히도** 한 친구가 지나갔고 그를 업어 서 데리고 왔다.
幸亏…… 다행히도	**幸亏**我早点来，不然还不知道要排队排到什么时候呢。 내가 일찍 와서 **다행이지,** 그렇지 않으면 얼마나 오랫동안 줄을 서야 할지 몰 랐을 것이다.
原来…… 알고 보니	我说你这么怎么眼熟呢，**原来**我在电视上见过你。 내가 널 어디서 본 것 같다고 했잖니, **알고 보니** 내가 TV에서 널 보았더라.
闹了半天，…… 결국에	**闹了半天，**一直在网上跟我聊天的居然是我妈妈。 **결국에** 알아보니, 인터넷으로 나와 계속 이야기한 사람이 바로 우리 엄마였다.

 **예제 ⑩**  17

A 大方
B 很细心
C 非常帅
D 心地善良听力材料

我对我的男朋友非常满意，**就是因为他有注意微小变化的眼光。**比如，我从美发厅出来，换了一个新发型，他就会兴致勃勃地欣赏一番；我晚上没睡好，第二天显得很累，他看到我的样子后就会细心地关心一下。男友所做的一切听起来虽然都微不足道，但却让我感到十分满足。

说话人为什么对男友非常满意?
A 大方
B 很细心
C 非常帅
D 心地善良

나는 내 남자친구에 대해서 매우 만족한다. **왜냐하면 그는 나의 작은 변화도 알아보는 안목이 있기 때문이다.** 예를 들면, 내가 미용실에 가서 새로운 머리스타일로 바꾸면, 그는 흥미롭게 내 머리에 관심을 기울인다. 내가 저녁에 잠을 잘 자지 못해 다음날 피곤해 하면, 그는 내 모습을 보고 세심하게 돌봐준다. 남자친구의 이런 행동이 듣기에는 별거 아닐지 몰라도, 나는 매우 만족한다.

글쓴이는 왜 남자친구에 대해서 만족하는가?
A 대범하다
B 세심하다
C 멋있다
D 마음씨가 착하다

요약 제목: 남자친구의 세심함
주제어: 나는 남자친구의 세심함에 매우 만족한다.
내 남자친구는 나의 작은 변화도 알아본다. 내가 머리스타일을 바꾸면 흥미롭게 관심을 기울이고, 내가 만약 피곤해하면 나를 세심하게 돌봐준다. 남자친구의 이런 행동이 별거 아닐지 몰라도, 나는 이런 세심함에 매우 만족한다.

단어 | 满意 mǎnyì 휑 만족하다 | 微小 wēixiǎo 휑 아주 미미하다, 작다 | 眼光 yǎnguāng 명 안목 | 美发厅 měifàtīng 명 미용실 | 发型 fàxíng 명 머리스타일 | 兴致勃勃 xìngzhì bóbó 흥미로워하다 | 欣赏 xīnshǎng 동 좋다고 여기다, 감상하다 | 番 fān 양 번, 차례 | 显得 xiǎnde ~하게 보이다 | 细心 xìxīn 휑 세심하다 | 关心 guānxīn 동 관심을 보이다, 관심 갖다 | 微不足道 wēibùzúdào 성 보잘것없다

정답분석

이 문제는 구체적인 내용과 관계 있는 문제이다. 문제와 내용이 부합하는 문장에는 앞서 언급한 문장 구조인 "因为(왜냐하면)가"이 있다. 만약 수험생이 여기까지 듣고, 조금 더 주의하여 표시를 한다면, 정답을 맞출 수 있다. 이 지문의 답은 B이다.

❹ 전환

단 어	예 문
可(是)…… 하지만	这个我没见过，**可是**我知道。 이걸 본 적은 없다. **하지만** 나는 안다.
但(是)…… 그러나	今天我有时间，**但是**明天就不行了。 나는 오늘 시간이 있다. **그러나** 내일은 시간이 안 된다.
然而…… 그러나	他失败了很多次，**然而**并不灰心。 그는 여러 번 실패했다. **그러나** 낙담하지 않는다.
不过…… 하지만	困难很多，**不过**我们能克服它。 어려움이 많다. **하지만** 우리는 그것을 극복할 수 있다.
却…… 도리어	这是个美丽的城市，但我**却**对它没什么留恋。 이곳은 정말 아름다운 도시다. 그러나 나는 **도리어** 이곳을 떠나는 게 아쉽지 않다.
而…… 그러나	他不善于与别人交流与讨论，**而**她却恰恰相反。 그는 다른 사람과 교류하거나 토론하는데 능숙하지 않다. **그런데** 그녀는 그와 완전 다르다.
虽然/但是/尽管…… 但是/可是/不过…… 비록 ~하나, ~하다	**虽然**成为明星有一定的偶然性，**但是**光有机遇没有实力也是不行的。 **비록** 스타가 되는 데 우연성이 있기는 **하나**, 기회만 있고, 실력이 없으면 안 **된다**.

예제 ⑪ 🎧 18

A 喊救命
B 跳进水里
C 叫对方让开
D 躲开了那只船

有一个农夫划着小船给另一个村子的居民送自己的农产品。他着急地划着小船，希望赶紧送完货物，在天黑前能够赶回家。突然，农夫发现前面有一只小船向自己快速驶来，眼看就要撞上了，可是那只船丝毫没有退让的意思，好像是有意要撞翻农夫的船。"让开！快点让开！"农夫生气地向对面的船吼道："再不让开你就要撞上我了。"但是农夫的吼叫完全没有用，尽管农夫手忙脚乱地向旁边躲避，但已经来不及了。那只船还是重重地撞上了他的船，农夫非常生气。

农夫看到对面的船后做了什么？

A 喊救命

B 跳进水里

C 叫对方让开

D 躲开了那只船

한 농부가 조각배를 타고, 다른 마을 주민에게 자신의 농산품을 보내려고 했다. 그는 서둘러 배를 저었고, 물건을 다 보내고 해가 지기 전에 집에 돌아오고자 했다. 그런데 농부는 갑자기 한 조각배가 자신을 향해 다가오는 것을 보았다. 곧 자기의 배와 충돌할 것 같았다. 그러나 그 배는 조금도 양보할 뜻이 없어 보였으며, 마치 일부러 농부의 배와 부딪히려는 것 같았다. "비켜요, 빨리 비켜요!" 농부는 화가 나서 맞은편에 있는 배를 향해 소리쳤다. "비키지 않으면 나와 부딪히게 된단 말이에요!" 그러나 농부가 소리쳐도 아무런 소용이 없었다. 농부가 허겁지겁 옆쪽으로 피했으나, 이미 늦었다. 그 배는 그 농부의 배와 충돌했고, 농부는 몹시 화가 났다.

농부는 맞은편에 배를 보자 어떻게 하였는가?

A 살려달라고 소리쳤다

B 물속으로 뛰어들었다

C 상대방에게 비키라고 했다

D 그 배를 피했다

요약   제목: 화가난 농부

주제어: 농부가 피하라고 했지만, 맞은 편 배가 농부의 배와 충돌했고, 이에 농부는 크게 화가 났다.

해가 지기 전까지 자신의 농산품을 다른 마을에 보내려는 농부는 서둘러 배를 저었다. 그런데 갑자기 한 조각배가 그를 향해 다가왔고, 곧 충돌할 것 같았다. 화가 난 농부는 비키라고 소리쳤으나, 아무런 소용이 없었다. 농부는 허겁지겁 옆으로 피했지만, 배는 서로 충돌했고 농부는 이 때문에 몹시 화가 났다.

단어   农夫 nóngfū 몡 농부 | 划 huá 통 (배를) 젓다 | 小船 xiǎochuán 몡 작은 배, 조각 배 | 送 sòng 통 보내다 | 农产品 nóngchǎnpǐn 몡 농산품 | 着急 zháojí 통 조급해 하다 | 货物 huòwù 몡 물건, 화물 | 只 zhī 양 척 [배를 세는 양사] | 撞 zhuàng 통 부딪히다, 충돌하다 | 丝毫 sīháo 몡 추호, 조금 | 退让 tuìràng 통 양보하다 | 撞翻 zhuàngfān 통 충돌하여 뒤집히다 | 让开 ràngkāi 통 비키다, 길을 내주다 | 吼 hǒu 통 소리치다, 고함치다 | 手忙脚乱 shǒumáng jiǎoluàn 셩 허둥지둥하다 | 躲避 duǒbì 통 피하다 | 来不及 láibùjí 통 미치지 못하다, 이미 늦다

정답분석

이 문제는 구체적인 내용과 관계 있는 문제이다. 문제와 상응하는 문장에는 전환을 나타내는 단어들이 있다. 예를 들면, "但……, 尽管……, 但……了(그러나, 비록 ~하나, ~하다)" 등이다. 수험생은 이런 단어를 들었을 때 주의해야 하며, 이런 문장의 내용과 보기의 내용과 일치하는지 살펴보고, 표시를 해두어야 한다. 그러면 문제에 대한 답을 쉽게 찾을 수 있고, 이 때문에 자신감을 가질 수도 있을 것이다. 이 지문의 답은 C이다.

가설을 나타내는 단어와 구조는 일반적으로 예를 들어 관점을 설명하는 데 쓰인다. 일반적으로 시험 문제는 항상 이 부부의 내용을 바탕으로 출제된다.

단 어	예 문
如果⋯⋯就/那么/则⋯⋯ 만약 ~라면, ~하다	如果缺乏毅力，就少谈点远大的理想。 만약 의지가 부족하다면, 원대한 꿈에 대해 많이 말하지 말아야 한다.
假如/假若⋯⋯ 就/那么⋯⋯ 만약 ~라면, ~하다	假如郑建成还活着，那么他今年正好75周岁。 만약 정지엔청이 살아있다면, 그의 나이는 올해 75세다.
比方说⋯⋯ 예컨데	比方说，相声表演讲究说、学、逗、唱。 예컨데, 만담공연은 말투, 흉내내기, 재미, 노래 모두 신경 써야 한다.
举个例子⋯⋯ 예를 들면	举个例子，一个厂要提高产品质量，厂长怎么提出问题就很有学问。 예를 들면, 공장에서 상품의 질을 향상시키려면, 공장장이 어떤 문제에도 잘 대답할 수 있어야 한다.

  예제 ⑫ 🎧 19

A 反感
B 奇怪
C 紧张
D 愉快

　　没有人不愿意接受别人的关心，也没有人会对关心自己的人产生不满。所以，要想赢得好评，就需要将你对别人的关心适当地表达出来。如果你发现对方的细微变化，最好能立刻指出。比如说对方换了新领带，你就说："这条领带你第一次戴，在哪儿买的？"他一定会愉快地接受你的关心，对你产生好感。特别是女性，尤其重视自己的穿戴，一旦有人注意到了她服饰的变化，她一定会感到由衷的欣喜，⋯⋯

如果你关注到了别人细微的变化，别人会怎么样？
A 反感
B 奇怪
C 紧张
D 愉快

　　다른 사람에게 관심을 받는 것을 싫어하는 사람은 없다. 또한 자신에게 관심을 보이는 사람에게 불만을 느끼는 사람 역시 없다. 따라서 호감을 얻으려면, 당신이 다른 사람에게 적당한 관심을 보여야 한다. 만약 당신이 상대방의 작은 변화를 발견했다면, 이를 곧바로 이야기해주는 것이 좋다. 예를 들어 상대방이 새로 넥타이를 바꿨다면, 당신은 이렇게 말해야 한다. "이 넥타이는 처음 매는 거죠, 어디서 사셨어요?" 그럼 그는 즐겁게 당신의 관심을 받아들일 것이고, 당신에게 호감을 갖게 될 것이다. 특히 여성은 자신의 옷차림을 중요시하므로, 다른 사람이 옷에 관심을 보인다면, 그녀는 분명 진심으로 즐거워할 것이다.

만약 당신이 다른 사람의 작은 변화에 관심을 기울인다면, 상대방은 이를 어떻게 느끼는가?
A 반감을 가진다
B 이상하다고 생각한다
C 긴장한다
D 즐거워한다

제목: 관심을 보이는 방법
주제어: 상대방의 변화를 보고 이를 이야기해주면, 상대방은 분명히 즐거워할 것이다.
관심을 받는 것을 싫어하는 사람은 없으며, 자신에게 관심을 보이는 사람에게 불만을 갖는 사람도 없다. 따라서 호감을 얻으려면, 다른 사람에게 적당한 관심을 보여야 한다. 누군가 넥타이를 바꿨다면, 넥타이에 대한 이야기를 하고, 옷차림에 변화가 있을 때, 새 옷에 대한 이야기를 하는 것이 좋다. 그러면 상대방은 분명히 즐거워할 것이다.

愿意 yuànyì [조동] ~하기를 바라다 | **接受 jiēshòu** [동] 받아들이다 | **关心 guānxīn** [동] 관심을 갖다 | **产生 chǎnshēng** [동] 생기다 | **赢得 yíngdé** [동] 얻다 | **适当 shìdāng** [형] 적당하다, 적절하다 | **表达 biǎodá** [동] 표현하다 | **细微 xìwēi** [형] 작다, 미세하다 | **立刻 lìkè** [부] 즉시, 당장 | **指出 zhǐchū** [동] 지적하다 | **领带 lǐngdài** [명] 넥타이 | **戴 dài** [동] 착용하다 | **愉快 yúkuài** [형] 유쾌하다, 즐겁다 | **穿戴 chuāndài** [명] 옷차림 | **服饰 fúshì** [명] 의복과 장신구 | **由衷 yóuzhōng** [동] 진심에서 우러나오다 | **欣喜 xīnxǐ** [동] 즐거워하다

정답분석

문제와 상응하는 문장에는 如果(만약), 比如(예를 들면) 같은 가설을 나타내는 단어들이 있다. 수험생이 이렇게 문제가 출제될 가능성이 있는 부분을 주의해서 듣는다면, 문제에 대한 답을 찾을 준비를 할 수 있어 답을 정확하게 선택할 수 있을 것이다. 이 지문의 답은 D이다.

Key Point 3 — 세부적인 내용파악 문제 분석

만약 지문의 내용이 비교적 간단하고, 짜임새가 있다면, 이럴 때의 문제는 구체적이거나 세부적인 내용이 출제된다.

구체적인 문제는 주로 수험생이 세부적인 내용을 확실히 이해했는가를 평가한다. 문제형식은 대부분 의문사를 사용한 의문문이 나오는데, 만약 보기에서 시간, 장소, 인명, 수치 등이 나오면 수험생은 지문을 들을 때, 특히 주의해서 메모해야 한다. 만약 어떤 구체적인 내용을 들었는데, 그 내용이 보기에 있다면, 일반적으로 그 보기가 정답이다.

자주 나오는 문제 형식

(1) 这些婴儿有什么特点?
    이런 갓난아이들은 어떤 특징을 갖는가?

(2) 这个商人为什么没买到油?
    이 상인은 왜 기름을 사지 못했는가?

(3) 这个裤子是谁买的?
    이 바지는 누가 산 것인가?

(4) 问题是怎么解决的?
    문제는 어떻게 해결되었는가?

<table>
<tr><td>

1   A 国王
    B 大臣
    C 商人
    D 珠宝匠

</td><td>

2   A 称重量
    B 用稻草
    C 检查质量
    D 凭经验判断

</td></tr>
</table>

古时候，有个商人献给国王三个外表一模一样的金人，同时出了一道题目：这三个金人哪个最有价值？

国王想了许多办法，请来珠宝匠检查，称重量，看做工，都是一模一样的。怎么办？[1]最后，有一位老大臣说他有办法。

[2]他拿了三根稻草，把第一根插入第一个金人的耳朵里，稻草从另一个耳朵出来了。第二个金人的稻草从嘴巴里掉了出来。而第三个金人，稻草进去后掉进了肚子里，什么响动也没有。老臣说："第三个金人最有价值。"商人说答案正确。

这个故事告诉我们，最有价值的人，不一定是最能说的人。老天给我们两只耳朵一个嘴巴，本来就是让我们多听少说的。善于倾听，才是成熟的人最基本的素质。

옛날 한 상인이 국왕에게 똑같이 생긴 불상을 바치면서, 문제를 냈다. 3개의 불상 중 어느 불상이 가장 가치 있는 것일까요?

국왕은 온갖 방법을 동원하였다. 보석상을 불러와 조사하기도 하고, 무게를 재보기도 하고, 가공된 부분을 살펴보기도 했지만, 모두 똑같았다. 어떻게 할까?하다가 [1]마지막에 한 늙은 대신이 왕에게 방법이 있다고 말했다.

[2]그는 세 가닥의 볏짚을 가져와서는 한 가닥의 볏짚을 첫 번째 불상 귀에 끼워 넣었다. 그러자 볏짚은 반대쪽 귀에서 나왔다. 두 번째 불상의 볏짚은 입에서 나왔다. 그런데 세 번째 불상에서는 끼워 넣은 볏짚이 배에서 나왔고, 어떠한 소리도 나지 않았다. 대신은 말했다. "세 번째 불상이 가장 가치 있는 것입니다." 그러자 상인은 대신의 말이 정답이라고 했다.

이 이야기는 우리에게 가장 가치 있는 사람이 꼭 말을 가장 잘하는 사람은 아니라는 것을 말해준다. 하늘이 우리에게 두 개의 귀와 한 개의 입을 준 것은 우리에게 많이 듣고, 적게 말하라는 뜻이다. 남의 말을 잘 경청하는 것이 바로 성숙한 사람의 기본적인 자질이다.

1 "金人"问题是谁解决的?
   A 国王
   B 大臣
   C 商人
   D 珠宝匠

1 "불상"문제는 누가 해결했는가?
   A 국왕
   B 대신
   C 상인
   D 보석상

2 问题是怎么解决的?
   A 称重量
   B 用稻草
   C 检查质量
   D 凭经验判断

2 문제는 어떻게 해결되었는가?
   A 무게를 달아서
   B 볏짚을 이용해서
   C 질이 좋은지를 살펴봐서
   D 경험을 통해 판단해서

요약 제목: 성숙한 사람의 자질

주제어: 말을 많이 하기보다 남의 말을 잘 들어주는 사람이 성숙한 사람이다.

한 상인은 국왕에게 똑같이 생긴 3개의 불상을 바치며, 어느 불상이 가장 가치 있는 것인지 맞춰보라고 했다. 국왕은 여러 방법을 썼으나, 답을 알아내지 못하였다. 함께 있던 대신은 볏짚 세 가닥을 각각 불상의 귀에 끼워 넣었고, 아무 소리도 나지 않고 볏짚이 배에서 나온 세 번째 불상이 가장 가치 있다는 것을 알아내었다. 볏짚이 귀와 입에서 나온 불상보다 배에서 나온 불상이 가치 있다는 것은 말을 많이 하기보다 남의 말을 잘 들어주는 것이 성숙한 사람이라는 것을 말해주는 것이다.

단어　商人 shāngrén 몡 상인 | 一模一样 yīmó yíyàng 완전히 똑같다 | 金人 jīnrén 몡 불상 | 价值 jiàzhí 몡 가치 | 珠宝匠 zhūbǎojiàng 몡 보석상 | 称 chēng 통 (무게를) 달다 | 重量 zhòngliàng 몡 중량, 무게 | 做工 zuògōng 몡 가공 상태 | 大臣 dàchén 몡 대신 | 稻草 dàocǎo 몡 볏짚 | 根 gēn 양 가늘고 긴 것을 세는 양사 | 插入 chārù 통 꽂다, 끼워 넣다 | 耳朵 ěrduo 몡 귀 | 嘴巴 zuǐba 몡 입 | 肚子 dùzi 몡 배 | 响动 xiǎngdòng 몡 소리 | 老天 lǎotiān 몡 하늘 | 成熟 chéngshú 통 성숙하다 | 素质 sùzhì 몡 자질, 소양

정답분석

이 지문에 대한 두 개의 문제는 모두 구체적인 내용과 관계 있다. 하나는 인물에 관한 문제이고, 하나는 이야기 전개의 결과와 관계 있다. 그리고 문제가 출제된 순서와 지문 내용의 순서가 일치한다.

구체적인 문제는 주로 수험생이 시간, 장소, 인물, 수치, 이야기 속의 문제, 문제의 해결방법, 이야기의 결과에 대해 이해하였는가를 평가한다.

수험생이 문제를 풀 때, 먼저 보기를 보고, 문제를 예측해야 한다. 예를 들면, 1번 문제의 보기를 보면, 인물과 관계된 문제라는 것을 알 수 있다. 따라서 지문을 들으면서 인물에 관한 내용에 집중하면 된다. 2번 문제의 보기를 보면, 어떤 사건과 관계 있음을 알 수 있다. 따라서 지문을 들을 때, 보기에 나온 단어가 나오는지 주의해야 하며, 비슷한 단어가 나오면 메모를 해두어야 한다. 이 지문에 대한 답은 각각 B, B이다.

Key Point 4 추리형 문제 분석

만약 어떤 지문의 내용이 완곡하고, 함축적이라면 작가의 태도, 문장의 비유적 의미, 세부내용의 의미 등을 추리하는 문제가 출제될 것이다.

추리해야 하는 문제는 주로 수험생이 중요한 세부내용이 뜻하는 것을 이해했는가를 평가한다. 추리형 문제는 비교적 어려운 문제유형이며, 수험생은 문장의 취지와 일부 구체적인 내용을 잘 이해해야 한다. 또한 들은 내용이 반드시 답안과 관계 있는 것이 아니므로, 추리를 통해 문제를 풀어야 한다.

자주 나오는 문제 형식

(1) 关于……，下列哪项正确?

　　~에 관한 내용 중 옳지 않은 것은?

(2) 关于……，我们可以知道什么?

　　~에 관하여 우리가 알 수 있는 것은 무엇인가?

(3) 根据对话，可以知道什么?

　　대화를 바탕으로 알 수 있는 것은 무엇인가?

(4) 根据对话，下面哪项不正确?

　　대화의 내용 중 옳지 않은 것은 무엇인가?

(5) 这样做，最可能是为了什么?

　　그렇게 한 이유는 무엇 때문인가?

1	2
A 越来越少	A 逗孩子开心
B 越来越多	B 给孩子零花钱
C 每次都一样	C 让孩子陪他玩儿
D 有时多有时少	D 让孩子不再吵闹

一群孩子在一位老人家门前玩儿，他们玩儿得很开心，叫喊声很大。一连几天，孩子们都来这儿玩儿，老人难以忍受。于是，他出来给了每个孩子 [1]五块钱，然后对他们说："你们让这儿变得很热闹，我觉得自己年轻了不少，这点儿钱表示谢意。"

孩子们很高兴，第二天又来了，一如既往地大喊大叫，玩儿得非常高兴。老人又出来，给了每个孩子 [1]两块钱。他解释说，自己现在没有收入了，只能少给一些。两块钱也还可以吧，孩子们仍然兴高采烈地走了。

第三天，老人只给了每个孩子五毛钱。

"一天才 [1]五毛钱，知不知道我们有多么辛苦！"孩子们生气地对老人说：[2]"我们再也不会为你玩儿了！"

1　关于老人给孩子们的钱，下列哪项正确？
　　A 越来越少
　　B 越来越多
　　C 每次都一样
　　D 有时多有时少

2　老人这样做的目的最有可能是什么？
　　A 逗孩子开心
　　B 给孩子零花钱
　　C 让孩子陪他玩儿
　　D 让孩子不再吵闹

아이들이 한 노인의 집 앞에서 놀고 있었다. 아이들은 매우 신이 나서, 큰 소리로 떠들었다. 연거푸 며칠 동안 아이들이 집 앞에서 놀자, 노인은 더는 참을 수 없었다. 그래서 그는 모든 아이들에게 [1]5위안씩 주며, 아이들에게 말했다. "너희가 이곳을 아주 떠들썩하게 해주어서 나도 많이 젊어진 것 같구나. 매우 고마워서 이 돈을 주는 거란다."

아이들은 기뻐했고, 다음날 또 놀러 왔다. 변함없이 큰 소리로 떠들며, 매우 즐겁게 놀았다. 노인은 또 밖으로 나와 모든 아이들에게 [1]2위안씩 주었다. 그러면서 그는 지금 수입이 없으니, 조금만 줘야 할 것 같다고 말했다. 2위안도 괜찮았는지 아이들은 변함없이 신이 나서 돌아갔다.

셋째 날, 노인은 아이들에게 5마오만 주었다.

"하루에 [1]5마오만 주다니요. 우리가 얼마나 힘든지 아세요!" 아이들은 화가 나서 노인에게 말했다. [2]"우리 다시는 할아버지를 위해 여기서 놀지 않을 거예요."

1　노인이 아이들에게 준 돈에 관한 내용 중 올바른 것은 무엇인가?
　　A 점점 줄었다
　　B 점점 늘었다
　　C 매번 똑같았다
　　D 어떤 때는 많고, 어떤 때는 적었다

2　노인이 그렇게 한 목적은 무엇 때문인가?
　　A 아이들을 놀리는 것이 재미있어서
　　B 아이들에게 용돈을 주려고
　　C 아이들이 자신과 함께 놀게 하려고
　　D 아이들이 다시는 떠들지 않게 하려고

요약　제목: 할아버지의 지혜

주제어: 할아버지는 아이들에게 돈을 점점 적게 주는 방법으로 아이들이 집 앞에서 놀지 않도록 했다. 동네 아이들이 연거푸 며칠 동안 집 앞에서 큰 소리로 떠들자, 노인은 더는 참을 수가 없었다. 어느 날, 노인은 집 앞을 떠들썩 하게 해줘서 고맙다며, 아이들에게 5위안을 주었다. 신이 난 아이들이 다음 날 또 놀러 오자, 노인은 아이들에게 2위안을, 그 다음 날에는 5마오만 주었다. 그러자 아이들은 집 앞에서 힘들게 놀아주는데, 어떻게 고작 5마오만 줄 수 있느냐며, 다시는 할아버지 집 앞에서 놀지 않을 것이라고 말했다. 결국 아이들이 다시는 집 앞에서 떠들지 않게 되었으니 할아버지가 쓴 방법이 효과를 거둔 것이다.

群 qún ⑱ 무리, 떼 | 玩儿 wánr ⑧ 놀다 | 开心 kāixīn ⑲ 신나다 | 喊声 hǎnshēng ⑲ 고함소리, 여기서는 떠드는 소리 | 难以 nányǐ ~하기 어렵다 | 忍受 rěnshòu ⑧ 참다, 견디다 | 于是 yúshì ⑳ 그래서, 그리하여 | 热闹 rènao ⑲ 떠들썩 하다, 번화하다 | 年轻 niánqīng ⑲ 젊다 | 表示 biǎoshì ⑧ 나타내다 | 谢意 xièyì ⑲ 고마운 마음 | 一如既往 yīrú jìwǎng ⑲ 지난날과 변함이 없다 | 仍然 réngrán ⑭ 변함없이 | 兴高采烈 xīnggāo cǎiliè ⑲ 신이나다, 흥겹다 | 辛苦 xīnkǔ ⑲ 힘들다

정답분석

위의 두 문제는 모두 추리를 해야 하는 문제이며, 지문과 일치하는 보기의 내용을 직접 찾을 수 없는 문제로, 수험생들이 지문의 내용을 바탕으로 추리해야 한다.

먼저, 1번 문제의 보기를 보면, 우리는 4개의 보기 모두 변화와 관련이 있다는 것을 알 수 있다. 따라서 우리는 지문의 내용을 들을 때, 이야기의 전개과정에 주의해야 한다. 순서대로 "5위안", "2위안", "5마오"를 듣고, "A 점점 줄었다"가 답이라는 것을 알 수 있다. 그리고 2번 문제의 보기를 보고, 지문의 내용이 아이들과 관련 있다는 것을 알 수 있다. 따라서 지문의 내용을 들을 때, 주인공과 아이들과 관계를 주의해 듣고, 메모를 해두어야 한다. 이 지문의 답은 각각 A, D이다.

Key Point 5 개괄형 문제 분석

개괄형 문제는 듣기영역에서 자주 출제되며, 주로 수험생이 이 지문의 요점을 파악했는지를 평가한다.

자주 나오는 문제 형식

(1) 这段话主要想告诉我们什么? 이 지문은 우리에게 무엇을 말하려고 하는가?
(2) 这段话主要谈的是什么? 이 지문은 주로 무엇에 대해 이야기 하고 있는가?
(3) 这段话主要讲了什么? 이 지문에서 주로 무슨 이야기를 하고 있는가?
(4) 这段话主要介绍什么? 이 지문에서 우리에게 무엇을 소개하고 있는가?
(5) 下面哪项是作者的观点? 다음 보기 중 작가의 생각과 일치하는 것은 무엇인가?

 예제 ⑮  22

A 人为什么会脸红
B 人和动物有什么不同
C 人怎样才能不脸红
D 脸红能促进血液循环

脸红，是泄露人内心情感的一个明显信号，人们在感到尴尬、羞耻或害羞时脸会变红。但是这其中的奥秘却让科学家琢磨不透。最近有科学家将这归为"历史进化的一个结果"。

研究人员指出，人是唯一在害羞时脸会变红的动物，这个信号让人们的内心情感完全表露出来。研究发现，人在脸红时，脸颊、颈部和胸部皮肤表层的血管会扩张，更多的血液会汇集在这些地方。心理学家则分析认为："脸红能平息对方的怒火，消除敌对行为，让人们更快地原谅你。"所以，脸红并不完全是一件坏事。

这段话主要谈的是什么？
A 人为什么会脸红
B 人和动物有什么不同
C 人怎样才能不脸红
D 脸红能促进血液循环

얼굴이 빨개지는 것은 마음속의 감정을 드러내는 명확한 신호이다. 사람은 난처하거나, 부끄러움, 혹은 수줍음을 느끼면 얼굴이 빨개진다. 그러나 그 과정의 오묘한 원리가 과학자들을 계속 학문에 몰두하게 한다. 최근 한 과학자는 이것을 "역사 진화의 결과"라고 정리했다.

한 연구원은 사람은 수줍음을 느낄 때, 얼굴이 빨개지는 유일한 동물이며, 이 신호는 마음속의 감정을 완전히 드러내는 것이라고 밝혔다. 또 연구에서는 사람의 얼굴이 빨개질 때, 볼, 목, 가슴 부분의 피부표면 혈관이 확장하여, 더 많은 혈액이 이곳에 모인다는 것을 발견했다. 반면, 심리학자는 "얼굴이 빨개지는 것이 상대방의 분노를 가라앉힐 수 있으며, 상대방에게 적대적인 행위를 하지 않도록 하여, 상대방이 더 빨리 용서하도록 한다."라고 밝혔다. 따라서 얼굴이 빨개지는 것을 나쁜 것이라고만 볼 수 없다.

이 글에서는 주로 무엇을 이야기 하고 있는가?
A 사람은 왜 얼굴이 빨개 지는가
B 인간과 동물의 차이점은 무엇인가
C 사람이 어떻게 하면 얼굴이 빨개지지 않을 수 있는가
D 얼굴이 빨개지는 것이 혈액순환을 촉진할 수 있다

요약

제목: 얼굴이 빨개지는 이유

주제어: 많은 과학자들이 사람의 얼굴이 왜 빨개지는지 연구하고 있다.

사람이 난처하거나, 부끄러움, 수줍음을 느끼면 얼굴이 빨개진다. 하지만 왜 얼굴이 빨개지는가에 대한 답을 얻기 위해 아직도 많은 과학자들이 연구에 몰두하고 있다. 한 연구원은 사람이 수줍음을 느끼면, 얼굴이 빨개진다고 밝혔다. 또 한 연구에서는 사람이 얼굴이 빨개질 때, 볼, 목, 가슴의 혈관이 확장하여, 더 많은 혈액이 보이게 되고, 이 때문에 얼굴이 더 빨개진다는 것을 발견했다. 반면, 심리학자는 얼굴이 빨개지면, 상대방의 분노를 가라앉도록 하여, 상대방이 더 빨리 용서하게 된다고 밝혔다.

단어

脸红 liǎnhóng 명 얼굴이 붉어지는 것 | 泄露 xièlù 동 드러나다 | 内心 nèixīn 명 마음속 | 情感 qínggǎn 명 감정 | 明显 míngxiǎn 형 분명하다, 뚜렷하다 | 信号 xìnhào 명 신호 | 尴尬 gāngà 형 난처하다, 난감하다 | 羞耻 xiūchǐ 형 부끄럽다 | 害羞 hàixiū 동 수줍어하다, 부끄러워하다 | 红 hóng 형 붉다 | 奥秘 àomì 명 오묘한 원리, 이치 | 琢磨 zhuómó 동 (학문을) 닦다 | 进化 jìnhuà 명 진화 | 表露 biǎolù 동 드러내다 | 脸颊 liǎnjiá 명 볼, 뺨 | 颈部 jǐngbù 명 목 부분, 경부 | 胸部 xiōngbù 명 가슴 부분, 흉부 | 皮肤 pífū 명 피부 | 表层 biǎocéng 명 피부 표면 | 血管 xuèguǎn 명 혈관 | 扩张 kuòzhāng 동 확장하다 | 血液 xuèyè 명 혈액 | 汇集 huìjí 동 모이다 | 平息 píngxī 동 가라 앉히다, 평온해지다 | 怒火 nùhuǒ 명 분노 | 消除 xiāochú 동 없애다 | 原谅 yuánliàng 동 용서하다

이 지문의 문제는 사실 수험생이 지문의 내용을 이해했는가를 평가한다. 비슷한 문제로는 "지문의 내용에 대한 알맞은 제목을 고르시오" 등이 있다. 이런 문제의 답은 주로 지문의 처음과 끝에 숨어 있다. 어떤 지문은 처음에 주제를 언급하는데, 설명문, 논설문 등이 그러하다. 어떤 지문은 마지막에 내용의 의미를 드러내는데, 이야기형, 논설문형이 이런 방식을 취한다.

이 지문의 주제는 처음에 나왔다. 보기를 보면, B는 오답이다. 왜냐면 B의 내용은 지문의 내용과 관계가 없기 때문이다. C는 지문에서 언급한 적이 없으며, D 역시 지문의 내용을 잘못 이해한 것이다. 지문의 앞부분의 "그 과정에서의 오묘한 원리는 과학자들을 계속 학문에 몰두하도록 한다"를 통해 답이 A임을 알 수 있다.

1. A 心理是否健康
   B 所遇变化的大小
   C 睡眠质量的好坏
   D 注意力是否集中

2. A 紧张会让人愤怒
   B 紧张可以解决问题
   C 紧张使人感到恐惧
   D 过度紧张有害健康

3. A 紧张对人的影响
   B 怎么可以解决问题
   C 人为什么会紧张
   D 怎样克服紧张心理

4. A 很孝顺父母
   B 不关心别人
   C 不喜欢劳动
   D 没有同情心

5. A 正确引导
   B 制造机会
   C 多多交流
   D 布置任务

6. A 教育孩子要尊敬老人
   B 独生子女的生活状态
   C 怎样提高孩子的成绩
   D 让孩子学会帮助别人

7. A 让儿子们学会种稻子
   B 想知道该把财产交给谁
   C 教儿子怎样创造财富
   D 看哪个儿子听自己的话

8. A 两颗
   B 三颗
   C 四颗
   D 五颗

9. A 不小心丢掉了
   B 保存在盒子内
   C 藏在了罐子里
   D 种到了田地里

10. A 海里的鱼非常多
    B 钓者钓了一条大鱼
    C 钓者有太大的雄心
    D 钓者把鱼扔回了海里

11. A 漂亮的
    B 更大的
    C 合适的
    D 稀有的

12. A 容易满足
    B 有些糊涂
    C 非常和蔼
    D 十分聪明

13. A 他家里很穷
    B 认为他没出息
    C 他的脾气不好
    D 他不好好儿学习

14. A 对老师表示感谢
    B 比较谁的事业最成功
    C 讲述对彼此的思念
    D 评价自己的生活现状

15. A 需要继续努力
    B 已经是个成功者
    C 已经忘记理想
    D 觉得不如同学们

16. A 学习新的知识
    B 一直存在的自卑感
    C 家人给予的鼓励
    D 同学对自己的蔑视

17. A 不喜欢打小鱼
    B 喜欢喝一点儿酒
    C 给自己定目标
    D 不承认自己的错误

18. A 认为墨鱼很贵
    B 墨鱼很容易捕捞
    C 有人收购墨鱼
    D 他遇到的全是墨鱼

19. A 要学会及时调整
    B 要立下正确的誓言
    C 有好机遇才会成功
    D 不要在乎鱼的价格

20. A 给野鸡预备食物
    B 给野鸡做了一个窝
    C 想抓野鸡去换钱
    D 把野鸡捉回家去养

21. A 五只
    B 十只
    C 十一只
    D 十二只

22. A 他太贪心
    B 受别人打扰
    C 野鸡太聪明
    D 他反应太慢

23. A 智力
    B 力气
    C 耐心
    D 眼光

24. A 去挣回一百块钱
    B 去学习如何经商
    C 买自己喜欢的东西
    D 买东西装满仓库

25. A 大儿子
    B 二儿子
    C 小儿子
    D 没人完成

26. A 报名学习外语
    B 找个外国老师
    C 给儿媳妇报名
    D 找人和儿媳妇交流

27. A 66岁
    B 68岁
    C 70岁
    D 72岁

28. A 老人的年纪太大了
    B 学习班不收老年人
    C 老人可能学不会外语
    D 老人的接受能力不好

29. A 不能看不起老年人
    B 学习外语能让人年轻
    C 学习没有年龄限制
    D 对老人来说学外语很难

30. A 推销自己的产品
    B 销毁不合格的产品
    C 检验产品合格率
    D 教客户如何使用产品

31. A 很喜欢这种杯子
    B 得到了免费的杯子
    C 推销员当众出丑
    D 推销员的话很有趣

32. A 满嘴假话
    B 聪明机智
    C 认真工作
    D 十分倒霉

33. A 希望化学家带孩子做实验
    B 想让孩子见识一下实验室
    C 想知道化学家是怎样工作的
    D 想学习化学家的成功经验

34. A 做了一个实验
    B 让孩子去调试溶液
    C 批评了孩子的胆小
    D 告诉孩子自己的故事

35. A 母亲对孩子太严厉
    B 孩子的胆子非常小
    C 孩子不可能成为天才
    D 母亲约束孩子发展

36. A 经常锻炼
    B 视力不好
    C 爱看书报
    D 喜欢朗读

37. A 读给病友听
 B 觉得家里太安静
 C 想引起别人注意
 D 觉得对身体有好处

38. A 看望病友
 B 去感谢医生
 C 给他找些书
 D 听自己朗读

39. A 有些悲观
 B 非常幸福
 C 懂得感恩
 D 充满自信

40. A 让"我"去参加会议
 B 觉得自己的状态不好
 C 希望"我"代她开会
 D 让"我"帮她做皮肤护理

41. A 怎样去参加会议
 B 如何争取到工作
 C 相信自己很重要
 D 人不能活得太真实

42. A 不喜欢参加聚会
 B 不希望见到老同学
 C 和别人比较
 D 受到老同学的讽刺

43. A 失去健康
 B 得到好的工作
 C 更有上进心
 D 让人显得年轻

44. A 经常锻炼身体
 B 调整好自己的心态
 C 不去参加聚会
 D 提高自己的知识面

45. A 怎么预防疾病
 B 攀比导致心情不好
 C 中年女士的烦恼
 D 压力过大对人的影响

46. A 孩子竞争不过别人
 B 孩子的身体是否健康
 C 孩子是不是好好儿学习
 D 孩子上学是不是太累

47. A 老师布置了很多作业
 B 刚参加长跑比赛回来
 C 无法理解所学的知识
 D 遇到自己不喜欢的老师

48. A 孩子能考满分
 B 孩子越来越喜欢学习
 C 孩子知道的东西多
 D 孩子和老师产生共鸣

49. A 学到知识的多少
    B 孩子的聪明程度
    C 是否有健康的身体
    D 孩子对学习的兴趣

50. A 一个小农场
    B 树上有虫子
    C 有棵树死了
    D 一片无花果树

51. A 重新种一棵树
    B 明年春天来种树
    C 把枯死的树枝折掉
    D 把那几棵无花果树砍掉

52. A 那棵树没有结果
    B 无花果树活了过来
    C 农场里种了其他的树
    D 爸爸重新种了一棵树

53. A 房子漏了
    B 没卖掉柴
    C 家中失火
    D 遇到大风

54. A 父亲留下的宝物
    B 藏在家里的财产
    C 留在家里的亲人
    D 赖以生存的工具

55. A 乐于助人
    B 非常倒霉
    C 乐观自信
    D 十分糊涂

56. A 视力很差
    B 经常长时间看电视
    C 眼睛过度疲劳
    D 工作时必须要用电脑

57. A 治疗失明
    B 使皮肤变好
    C 导致肠胃不好
    D 缓解眼睛不适

58. A 电脑对人体的危害
    B 眼睛会出现的疾病
    C 芝麻对视力的作用
    D 什么人可以吃芝麻

59. A 心情是否受表情影响
    B 人害怕时会有什么反应
    C 人愤怒与恐惧的表现
    D 皮肤温度与心跳的关系

60. A 没人陪自己说话
    B 有人冲自己发脾气
    C 发现别人很虚伪
    D 放不下让自己生气的事

61. A 扔掉烦恼
　　B 赢得一场比赛
　　C 有个好工作
　　D 有健康的身体

62. A 不喜欢"我"
　　B 嗓子不舒服
　　C 心情不好
　　D 不爱与人讲话

63. A 保护环境
　　B 没钱买车
　　C 节省油钱
　　D 锻炼身体

64. A 运动影响神经系统
　　B 不开车上班可以获得快乐
　　C 自行车让人感觉平静
　　D 快乐可以让人体释放激素

65. A 骑车上班
　　B 多做运动
　　C 参加工作
　　D 得到健康

66. A 担任比赛评委
　　B 指挥一场音乐会
　　C 参加一场比赛
　　D 修改乐队的乐谱

67. A 和作曲家发生争执
　　B 自己和乐队没配合好
　　C 发现自己没有准备好
　　D 认为乐队演奏出现失误

68. A 乐谱需要修改
　　B 自己产生错觉
　　C 乐队需要调整
　　D 比赛是不公平的

69. A 他发现了错误
　　B 勇于坚持自己的意见
　　C 他识破了圈套
　　D 他的指挥水平得到认可

70. A 开导自己
　　B 参加劳动
　　C 寻求帮助
　　D 出去游玩

71. A 好好儿工作
　　B 去找工具
　　C 一起唱歌
　　D 帮助自己

72. A 得到帮助是快乐的
　　B 学会造船会让人开心
　　C 年轻人要尊敬老师
　　D 不要刻意去寻找快乐

73. A 邮局
　　B 大街上
　　C 银行里
　　D 候车大厅

74. A 十分轻闲
　　B 没有礼貌
　　C 乐于助人
　　D 工作认真

75. A 自己不会写字
　　B 向朋友承认错误
　　C 中年人的字不好
　　D 送给朋友的东西不好

76. A 男生与女生的区别
　　B 孩子们的智力差别
　　C 老师对学生的影响
　　D 女老师的教学能力

77. A 性格爱好
　　B 计算方法
　　C 模仿能力
　　D 焦虑情绪

78. A 数学能力弱
　　B 没有自信心
　　C 计算能力差
　　D 智力不如男性

79. A 生活贫困
　　B 非常害羞
　　C 懂得生活
　　D 不认真工作

80. A 好好儿休息
　　B 听音乐放松
　　C 去舞场打工
　　D 和朋友跳舞

81. A 欣赏他的心态
　　B 喜欢看他跳舞
　　C 他的技术很好
　　D 他的收费合理

82. A 放松心情
　　B 珍惜时间
　　C 制订目标
　　D 选择好的途径

83. A 二者是相互联系的
　　B 短期目标决定人生方向
　　C 长远目标是最重要的
　　D 两种目标决定两种方向

84. A 付出艰辛的努力
　　B 要使自己变得聪明
　　C 要找到理想的职业
　　D 需要成功的人来帮助

<table>
<tr><td>

85. A 如何获得成功
    B 怎样制定目标
    C 长短目标的关系
    D 了解什么是人生

</td><td>

91. A 自己
    B 老板
    C 父母
    D 老师

</td></tr>
<tr><td>

86. A 20棵
    B 18棵
    C 15棵
    D 10棵

</td><td>

92. A 觉得自己不聪明
    B 认为自己是个天才
    C 自己是个好学生
    D 各方面都比较普通

</td></tr>
</table>

87. A 他打算换工作
    B 他把斧头弄坏了
    C 老板批评了他
    D 他完成不了工作

88. A 因为老板在一旁监督
    B 开始时斧头比较锋利
    C 那时砍的树都比较细
    D 因为有别的工人帮他

89. A 做好准备工作很重要
    B 犯了错误要及时道歉
    C 力气小不能当伐木工
    D 木材工厂的工作很辛苦

90. A 想增加招聘的难度
    B 想更准确地分配工作
    C 不想要不听话的员工
    D 想招创意方面的人才

정답 및 풀이 – 해설서 p. 53

〈북경대 新HSK 6급 듣기 공략〉과
함께라면
당신의 6급 듣기 고득점 취득이 쉬워집니다!
加油!

실전모의고사

第 一 部 分

第1-15题：请选出与所听内容一致的一项。

1. A 家里并没有狗
   B 妈妈很喜欢狗
   C 儿子说了谎话
   D 这家人想买只狗

2. A 洛阳很美
   B 刘禅很无能
   C 刘禅被蜀国深深吸引
   D 成语相当于"乐而忘返"

3. A 徐太太想骗把伞用
   B 徐太太昨天没带伞回家
   C 徐太太忘记了伞的样子
   D 徐太太昨天在小餐厅吃过饭

4. A 目标和理想很重要
   B 拥有尊严就能拥有一切
   C 尊严是用人格来衡量的
   D 坚强不屈的人才有尊严

5. A 香蕉的含糖量最高
   B 运动后必须吃香蕉
   C 吃香蕉可以补充体能
   D 运动员很喜欢吃香蕉

6. A 只有公平才让人满意
   B 任何时候公平都很重要
   C 不公平会使胜利者不甘心
   D 没有公平就不能开展竞赛

7. A 吃姜容易上火
   B 体质寒的可多吃姜
   C 多吃萝卜可以治病
   D 萝卜和姜是医生常用药方

8. A 遇旱灾通常舞火龙
   B 舞龙是官方活动
   C 舞龙通常在中秋节进行
   D 龙头和龙尾是竹子做的

9. A 空调病不好治
   B 夏天尽量不要吹空调
   C 感冒是空调病的一种
   D 不应该长时间在空调房里

10. A 古代的"衣"所指范围广
    B 上身穿的"衣"也叫元服
    C 古代头上戴的"衣"又叫"裳"
    D 古代的"衣"和现在的完全不同

11. A 《红楼梦》充满了雅趣

    B 《红楼梦》在世界上很有名

    C 《红楼梦》展现了现代文化

    D 《红楼梦》比万里长城更重要

12. A 老虎很勤劳

    B 人要学习蚂蚁的精神

    C 人要有目的地活着

    D 老虎做事通常是无目的的

13. A 此次共有13人获奖

    B 有三名最佳新秀候选人

    C 阿根廷队进入世界杯决赛

    D 南非足联公布了候选人名单

14. A 没有人知道山峰的高度

    B 珠穆朗玛峰在世界上最高

    C 以前测算的高度是错误的

    D 2005年3月首次登顶成功

15. A 他很受观众的喜爱

    B 他演过很多电视剧

    C 他最喜欢的职业是教师

    D 他是中国最著名的主持人

第 二 部 分

第16-30题：请选出有语病的一项。

16. A 比较完美
    B 表现很到位
    C 属于美学范畴
    D 是一个综合艺术

17. A 重现昆曲辉煌
    B 做观众爱看的戏
    C 让年轻观众了解昆曲
    D 让观众感受传统文化美

18. A 比较抽象
    B 是完美艺术
    C 具有文学底蕴
    D 把抒情诗表演出来

19. A 很累
    B 很简单
    C 不轻松
    D 智力游戏

20. A 喜欢用电脑写
    B 稿纸很有讲究
    C 可以在飞机上写
    D 一定要用钢笔写

21. A 是天生的
    B 舞蹈就是生活
    C 跳舞能表达感情
    D 家人都喜欢跳舞

22. A 孔雀很高贵
    B 孔雀的题材好
    C 孔雀的寓意很多
    D 孔雀舞能够吸引人

23. A 身材
    B 年龄
    C 动作敏捷
    D 坚持练习

24. A 很质朴
    B 比较辛苦
    C 要求很高
    D 追求高品质

25. A 能歌善舞
    B 很注重形态
    C 对自己要求很严格
    D 经过专业的舞蹈培训

26. A 头脑聪明
    B 坚持不懈
    C 机遇加努力
    D 设定远大目标

27. A 有个性
    B 球技好
    C 赛场上的表现
    D 多次获得冠军

28. A 名气太大
    B 工作不顺利
    C 社会太复杂
    D 别人的期待值高

29. A 鼓舞人心
    B 使人乐于奉献
    C 增强人民体质
    D 提高国家影响力

30. A 生活很轻松
    B 比较注重过程
    C 很看重冠军头衔
    D 觉得拿冠军很容易

第 三 部 分

第31-50题：请选出正确答案。

31. A 二十年
    B 五十年
    C 七十年
    D 九十年

32. A 说"我爱你"是很困难的
    B 人的相遇要花二十年的时间
    C 一个人一生要绕地球七十圈
    D 人相遇的可能性是千万分之一

33. A 要懂得珍惜
    B 人活着很不容易
    C 要善于观察和发现
    D 要学会统计和计算

34. A 表示祝福
    B 缓解身体不适
    C 使口语更加形象
    D 使仪态更大方得体

35. A 是一种辅助语言
    B 摸头发是表示为难
    C 弥补了口语的缺点
    D "V"字形手势表示胜利

36. A 手势语的产生
    B 手势语的特点
    C 手势语的用处
    D 手势语和口语的区别

37. A 笔、墨、书、画
    B 诗、书、纸、砚
    C 笔、墨、纸、砚
    D 诗、词、纸、笔

38. A 墨有多种颜色
    B 砚是用来磨墨的
    C 宣纸不容易吸墨
    D "笔"是指钢笔

39. A 陶砚
    B 石砚
    C 端砚
    D 瓷砚

40. A 书法的历史并不是很长
    B "徽墨"与"徽宣"都很有名
    C "文房四宝"已不常用了
    D "文房四宝"是收藏的热点

41. A 很胆小
    B 没带枪
    C 没有力气
    D 没有子弹了

42. A 摆脱了饿狼
    B 掉入了陷阱
    C 锯断了狼腿
    D 把狼打死了

43. A 要学会坚持
    B 选择很重要
    C 要善于思考
    D 生命是无价的

44. A 试卷没有做完
    B 担心成绩下降
    C 觉得自己不优秀
    D 总想发生过的事情

45. A 要处处小心
    B 要做好防范工作
    C 牛奶很容易打碎
    D 要忘掉所有的不愉快

46. A 预防很重要
    B 一切要向前看
    C 不要杞人忧天
    D 犯错是无法避免的

47. A 南方雨伞不好卖
    B 北方多阴雨天气
    C 北方的伞价格高
    D 南方雨伞物美价廉

48. A 天气
    B 价钱
    C 质量
    D 数量

49. A 降低了价格
    B 更换了名称
    C 进的货比较少
    D 重新购进了阳伞

50. A 要有眼光
    B 要三思而后行
    C 要换个角度思考
    D 一切要从实际出发

第 一 部 分

第1-15题：请选出与所听内容一致的一项。

1. A 车开得不快
   B 司机没有上车
   C 有乘客忘上车了
   D 追车子的人想找司机

2. A 吹竽很难学
   B 不要弄虚作假
   C 好货自然不便宜
   D 时间能够检验一切

3. A 邻居很讨厌
   B 张虎报警了
   C 邻居喜欢音乐
   D 张虎影响邻居休息

4. A 老太太被骗了
   B 律师不会赚钱
   C 老太太要付100元
   D 律师不想帮助老太太

5. A 西瓜可以美容
   B 西瓜不含矿物质
   C 西瓜的含水量很高
   D 西瓜比较容易消化

6. A 越沉默越好
   B 沉默没有力量
   C 沉默是一种技巧
   D 沉默就是不说话

7. A 臭豆腐的种类很多
   B 臭豆腐乳又叫御青方
   C 臭豆腐没有经过发酵
   D 臭豆腐制作方法大同小异

8. A 立秋后天气较为凉爽
   B 立秋就是真正进入秋天
   C 气象入秋后的气温比较低
   D 上海每年都是在9月初入秋

9. A 节约用水迫在眉睫
   B 北京的水资源丰富
   C 我国人均用水量不多
   D 我国水资源人均占有量很多

10. A 网络广告具有开放性
    B 网络广告具有强迫性
    C 网络广告比电视广告好
    D 网络广告属于传统广告

11. A 冰箱食物越少越费电
    B 可以通过关闭电源来省电
    C 冰箱在家电中耗电量最大
    D 冰箱里的食物不要集中放置

12. A 宝宝对食物很挑剔
    B 要控制宝宝吃甜食
    C 口味比较清淡的食物好
    D 宝宝喜欢口味重的食物

13. A 蜡染颜色很鲜艳
    B 蜡染是民间手工艺
    C 蜡染是一种印刷技艺
    D 杯子不能用蜡染制作

14. A 要积极乐观
    B 要多交朋友
    C 多个朋友多条路
    D 朋友会影响你的人生

15. A 他很有才华
    B 他的思想很保守
    C 他的学习成绩很好
    D 他的作品获过很多奖

第 二 部 分

第16-30题：请选出有语病的一项。

16. A 市场需要
    B 制作成本
    C 演员阵容
    D 构思是否独特

17. A 想出名
    B 觉得会赚钱
    C 年轻人喜欢后现代
    D 觉得《西游记》很精彩

18. A 有创意
    B 功夫一流
    C 是国际影星
    D 演技特别好

19. A 力求创新
    B 剧本很好
    C 运用特技
    D 内容新颖

20. A 很自信
    B 没有偶像
    C 不需要别人的帮助
    D 家人反对他进入影视圈

21. A 减少污染
    B 利润最大
    C 保证速度
    D 适应世界潮流

22. A 价格高
    B 成本低
    C 质量好
    D 污染少

23. A 消费理念
    B 消费水平
    C 环保理念
    D 产品价位

24. A 标准的制定
    B 标准的执行
    C 政府的态度
    D 居民的支持

25. A 风能
    B 光能
    C 地热
    D 微生物

26. A 心胸宽广
    B 知错能改
    C 绝不生气
    D 怨恨消失

27. A 伤害大
    B 不果断
    C 没有创新
    D 使人退步

28. A 喜欢挑战
    B 兴趣广泛
    C 希望有所突破
    D 对写作有帮助

29. A 很轻松
    B 灵感很重要
    C 知识面要广
    D 有苦更有乐

30. A 好奇心很强
    B 画画儿水平更高
    C 希望自己的书很畅销
    D 认为灵感要内外兼顾

第 三 部 分

第31-50题：请选出正确答案。

31. A 拥有学识和才华
    B 能揭示事情真相
    C 勇于取笑宗教政治
    D 能够控制谈话主题

32. A 幽默的人一定很聪明
    B 有学识的人往往很幽默
    C 善于交谈的人一定很幽默
    D 一切事物都可以用来幽默

33. A 怎样培养幽默
    B 什么才是幽默
    C 幽默的副作用
    D 幽默的注意事项

34. A 动作优美
    B 能锻炼身体
    C 相对易学
    D 是国际比赛项目

35. A 动作舒展柔和
    B 名字有哲学色彩
    C 有一定的哲学精髓
    D 太极图和动作都是圆的

36. A 动作很慢
    B 静是基本要求
    C 稳定重心是关键
    D 是一项老年人运动

37. A 很不容易
    B 坚持很重要
    C 不能先练单个动作
    D 首先要注意动作节奏

38. A 觉得它脏
    B 不想让猫发现
    C 怕妈妈不同意
    D 家里没有地方养

39. A 飞走了
    B 被吃掉了
    C 被猫藏起来了
    D 从鸟巢里掉了下来

40. A 要有爱心
    B 机会很重要
    C 凡事要自己做主
    D 作决定时不要犹豫

41. A 杯子档次高
    B 杯子很好用
    C 觉得会卖得很火
    D 认为杯子很完美

42. A 很贵
    B 不完美
    C 做工太粗
    D 设计不漂亮

43. A 降价
    B 退货
    C 做广告
    D 拿走不完美的盖子

44. A 习惯
    B 工作需要
    C 当地天气恶劣
    D 山上气温很低

45. A 是生活的积累
    B 能够预知未来
    C 让工人感到很惊奇
    D 是当地人特殊的本领

46. A 工具坏了
    B 工人不相信了
    C 失去了特殊能力
    D 天气一直都没有变化

47. A 工人很盲目
    B 土著故意欺骗工人
    C 土著的收音机是工人的
    D 天气预报不如土著本能准确

48. A 有益健康
    B 影响睡眠
    C 梦越多越好
    D 对身体没有好处

49. A 睡眠比较浅
    B 生活压力大
    C 作息没有规律
    D 大脑仍在活动

50. A 睡眠形式
    B 梦与睡眠
    C 人为什么会做梦
    D 人怎样才能不做梦

정답 및 풀이 – 해설서 p. 118

第 一 部 分

第1-15题：请选出与所听内容一致的一项。

1. A 医生要检查舌头
   B 病人要求开处方
   C 医生不想让病人说话
   D 医生叫病人再等五分钟

2. A 知识改变人生
   B 枣子是健康食品
   C 学习应由浅入深
   D 学知识重在消化吸收

3. A 售货员很生气
   B 小孩偷吃了果酱
   C 售货员分量没给足
   D 售货员不想和妇女争吵

4. A 画很便宜
   B 顾客不想买画
   C 画十年都没有卖出去
   D 这幅画画了很长时间

5. A 番茄是水果
   B 番茄可以美容
   C 番茄代表爱情
   D 西瓜中没有茄红素

6. A 传记的要求很严格
   B 传记要以事实为依据
   C 传记一般是历史题材的
   D 传记不能带作者的情感

7. A 蜂蜜容易被吸收
   B 蜂蜜的含糖量很高
   C 蜂蜜比牛奶更加营养
   D 蜂蜜是蜜蜂在花上采的蜜

8. A 机会偏爱聪明人
   B 机会靠自己创造
   C 机会往往有两面性
   D 机会只留给有准备的人

9. A 名牌月饼很贵
   B 月饼多以半价出售
   C 节前很少有人买月饼
   D 中秋节当天月饼卖得很火

10. A 恐怖小说最热销
    B 恐怖小说是低级阅读
    C 恐怖小说对青少年不利
    D 恐怖小说是对现实的反映

11. A 居民感到很意外
    B 雪下了半个小时
    C 看到下雪的人不多
    D 整个北京城都下雪了

12. A 减肥伤身体
    B 要坚持做运动
    C 运动对减肥最有效
    D 运动和控制饮食要相结合

13. A 彩色豆腐更容易消化
    B 彩色豆腐的原料是蔬菜
    C 彩色豆腐中加入了果汁
    D 彩色豆腐的制作方法简单

14. A 听音乐有助于康复
    B 听音乐有助于记忆
    C 边听音乐边记忆效率差
    D 听不喜欢的音乐影响情绪

15. A 他感到很自豪
    B 他打破了世界纪录
    C 他是100米世界冠军
    D 他的纪录保持了多年

第 二 部 分

第16-30题：请选出有语病的一项。

16. A 想成功转型
    B 想当企业家
    C 拥有自己的品牌
    D 为体育事业做贡献

17. A 教他体操
    B 教他做人
    C 教他知识
    D 教他学习

18. A 幻想
    B 白日梦
    C 生活理想
    D 企业发展目标

19. A 不断开发市场
    B 让所有人都满意
    C 成为中国顶尖品牌
    D 缩小与世界名牌的差距

20. A 热情
    B 坚强
    C 好奇心
    D 想象力

21. A 迎难而上
    B 行事比较果断
    C 能够解决问题
    D 拍摄方式很特别

22. A 是交流的对象
    B 编写剧本的人
    C 作用比导演要大
    D 是导演怀疑的对象

23. A 悲惨的事情
    B 简单的故事
    C 感人的事情
    D 人物内心感情

24. A 那个时代故事多
    B 那个时代的电影少
    C 想表现那个时代的人
    D 对那个时代比较熟悉

25. A 情绪很低落
    B 故事比较完整
    C 大部分是悲剧
    D 结局多是开放的

26. A 市场
    B 政府
    C 国有企业
    D 民营企业

27. A 管理要规范
    B 为产品找出路
    C 调整资源价格
    D 加大市场监管力度

28. A 降低自己要求
    B 加大企业的管理
    C 要给工人涨工资
    D 给工人社会保障

29. A 放开价格
    B 改变观念
    C 改革企业
    D 构造经济主体

30. A 受老师影响
    B 家庭要求的
    C 对经济学有益
    D 想提高自身素养

第 三 部 分

第31-50题：请选出正确答案。

31. A 枪很新
    B 枪很神奇
    C 枪可以吓人
    D 它喜欢打枪

32. A 想去逗人玩
    B 想用枪打人
    C 想征服人类
    D 厌烦了山林生活

33. A 做事要抓关键
    B 骄傲导致失败
    C 不要盲目自大
    D 武力不是万能的

34. A 1年
    B 2年
    C 3年
    D 4年

35. A 扩大销量
    B 提高价格
    C 更改设计
    D 开发新产品

36. A 要尊重消费习惯
    B 要狠抓产品质量
    C 要多听取别人意见
    D 要善于打破常规思维

37. A 省事
    B 安全
    C 舒服
    D 速度快

38. A 狗很懒惰
    B 狗很愚蠢
    C 狼很强壮
    D 狼的脑容量大

39. A 比狗勇敢
    B 天生比狗聪明
    C 脑容量比狗小
    D 更懂得生存之道

40. A 狗的缺点
    B 狼的特点
    C 狼和狗的相似点
    D 狼更聪明的原因

41. A 可以自愈
　　 B 能够转化为快乐
　　 C 有一半属于现在
　　 D 都不会真正发生

42. A 无法忍受
　　 B 认真对待
　　 C 漠不关心
　　 D 积极乐观

43. A 烦恼的坏处
　　 B 烦恼的种类
　　 C 人为什么会烦恼
　　 D 怎样才能摆脱烦恼

44. A 很凶猛
　　 B 什么都不怕
　　 C 一直都很兴奋
　　 D 花两天把空间巡视一遍

45. A 特别谨慎
　　 B 没有好奇心
　　 C 习惯了新生活
　　 D 能够储备粮食

46. A 压力
　　 B 竞争
　　 C 能力
　　 D 心态

47. A 没有攻击性
　　 B 没有想象中恐怖
　　 C 对人并没有威胁
　　 D 是不能够触摸的

48. A 不要动
　　 B 给它食物
　　 C 快速逃跑
　　 D 不要害怕

49. A 水波
　　 B 视觉
　　 C 触觉
　　 D 心脏感应波

50. A 要学会观察
　　 B 要善于突破自我
　　 C 不要被假象所迷惑
　　 D 遇到危险要保持镇定

정답 및 풀이 – 해설서　p. 141

第 一 部 分

第1-15题：请选出与所听内容一致的一项。

1. A 这个旅馆总是住不满
   B 最近住旅馆的人变少了
   C 这个旅馆的生意不太好
   D 这个旅馆能住三十多人

2. A 洗手液起不到清洁作用
   B 手上的灰尘应用肥皂洗净
   C 应同时使用洗手液和肥皂
   D 肥皂的清洁作用来自酒精

3. A 有的鱼儿听不到声音
   B 所有的鱼儿都会"说话"
   C 人类对水下世界很了解
   D 水下世界的声音很丰富

4. A 路上站着两个警察
   B 路上站着四个警察
   C 孩子的视力不太好
   D 孩子的父亲喝醉了

5. A 面试当天要准时到达
   B 要提前与面试官沟通
   C 要提前察看面试地点
   D 合适的服装有助于放松

6. A 民歌以爱情歌曲为主
   B 民歌体现了民族特色
   C 民歌的作者都没有名气
   D 民歌是流行歌曲的一种

7. A 发音人应是非教师职业
   B 发音人应从未到外地生活
   C 发音人包括两个年龄阶段
   D 对发音人的父母没有限制

8. A 病人很害怕做手术
   B 护士鼓励病人要勇敢
   C 病人觉得自己没生病
   D 病人担心医生的医术

9. A 酸奶类饮料是酸奶的一种
   B 酸奶类饮料中没有牛奶成分
   C 酸奶类饮料不如酸奶有营养
   D 酸奶类饮料不利于身体健康

10. A 中国茶馆出现于汉代
    B 茶馆反映了当地的文化特征
    C 现代茶馆主要是为行人解渴
    D 茶馆展现了中国的饮食文化

11. A 精通英语才能上网
  B 中老年人不喜欢上网
  C 上网冲浪会越来越复杂
  D 未来可以通过电视上网

12. A 免费政策主要面向贫困学生
  B 免费政策限于义务教育阶段
  C 义务教育阶段只收取课本费
  D 所有教科书将实现循环使用

13. A 深色衣服容易反射光线
  B 蚊子都爱在晚间出来活动
  C 穿浅色衣服的人不会被叮咬
  D 穿深色衣服的人更吸引蚊子

14. A 秧歌舞是一种民间舞蹈
  B 秧歌舞是一种单人舞蹈
  C 秧歌舞不表现现实生活
  D 秧歌舞主要在舞台上表演

15. A 牛奶不应空腹饮用
  B 牛奶能帮助胃部消化
  C 牛奶不适合在早上喝
  D 牛奶的营养很难被吸收

第 二 部 分

第16-30题：请选出有语病的一项。

16. A 是搜索公司
    B 只向企业收费
    C 提供企业宣传
    D 没有游戏、短信

17. A 领导者很专心
    B 工作条件优越
    C 企业很有竞争力
    D 与中国紧密联系

18. A 热爱中国
    B 办事灵活
    C 做中文搜索
    D 领导者在中国

19. A 文科太难
    B 喜欢竞争
    C 理科有意思
    D 学理科的人多

20. A 出生在农村
    B 父母是工人
    C 从小成绩优秀
    D 是最大的孩子

21. A 在中国办企业
    B 刚开始办企业
    C 企业文化得到关注
    D 企业文化真正成型

22. A 会理性分析
    B 熟悉价格调整
    C 熟悉研发和技术
    D 对市场保持敏感

23. A 控制利润
    B 懂得放弃
    C 重视企业文化
    D 讲求效率和公平

24. A 资金不足
    B 供应过剩
    C 竞争残酷
    D 破坏企业文化

25. A 富有预见性
    B 房地产出身
    C 参与政府决策
    D 重视企业创造性

26. A 经验丰富
    B 了解百姓需求
    C 热爱电影事业
    D 资金较为充裕

27. A 有钱人很多
    B 国家很发达
    C 市场已经成熟
    D 贫富差距拉大

28. A 出名
    B 快乐
    C 挑战性
    D 收入高

29. A 有明星参加
    B 有叙述技巧
    C 像生产产品
    D 符合经济规律

30. A 票房
    B 投资
    C 国情
    D 先富阶层

第 三 部 分

第31-50题：请选出正确答案。

31. A 天鹅很美丽
    B 天鹅很温顺
    C 从来没有客人
    D 岛上没有小动物

32. A 树上
    B 水里
    C 窝里
    D 屋内

33. A 飞向南方
    B 飞回北方
    C 全都死了
    D 到处找老夫妇

34. A 天鹅找不到目的地
    B 天鹅过于依赖老夫妇
    C 老夫妇不让天鹅离开
    D 老夫妇被子女接走了

35. A 大鱼都怕它
    B 身上有吸盘
    C 牙齿很厉害
    D 喜欢吃鱼肉

36. A 很凶猛
    B 味觉很灵
    C 能电死大鱼
    D 能从鱼肚里逃生

37. A 弱小的鱼种类
    B 弱小的鱼的生活习性
    C 弱小的鱼的特殊器官
    D 鲨鱼是怎样保护自己的

38. A 总是丢书
    B 书太多了
    C 员工偷书
    D 生意不好

39. A 看到了商机
    B 书商订了大量的货
    C 书店老板是他的朋友
    D 自己出版社的书卖得很火

40. A 要善于观察
    B 做事要细心
    C 努力就会有收获
    D 逆向思维也能成功

41. A 吃亏精神
    B 要多合作
    C 看准商机
    D 信任别人

42. A 赚钱方法
    B 做人道理
    C 乐观性格
    D 学会独立

43. A 厚道
    B 忍耐
    C 毅力
    D 拼搏

44. A 没有进步
    B 难以坚持
    C 缺乏耐心
    D 没有时间练字

45. A 多练
    B 用好纸
    C 用好毛笔
    D 不要打草稿

46. A 学会变废为宝
    B 机遇至关重要
    C 心态决定成败
    D 成功贵在坚持

47. A 艺术家
    B 思想家
    C 学问家
    D 哲学家

48. A 自己一无是处
    B 没有老师指点
    C 学业停滞不前
    D 各方面都很差

49. A 没长性
    B 很诚实
    C 特别好强
    D 悟性很低

50. A 要学会放弃
    B 多虚心请教
    C 要有自信心
    D 要给自己压力

第 一 部 分

第1-15题：请选出与所听内容一致的一项。

1. A 富人非常小气
   B 富人很感激穷人
   C 穷人不应该救富人
   D 富人是被推到河里的

2. A 小孩儿很容易得感冒
   B 孩子们都不喜欢喝鸡汤
   C 鸡汤能减轻咳嗽的症状
   D 鸡汤对治疗感冒有好处

3. A 新能源飞机的成本比较高
   B 新能源飞机刚刚开始研究
   C 新能源飞机已经投入市场
   D 新能源飞机不排放二氧化碳

4. A 收集者很喜欢那只猫
   B 这个小店是家古董店
   C 那个旧盘子卖了20元
   D 收集者没买到那个旧盘子

5. A 租房要注意陷阱
   B 租房会降低生活质量
   C 有的房主喜欢乱涨价
   D 有的房主只出租客厅

6. A 传统出版业比较落后
   B 传统出版业已经被取代
   C 数字出版业要注重内容
   D 技术对数字出版业最重要

7. A 电动汽车比传统汽车好用
   B 电动汽车将使用新型能源
   C 消费者最看重汽车的价格
   D 政府鼓励电动汽车降价销售

8. A 学生考试得了满分
   B 学生考试得了64分
   C 学生想用钱贿赂教授
   D 教授没有收学生的钱

9. A 撒谎很容易被人察觉出来
   B 撒谎者的表情会发生变化
   C 撒谎者回答问题的速度很慢
   D 测谎仪能测出人是否在撒谎

10. A 每个川剧人物都会变脸
    B 变脸是川剧独有的特技
    C 变脸反映人物内心的变化
    D 川剧主要在四川省内流行

11. A 新人要尽力表现自己
    B 个人努力在工作中没有用
    C 员工的角色和学生不一样
    D 学生时代的经验是错误的

12. A 新家电的价格比较高
    B 消费者更愿意租家电
    C 家电租赁存在安全隐患
    D 家电租赁主要出租新家电

13. A 刚吃完饭尽量不要活动
    B 刚吃过饭应该睡一会觉
    C 饭后散步是最好的选择
    D 吃完饭可以从事脑力劳动

14. A 拉萨的日照很强
    B 拉萨的夏天很热
    C 春天是拉萨的雨季
    D 夏天不要到拉萨旅游

15. A 鸡蛋中含有有毒物质
    B 鸡蛋吃多了也没有关系
    C 鸡蛋中的蛋白质不易消化
    D 吃鸡蛋时最好多补充水分

第 二 部 分

第16-30题：请选出有语病的一项。

16. A 娱乐化
    B 传奇化
    C 讲收藏
    D 讲理念

17. A 更正规
    B 讲人物
    C 讲故事
    D 讲知识

18. A 文学知识
    B 收藏经历
    C 文化背景
    D 文物故事

19. A 男的喜欢引经据典
    B 引经据典的效果好
    C 以往的节目偏引经据典
    D 引经据典是节目的要求

20. A 文物应该捐出去
    B 在收藏中发现文化乐趣
    C 反对为了投资而进入收藏
    D 收藏应该与文化共同进步

21. A 写故事的
    B 办网站的
    C 开银行的
    D 办小企业的

22. A 响亮好记
    B 全世界发音相同
    C 希望可以发大财
    D 人物的形象良好

23. A 了解网络知识
    B 受到怀疑和否定
    C 互联网在中国兴起
    D 从计算机专业毕业

24. A 收费形式
    B 收费数量
    C 服务对象
    D 服务宗旨

25. A 更容易赚到钱
    B 符合中国人习惯
    C 中小企业提出的
    D 符合行业的规定

26. A 商人不适合教书
    B 老师从商有优势
    C 商人要向老师学习
    D 符合中国传统观念

27. A 提供收费的依据
    B 吸引学生前来就读
    C 促进教学质量的提高
    D 平衡学生和学校利益冲突

28. A 是一种商业行为
    B 老师就应该上课
    C 学费并不是前提
    D 应该遵循中国传统

29. A 使新东方失去活力
    B 男的希望对手强大
    C 会给自己带来不利
    D 有超过新东方的可能

30. A 教学形式单一
    B 资金和力量不足
    C 进入新领域有困难
    D 在大城市缺乏竞争力

第 三 部 分

第31-50题：请选出正确答案。

31. A 头部
    B 尾部
    C 肚皮下
    D 身体中间部位

32. A 灵敏度
    B 营养大餐
    C 进化的准备
    D 捕捉食物的信息

33. A 有待保护
    B 没有听觉
    C 心脏很小
    D 适应能力强

34. A 瓶口特别小
    B 够不着樱桃
    C 手伸不进去
    D 拳头比瓶口大

35. A 猴子
    B 猎人
    C 路人
    D 卖水果的

36. A 中枪了
    B 没有力气
    C 手被卡住了
    D 掉到陷阱里了

37. A 松开了手
    B 使劲儿甩瓶子
    C 把瓶子打破了
    D 瓶子自动脱落

38. A 做画展
    B 想做宣传
    C 比较好卖
    D 让行人评判

39. A 画没有卖出
    B 朋友笑话他
    C 很少有人看他的画
    D 行人觉得他的画很差

40. A 要有眼光
    B 自信很重要
    C 不要在意他人的评价
    D 要善于发现积极的一面

41. A 很小气
　　B 不爱交际
　　C 脾气很怪
　　D 想法很奇怪

42. A 让父亲打他
　　B 让父亲开导他
　　C 让父亲惩罚他
　　D 让父亲更好地了解他

43. A 很生气
　　B 很骄傲
　　C 批评了他
　　D 表扬了他

44. A 力气大
　　B 温度高
　　C 使用率高
　　D 不易起皱

45. A 构成很复杂
　　B 手部神经很脆弱
　　C 手骨骼不易弯曲
　　D 泡在水里容易出汗

46. A 听力不好
　　B 记话能力强
　　C 使用频率低
　　D 识别声音能力强

47. A 手的趣闻
　　B 身体的秘密
　　C 人体的不和谐
　　D 人体的"左右法则"

48. A 住在湖边
　　B 不喜欢宠物
　　C 很有生意头脑
　　D 对鹅卵石很有研究

49. A 比较吉祥
　　B 便宜又实惠
　　C 宣传做得好
　　D 市场上很少见

50. A 发财要靠运气
　　B 不要怨天尤人
　　C 创意带来财富
　　D 机会对每个人都很公平

해설서

刘云 외 지음 · 한선영 해설

동양books

지은이 | 刘云 외

해설 | 한선영

발행인 | 김태웅

총괄 | 권혁주

기획 | 조희준

책임편집 | 한지순, 최미진

편집 | 유재민, 도진경, 연윤영

표지디자인 | 박서현

내지디자인 | 이호영

마케팅 | 조도현, 정상석, 서재욱, 장영임,
　　　　김귀찬, 왕성석, 김철영

제작 | 현대순

발행처 | 동양북스

등록 | 제 10-806호(1993년 4월 3일)

주소 | 서울시 마포구 서교동 463-16호 (121-842)

전화 | (02)337-1737

팩스 | (02)334-6624

웹사이트 | http : //www.dongyangbooks.com
　　　　　http : //www.dongyangTV.com

ISBN 978-89-8300-875-6 14720
　　　978-89-8300-874-9 (세트)

刘云 主编 2011年

本作品原由北京大学出版社出版。韩文版经由北京大学出版社授权DongYang Books
于全球独家出版发行，保留一切权利。未经书面许可，任何人不得复制、发行。

이 책의 한국어판 저작권은 북경대학출판사와의 독점 계약으로 동양북스에 있습니다.
신저작권법에 의해 한국 내에서 보호를 받는 저작물이므로 무단 전재와 복제를 금합니다.

정답 및 해설

제1부분 단문 듣고 판단하기

연습문제 1 .... p.18

정답 1 A 2 D 3 B 4 D 5 B

01

一位太太看到一个乞讨的瘸子，拿出几个硬币给他，并同情地说：“你的腿有毛病，一定不好受，如果是瞎子，肯定更可怜。”“没错，太太。”乞丐说：“我从前扮瞎子时，常常收到假币。”

A 太太被乞丐骗了
B 乞丐是一个瘸子
C 乞丐以前是一个瞎子
D 太太给乞丐的是假币

한 부인이 구걸을 하고 있는 절름발이를 보고, 몇 개의 동전을 꺼내주며 말했다. “당신은 다리가 불편해서 참 힘들겠군요. 만약 시각장애인이었다면 더 불쌍했을 거예요.” “맞아요. 부인.” 거지가 말했다. “이전에 시각장애인인 척 했을 때는 늘 가짜 돈을 받았거든요.”

A 부인은 거지한테 속았다
B 거지는 절름발이다
C 거지는 이전에 시각장애인이었다
D 부인은 거지에게 가짜 돈을 주었다

해설 거지가 이전에 시간장애인인 척 했다는 것은 거지가 항상 시각장애인인 척 하여 길거리를 지나는 사람들을 속였다는 것이다. 따라서 답은 A이다.

단어 太太 tàitai 몡 부인 [결혼한 여자에 대한 존칭] | 乞讨 qǐtǎo 통 구걸하다 | 瘸子 quézi 몡 절름발이 | 硬币 yìngbì 몡 동전 | 腿 tuǐ 몡 다리 | 毛病 máobìng 몡 병, 질병, 결함 | 瞎子 xiāzi 몡 시각장애인, 장님 | 乞丐 qǐgài 몡 거지 | 扮 bàn ～인 체하다, ～로 분장하다 | 假币 jiǎbì 몡 가짜 돈

02

空姐向乘客广播：“请大家扣好安全带。飞机马上就要起飞了。”飞机起飞后，喇叭里又传来空姐的声音：“请将安全带扣紧一些。很抱歉地告诉大家，今天我们忘记将早餐运上飞机了。”

A 乘客在等飞机
B 飞机出了事故
C 飞机在中午起飞
D 空姐犯了错误

한 스튜어디스가 승객에게 안내 방송을 했다. “여러분, 안전벨트를 매주십시오. 비행기가 곧 이륙합니다” 비행기가 이륙하자, 스피커에서 또다시 스튜어디스의 목소리가 들려왔다. “안전벨트를 더 꽉 조여주십시오. 여러분, 죄송합니다. 오늘 저희가 아침 식사를 비행기에 싣는 걸 깜빡했습니다.”

A 승객들이 비행기를 기다리고 있다
B 비행기에 사고가 났다
C 비행기는 점심에 이륙한다
D 스튜어디스가 실수를 저질렀다

해설 마지막 문장에서 스튜어디스가 아침을 챙기지 못한 것을 알 수 있다. 또 안전벨트를 꽉 매달라는 것은 먹을 것이 없으니, 안전벨트를 더 꽉 매 허리를 조이라는 의미이다. 따라서 답은 D이다.

단어 空姐 kōngjiě 몡 스튜어디스 (空中小姐) | 乘客 chéngkè 몡 승객 | 广播 guǎngbō 통 방송하다 | 扣 kòu 통 (벨트를) 매다, 채우다 | 扣紧 kòujǐn 꽉 조여매다 | 安全带 ānquándài 몡 안전벨트 | 起飞 qǐfēi 통 이륙하다 | 喇叭 lǎba 몡 확성기 [확성작용을 하는 나팔모양의 물건], 스피커 | 抱歉 bàoqiàn 통 미안하게 생각하다 | 忘记 wàngjì 통 깜빡하다, 잊어버리다 | 早餐 zǎocān 몡 아침 식사

03

小赵最近老失眠，就请医生给他开了点安眠药。周日晚上，他吃了安眠药，结果早上闹钟没响就醒了。到办公室后，小赵告诉老板："今天闹钟没响我就起床了。" 老板怒吼道："很好啊，可你周一、周二哪儿去了？"

요즘 샤오짜오는 계속 잠을 이루지 못해, 결국엔 의사선생님께 수면제를 처방받았다. 일요일 저녁 수면제를 먹고 잠이 든 샤오짜오는 아침에 자명종이 울리지 않았는데도 일어났다. 사무실에 간 샤오짜오는 사장님께 말했다. "오늘은 자명종이 울리지도 않았는데 일어났어요!" 사장님이 매우 화를 내며 소리쳤다. "잘됐군, 그런데 월요일, 화요일에는 어딜 갔었나?"

A 小赵的闹钟坏了
B 小赵连着睡了两天
C 老板喜欢乱发脾气
D 小赵的失眠没有治好

A 샤오짜오의 자명종은 고장 났다
B 샤오짜오는 이틀 동안 연속으로 잤다
C 사장님은 무턱대고 화를 낸다
D 샤오짜오의 불면증은 치료되지 않았다

해설 일요일 저녁에 수면제를 먹었고, 사장님이 화를 내며 "월요일, 화요일에는 어딜 갔었나?"라는 말에서 샤오짜오가 월요일, 화요일 이틀간 회사에 출근하지 않고, 잠을 잤음을 추측할 수 있다. 따라서 답은 B이다.

단어 失眠 shīmián 图 잠을 이루지 못하다 | 开 kāi 图 (처방전을) 쓰다, 처방을 해주다 | 安眠药 ānmiányào 图 수면제 | 闹钟 nàozhōng 图 자명종 | 响 xiǎng 图 울리다 | 醒 xǐng 图 깨어나다 | 办公室 bàngōngshì 图 사무실 | 起床 qǐchuáng 图 일어나다 | 怒吼 nùhǒu 图 분노하다, 포효하다

04

小王对他的老板说："明天我得帮我太太干一些打扫房子的重活，想请一天的假。" 老板回答："抱歉，我不能准你放假，我们人手不够。" 小王高兴地说："谢谢，老板，我知道这事指望您准成。"

샤오왕이 사장님에게 말했다. "내일 제 아내를 도와 힘든 집 청소를 해야 해서, 하루 휴가를 내려고 하는데요" 사장님이 대답했다. "미안하지만 휴가를 줄 수 없네. 우리 일손이 부족하거든" 그러자 샤오왕이 기뻐하며 말했다. "고맙습니다. 사장님, 사장님께서 그렇게 말해줄 거라고 기대하고 있었어요!"

A 小王对他的老板很不满
B 小王希望老板准他放假
C 小王想给不上班找个借口
D 小王不想帮妻子打扫房子

A 샤오왕은 그의 사장에게 불만이 있다
B 샤오왕은 사장님이 휴가를 주길 바란다
C 샤오왕은 출근하지 않는 것에 핑계를 찾고 있다
D 샤오왕은 아내를 도와 집 청소하는 것을 원하지 않는다

해설 사장님이 휴가를 줄 수 없다고 하자, 샤오왕은 오히려 기뻐한다. 또 마지막 문장에서 샤오왕은 사장님이 휴가를 주지 않길 바라고 있다는 것을 알 수 있다. 이것으로 샤오왕이 아내를 도와서 집 청소할 생각이 없다는 것을 알 수 있으므로 답은 D이다.

단어 得 děi 区图 ~해야 한다 | 反而 fǎn'ér 图 오히려, 역으로 | 帮 bāng 图 돕다 | 太太 tàitai 图 부인 [결혼한 여자에 대한 존칭] | 打扫 dǎsǎo 图 청소하다, 치우다 | 房子 fángzi 图 집 | 重活 zhònghuó 图 힘든 일, 중노동 | 请假 qǐngjià 图 휴가를 받다, 휴가를 신청하다 | 抱歉 bàoqiàn 图 미안하게 생각하다 | 准 zhǔn 图 꼭, 반드시 | 放假 fàngjià 图 휴가로 쉬다 | 人手 rénshǒu 图 일손 | 不够 búgòu 图 부족하다, 모자라다 | 指望 zhǐwàng 图 기대하다, 꼭 믿다

05

将军发现他手下一名士兵行为古怪，他会捡起自己找到的每张纸，皱皱眉说"不是它。"然后把它放下。这样持续了一段时间后，将军认定士兵神经错乱，就给他开了张退伍证明。士兵拿起证明笑着说："就是它。"

A 士兵的精神不太正常
B 士兵想早点退伍回家
C 士兵向将军提出要退伍
D 士兵要找一张重要的纸

장군은 자신이 지도하고 있는 한 사병의 행동이 이상한 것을 발견했다. 그 사병은 발견한 종이를 한 장씩 주우며, 눈살을 찌푸리고 말했다. "이게 아니잖아." 이런 행동이 계속되자, 장군은 사병의 정신에 문제가 있다고 결론짓고, 그에게 퇴역 증명서를 써주었다. 그러자 사병은 웃으며 말했다. "바로 이거야."

A 사병의 정신은 정상이 아니다
B 사병은 일찍 제대하고 싶어한다
C 사병은 장군에게 제대하고 싶다고 했다
D 사병은 중요한 종이를 찾고 있다

해설 사병은 계속 종이를 찾고 있다가 장군이 퇴역증명서를 주자 "바로 이거야"라고 말했다. 여기서 사병이 일찍 제대하려고 일부러 이상한 행동을 한 것임을 알 수 있다. 따라서 답은 B이다.

단어 将军 jiāngjūn 명 장군 | 手下 shǒuxià 명 수하, 지도하 | 士兵 shìbīng 명 사병 | 行为 xíngwéi 명 행동, 행위 | 古怪 gǔguài 형 이상하다, 기이하다 | 捡 jiǎn 통 줍다 | 皱皱眉 zhòuzhòuméi 눈살을 찌푸리다 | 持续 chíxù 통 지속하다 | 认定 rèndìng 통 인정하다, 굳게 믿다 | 神经错乱 shénjīng cuòluàn 명 정신 이상, 정신 착락 | 开 kāi 통 기술하다, (서류를) 작성하다 | 退伍 tuìwǔ 통 제대하다, 퇴역하다

연습문제 2

p.20

정답 1 C 2 A 3 A 4 A 5 B

01

邮轮旅游被游客认为是目前最轻松、自由、休闲的旅游方式——不必担心旅途疲劳，即使是在路上，也可以随时享受阳光、大海、泳池和各国美食，船上的电影和各类讲座让人挑花眼，其价格也比较平民化。

A 邮轮旅游大受中国游客欢迎
B 邮轮旅游的价格相对较高
C 邮轮上安排了各种娱乐活动
D 邮轮旅游的日程安排比较紧

많은 관광객이 크루즈 관광을 가장 편하고, 자유롭게 여가를 즐길 수 있는 여행 방법이며, 여정으로 인한 피로를 걱정할 필요가 없는 여행이라고 생각한다. 여행 도중이라도, 언제든지 햇살과 바다, 수영 시설 및 각국의 맛있는 음식을 즐길 수 있으며, 배 안에서는 영화와 각종 강의로 즐겁게 쉴 수 있는데다 가격 역시 비교적 저렴하기 때문이다.

A 크루즈 관광은 중국인 관광객들에게 인기가 있다
B 크루즈 관광의 가격은 비교적 비싸다
C 배에서 각종 여가 활동을 즐길 수 있다
D 크루즈 관광의 일정은 비교적 빡빡하다

해설 지문에서 크루즈 여행에서 즐길 수 있는 것에 대해 여러 가지를 언급하고 있으므로 답은 C이다.

단어 邮轮 yóulún 명 여객선 | 旅游 lǚyóu 명 여행, 관광 | 游客 yóukè 명 관광객 | 休闲 xiūxián 동 여가 활동을 하다 | 旅途 lǚtú 명 여행 일정, 여정 | 即使 jíshǐ 접 설사 ~라 하더라도 | 随时 suíshí 부 언제나, 아무때나 | 享受 xiǎngshòu 동 누리다, 즐기다 | 泳池 yǒngchí 명 수영장, 풀(pool) | 讲座 jiǎngzuò 명 강의, 강좌 | 挑花眼 tiāohuāyǎn 매료시키다

02

态度就像磁铁，我们的思想总是受到它的吸引。虽然我们无法调整环境来完全适应自己的生活，但可以调整态度来适应一切的环境。我们的生活并不是全部由生命中所发生的事所决定，而是由面对生命的态度与心灵看待事情的态度来决定。

A 态度决定我们的生活
B 思想像磁铁一样吸引着我们
C 我们可以改变环境适应生活
D 生命中发生的事情决定态度

태도는 마치 자석과 같아서 우리의 생각은 늘 태도의 이끌림을 받는다. 비록 우리는 환경을 바꿔 우리의 생활에 맞출 수 없지만, 태도를 바꿔서 모든 환경에 적응할 수는 있다. 우리의 생활은 결코 삶에서 나타나는 일에 의해 결정되는 것이 아니며, 삶에 대한 태도와 마음으로 사물을 보는 태도에서 결정된다.

A 태도가 우리의 생활을 결정한다
B 사상은 자석처럼 우리의 삶을 이끈다
C 우리는 환경을 바꿔 생활에 적응할 수 있다
D 삶에서 발생하는 일들이 태도를 결정한다

해설 이 지문에서는 전환의 의미를 가지고 있는 두 개의 문장을 주의해서 들어야 한다. 왜냐하면 문제의 열쇠가 있는 부분이기 때문이다. "但……"의 문장과 "而是……" 문장이 바로 정답과 관련이 있는데, 이 두 문장을 통해 태도가 우리의 생활을 결정한다는 것을 알 수 있으므로 답은 A이다.

단어 态度 tàidu 명 태도 | 磁铁 cítiě 명 자석 | 思想 sīxiǎng 명 생각, 사상 | 吸引 xīyǐn 동 끌어당기다, 유인하다 | 调整 tiáozhěng 동 조절하다, 조정하다 | 适应 shìyìng 동 적응하다 | 由……所决定 yóu ~suǒ juédìng ~이 결정하다 | 不是 A 而是 B búshì A érshì B A가 아니라 B다 | 心灵 xīnlíng 명 마음, 정신

03

中国公共场所的声音，跟中国的美食一样丰富惊人。从学校播放的《运动员进行曲》，到孩子们的嬉闹声，到公园里老人们练太极拳的音乐。虽然外国人很难理解，但在中国人听来，这些声音充满了美好的生活气息。

A 中国的公共场所很热闹
B 外国人对这些声音很习惯
C 中国的公共场所充满噪音
D 公共场所不应该播放音乐

중국의 공공장소에서 들려오는 소리는 중국의 음식처럼 매우 다양하다. 학교에서 들려주는 「운동원 진행곡」에서부터 아이들이 떠들며 웃는 소리까지, 또 공원의 어르신들이 태극권을 연습할 때의 음악 소리에 이르기까지, 비록 외국인들은 이해할 수 없을지 몰라도, 중국인이 듣기에 이런 소리에는 행복함이 가득하다.

A 중국의 공공장소는 매우 활기차다
B 외국인들은 이런 소리에 이미 익숙하다
C 중국의 공공장소에는 소음이 많다
D 공공장소에서는 음악을 틀어서는 안 된다

해설 중국의 공공장소에서는 다양한 소리가 있다는 내용에서 공공장소가 매우 활기차다는 것을 알 수 있으므로 답은 A이다.

단어 公共场所 gōnggòng chǎngsuǒ 명 공공장소 | 声音 shēngyīn 명 소리 | 美食 měishí 명 맛있는 음식 | 惊人 jīngrén 동 사람을 놀라게 하다 | 播放 bōfàng 동 방송하다 | 运动员进行曲 yùndòngyuán jìnxíngqǔ 명 운동원 진행곡 | 嬉闹声 xīnàoshēng 명 웃고 떠드는 소리 | 练 liàn 동 연습하다, 훈련하다 | 太极拳 tàijíquán 명 태극권 | 气息 qìxī 명 정신, 기백

04

每个人都有尊严，即使明明知道自己做错了事，内心深处也渴望别人能给自己留面子。所以，我们在批评别人时，应该尽量把话说得委婉一些，不伤害他人的自尊。这样，人们在接受我们意见的同时，还会心存感激。

A 批评别人不要太直接
B 很多人不愿承认错误
C 很多人批评别人太严厉
D 不要太看重自己的尊严

모든 사람은 존엄하다. 사람은 누구나 자신이 잘못을 저질렀음을 알아도, 속으로는 다른 사람이 자신의 체면을 봐주길 기대한다. 따라서 우리는 어떤 사람을 꾸짖을 때, 되도록 완곡한 표현을 써야 하며, 타인의 자존심을 상하게 해서는 안 된다. 그러면 그 사람이 우리의 의견을 받아들이면서, 속으로는 고마워할 것이다.

A 다른 사람을 꾸짖을 때 단도직입적으로 말해서는 안 된다
B 많은 사람이 잘못을 인정하길 싫어한다
C 많은 사람들이 다른 사람을 매섭게 비판한다
D 자신의 존엄함을 너무 중시해서는 안 된다

해설 두 번째 문장에서 다른 사람을 비판할 때, 최대한 완곡한 표현을 써서 타인의 자존심을 상하게 해서는 안 된다고 언급하고 있으므로 정답은 A이다.

단어 尊严 zūnyán 혱 존엄하다 | 即使 jíshǐ 젭 설사 ~하더라도 | 明明 míngmíng 휀 분명히, 명백히 | 内心 nèixīn 몡 마음속 | 深处 shēnchù 몡 깊은 곳 | 渴望 kěwàng 동 바라다, 갈망하다 | 面子 miànzi 몡 체면 | 批评 pīpíng 동 비판하다, 꾸짖다 | 尽量 jǐnliàng 휀 되도록, 최대한 | 委婉 wěiwǎn 혱 (말이) 완곡하다 | 伤害 shānghài 동 해치다 | 自尊 zìzūn 몡 자존(심) | 感激 gǎnjī 동 감사하다

05

有调查显示，90%的肥胖者都是因为晚餐吃得太好。对上班族来说，常常是早餐不吃，午餐马虎，晚餐丰盛，但专家认为，正是这样的不良生活方式才导致了胖子们不断出现。

A 上班族经常不吃晚餐
B 晚餐不能吃得太丰盛
C 午餐应该吃得简单一点
D 90%的肥胖者不吃早餐

조사 결과에 따르면, 비만인 사람의 90%는 저녁을 너무 잘 먹기 때문인 것으로 나타났다. 직장인들은 항상 아침을 거르고, 점심은 대충 먹으며, 저녁을 많이 먹는다. 그러나 전문가들은 이런 잘못된 생활방식 때문에 비만인 사람이 계속 증가하고 있다고 말한다.

A 직장인들은 늘 저녁을 먹지 않는다
B 저녁은 너무 많이 먹지 않도록 한다
C 점심은 간단히 먹어야 한다
D 비만인 사람의 90%가 아침을 먹지 않는다

해설 첫 번째 문장과 마지막 문장에서 전문가가 말한 내용에 문제 해결의 열쇠가 있다. 비만인 사람의 90%가 저녁을 너무 많이 먹어서 비만이 되었으며, 전문가는 이런 생활방식이 비만의 원인이라고 말한다. 따라서 답은 B이다.

단어 调查 diàochá 동 조사하다 | 肥胖 féipàng 혱 뚱뚱하다 몡 비만 | 晚餐 wǎncān 몡 저녁 식사 | 上班族 shàngbānzú 몡 직장인, 회사원 | 早餐 zǎocān 몡 아침 식사 | 午餐 wǔcān 몡 점심 식사 | 马虎 mǎhu 혱 소홀하다, 건성건성 하다 | 专家 zhuānjiā 몡 전문가 | 不良 bùliáng 혱 좋지 않다, 불량하다 | 胖子 pàngzi 몡 뚱뚱한 사람, 비만인 사람

<table>
<tr><td>정답</td><td>1</td><td>C</td><td>2</td><td>D</td><td>3</td><td>B</td><td>4</td><td>B</td><td>5</td><td>C</td></tr>
</table>

01

很多人认为不渴就可以不用补水，专家告诉我们：并不是口渴时才需要喝水，当觉得口渴时表明身体已经是缺水的状态了，所以正确的喝水方式就是平常要多补充水分，等口渴才喝就来不及了。

많은 사람들이 목이 마르지 않으면, 수분을 보충할 필요가 없다고 생각한다. 하지만 전문가들은 갈증이 나지 않아도 물을 마셔야 하며, 갈증이 난다는 것은 이미 몸에 수분이 부족하다는 것을 의미한다고 말한다. 따라서 올바른 수분 섭취방법은 평상시에 수분을 자주 섭취하는 것이며, 갈증이 나서야 물을 마시면, 이미 늦은 것이다.

A 不渴时不要喝水
B 运动前不要多喝水
C 平时多喝水很重要
D 每天应该喝8杯水

A 목이 마르지 않으면, 물을 마실 필요가 없다
B 운동하기 전에는 물을 많이 마셔선 안 된다
C 평상시에 물을 마시는 것이 중요하다
D 매일 8잔의 물을 마셔야 한다

해설 지문의 뒷부분에서 올바른 수분 섭취방식을 설명하고 있는데, 평상시에 수분을 보충하라고 밝히고 있으므로 답은 C이다.

단어 渴 kě 형 목이 마르다, 갈증나다 | 补水 bǔshuǐ 통 수분을 보충하다 | 口渴 kǒukě 목타다, 갈증나다 | 表明 biǎomíng 통 나타내다 | 缺水 quēshuǐ 물(수분)이 부족하다 | 正确 zhèngquè 형 올바르다, 정확하다 | 来不及 láibují 늦다, 시간이 많지 않다

02

桂林位于广西东北部，它拥有甲天下的山水风光、悠久的历史文化、多彩的民族风情、一流的生态环境和独特的城市风貌。桂林是一个适合人类居住的城市，一个可以满足现代人多元化旅游需求的国际旅游城市。

꾸이린은 광시자치구 동북부에 있으며, 천하제일의 자연 경치와 유구한 역사문화, 다양한 민족의 모습뿐만 아니라, 최고의 생태환경과 독특한 도시 면모를 자랑하는 곳이다. 또한 꾸이린은 사람이 살기 좋은 도시이며, 현대인의 다양한 관광수요를 충족할 수 있는 국제 관광도시이기도 하다.

A 桂林的历史不长
B 桂林在广西南部
C 桂林经济比较落后
D 桂林是一个旅游城市

A 꾸이린의 역사는 길지 않다
B 꾸이린은 광시자치구 남부에 위치한다
C 꾸이린은 비교적 낙후된 도시다
D 꾸이린은 관광도시이다

해설 이 지문은 꾸이린을 소개하면서 꾸이린의 여러 특징을 설명하고 있다. 마지막 문장에서 꾸이린이 국제 관광도시라고 언급했으므로 답은 D이다.

단어 桂林 Guìlín 지명 꾸이린(계림) | 甲天下 jiǎtiānxià 천하제일이다 | 风光 fēngguāng 명 풍경, 경치 | 悠久 yōujiǔ 형 유구하다 | 多彩 duōcǎi 형 다채롭다, 다양하다 | 一流 yīliú 일류, 최고의 | 风貌 fēngmào 명 면모, 풍격 | 居住 jūzhù 통 거주하다, 살다 | 多元化 duōyuánhuà 형 다원화된, 다양한

洗脸用品只能清洁皮肤表面的脏东西，皮肤油脂分泌过多的问题，要通过调节皮肤的整体状态才能缓解改善，单靠洗脸是远远不够的。过于频繁的清洁不但会让皮肤更干燥，还会让出油情况更严重。

A 出油过多的问题无法解决
B 清洁皮肤的次数不能太多
C 洗脸能调节皮肤的整体状态
D 洗脸用品对清洁皮肤没有用

세안용품은 단지 피부의 표면에 있는 더러운 물질을 씻어낼 뿐이며, 지방분비가 과다한 문제는 피부의 전체적인 상태를 관리해야만 개선이 될 수 있는 것으로, 단지 세수만으로는 해결되지 않는다. 그러나 너무 과도하게 씻으면, 피부가 건조해질 뿐만 아니라, 지방분비가 더욱 심해질 수도 있다.

A 지나친 지방분비 문제는 해결할 수 없다
B 너무 자주 세수를 해서는 안 된다
C 세수를 하면 피부의 전체적인 상태를 관리할 수 있다
D 세안용품은 피부를 깨끗이 하는 데 효과가 없다

해설 세수를 너무 자주 하면, 피부가 더 건조해질 뿐 아니라, 지방분비가 더 많아질 수 있다고 언급하고 있으므로 답은 B이다.

단어 洗脸 xǐliǎn 통 세수하다, 얼굴을 씻다 | 清洁 qīngjié 통 깨끗이 하다 | 皮肤 pífū 명 피부 | 脏 zāng 형 더럽다 | 油脂 yóuzhī 명 지방, 유지 | 分泌 fēnmì 통 분비하다 | 条件 tiáojiàn 명 조건 | 调节 tiáojié 통 조절하다 | 缓解 huǎnjiě 통 완화하다 | 改善 gǎishàn 통 개선하다 | 单靠 dānkào 단지 ~만 의지하다, 단지 ~만 믿다 | 频繁 pínfán 형 빈번하다, 잦다 | 干燥 gānzào 형 건조하다 | 出油 chūyóu 통 지방이 분비되다

云南省省会昆明是云南省唯一的特大城市，也是中国西部第四大城市。全市常住人口629万，其中汉族占86.52%，各少数民族占13.48%。昆明是著名的"春城"，气候宜人，四季如春，市民的平均预期寿命长达76岁。

A 昆明的夏天很炎热
B 昆明市民比较长寿
C 昆明的城市规模不大
D 昆明以少数民族为主

윈난성 성도인 쿤밍은 윈난성의 유일한 대도시로, 중국 서부지역에서 네 번째로 큰 도시이다. 시 전체의 상주인구는 629만 명이며, 그 중 한족이 86.52%를 차지하고, 기타 소수민족이 13.48%를 차지한다. "봄의 도시"로 유명한 쿤밍은 기후가 온화하고, 사계절이 봄과 같아서, 시민의 평균 기대수명이 76세나 된다.

A 쿤밍의 여름은 매우 덥다
B 쿤밍 시민들은 장수하는 편이다
C 쿤밍의 도시 규모는 크지 않다
D 쿤밍은 소수민족이 주를 이룬다

해설 마지막 문장에서 시민의 평균 기대수명을 설명하면서 "长达"를 사용하였는데, 이는 '~나 된다'는 의미이다. 따라서 답은 B이다.

단어 云南 Yúnnán 지명 윈난(운남) | 省会 shěnghuì 명 성도, 성을 대표하는 도시 | 昆明 Kūnmíng 지명 쿤밍(곤명) | 唯一 wéiyī 형 유일한, 하나뿐인 | 常住人口 chángzhù rénkǒu 명 상주인구 | 汉族 hànzú 명 한족 | 著名 zhùmíng 형 유명하다, 저명하다 | 宜人 yírén 통 아주 좋다, 사람에게 좋은 느낌을 주다 | 四季 sìjì 명 사계절 | 预期寿命 yùqī shòumìng 명 기대수명 | 长达 chángdá 통 ~나 된다

05

发一份好简历，首先要在发简历的邮件标题上注明姓名、学校、专业和应聘职位。简历要简洁，一般在两页以内，并附上求职信。简历要美观，有基本个人信息，个人优势要用特殊字体突出显示。

A 简历最好写两页以上
B 简历的字体最重要
C 简历最好和求职信一起发
D 邮件标题应标明性别和年龄

좋은 이력서를 보내려면, 먼저 이력서를 넣은 우편물 상에 이름, 학교, 전공과 지원분야를 제목으로 적어야 한다. 이력서는 간결해야 하고, 일반적으로 두 페이지를 넘지 말아야 하며, 또한 자기소개서를 첨부해야 한다. 보기에 깔끔하고, 개인의 정보가 있어야 하며, 개인의 장점은 특별한 글씨체로 써서 잘 보이게 하는 것이 좋다.

A 이력서는 두 페이지 이상 쓰는 것이 가장 좋다
B 이력서의 글씨체가 가장 중요하다
C 이력서와 자기소개서를 함께 보내는 게 가장 좋다
D 우편물의 제목에 성별과 나이를 써야 한다

해설 지문에서 자기소개서를 첨부하라고 언급하고 있듯이, 이력서와 자기소개서는 함께 부쳐야 한다. 따라서 답은 C이다.

단어 发 fā 图 부치다, 보내다 | 简历 jiǎnlì 명 이력서 | 邮件 yóujiàn 명 우편물 | 标题 biāotí 명 표제, 제목 | 注明 zhùmíng 图 자세히 기술하다 | 应聘 yīngpìn 图 (채용공고 등에) 응하다 | 职位 zhíwèi 명 직위 | 简洁 jiǎnjié 형 (문장이) 간결하다 | 页 yè 양 페이지, 쪽 | 求职信 qiúzhíxìn 명 자기소개서 | 信息 xìnxī 명 정보 | 优势 yōushì 명 장점 | 字体 zìtǐ 명 글씨체 | 显示 xiǎnshì 图 뚜렷하게 나타내 보이다

연습문제 4

p.24

정답 1 C 2 A 3 D 4 B

01

"左撇子"是指惯用左手的人。大脑对手的控制是交叉的，右脑与抽象思维相关联，所以左撇子意味着他们的抽象思维比较发达。世界上左撇子名人数不胜数，他们向世界证明了开发右脑的重要性。

A 右脑管理形象思维
B 开发右脑就会成功
C 左撇子的右脑很发达
D 左撇子比一般人聪明

"왼손잡이"란 늘 왼손을 사용하는 사람을 말한다. 대뇌에서는 서로 반대쪽의 손을 관리하는데, 우뇌는 추상적 사고를 담당한다. 이는 왼손잡이들이 추상적인 생각을 비교적 잘한다는 것을 의미하는 것이다. 전 세계에 왼손잡이인 유명인사는 셀 수 없이 많은데, 그들은 전 세계에 우뇌 개발의 중요성을 보여주었다.

A 우뇌는 구체적인 사고를 관리한다
B 우뇌를 개발해야 성공할 수 있다
C 왼손잡이는 우뇌가 발달해 있다
D 왼손잡이는 보통사람보다 똑똑하다

해설 이 지문에서는 "왼손잡이"의 특징에 대해 소개하고 있다. 두 번째 문장에서 "우뇌는 추상적인 사고를 담당한다"고 언급하고 있으므로 A는 오답이다. B와 D는 모두 보기의 내용은 지문의 내용과 같지 않다. 지문에서는 우뇌 개발의 중요성을 언급했을 뿐, 우뇌를 개발해야 성공한다고 하지 않았다. 또 지문에서는 왼손잡이가 모두 보통사람보다 똑똑하다고 언급하지도 않았다. "왼손잡이"의 특징을 언급한 부분에서 답이 C임을 알 수 있다.

단어 | **左撇子 zuǒpiězi** 명 왼손잡이 | **指 zhǐ** 동 ~을 가리키다 | **惯用 guànyòng** 동 ~을 항상 사용하다 | **交叉 jiāochā** 동 교차하다, 엇갈리다 | **右脑 yòunǎo** 명 우뇌 | **抽象 chōuxiàng** 동 추상적이다 | **思维 sīwéi** 명 사고, 생각 | **意味着 yìwèizhe** ~을 의미하다 | **名人 míngrén** 명 유명한 사람, 명인 | **数不胜数 shǔbùshèngshǔ** (매우 많아서) 세려야 셀 수 없다 | **证明 zhèngmíng** 동 증명하다

02

随着人们生活节奏的日益加快，不少人发现吃渐渐从享受变成负担。**特别是很多年轻人，一日三餐经常就是胡乱吃吃。如今，这样的人被称为"两餐半人"。**

사람들의 생활 리듬이 빨라지면서, 점점 많은 사람들이 먹는 것을 즐거움이 아니라, 부담으로 여기게 되었다. **특히 많은 젊은이들은 하루 세 끼를 대강 때우고 있다.** 현재, 이런 사람들을 "량찬빤런(두 끼 반 인)"라고 부른다.

A 很多人吃饭很随便
B 很多人不喜欢吃饭
C 年轻人喜欢乱吃东西
D 不少人一天只吃两顿饭

A 많은 사람들이 끼니를 대강 때운다
B 많은 사람들이 밥 먹는 것을 싫어한다
C 젊은 사람들은 아무거나 막 먹는 것을 좋아한다
D 많은 사람들이 하루에 두 끼만 먹는다

해설 | 지문의 의미를 살펴보면 많은 사람들이 먹는 것에 부담을 느껴, 늘 대강 끼니를 때운 다는 것을 알 수 있고, 이런 사람들을 하루에 두 끼 반만 먹는다는 의미로 "량찬빤런"으로 부르는 것을 보아 답은 A이다.

단어 | **生活 shēnghuó** 명 생활 | **节奏 jiézòu** 명 리듬, 박자 | **加快 jiākuài** 동 빠르게 하다, 속도를 올리다 | **享受 xiǎngshòu** 명 즐거움, 즐김 | **负担 fùdān** 명 부담 | **年轻人 niánqīngrén** 명 젊은이 | **一日三餐 yīrì sāncān** 하루 세끼 | **胡乱 húluàn** 부 대충, 되는대로, 아무거나

03

现在有很多网友喜欢"交换游"，**即在网上找一位伙伴，去对方城市旅游由对方提供免费住所，一般是家或租住的房子。下次对方来自己的城市享受相同的待遇。这种旅游方式不仅省钱，还能增长见识，结交新朋友。**

현재 많은 네티즌들이 "교환여행"을 좋아한다. 즉, 온라인 상에서 파트너를 찾아, 파트너가 있는 도시에 가서 여행을 즐기는데, 이럴 때 파트너가 숙박을 무료로 제공해준다. 주로 일반 집이나, 임대해 거주하는 집에서 묵는다. 다음 번에는 파트너가 자신이 사는 도시에 와서 이와 같은 대접을 받는다. 이런 여행방법은 돈을 아낄 수 있을 뿐만 아니라, 견문을 넓힐 수도 있고, 새로운 친구를 사귈 수도 있다.

A 交换游伙伴相互间很熟悉
B 交换游伙伴要负责当导游
C 交换游伙伴要负担住宿费
D 交换游伙伴相互交换住处

A 교환여행의 파트너는 서로 잘 아는 사이이다
B 교환여행의 파트너는 여행가이드를 해야 한다
C 교환여행의 파트너는 숙박비를 부담해야 한다
D 교환여행의 파트너는 서로 묵는 곳을 교환한다

해설 | 온라인 상에서 파트너를 찾아, 파트너가 있는 곳으로 여행을 가면, 파트너가 무료로 숙박을 제공하는데, 다음 번에 자신이 사는 곳에 그 파트너가 오면, 똑같이 해준다고 했으므로 답은 D이다.

단어 | **网友 wǎngyǒu** 명 네티즌 | **交换 jiāohuàn** 동 교환하다, 바꾸다 | **即 jí** 동 곧 ~이다 | **网上 wǎngshàng** 인터넷 상에서, 온라인 상에서 | **伙伴 huǒbàn** 명 파트너 | **免费 miǎnfèi** 동 무료로 하다 | **住所 zhùsuǒ** 명 숙박소, 머물 곳 | **租住 zūzhù** 동 임대 거주하다 | **房子 fángzi** 명 집 | **享受 xiǎngshòu** 동 즐기다, 누리다 | **省钱 shěngqián** 동 돈을 아끼다, 절약하다 | **结交 jiéjiāo** 동 친구를 사귀다, 친구가 되다

04

微博是一种通过网络和手机更新、分享信息的平台。相比传统博客，篇幅140字左右的微博对用户的技术和语言能力的要求没那么高。微博正在成为人们分享资讯、社交甚至是产品推销的平台，迅速改变着人们的生活。

A 微博对用户的要求比较高
B 用户可以通过手机上微博
C 推销产品是微博的主要作用
D 微博对信息的篇幅没有限制

미니 블로그는 인터넷과 휴대전화를 이용해 정보를 업데이트하고 공유하는 장이다. 기존의 블로그와 비교했을 때, 모두 140자 정도를 쓸 수 있는 미니 블로그는 유저(사용자)가 상당한 기술과 언어 능력을 갖추지 않아도 할 수 있다. 미니 블로그는 현재 사람들이 정보를 나누고 교류하는, 심지어 상품을 판매하는 장으로서, 우리의 생활을 빠르게 바꿔놓고 있다.

A 미니 블로그는 유저가 상당한 능력을 갖춰야 사용할 수 있다
B 유저는 휴대전화로 미니 블로그를 할 수 있다
C 상품을 판매하는 것은 미니 블로그의 주된 기능이다
D 미니 블로그에는 정보의 양에 대한 제한이 없다

해설 첫 번째 문장에서 미니 블로그는 인터넷과 휴대전화를 이용해, 정보를 나누는 장이라고 언급하고 있으므로 답은 B이다.

단어 微博 wēibó 몡 미니 블로그 | 更新 gēngxīn 통 새롭게 바꾸다 | 分享 fēnxiǎng 통 함께 나누다 | 平台 píngtái 몡 무대, 장 | 博客 bókè 몡 블로그 | 篇幅 piānfú 몡 (신문, 책 따위의) 지면 | 用户 yònghù 몡 (컴퓨터 등의) 사용자, 유저 | 要求 yàoqiú 몡 요구 | 资讯 zīxùn 몡 정보 통신 | 社交 shèjiāo 몡 교류, 사교 | 推销 tuīxiāo 통 널리 팔다

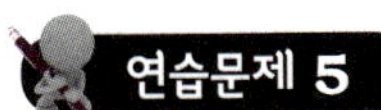

연습문제 5

p.26

정답 | 1 C | 2 A |

01

今天，受到本月最强的一股冷空气影响，全省大部将出现一次大风降温过程，苏南地区可能会下小雨。周一天气转晴，全省大部降温累计达6～7度。

A 今天最冷
B 周一气温6度
C 明天可能又湿又冷
D 苏南地区没有大风

오늘은 이번 달 들어 가장 강력한 차가운 공기의 영향을 받겠습니다. 성 전체 대부분의 지역에서 강풍이 불고, 기온은 떨어질 것이며, 쑤난 지역에는 약간의 비가 내리겠습니다. 월요일엔 맑겠으며, 성 전체 대부분 지역의 기온은 모두 6~7℃가량 떨어지겠습니다.

A 오늘의 날씨가 가장 춥다
B 월요일에 기온은 6도다
C 내일은 습하고, 추울 것이다
D 쑤난 지역에 강풍이 불지 않았다

해설 이 지문은 기상 예보이다. 첫 번째 문장에서 향후 며칠 간 날씨가 추울 것임을 알 수 있고, 두 번째 문장에서는 약간의 비가 올 것임을 알 수 있으므로 답은 C이다.

단어 受到……影响 shòudào ~yǐngxiǎng ~의 영향을 받다 | 股 gǔ 穆 기체, 맛, 냄새, 힘을 세는 양사 | 冷 lěng 穆 차갑다 | **空气**
kōng qì 穆 공기 | **大风** dàfēng 穆 강풍 | **降温** jiàngwēn 穆 기온이 떨어지다 | **苏南** Sūnán 穆穆 장쑤성(江苏省) 남부에 위치한
지역으로 항조우, 난징등의 도시를 포함함 | **转** zhuǎn 穆 전환하다, 바뀌다 | **晴** qíng 穆 맑다

02

本报讯，年底原本就是购车旺季，由于1.6
及以下排量的车购税优惠即将到期，3000元的
惠民补贴目前也没传来延期的消息，这使得南
京的车辆上牌量出现蹿升，像车管所东方城的
上牌点，目前日均上牌500多辆，比平时多出了
近百辆。

A 年底买车的人多
B 补贴政策会持续下去
C 年前所有购车都享受优惠
D 南京市日均上车牌500多辆

본 보도에 따르면, 연말은 원래 차량 구매의 성수기
인데다, 배기량이 1,600cc이하인 차량의 구매세 특혜
기한이 곧 끝나가고, 3,000위안을 제공하는 서민 지원
정책이 연장된다는 소식이 들려오지 않자, 난징의 자
동차 등록수가 증가하였다. 동팡청 자동차 관리소에는
현재 하루 평균 500여 대 이상이 등록되고 있는데, 이
는 평상시보다 약 100대가 많은 수치다.

A 연말에 자동차를 구매하는 사람이 많다
B 보조금 정책은 계속될 것이다
C 연초에 차량을 구매한 모든 사람이 정부 혜택을
   받았다
D 난징시에서는 하루 평균 500대의 차량이 등록된다

해설 첫 번째 문장에서 알 수 있듯이, 연말은 자동차 구매의 성수기이므로, 자동차를 사려는 사람이 많다. 따라서 답은
A이다.

단어 年底 niándǐ 穆 연말 | 购车 gòuchē 자동차를 구매하다 | 排量 páiliàng 穆 배기량 | 购税 gòushuì 穆 구매세 | 优惠 yōuhuì 穆
특혜, 혜택 | 到期 dàoqī 穆 기간이 만료되다, 끝나다 | 惠民补贴 huìmín bǔtiē 서민 보조, 서민 지원 | 延期 yánqī 穆 연기하다 |
上牌 shàngpái 穆 등록하다 | 蹿升 cuānshēng 穆 증가하다 | 车管所 chēguǎnsuǒ 穆 차량 관리소

실전문제

p.27

정답

1	B	2	D	3	B	4	C	5	C	6	D	7	C	8	C	9	A	10	B
11	D	12	C	13	A	14	A	15	B	16	C	17	D	18	B	19	D	20	B
21	C	22	B	23	C	24	B	25	A	26	A	27	C	28	D	29	D	30	C
31	A	32	D	33	C	34	A	35	D	36	B	37	C	38	D	39	A	40	D
41	A	42	A	43	C	44	B	45	D											

01

学生上课时老想打球，眼睛不住地往操场上盯，老师批评他："你人在教室，心在操场，这怎么行呢？"学生说："老师，让我人去操场，把心留在教室里，好吗？"

한 학생이 수업시간에 공을 가지고 놀고 싶어서 운동장만 빤히 바라보자, 선생님이 그를 꾸짖으며 말했다. "교실에 있으면서, 마음은 운동장에 가 있구나, 그래서야 되겠니?" 그러자 학생이 대답했다. "선생님, 저를 운동장에 나가게 해주시면, 마음을 교실에 남겨놓을 게요, 네?"

A 老师很想打球
B 学生不认真听课
C 学生去了操场
D 学生想留在教室

A 선생님은 공을 가지고 놀고 싶었다
B 학생은 수업을 열심히 듣지 않았다
C 학생은 운동장으로 나갔다
D 학생은 교실에 남고 싶었다

해설 학생은 수업시간에 선생님 말씀에는 귀 기울이지 않고, 운동장에 나가고 싶어했으므로 답은 B이다.

단어 上课 shàngkè 图 수업하다 | 打球 dǎqiú 图 (테니스, 야구 등) 공을 치다 | 眼睛 yǎnjing 圆 눈 | 操场 cāochǎng 圆 운동장 | 盯 dīng 圆 시선을 한곳에 집중하다 | 留 liú 图 남기다

02

"亡羊补牢"的意思是羊逃跑了再去修补羊圈，还不算晚。比喻出了问题以后想办法补救，可以防止继续遭受损失。这个成语告诉我们发现错误的时候要及时改正。

"소 잃고 외양간 고친다"라는 말은 양이 도망가고 나서야 외양간을 고치지만, 이 역시 늦지 않았다는 것을 의미한다. 문제가 발생한 후, 다시 방법을 생각해 보완하면, 손해를 막을 수 있다는 것을 비유한 것이다. 이 성어는 우리에게 잘못을 알아차리게 되었을 때, 바로 고쳐야 한다는 것을 일깨워준다.

A 要想办法不出错误
B 羊跑了没必要再修圈
C 错误再补救已经晚了
D 补救可防止再受损失

A 방법을 생각해 실수를 하지 말아야 한다
B 양이 도망가면 외양간을 고칠 필요가 없다
C 잘못을 고쳐봤자 이미 늦은 것이다
D 잘못을 보완하면 손해가 발생하는 것을 막을 수 있다

해설 문제가 발생했을 때, 바로 보완하면 손해를 줄일 수 있다고 했으므로 답은 D이다.

단어 亡羊补牢 wángyáng bǔláo 圈 소 잃고 외양간 고치다 | 逃跑 táopǎo 图 도망가다 | 修补 xiūbǔ 图 수리하다, 고치다 | 羊圈 yángquān 외양간 | 算 suàn 图 ~인 셈이다 | 比喻 bǐyù 图 비유하다 | 补救 bǔjiù 图 보완하다, 고치다 | 防止 fángzhǐ 图 예방하다, 막다 | 损失 sǔnshī 圆 손해, 손실 | 及时 jíshí 图 곧바로, 즉시 | 改正 gǎizhèng 图 고치다, 시정하다

03

海关官员拦住一位旅客，并问他是否带有应报关物品。"没有。"旅客答道。"您肯定没有么？""当然。""那么你身后的这头耳朵上夹着面包片的大象是怎么回事？""先生，我的三明治里夹什么东西完全是我自己的事！"

세관원이 한 관광객을 막아서서 세관에 신고할 물품이 있는지 물었다. 관광객이 대답했다 "없어요." "정말 없으시죠?" "당연하죠." "그런데 당신 뒤에 있는 양쪽 귀에 빵 조각이 끼어있는 코끼리는 어떻게 된 거죠?" "선생님, 제 샌드위치 속에 뭐가 있든지, 이건 완전히 제 개인적인 일이거든요!"

A 旅客喂大象吃面包
B 旅客想把大象带出国
C 旅客在吃着三明治
D 三明治里夹着大象肉

A 관광객은 코끼리에게 빵을 먹였다
B 관광객은 코끼리를 데리고 출국하려고 했다
C 관광객은 샌드위치를 먹고 있었다
D 샌드위치 속에 코끼리 고기가 있었다

 이 관광객은 코끼리를 가지고 세관을 지나고 싶었는데, 코끼리의 귀에 빵이 끼어있었지만, 오히려 샌드위치 속에 코끼리가 끼어있는 것이라고 말하고 있다. 따라서 답은 B이다.

 海关 hǎiguān 🖲 세관 | 拦 lán 🖲 막다, 저지하다 | 旅客 lǚkè 🖲 관광객 | 带 dài 🖲 지니다, 가지고 있다 | 报关 bàoguān 🖲 세관에 신고하다 | 肯定 kěndìng 🖲 확실히, 틀림없이 | 身后 shēnhòu 🖲 몸 뒤 | 头 tóu 🖲 마리 [가축을 세는 양사] | 耳朵 ěrduǒ 🖲 귀 | 夹 jiā 🖲 끼우다, 끼다 | 面包片 miànbāopiàn 🖲 빵 조각 | 大象 dàxiàng 🖲 코끼리 | 三明治 sānmíngzhì 🖲 샌드위치

04

太阳镜颜色越深越护眼这种观点是错误的。镜片颜色过深会严重影响能见度，眼睛因看东西吃力容易受到损伤，反而起不到保护眼睛的作用。专家建议，镜片应能穿过30%的可见光线，以灰色和绿色为最佳，这样，不但可抵御紫外线照射，而且视物清晰度最佳，外界物体颜色变化也最小。

A 太阳镜起到美观的作用
B 灰色镜片的能见度不好
C 镜片颜色深对眼睛不好
D 戴太阳镜看东西会很吃力

선글라스의 색이 진할수록, 눈을 보호할 수 있다는 생각은 잘못된 것이다. 렌즈의 색이 너무 진하면, 가시거리에 영향을 미치고, 눈은 물건을 보기 위해 힘쓰면서 쉽게 상하게 되어, 오히려 눈을 보호하지 못한다. 전문가들은 렌즈는 30%의 가시광선을 통화시키는 것과 회색, 녹색인 것이 가장 좋다고 말한다. 이렇게 하면 자외선을 차단할 수 있을 뿐만 아니라, 물건을 가장 선명하게 볼 수 있는데다, 외부 물건에 대한 색깔 변화가 가장 작기 때문이다.

A 선글라스는 사람을 멋져 보이게 한다
B 회색 렌즈는 가시성이 좋지 않다
C 렌즈의 색이 진하면 눈에 좋지 않다
D 선글라스를 쓰고 사물을 보면 눈이 쉽게 피곤해진다

 선글라스의 렌즈 색이 너무 진하면 가시성에 영향을 주고, 눈도 피로하게 되어, 눈 보호에 도움이 되지 않는다고 언급하고 있으므로 답은 C이다.

 太阳镜 tàiyángjìng 🖲 선글라스 | 颜色 yánsè 🖲 색, 색깔 | 深 shēn 🖲 (색깔이) 진하다 | 护眼 hùyǎn 눈을 보호하다 | 能见度 néngjiàndù 🖲 가시거리, 가시도 | 吃力 chīlì 🖲 힘겹다, 애를 쓰다 | 损伤 sǔnshāng 🖲 손상 | 镜片 jìngpiàn 🖲 렌즈 | 可光线 kěguāngxiàn 🖲 가시광선 | 灰色 huīsè 🖲 회색 | 绿色 lùsè 🖲 녹색 | 佳 jiā 🖲 좋다 | 抵御 dǐyù 🖲 방어하다, 막다 | 紫外线 zǐwàixiàn 🖲 자외선 | 照射 zhàoshè 🖲 쪼이다, 비추다 | 视物 shìwù 물건을 보다 | 清晰度 qīngxīdù 🖲 선명도

05

哈尔滨国际冰雪节是中国历史上第一个以冰雪活动为内容的国际性节日，是世界四大冰雪节之一。这是世界上活动最长的一个冰雪节。它只有开幕式——每年的1月5日，没有闭幕式，一直持续到2月底冰雪活动结束为止。

A 哈尔滨冰雪节二月闭幕
B 四大冰雪节没有闭幕式
C 开幕式在每年的一月份
D 哈尔滨冰雪节时间不长

하얼빈 국제 빙등제는 중국 역사상 최초로 눈과 얼음으로 진행한 국제적인 축제로, 세계 4대 얼음축제 중 하나이다. 또한 세계적으로 축제기간이 가장 긴 축제이기도 하다. 빙등제는 매년 1월 5일에 개막식만 진행되며, 폐막식 없이 2월 말까지 계속된다.

A 하얼빈의 빙등제는 2월 말에 폐막한다
B 4대 얼음축제는 폐막식이 없다
C 개막식은 매년 1월에 진행된다
D 하얼빈 빙등제 기간은 그리 길지 않다

 하얼빈 빙등제는 매년 1월 5일에 개막한다고 언급하고 있으므로 답은 C이다.

 哈尔滨国际冰雪节 Hā'ěrbīn guójì bīngxuějié 하얼빈 빙등제 | 开幕式 kāimùshì 🖲 개막식 | 闭幕式 bìmùshì 🖲 폐막식

真正的勇者应该是亲身投入人生的战场，即使脸上沾满汗水与灰尘，也会勇敢地奋战下去。遇到挫折或错误时，他会重新来过。为了达到自己的目标，他会尽最大努力去争取，他宁可勇敢尝试后遭受失败，也不愿畏首畏尾，原地踏步。

A 勇者不会失败
B 战士们都是勇者
C 目标决定成就
D 勇者应该勇于尝试

진정으로 용감한 사람은 온몸을 인생이라는 전장에 바치는 사람이다. 얼굴이 땀과 먼지로 뒤범벅 되더라도 계속해서 싸워나가며, 좌절과 실수 앞에서도 다시 일어난다. 또 자신의 목표에 도달하기 위해서 열심히 노력한다. 그들은 차라리 과감하게 도전해 실패를 맛볼지언정, 무서워 벌벌 떨며 제자리걸음은 하지 않는다.

A 용감한 사람은 실패하지 않는다
B 전사들은 모두 용감하다
C 목표가 성공을 결정한다
D 용감한 사람은 과감하게 도전한다

해설 진정으로 용감한 사람은 과감하게 도전하는 사람이지, 무서워 벌벌 떨고 있는 소극적인 사람은 아니라고 언급하고 있으므로 답은 D이다.

단어 勇者 yǒngzhě 몡 용감한 사람 | 亲身 qīnshēn 閉 몸소, 스스로 | 投入 tóurù 통 뛰어들다 | 战场 zhànchǎng 몡 전장 | 沾 zhān 통 젖다, 적시다 | 汗水 hànshuǐ 몡 땀 | 灰尘 huīchén 몡 먼지 | 奋战 fènzhàn 통 분투하다 | 挫折 cuòzhé 몡 좌절 | 目标 mùbiāo 몡 목표 | 争取 zhēngqǔ 통 쟁취하다, 얻다 | 宁可…… 也不…… níngkě~ yě bù~ 차라리 ~할지언정 ~하지 않는다 | 尝试 chángshì 통 시험해보다, 도전해보다 | 畏首畏尾 wèishǒu wèiwěi 쎙 너무 소심하여 일을 못하고 벌벌 떨다 | 原地踏步 yuándì tàbù 제자리 걸음하다

无数的研究表明宠物可以减轻人的压力。一项研究评估了240对夫妻的心脏健康状态，其中有一半的夫妻养了宠物，比起那些不养宠物的夫妻来说，那些家里有宠物的夫妻在压力下明显心跳、血压正常，事实上宠物比配偶更能缓解压力。

A 宠物比配偶更重要
B 现在的夫妻喜欢宠物
C 养宠物可减缓压力
D 很多人忽视心脏健康

많은 연구에 따르면, 애완동물이 사람들의 스트레스를 줄여줄 수 있다고 한다. 한 연구에서는 240쌍 부부의 심장건강 상태를 조사하였는데, 그 중 절반의 부부는 애완동물을 기르고 있었다. 애완동물을 기르지 않는 부부와 비교했을 때, 가정에서 애완동물을 기르는 부부는 스트레스를 받으면, 가슴이 잘 뛰고, 혈압 역시 정상인 것으로 나타났다. 실제로 애완동물이 배우자보다 스트레스 완화에 더 좋다는 것이다.

A 애완동물이 배우자보다 중요하다
B 현재 부부들은 애완동물을 좋아한다
C 애완동물을 기르면 스트레스가 해소된다
D 많은 사람들이 심장건강을 소홀히 생각한다

해설 애완동물을 기르는 부부가 스트레스를 받으면, 애완동물을 기르지 않는 부부보다 좋으며, 신체적인 반응이 더 잘 나타난다고 언급하고 있으므로 답은 C이다.

단어 研究 yánjiū 몡 연구 | 表明 biǎomíng 통 나타내다 | 宠物 chǒngwù 몡 애완동물 | 减轻 jiǎnqīng 통 가볍게 하다 | 压力 yālì 몡 스트레스 | 项 xiàng 양 연구, 논문을 세는 양사 | 评估 pínggū 통 평가하다 | 对 duì 양 쌍, 짝[둘씩 짝을 이룬 물건을 셀 때 쓰임] | 夫妻 fūqī 몡 부부, 남편과 아내 | 心脏 xīnzàng 몡 심장 | 养 yǎng 통 기르다 | 心跳 xīntiào 통 심장이 뛰다 | 血压 xuèyā 몡 혈압

献哈达是藏族最普遍的一种礼节。婚丧嫁娶、民俗节庆、拜会尊长、迎送宾客等场合，通常都要献哈达。哈达是一种生丝制品，长短不一，藏族认为白色象征纯洁、吉利，所以哈达一般是白色的。

A 哈达是用布做的
B 哈达都是一样的长度
C 哈达大多是白色的
D 献哈达表示有好感

"하다(비단 스카프)"를 선물하는 것은 장족의 보편적인 예절이다. 혼례와 장례, 전통적인 기념일, 웃어른께 인사를 올리거나, 손님을 마중하고 배웅할 때, 일반적으로 "하다"를 선물한다. "하다"는 삶지 않은 명주실로 만든 것으로, 길이가 일정치 않다. 장족은 하얀색이 순결함과 길함을 상징한다고 여겼으며, 그러한 까닭에 "하다"는 대개 하얀색이다.

A 하다는 천으로 만들어졌다
B 하다는 모두 길이가 같다
C 하다는 대부분 하얀색이다
D 하다를 선물하는 것은 호감을 가지고 있다는 뜻이다

해설 "하다(비단 스카프)"를 선물하는 것은 장족의 예절이며, 장족은 하얀색을 아름다움, 순결함, 길함의 상징이라고 여긴다고 하였으므로 답은 C이다.

단어 献 xiàn 통 바치다, 올리다 | 藏族 zàngzú 명 장족 | 礼节 lǐjié 명 예절, 예의 | 婚丧 hūnsāng 명 혼례와 장례 | 嫁娶 jiàqǔ 명 시집가고, 장가들다 | 节庆 jiéqìng 명 기념일 | 拜会 bàihuì 통 방문하다 | 尊长 zūnzhǎng 명 웃어른 | 迎送 yíngsòng 통 맞이하고, 배웅하다 | 宾客 bīnkè 명 손님 | 生丝 shēngsī 명 생사, 삶지 않은 명주실 | 长短 chángduǎn 명 길이 | 象征 xiàngzhēng 통 상징하다 | 吉利 jílì 형 길하다 | 白色 báisè 명 흰색

"你相信人死后有灵魂吗？"老板问他的一个雇员。"是的，老板。"这个新雇员答道。"这样的话，事情就对头了。"老板继续说，"昨天你请假去参加你奶奶的葬礼，你离开以后，你奶奶到这儿看你来了。"

A 雇员说了谎话
B 老板见到了鬼魂
C 老板参加了葬礼
D 雇员的奶奶来找老板

"자네는 사람이 죽은 후에도 영혼이 있다고 생각하나?" 사장이 그의 직원에게 물었다. "네, 사장님." 새내기 직원이 대답했다. "그렇다면, 앞뒤가 맞아떨어지네!" 사장님은 계속 말했다. "어제 자네가 자네 할머니 장례식에 간다고 휴가를 냈잖나, 근데 자네 떠난 후, 자네 할머니께서 자네를 찾으러 여길 오셨더구나!"

A 직원은 거짓말을 했다
B 사장님은 귀신을 보았다
C 사장님은 장례에 참석했다
D 직원의 할머니가 사장님을 찾아왔다

해설 직원은 할머니께서 돌아가셨다는 것을 핑계로 사장님에게 휴가를 냈는데, 뜻밖에도 사장님이 그의 할머니와 만나게 되었고, 사장님은 직원이 거짓말했다는 것을 알게 되었다. 따라서 답은 A이다.

단어 死 sǐ 통 죽다 | 灵魂 línghún 명 영혼, 혼 | 雇员 gùyuán 명 직원 | 答道 dádào 통 대답하다 | 对头 duìtóu 통 맞다, 옳다 | 请假 qǐngjià 통 휴가를 내다, 휴가를 신청하다 | 参加 cānjiā 통 참가하다, 참석하다 | 奶奶 nǎinai 명 할머니 | 葬礼 zànglǐ 명 장례 | 离开 líkāi 통 떠나다

10

　　火把节是彝、白、纳西、基诺、拉祜等民族重要的传统节日，被称为"东方的狂欢节"。不同的民族举行火把节的时间也不同，大多是在农历的六月二十四，主要活动有斗牛、斗羊、斗鸡、赛马、摔跤、歌舞表演、选美等。在新时代，火把节被赋予了新的民俗功能，产生了新的形式。

A　新时代取消了火把节
B　火把节的活动内容很丰富
C　火把节是彝族独有节日
D　火把节6月24号开幕

햇불축제는 이족, 백족, 납서족, 기락족, 랍호족 등 민족의 전통적인 축제로, "동방의 카니발"이라고도 불린다. 민족마다 햇불축제를 여는 시간은 다 다른데, 대부분은 음력 6월 24일에 연다. 주로 투우, 투양, 투계, 경마, 씨름, 가무공연, 미녀선발대회 등을 진행한다. 현대에 햇불축제는 새로운 민속 풍습으로서의 역할을 하고 있으며, 새로운 형식의 행사들도 생겨났다.

A　현대 들어 햇불축제는 사라졌다
B　햇불축제의 행사 내용은 매우 다양하다
C　햇불축제는 이족의 독자적인 축제이다
D　햇불축제는 6월 24일에 개막한다

해설　햇불축제의 주된 행사 내용은 지문에 나온 것처럼 매우 다양하다. 따라서 답은 B이다.

단어　火把节 huǒbǎjié 햇불축제 | 彝 yí 몡 이족 | 纳西 nàxī 몡 납서족 | 基诺 jīnuò 몡 기낙족 | 拉祜 lāhù 몡 랍호족 | 节日 jiérì 몡 명절 | 狂欢节 kuánghuānjié 몡 카니발 | 农历 nónglì 몡 음력 | 斗牛 dòuniú 몡 투우 | 斗羊 dòuyáng 몡 투양 | 斗鸡 dòujī 몡 투계 | 赛马 sàimǎ 몡 경마 | 摔跤 shuāijiāo 몡 씨름 | 表演 biǎoyǎn 몡 공연 | 选美 xuǎnměi 몡 아름다움 선발 [보통은 미녀선발대회를 지칭함] | 赋予 fùyú 동 부여하다 | 功能 gōngnéng 몡 기능

11

　　隔空吻也叫空气吻，人们只是凑到对方脸颊前做出"吻"的动作，但并不真的接触皮肤，这种社交性亲吻得到英国流感病毒专家的推崇。他们认为，隔空吻也许可以帮助减少疾病传染，它比握手传播病菌的概率要小很多。

A　病毒专家很喜欢亲吻
B　空气吻是英国的礼节
C　空气吻比握手更礼貌
D　隔空吻不容易传播病菌

에어 파티션(partition)키스(공기 칸막이 키스 혹은 공기 사이 키스)는 에어 키스라고도 불리는데, 이는 상대방의 볼에 다가가 "키스"동작만 하는 것일 뿐, 서로의 신체가 닿는 것은 아니다. 이러한 사교적인 입맞춤은 영국의 유행성감기 바이러스 전문가들이 주장하는 것이기도 하다. 그들은 에어 파티션 키스가 질병의 전염을 줄이는 데 도움이 되며, 병균을 옮기는 확률이 악수보다도 적다고 말한다.

A　바이러스의 전문가들은 입맞춤을 좋아한다
B　에어 키스는 영국의 예절이다
C　에어 키스는 악수보다 더 예의 바른 것이다
D　에어 키스는 병균이 쉽게 퍼지지 않는다

해설　에어 키스는 키스 동작만 있을 뿐, 진짜 키스를 하는 것은 아니어서, 악수보다도 병균을 옮기는 확률이 적다고 언급하고 있으므로 답은 D이다.

단어　隔空吻 gékōng wěn 에어 파티션(partition)키스 | 空气吻 kōngqì wěn 에어 키스 | 凑 còu 동 다가가다, 접근하다 | 对方 duìfāng 몡 상대방 | 脸颊 liǎnjiá 몡 볼, 뺨 | 吻 wěn 동 입맞추다 | 接触 jiēchù 동 접촉하다 | 社交 shèjiāo 몡 사교 | 亲吻 qīnwěn 동 뽀뽀하다, 입맞추다 | 流感 liúgǎn 몡 유행성 감기 | 病毒 bìngdú 몡 바이러스 | 推崇 tuīchóng 동 숭배하다 | 疾病 jíbìng 몡 질병 | 传染 chuánrǎn 동 전염하다, 옮기다 | 握手 wòshǒu 몡 악수 | 传播 chuánbō 동 널리 퍼뜨리다 | 病菌 bìngjūn 몡 병균 | 概率 gàilǜ 몡 확률

12

杏仁是中医普遍推荐的润肤果，在干燥的冬天吃是非常适合的，因为它不仅润泽肌肤、通利血络，还能养护头发，使头发更加乌黑亮丽。此外，杏仁也很容易吸收，无论是内服还是外用，都有不错的效果。

A 杏仁有造血功能
B 西医反对吃杏仁
C 吃杏仁对皮肤好
D 杏仁只能在冬天吃

행인(살구씨의 속)은 중의학에서 일반적으로 추천하는 피부를 매끄럽게 해주는 과일로, 건조한 겨울에 먹으면 좋다. 왜냐하면 행인은 근육과 피부에 윤기가 흐르도록 하며, 혈액 순환에 이로울 뿐만 아니라, 머리카락을 보호하여 머릿결을 검고 빛나게 한다. 이외에도 행인은 흡수가 잘 되어, 먹거나 몸에 바르는 것에 관계없이 모두 효과가 좋다.

A 행인은 혈액을 만들어 낸다
B 양의학에서는 행인을 먹는 것을 반대한다
C 행인을 먹으면 피부에 좋다
D 행인은 겨울에만 먹을 수 있다

해설 행인(살구씨 속)은 피부를 매끄럽게 해주며, 피부를 윤기가 흐르도록 한다고 언급하고 있다. 따라서 답은 C이다.

단어 杏仁 xìngrén 圆 행인 [살구씨의 속, 아몬드] | 干燥 gānzào 圈 건조하다 | 冬天 dōngtiān 圆 겨울 | 润泽 rùnzé 圈 윤기나다 | 肌肤 jīfū 圆 근육과 피부 | 养护 yǎnghù 圄 보호하다 | 乌黑 wūhēi 圈 새까맣다 | 亮丽 liànglì 圈 밝고 아름답다 | 吸收 xīshōu 圄 흡수하다 | 内服 nèifú 圄 복용하다 | 外用 wàiyòng 圄 외용하다, (약을) 몸에 바르다

13

要想在职场上发展，必须做到真正的谦逊。谦逊不是自我否定，谦逊就是把话说到你的能力以下。谦逊就是懂得抓住机会，成功之后，面对别人的赞美时说："其实没什么，只要努力，每个人都能做到。"

A 做人要学会谦逊
B 成功后才可以谦逊
C 谦逊就是不说真话
D 不要在乎别人的赞美

직장에서 발전하고 싶다면 반드시 겸손해야 한다. 겸손은 스스로를 부정하는 것이 아니라, 스스로의 능력을 낮추어 말하는 것이다. 겸손은 기회를 잡아 성공한 후, 다른 사람의 칭찬 앞에서 "별거 없어요. 노력하면 누구나 할 수 있는 거예요."라고 말하는 것이다.

A 사람은 겸손함을 익혀야 한다
B 성공한 후에야 비로소 겸손할 수 있다
C 겸손은 진실을 말하지 않는 것이다
D 다른 사람의 칭찬에 신경을 써서는 안 된다

해설 지문에서는 겸손해야 직장에서 발전을 할 수 있다고 말하고 있다. 따라서 답은 A이다.

단어 职场 zhíchǎng 圆 직장 | 谦虚 qiānxū 圆 겸손 | 否定 fǒudìng 圄 부정하다 | 能力 nénglì 圆 능력 | 懂得 dǒngde 圄 알다, 이해하다 | 抓 zhuā 圄 잡다 | 机会 jīhuì 圆 기회 | 成功 chénggōng 圄 성공하다 | 赞美 zànměi 圄 칭찬하다, 찬미하다 | 其实 qíshí 圎 사실, 사실은 | 只要 zhǐyào 圙 ～하기만 하면

14

近日，长春市举办了历时一周的冰雪趣味运动会，有一千两百余名市民参与其中，内容包括雪地拔河、冰上保龄球、疯狂冰猴等全民健身项目。此次运动会的系列赛事集娱乐、竞技、休闲于一体，打造了一个广大市民与冰雪运动近距离接触的平台。

최근, 장춘시에서는 일주일 동안 빙설운동회를 개최하였으며, 1,200여 명의 시민이 참여했다. 주된 행사로는 눈 위에서 줄다리기, 얼음 위에서 볼링 치기, 팽이치기 등 시민들의 건강 유지 프로그램들을 포함하고 있다. 이번 운동회에서 진행된 일련의 경기들은 오락, 시합, 여가를 하나로 엮은 것으로, 많은 시민과 빙설 운동 종목이 좀 더 가까워지는 계기를 제공하였다.

A 运动会进行了七天	A 운동회는 7일간 열렸다
B 运动会搭建了大平台	B 운동회에서 큰 무대를 만들었다
C 有两千人参加运动会	C 2,000명의 사람이 운동회에 참여했다
D 一千二百名市民参加拔河	D 1,200명의 시민이 줄다리기에 참여했다

해설 첫 번째 문장에서 이번 운동회는 일주일간 진행되었다고 언급하고 있으며, 일주일은 7일이므로 답은 A이다.

단어 举办 jǔbàn 통 개최하다 | 历时 lìshí 통 (시간이) 걸리다 | 趣味 qùwèi 명 재미, 흥미 | 参与 cānyù 통 참여하다 | 拔河 báhé 명 줄다리기 | 保龄球 bǎolíngqiú 명 볼링 | 冰猴 bīnghóu 명 팽이치기 | 健身 jiànshēn 통 몸을 건강하게 하다 | 项目 xiàngmù 명 항목, 사항 | 赛事 sàishì 명 경기 | 竞技 jìngjì 명 체육경기 | 休闲 xiūxián 명 여가

15

公园的椅子上，坐着一位老太太。忽然走来了一个小男孩问她："老奶奶，您的牙齿还好吗？""不行，都没了。"小男孩这才放心了，他拿出一包小胡桃，交给老太太说："请您帮我拿一下，我去下厕所就来。"

공원의 의자에 한 할머니가 앉아 있었다. 갑자기 한 남자아이가 걸어오더니 할머니에게 물었다. "할머니, 할머니의 이는 아직 괜찮으세요?" "아니란다. 다 빠져 버렸단다." 아이는 그제서야 안심했다. 그리고는 호두 한 봉지를 꺼내 들어 할머니에게 주면서 말했다. "할머니 이것 좀 들어 주세요. 저 화장실 좀 다녀올게요."

A 男孩关心老人的健康	A 남자아이는 할머니의 건강을 염려한다
B 男孩怕别人吃他的东西	B 남자아이는 다른 사람이 자기 것을 먹을까 봐 걱정한다
C 男孩想送老奶奶礼物	C 남자아이는 할머니에게 선물을 주고 싶어한다
D 男孩想坐下来休息一下	D 남자아이는 잠시 앉아 쉬려고 한다

해설 남자아이는 누군가에게 자신의 간식을 맡기고 싶어하지만, 그 누군가가 그것을 먹을까 봐 걱정한다. 그래서 아이는 할머니에게 "치아가 괜찮으세요?"라고 물었고, 할머니가 이가 빠져 호두를 먹을 수 없다는 것을 알고는 안심하면서 호두를 맡긴다. 따라서 답은 B이다.

단어 椅子 yǐzi 명 의자 | 老太太 lǎotàitai 명 할머니 | 忽然 hūrán 부 갑자기 | 牙齿 yáchǐ 명 이, 치아 | 放心 fàngxīn 통 안심하다 | 拿出 náchū 통 꺼내다 | 小胡桃 xiǎohútáo 명 호두 | 交 jiāo 통 건네다, 넘기다 | 厕所 cèsuǒ 명 화장실

16

一位教授平时总是丢三落四，经常丢东西，几乎每个月他夫人都得替他买一把雨伞。一天，教授回家后，得意洋洋地对夫人说："今天我可没丢东西，我把伞给带回来啦！"夫人看了看他，说："可你今天没有带伞出去呀！"

한 교수는 늘 이것저것 빠뜨리고, 물건을 자주 잃어버려, 그의 부인은 거의 매달 그를 대신해 우산을 샀다. 어느 날, 교수가 집에 돌아온 후, 득의양양하게 부인에게 말했다. "나 오늘은 물건 안 잃어 버렸어, 우산도 다시 가지고 왔어!" 부인이 그를 보고는 말했다. "근데 오늘은 당신 우산 안 가져갔잖아요!"

A 夫人喜欢买雨伞	A 부인은 우산을 사는 것을 좋아한다
B 教授拿回自己的伞	B 교수는 자신의 우산을 가지고 돌아왔다
C 教授的记性不好	C 교수는 기억력이 좋지 않다
D 夫人帮教授找到伞	D 부인은 교수를 도와 우산을 찾았다

해설 "丢三落四"는 세심하지 못하고 기억력이 좋지 않은 것을 의미한다. 지문에서 교수는 우산을 가지고 집에 올 생각만 했지, 자신이 우산을 애초에 가지고 나오지 않았다는 것을 기억하지 못하고 있다. 따라서 답은 C이다.

단어 **教授 jiàoshòu** 몡 교수 | **丢三落四 diūsān làsì** 젱 이것저것 잘 잊어버리다, 실수가 많다 | **丢 diū** 동 잃다, 잃어버리다 | **几乎 jīhū** 뮈 거의 | **得 déi** 조동 ~해야한다 | **替 tì** 동 대신하다 | **把 bǎ** 양 우산, 열쇠 등을 세는 양사 | **雨伞 yǔsǎn** 몡 우산 | **得意洋洋 déyì yángyáng** 젱 득의양양하다 | **带 dài** 동 지니다

17

花生营养丰富，但是不容易消化。不过如果把煮过的花生用醋泡着吃，就能够避免消化不良，肠胃功能不好的人可以选择这种方式吃花生。另外，民间还有用醋泡花生降血压的说法，认为其能够降低血压，软化血管。

땅콩은 영양소가 풍부하지만, 소화가 잘 안 된다. 그러나 만약 익힌 땅콩에 식초를 찍어 먹는다면, 소화불량이 나타나지 않으며, 위와 장이 좋지 않은 사람들은 이런 방법으로 땅콩을 먹으면 된다. 그 밖에도 민간에서는 식초에 담근 땅콩이 혈압을 낮추는 데 좋다는 말이 있는데, 혈압을 낮출 수 있을 뿐 아니라 혈관을 부드럽게 할 수도 있다.

A 醋能治疗肠胃病
B 花生可避免消化不良
C 花生可以降低血压
D 醋泡花生对身体有益

A 식초는 장과 위 관련 질병을 고칠 수 있다
B 땅콩을 먹으면 소화불량이 나타나지 않는다
C 땅콩은 혈압을 낮출 수 있다
D 식초에 찍은 땅콩은 몸에 좋다

해설 익힌 땅콩을 식초에 찍어 먹으면, 소화에 도움이 될 뿐 아니라 몸에도 좋다고 언급하고 있으므로 답은 D이다.

단어 **花生 huāshēng** 몡 땅콩 | **营养 yíngyǎng** 몡 영양, 양분 | **丰富 fēngfù** 휑 풍부하다, 많다 | **消化 xiāohuà** 동 소화하다 몡 소화 | **煮 zhǔ** 동 삶다, 익히다 | **醋 cù** 몡 식초 | **泡 pào** 동 (물, 액체 등에) 담그다 | **避免 bìmiǎn** 동 피하다 | **消化不良 xiāohuà bùliáng** 몡 소화불량 | **肠 cháng** 몡 장 | **胃 wèi** 몡 위 | **功能 gōngnéng** 몡 기능 | **选择 xuǎnzé** 동 선택하다 | **民间 mínjiān** 몡 민간 | **降 jiàng** 동 떨어지다 | **血压 xuèyā** 몡 혈압 | **软化 ruǎnhuà** 동 부드러워지다, 무르게 되다 | **血管 xuèguǎn** 몡 혈관

18

小李对朋友们说："我的钢琴很奇特，你只要疯狂地弹钢琴，它就会报出时间来。"朋友们不信，小李立刻动手表演，忽然间墙壁被敲得嘣嘣山响，一老妇人大叫道："别吵了，现在已经12点了。"

샤오리가 친구에게 말했다. "내 피아노는 정말 신기해. 미친 듯이 피아노를 치면, 시간을 알려준다니까." 친구가 믿지 않자, 샤오리는 곧바로 연주하기 시작했다. 갑자기 벽에서 쿵쿵하는 소리가 나더니, 한 할머니가 소리쳤다. "좀 조용히 좀 해주세요. 지금이 12시거든요!"

A 小李的钢琴很神奇
B 小李影响邻居休息
C 邻居去敲小李的门
D 朋友的钢琴弹得不好

A 샤오리의 피아노는 신기하다
B 샤오리는 이웃이 쉬는 데 피해를 주었다
C 이웃은 샤오리의 문을 두드렸다
D 친구는 피아노를 잘 치지 못한다

해설 샤오리는 밤 12시에 미친듯이 피아노를 쳤고, 이 때문에 이웃은 편안하게 쉬지 못했다. 따라서 답은 B이다.

단어 **钢琴 gāngqín** 몡 피아노 | **奇特 qítè** 휑 신기하다, 기괴하다 | **疯狂 fēngkuáng** 휑 미친듯이 날뛰다, 광분하다 | **弹 tán** 동 (피아노를) 치다 | **报 bào** 동 알리다 | **立刻 lìkè** 뮈 곧바로, 즉시 | **动手 dòngshǒu** 동 시작하다, 착수하다 | **表演 biǎoyǎn** 동 연주하다, 공연하다 | **忽然 hūrán** 뮈 갑자기 | **墙壁 qiángbì** 몡 벽 | **敲 qiāo** 동 두드리다 | **嘣嘣 bēngbēng** 의 쿵쿵 | **老夫人 lǎofūrén** 몡 노부인, 할머니 | **吵 chǎo** 휑 시끄럽다

19

为什么成功的人们似乎永远在成功，而失败的人们却似乎永远在失败呢？一位博士是这样解释的："一个人习惯于懒惰，他就会无所事事地到处溜达；一个人习惯于勤奋，他就会孜孜以求，克服一切困难，做好每一件事情。不同的习惯导致不同的结果。"

A 好习惯也有消极面
B 博士认为自己很成功
C 失败的人喜欢散步
D 习惯对人的影响很大

왜 성공한 사람들은 계속 성공하고, 실패한 사람들은 계속 실패만 하는가? 한 박사는 이렇게 설명했다. "나태한 사람은 무슨 일이든 굼뜨게 처리하는데, 반대로 근면 성실한 사람은 열심히 노력해 모든 어려움을 극복하고, 일을 잘 마무리 합니다. 즉, 서로 다른 습관이 서로 다른 결과를 가져오는 것이지요."

A 좋은 습관도 안 좋을 때가 있다
B 박사는 자신이 매우 성공했다고 생각한다
C 실패한 사람은 산책하는 것을 좋아한다
D 습관은 사람에게 매우 큰 영향을 미친다

해설 박사는 나쁜 습관을 가지고 있는 사람은 어떤 일도 잘 마무리 짓지 못하며, 좋은 습관을 가지고 있는 사람은 열심히 노력하여 일을 잘 마무리 짓는다고 하면서, 서로 다른 습관이 서로 다른 결과를 가져온다고 말했다. 즉, 습관이 사람에게 큰 영향을 미친다는 것을 알 수 있으므로 답은 D이다.

단어 成功 chénggōng 图 성공하다 | 似乎 sìhū 图 마치 ~인 것 같다 | 永远 yǒngyuǎn 图 영원하다 | 失败 shībài 图 실패하다 | 博士 bóshì 명 박사 | 解释 jiěshì 图 설명하다 | 习惯于 xíguànyú ~에 습관되어 있다 | 懒惰 lǎnduò 图 나태하다, 게으르다 | 溜达 liūdá 图 굼뜨다, 느릿하다 | 勤奋 qínfèn 图 근면하다, 열심히하다 | 孜孜以求 zīzīyǐqiú 부지런히 노력하다 | 克服 kèfú 图 극복하다 | 困难 kùnnan 명 고난, 역경 | 导致 dǎozhì 图 (어떤 결과를) 야기하다

20

研究人员分析了约3万名成年人的统计数据，发现不快乐的人观看电视节目的时间比快乐的人多了20%。从某种程度上，电视变成了一种麻醉剂，打开电视是一种忘掉一切的简单方式。

A 电视机是一种毒品
B 看电视可以放松心情
C 成年人习惯看电视
D 看电视容易让人不快乐

연구원들이 약 3만 명의 성인을 대상으로 한 통계 결과에 따르면, 기분이 좋지 않은 사람의 텔레비전 시청시간이 기분이 좋은 사람보다 20%나 긴 것으로 나타났다. 어떤 의미에서 텔레비전이 하나의 마취제가 된 것인데, 이는 텔레비전을 켜는 것이 모든 것을 잊을 수 있는 간단한 방법이란 것이다.

A 텔레비전은 하나의 마약과 같다
B 텔레비전을 보면 마음을 편안하게 할 수 있다
C 성인들은 텔레비전을 보는 것에 습관 되어 있다
D 텔레비전을 보면 사람의 기분이 쉽게 나빠질 수 있다

해설 조사결과에 따르면, 사람은 기분이 좋지 않을 때 텔레비전을 보는 것을 좋아하는데, 텔레비전을 보면 모든 것을 잊을 수 있고, 마음이 편해지기 때문이다. 따라서 답은 B이다.

단어 研究 yánjiū 명 연구 | 分析 fēnxī 图 분석하다 | 成年人 chéngniánrén 명 성인, 어른 | 统计 tǒngjì 명 통계 | 数据 shùjù 명 수치 | 快乐 kuàilè 图 즐겁다, 유쾌하다 | 观看 guānkàn 图 보다 | 电视 diànshì 명 텔레비전 | 节目 jiémù 명 프로그램 | 麻醉剂 mázuìjì 명 마취제 | 忘掉 wàngdiào 图 잊다

21

　　往往是父母让孩子养成了偏食的毛病。有些家长自己就有偏食的不良习惯，慢慢地，宝宝也就变得偏食了；有些家庭饮食单调，结果宝宝就不爱吃父母没吃过的或很少吃的食物；还有不少宝宝自幼爱吃零食，时间长了造成胃肠功能失调，变得偏食了。

A　许多宝宝只吃零食
B　宝宝不喜欢尝试新食物
C　家长偏食会影响孩子
D　饮食单调造成孩子生病

　　부모들은 종종 아이들에게 편식하는 습관을 갖게 한다. 부모가 편식하는 버릇이 있으면, 아이들도 역시 점점 편식하게 된다. 어떤 가정에서 반찬을 몇 가지만 놓고 먹는다면, 아이들은 부모가 먹어본 적 없는 음식, 혹은 잘 먹지 않는 음식을 싫어하게 된다. 또 많은 아이들이 어릴 때부터 간식 먹는 것을 좋아하는데, 이것이 계속되면, 위장기능이 저하되고 편식하게 된다.

A　많은 아이들이 간식만 먹는다
B　아이들은 새로운 음식을 먹는 것을 싫어한다
C　부모들의 편식 습관이 아이들에게 영향을 미친다
D　음식을 골고루 먹지 않으면, 아이들이 병에 걸릴 수 있다

해설　부모가 편식하는 습관이 있으면, 조금씩 아이들에게도 영향을 미치게 된다고 언급하고 있으므로 답은 C이다.

단어　养成 yǎngchéng 동 기르다 | 偏食 piānshí 동 편식하다 명 편식 | 毛病 máobìng 명 나쁜 버릇 | 习惯 xíguàn 명 습관 | 慢慢地 mànmànde 천천히, 조금씩 | 宝宝 bǎobǎo 명 아이 | 单调 dāndiào 형 단순하다 | 事物 shìwù 명 음식물 | 自幼 zìyòu 어릴때부터 | 零食 língshí 명 간식 | 胃肠 wèicháng 명 위와 장 | 功能 gōngnéng 명 기능 | 失调 shīdiào 동 균형을 잃다. (기능 등이) 저하되다

22

　　在相同的境遇下，不同的人会有不同的命运。一个人的命运不是由上天决定的，也不是由别人决定的，而是自己。一个人若想改变自己的命运，最重要的是要改变自己，改变心态，改变环境，这样命运也会随之改变。

A　环境决定命运
B　命运是自己掌握的
C　心态可以改变环境
D　人的命运受别人影响

　　같은 상황 속에서, 사람은 서로 다른 운명을 맞이한다. 한 사람의 운명은 하늘이 결정하는 것이 아니고, 다른 사람에 의해 결정되는 것도 아니며, 오직 자신에 의해서만 결정된다. 만약 자신의 운명을 바꾸고 싶다면, 가장 중요한 것은 자신을 바꾸고, 마음가짐을 바꾸며, 환경을 바꾸는 것이다. 그러면 운명은 이에 따라 달라진다.

A　환경이 운명을 결정한다
B　운명은 스스로 만드는 것이다
C　마음가짐에 따라 환경을 바꿀 수 있다
D　사람의 운명은 다른 사람의 영향을 받는다

해설　한 사람의 운명은 하늘이나 다른 사람에 의해 결정되는 것이 아니라 스스로에 의해서 결정되는 것이라고 언급하고 있으므로 답은 B이다.

단어　境遇 jìngyù 명 상황, 형편 | 命运 mìngyùn 명 운명 | 上天 shàngtiān 명 하늘 | 由……决定 yóu ~juédìng ~에 의해 결정되다 | 若 ruò 접 만약 ~라면 | 改变 gǎibiàn 동 바꾸다 | 心态 xīntài 명 마음가짐

23

谈话的姿势往往反映出一个人的性格、修养和文明素质。所以，交谈时，首先双方要互相正视、互相倾听，不能东张西望、看书看报、面带倦容、哈欠连天。否则，会给人心不在焉、傲慢无理等不好的印象。

A 打哈欠要正视对方
B 东张西望说明有心事
C 要注意谈话时的姿势
D 疲倦时应及早休息

말을 하는 자세는 종종 한 사람의 성격, 교양 그리고 의식 수준을 나타낸다. 따라서 이야기를 할 때 먼저 상대방은 서로 눈을 바라보고, 경청해야 한다. 여기저기 두리번거리고, 책이나 신문을 본다거나 피곤해 하고, 계속 하품을 해서는 안 된다. 그렇지 않으면, 상대방에게 건성으로 듣고 있으며, 거만하고 예의 없다는 좋지 않은 인상을 줄 수 있다.

A 하품을 할 때는 상대방을 똑바로 바라봐야 한다
B 이리저리 두리번거리는 태도는 걱정거리가 있다는 것이다
C 말을 할 때는 자세에 신경 써야 한다
D 피곤할 때는 바로 쉬어야 한다

해설 첫 번째 문장에서 말을 할 때의 자세가 많은 것을 나타낼 수 있으므로 매우 중요하다고 언급하고 있으므로 답은 C이다.

단어 姿势 zīshì 몡 자세 | 反映 fǎnyìng 동 나타내다, 드러내다 | 性格 xìnggé 몡 성격 | 修养 xiūyǎng 몡 교양 | 文明素质 wénmíng sùzhì 몡 의식수준 | 交谈 jiāotán 동 이야기하다 | 正视 zhèngshì 동 똑바로 바라보다 | 倾听 qīngtīng 동 경청하다 | 东张西望 dōngzhāng xīwàng 몡 여기저기 바라보다, 두리번 거리다 | 倦容 juànróng 몡 피곤한 모습 | 哈欠 hāqiàn 몡 하품 | 连天 liántiān 동 연일 계속하다 | 否则 fǒuzé 접 그렇지 않으면 | 心不在焉 xīnbùzàiyān 성 정신을 딴 데 팔다 | 傲慢 àomàn 형 거만하다 | 印象 yìnxiàng 몡 인상

24

豆浆是一种老幼皆宜、价廉质优的液态营养品。豆浆营养丰富，多喝豆浆可预防老年痴呆症，增强抗病能力，防癌抗癌，中老年妇女饮用，能调节内分泌，改善更年期综合症，青年女性饮用，能令皮肤白皙细嫩，容光焕发。

A 豆浆是一种中药
B 喝豆浆有美容作用
C 豆浆适宜女性饮用
D 多喝豆浆不会生病

두유는 노인과 어린아이에게 모두 좋으며, 저렴하고 몸에 좋은 액체 영양식품이다. 두유는 영양소가 풍부하여, 많이 마시면 노인의 치매를 예방할 수 있을 뿐만 아니라 면역력 강화, 암 예방에도 도움이 된다. 중년층 여성이 마시면, 내분비계를 조절하여 갱년기 증후군을 개선할 수 있으며, 젊은 여성이 마실 경우, 피부가 하얘지고 부드러워지며, 윤기나게 된다.

A 두유는 중의약이다
B 두유를 마시면 미용에 좋다
C 두유는 여성이 마시기에 좋다
D 두유를 자주 마시면 병에 걸리지 않는다

해설 젊은 여성이 두유를 마시면 피부가 좋아진다고 말하고 있는데, 이는 두유가 미용에 도움이 된다는 것임으로 답은 B이다.

단어 豆浆 dòujiāng 몡 콩국, 두유 | 老幼 lǎoyòu 몡 노인과 어린아이 | 皆 jiē 부 모두 | 价廉质优 jiàlián zhìyōu 가격이 저렴하고 질이 우수하다 | 液体 yètǐ 몡 액체 | 营养品 yíngyǎngpǐn 몡 영양식품 | 营养 yíngyǎng 몡 영양 | 丰富 fēngfù 형 풍부하다 | 喝 hē 동 마시다 | 预防 yùfáng 동 예방하다 | 痴呆症 chīdāizhèng 몡 치매 | 抗病能力 kàngbìng nénglì 몡 면역력 | 癌 ái 몡 암 | 饮用 yǐnyòng 동 마시다 | 调节 tiáojié 동 조절하다 | 内分泌 nèifēnmì 몡 내분비 | 更年期 gēngniánqī 몡 갱년기 | 综合症 zōnghézhèng 몡 증후군 | 皮肤 pífū 몡 피부 | 白皙 báixī 형 (피부가) 희다 | 细嫩 xìnèn 형 (살이) 부드럽다, 곱다 | 焕发 huànfā 동 발산하다

25

广州亚运会会徽已经于2006年11月17日在广州孙中山纪念堂隆重揭晓，其中，广州的象征——"五羊雕像"成为2010年广州亚运会会徽的主体轮廓。

A 会徽上有五羊标志
B 孙中山纪念堂象征广州
C 会徽以中山纪念堂为背景
D 中山纪念堂于2006年建成

광저우아시안게임 휘장은 이미 2006년 11월 17일 광저우에 있는 쑨중샨 기념관에서 공개되었으며, 그 중 광저우를 상징하는 "다섯 마리 야의 조각상"이 2010년 광저우아시안게임 휘장의 주요 마스코트로 사용되었다.

A 휘장에는 다섯 마리의 양이 그려져 있다
B 쑨중샨 기념관은 광저우를 상징한다
C 휘장은 쑨중샨 기념당을 배경으로 한다
D 쑨중샨 기념관은 2006년에 지어졌다

해설 다섯 마리 양의 조각상은 광저우아시안게임 휘장의 마스코트로 사용되었다고 언급하고 있으므로 답은 A이다.

단어 会徽 huìhuī 몡 휘장 | 孙中山 Sūn Zhōngshān 인명 쑨원, 쑨중샨(순중산) [중국 국민당 창시자이며, 신해혁명으로 임시 대통령에 추대된 중국의 혁명가] | 纪念堂 jìniàntáng 몡 기념관 | 隆重 lóngzhòng 휑 엄숙하다 | 揭晓 jiēxiǎo 동 결과를 발표하다 | 象征 xiàngzhēng 몡 상징 | 雕像 diāoxiàng 몡 조각 | 轮廓 lúnkuò 몡 마스코트, 윤곽, 주된 내용

26

"我去过医院了。"丈夫对妻子说。"医生怎么说？"妻子问。"他让我好好儿休息，要绝对安静。这是他给开的安眠药。""好的，我会照顾你按时服药的。""不，这药是给你开的。"丈夫说。

A 妻子很爱唠叨
B 妻子身体不舒服
C 丈夫得了失眠症
D 丈夫不喜欢吃药

"나 병원에 갔다 왔어." 남편이 아내에게 말했다. "의사선생님께서 뭐라고 하시던가요?" 아내가 물었다. "나보고 충분히 잘 쉬고, 절대 안정을 취해야 한대. 이건 의사선생님이 준 수면제야." "알았어요. 제가 시간에 맞춰 약을 먹도록 당신을 돌 볼게요." 그러자 남편이 말했다. "아니야, 이 약은 당신 거야."

A 아내는 잔소리를 많이 한다
B 아내의 몸 상태가 좋지 않다
C 남편은 불면증에 걸렸다
D 남편은 약 먹는 것을 싫어한다

해설 남편은 아내의 잔소리가 너무 심해서, 아내에게 수면제를 먹여야만 쉴 수 있는 지경에 이른 것이다. 따라서 답은 A이다.

단어 丈夫 zhàngfu 몡 남편 | 休息 xiūxi 동 쉬다, 휴식하다 | 安静 ānjìng 휑 안정하다 | 开 kāi 동 (처방을) 하다 | 安眠药 ānmiányào 몡 수면제 | 照顾 zhàogù 동 돌보다, 보살피다 | 按时 ànshí 시간에 맞춰 | 服药 fúyào 동 약을 복용하다, 약을 먹다

27

旅游是一种有益身心健康的活动。春天阳光明媚，到处鸟语花香，正是外出旅游的好时机。春游不仅能观赏春光春色，进行阳光浴，而且还能使身体得到锻炼。

A 旅游应选在春天进行
B 阳光浴可以锻炼身体
C 旅游对身体很有好处
D 旅游是晒太阳的好时机

여행은 우리 몸과 마음에 유익한 활동이다. 봄은 햇살이 아름답게 비추고, 곳곳에서 새가 지저귀며, 꽃향기가 가득하여, 여행하기 알맞다. 봄에 떠나는 여행은 봄날의 경치를 감상할 수 있고, 일광욕을 즐길 수 있을 뿐만 아니라 몸을 건강하게 할 수 있다.

A 여행은 봄에 가야 한다
B 일광욕은 우리 몸을 건강하게 해준다
C 여행은 우리 몸에 좋다
D 여행은 태양을 쬐는 좋은 방법이다

해설 첫 번째 문장에서 몸과 마음에 유익하다는 것은 몸과 마음에 모두 좋다는 것을 의미한다 따라서 여행은 우리 몸에 좋다. 따라서 답은 C이다.

단어 旅游 lǚyóu 명 여행 | 身心 shēnxīn 명 몸과 마음 | 健康 jiànkāng 명 건강 | 活动 huódòng 명 활동 | 阳光明媚 yángguāng míngmèi 태양이 밝게 비추다 | 鸟语 niǎoyǔ 명 새소리 | 花香 huāxiāng 명 꽃향기 | 春游 chūnyóu 명 봄 여행, 봄 소풍 | 阳光浴 yángguāngyù 명 일광욕 | 锻炼 duànliàn 동 단련하다

28

蜡染是中国苗族古老而独特的手工绘染艺术，起源于秦汉，盛行于隋唐。这种古老的艺术一代传一代，到了现在，蜡染已经不再仅限于手工制作了。而且，由于它的影响力越来越大，周边其他民族的能工巧匠也掌握了这门技术。现在，这门古老的艺术正焕发出新的生命力。

A 唐朝时出现了蜡染
B 只有苗族人会蜡染
C 秦朝时很流行蜡染
D 最初蜡染是手工制作

라란 염색법은 중국 묘족의 오래 되고, 독특한 수공예 회화 염색기법으로, 진한시대를 시작으로 수당시대에 크게 유행하였다. 이렇게 오래된 예술 기법이 한 세대 한 세대를 거쳐 전해졌으며, 현재 라란 염색법은 단지 수공예 제작에만 국한되지 않는다. 라란 염색법의 영향력이 점점 커지면서, 주변의 다른 민족의 숙련공들 역시 이 기술을 익히게 되었고, 오랫동안 전해 내려온 이 염색법은 현재에는 새로운 생명력을 보이고 있다.

A 당대에 라란 염색법이 생겨났다
B 묘족만이 라란 염색법을 할 줄 안다
C 진대에 라란 염색법이 유행하였다
D 최초의 라란 염색법은 수공으로 제작되었다

해설 현재의 라란 염색법은 수공예 제작에만 국한되어 나타나지 않는다는 것은 초기에는 수공예 제작에만 국한되어 있었음을 나타낸다. 따라서 답은 D이다.

단어 蜡染 làrǎn 라란 염색법 [녹인 황랍을 천의 무늬 위에 붓고 염색한 후, 제거하여 그 부분만 백색으로 남김] | 苗族 miáozú 명 묘족 | 手工绘 shǒugōnghuì 명 수공예 회화 | 艺术 yìshù 명 예술 | 起源 qǐyuán 명 기원 | 秦 Qín 진나라 | 汉 Hàn 한나라 | 盛行 shèngxíng 동 성행하다 | 隋 Suí 수나라 | 唐 Táng 당나라 | 传 chuán 동 전하다, 전해지다 | 限于 xiànyú ~에 국한되다 | 制作 zhìzuò 명 제작 | 能工巧匠 nénggōng qiǎojiàng 명 숙련공 | 掌握 zhǎngwò 동 파악하다, 숙달하다 | 门 mén 양 학문, 기술을 세는 단위 | 技术 jìshù 명 기술 | 焕发 huànfā 동 발산하다

29

跑酷，是一种极限运动，多以城市中日常生活的环境为运动的场所。它并没有既定规则，做这项运动的人只是将各种日常设施当做障碍物或辅助，在其间跑跳穿行。

A 跑酷没有年龄限制
B 跑酷在中国很流行
C 跑酷有专门的运动场所
D 跑酷需要很好的体力

파쿠르는 익스트림 스포츠로서의 일종으로, 도시의 생활환경을 운동장소로 삼는다. 파쿠르에는 정해진 규칙이 없으며, 이 운동을 하는 사람들은 단지 일상적으로 놓인 시설들을 장애물이나, 보조 도구로 생각하여 그사이를 뛰어다닌다.

A 파쿠르는 연령제한이 없다
B 파쿠르는 중국에서 유행하고 있다
C 파쿠르는 전문적인 운동장소가 있다
D 파쿠르는 좋은 체력을 가져야 할 수 있다

해설 지문의 첫 번째 문장에서 파쿠르는 익스트림 스포츠라고 언급하였는데, 여기서 파쿠르는 도전적인 운동이며, 체력 조건도 중요하다는 것을 알 수 있으므로 답은 D이다.

단어 跑酷 pǎokù 파쿠르, 야마카시 [맨손으로 건물이나 담장을 오르거나 뛰어넘는 익스트림 스포츠] | 极限 jíxiàn 명 극한 | 运动 yùndòng 명 운동 | 既定 jìdìng 형 이미 정한, 정해진 | 规则 guīzé 명 규칙 | 项 xiàng 양 가지 | 设施 shèshī 명 시설 | 障碍物 zhàng'àiwù 명 장애물 | 辅助 fǔzhù 형 보조의 | 跑 pǎo 동 달리다, 뛰다 | 跳 tiào 동 뛰다

30

紫砂壶，曾是中国特有的陶土工艺品，通过千百年来的实践，人们发现，用紫砂壶泡茶，茶味会显得更加隽永醇厚，由于紫砂壶能吸收茶叶汁，用的时间愈长，泡出的茶水味道就愈好。

A　用紫砂壶要泡好茶叶
B　紫砂壶可以吸收茶叶
C　用紫砂壶泡的茶很好喝
D　紫砂壶都是纯手工制作

자사호(자줏빛 도자기)는 일찍이 중국 특유의 도자기 흙으로 만든 공예품으로, 몇천, 몇백 년의 경험을 통해, 사람들은 자사호로 차를 우려내면, 차 맛이 더욱 깊고 진하다는 것을 알게 되었다. 자사호는 찻잎의 즙을 흡수하기 때문에 오래 사용하면 사용할수록 우러난 차의 맛은 더욱 좋다.

A　자사호를 사용할 때, 좋은 찻잎을 사용해야 한다
B　자사호는 찻잎을 흡수할 수 있다
C　자사호를 사용해 우려낸 차는 맛이 좋다
D　자사호는 모두 수공예 제품이다

해설 사람들은 오랜 경험을 통해 자사호로 차를 우려내면 차 맛이 좋다는 것을 알게 되었다. 따라서 답은 C이다.

단어 紫砂壶 zǐshāhú 몡 자사호 [자줏빛 진흙의 특색을 지닌 도자기] | 曾 céng 閉 일찍이 | 陶土 táotǔ 몡 도자기 흙 | 工艺品 gōngyìpǐn 몡 공예품 | 实践 shíjiàn 몡 실천, 경험 | 泡茶 pàochá 동 차를 우려내다 | 茶味 cháwèi 몡 차의 맛 | 隽永 jùnyǒng 톙 의미가 깊다 | 醇厚 chúnhòu 톙 두텁다 | 吸收 xīshōu 동 흡수하다 | 茶叶汁 cháyèzhī 몡 찻잎 즙 | 愈…… 愈…… yù~ yù~ ~할수록 ~하다 | 味道 wèidào 몡 맛

31

孩子放学回家问爸爸什么是压台戏，爸爸回答："压台戏就是最后演出的最好的节目。" 孩子说："那我就是班上最好的学生了！""为什么？""因为班上考试出榜，总是把我放在最后。"

A　孩子的成绩非常差
B　孩子表演了很棒的节目
C　孩子在班里表现很好
D　孩子将得到爸爸的表扬

한 아이가 수업을 마치고 집에 돌아와 아빠에게 물었다. "아빠 压台戏(yātàixì)가 뭐예요?" 아빠가 대답했다. "压台戏는 맨 마지막에 상연되는 가장 좋은 프로그램을 말한단다." 아이가 말했다. "그럼 우리 반에서는 제가 压台戏인걸요!" "왜 그렇지?" "왜냐하면 우리 반의 시험결과가 나오면, 항상 저를 제일 끝에 놓거든요."

A　아이의 성적이 매우 좋지 않다
B　아이는 아주 훌륭한 프로그램을 연기했다
C　아이는 반에서 가장 좋은 성적을 내고 있다
D　아이는 아빠에게 칭찬을 듣게 될 것이다

해설 마지막 문장에서 아이가 시험에서 늘 꼴찌를 했다는 것을 알 수 있으므로 답은 A이다.

단어 压台戏 yātàixì 몡 전통극 공연에서 맨 마지막에 안배하는 프로그램 | 演出 yǎnchū 동 공연하다, 연출하다 | 节目 jiémù 몡 프로그램 | 考试 kǎoshì 몡 시험 | 出榜 chūbǎng 동 (시험결과) 명단을 게시하다 | 放 fàng 동 놓다

32

不少父母认为表扬可以增强孩子的自信心，激励他们取得成就，但表扬孩子要注意方式方法，过多表扬不利于孩子的成长。研究显示，受到过度表扬的学生往往不愿承担风险、不愿付出努力。父母应更多地赞赏孩子的努力过程而不是结果。

많은 부모들은 칭찬이 아이의 자신감을 키워주고, 성취감을 갖도록 격려하는 것이라고 생각한다. 하지만 아이들을 칭찬할 때는 방법에 주의해야 하며, 지나친 칭찬은 아이의 성장에 좋지 않다. 연구 결과에 따르면, 칭찬을 많이 받은 학생은 위험을 감수하려고 하지 않으며, 노력하는 것을 싫어한다고 한다. 따라서 부모는 아이들이 노력하는 과정에 대해 칭찬을 해야 하며, 결과를 가지고 칭찬해서는 안 된다.

A 结果比过程有意义
B 表扬不利于孩子成长
C 表扬使人不再努力
D 应该夸奖孩子的努力

A 결과는 과정보다 의미가 있다
B 칭찬은 아이들의 성장에 좋지 않다
C 칭찬이 사람들로 하여금 더 노력하지 않게 한다
D 아이들이 하는 노력을 칭찬해야 한다

해설 아이들이 노력하는 과정은 노력한 후 얻는 결과보다 더 중요하므로 부모는 아이들이 노력하는 과정을 잘 살펴야 한다. 따라서 답은 D이다.

단어 表扬 biǎoyáng 동 칭찬하다 | 增强 zēngqiáng 동 강하게 하다 | 自信心 zìxìnxīn 명 자신감 | 激励 jīlì 동 격려하다, 독려하다 | 取得 qǔdé 동 얻다 | 成就 chéngjiù 명 성취, 성과 | 注意 zhùyì 동 주의하다, 조심하다 | 不利于 búlìyú ~에 좋지 않다 | 成长 chéngzhǎng 명 성장 | 愿 yuàn 동 바라다, 원하다 | 承担 chéngdān 동 맡다, 담당하다 | 风险 fēngxiǎn 명 위험 | 付出 fùchū 동 (노력을) 하다 | 努力 nǔlì 명 노력 | 赞赏 zànshǎng 동 칭찬하다

33

　　人在饮酒后，酒精很快被消化系统吸收，接着进入血液循环系统，继而影响胃、肠、心脏、肝、肾、大脑和内分泌系统，其中受害最直接、最严重的是大脑。如果酒后就立刻喝咖啡，会使大脑从极度抑制转为极度兴奋，加快血液循环，增加心血管负担，对人体造成的损害甚至会超过喝酒本身。

　　사람이 술을 마시면, 알코올은 소화계에서 빠르게 흡수되어 혈액순환계에 들어간다. 그리고는 위, 장, 심장, 간, 신장, 대뇌 및 내분비계에 영향을 미치는데, 그중 가장 직접적이고, 가장 심각하게 손상되는 것이 대뇌이다. 만약 술을 마신 후, 곧바로 커피를 마시면, 대뇌는 극도의 억제상태에서 극도의 흥분상태로 바뀌어, 혈액순환이 빨라지고, 심혈관 부담이 증가하는데, 이때 인체에 미치는 영향은 심지어 술을 마시는 것보다 더 크다.

A 咖啡会使大脑极度抑制
B 咖啡很快就能被人体吸收
C 喝酒后不要马上喝咖啡
D 咖啡对人的损害超过酒精

A 커피는 대뇌를 극도의 억제상태에 있게 한다
B 커피는 인체에 빠르게 흡수된다
C 술을 마시고 바로 커피를 마시면 안 된다
D 커피는 인체에 미치는 영향은 알코올보다 크다

해설 술을 마신 후, 곧바로 커피를 마시면, 신체에 큰 영향을 미치게 된다고 언급하고 있으므로 답은 C이다.

단어 饮酒 yǐnjiǔ 동 술을 마시다 | 酒精 jiǔjīng 명 알코올 | 消化 xiāohuà 명 소화 | 系统 xìtǒng 명 계통, 계 | 吸收 xīshōu 동 흡수하다 | 血液 xuèyè 명 혈액 | 循环 xúnhuán 명 순환 | 继而 jì'ér 뒤이어 | 胃 wèi 명 위 | 肠 cháng 명 장 | 心脏 xīnzàng 명 심장 | 肝 gān 명 간 | 肾 shèn 명 신장 | 大脑 dànǎo 명 대뇌 | 内分泌 nèifēnmì 명 내분비 | 直接 zhíjiē 형 직접적인 | 立刻 lìkè 부 곧바로, 즉시 | 咖啡 kāfēi 명 커피 | 抑制 yìzhì 명 억제 | 兴奋 xīngfèn 명 흥분 | 血管 xuèguǎn 명 혈관 | 负担 fùdān 명 부담 | 损害 sǔnhài 동 손해를 주다, 손상시키다

34

　　电影放到一半的时候，小王站起来沿着一排座位走进了休息室。他回来时间坐在这排的第一位观众：“请问，我刚才是踩到您的脚了吗？”“没关系，现在已经不疼了。”那位观众答道。“我不是这个意思，我只是想证实一下我是不是坐在这一排。”

　　영화가 반쯤 진행되었을 때, 샤오왕은 그 좌석 열을 따라 쭉 걸어 나와 휴게실로 들어갔다. 그는 돌아와서는 걸어나왔던 그 줄의 첫 번째 좌석에 앉아 있는 관객에게 물었다. “실례합니다, 제가 방금 전에 당신의 발을 밟았나요?”“괜찮아요, 지금은 아프지 않아요.”그 관객이 대답했다. “아니요, 그게 아니라, 저는 단지 제가 이 줄에 앉았었는지를 확인하려는 것뿐이에요.”

A	小王想确认位置	A	샤오왕은 자리를 확인하고 싶었다
B	小王想向那个人道歉	B	샤오왕은 그 사람에게 사과하고 싶었다
C	小王的视力不好	C	샤오왕의 시력은 좋지 않다
D	小王不知是否踩了别人	D	샤오왕은 그가 다른 사람을 밟았는지 몰랐다

해설 샤오왕이 관객에게 다리를 밟았는지 물었던 것은 단지 자신의 자리가 그 줄에 있는지를 확인하려고 한 것이므로 답은 A이다.

단어 **电影 diànyǐng** 몡 영화 | **站 zhàn** 통 서다 | **沿着 yánzhe** ~을 따라서 | **排 pái** 몡 줄, 열 | **座位 zuòwèi** 몡 좌석 | **休息室 xiūxishì** 몡 휴게실 | **坐 zuò** 통 앉다 | **观众 guānzhòng** 몡 관객 | **踩 cǎi** 통 밟다 | **脚 jiǎo** 몡 발 | **疼 téng** 통 아프다 | **答道 dádào** 통 대답하다 | **证实 zhèngshí** 통 증명하다, 실증하다

35

"举案齐眉"这个成语是说夫妻间要互相尊敬。夫妻不但要懂得欣赏对方的优点，也要学会尊重对方的缺点。最可怕的就是对优点熟视无睹，而对缺点抱怨不休。挑选配偶不是在市场买菜，拣便宜的装一袋回家，把坏的去了就全是好的了。

"밥상을 눈높이까지 받쳐 들다."라는 이 성어는 부부간에 서로 존경하는 것을 의미한다. 부부는 상대방의 장점을 좋게 여길 줄 알아야 하며, 상대방의 단점을 존중할 줄도 알아야 한다. 가장 잘못된 것은 장점에 대해서는 본체만체하고, 단점에 대해서는 계속 불만을 갖는 것이다. 배우자를 선택하는 것은 시장에서 채소를 사는 것처럼, 싼 것을 골라 봉지 한가득 담고, 집에 돌아와 망가진 것을 버리고, 모두 좋은 것만 가지는 것이 아니기 때문이다.

A	不能拣便宜的菜买	A	싼 채소를 사서는 안 된다
B	一起买菜可以增进感情	B	같이 채소를 사면, 사이가 좋아질 수 있다
C	夫妻间要互相批评	C	부부간에는 서로 비판을 해야 한다
D	要学会尊重自己的另一半	D	자신의 배우자를 존중할 줄 알아야 한다

해설 부부는 서로 상대방의 장점을 보고, 멋대로 상대방의 단점을 꾸짖어서는 안 되며, 상대방을 존중할 줄 알아야 한다고 언급하고 있고, 보기의 "自己的另一半"은 배우자를 뜻하므로 답은 D이다.

단어 **举案齐眉 jǔàn qíméi** 솅 부부가 서로 존중하다 | **夫妻 fūqī** 몡 부부 | **尊敬 zūnjìng** 통 존경하다 | **懂得 dǒngde** 통 알다, 이해하다 | **欣赏 xīnshǎng** 통 좋다고 여기다 | **优点 yōudiǎn** 몡 장점 | **尊重 zūnzhòng** 통 존종하다 | **缺点 quēdiǎn** 몡 단점 | **怕 pà** 통 근심하다 | **熟视无睹 shúshì wúdǔ** 솅 보고도 못 본 척 하다 | **抱怨不休 bàoyuàn bùxiū** 계속 원망하다 | **挑选 tiāoxuǎn** 통 선택하다 | **配偶 pèi'ǒu** 몡 배우자 | **拣 jiǎn** 통 선택하다, 고르다 | **装 zhuāng** 통 담다 | **袋 dài** 양 자루, 포대 [주머니, 자루에 담을 수 있는 물건을 셀 때 쓰임]

36

"中国丹霞"近日在巴西利亚举行的第34届世界遗产大会上，经联合国教科文组织世界遗产委员会批准，正式列入《世界遗产名录》。至此，中国的世界遗产地数量已增加到 40 个。

"중국 단샤"는 최근 브라질의 브라질리아에서 개최된 제34회 세계유산회의에서 유네스코 세계유산위원회의 비준을 거쳐, 공식적으로 「세계유산목록」에 등재되었다. 이로써 중국의 세계유산은 모두 40개로 늘어났다.

A 世界遗产共有40个	A 세계유산은 모두 40개이다
B "中国丹霞"是世界遗产	B "중국 단샤"는 세계 유산이다
C 世界遗产委员会在巴黎	C 세계유산위원회는 파리에 있다
D 中国的世界遗产共有34个	D 중국의 세계유산은 모두 34개다

해설 A만 보고는 중국의 세계유산을 말하는지, 전 세계의 세계유산을 말하는지 알 수 없다. 지문에서 "중국 단샤"는 「세계유산목록」에 공식적으로 등재 되었다고 언급하고 있으므로 답은 B이다.

단어 丹霞 dānxiá 명 붉은색 퇴적암으로 이뤄진 단샤 지형 | 巴西 Bāxī 지명 브라질 | 利亚 Lìyà 지명 브라질리아 | 举行 jǔxíng 통 개최하다 | 世界遗产 shìjiè yíchǎn 명 세계유산 | 联合国教科文组织 Liánhéguó jiāokēwén zǔzhī 명 유네스코 | 委员会 wěiyuánhuì 명 위원회 | 批准 pīzhǔn 통 비준하다 | 列入 lièrù 통 집어넣다, 들어가다 | 名录 mínglù 명 목록

37

有些年轻人很想在事业上发愤上进，但有时不得不抛掉事业，而去迁就环境。他们常常怀疑现在的事业与自己的性情是否适合。他们一遇挫折，就会灰心；一听到别人在别的事业上得到成功，就会心生羡慕，也想在那方面试试。

어떤 젊은이들은 사업에서 발전하길 바라지만, 어떤 때는 어쩔 수 없이 사업을 포기한 채, 주변 환경에 끌려다닌다. 그들은 항상 현재의 사업이 자신의 성격과 맞는지를 고민한다. 그들은 한번 좌절을 맛보면, 크게 낙담하며, 다른 사람이 어떤 사업에서 성공했다고 하면 질투하고, 성공한 사람과 같은 사업에 뛰어들려고 한다.

A 有些年轻人一直遭受打击	A 어떤 젊은이들은 항상 어려움을 맞는다
B 年轻人的事业都很成功	B 젊은이들의 사업은 모두 다 성공했다
C 有些年轻人的意志不坚定	C 어떤 젊은이들은 의지가 굳지 않다
D 有些年轻人所处的环境不好	D 어떤 젊은이들이 처한 환경은 좋지 않다

해설 어떤 젊은이들은 한 가지 일을 끝까지 해나가지 못하고, 늘 외부 환경을 영향을 쉽게 받는다고 언급하고 있으므로 답은 C이다.

단어 事业 shìyè 명 사업, 일 | 发愤 fāfèn 통 분발하다 | 不得不 bùdébù 뷔 어쩔 수 없이 | 抛 pāo 통 버리다, 포기하다 | 迁就 qiānjiù 통 끌려가다, 이끌리다 | 怀疑 huáiyí 통 회의하다, 의심하다 | 性情 xìngqíng 명 성격, 성질 | 适合 shìhé 통 적합하다, 알맞다 | 遇 yù 통 만나다 | 挫折 cuòzhé 명 좌절, 시련 | 灰心 huīxīn 통 낙담하다, 의기소침하다 | 生 shēng 통 (저절로) 생기다 | 羡慕 xiànmù 명 질투 | 试 shì 통 시험 삼아 해보다

38

吃烤鸭必须挑选合适的季节，季节不好则影响口味。冬、春、秋三季吃烤鸭最合适。原因是冬春二季的北京鸭，肉质肥嫩；秋天天高气爽，温度和湿度都特别适宜制作烤鸭，而此时的鸭子也比较肥壮。

카오야(구운 오리)를 먹을 때는 반드시 적당한 계절을 골라야 하는데, 계절을 잘못 고르면 맛에 영향을 미치게 된다. 겨울, 봄, 여름, 이 세 계절이 가장 적당하다. 이유는 겨울과 봄, 두 계절에 베이징 오리의 육질이 부드럽기 때문이다. 가을은 날씨가 상쾌하고 시원해, 온도와 습도 모두 카오야를 만드는 데 적합하고, 이 시기에 오리가 비교적 통통하기 때문이다.

A 夏天吃不到烤鸭	A 여름에는 카오야를 먹을 수가 없다
B 北京烤鸭最负盛名	B 베이징 카오야가 가장 유명하다
C 天气热无法制作烤鸭	C 날씨가 더우면 카오야를 요리할 수 없다
D 烤鸭味道受季节影响	D 카오야의 맛은 계절의 영향을 받는다

해설 카오야를 먹을 때 계절을 잘 골라야 하며, 계절을 잘못 고르면 고기맛에 영향을 미칠 수 있다고 언급하고 있으므로 답은 D이다.

단어 烤鸭 kǎoyā 몡 카오야(구운 오리) | 挑选 tiāoxuǎn 동 선택하다 | 季节 jìjié 몡 계절 | 口味 kǒuwèi 몡 맛 | 合适 héshì 혭 알맞다, 적당하다 | 肉质 ròuzhì 몡 육질 | 肥嫩 féinèn 혭 (고기가 살쪄서) 말랑말랑 하다 | 天高气爽 tiāngāo qìshuǎng 졩 가을 하늘이 높고, 기후가 시원하고 상쾌하다 | 温度 wēndù 몡 온도 | 湿度 shīdù 몡 습도 | 适宜 shìyí 혭 적당하다 | 制作 zhìzuò 동 만들다 | 肥壮 féizhuàng 혭 (가축이) 살찌고, 힘이 세다

39

机遇只是个人发展成才的外因，它是我们成功的必要条件，机遇可以帮助我们成功，但努力才是决定你是否能成功的关键。有了机遇，而你自己没有准备也是不能成功的。

기회는 개인의 발전에 있어서 단지 외부적인 요소일 뿐이지만, 우리가 성공하는 데 있어서의 필요조건이기도 하다. 기회는 우리의 성공에 도움이 될 수 있지만, 당신이 성공할 수 있는가를 결정하는 열쇠는 바로 노력이다. 따라서 기회가 있어도, 자신이 준비하지 않는다면, 성공할 수 없다.

A 努力比机遇更重要	A 노력이 기회보다 더 중요하다
B 有机遇就可以成功	B 기회가 있으면 성공할 수 있다
C 机遇是成才的关键	C 기회는 성공의 열쇠이다
D 机遇时刻都会降临	D 기회의 시간은 모두에게 찾아온다

해설 노력은 성공할 수 있는가를 결정하는 열쇠이며, 기회가 있더라도 노력하지 않으면 성공할 수 없다고 언급하고 있으므로 답은 A이다.

단어 机遇 jīyù 몡 기회 | 成才 chéngcái 몡 재목이 되다 | 外因 wàiyīn 몡 외부 요인 | 必要条件 bìyào tiáojiàn 몡 필요 조건 | 帮助 bāngzhù 동 돕다 | 关键 guānjiàn 몡 관건 | 准备 zhǔnbèi 동 준비하다

40

中国礼仪的基本要求就是尊重他人。因此，递物时须用双手，表示对对方的尊重。例如递交名片时，应用双手恭敬地递上，且名片的正面应对着对方。在接受他人名片时也应恭敬地用双手捧接。接过名片后要仔细看一遍或有意识地读一下名片的内容，不能接过名片后看都不看就塞入口袋，或随手放一边。

중국 예의의 기본은 바로 타인을 존중하는 것이다. 따라서 물건을 건넬 때, 양손을 사용하여 상대방에 대한 존중을 표해야 한다. 예를 들면, 명함을 건넬 때, 양손으로 공손하게 건네고, 명함의 앞면을 상대방을 향하도록 해서 줘야 한다. 타인의 명함을 받을 때는 양손으로 공손하게 받는다. 명함을 받고 나서는 명함을 자세히 살펴보거나, 관심 있게 내용을 읽어야 한다. 명함을 받고 나서 훑어보지 않고 주머니에 넣거나, 아무 데나 놓아서는 안 된다.

A 名片不可以塞入口袋
B 递交名片时要先看一遍
C 递名片时要注视着对方
D 对别人的名片要表示重视

A 명함을 주머니에 넣어서는 안 된다
B 명함을 건넬 때 먼저 한 번 내용을 살펴봐야 한다
C 명함을 건넬 때 상대방을 주시해야 한다
D 다른 사람의 명함을 중요시하는 태도를 보여야 한다

해설 명함을 받고 나서는 자세히 살펴보며, 상대방에 대한 존중을 표해야 한다고 언급하고 있으므로 답은 D이다.

단어 礼仪 lǐyí 명 예의, 예절 | 尊重 zūnzhòng 동 존중하다 명 존중 | 递物 dìwù 동 물건을 건네다 | 双手 shuāngshǒu 명 양손 | 表示 biǎoshì 동 나타내다, 표시하다 | 递交 dìjiāo 동 건네다 | 名片 míngpiàn 명 명함 | 恭敬 gōngjìng 형 공손하다, 정중하다 | 正面 zhèngmiàn 명 앞 면 | 应对 yìngduì 동 응하다 | 捧接 pěngjiē 동 (공손하게 두 손으로 받아 드는 것을 가리킴) 받다 | 仔细 zǐxì 형 자세하다, 꼼꼼하다 | 遍 biàn 양 번 | 赛入 sàirù 동 집어 넣다 | 口袋 kǒudài 명 주머니 | 随手 suíshǒu 동 손이 가는 대로 하다 | 放 fàng 동 놓다

41

现在许多独生子女承受能力差，经受不起一点挫折。专家指出，承受能力的培养必须从小抓起，不要老是让着、迁就孩子。要告诉自己的孩子，在和小朋友做游戏的时候，总有输赢。平时父母可以有意识地称赞其他小朋友，让孩子知道优秀的人不止他一个，要学会欣赏他人的优点。

현재 많은 외동 자녀들은 어려움을 이겨내는 능력이 떨어져 좌절을 극복해내지 못한다. 전문가들은 어려움을 극복하는 능력을 기르는 것은 어릴 때부터 시작해야 하며, 부모가 늘 아이에게 양보하고, 끌려다녀서는 안 된다고 말한다. 부모는 자신의 아이에게 친구들과 게임을 할 때, 이기기도 하고 지기도 한다는 것을 가르쳐 줘야 한다. 또 평상시에 다른 아이를 칭찬해, 아이에게 뛰어난 사람은 자신만이 아니라는 것을 알려 주어, 타인의 장점을 느끼도록 해야 한다.

A 要从小培养承受能力
B 父母要陪孩子做游戏
C 优秀的人懂得迁就别人
D 做游戏时不能让着对方

A 어릴 때부터 어려움을 극복하는 능력을 길러야 한다
B 부모는 아이들과 함께 게임을 함께 해야 한다
C 우수한 사람은 다른 사람을 이끌 줄 안다
D 게임을 할 때 상대방에게 양보해선 안 된다

해설 부모는 아이에게 어릴 때부터 좌절을 이겨내도록 해야 하며, 어릴 때부터 아이가 어려움을 이겨내는 능력을 갖추도록 해야 한다고 언급하고 있으므로 답은 A이다.

단어 独生子女 dúshēng zǐnǔ 명 외동 자녀 | 承受 chéngshòu 동 감당하다 | 差 chà 형 부족하다, 모자라다 | 经受 jīngshòu 동 시련을 겪다 | 挫折 cuòzhé 명 좌절 | 培养 péiyǎng 동 기르다 | 让 ràng 동 양보하다 | 迁就 qiānjiù 동 끌려가다, 끌리다 | 游戏 yóuxì 명 게임 | 输赢 shūyíng 명 승과 패, 이기고 지는 것 | 称赞 chēngzàn 동 칭찬하다 | 优秀 yōuxiù 형 우수하다 | 不止 bùzhǐ ~에 멈추지 않다 | 欣赏 xīnshǎng 동 좋다고 여기다 | 优点 yōudiǎn 명 장점

42

很多人早餐喜欢吃油条喝豆浆，其实油条有油脂偏高的问题。食物经过高温油炸之后，营养素会被破坏，还会产生致癌物质；而且热量比较高，油脂也难消化，加上豆浆也属于中脂性食品，这种早餐组合不宜长期食用。

많은 사람들이 아침으로 중국식 꽈배기와 두유(콩국물)를 먹는 것을 좋아하는데, 사실 중국의 꽈배기에는 지방이 너무 많다는 문제점이 있다. 음식을 고온에서 튀기면, 영양소가 파괴되고, 발암물질을 생성된다. 또 열량이 비교적 높아지고, 지방이라 소화가 안 된다. 게다가 두유는 중성지방 식품에 속해, 이런 아침 식사를 장기적으로 먹는 것은 부적합하다.

A 长期吃油条不好
B 豆浆可以帮助消化油脂
C 豆浆的热量很高
D 油条不能和豆浆一起吃

A 장기적으로 중국식 꽈배기를 먹는 것은 좋지 않다
B 두유는 기름 지방을 소화하는 데 도움이 된다
C 두유의 열량은 매우 높다
D 중국식 꽈배기는 두유와 같이 먹어서는 안 된다

해설 중국식 꽈배기는 기름에 튀긴 음식으로, 지방이 많고, 영양소가 파괴되며, 발암물질이 있을 수 있어서 장기적으로 먹기에 적합하지 않다고 언급하고 있으므로 답은 A이다.

단어 早餐 zǎocān 圆 아침 식사 | 油条 yóutiáo 圆 중국식 꽈배기 [밀가루 반죽을 발효시켜 소금으로 간을 한 후, 길이 30㎝정도의 길쭉한 모양으로 만들어 기름에 튀긴 식품으로, 한국의 꽈배기와 비슷함] | 豆浆 dòujiāng 圆 두유, 콩국물 | 油脂 yóuzhī 圆 지방 | 油炸 yóuzhà 圄 기름에 튀기다 | 营养素 yíngyǎngsù 圆 영양소 | 破坏 pòhuài 圄 파괴하다 | 致癌物质 zhìái wùzhì 圆 발암물질 | 热量 rèliàng 圆 열량 | 消化 xiāohuà 圄 소화하다 | 属于 shǔyú ~에 속하다 | 中脂 zhōngzhī 중성지방 | 组合 zǔhé 圆 조합 | 不宜 bùyí 圄 좋지 않다 | 食用 shíyòng 圄 먹다

43

不少家庭在选用灯具和光源时往往忽视合理的采光需要，把灯光设计成五颜六色，以求浪漫和豪华。但是，五颜六色的灯光对人视力危害很大，光污染对婴幼儿及儿童影响很大，较强的光线会削弱婴幼儿的视力，影响儿童的视力发育。

A 家庭装修不应太浪漫
B 灯光对视力有很大危害
C 多彩灯光会造成污染
D 灯具太多影响儿童发育

많은 가정에서 조명도구와 전구를 고를 때, 알맞은 채광조절의 필요성을 소홀히 한 채, 조명을 가지각색으로 꾸미며, 낭만적이고 호화로운 분위기를 내려고 한다. 그러나 각양각색의 조명은 사람의 시력을 크게 상하게 하고, 조명으로 인한 "오염"은 영유아와 아동에게 큰 영향을 미친다. 강한 빛은 영유아의 시력을 나쁘게 할 수 있으며, 아이들의 시력 발달에도 영향을 미친다.

A 가정에서는 집을 너무 낭만적으로 꾸미면 안 된다
B 조명은 시력을 크게 상하게 할 수 있다
C 각양각색의 조명은 좋지 않은 영향을 줄 수 있다
D 조명도구가 너무 많으면 아이들의 성장에 영향을 미친다

해설 각양각색 조명은 아이들의 시력에 영향을 미칠 수 있다고 언급하고 있으므로 답은 C이다.

단어 选用 xuǎnyòng 圄 선택해 사용하다 | 灯具 dēngjù 圆 조명도구 | 光源 guāngyuán 圆 광원 [주로 태양이나 조명처럼 스스로 빛을 내는 것] | 往往 wǎngwǎng 閉 종종 | 忽视 hūshì 圄 소홀히 하다, 경시하다 | 采光 cǎiguāng 圆 채광 | 需要 xūyào 圆 필요, 수요, 요구 | 灯光 dēngguāng 圆 조명 | 设计 shèjì 圄 꾸미다 | 五颜六色 wǔyán liùsè 鈕 여러가지 빛깔, 가지각색 | 浪漫 làngmàn 圈 낭만적이다 | 豪华 háohuá 圈 호화롭다 | 视力 shìlì 圆 시력 | 危害 wēihài 圆 손해, 위해 | 婴幼儿 yīngyòu'ér 圆 영유아 | 儿童 értóng 圆 아동, 어린이 | 光线 guāngxiàn 圆 빛, 광선 | 削弱 xuēruò 圄 약하게 하다 | 发育 fāyù 圆 발육, 성장

44

将一盆吊兰放入室内，能在24小时内神奇地把室内空气中的一氧化碳、二氧化碳和其他有毒性气体"吞食"干净，其吸收有毒物质的效率超过空气过滤器。如果在吊兰花盆内添加一些活性炭，可大大增强吊兰吸收有害物质的能力，它是净化室内空气最好的一种植物。

A 吊兰不适宜放在室外
B 吊兰可以使空气清新
C 吊兰里必须要加活性炭
D 活性炭可以让吊兰茂盛

돌나물 화분을 실내에 놓으면, 24시간 안에 실내 공기 중의 일산화탄소, 이산화탄소 및 기타 유독성기체를 "삼켜" 공기를 깨끗하게 할 수 있으며, 돌나물의 유독물질 흡수력은 공기청정기보다 뛰어나다. 만약 돌나물에 활성탄을 넣으면, 돌나물의 유해물질 흡수력은 크게 좋아진다. 즉, 돌나물은 실내 공기를 정화하는 가장 좋은 식물이란 것이다.

A 돌나물을 실외에 놓는 것은 좋지 않다
B 돌나물은 공기를 깨끗하게 할 수 있다
C 돌나물에 반드시 활성탄을 넣어야 한다
D 활성탄은 돌나물을 번성하게 할 수 있다

해설 돌나물은 공기 중의 유해물질을 흡수하여, 공기를 깨끗하게 하고 실내의 공기를 정화하는 가장 좋은 식물이라고 언급하고 있으므로 답은 B이다.

단어 盆 pén 몡 화분 | 吊兰 diàolán 몡 돌나물 | 室内 shìnèi 몡 실내 | 神奇 shénqí 혱 신기하다 | 一氧化碳 yīyǎng huàtàn 몡 일산화탄소 | 二氧化碳 èryǎng huàtàn 몡 이산화탄소 | 有毒物质 yǒudú wùzhì 유독물질 | 吞食 tūnshí 통 삼키다 | 干净 gānjìng 혱 깨끗하게 하다 | 吸收 xīshōu 통 흡수하다 | 空气过滤器 kōngqì guòlùqì 몡 공기청정기 | 添加 tiānjiā 통 넣다, 첨가하다 | 活性炭 huóxìngtàn 몡 활성탄 | 净化 jìnghuà 통 정화하다, 깨끗하게 하다 | 植物 zhíwù 몡 식물

45

黄昏的时候，我在路上慢跑。有一个年轻人从我后面跑上来，在我耳边急促地叫着："快跑！""发生了什么事？"我问他。"赶快跑。"年轻人跑到我的前面。我快速地追了一段以后，气喘吁吁地追问："到底发生了什么事？""你跑得太慢了。"年轻人丢下我，自顾自往前跑去。

A 年轻人需要帮助
B 后面有人在追他们
C 前面有人等待救助
D 年轻人嫌我的速度慢

해질 무렵, 나는 길거리를 천천히 뛰고 있었다. 한 젊은이가 내 뒤로 뛰어와 내 귀에 대고 다급하게 소리쳤다. "빨리 뛰세요!" "무슨 일이죠?" 내가 물었다. "빨리 뛰세요." 그 젊은이가 내 앞으로 뛰어갔다. 나는 한동안 그를 쫓아 뛰었고, 숨을 헐떡거리며 물었다. "도대체 무슨 일이 벌어진 거죠?" "당신이 너무 늦게 뛰어서요." 그 젊은이는 나를 버려두고, 앞으로 뛰는 것만 신경 썼다.

A 젊은이는 도움이 필요했다
B 뒤에서 어떤 사람이 그들을 쫓고 있었다
C 앞에서 어떤 사람이 도와주려고 기다리고 있었다
D 젊은이는 내가 천천히 뛰는 것을 싫어했다

해설 젊은이는 나를 재촉해 빨리 뛰도록 하고, 마지막 문장에서 혼자 앞으로 뛰어갔다는 것에서 단지 나의 속도가 늦은 것이 싫었기 때문임을 알 수 있다. 따라서 답은 D이다.

단어 黄昏 huánghūn 몡 해질 무렵 | 慢跑 mànpǎo 통 천천히 달리다 | 年轻人 niánqīngrén 몡 젊은이 | 耳边 ěrbiān 몡 귓가에, 귀쪽에 | 急促 jícù 혱 다급하다, 가쁘다 | 叫 jiào 통 외치다, 소리치다 | 前面 qiánmiàn 몡 앞 | 快速 kuàisù 혱 빠른 속도로, 속도가 빠른 | 追 zhuī 통 뒤쫓아가다, 쫓다 | 气喘吁吁 qìchuǎn xūxū 혱 숨을 헐떡거리다 | 丢下 diūxià 통 버리다, 내버려 두다 | 顾 gù 통 정신을 집중하다

제2부분 인터뷰 듣고 판단하기

실전문제 p.38

정답	1	A	2	D	3	D	4	C	5	A	6	C	7	B	8	C	9	D	10	C
	11	B	12	D	13	D	14	C	15	A	16	A	17	C	18	A	19	D	20	A
	21	A	22	C	23	D	24	C	25	C	26	B	27	C	28	B	29	A	30	B

01-05

女: 大家好，今天我们非常高兴地为大家邀请到著名作家莫言老师。对莫言老师的作品大家一定已经非常熟悉了，许多人物形象已深入人心。莫言老师，您怎么看待当下大多数中国人不读书的现象？

男: [1]现在读书少好像有一个特指，就是对传统纸媒体阅读的减少，我觉得网上阅读也算阅读。大家来关注读书多少的问题，说明我们大家都认识到读书的必要性和重要性，读书应该是我们诸多活动中最有意义的活动之一。

女: 莫老师，能否给大家分享一下您的读书故事？

男: 我小时候特别想读书但是又找不到书看，谁家有一本书，我会用各种各样的方式把书借过来，抓紧时间赶快阅读。这种方式读的书，记忆特别深刻。后来等到自己能够大量买书的时候，反而读书越来越少。[2]借书读容易读，买书反而不容易读。所以我们现在不要急于买新书，[2]而是应该把自己书架上那些落满灰尘，早就想读但一直没有读的书先读完。

女: 您怎么看待"读书改变命运"这一说法？

男: 书不仅能改变一个人的命运，而且能改变人类的命运；书不仅决定了一个人的知识水平，而且决定了一个民族、一个国家，甚至是全人类的知识水平。

여: 여러분 안녕하세요. 오늘은 저명한 작가이신 모옌 선생님을 모셨습니다. 모옌 선생님의 작품에 대해서 여러분께서 이미 많이 알고 계실 것이고, 작품 속 인물의 모습도 생생하게 기억되고 있을 텐데요. 모옌 선생님, 현재 대다수의 중국인이 독서를 하지 않는 현상에 대해서 어떻게 생각하시나요?

남: [1]현재 독서가 줄어드는 현상은 신문으로 대표되는 기존의 활자 매체에 대한 독서가 줄고 있다는 것을 의미하고 있는 것 같은데요. 저는 인터넷 상에서 글을 읽는 것 역시 독서라고 생각합니다. 여러분이 독서를 얼마나 하는지 관심을 가지고 있다는 것은 우리 모두가 독서의 필요성과 중요성을 인식하고 있다는 것을 보여주는 것이지요. 그리고 독서는 우리가 하는 많은 활동 중에서 가장 의미 있는 활동 중 하나라고 할 수 있어요.

여: 모 선생님, 선생님의 독서 이야기를 여러분께 들려주실 수 있나요?

남: 저는 어렸을 때 책을 매우 읽고 싶었지만 도저히 책을 구할 수가 없었는데요. 만약 누가 책을 가지고 있다고 하면, 무슨 수를 써서라도 그 책을 빌려 와서는 시간을 아껴가며 읽었어요. 그리고 이렇게 읽은 책은 기억에 깊이 남았지요. 나중에 책을 많이 살 수 있게 되었을 때는 오히려 책을 덜 읽게 된다는 걸 알게 되었어요. [2]빌려서 보는 건 잘 읽히는데, 책을 사면 오히려 좀처럼 읽기가 쉽지 않더라고요. 따라서 새 책을 사는 데 급급해하지 말고, [2]책장 속의 먼지에 덮여 있는, 그동안 읽고 싶었지만 읽지 못했던 책을 먼저 다 읽는 것이 중요하다고 생각해요.

여: 선생님께서는 "독서가 운명을 바꾼다."는 말에 대해 어떻게 생각하시나요?

남: 책은 한 사람의 운명을 바꿀 수 있을 뿐만 아니라, 인류의 운명도 바꿀 수 있어요. 또 책은 한 사람의 지식 수준을 결정할 뿐 아니라, 한 민족, 한 나라 심지어 전 인류의 지식 수준을 결정할 수도 있다고 생각해요.

女： 网络写作对传统写作有没有冲击？

男： 应该说有很大的影响，很多传统文学作家对网络文学是看不起的，其实网络文学已经发展成一片广阔的天地，里面云集着很多文坛高手或者文坛外的高手。3网络小说，有些写得很好，但是为了适应网络这种方式，大部分也写得很一般，整个看来还是比较粗放的。

女： 4您最近新出版的《莫言心声系列》作为您小说之外的文集，对于您有什么特别的意义吗？

男： 这部书主要包括散文、演讲和对话，有很多都是即兴的创作，很多散文是和朋友们讨论的一些发言，有些演讲就是即兴发挥，但是回过头来看，越是随机随意的，没有经过认真雕琢的文字，反而有一种风味，很多即兴发挥的演讲反而比认真准备的演讲更有意思。我觉得仅仅读了我的小说和剧本，可能对我这个人的了解还是有偏差的，如果把这种散文、随笔、访谈，把5《莫言心声》读一下，可能对理解我的小说和我这个作者更有帮助。

1 关于"大多数人不读书"这种现象，男的有什么看法？
   A 不赞成这种说法
   B 现在出版的书太贵
   C 要提高读书意识
   D 人们没有读书时间

2 男的认为应该读什么样的书？
   A 最新出版的
   B 从别处借来的
   C 以前读过的
   D 买过但还没读的

3 关于网络文学，男的有什么看法？
   A 发展得又快又好
   B 网络小说是武侠小说
   C 看不起网络文学
   D 大部分作品写得不精致

여: 인터넷에서의 저작 활동이 기존의 저작 활동에 영향을 주었나요?

남: 큰 영향을 주었다고 할 수 있어요. 기존의 많은 문학작가들이 인터넷 문학을 얕보았는데, 사실 인터넷 문학은 이미 엄청난 발전을 이루었고, 그 안에는 문단의 고수들과 문단 외의 고수들이 많이 활동하고 있어요. 3인터넷 소설을 보면 어떤 것은 아주 훌륭하지만, 사실 대부분은 인터넷 방식에 맞추기 위해 평범하게 쓰여, 전체적으로 봤을 때 글이 거칠고 세밀하지 않은 것 같아요.

여: 4선생님께서 최근 출판한「모옌 마음의 소리 시리즈」는 선생님의 소설 외에 작품을 엮은 책인데요, 선생님께 어떤 특별한 의미가 있나요?

남: 이 책은 주로 산문, 강연, 대화로 구성되어 있고, 대부분이 즉흥적으로 만든 것이에요. 많은 산문이 친구와 토론하면서 한 이야기들이고, 일부 강연 역시 즉흥적으로 나온 것이지요. 하지만 생각해보면, 마음이 가는 대로 쓴, 꾸미지 않은 문장이 오히려 더 특색이 있고, 즉흥적으로 한 많은 강연이 오히려 열심히 준비한 강연보다 더 재미가 있는 것 같아요. 제 소설과 대본만 읽으신 분이라면, 저에 대한 이해는 아직 부족할 거예요. 만약 이런 산문, 수필, 인터뷰가 있는 5「모옌 마음의 소리 시리즈」를 읽으신다면, 제 소설과 저에 대해 이해하는 데 도움이 될 것으로 생각해요.

1 "대다수의 사람들이 독서를 하지 않는다"는 현상에 대해 남자는 어떤 생각을 가지고 있는가?
   A 이런 생각에 찬성하지 않는다
   B 현재 출판된 책은 매우 비싸다
   C 독서 의식을 향상시켜야 한다
   D 사람들은 책을 읽을 시간이 없다

2 남자는 어떤 책을 읽어야 한다고 생각하고 있는가?
   A 최근 출판된 것
   B 다른 곳에서 빌려온 것
   C 이전에 읽었던 것
   D 사 놓고 읽지 않은 것

3 인터넷 문학에 대해 남자는 어떤 생각을 가지고 있는가?
   A 발전이 빠르고 양호하다
   B 인터넷 소설은 무협소설이다
   C 인터넷 문학을 깔본다
   D 대부분 작품이 세밀하지 못하다

4	男的最近有一部什么样的新作品？		4	남자는 최근 어떤 새로운 작품을 내놓았는가?
	A 小说			A 소설
	B 剧本			B 극본
	C 系列丛书			C 시리즈 총서
	D 个人传记			D 개인 전기

5	男的如何看这部新作品？		5	남자는 새 작품을 어떻게 보고 있는가?
	A 让读者更了解自己			A 독자가 자신에 대해 더 잘 이해할 것이다
	B 可以提高大家的写作水平			B 사람들의 저작 수준을 향상시킬 것이다
	C 会受到大家的欢迎			C 많은 사람의 환영받을 것이다
	D 是自己作品中最好的一部			D 자신의 작품 중 가장 좋은 작품이다

요약 　중국 저명 작가인 모옌은 많은 중국인이 독서를 하지 않는다는 것은 기존의 활자 매체에 대한 독서가 줄어들고 있는 것을 말하는데, 사실 인터넷 상에서 글을 읽는 것도 독서이기에 중국인이 독서를 하지 않는다는 생각에는 반대한다. 그러면서 그는 어릴 때 책이 귀해 빌린 책은 잘 읽었지만 산 책은 잘 읽지 못했던 경험을 언급하며, 새 책보다 이미 가지고 있는 책을 읽는 것이 중요하다고 말한다. 인터넷 문학에 대해서 그는 그동안 많은 발전을 거두었고, 훌륭한 작품도 있긴 하지만, 아직도 글이 거칠고 세밀하지 않다고 생각한다. 이번에 출판된「모옌 마음의 소리 시리즈」는 그가 즉흥적으로 만든 산문, 강연, 대화로 구성된 시리즈 총서로, 즉흥작품이 실린 만큼 그와 그의 소설을 이해하는 데 도움이 될 것이다.

해설 　1) 남자는 본문에서 "인터넷 상에서 글을 읽는 것도 독서라고 생각한다"고 말했던 것에 비춰볼 때, 대다수 사람들이 독서를 하지 않는다는 의견에 찬성하지 않는 것을 알 수 있다. 따라서 답은 A이다.

2) 남자는 빌려온 책은 모두 빨리 읽었지만, 스스로 산 책은 오히려 집에 두고 읽기가 쉽지 않다고 말했으며, 그 뒤 문장에서는 집에 있는 샀지만, 아직까지 읽지 못한 책을 먼저 읽으라고 언급하고 있다. 따라서 답은 D이다.

3) 남자는 인터넷 상에는 일부 문단의 고수가 있지만, 대부분의 작품은 거칠고 세밀하지 못하다고 언급하였으므로 답은 D이다.

4) 남자의 새 작품의 이름은「모옌 마음의 소리 시리즈」이다. 책 제목과 책에 대한 설명에서 "文集"이란 단어를 사용한 점을 비춰볼 때 답은 C이다.

5) 남자는 이번 새 작품에는 즉흥적인 글이 많으며, 이런 형식이 독자로 하여금 자신을 더 이해하도록 할 것이라고 말했으므로 답은 A이다.

단어 　邀请 yāoqǐng 동 요청하다, 초청하다 | 著名 zhùmíng 형 저명하다, 유명하다 | 莫言 Mò Yán 인명 모옌 [중국문학을 대표하는 작가로 영화「붉은 수수밭(红高粱)」의 원작자이며 대표적인 작품으로는「홍까오량 가족」,「사부님을 갈수록 유머러스 해진다」등이 있다] | 特指 tèzhǐ 동 ~을 특별히 지칭하다 | 媒体 méitǐ 명 매체 | 关注 guānzhù 동 관심을 가지다 | 诸多 zhūduō 형 많은 | 能否 néngfǒu ~을 할 수 있을까 | 分享 fēnxiǎng 동 함께 나누다 | 抓紧 zhuājǐn 동 꽉 쥐다 | 抓紧时间 zhuājǐn shíjiān 시간을 꽉 쥐다, 시간을 아껴서 급히 ~을 하다 | 反而 fǎn'ér 부 오히려, 역으로 | 急于 jíyú 동 ~에 급급하다, 급히 서둘러 ~을 하다 | 书架 shūjià 명 책장, 책꽂이 | 落 luò 동 쌓다 | 灰尘 huīchén 명 먼지 | 落满灰尘 luòmǎn huīchén 먼지가 가득 쌓이다 | 写作 xiězuò 명 (문예) 작품, 창작 | 改变 gǎibiàn 동 바꾸다 | 命运 mìngyùn 명 운명 | 人类 rénlèi 명 인류 | 网络 wǎngluò 명 인터넷, 네트워크 | 看不起 kànbuqǐ 동 깔보다, 업신여기다 | 广阔 guǎngkuò 형 넓다, 광활하다 | 天地 tiāndì 명 천지, 하늘과 땅 | 云集 yúnjí 동 모여 들다, 운집하다 | 文坛 wéntán 명 문단 | 粗放 cūfàng 형 거칠다, 세밀하지 않다 | 系列 xìliè 명 시리즈 | 作为 zuòwéi ~로서 | 即兴 jíxìng 동 즉흥적이다 | 创作 chuàngzuò 명 창작 | 随机随意 suíjī suíyì 마음대로, 뜻대로 하다 | 雕琢 diāozhuó 동 문장을 꾸미다, 문구(文句)를 지나치게 수식하다 | 发挥 fāhuī 동 발휘하다, (실력을) 충분히 나타내다 | 偏差 piānchā 명 부족함 | 随笔 suíbǐ 명 수필 | 访谈 fǎngtán 명 인터뷰, 방문취재

女：杨光你好！现在越来越多的人开始认识你了，你成名应该是从参加《星光大道》这个节目开始的吧。6当时怎么决定去参加的呢？

男：6因为那是我很喜欢的节目，几乎每期都看。我的很多朋友就鼓励我去报名。当时我觉得这个节目好看是好看，但是太残酷了。一个环节有失误就会被淘汰。后面的节目准备得再好，也无法展示，我觉得这点挺残酷的。但后来又感觉，6如果去参加，最起码证明我能站在那个舞台上。如果能侥幸过一、二、三关，我就能把自己的东西全部展示出来。6如果到第四关，就能唱两首歌，我觉得就算成功了。

女：拿到这项比赛的冠军，意味着你可以上中央台的春节联欢晚会，你的亲人对你在春晚上的表现有怎样的评价？

男：都说还可以。7我自己的感觉是还行，不是特别理想。另外，我自己当时对于这种舞台的感觉没有现在这么强烈，7如果再上的话，可能会表现得更好些。

女：大家在2008年北京残疾人奥运会开幕式8看到你精彩的演唱，《欢聚北京》这首歌是不是为残奥会开幕式量身定做的？

男：9准确地说不是。首先我写歌和别人不太一样。我完全是凭自己的心情和灵感，有什么东西，或者有什么事物能够触动我的时候才会去写，不会为一件特定的事去创作。

女：你参加过的《星光大道》、春晚、残奥会开幕式，是很多人梦寐以求的舞台，一路走过来，你觉得你成功的秘诀在哪里？最深的感受又是什么？

男：10最深的感受就是心态平和。我觉得不要刻意和别人争什么。人应该有进取心，但不要有过于强烈的执著心。进取心是朝着我喜欢和理想的目标始终在努力，在用我自己的行动去实现那个目标。但不要去钻牛角尖，不是把别人打得落花流水的，你就能够成功。生活当中存在竞争，但更需要和谐。

여: 양광 씨, 안녕하세요. 요즘 점점 많은 분들이 양광 씨를 알아보시는데, 양광 씨가 유명해진 것이 「성광대도」에 출연하고부터죠? 6어떻게 참가하게 되었나요?

남: 6제가 정말 좋아하는 프로그램이라 출연하게 되었는데요. 저는 이 프로그램을 거의 한 번도 빠지지 않고 봤어요. 그리고 많은 친구들이 저에게 출연신청을 하라고 용기를 주었지요. 그렇지만 당시 저는 이 프로그램은 재미있긴 한데, 너무 잔혹하다는 생각을 하고 있었어요. 한번 실수를 하면, 곧바로 탈락하니까요. 그러면 뒤의 무대를 아무리 잘 준비했어도 보여줄 수 없는데, 저는 이런 것이 너무 잔혹하다고 생각했어요. 하지만 시간이 지나면서, 6만약 프로그램에 참가하게 된다면, 최소한 저 무대에 설 수 있는 사람이라는 것을 보여줄 수 있는 것이라고 생각했어요. 그리고 운 좋게 1차, 2차, 3차 관문을 통과하게 된다면, 내가 가지고 있는 것을 모두 보여줄 수 있다고 생각했지요. 6만약 4차 관문에까지 진출할 수 있다면, 2곡을 더 부를 수 있으니까, 그 정도면 성공한 거라고 생각했어요.

여: 그 프로그램에서 우승을 했다는 것은 중국 중앙방송국(CCTV)의 춘절만회 무대에 설 수 있다는 것을 의미하는데요. 부인께서 춘절만회 공연을 보고 뭐라고 하시던가요?

남: 괜찮았다고 하더라고요. 근데 7저는 괜찮긴 했지만, 아주 잘했다는 생각은 안 들었어요. 게다가 당시에는 이런 무대에 대한 느낌이 지금처럼 확 다가오지 않았거든요. 그래서 7만약 다시 공연하게 된다면 더 잘할 수 있을 것 같아요.

여: 많은 분들이 2008년 베이징 장애인올림픽 개막식에서 양광 씨의 8멋진 공연을 보았는데요. 「베이징에서 모여요」 이 노래는 장애인올림픽 개막식을 위해 특별히 만든 것인가요?

남: 9정확히 말하면, 아니에요. 제가 곡을 쓰는 것은 다른 사람과 좀 달라요. 저는 완전히 제 기분과 영감에 의해서 곡을 쓰죠. 어떤 물건이나 어떤 일이 제 마음을 움직이면, 곡을 쓰지, 어떤 하나의 일을 위해서 곡을 만들지는 않아요.

여: 양광 씨가 섰던 「성광대도」, 춘절만회, 장애인올림픽 개막식 무대는 많은 분들이 꿈꾸는 무대인데, 이 모든 무대에 서게 되었어요. 성공의 비결이 어디에 있다고 보시나요? 그리고 어떤 느낌을 받으셨나요?

남: 10마음을 편안하게 해야 한다는 것을 느꼈어요. 그리고 저는 다른 사람과 군이 경쟁할 필요는 없다고 생각해요. 사람에겐 진취심이 있어야 하지만, 지나치게 경쟁에 집착해서는 안 된다고 생각해요. 진취심은 내가 좋아하고, 바라는 목표를 향해 항상 노력하는 것이고, 스스로의 힘으로 그 목표를 이루는 것이죠. 하지만 가치가 없는 것에 끝까지 매달려서는 안 되고, 다른 사람을 꼭 이겨야겠다고 생각하지 않아야 성공할 수 있다고 생각해요. 살아가면서 경쟁을 하기도 하지만, 모두 사이 좋게 지내는 것이 더 중요하니까요.

6 男的参加《星光大道》的目的是什么？	6 남자가 「성광대도」에 참가한 목적은 무엇인가？

6 男的参加《星光大道》的目的是什么?
- A 想参加春晚
- B 能有更好地发展
- C 为了证明自己
- D 可以认识很多朋友

6 남자가 「성광대도」에 참가한 목적은 무엇인가?
- A 춘절만회에 참가하고 싶어서
- B 발전을 할 수 있을 것 같아서
- C 자신의 실력을 증명하기 위해
- D 많은 친구들을 사귈 수 있으므로

7 男的怎么看自己在春节晚会上的表现?
- A 还算不错
- B 不太满意
- C 有些紧张
- D 准备不足

7 남자는 자신의 춘절만회의 무대가 어땠다고 생각하는가?
- A 괜찮았다고 생각한다
- B 만족스럽지 못하다고 생각한다
- C 긴장을 했다고 생각한다
- D 준비가 부족했다고 생각한다

8 关于难得的残奥会经历，下列哪项是正确的?
- A 男的是残奥会嘉宾
- B 男的参加了残奥会闭幕式
- C 男的创作了残奥会歌曲
- D 残奥会开幕式由男的策划

8 장애인올림픽 무대에 관한 이야기 중 지문의 내용과 일치하는 것은 무엇인가?
- A 남자는 장애인올림픽의 내빈이었다
- B 남자는 장애인올림픽의 폐막식에 참석하였다
- C 남자는 장애인올림픽의 노래를 만들었다
- D 장애인올림픽 폐막식은 남자가 기획하였다

9 成功后，男的有什么感受?
- A 感谢朋友的鼓励
- B 机会是自己争取来的
- C 自己的运气很好
- D 保持心态平和很重要

9 성공한 후, 남자는 어떤 느낌을 받았는가?
- A 친구들의 격려에 고마워해야 한다
- B 기회는 자신이 만들어 내는 것이다
- C 자신은 운이 좋았다
- D 마음을 편안하게 해야 한다

10 男的最可能是什么人?
- A 演员
- B 运动员
- C 歌手
- D 主持人

10 남자는 어떤 사람인가?
- A 배우
- B 운동선수
- C 가수
- D 진행자

요약 양광은 「성광대도」는 잔혹한 서바이벌 프로그램이라고 생각했지만, 그 무대에 선다는 것은 그만큼의 실력이 있다는 것을 보여줄 수 있는 것이라고 생각하여 출연을 하게 되었다. 「성광대도」에서 우승을 한 뒤에 춘절만회 무대에 섰지만 그는 만족스러운 공연을 하지 못했다고 말한다. 하지만 베이징 장애인올림픽 개막식에서는 자신이 만든 곡 「베이징에서 모여요」로 멋진 공연을 보여주었다. 「성광대도」, 춘절만회, 장애인올림픽 개막식 등 많은 사람들이 꿈꾸는 무대에 선 그는 성공한 뒤에 마음을 편안하게 하는 것이 하나의 성공 비결이라고 말한다.

해설 6) 남자는 「성광대도」의 무대에 선다는 것은 용기가 필요하며, 만약 자신이 참가한다면 자신의 능력을 증명할 수 있다고 생각하고 있다. 따라서 답은 C이다.

7) 자신이 춘절만회의 무대에 처음으로 서서, 자신의 무대가 아주 만족스럽다고 생각하지 않으며, 만약 기회가 있다면 더 잘할 수 있다고 언급하고 있으므로 답은 B이다.

8) 남자는 「베이징에서 모여요」라는 곡을 썼는데, 비록 이 노래가 장애인올림픽을 위해 만든 것은 아니지만, 장애인올림픽 개막식에서 연주되었으므로 답은 C이다.

9) 남자는 성공한 후에는 마음을 편안하게 해야 한다고 언급하고 있다. 따라서 답은 D이다.

10) 남자는 「성광대도」에 출연한 이유는 그 무대에서 노래를 부를 수 있기 때문이다. 또한 장애인올림픽에서 그는 자신
　　이 쓴 곡을 불렀다. 따라서 답은 C이다.

단어　认识 rènshi 통 알다 | 成名 chéngmíng 통 유명해지다 | 参加 cānjiā 통 참석하다, 참여하다 | 星光大道 xīngguāng dàdào 성
광대도 [중국 CCTV–3에서 매주토요일 저녁 10시에 방송되는 스타만들기 프로그램] | 节目 jiémù 명 프로그램 | 几乎 jīhū 부 거의 | 期 qī
양 회 (드라마 등 연속 방영물을 세는 단위) | 鼓励 gǔlì 통 격려하다 | 报名 bàomíng 통 신청하다 | 残酷 cánkù 형 잔혹하다 | 环节
huánjié 명 단계 | 失误 shīwù 통 실수하다 | 淘汰 táotài 통 탈락하다 | 展示 zhǎnshì 통 보여주다 | 起码 qǐmǎ 부 최소한 | 证明
zhèngmíng 통 증명하다 | 舞台 wǔtái 명 무대 | 侥幸 jiǎoxìng 형 운 좋게도 | 关 guān 명 관문 | 首 shǒu 양 수 [시나 노래를 세는
단위] | 比赛 bǐsài 명 경기 | 冠军 guànjūn 명 우승 | 意味着 yìwèizhe ～을 의미하다 | 中央台 Zhōngyāngtái 명 중국 중앙방송국,
CCTV | 春节联欢晚会 Chūnjié liánhuān wǎnhuì 명 춘절만회 [음력 설에 CCTV–1, CCTV–4에서 진행되는 새해 맞이 프로그램으로 시청
률이 90% 이상됨] | 亲人 qīnrén 명 아내, 부인 | 表现 biǎoxiàn 명 실력 발휘 | 评价 píngjià 통 평가하다 | 感觉 gǎnjué 명 느낌 | 理
想 lǐxiǎng 형 좋다, 이상적이다 | 强烈 qiángliè 형 강렬하다 | 残奥会 Cán'àohuì 명 장애인올림픽 | 开幕式 kāimùshì 명 개막식 |
精彩 jīngcǎi 형 훌륭하다, 멋지다 | 演唱 yǎnchàng 통 무대에서 노래하다, 공연하다 | 量身定做 liàngshēn dìngzuò 특별히 맞춰서
제작하다 | 准确 zhǔnquè 형 확실하다 | 写歌 xiěgē 통 곡을 쓰다 | 凭 píng 통 ～에 의거하다, 의지하다 | 灵感 línggǎn 명 영감 | 促
动 cùdòng 통 (～하게) 하다 | 创作 chuàngzuò 통 창조하다, 만들어 내다 | 梦寐以求 mèngmèi yǐqiú 성 꿈 속에서도 바라다, 갈망하
다 | 秘诀 mìjué 명 비결 | 感受 gǎnshòu 명 느낌 | 心态 xīntài 명 마음 상태 | 平和 pínghé 형 평온하다, 안정되다 | 争 zhēng 통
다투다, 경쟁하다 | 进取心 jìnqǔxīn 명 진취심 | 执著心 zhízhuóxīn 명 집착심 | 朝着 cháozhe 전 ～을 향해 | 目标 mùbiāo 명 목
표 | 钻牛角尖 zuànniú jiǎojiān 성 가치가 없는 문제에 끝까지 매달리다 | 落花流水 luòhuā liúshuǐ 성 참패하다, 산산히 부서지다 |
和谐 héxié 형 조화롭다, 화목하다

11-15

男：今天我们请来了一位非常非常有名的嘉宾，这
位嘉宾是2008年奥运礼仪知识竞赛专家评委，
台湾选美协会的礼仪顾问，她也是北京大学
EMBA班的客座教授，她就是周思敏女士。周
老师，曾经听说过，您以前并不是搞礼仪培训
的，您最初是做什么的？

女：11我最初是教钢琴的。在二十多岁的时候我的
收入很好，我觉得自己很了不起。12但我老是
跟小孩子在一起，几乎没有朋友，加上我的人
际关系不是很好，不懂得跟人家沟通，我的朋
友就建议我去上他们开设的一个课程，我想也
算是给自己一次机会，我就报名上了那个礼仪
培训课程。

男：那个课程对您有什么帮助？

女：13那个课程让我学会了三点，第一让我找到了
人生的目标；第二，一个人要用全方位、正面
的思维方式来思考；第三，让我学会了下定决
心来做一件事。

男：您最初做决定从事礼仪培训到现在有多长时间
了？

女：到今年已经13年了。

男：如果退回到当初那个时候，您有没有想过到今
天您会有这样的成就？

남：오늘은 정말 유명하신 손님 한 분을 모셨습니다. 이분은
2008년 올림픽 예절지식대회 전문 심사위원이셨고, 미스
타이완 선발대회 협회에서 예절 고문을 맡고 계시며, 베이
징 대학 EMBA 과정 객원교수이신데요. 바로 저우언메이
선생님이십니다. 저우 선생님, 선생님이 처음부터 예절 교
육 관련 일을 하신 것이 아니라고 들었는데요. 예전엔 어
떤 일을 하셨나요？

여：11처음엔 피아노를 가르쳤어요. 20대에 저는 돈을 잘 벌었
는데요. 그래서 스스로 굉장히 잘난 줄 알았답니다. 12하지
만 항상 아이들과 같이 있다 보니, 친구는 거의 없었어요.
게다가 저는 인간관계가 아주 좋은 편이 아니어서, 사람들
과 소통하는 방법을 잘 몰랐지요. 제 친구는 저보고 자기
들이 만든 수업을 한번 들어보라고 권유했고, 저 역시 나
에게 기회를 주는 것이라 생각하고, 그 예절 교육 과정에
등록했어요.

남：그 수업이 선생님께 어떤 도움이 되었나요？

여：13그 수업과정에서 저는 세 가지를 배웠어요. 첫째는 제 인
생의 목표를 찾게 되었다는 것이고, 둘째는 다양하고, 긍
정적인 사고방식을 갖게 되었다는 것이에요. 셋째는 먼저
결정을 한 후에 일을 시작하게 되었다는 것이지요

남：선생님께서 처음 예절교육을 하겠다는 결심을 하고, 지금
까지 시간이 얼마나 되었죠？

여：올해까지 벌써 13년이 되었네요.

남：예전에 선생님께선 지금과 같은 성과를 거두게 될 것이라
고 생각해보셨나요？

女：我没有想到有今天这样的成就，但是我想到我一定能成为一本活的礼仪百科全书。我到国内已经六年了，真正做礼仪培训还不到五年的时间，14D这五年里边我走过了很多的城市和地区，深深感受到礼仪它有时代性，有区域性，有地域性，它是完全不同的，所以我把很多国际的时尚的东西融入了我们中国本土的元素。有很多人说我们要学习西方的东西，我觉得西方很多东西是好的，14C但是我们为什么不能把中国礼仪国际化，然后再把国际礼仪中国化，不就更好了吗？

男：周老师，我听过这样的说法，15尤其是对于一名女士来说，好的性格，好的品行，好的礼仪是她的第二张脸。

女：是的，礼仪是一种日常生活的行为，一种为人处事的方式，也是一个人素质涵养的体现，14A它决定着我们的人际关系。所以"有礼走遍天下，无礼寸步难行"，构建和谐社会，礼仪必须先行。14B礼仪的最高境界其实是两个字，就是"和谐"，所以以人为尊，创造和谐，这才是礼仪的最高境界。

여：저는 지금과 같은 성과를 거두게 될 거라고는 생각하진 못했어요. 하지만 제가 살아 있는 예절 백과전서가 될 것이라고는 생각했어요. 중국에 온 지 벌써 6년이 되었지만, 제대로 된 예절교육 시작한 것은 5년이 채 되지 않아요. 14D이 5년이라는 시간 동안, 저는 많은 도시와 지역에 다녔고, 그러면서 예절에는 시대성과 구역성, 지역성이 있어, 각각의 예절이 완전히 다르다는 것을 알게 되었어요. 그래서 저는 국제적으로 유행하는 많은 것들을 중국적인 요소들과 융합시켰어요. 많은 사람들은 우리는 서방의 것들을 배워야 한다고 말하는데, 저도 서방에 좋은 것들이 많다고 생각해요. 14C하지만 왜 우리는 중국의 예절을 국제화하고, 그런 다음 국제예절을 중국화하지 못할까요. 그럼 더 좋지 않을까요?

남：저우 선생님, 저는 특히 15한 여성에게 있어서 좋은 성격, 좋은 품행, 좋은 예절은 제 2의 얼굴이다라는 말을 들었는데요.

여：맞아요. 예절은 일상생활에서 하는 행동이고, 사람의 됨됨이를 파악하는 방법이며, 또한 한 사람의 수준을 나타내는 것으로, 14A우리들의 인간관계를 결정하지요. 그래서 "예의가 있으면 천하를 돌아보지만, 예의가 없으면 한 걸음도 나아가기 어렵다."고 해요. 조화로운 사회를 만들기 위해서 예절은 반드시 선행되어야 하지요. 14B예절의 최고 경지는 사실 두 글자로 말할 수 있는데, 바로 "조화"예요. 사람을 존중하고, 사람간 조화를 이끌어 내는 것이 예절의 최고 경지이지요.

11 女的以前是干什么的？
   A 美术家
   B 钢琴老师
   C 企业家
   D 礼仪老师

11 여자는 이전에 무슨 일을 했는가?
   A 미술가
   B 피아노 선생님
   C 기업가
   D 예절교사

12 朋友给了女的什么建议？
   A 参加研讨会
   B 多结交朋友
   C 自己开办学校
   D 上一个培训班

12 친구는 여자에게 무슨 권유를 했는가?
   A 세미나에 참석할 것
   B 친구를 많이 사귈 것
   C 스스로 학교를 세울 것
   D 수업을 들을 것

13 关于女的在参加礼仪班的收获，下面哪项不正确？
   A 做事要执著
   B 学会全面思考问题
   C 树立人生目标
   D 改善自己的人际关系

13 여자가 예절교육 수업에서 깨닫게 된 것을 언급한 것 중 지문의 내용과 일치하지 않는 것은 무엇인가？
   A 일을 끝까지 고수한다
   B 긍정적으로 생각하는 것을 배웠다
   C 인생 목표를 세우게 됐다
   D 자신의 인간관계를 개선하게 됐다

14 关于女的对中国礼仪的认识，下面哪项不正确？

  A 礼仪决定人际关系

  B 礼仪最高境界是"和谐"

  C 中国礼仪已经国际化

  D 礼仪有时代性和区域性

14 여자가 중국예절에 대한 인식에 관해 언급한 것 중, 지문의 내용과 일치하지 않는 것은 무엇인가?

  A 예절이 인간관계를 결정한다

  B 예절의 최고경지는 "조화"이다

  C 중국의 예절은 이미 국제화되었다

  D 예절은 시대성과 지역성을 갖는다

15 女的认为对一名女士来说，什么很重要？

  A 品行

  B 容貌

  C 身高

  D 人缘

15 여자는 여성으로서 무엇이 가장 중요하다고 생각하는가?

  A 품행

  B 외모

  C 신장

  D 인간관계

요약 중국 예절교육계의 유명 인사인 저우언메이는 원래 피아노를 가르치는 선생님이었다. 아이들과 있으면서 사람들과 소통하는 방법을 몰랐던 그녀에게 한 친구는 자신이 만든 수업을 한번 들어보라고 권유했고, 그때부터 그녀는 예절교육을 접하게 되었다. 예절교육을 받으면서 인생의 목표를 세우고 긍정적인 생각을 하게 되었으며, 어떤 일에 대해 결정을 내린 뒤, 끝까지 추진해나가기 시작하였다. 그녀는 예절은 한 사람의 수준을 나타내는 것으로 시대성과 지역성이 있기에 중국의 예절을 국제화하고, 국제예절을 중국화해야 한다고 말하면서, 예절의 최고 경지는 "조화"를 이뤄내는 것이라고 주장한다. 또한 여성에게 있어서 좋은 성격, 품행, 예절은 특히 중요하다고 밝혔다.

해설 11) 여자는 자신이 피아노를 가르쳤다고 언급하고 있다. 따라서 답은 B이다.

12) 친구는 여자가 친구를 잘 사귀지 못하고 인간관계가 좋지 않다는 것을 알고, 예절교육 수업을 들을 것을 권유하였다. 따라서 답은 D이다.

13) 여자는 예절교육 수업을 받고 세 가지 성과가 있었다고 말한다. 인생 목표를 갖게 됐다는 것과 긍정적으로 생각하게 됐다는 것, 그리고 결정을 한 후 일을 하게 되었다는 것이다. 따라서 답은 D이다.

14) 여자는 중국의 예절을 국제화하고, 국제예절을 중국화 할 수 있길 희망한다고 언급했다. 이는 현재는 그렇게 해내지 못하고 있다는 것을 의미하므로 답은 C이다.

15) 여자는 여성으로서 좋은 성격, 품행, 예절이 가장 중요하다고 언급하고 있으므로 답은 A이다.

단어 嘉宾 jiābīn 명 손님, 귀빈 | 礼仪 lǐyí 명 예절, 예의 | 竞赛 jìngsài 명 경기, 시합 | 评委 píngwěi 명 심사위원 | 选美 xuǎnměi 명 (미녀) 선발대회 | 顾问 gùwèn 명 고문 | 客座教授 kèzuò jiāoshòu 명 객원교수 | 培训 péixùn 명 교육, 훈련 | 钢琴 gāngqín 명 피아노 | 收入 shōurù 명 소득, 수입 | 了不起 liǎobuqǐ 대단하다 | 几乎 jīhū 부 거의 | 人际关系 rénjì guānxì 명 인간관계 | 懂得 dǒngde 동 알다, 이해하다 | 沟通 gōutōng 동 소통하다 | 建议 jiànyì 동 권유하다, 제안하다 | 开设 kāishè 동 개설하다 | 课程 kèchéng 명 교육과정, 커리큘럼 | 报名 bàomíng 동 신청하다 | 目标 mùbiāo 명 목표 | 全方位 quánfāngwèi 형 다양하다, 전방위적이다 | 正面 zhèngmiàn 명 긍정적인 면 | 思维方式 sīwéi fāngshì 명 사고방식 | 思考 sīkǎo 동 생각하다 | 下定决心 xiàdìng juéxīn 결심하다 | 退回 tuìhuí 동 되돌아가다 | 成就 chéngjiù 명 성취, 성과 | 百科全书 bǎikē quánshū 명 백과전서 | 时尚 shíshàng 명 유행 | 融入 róngrù 동 융합하다 | 元素 yuánsù 명 요소, 원소 | 国际化 guójìhuà 명 국제화 | 性格 xìnggé 명 성격 | 品行 pǐnxíng 명 품행 | 行为 xíngwéi 명 행동, 행위 | 素质 sùzhì 명 수준, 교양 | 涵养 hányǎng 동 함양하다 | 寸步难行 cùnbù nánxíng 성 걷기가 매우 곤란하다 | 构建 gòujiàn 동 세우다 | 和谐 héxié 명 조화 | 先行 xiānxíng 동 선행하다 | 境界 jìngjiè 명 경지 | 创造 chuàngzào 동 만들다, 창조하다

女：今天来到我们节目的是中国著名的慈善家陈光标先生，大家欢迎！陈先生，您认为如何才能让更多的企业家积极参与慈善事业？

男：[16]我认为更重要的是要让那些媒体积极行动起来，大力宣传人生财富观、价值观，让更多企业家明白，一个人活着如果能影响更多的人幸福、快乐，这样的人生才是有意义、有价值的人生。

女：您每次呼吁企业家拿出50%的利润做慈善，您认为这个呼吁能达到吗？

男：我认为企业家应该拿50%的利润回报社会，[17]如果不回报社会，总有一天会被社会淘汰。[19]我从1998年做企业到现在，一直坚持把公司净利润的50%拿出来回报社会，我感觉我回报给社会，社会无形当中给我很多的回报。因为我只搞房屋拆迁，现在我的业务应接不暇。全国各地搞大型厂房拆除，都邀请我来拆除。一个企业家能否捐净利润的50%，这个要靠我们社会行动起来，让企业家更懂得为缩小贫富差距做贡献，为社会和谐做贡献。

女：您的义举非常让人感动，但是您做这样的事情会不会担心让同行或者是其他的富人感到不安或者是不理解呢？

男：这个一定会有，但是我从小的个性就是认为我做得对的，我就要做。不但我要做，我还要影响更多的人来做。因为有些人不理解，和我的思想观念有碰撞，我相信那些人会慢慢从不理解转化成理解，他们也会和我一样用行动来回报社会。这样的人现在也很多了，以前很多人不做慈善，现在他们理解了，现在也像我学习做慈善了。[18]我的影响和榜样的带动，就是帮助了穷人，影响和带动了富人，感化了社会。

女：您做慈善的动力是什么？

여: 오늘 저희 프로그램에 나오실 분은 중국의 유명 자선가이신 천광비아오 선생님이십니다. 어서 오세요. 천 선생님, 어떻게 하면 더 많은 기업가들이 자선활동에 적극적으로 나서게 될까요?

남: [16]저는 그보다 언론매체가 적극적으로 나서 인생의 재물관, 가치관을 알리는 것이 더 중요하다고 생각해요. 그래서 더 많은 기업가들이 살면서 많은 이의 행복과 기쁨에 도움을 줄 수 있다면, 바로 이런 인생이 의미 있고, 가치 있는 것임을 느끼도록 하는 것이죠.

여: 선생님께서는 매번 기업가들이 수익의 50%를 자선활동에 써야 한다고 하셨는데요. 선생님께서는 이것이 가능하다고 보시나요?

남: 저는 기업가라면 수익의 50%를 사회에 환원해야 한다고 생각해요. [17]만약 사회에 환원하지 않는다면, 언젠가 사회에서 도태되게 될 거예요. [19]1998년 기업을 운영하기 시작하면서부터 지금까지, 저는 회사 순이익의 50%를 사회에 환원해왔어요. 그리고 내가 사회에 환원하면, 사회 역시 저에게 보이지 않게 보답을 해주고 있다는 것을 느끼게 되었지요. 부동산 철거 일만 하는 제가 일이 잘 들어와 눈코 뜰새 없이 바쁘다는 것이 그렇고, 또 전국의 각지에서 대형 공장을 철거해야 하면, 항상 저에게 요청을 하는 것이 그래요. 그리고 한 기업가가 순이익의 50%를 기부할 수 있느냐 하는 문제는 우리 사회가 함께 나서서 기업가로 하여금 빈부차이를 줄이는 데 공헌하고, 조화로운 사회를 만드는 데 기여하는 것을 새로이 깨닫게 하는 데 달려 있다고 생각해요.

여: 선생님의 말씀은 정말로 감동적인데요. 하지만 선생님의 이런 행동이 같은 업계에 있는 사람이나, 다른 부자들에게 불안함을 주거나 혹은 이해할 수 없다는 느낌을 주진 않을까요?

남: 분명히 그럴 거예요. 그렇지만 저는 어릴 때부터 제가 옳다고 생각하는 일은 꼭 했어요. 또한 저뿐만 아니라 더 많은 사람이 함께하도록 했죠. 왜냐하면 어떤 사람들은 저를 이해하지 못하고, 제 생각에 반대하지만, 저는 그런 분들이 나중엔 저를 이해하고, 저처럼 사회에 환원하게 될 것이라고 믿기 때문이에요. 그리고 현재 이런 분들이 더 많아졌는데, 예전엔 많은 사람들이 자선활동을 안 했지만, 지금은 모든 것을 깨닫고, 저처럼 자선활동을 하고 있죠. [18]저의 영향과 모범적인 행동이 가난한 사람들 돕고, 부유한 사람들에게 영향을 미쳐 사회가 올바른 방향으로 변하도록 한 것이죠.

여: 선생님께서 자선활동을 하는 이유는 무엇인가요?

男：[20]我真正感觉到了帮助别人，快乐自己。我非常快乐，我经常说，我晚上快乐到夜里面睡觉都笑醒了，就是越做慈善，帮助的人越多，我越快乐。每年暑假有一些贫困大学生，拿到通知书没有钱上，我帮助他们圆了大学梦；还有生病的孩子没有钱治的时候，我帮助他们治病，让他们健康地走出医院的大门。我帮助这些人，心里面特别的高兴，特别的快乐。也体现了我作为一名企业家，做到的"富而有德，德富财茂"，帮助别人，快乐自己，以人为本，祖国至上的美德。

16　男的认为如何才能调动企业家做慈善的积极性？
　　A 媒体大力宣传
　　B 要有优惠政策
　　C 自己现身说法
　　D 要靠社会舆论

17　男的认为什么情况会被社会淘汰？
　　A 跟不上社会发展
　　B 只顾眼前的利益
　　C 不知道回报社会
　　D 不懂得充实自己

18　一些人不理解他的做法，男的有什么看法？
　　A 用实际行动去影响别人
　　B 觉得那些人的觉悟太低
　　C 媒体应加大对自己的宣传
　　D 和那些人讲做人的道理

19　男的是怎样做慈善事业的？
　　A 用自己一半的工资
　　B 发动企业家朋友捐款
　　C 平时去做环保工作
　　D 捐出公司利润的一半

남： [20]남을 돕는 것이 스스로를 즐겁게 하는 일이라는 것을 느꼈기 때문인 것 같아요. 전 매우 즐거워요. 매우 즐거워서, 밤엔 웃으며 잠에서 깨기도 한다고 늘 말하죠. 자선활동을 하면 할수록, 더 많은 사람을 도우면 도울수록, 즐거워요. 매년 여름방학이면 일부 가난한 대학생들은 가정통신문을 받고도 돈이 없어 내지 못하는데, 저는 그들을 도와 대학의 꿈을 이뤄주죠. 또 아이가 아프지만, 돈이 없어서 치료를 못 할 때, 저는 그들이 치료를 받을 수 있게 도와서, 건강하게 병원 문을 나설 수 있도록 해요. 이렇게 사람들을 도우면, 마음이 매우 기쁘고, 즐거워요. 기업가로서 저는 "부유한 가운데 덕이 있고, 덕이 있어 부자가 된다."는 것을 실천하고, 남을 도우면서 즐거움을 느끼고 있어요. 즉, 인본주의와 조국 발전의 미덕을 실천하고 있는 것이죠.

16　남자는 어떻게 하면 기업가들이 자선활동을 적극적하게 된다고 생각하는가?
　　A 언론매체가 적극적으로 나서야 한다
　　B 그들에게 혜택을 주는 정책이 있어야 한다
　　C 기업가 스스로 나서 알려야 한다
　　D 사회여론에 달려있다

17　남자는 어떻게 하면, 사회에서 도태될 수 있다고 보는가?
　　A 사회의 발전을 따라가지 못한다
　　B 눈앞에 이익만 본다
　　C 사회에 환원할 줄 모른다
　　D 자신에게 충실하지 않다

18　어떤 사람들은 남자의 생각을 이해하지 못하는데, 이에 대해 남자는 어떤 생각을 하고 있는가?
　　A 실천을 통해 다른 사람들을 변화시킨다
　　B 그런 사람은 의식 수준이 크게 떨어진다
　　C 언론매체가 자신을 더 크게 알려야 한다
　　D 그들과 사람으로서 어떻게 행동해야 하는지 이야기한다

19　남자는 어떻게 자선사업을 하고 있는가?
　　A 자신의 임금 절반을 자선사업에 쓴다
　　B 기업가인 친구들에게 기부를 받는다
　　C 평상시에 환경보호 활동을 한다
　　D 회사 수익의 절반을 기부한다

20	男的做慈善的动力是什么？	20	남자가 자선사업을 하는 이유는 무엇인가?
	A 助人为乐的精神		A 남을 돕는 것을 기쁘게 생각하기 때문에
	B 社会给自己的回报		B 사회가 자신에게 보답을 해주기 때문에
	C 事后得到的表扬		C 자선사업을 하면 칭찬을 받기 때문에
	D 大家对自己的尊敬		D 사람들이 자신을 존경하기 때문에

요약 중국의 유명 자선가인 천광비아오는 더 많은 기업가들이 자선활동에 나서게 하기 위해서는 언론매체가 적극적으로 인생의 재물관, 가치관을 알리는 것에서 시작해야 한다고 주장한다. 그동안 그는 회사수익의 절반을 사회에 환원해왔는데, 기업가라면 모두 이렇게 해야 하며, 그렇지 않으면 언젠가 사회에서 도태되게 될 것이라고 경고한다. 많은 기업가들이 그의 자선활동을 이해하지 못하지만, 그는 그들도 자신의 자선활동에 함께 참여하도록 하면서 자신을 이해하도록 하고 있다. 그가 왜 이렇게 자선활동에 앞장서는가 하는 질문에 그는 남을 돕는 것이 바로 인생의 즐거움이기 때문이라고 대답한다.

해설 16) 남자는 언론매체가 적극적으로 나서 기업가들에게 어떤 인생이 의미가 있고, 가치가 있는 인생인지 알려야 한다고 언급하고 있으므로 답은 A이다.

17) 남자는 기업가는 사회에 환원할 줄 알아야 하며, 그렇지 않으면 사회에서 도태될 것이라고 언급하고 있으므로 답은 C이다.

18) 남자는 실천을 통해서 자신을 이해하지 못했던 사람들이 이해하도록 하고 있으며, 이제는 자신처럼 사회에 환원하고 있다고 언급하고 있으므로 답은 A이다.

19) 남자는 기업을 운영하면서 지금까지 회사 순이익의 절반을 사회에 환원하고 있다고 언급하고 있으므로 답은 D이다.

20) 남자는 다른 사람을 도우면, 기분이 좋아진다고 언급하고 있으므로 답은 A이다.

단어 节目 jiémù 명 프로그램 | 著名 zhùmíng 형 유명하다. 저명하다 | 慈善家 císhànjiā 명 자선가 | 积极 jījí 형 적극적이다 | 参与 cānyù 동 참여하다 | 媒体 méitǐ 명 매체 | 宣传 xuānchuán 동 널리 알리다. 홍보하다 | 财富观 cáifùguān 명 재물관 | 价值观 jiàzhíguān 명 가치관 | 呼吁 hūxū 동 주장하다. 호소하다 | 利润 lìrùn 명 이윤, 수익 | 回报 huíbào 동 보답하다 | 搞 gǎo 동 하다 | 房屋 fángwū 명 건물, 집 | 拆迁 chāiqiān 동 (집 따위를) 헐어서 옮기다 | 应接不暇 yīngjiē bùxiá 성 접대하느라 매우 분주하다 | 厂房 chǎngfáng 명 공장 | 拆除 chāichú 동 뜯어 없애다. 철거하다 | 邀请 yāoqǐng 동 요청하다 | 捐 juān 동 기부하다 | 净利润 jìnglìrùn 명 순이익 | 靠 kào 동 ～에 달려있다 | 缩小 suōxiǎo 동 줄이다. 축소하다 | 贫富差距 pínfù chājù 명 빈부차이 | 贡献 gòngxiàn 명 공헌 | 和谐 héxié 형 조화롭다 | 义举 yìjǔ 명 의거 | 感动 gǎndòng 동 감동시키다 | 同行者 tónghángzhě 명 동종업계 사람 | 富人 fùrén 명 부자 | 不安 bù'ān 형 불안하다 | 个性 gèxìng 명 성격 | 理解 lǐjiě 동 이해하다 | 碰撞 pèngzhuàng 명 충돌 | 转化 zhuǎnhuà 동 변하다 | 榜样 bǎngyàng 명 본보기, 규범 | 带动 dàidòng 동 이끌어 나가다 | 穷人 qióngrén 명 가난한 사람 | 感化 gǎnhuà 동 감화하다 | 暑假 shǔjià 명 여름방학 | 通知书 tōngzhīshū 명 통지서 | 圆梦 yuánmèng 동 해몽하다 | 治病 zhìbìng 동 치료하다 | 以人为本 yǐrén wèiběn 인간을 중시하다. 인본주의 | 美德 měidé 명 미덕

21-25

男: 今天，我们请来的是羽西化妆品公司副总裁，被评为"环球20位最有影响的世纪女性"的靳羽西女士。靳女士，九十年代初，中国女性对于护肤、化妆的概念是怎样的？	남: 오늘 저희는 위시화장품의 부회장이시며, "전 세계 가장 영향력 있는 세기의 여성 20인"으로 선정되신 진위시 선생님을 모셨습니다. 진 선생님, 90년대 초, 중국 여성들은 피부보호와 화장에 대해서 어떻게 생각하고 있었나요?
女: 当时基本没有人用化妆品。大家偶尔会用面霜抹脸，也不会有人用眼线和胭脂。²¹我记得我在一所名校开讲座，谈了一个基本的观点，就是可以利用工具把自己打扮得更漂亮。意思是，如果你不用化妆品，那就没有问题；如果真的要用，那我们就要用好它。	여: 그때는 화장품을 쓰는 사람이 거의 없었어요. 간혹 로션을 바르는 정도였으니, 아이라인이나 볼터치를 하는 사람이 있을리가 없었겠죠. ²¹제가 한 명문대학교에서 강좌를 개설하여, 기본적인 생각을 말한 적이 있는데요. 바로 화장도구를 이용해 자신을 예쁘게 꾸밀 수 있다는 거죠. 즉, 화장품을 쓰지 않는 것은 괜찮지만, 만약 화장품을 쓴다면, 제대로 써야 한다는 것이지요.

男：那时哪一个阶层的女性先开始使用化妆品？

女：22首先是白领，她们工作要面对别人，知道不能素面朝天，懂得这是不礼貌的行为，22把自己打扮得更漂亮一点，是她们的工作需要。

男：我看很多媒体的评价是23您用一支口红改变了中国的时尚，为什么会用口红来率先打开中国女人的美的启蒙大门？

女：口红至关重要。很少人有一个完美的嘴唇，如何利用口红和唇笔把嘴唇的形状勾出来，勾得更漂亮，这些都是技巧。懂得使用的话，几分钟就可以把自己打扮得很漂亮。

男：羽西可以说是中国第一个知名化妆品品牌。

女：24我们初期推出的口号是"专为亚洲妇女设计"，紧接着许多品牌也跟着这样说。你想想，一些外国品牌在研制、试验的原料上不是在我们的皮肤上试验的，而是在外国人脸上试验的，而我们整个过程都是在中国做的。

男：在美容界用"泰斗"这个词形容您也不为过，在美容界这么多年，您觉得最大的成就是什么？

女：25我感到最大的成就就是影响了一代又一代人对自己的看法，自己是可以改变的。如果今天我的皮肤看起来不是特别好，我可以用一个东西改变它。我们用颜色改变了中国人生活的方式，这是很重要的改变。

21　女的对化妆的基本观点是什么？

　　A 要合理使用化妆品

　　B 女人出门都需要化妆

　　C 化妆是种流行趋势

　　D 化妆可以使人更漂亮

22　什么人最先开始化妆？

　　A 年轻的爱美女性

　　B 有能力买化妆品的人

　　C 有工作需要的人

　　D 敢尝试新鲜事物的人

남: 그때 어떤 여성들이 먼저 화장품을 사용하기 시작했나요?

여: 22우선 사무직 여성들이었어요. 이런 여성들은 일할 때, 다른 사람과 직접 대면해야 하죠. 그 여성들은 그냥 맨 얼굴로 마주볼 수 없다는 것을 알았고, 이것이 예의 없는 행동이라는 것도 알았어요. 그래서 22자신을 더 예쁘게 꾸미게 되었는데, 이는 업무적으로 필요했던 거였지요.

남: 많은 매체에서 23선생님이 립스틱 하나로 중국의 유행을 바꿔놓았다고 이야기하는 것을 보았는데요. 왜 제일 먼저 립스틱으로 중국 여성의 미에 대한 인식을 일깨우셨나요?

여: 립스틱은 정말 중요해요. 정말 완벽한 입술을 가진 사람은 드물거든요. 립스틱 및 립라이너를 가지고 어떻게 입술을 그리고, 어떻게 더 예쁘게 그려낼 수 있는지, 이 모두에는 요령이 필요해요. 화장 도구를 사용할 줄 알면, 단 몇분 만에 자신을 예쁘게 꾸밀 수 있거든요.

남: 위시는 중국 최초의 유명 화장품브랜드라고 할 수 있는데요.

여: 24우리가 처음 내놓은 슬로건은 "아시아 여성을 위해 만들었다."는 것이었어요. 그리고 많은 브랜드가 이를 따라 했지요. 저는 외국브랜드의 연구와 테스트 성분이 우리의 피부에 맞게 연구된 것이 아니라, 외국인의 얼굴에 맞게 연구되었다는 것을 생각했어요. 그래서 우리는 모든 과정을 중국에서 진행하였지요.

남: 미용업계에서는 "대가"라는 단어로 선생님을 표현을 해도 과언이 아니라고 하는데요. 미용업계에 이렇게 오래 있으면서 얻은 가장 큰 성과는 무엇이라고 생각하세요?

여: 25가장 큰 성과라고 한다면, 한 세대 또 한 세대 사람들의 자신에 대한 생각을 변하게 했다는 것 일 거예요. 즉 자신도 예뻐질 수 있다고 생각하게 한 것이죠. 만약 지금 저의 얼굴이 좋아 보이지 않는다면, 저는 딱 한가지를 바꿔 변화를 줄 수 있지요. 또 저희가 색상으로 중국인들의 생활 방식을 바꿔놓았다는 것이예요. 이것 역시 중요한 변화라고 생각해요.

21　여자는 화장품에 대해서 기본적으로 어떻게 생각하는가?

　　A 화장품을 제대로 써야 한다

　　B 여자는 외출할 때 화장을 해야 한다

　　C 화장은 일종의 유행이다

　　D 화장은 사람을 더 예쁘게 만든다

22　어떤 사람들이 처음 화장을 하기 시작했는가?

　　A 젊은 아름다움을 추구하는 여성

　　B 화장품을 살 수 있는 사람

　　C 업무적으로 해야 했던 사람

　　D 새로운 것에 도전하는 것을 좋아하는 사람

23 女的最先带来的是什么化妆品?	23 여자가 처음 내놓은 화장품은 무엇인가?
A 眉笔	A 눈썹 연필
B 面霜	B 로션
C 胭脂	C 볼터치
D 口红	D 립스틱
24 女的推出的化妆品最初主要是针对哪些人的?	24 여자가 내놓은 화장품은 처음 누구를 대상으로 하였는가?
A 非洲女性	A 아프리카 여성
B 欧洲女性	B 유럽 여성
C 亚洲女性	C 아시아 여성
D 所有女性	D 모든 여성
25 女的认为自己最大的成就是什么?	25 여자는 자신의 가장 큰 성과를 무엇이라고 생각하는가?
A 自己影响了别人	A 자신이 다른 사람에게 영향을 준 것
B 创造了自己的品牌	B 자신의 브랜드를 만든 것
C 使大家变得更漂亮	C 사람들을 더 예뻐지도록 한 것
D 自己成了著名人士	D 유명한 사람이 된 것

요약 위시화장품의 부회장인 진위시는 화장품을 쓴다면 제대로 써야 한다는 자신의 생각을 대학의 강좌를 통해서 밝혀왔다. 업무적으로 많은 사람들을 대면하는 사무직 여성들이 화장품을 쓰기 시작하면서 그녀는 처음에 아시아 여성을 겨냥한 제품을 내놓았다. 립스틱을 시작으로 중국인들을 더 예뻐지게 만든 그녀는 립스틱 하나로 중국의 유행을 바꿔놓았다는 찬사를 받아 왔다. 오랜 시간 미용업계에서 있으며 가장 큰 성과는 무엇이었느냐는 질문에 그녀는 누구나 자신도 예뻐질 수 있다고 생각하게 한 것이라고 말했다.

해설 21) 여자는 화장품을 쓰지 않으면 모르지만, 화장품을 쓴다면, 잘 사용해 자신을 더 예쁘게 해야 한다고 언급하고 있으므로 답은 A이다.

22) 사무직 여성이 먼저 화장품을 사용했으며, 이런 여성들은 업무적으로 화장을 해야 했기 때문에 자신을 꾸미기 시작했다고 언급하고 있으므로 답은 C이다.

23) 많은 매체에서 여자를 "립스틱 하나로 중국의 유행을 바꿔놓았다"라고 평가하고 있으며, 여자는 립스틱은 매우 중요하다고 언급하고 있으므로 답은 D이다.

24) 여자가 처음 내놓은 슬로건은 "아시아 여성을 위해 만들었다"였으므로 답은 C이다.

25) 여자는 그녀가 많은 사람들의 생각에 영향을 주었으며, 많은 사람들에게 자신도 예뻐질 수 있다고 깨닫게 하였다고 언급하고 있으므로 답은 C이다.

단어 化妆品 huàzhuāngpǐn 몡 화장품 | 副总裁 fùzǒngcái 몡 부회장, 부총재 | 环球 huánqiú 몡 전 세계, 세계 | 世纪 shìjì 몡 세기 | 护肤 hùfū 통 피부를 보호하다 | 化妆 huàzhuāng 통 화장 | 概念 gàiniàn 몡 생각, 관념, 개념 | 偶尔 ǒu'ěr 뭐 간혹 | 面霜 miànshuāng 몡 로션 | 抹脸 mǒliǎn 통 얼굴에 바르다 | 眼线 yǎnxiàn 몡 아이라인 | 胭脂 yānzhī 몡 볼터치 | 讲座 jiǎngzuò 몡 강좌, 강의 | 工具 gōngjù 몡 도구 | 打扮 dǎbàn 통 꾸미다, 치장하다 | 漂亮 piàoliang 톙 예쁘다 | 白领 báilǐng 몡 화이트 칼라, 사무직 | 面对 miànduì 통 마주대하다 | 素面朝天 sùmiàn cháotiān 맨 얼굴로 대하다 | 礼貌 lǐmào 몡 예절 | 媒体 méitǐ 몡 매체 | 评价 píngjià 통 평가하다 | 支 zhī 얭 자루, 개피 (가늘고 긴 물건 세는 단위) | 口红 kǒuhóng 몡 립스틱 | 时尚 shíshàng 몡 유행 | 率先 shuàixiān 뭐 제일 먼저, 우선 | 打开 dǎkāi 통 열다 | 启蒙 qǐméng 몡 계몽 | 嘴唇 zuǐchún 몡 입술 | 唇笔 chúnbǐ 몡 립라이너 | 勾 gōu 통 그리다 | 技巧 jìqiǎo 몡 요령 | 品牌 pǐnpái 몡 브랜드 | 推出 tuīchū 통 내걸다, 내놓다 | 口号 kǒuhào 몡 구호, 슬로건 | 设计 shèjì 통 만들다, 설계하다 | 研制 yánzhì 통 연구 제작하다 | 试验 shìyàn 통 테스트하다 | 原料 yuánliào 몡 성분, 원료 | 皮肤 pífū 몡 피부 | 泰斗 tàidǒu 몡 대가, 제일인자 | 成就 chéngjiù 몡 성과, 성취 | 看法 kànfǎ 몡 생각 | 颜色 yánsè 몡 색깔

女：今天我们请到了年轻导演贾樟柯，想听听他对中国电影的一些看法。贾导，最近您的发言明显多了，而您原来给大家的印象比较低调，比较温和。

男：我们作为导演，共同面对的中国电影环境变得千疮百孔，问题特别多。其中最大的问题是，26中国真正有价值的电影，完全被所谓商业电影的神话所笼罩，完全没有机会被公众所认识。我这样说，并不是说我自己的生存环境有多么恶劣，而是我看到一大批刚拍电影的年轻导演，他们的生存环境太恶劣了。这个恶劣，一是说银幕上没有任何一个空间接纳他们，再一个，有一部分电影甚至完全被排斥到了电影工业之外。

女：什么原因呢？

男：有很多优秀电影，比如说它是用DV拍的，技术审查规定DV拍的不能进影院，就连16毫米胶片拍的也不允许进影院，27必须是35毫米胶片或者是很昂贵的高清拍摄的才能进入院线系统。实际上这样的技术门槛完全没有必要。大家都明白，现在拍电影选择什么材料，导演应该是自由的，这种材料拍完以后，影院接受不接受，28应该是一个正常的市场检验行为，而现在却是行政行为，很不公平。它把很多导演拦在了电影工业之外，他们没有机会进入中国电影的这个系统里面，只能永远被边缘化。而很多在电影行业里有影响力和发言权的名导演，却没有一人站出来说话。28他们看着那么多年轻导演得不到任何发展空间，不得不走影展路线，却反过来骂年轻导演拍电影只是为了走影展。我觉得这是非常不公平的。像我刚开始拍独立电影的时候，媒体还在文化上非常认同这种创作，也愿意用媒体的资源来为这些电影做一些文字上的介绍。而现在，整个社会给刚拍电影或者想拍电影的年轻导演的机会越来越少。这种状况我观察了将近两年时间，中国的电影分级制度为什么还出台不了？

여: 오늘은 젊은 감독님이신 지아장커 감독님을 모셔서, 중국 영화에 대해 어떻게 생각하시는지 들어보겠습니다. 지아 감독님, 최근 들어 정말 많은 이야기를 하셨는데요. 사실, 많은 분들은 감독님을 말씀이 없고, 부드러운 분이라고 생각하고 있어요.

남: 우리가 감독으로서 함께 마주하고 있는 중국의 영화환경은 허점투성이이고, 문제가 아주 많아요. 그 중 가장 큰 문제는 26중국의 정말 가치 있는 영화들이 소위 말하는 상업영화의 신화에 묻혀, 대중에게 선보일 기회조차 없다는 것이에요. 제가 이렇게 말하는 것은 제가 설 자리가 점점 없어지고 있기 때문이 아니라, 이제 막 영화를 찍은 젊은 감독들의 설 자리가 없어지고 있다는 것을 보았기 때문입니다. 이런 상황이 나타난 것은 어떤 영화관에서도 그들을 받아들일 만한 여유가 없다는 것을 의미하며, 또 일부 영화, 심지어 모든 영화가 영화산업에서 배척되고 있다는 것을 뜻하지요.

여: 왜 그런 상황이 나타난 거죠?

남: 우수한 영화들이 많이 있는데요. 예를 들면, DV(디지털 비디오)로 촬영된 영화들이지요. 하지만 기술심사규정에서는 DV(디지털 비디오)로 촬영된 것은 영화관에서 상영될 수 없다고 하고 있어요. 16mm 필름으로 촬영한 것조차 상영이 허락되지 않고, 27반드시 35mm 필름, 혹은 값비싼 고화질 장비로 촬영된 것만이 영화관에서 상영될 수 있죠. 사실, 이런 기술적인 장벽은 전혀 필요가 없어요. 사람들은 영화를 찍을 때 어떤 장비를 사용하는지는 감독의 자유이고, 이런 장비로 촬영한 것을 영화관에서 상영할지 여부도 28정상적인 시장에서 검증을 받아야 하는 것이란 것을 잘 알고 있어요. 하지만 현재 모두가 행정적으로 결정하고 있으니, 매우 불공평한 것이죠. 이런 장벽은 여러 감독들의 영화작업을 힘들게 할 뿐만 아니라, 중국영화계에 진출할 기회조차 없도록 해서 영원히 변두리에서 머물도록 하는 것이지요. 그러나 영화계에는 영향력과 힘 있는 명감독들이 많이 있음에도, 아무도 이런 말을 하지 않아요. 28그들은 많은 젊은 감독들이 발전의 기회를 얻지 못한 채, 어쩔 수 없이 영화제에 참가하고 있는 현실을 보면서도, 젊은 감독들이 영화를 촬영하는 것은 단지 영화제 입상을 위해서라고 꾸짖지요. 저는 이런 행동은 옳지 않다고 생각해요. 제가 막 독립영화를 만들기 시작했을 때만 해도, 언론매체에서는 문화적인 측면에서 이런 창작을 인정해주었어요. 그리고 매체가 할 수 있는 방법을 이용하여, 이런 영화를 소개해주려고 했거든요. 그러나 지금 우리 사회가 막 영화를 찍거나, 혹은 영화를 만들려고 하는 젊은 감독에게 주는 기회는 점점 줄어들고 있어요. 저는 이런 상황을 거의 2년간 지켜보고 있어요. 그리고 중국의 영화등급제도는 왜 실시되지 않는 건가요?

所谓技术审查的弊端，为什么就没人在更大的场合讲出来？那些大导演比我有发言权多了，也有影响力多了，他们有政协委员之类的头衔，有发言渠道，却从来不推动这些事情。我很失望。

女：能谈谈您对商业大片的看法吗？

男：[29A/B]首先我强调我并不是反对商业电影，相反我非常期盼中国的商业电影的发展，问题在于它的操作模式破坏了我们内心最神圣的价值。这个才是我要批评的东西。[29C]今天商业大片在中国的操作，是以破坏我们需要遵守的那些社会基本原则来达到的，比如说平等的原则，包括它对院线时空的垄断，它跟行政权力的结合，它对公共资源的占用。[29]中央电视台从一套开始，新闻联播都在播出这样的新闻，说某某要上片了。当全社会都帮这部电影运作的时候，它已经不是一部电影，它已变成了一个公共事件。电影的运作，[29C]如果是以破坏平等和民主的原则去做的话，这是最叫我痛心的地方。此外，在大片运作过程中，[29D]它所散布的那种价值观，同样危害极大。这种价值观包括娱乐至上，包括诋毁电影承载思想的功能等等。大片的制造者们始终强调观众的选择、市场的选择。但问题是，市场的选择背后是行政权力。至于观众的选择，其实观众是非常容易被主流价值观所影响的。有多少观众真正具有独立判断？我觉得文化的作用就是带给大众一种思考的习惯，从而使这个国家人们的内心构成朝着一个健康的方向发展。

女：目前中国的电影氛围里，[30]您认为还有哪些东西是需要纠正的？

男：[30]我觉得需要建立电影分级制度。《满城尽带黄金甲》在美国都被划为青少年不宜观看的影片，为什么跑到我们这儿就可以甚至是鼓励青少年去看呢？问题就在于，一个规定，它总是因人而异的。

기술 심사의 폐단을 왜 아무도 더 큰 장소에서 이야기하지 않는 거죠? 베테랑 감독들은 저보다 말할 수 있는 기회도 많고, 영향력도 가지고 있어요. 그리고 그들은 정치협상위원회 위원과 같은 존칭을 받고 있고, 이런 이야기를 할 수 있는 루트도 있는데, 지금까지 이런 일을 하지 않는 건지, 정말 실망스러워요.

여: 선생님은 상업영화에 대해서 어떻게 생각하시나요?

남: [29A/B]우선 저는 상업영화에 대해 반대하지 않아요. 오히려 중국의 상업영화 발전을 바라죠. 문제는 상업영화의 제작방식이 우리 마음속의 가장 신성한 가치를 해치고 있다는 거예요. 이것이 비판을 받아야 할 부분인 거죠. [29C]현재 블록버스터가 중국에서 제작되려면, 우리가 지켜야 할 사회기본적인 원칙을 깨뜨려야 해요. 평등원칙을 예로 들 수 있는데요. 이 영화들은 상업영화의 영화관 독점, 행정기관과의 결탁, 공공자원에 대한 점용 등의 특징을 가지고 있다는 걸 알 수 있어요. 또 [29]중앙방송국에서는 처음에 뉴스를 방송하면서, 어떤 영화가 개봉되었다고 말을 해요. 그럼 사회 전체가 이 영화를 위해 움직이는데, 이때 그 영화는 더이상 한 편의 영화가 아닌, 하나의 공공의 작품이 되는 것이지요. 영화를 상영하는 과정에서 [29C]만약 평등과 민주의 원칙을 해친다면, 저는 이것은 정말 가슴 아픈 부분이 아닌가 생각해요. 그 외에도, 블록버스터를 상영할 때, [29D]그 영화가 퍼트리는 가치관 역시 큰 문제가 돼요. 이런 영화의 가치관에는 오락을 우선으로 여기고, 영화가 가지고 있는 사상적 기능을 비판하는 것들이 포함돼 있어요. 블록버스터 제작자들은 관객의 선택과 시장의 선택을 늘 강조해요. 그러나 문제는 시장의 선택 뒤에 행정적인 힘이 작용하고 있다는 것이죠. 관객의 선택에 대해서 말하자면, 사실 관객은 주된 가치관에 쉽게 영향을 받는다고 할 수 있어요. 정말로 독단적인 판단을 하는 관객이 얼마나 될까요? 저는 문화의 역할이란 바로 대중이 똑같은 생각을 하도록 하고, 그렇게 해서 국민들이 마음에서 우러나 하나의 올바른 방향으로 나아가도록 하는 것이라고 생각해요.

여: 현재 중국의 영화계 분위기 속에서, [30]선생님은 어떤 것들이 고쳐져야 한다고 생각하세요?

남: [30]저는 영화등급제도가 만들어져야 한다고 생각해요. 「황후화」는 미국에서 청소년 관람불가 판정을 받은 영화인데, 왜 중국에서는 심지어 청소년에게도 보도록 권하고 있는 거죠? 문제는 바로 하나의 규정이 항상 다르게 적용되는 데 있다고 볼 수 있어요.

26　男的认为中国电影面临的最大问题是什么？

　　A　拍不出有价值的电影

　　B　院线几乎被商业电影垄断

　　C　导演的素质有待提高

　　D　盗版碟对电影票房的冲击

27　下列哪种片子能进入院线系统？

　　A　DV拍摄的

　　B　16毫米胶片拍摄的

　　C　高清拍摄的

　　D　32毫米胶片拍摄的

28　关于电影行业中不公平的现象，下列哪项不正确？

　　A　行政权力的干预

　　B　名导演都有行政职位

　　C　商业大片的大肆宣传

　　D　年轻导演没有发展空间

29　关于男的对商业大片的看法，下列哪项不正确？

　　A　非常不喜欢这类电影

　　B　不赞同它的操作模式

　　C　破坏了社会基本原则

　　D　散布了不好的价值观

30　男的认为中国的电影氛围里，有什么需要纠正？

　　A　太重视票房收入

　　B　电影的分级制度

　　C　年轻演员不爱学习

　　D　儿童题材电影太少

26　남자는 중국영화가 당면한 가장 큰 문제는 무엇이라고 생각하는가?

　　A　가치 있는 영화를 만들지 못한다

　　B　영화관이 모두 상업영화에 의해 독점되었다

　　C　감독의 자질이 향상되어야 한다

　　D　불법복제영화가 영화 흥행에 악영향을 미치고 있다

27　다음 중 영화관에서 상영될 수 있는 것은 무엇인가?

　　A　DV(디지털 비디오)로 제작된 것

　　B　16mm 필름으로 제작된 것

　　C　고화질로 제작된 것

　　D　32mm 필름으로 제작된 것

28　영화산업의 불공평 현상에 대해서 다음 중 올바르지 않은 것은 무엇인가?

　　A　행정적인 간섭을 받는다

　　B　감독들은 모두 행정적인 직위가 있다

　　C　상업영화가 크게 홍보되고 있다

　　D　젊은 감독들은 발전의 여지가 없다

29　남자의 상업영화에 대한 생각 중 올바르지 않은 것은 무엇인가?

　　A　이런 영화를 싫어한다

　　B　이런 영화의 제작방식에 찬성하지 않는다

　　C　사회의 기본원칙을 깨뜨린다

　　D　좋지 않은 가치관을 퍼뜨린다

30　남자는 중국의 영화계의 분위기에서 무엇이 고쳐져야 한다고 생각하는가?

　　A　흥행기록만 너무 중시하는 상황

　　B　영화 등급제도

　　C　젊은 감독들이 배움을 게을리 하는 것

　　D　아동영화가 매우 적은 것

요약　지아장커 감독은 고화질 장비로 촬영된 것만 상영될 수 있다는 영화기술 심사규정 등 행정적인 영향으로 영화관에서는 소위 말하는 상업영화만 상영되어 젊은 감독의 가치 있는 영화들이 대중에게 선보일 기회조차 얻지 못하고 있다고 주장한다. 사실 그는 영화인으로서 상업영화의 발전을 바라고 있다. 하지만 현재 상업영화들이 상영과정에서 평등과 같은 사회 기본원칙을 해치고, 사회에 좋지 않은 가치관을 퍼뜨리고 있는 것은 옳지 않다고 생각한다. 그래서 그는 이러한 영화산업의 분위기를 바꾸기 위해서는 기술심사제도의 폐단을 바로잡고, 영화 등급제도를 시행하여 상업영화의 독점을 제어해야 한다는 의견을 내놓았다.

26) 남자는 중국의 정말 가치 있는 영화들이 기본적인 기회조차 얻지 못하고 있는데, 이는 영화관이 상업영화, 즉 블록버스터에 의해 독점되어 있기 때문이라고 말하고 있다. 따라서 답은 B이다.

27) 남자는 35mm 필름으로 제작되거나, 고화질로 제작된 것만이 영화관에서 상영될 수 있다고 언급하고 있다. 따라서 답은 C이다.

28) 남자는 행정권력이 영화산업에 관여하고 있으며, 상업영화가 뉴스 등에서 홍보되어 공공의 작품으로 변질되고 있다고 언급하고 있다. 또 젊은 감독들이 기술심사에 막혀 찍은 영화조차 선보이지 못하고 있다고 언급하고 있으므로 답은 B이다.

29) 남자는 상업영화를 싫어하지 않지만, 그 제작방식에는 동의하지 않으며, 상업영화들이 평등과 같은 사회의 기본적인 원칙을 해치고 있다고 말하고 있다. 또 좋지 않은 가치관을 퍼뜨리고 있다고 언급했으므로 답은 A이다.

30) 영화계의 분위기를 이야기하면서 남자는 「황후화」를 예로 들어 영화 등급제도를 고쳐야 한다고 언급하고 있으므로 답은 B이다.

단어

年轻 niánqīng 혱 젊다 | 导演 dǎoyǎn 몡 감독 | 电影 diànyǐng 몡 영화 | 发言 fāyán 몡 발언, 말 | 低调 dīdiào 혱 부드럽다 | 温和 wēnhé 혱 온화하다 | 千疮百孔 qiānchuāng bǎikǒng 셍 만신창이, 빈틈 투성이 | 商业电影 shāngyè diànyǐng 몡 상업영화, 돈을 많이 들여 찍은 규모가 큰 영화 | 神话 shénhuà 혱 무기력하다 | 笼罩 lóngzhào 동 뒤덮다 | 公众 gōngzhòng 몡 대중 | 恶劣 èliè 혱 아주 나쁘다, 열악하다 | 拍 pāi 동 (영화 등을) 찍다, 촬영하다 | 银幕 yínmù 몡 스크린 | 接纳 jiēnà 동 받아들이다 | 排斥 páichì 동 배척하다 | 优秀 yōuxiù 혱 우수하다, 뛰어나다 | 部 bù 양 부(서적, 영화를 세는 단위) | 审查 shěnchá 몡 심사 | 毫米 háomǐ 몡 밀리미터(mm) | 胶片 jiāopiàn 몡 필름 | 影院 yǐngyuàn 몡 영화관 | 昂贵 ángguì 혱 비싸다 | 高清 gāoqīng 몡 고화질 | 拍摄 pāishè 동 촬영하다 | 院线 yuànxiàn 몡 한 기관이 여러 영화관을 보유하고, 그 영화관들에 대해 동일한 관리를 함 | 系统 xìtǒng 몡 시스템 | 材料 cáiliào 몡 재료 | 检验 jiǎnyàn 몡 검증 | 接受 jiēshòu 동 받아들이다 | 拦 lán 동 막다 | 边缘 biānyuán 몡 변방, 변두리 | 发言权 fāyánquán 몡 발언권 | 影展 yǐngzhǎn 몡 영화제, 콩쿠르 | 独立电影 dúlì diànyǐng 몡 독립영화 | 媒体 méitǐ 몡 매체 | 创作 chuàngzuò 몡 창작 | 愿意 yuànyì 동 원하다 | 介绍 jièshào 동 소개하다 | 机会 jīhuì 몡 기회 | 观察 guānchá 동 살펴보다, 관찰하다 | 分级 fēnjí 동 등급을 나누다 | 出台 chūtái 동 내놓다 | 弊端 bìduān 몡 폐단 | 场合 chǎnghé 몡 장소 | 讲 jiǎng 동 이야기하다 | 政协 zhèngxié 몡 정치협상위원회 | 委员 wěiyuán 몡 위원 | 渠道 qúdào 몡 경로, 루트 | 推动 tuīdòng 동 추진하다 | 大片 dàpiàn 몡 블록버스터 | 期盼 qīpàn 동 기대하다, 바라다 | 操作 cāozuò 몡 조작, 제작 | 神圣 shénshèng 혱 신성하다, 성스럽다 | 价值 jiàzhí 몡 가치 | 批评 pīpíng 동 꾸짖다, 비판하다 | 原则 yuánzé 몡 원칙 | 时空 shíkōng 몡 시간과 공간 | 垄断 lǒngduàn 몡 독점 | 结合 jiéhé 몡 결합 | 占用 zhànyòng 동 점용하다 | 新闻 xīnwén 몡 뉴스 | 联播 liánbō 동 방송하다 | 运作 yùnzuò 동 운영하다 | 公共 gōnggòng 혱 공공의, 공용의 | 痛心 tòngxīn 혱 가슴 아프다 | 散布 sànbù 동 퍼뜨리다 | 危害 wēihài 몡 위해, 해로움 | 娱乐 yúlè 몡 오락 | 诋毁 dǐhuǐ 동 비방하다 | 观众 guānzhòng 몡 관객 | 强调 qiángdiào 동 강조하다 | 选择 xuǎnzé 몡 선택 | 主流 zhǔliú 혱 주된, 주류의 | 判断 pànduàn 몡 판단 | 思考 sīkǎo 몡 사고, 생각 | 构成 gòuchéng 동 형성하다 | 氛围 fēnwéi 몡 분위기 | 满城尽带黄金甲 mǎnchéng jìndài huángjīnjiǎ 영화「황후화」 | 划 huà 동 나누다, 획을 긋다 | 影片 yǐngpiàn 몡 영화 | 鼓励 gǔlì 동 격려하다 | 因人而异 yīnrén'éryì 셍 사람에 따라 대응책이 다르다

제3부분 장문 듣고 판단하기

정답	1	B	2	D	3	A	4	B	5	A	6	D	7	B	8	D	9	D	10	D
	11	C	12	A	13	B	14	D	15	A	16	B	17	C	18	A	19	A	20	C
	21	D	22	A	23	A	24	D	25	C	26	A	27	B	28	A	29	C	30	A
	31	C	32	B	33	D	34	A	35	D	36	C	37	D	38	C	39	A	40	B
	41	C	42	C	43	A	44	B	45	D	46	A	47	C	48	B	49	D	50	C
	51	A	52	B	53	C	54	D	55	C	56	C	57	D	58	C	59	A	60	D
	61	A	62	C	63	D	64	A	65	B	66	C	67	D	68	A	69	B	70	C
	71	D	72	D	73	A	74	C	75	C	76	C	77	D	78	B	79	C	80	D
	81	A	82	C	83	A	84	A	85	A	86	C	87	D	88	B	89	A	90	B
	91	A	92	A																

01-03

[1]紧张是人体在精神及肉体两方面对外界事物反应的加强。好的变化，如结婚、生子；坏的如离婚、待业，这些因素都会使人紧张。[2]紧张的程度常与生活变化的大小成比例。紧张会使人睡眠不安、思考力及注意力不能集中、头痛、心悸、腹背疼痛、疲累。普通的紧张都是暂时性的，突发性的紧张是一种恐惧感。

人们需要适度的精神紧张，因为这是人们解决问题的必要条件。但是，过度的精神紧张，却不利于问题的解决。从生理心理学的角度来看，[3]人若长期、反复地处于超生理强度的紧张状态中，就容易急躁、激动、恼怒，严重者会导致大脑神经功能紊乱，有损于身体健康。因此，要克服紧张的心理，设法把自己从紧张的情绪中解脱出来。

[1]긴장은 사람의 몸이 정신과 신체, 이 두 가지 면에서 외부 사물에 대한 반응이 커질 때 나타나는 것이다. 좋은 변화는 예를 들면 결혼, 출산이 있다. 나쁜 변화는 이혼, 취업이 있는데, 이런 요소들은 사람을 긴장하게 한다. [2]긴장의 정도는 생활의 변화 크기에 비례한다. 긴장은 수면장애, 사고력, 집중력 저하, 두통, 심계항진, 배와 어깨 통증, 피로감 등을 느끼게 한다. 일반적인 긴장은 일시적이지만, 갑자기 나타나는 긴장은 일종의 공포감이라고 볼 수 있다.

사람에겐 적당한 긴장이 필요하다. 왜냐하면, 이것은 사람이 문제를 해결하는 데 필수조건이기 때문이다. 그러나 과도한 긴장은 문제의 해결에 도움이 되지 않는다. 생리심리학의 관점에서 보면, [3]사람이 오랫동안 반복적으로 강한 긴장상태에 놓이면 쉽게 조급해하거나, 흥분하고, 화를 낸다고 한다. 심각하면 대뇌 신경기능이 교란시켜 신체 건강을 해칠 수 있다. 따라서 긴장을 극복할 수 있다는 마음가짐이 필요하며, 여러 가지 방법을 이용해 자신을 긴장감에서 벗어날 수 있도록 해야 한다.

1　根据上文，"紧张"的程度跟什么有关系?
　　A　心理是否健康
　　B　所遇变化的大小
　　C　睡眠质量的好坏
　　D　注意力是否集中

2　关于"紧张"，下列哪项正确?
　　A　紧张会让人愤怒
　　B　紧张可以解决问题
　　C　紧张使人感到恐惧
　　D　过度紧张有害健康

3　这段话主要谈的是什么?
　　A　紧张对人的影响
　　B　怎么可以解决问题
　　C　人为什么会紧张
　　D　怎样克服紧张心理

1　"긴장"의 정도는 무엇과 관계있는가?
　　A　심리적으로 건강한가
　　B　생활의 변화 크기
　　C　수면의 질
　　D　주의력이 집중되었는가

2　"긴장"에 관해 언급한 것 중 옳은 것은 무엇인가?
　　A　긴장은 사람을 분노하게 한다
　　B　긴장은 문제를 해결할 수 있다
　　C　긴장은 사람에게 공포감을 느끼게 한다
　　D　과도한 긴장은 건강에 좋지 않다

3　이 글은 주로 무엇을 이야기하고 있는가?
　　A　긴장이 사람에게 미치는 영향
　　B　어떻게 문제를 해결할 수 있는가
　　C　사람은 왜 긴장하는가
　　D　어떻게 긴장된 심리상태를 극복하는가

요약　제목: 긴장의 필요성

주제어: 적당한 긴장은 필요하다.

긴장은 사람의 정신과 신체의 외부 반응이 커질 때 나타나는 현상이며, 긴장의 정도는 생활의 변화 크기에 비례한다. 긴장은 수면장애 등의 증상을 보이게 하지만, 사람에게는 적당한 긴장이 필요하다. 왜냐하면, 이것이 사람이 문제를 해결하는 데 필수조건이기 때문이다. 그렇다고 과도하게 긴장해서는 안 된다. 사람이 오랫동안 긴장상태에 놓이게 되면, 쉽게 조급해하거나, 흥분하고, 화를 내며, 심하면 대뇌 신경기능이 교란되어 신체 건강을 해치게 될 수 있기 때문이다.

해설　1) 생활의 변화가 크면 긴장의 정도도 커진다고 언급하고 있으므로 답은 B이다.

2) 사람이 오랫동안 긴장상태에 있으면 신체건강에 영향을 미친다고 언급하고 있으므로 답은 D이다.

3) 이 글은 주로 사람이 긴장할 때 나타나는 각종 상태 변화에 대해서 언급하고 있다. 즉, 긴장이 사람에게 미치는 영향에 대해서 언급하고 있다. 따라서 답은 A이다.

단어　紧张 jǐnzhāng 형 긴장하다 명 긴장 | 精神 jīngshén 명 정신 | 身体 shēntǐ 명 신체 | 反应 fǎnyìng 명 반응 | 结婚 jiéhūn 명 결혼 | 生子 shēngzǐ 명 출산 동 출산하다 | 离婚 líhūn 명 이혼 | 待业 dàiyè 명 취업 | 成比例 chéngbǐlì 동 비례하다 | 睡眠 shuìmián 명 수면 | 思考力 sīkǎolì 명 사고력 | 注意力 zhùyìlì 명 주의력, 집중력 | 集中 jízhōng 동 집중하다, 모으다 | 头痛 tóutòng 명 두통 | 心悸 xīnjì 명 심계항진 | 疲累 pílèi 명 피로 | 暂时性 zànshíxìng 일시적인 | 突发性 tūfāxìng 갑작스런 | 恐惧感 kǒngjùgǎn 명 공포심 | 适度 shìdù 형 적당하다 | 过度 guòdù 형 과도하다 | 生理心理学 shēnglǐ xīnlǐxué 명 생리심리학 | 状态 zhuàngtài 명 상태 | 急躁 jízào 동 조급해하다 | 激动 jīdòng 동 흥분하다 | 恼怒 nǎonù 동 성내다, 화내다 | 大脑 dànǎo 명 대뇌 | 功能 gōngnéng 명 기능 | 紊乱 wěnluàn 동 교란시키다 | 设法 shèfǎ 동 방법을 세우다 | 解脱 jiětuō 동 벗어나다

　　[4]现在的孩子绝大多数是独生子女，他们在家中随时随地都处于被照顾的地位，很少有机会去关心、照顾别人，甚至很少想到别人，除非他们需要别人帮助。这对孩子的成长都是十分不利的。乐于助人是一种高尚的品质，对于一个年幼的孩子来说，他们也许尚无明确的认识，不懂得它的社会意义，可是他们都极富同情心，这是培养他们乐于助人精神的基础。

　　培养孩子乐于助人，可从培养他们关心别人入手，从小事做起。[5]例如，父母要有意识地让孩子从幼儿园回家后先去问问生病的奶奶好些了吗，给奶奶递水、送药；妈妈下班回来，爸爸让孩子去问问妈妈累吗；在路上，看到老人手中的报纸或其他较小的东西掉在地上，让孩子帮助拾起。此外，还要注意启发孩子的同情心。孩子的行为绝大多数是由感情冲动引起的，而且行为过程带有很浓的感情色彩。[5]在让孩子做某件事情时，最好从启发他的情感入手，例如："你看那位老爷爷弯腰多吃力呀！赶快帮助他把报纸捡起来吧！"这比"你应该帮助老人"的效果好得多。

　　[5]家长对孩子的行为持何种态度，也是起重要作用的。对于孩子热心帮助他人的做法，家长要予以肯定、支持。万万不可教育孩子"少管闲事"，甚至孩子因为帮助了别人还挨批评。要知道家长的态度时时影响着孩子，是在塑造着孩子的未来。[6]家长在启发、支持、赞赏孩子助人为乐行为时，还可逐渐地向孩子讲明为什么要这样做，帮助孩子提高认识，逐渐形成较为明确的行为标准，提高孩子的道德认识。

4　　关于现在的孩子，下列哪项正确？

　　A 很孝顺父母

　　B 不关心别人

　　C 不喜欢劳动

　　D 没有同情心

　　[4]요즘 아이들은 대부분이 외동 자녀다. 그들은 가정에서 항상 보살핌을 받다 보니, 다른 사람에게 관심을 보이거나 남을 돌봐줄 기회가 적고, 심지어 타인을 거의 생각하지 않는다. 그들이 남의 도움이 필요한 경우를 제외하고는 말이다. 이는 아이들의 성장에 매우 좋지 않다. 남을 돕기 좋아하는 마음은 하나의 고상한 품성이며, 어린 아이들은 아직 그것의 사회적 의미를 제대로 인식하거나 잘 알지 못하고 있다. 하지만 아이들에게도 동정심은 있는데, 이것은 타인을 돕는 마음을 기르는 데 꼭 있어야 할 기본이다.

　　아이들에게 남을 돕기 좋아하는 마음을 길러줄 때는 아이들이 다른 사람에게 관심을 갖도록 하는 데서 시작하면 된다. 즉, 작은 일에서부터 시작하는 것이다. [5]예를 들면, 부모는 아이들이 유치원에서 돌아오면 먼저 아프신 할머니에게 인사하라고 하거나, 할머니에게 물과 약을 갖다 드리라고 할 수 있다. 엄마가 퇴근하면, 아빠는 아이들에게 엄마에게 피곤한지 묻도록 할 수 있다. 길거리에서 노인이 손에 들고 있던 신문이나 기타 다른 물건을 땅에 떨어뜨렸을 때, 아이보고 주워 드리라고 하는 것도 있다. 이외에도 아이들의 동정심을 계발할 때에는 주의할 것이 있다. 아이들의 행동은 대부분 감정적인 충동에 의해 나타나며, 행동에서 감정적인 면을 살펴볼 수 있다. [5]아이들에게 어떤 일을 하도록 할 때, 가장 좋은 것은 아이들의 감정을 일깨워주는 것이다. 예를 들면, "저 할아버지는 허리를 굽히기 정말 힘드시겠다. 얼른 가서 신문을 주워 드리렴." 이라고 하는 것이 "어르신을 도와야 한다."라고 하는 것보다 더 좋은 효과를 낼 수 있다는 것이다.

　　[5]부모가 아이들의 행동에 어떤 태도를 보이는가, 이것 역시 중요하다. 아이들이 친절하게 남을 돕는 행동에 대해서 부모는 칭찬하고 지지해주어야 한다. 절대로 아이들에게 "남의 일에 신경 쓰지 마라!"라고 해서는 안 되며, 심지어 아이가 남을 도왔다고 혼이 나서는 더더욱 안 된다. 부모의 행동은 수시로 아이들에게 영향을 미치며, 아이의 미래를 만드는 것임을 알아야 한다. [6]부모는 아이들에게 즐겁게 남을 돕는 것을 깨우쳐주고 지지하며, 칭찬할 때는 아이들에게 왜 이렇게 해야 하는지 알려주어 아이들의 인식을 넓혀주고, 점점 명확한 행동의 기준을 형성하게 하여 아이들의 도덕인식을 높여주어야 한다.

4　　요즘 아이들에 관해 언급한 것 중 올바른 것은 무엇인가?

　　A 부모에게 효도한다

　　B 다른 사람에게 관심을 갖지 않는다

　　C 일하기 싫어한다

　　D 동정심이 없다

5 根据上文，父母要怎么样培养孩子乐于助人？
A 正确引导
B 制造机会
C 多多交流
D 布置任务

6 这段话主要讲了什么？
A 教育孩子要尊敬老人
B 独生子女的生活状态
C 怎样提高孩子的成绩
D 让孩子学会帮助别人

5 이 글에 따르면, 부모는 어떻게 아이들에게 남을 돕는 마음을 길러주어야 하는가?
A 올바르게 이끌어야 한다
B 기회를 만들어 줘야 한다
C 사람들과 많이 교류해야 한다
D 숙제를 내준다

6 이 글은 주로 무엇을 이야기하고 있는가?
A 아이들이 노인을 공경하도록 가르쳐야 한다
B 외동자녀의 생활 환경
C 어떻게 아이들의 성정을 향상 시키는가
D 아이들에게 남을 돕는 것을 가르쳐야 한다

요약 제목: 아이들에게 남을 돕는 품성을 길러주는 방법

주제어: 아이들이 다른 사람에게 관심을 갖도록 하여 남을 돕는 품성을 기를 수 있도록 해야 한다.

남을 돕는 것은 매우 고상한 품성이며, 이는 남에게 관심을 갖는 데서 시작된다. 하지만 요즘 아이들은 외동 자녀로 자라 보살핌만 받다 보니, 다른 사람에 관심을 보이지 않는다. 따라서 부모는 아프신 할머니나 퇴근한 엄마에게 안부를 묻도록 하여, 아이들이 다른 사람에게 관심을 갖고 남을 도울 수 있도록 해야 한다. 또 누구를 도와야 한다는 것보다는 왜 도와야 하는지를 설명해주고, 아이들이 친절하게 남을 도우면 이를 칭찬하여 아이들의 도덕인식을 높여주어야 한다.

해설 4) 요즘 외동 아들, 외동 딸들은 남의 보살핌을 받는 데 익숙해져 있어, 다른 사람에게 관심을 갖거나 돌보는 것에는 서툴다고 언급하고 있으므로 답은 B이다.

5) 부모는 일상생활의 작은 일에서 아이들의 남을 돕는 마음을 길러주어 아이들이 남에게 관심을 갖도록 하고, 남을 돕도록 해야 한다고 언급하고 있다. 또 아이들에게 칭찬을 해주어 아이들이 왜 그렇게 해야 하는지 느끼도록 해야 하며, 그렇게 올바른 방향으로 지도하면, 결국에 아이들은 바람직한 행동습관을 형성하게 된다고 언급하고 있다. 따라서 답은 A이다.

6) 이 글은 주로 부모가 어떻게 아이들이 남을 돕는 마음을 가지도록 하는가에 대해 언급하고 있으므로 답은 D이다.

단어 孩子 háizi 몡 아이 | 独生子女 dúshēng zǐnǚ 몡 외동 자녀 | 随时随地 suíshí suídì 언제나, 항상, 늘, 수시로 | 照顾 zhàogù 동 돌보다, 보살피다 | 关心 guānxīn 동 관심을 갖다 | 乐于助人 lèyú zhùrén 셩 남을 돕는 것을 기쁘게 생각하다 | 除非 chúfēi 접 ~해야 비로소, ~아니고서는 | 成长 chéngzhǎng 몡 성장 | 高尚 gāoshàng 혱 고상하다 | 品质 pǐnzhì 몡 품성 | 年幼 niányòu 혱 어리다 | 尚 shàng 뷔 아직 | 明确 míngquè 혱 명확하다, 정확하다 | 懂得 dǒngde 동 알다 | 同情心 tóngqíngxīn 몡 동정심 | 培养 péiyǎng 동 기르다 | 基础 jīchǔ 몡 기초, 기본 | 入手 rùshǒu 동 시작하다, 손을 대다, 착수하다 | 幼儿园 yòu'éryuán 몡 유치원 | 生病 shēngbìng 동 병이 나다, 병이 나서 아프다 | 奶奶 nǎinai 몡 할머니 | 递 dì 동 건네주다 | 送 sòng 동 주다 | 报纸 bàozhǐ 몡 신문 | 掉 diào 동 잃어버리다 | 拾 shí 동 줍다 | 启发 qǐfā 동 계발하다 | 冲动 chōngdòng 몡 충동 | 浓 nóng 혱 짙다 | 色彩 sècǎi 몡 색채 | 弯腰 wānyāo 동 허리를 굽히다 | 吃力 chīlì 혱 힘들다 | 捡 jiǎn 동 줍다 | 效果 xiàoguǒ 몡 효과 | 热心 rèxīn 혱 친절하다 | 肯定 kěndìng 동 인정하다 | 支持 zhīchí 동 지지하다 | 万万 wànwàn 뷔 절대로 | 闲事 xiánshì 몡 남의 일, 자기와 상관 없는 일 | 挨 ái 동 받다, 당하다 | 批评 pīpíng 동 꾸짖다, 혼내다 | 赞赏 zànshǎng 동 칭찬하다 | 标准 biāozhǔn 몡 기준, 표준

[7]一个年迈的富商想为自己挑选合适的继承人，于是把三个儿子叫来吩咐道："[8]我给你们每人五颗稻粒，你们要好好儿保存，一旦我向你们要时，你们要还给我。"三个儿子异口同声地答应了。

四年后的一天，老人自知将不久于人世，于是把三个儿子叫到跟前，问问他们如何保存那些稻粒。首先问大儿子，大儿子早就不屑一顾地把稻粒丢掉了。见父亲问起，他赶紧到自家仓库拿了几颗稻粒放在父亲面前。老人一看便知不是自己所给的稻粒，问明情况后，十分生气地把大儿子责骂一通。接着问二儿子，二儿子当时料想父亲肯定是有所用意，所以回去后用布层层把稻粒包好，放到一个盒子里藏了起来。所以二儿子不慌不忙回家取来盒子，把稻粒交给了父亲。父亲见后表示满意。[9]最后轮到小儿子，小儿子说："父亲，我现在无法送来你给我的那几颗稻粒。因为当时拿了稻粒后，我回去找了块田，把稻粒种到田里，精心管理。当年稻子长势很好，成熟时，我便及时收回，藏到罐子里。第二年、第三年也如此。所以您现在要我把它全部弄来，恐怕得要辆马车去拉。"老人听后十分高兴，决定选小儿子为继承人。

7　富商为什么分给儿子稻粒?
　　A 让儿子们学会种稻子
　　B 想知道该把财产交给谁
　　C 教儿子怎样创造财富
　　D 看哪个儿子听自己的话

8　老人给每个儿子多少稻粒?
　　A 两颗
　　B 三颗
　　C 四颗
　　D 五颗

9　关于老人给小儿子的稻粒，下列哪项正确?
　　A 不小心丢掉了
　　B 保存在盒子内
　　C 藏在了罐子里
　　D 种到了田地里

[7]한 늙은 거상은 자신을 이을 후계자를 선택하고 싶었다. 그래서 세 아들을 불러 말했다. "[8]내가 너희에게 각각 다섯 알의 볍씨를 줄 테니 잘 보관하고 있다가, 내가 달라고 하면 그때 나게 돌려주렴." 세 아들은 모두 알겠다고 대답했다.

4년이 지난 어느 날, 늙은 거상은 자신이 얼마 살지 못할 것임을 알았다. 그래서 세 아들을 불러 어떻게 볍씨를 보관했는지 물었다. 먼저 큰아들에게 물었다. 사실 큰아들은 볍씨에 신경을 쓰지 않아 잃어버린 지 오래되었다. 아버지가 묻자, 그는 서둘러 자신의 창고에서 볍씨 몇 개를 가져와 아버지 앞에 놓았다. 늙은 거상은 한 번 보고, 그것이 자신이 준 볍씨란 것을 알아채지 못하였으나, 어떻게 된 일인지 묻고는 매우 화가 나서 큰아들을 호되게 꾸짖었다. 다음으로 둘째 아들에게 물었다. 둘째 아들은 당시 아버지에게 무슨 뜻이 있을 것이라고 예상하고, 집으로 돌아가서 천으로 볍씨를 곱게 싸서 상자에 넣어 보관했다고 말했다. 그래서 둘째 아들은 당황하지 않고, 집으로 돌아가 상자를 가져왔고, 볍씨를 아버지에게 돌려주었다. 아버지는 이를 보고 만족스러워했다. 마지막으로 막내아들 차례가 되었다. [9]막내아들은 말했다. "아버지, 저는 지금 아버지께서 주신 볍씨를 가져올 수 없어요. 왜냐하면 저는 그때 볍씨를 받자마자, 밭을 구했고, 그리고는 볍씨를 심어 정성껏 관리했지요. 그 해에 벼가 아주 잘 자랐고, 다 익었을 때 바로 수확해서 단지 안에 보관했어요. 다음해, 그 다음해에도 그렇게 했어요. 그래서 저보고 지금 볍씨를 가지고 오라고 하신다면, 아마 마차를 가지고 가서 끌고 와야 할 거예요." 늙은 거상은 이를 듣고, 매우 기뻐하며 막내아들을 후계자로 결정했다.

7　거상은 왜 아들에게 볍씨를 주었는가?
　　A 아들들에게 볍씨를 심는 법을 배우게 하려고
　　B 재산을 누구에게 주어야 하는지 알고 싶어서
　　C 아들들에게 어떻게 부자가 되는 알려주려고
　　D 어떤 아들이 자신의 말을 듣는지 보려고

8　거상은 아들에게 각각 몇 개에 볍씨를 주었는가?
　　A 두 알
　　B 세 알
　　C 네 알
　　D 다섯 알

9　거상이 막내아들에게 볍씨를 준 것에 관해 언급한 것 중 올바른 것은 무엇인가?
　　A 신경 쓰지 못해 잃어버렸다
　　B 상자 안에 넣어 보관하였다
　　C 단지에 넣어 보관하였다
　　D 밭에 심었다

요약 제목: 늙은 거상의 후계자 선택 방법

주제어: 늙은 거상은 다섯 알의 볍씨로 아들들을 실험하여 후계자를 결정했다.

늙은 거상은 자신의 후계자를 선택하기 위해 세 아들에게 다섯 알의 볍씨를 주었고, 4년 후에 아들들에게 볍씨를 어떻게 보관했는지 물었다. 큰아들은 볍씨를 잃어버려서 창고에 있던 볍씨를 가져왔는데, 이를 안 아버지는 그를 크게 꾸짖었다. 둘째는 곱게 보관해 왔던 볍씨를 가져왔다. 아버지는 이에 만족했다. 마지막으로 막내아들은 아버지에게서 받은 볍씨를 밭에 심어 수확했기 때문에 그 볍씨를 가지고 오라고 한다면 마차로 끌고 와야 한다고 말했다. 늙은 거상은 이를 듣고 매우 기뻐하며 막내아들을 후계자로 결정했다.

해설 7) 늙은 거상은 아들들을 시험하여, 자신이 누구에게 재산을 물려줘야 하는지 알아보려고 했다. 따라서 답은 B이다.

8) 늙은 거상은 아들에게 각 다섯 알의 볍씨를 주었다. 따라서 답은 D이다.

9) 막내 아들은 아버지가 자신에게 준 볍씨를 밭에 심어 정성껏 관리하였고, 풍작을 이루었다. 따라서 답은 D이다.

단어 年迈 niánmài 웹 나이가 많다. 늙다. 연로하다 | 富商 fùshāng 웹 거상 | 挑选 tiāoxuǎn 통 선택하다. 고르다 | 合适 héshì 웹 적당하다. 알맞다 | 继承人 jìchéngrén 웹 후계자 | 于是 yúshì 웹 그리하여 | 吩咐 fēnfù 통 분부하다. 시키다. 명령하다 | 颗 kē 웹 알 [작은 알갱이를 세는 양사] | 稻粒 dàolì 웹 볍씨 | 保存 bǎocún 통 보관하다 | 异口同声 yìkǒu tóngshēng 웹 이구동성으로, 한 목소리로 | 答应 dáyīng 통 동의하다. 승낙하다 | 人世 rénshì 웹 인간세상 | 不屑一顾 búxiè yígù 조금도 신경쓰지 않다 | 丢掉 diūdiào 통 잃어버리다 | 赶紧 gǎnjǐn 웹 서둘러 | 仓库 cāngkù 웹 창고 | 拿 ná 통 가지고 오다. 지니다 | 责骂一通 zémà yìtōng 웹 한바탕 크게 꾸짖다. 호되게 꾸짖다 | 料想 liàoxiǎng 통 생각하다. 예상하다 | 肯定 kěndìng 웹 분명히, 확실히 | 用意 yòngyì 웹 의도, 뜻 | 布 bù 웹 천 | 层层 céngcéng 겹겹이 | 包 bāo 통 싸다. 포장하다 | 盒子 hézi 웹 상자 | 藏 cáng 통 간직하다 | 不慌不忙 bùhuāng bùmáng 당황하지 않고 | 轮到 lúndào ~의 차례가 되다 | 块 kuài 웹 덩어리, 조각 [덩어리 또는 조각 모양의 물건을 세는 양사] | 田 tián 웹 밭 | 种 zhǒng 통 심다 | 精心 jīngxīn 웹 정성을 들이다 | 长势 zhǎngshì 웹 식물의 성장 상황 | 成熟 chéngshú 통 익다. 여물다 | 收回 shōuhuí 통 수확하다 | 罐子 guànzi 웹 단지, 항아리 | 恐怕 kǒngpà 웹 아마도 | 辆 liàng 웹 대 [차량을 세는 양사] | 马车 mǎchē 웹 마차 | 拉 lā 통 끌다

10-12

几个人在岸边垂钓，旁边几名游客在欣赏海景。不一会儿，一名垂钓者钓上了一条大鱼，足有三尺长，落在岸上后，仍腾跳不止。¹⁰可是钓者却用脚踩着大鱼，摘下鱼嘴内的钓钩，顺手将鱼丢进海里，引起周围围观的人一阵惊呼，这么大的鱼还不能令他满意，可见垂钓者雄心之大。就在众人屏息以待之际，钓者鱼竿又是一扬，¹⁰这次钓上的是一条两尺长的鱼，钓者仍是不看一眼，顺手扔进海里。第三次，钓者的钓竿再次扬起，¹¹只见钓线末端钩着一条不到一尺长的小鱼。围观众人以为这条鱼也肯定会被放回，不料钓者却将鱼解下，¹¹小心地放回自己的鱼篓中。游客百思不得其解，就问钓者为何舍大而取小。想不到钓者的回答是："^{11/12}因为我家里最大的盘子只不过有一尺长，太大的鱼钓回去，盘子也装不下。"

몇 사람이 해안가에서 낚시하고 있었고, 여러 관광객이 그 옆에서 바다 경치를 감상하고 있었다. 얼마 지나지 않아 한 낚시꾼이 대어를 낚았는데, 길이가 족히 세 척 정도는 되었다. 바닥에 내려놓자, 고기는 계속 팔딱댔다. ¹⁰그러나 낚시꾼은 발로 고기를 밟아, 주둥이에 있던 낚시 고리를 빼고는 고기를 바다에 풀어주었다. 주변에서 이를 구경하고 있던 사람들은 깜짝 놀랐다. 이렇게 큰 고기로도 만족하지 못하다니, 낚시꾼은 포부가 큰 사람이구나! 사람들이 숨을 죽이고, 지켜보고 있었는데, 바로 그때 낚시꾼이 또다시 낚싯대를 들어 올렸다. ¹⁰이때 잡은 것도 두 척 정도 되는 고기였는데, 낚시꾼은 아까처럼 제대로 살펴보지도 않고, 곧바로 바다에 던졌다. 세 번째로 낚시꾼은 낚싯대를 들었고, ¹¹낚싯줄 끝에는 한 척도 되지 않는 작은 물고기가 걸려 있었다. 이것을 보던 사람들은 이 물고기도 분명히 놔줄 것이라고 생각했는데, 낚시꾼은 뜻밖에도 낚싯줄에서 고기를 풀더니, ¹¹조심스레 자신의 낚시통에 넣었다. 구경하던 관광객들은 이해가 되지 않았고, 낚시꾼에게 왜 큰 물고기를 버리고 작은 물고기를 잡아가냐고 물었다. 뜻밖에도 낚시꾼은 이렇게 말했다. "^{11/12}우리 집에 가장 큰 쟁반이 한 척밖에 안 돼서요. 너무 큰 물고기를 잡아가면, 쟁반에 담지도 못하거든요."

10 围观者为什么吃惊?

    A 海里的鱼非常多

    B 钓者钓了一条大鱼

    C 钓者有太大的雄心

    D 钓者把鱼扔回了海里

11 钓者想要什么样的鱼?

    A 漂亮的

    B 更大的

    C 合适的

    D 稀有的

12 钓者是个什么样的人?

    A 容易满足

    B 有些糊涂

    C 非常和蔼

    D 十分聪明

---

10 주변에 몰린 사람들은 왜 놀랐는가?

    A 바다에 물고기가 매우 많았기 때문에

    B 낚시꾼이 큰 물고기를 잡았기 때문에

    C 낚시꾼이 너무 큰 포부를 가지고 있었기 때문에

    D 낚시꾼이 물고기를 바다에 던졌기 때문에

11 낚시꾼은 어떤 고기를 잡길 원했는가?

    A 예쁜 것

    B 더 큰 것

    C 적당한 것

    D 희소한 것

12 낚시꾼은 어떤 사람인가?

    A 쉽게 만족하는 사람

    B 조금 멍청한 사람

    C 상냥한 사람

    D 매우 똑똑한 사람

요약   제목: 자신의 현실에 만족하며 사는 낚시꾼

주제어: 낚시꾼은 집의 쟁반크기가 작다는 이유로 대어를 낚아도 바다에 풀어주었다.

한 낚시꾼이 해안가에서 낚시를 하다가 길이가 세 척 정도 되는 대어를 낚았다. 하지만 낚시꾼은 잡은 고기를 바다에 풀어주었고, 관광객들은 큰 물고기를 풀어주는 것에 매우 놀랐다. 그리고 낚시꾼은 또다시 두 척 정도 되는 고기를 낚았는데 역시 바다에 놓아주었다. 낚시꾼은 한 척도 되지 않는 작은 물고기를 낚자 그제서야 그 물고기를 낚시통에 넣었다. 큰 물고기를 버리고 작은 물고기를 잡아가는 이유를 묻자, 그는 집의 쟁반이 한 척 밖에 안 돼서 큰 물고기를 잡으면 쟁반에 담지 못하기 때문이라고 했다.

해설   10) 낚시꾼은 대어를 낚았지만, 잡은 고기를 바다에 다시 던졌고, 이 때문에 이를 지켜보던 사람들이 놀랐다고 언급하고 있으므로 답은 D이다.

11) 낚시꾼은 자기 집의 쟁반이 작아 너무 큰 물고기를 담을 수 없다고 한 것에서, 그가 자기 집 쟁반에 적당한 크기의 물고기를 잡으려고 한다는 것을 알 수 있으므로 답은 C이다.

12) 낚시꾼은 큰 물고기에 마음이 움직이지 않았고, 자신에게 맞는 물고기를 잡으려고 한다는 것에서 그가 자신의 분수를 지켜 만족하는 사람임을 알 수 있다. 따라서 답은 A이다.

단어   **垂钓** chuídiào 图 낚시를 물속에 드리우다. 낚시하다 | **游客** yóukè 명 관광객 | **欣赏** xīnshǎng 图 감상하다 | **海景** hǎijǐng 명 바다 경치 | **钓** diào 图 낚다 | **条** tiáo 양 마리 [물고기를 세는 양사] | **大鱼** dàyú 명 대어, 큰 물고기 | **尺** chǐ 양 척 [길이를 세는 양사] | **腾跳不止** téngtiào bùzhǐ 계속 팔딱팔딱 뛰다 | **钓者** diàozhě 명 낚시꾼 | **踩** cǎi 图 밟다 | **摘** zhāi 图 뜯다, 빼다 | **钓钩** diàogōu 명 낚시 고리 | **围观** wéiguān 图 에워싸고 구경하다 | **一阵** yízhèn 양 한바탕 [동작이나 시간이 계속되는 시간] | **惊呼** jīnghū 图 놀라서 소리치다 | **雄心** xióngxīn 명 포부 | **屏息** píngxī 图 숨을 죽이다 | **鱼竿** yúgān 명 낚싯대 | **扬** yáng 图 높이 들어 올리다 | **钓线** diàoxiàn 명 낚싯줄 | **末端** mòduān 명 말단, 끝부분 | **不料** búliào 图 뜻밖에도 | **解** jiě 图 풀다 | **鱼篓** yúlǒu 명 낚시 통, 광주리 | **舍大取小** shèdà qǔxiǎo 큰 것을 버리고 작은 것을 취하다 | **盘子** pánzi 명 쟁반

¹³小王曾被公认为是全班最胆小最怯懦的人。同学们都不屑于与他交往。大学毕业挥手告别时，还有许多人预言十年后相聚时他将是失败者之一。

十年很快过去了，他们的相聚如期举行。¹⁴聚会到高潮，每人依次上台讲述自己的现状和理想，还有对目前生活的满意程度。大多数人没有实现当年跨出校门时的理想，对目前生活满意者几乎没有。该小王上台了，他清了清嗓子沉着而冷静地说道："我目前拥有数家公司，总资产上亿元。¹⁵如果说还有什么遗憾的话，就是自己离那些我所欣赏的成功者还很遥远。是的，无论是在学校还是投身社会，我一直都很自卑，感觉每一个人都有特长，都比我强。所以我要努力学习每一个人的特长，并且尽力改正自己的缺点。但我发现无论我如何努力也总是无法赶上所有的人，所以我就一直自卑下去。¹⁶因为自卑，我把远大的理想埋在了心底，努力做好手头的每一件小事；因为自卑，我将所有的伟大目标转化成向别人学习的一点点进步。这样，永远让自己处在自卑之中，我就会获得源源不断的前进动力。"

13　同学们为什么不喜欢小王？

　　A 他家里很穷

　　B 认为他没出息

　　C 他的脾气不好

　　D 他不好好儿学习

14　聚会时大家做了什么事？

　　A 对老师表示感谢

　　B 比较谁的事业最成功

　　C 讲述对彼此的思念

　　D 评价自己的生活现状

15　小王认为自己是什么样的状况？

　　A 需要继续努力

　　B 已经是个成功者

　　C 已经忘记理想

　　D 觉得不如同学们

---

¹³모두가 샤오왕은 반에서 가장 겁이 많고, 나약한 아이라고 생각했다. 그래서 친구들은 그와 노는 것을 싫어했다. 대학교 졸업식에서 서로 작별하면서, 많은 친구들은 10년 후에 다 같이 만날 때에 그가 실패한 사람 중 한 명이 될 것이라고 예상했다.

10년은 빨리 흘러갔고, 그들의 만남은 예정대로 진행되었다. ¹⁴분위기가 무르익자, 친구들은 모두 순서대로 앞으로 나와 자신의 현재 모습과 꿈에 대해서 말했고, 현재 생활에 만족하는가에 대해서 이야기했다. 친구들 대부분은 대학 문을 나설 때 가졌던 꿈을 이루지 못했고, 현재 생활에 만족하는 사람도 거의 없었다. 샤오왕이 이야기할 차례가 되었다. 그는 목을 가다듬으며, 침착하고 냉정한 말투로 말했다. "나는 지금 몇 개의 회사를 가지고 있고, 총 자산 규모는 억 단위를 넘어서지. 하지만 ¹⁵유감스러운 것이 있다면, 내 모습이 내가 생각했던 성공한 사람의 모습과 거리가 있다는 거야. 맞아. 학교에서든, 사회에 나와서든 나는 항상 못났다는 생각을 하고 있었고, 모든 사람은 다 장점이 있어서 나보다 낫다고 생각했어. 그래서 나는 모든 사람의 장점을 공부하려고 노력했고, 내가 가진 단점을 고치려고 했지. 그러나 내가 아무리 노력해도 모든 사람을 따라갈 수 없다는 것을 알게 되었어. 그래서 나는 계속 스스로를 못났다고 생각했어. ¹⁶이런 열등감 때문에 나는 원대한 꿈을 항상 마음속에 담아둔 채로, 내 손에 들어온 작은 일부터 노력하기 시작했어. 또 열등감 때문에 나는 내 목표를 조금씩 다른 사람을 본받아 천천히 발전시켜 나아가는 것으로 바꾸게 되었지. 이렇게 나를 항상 못났다고 생각하며, 나는 끊임없이 앞으로 나아가야만 하는 동기를 얻었던 거야."

13　친구들은 왜 샤오왕을 싫어했는가？

　　A 그의 집이 가난했기 때문에

　　B 그가 못났다고 생각했기 때문에

　　C 그의 성격이 좋지 않았기 때문에

　　D 그가 열심히 공부하지 않았기 때문에

14　함께 모였을 때, 다 같이 무엇을 했는가？

　　A 선생님께 고마움을 표시했다

　　B 누가 가장 성공했는지 비교했다

　　C 서로의 생각을 이야기했다

　　D 자신의 상황에 대해서 이야기했다

15　샤오왕은 지금 자신을 어떻다고 생각하는가？

　　A 계속 노력해야 한다

　　B 자신은 이미 성공한 사람이다

　　C 이미 꿈을 잊어버렸다

　　D 친구들보다 못하다

16 是什么让小**王**获得前进的动力?	16 무엇이 샤오왕이 앞으로 나아가게 하는 동기가 되었
A 学习新的知识	는가?
B 一直存在的自卑感	A 새로운 지식을 배워서
C 家人给予的鼓励	B 계속 존재한 열등감 때문에
D 同学对自己的蔑视	C 가족들의 격려로
	D 친구들의 멸시 때문에

요약 제목: 끊임없이 노력하는 사람

주제어: 샤오왕은 늘 남과 비교하면서 자신의 부족한 부분을 채워나갔다.

샤오왕을 나약하고, 겁이 많다고 생각한 반 친구들은 그를 싫어했다. 10년 후에 그는 실패자가 되어 있을 거라고 생각했다. 10년이 지나고 함께 모인 반 친구들은 자신의 생활에 대해서 이야기했는데 대부분은 자신의 꿈을 이루지 못했고, 현재 생활에 만족하지 못했다. 하지만 샤오왕은 여러 회사를 운영해 총 자산 규모가 억 단위를 넘게 되었는데 그는 이것은 자신이 생각한 성공이 아니라고 했다. 그는 늘 남과 비교하면 항상 부족한 부분이 있고, 이를 채워나가기 위해 늘 노력해야 한다고 말했다.

해설 13) 샤오왕의 성격이 겁이 많고, 나약하여 사람들은 샤오왕을 못났다고 생각해 그를 무시했다. 따라서 답은 B이다.

14) 모두가 한 사람씩 돌아가며 자신의 현재 상황에 대해서 만족스럽게 생각하는지에 대해 이야기했다고 언급하고 있으므로 답은 D이다.

15) 샤오왕은 자신과 자신이 생각했던 성공한 사람과는 거리가 있다고 말하면서, 계속 노력해야 한다 말하고 있다. 따라서 답은 A이다.

16) 지문 **마**지막 부분에서 열등감 때문에 작은 일부터 노력하고, 다른 사람을 본받아 천천히 발전시켜 나아갔다고 말한 것으로 보아 답이 B임을 알 수 있다.

단어 公认 gōngrèn 통 공인하다, 인정하다 | 胆小 dǎnxiǎo 형 겁이 많다 | 怯懦 qiènuò 형 나약하다 | 交往 jiāowǎng 통 사귀다, 놀다 | 挥手告别 huīshǒu gàobié 손을 흔들어 이별하다 | 相聚 xiāngjù 명 모임 | 失败者 shībàizhě 명 실패자 | 如期 rúqī 부 예정대로 | 举行 jǔxíng 통 진행하다, 개최하다 | 高潮 gāocháo 명 절정, 분위기가 무르익은 시점 | 依次 yīcì 부 순서대로 | 上台 shàngtái 통 무대로 나오다 | 现状 xiànzhuàng 명 현재 상황, 현재 상태 | 理想 lǐxiǎng 형 이상적이다 | 跨出 kuàchū 통 큰 걸음으로 걸어나오다 | 清 qīng 통 깨끗하게 하다 | 嗓子 sǎngzi 명 목 | 沉着 chénzhuó 형 침착하다 | 冷静 lěngjìng 형 냉정하다 | 资产 zīchǎn 명 자산 | 遗憾 yíhàn 형 유감스럽다 | 遥远 yáoyuǎn 형 멀다 | 投身社会 tóushēn shèhuì 사회에 뛰어들다 | 自卑 zìbēi 통 열등감을 가지다 명 열등하다는 생각, 열등감 | 埋在 máizài ~에 묻어두다 | 心底 xīndǐ 명 마음 속 | 手头 shǒutóu 명 손 안, 수중 | 伟大 wěidà 형 위대하다 | 目标 mùbiāo 명 목표 | 转化 zhuǎnhuà 통 전환하다, 바꾸다 | 源源不断 yuányuán búduàn 성 끊임없이 계속되다 | 前进 qiánjìn 통 앞으로 나아가다

有个渔夫，是出海打鱼的好手。可他却有一个不好的习惯，17就是爱立誓言，即使誓言不符合实际，也宁可将错就错。

18/19一年春天，他听说市场上墨鱼的价格最高，于是便立下誓言：这次出海只捕捞墨鱼。但事与愿违，这一次所遇到的全是螃蟹，他只能空手而归。回到岸上后，他才得知现在市场上螃蟹最贵。渔夫后悔莫及，发誓下一次出海一定要只抓螃蟹。19第二次出海，他把注意力全放到螃蟹上，可这一次遇到的却全是墨鱼。不用说，他又只能重蹈覆辙，空手而归了。晚上，渔夫饥饿难忍，躺在床上十分懊悔。于是，他又发誓，下次出海，无论是遇到螃蟹，还是遇到墨鱼，他都要去捕捞。19第三次出海后，渔夫严格按照自己的誓言去捕捞，可这一次墨鱼和螃蟹他都没见到，见到的只是一些马鲛鱼。于是，渔夫再一次空手而归……19渔夫没赶得上第四次出海，便在自己的誓言中饥寒交迫地死去。

17　渔夫有什么习惯？
　　A　不喜欢打小鱼
　　B　喜欢喝一点儿酒
　　C　给自己定目标
　　D　不承认自己的错误

18　渔夫为什么要捕捞墨鱼？
　　A　认为墨鱼很贵
　　B　墨鱼很容易捕捞
　　C　有人收购墨鱼
　　D　他遇到的全是墨鱼

19　渔夫的结局告诉我们什么？
　　A　要学会及时调整
　　B　要立下正确的誓言
　　C　有好机遇才会成功
　　D　不要在乎鱼的价格

물고기를 잘 잡는 어부가 있었다. 그러나 그에게는 좋지 않은 습관이 있었는데, 17바로 맹세를 하기 좋아했다는 것이다. 맹세가 현실에 맞지 않더라도, 그는 끝까지 그대로 밀고 나갔다.

18/19어느 봄날, 그는 시장에 오징어 가격이 매우 비싸다는 것을 듣고, 바로 맹세를 했다. 이번에 바다에 나가면 오징어만 잡아오겠다고 말이다. 그러나 일은 뜻대로 되지 않았고, 이번에 그에게 잡힌 것은 모두 게였다. 그래서 그는 하는 수 없이 빈손으로 돌아왔다. 바닷가로 돌아와서, 그는 그제서야 지금 시장에서 게 값이 가장 비싸다는 것을 알았다. 어부는 후회했지만, 이미 늦었다. 그래서 그는 또 다음에 바다에 나가면, 게만 잡아올 것이라고 맹세했다. 19두 번째로 바다에 나가서 그는 게를 잡는 것에만 집중했으나, 이번에는 오히려 오징어만 잡혔다. 두말할 것도 없이, 그는 예전처럼 빈손으로 돌아왔다. 저녁에 어부는 배가 너무 고파서 견딜 수가 없자, 침대에 누워서 후회했다. 그리고 그는 또 맹세했다. 다음에 바다에 나가면 게든 오징어든 다 잡아올 것이라고 말이다. 19세 번째로 바다에 나가서 어부는 자신의 맹세에 따라 물고기를 잡으려 했으나, 이번엔 오징어와 게는 보이지도 않았고, 오로지 삼치만 보이는 것이었다. 그래서 어부는 또다시 빈손으로 돌아왔다.…… 19어부는 네 번째로 바다에 나가기는커녕, 자신의 맹세로 인해 굶주림과 추위로 목숨을 잃었다.

17　어부는 어떤 습관이 있는가?
　　A　작은 물고기를 잡는 것을 싫어한다
　　B　술을 마시는 것을 좋아한다
　　C　스스로에게 목표를 설정한다
　　D　자신의 잘못을 인정하지 않는다

18　어부는 왜 오징어를 잡겠다고 했는가?
　　A　오징어가 비싸다고 생각했기 때문에
　　B　오징어가 쉽게 잡히기 때문에
　　C　어떤 사람에 오징어를 사들이고 있기 때문에
　　D　그의 눈앞에 오징어만 있었기 때문에

19　어부의 이야기의 결말은 우리에게 무엇을 말해주는가?
　　A　제때 상황을 조절할 줄 알아야 한다
　　B　바람직한 맹세를 해야 한다
　　C　좋은 기회가 있어야 성공할 수 있다
　　D　물고기에 가격에 신경 쓰지 말아야 한다

요약

제목: 목표 조절의 중요성

주제어: 상황이 변하면, 목표를 그 상황에 맞게 조절해야 한다.

맹세하길 좋아하는 어부가 있었다. 그 어부는 맹세가 현실에 맞지 않더라도, 이를 끝까지 밀고 나갔다. 하루는 오징어 가격이 비싸다는 걸 듣고, 오징어만 잡겠다는 맹세를 했다. 하지만 그에게 잡힌 것은 게뿐이었다. 빈손으로 돌아온 어부는 지금 시장에서 게가 제일 비싸다는 것을 알고 다음엔 게만 잡을 것이라고 맹세했다. 그러나 이번엔 오징어만 잡혔고, 또 빈손으로 돌아왔다. 배가 고팠던 어부는 이제 오징어와 게 모두 잡겠다고 했지만 오히려 삼치만 잡히자, 또 빈손으로 돌아와 배고픔과 추위로 목숨을 잃었다. 만약 어부가 그때 상황에 맞게 목표를 조절했다면, 목숨을 잃진 않았을 것이다.

해설

17) 어부는 바다에 나갈 때 마다 맹세하는 것을 좋아했는데, 이것은 바로 자신에게 목표를 설정하는 것이므로 답은 C 이다.

18) 왜냐하면 바다에 나가기 전, 시장에서 오징어 가격이 가장 비싸다는 것을 들었기 때문이다. 따라서 답은 A이다.

19) 어부는 매번 바다에 나가기 전에 자신에게 목표를 세웠고, 그 목표에 맞게 물고기를 잡았다. 설사 상황이 달라졌더라도, 그는 변함없이 맹세를 밀고 나갔다. 만약 그가 제때에 상황에 맞게 목표를 바꾸었다면, 배고픔과 추위로 목숨을 잃진 않았을 것이다. 따라서 답은 A이다.

단어

渔夫 yúfū 명 어부 | **出海 chūhǎi** 동 바다에 나가다 | **打鱼 dǎyú** 동 물고기를 잡다 | **好手 hǎoshǒu** 명 능숙한 사람 | **爱 ài** 동 ~하 기 좋아한다 | **立(下)誓言 lì(xià) shìyán** 맹세를 하다 | **即使 jíshǐ** 설령~하더라도 | **符合 fúhé** 동 부합하다 | **将错就错 jiāngcuò jiùcuò** 성 잘못인 줄 알면서도 끝까지 밀고 나가다 | **墨鱼 mòyú** 명 오징어 | **捕捞 bǔlāo** 동 물고기를 잡다 | **事与愿违 shìyǔ yuànwéi** 성 일이 뜻대로 되지 않다 | **螃蟹 pángxiè** 명 게 | **空手而归 kōngshǒu érguī** 빈손으로 돌아오다 | **后悔莫及 hòuhuǐ mòjí** 성 후회 해도 늦다. 후회막급이다 | **发誓 fāshì** 동 맹세하다 | **抓 zhuā** 동 잡다 | **重蹈覆辙 chóngdǎo fùzhé** 성 전철을 밟다. 실패를 되풀이하다 | **马鲛鱼 mǎjiāoyú** 명 삼치 | **赶得上 gǎndeshàng** ~에 따라가다, 따라잡다 | **饥寒交迫 jīhán jiāopò** 굶주림과 추위가 함께 오다

20-22

一天，一个人布置了一个捉野鸡的陷阱——他在一个大箱子的里面和外面撒了很多玉米粒，在大箱子上有一道门，门上系了一根长绳子，他抓着绳子的另一端躲在一旁，只要等到野鸡一进入箱子，他就拉扯绳子，把门关上，这样野鸡就被逮住了。[20]那人一边等一边做着美梦：十只卖了钱去买酒，还有两只留着自己烤着吃。想着喝酒吃烤鸡的情形，他的口水就流了下来。[21]果然，有十二只野鸡啄着玉米粒陆续进入了箱子，[22]就在他要拉绳子的那一刻，一只野鸡溜了出来。他想了想，决定等那只野鸡回到箱子后再拉绳子。然而就在他等跑出来的第十二只野鸡回去的时候，又有两只跑出来了。于是他又决定等箱子里再有十一只野鸡时，再拉绳子。可是野鸡接二连三地溜出来了，最后，箱子里一只野鸡也没有了。他始终没有拉绳子。

어느 날, 한 남자가 꿩을 잡기 위해 덫을 놓았다. 그는 큰 상자의 안과 밖에 옥수수 알갱이를 뿌려놓았다. 그 상자에는 문이 하나 있었는데, 그 문에 긴 밧줄을 매달아 놓고서, 그는 그 밧줄의 반대쪽 끝을 잡은 채, 한쪽에 숨어 있었다. 꿩이 상자 안에 들어가기만을 기다렸다가 밧줄을 당기면, 문이 닫히면서 꿩이 잡히는 것이었다. [20]그는 기다리면서 단꿈에 젖어 있었다. 열 마리를 팔아서 술을 사고, 두 마리는 남겨서 구워먹어야지! 술을 마시고, 꿩을 구워먹을 생각을 하니, 입에서는 군침이 흘렀다. [21]예상대로, 열 두 마리의 꿩이 옥수수 알갱이를 쪼며 잇달아 상자 안으로 들어갔다. [22]그가 밧줄을 당겨야 하는 바로 그때, 한 마리의 꿩이 밖으로 미끄러져 나왔다. 그는 잠깐 생각을 하고 그는 그 꿩이 다시 상자로 들어가면 밧줄을 당기자고 결심했다. 그러나 그가 튀어나온 열 두 번째 꿩이 다시 들어가길 기다리고 있을 때, 또다시 두 마리가 튀어나왔다. 그러자 그는 또다시 상자 안에 다시 열 한 마리의 꿩이 있을 때, 밧줄을 당기자고 결심했다. 그러나 꿩은 계속해서 밖으로 나왔고, 결국엔 상자 속에 한 마리의 꿩도 남아 있지 않았다. 그런데도 그는 계속 밧줄을 당기지 않고 있었다.

20 这个人想做什么?

 A 给野鸡预备食物

 B 给野鸡做了一个窝

 C 想抓野鸡去换钱

 D 把野鸡捉回家去养

21 有几只野鸡进了箱子?

 A 五只

 B 十只

 C 十一只

 D 十二只

22 这个人为什么没有成功?

 A 他太贪心

 B 受别人打扰

 C 野鸡太聪明

 D 他反应太慢

20 이 사람은 무엇을 하려고 하는가?

 A 꿩에게 먹이를 주려고 한다

 B 꿩에게 둥지를 만들어주려고 한다

 C 꿩을 잡아 돈으로 바꾸려고 한다

 D 꿩을 잡아 집에서 기르려고 한다

21 모두 몇 마리의 꿩이 상자에 들어갔는가?

 A 다섯 마리

 B 열 마리

 C 열 한 마리

 D 열 두 마리

22 이 사람은 왜 성공하지 못했는가?

 A 욕심이 많기 때문에

 B 다른 사람이 방해했기 때문에

 C 꿩이 똑똑했기 때문에

 D 그의 반응이 너무 느렸기 때문에

요약

제목: 지나친 욕심 버리기

주제어: 과도한 욕심은 좋은 기회를 날려버릴 수 있다.

한 남자가 꿩을 잡기 위해 밧줄을 매달은 상자 주변에 옥수수를 뿌려놓았다. 그리고 꿩을 팔아 술을 사고, 구워먹을 생각을 하면서 조용히 기다렸다. 얼마 후, 열 두 마리의 꿩이 상자 안으로 들어갔고, 밧줄을 당기려고 하자, 한 마리가 밖으로 나왔다. 그는 나온 꿩이 다시 들어가면 줄을 당겨 열 두 마리를 잡으려고 했지만, 두 마리의 꿩이 또 밖으로 나왔다. 그러자 그는 두 마리의 꿩이 들어가면 줄을 당겨 열 한 마리를 잡겠다고 했다. 하지만 꿩은 계속 밖으로 나왔고, 결국 상자엔 한 마리의 꿩도 남지 않았다. 그런데도 그는 계속 밧줄을 당기지 않았다.

해설

20) 이 사람은 꿩을 잡아서 돈으로 바꿔 술을 마시려고 하고 있다. 따라서 답은 C이다.

21) 모두 열 두 마리의 꿩이 옥수수 알갱이를 쪼며 상자에 들어갔다. 따라서 답은 D이다.

22) 그는 상자에 들어갔던 모든 꿩을 잡고 싶어했고, 그 때문에 꿩을 잡을 기회를 놓쳤다. 따라서 답은 A이다.

단어

布置 bùzhì 图 설치하다 | **捉 zhuō** 图 잡다 | **野鸡 yějī** 图 꿩 | **陷阱 xiànjǐng** 图 덫, 함정 | **箱子 xiāngzi** 图 상자 | **撒 sǎ** 图 뿌리다 | **玉米粒 yùmǐlì** 图 옥수수 알갱이 | **道 dào** 图 문, 담 등을 세는 양사 | **根 gēn** 图 가늘고 긴 것을 세는 양사 | **绳子 shéngzi** 图 밧줄 | **抓 zhuā** 图 잡다 | **躲在 duǒzài** 图 ~에 숨다 | **拉扯 lāchě** 图 잡아 당기다, 끌다 | **逮住 dàizhù** 图 잡다, 붙잡다 | **做美梦 zuò měimèng** 단꿈을 꾸다 | **只 zhī** 图 마리 [동물 세는 양사] | **留 liú** 图 남기다, 남겨 놓다 | **烤 kǎo** 图 굽다 | **口水 kǒushuǐ** 图 침 | **啄 zhuó** 图 (부리로) 쪼다 | **陆续 lùxù** 图 잇따라, 계속해서 | **溜 liū** 图 미끄러지다 | **跑出来 pǎochūlái** 图 튀어나오다, 뛰쳐나오다 | **接二连三 jiē'èr liánsān** 图 계속해서, 잇따라

²³一位颇有智慧的父亲想考验一下自己的儿子们，看看谁最聪明。于是就出了一道题：给三个儿子每人一百块钱，²⁴要他们用这一百块钱，去买他们所能想到的任何东西，再将买回来的东西，设法装满一个占地超过一百平方米的大仓库。

大儿子想了很久，决定将那一百块钱全部去买最便宜的稻草。但稻草运回来之后，连仓库的一半都装不满。二儿子将那一百块钱买了卫生纸，将一张张的卫生纸揉得松松散散的，但也只装了整座仓库的三分之二。

小儿子看着两个哥哥的举动，等他们失败之后，²⁵小儿子轻松地走进仓库，将所有的窗户牢牢关上，请父亲和两个哥哥也走进仓库中。然后小儿子把仓库的大门关好，整个仓库霎时变得伸手不见五指，黑暗无比。这时，小儿子推开了仓库的天窗，顿时，漆黑的仓库中充满阳光。

23 父亲想考验儿子们的什么?
 A 智力
 B 力气
 C 耐心
 D 眼光

24 父亲让儿子们去做什么?
 A 去挣回一百块钱
 B 去学习如何经商
 C 买自己喜欢的东西
 D 买东西装满仓库

25 哪个儿子完成了任务?
 A 大儿子
 B 二儿子
 C 小儿子
 D 没人完成

²³지혜로운 아버지는 자신의 아들들을 시험하여, 누가 가장 똑똑한지 알아보고 싶었다. 그래서 문제를 냈다. 세 아들에게 모두에게 각각 100위안을 주었고, ²⁴이 100위안을 가지고 사고 싶은 물건을 사서, 그 물건으로 100㎡가 넘는 창고를 채우라고 말이다.

큰아들은 한참을 생각하더니, 100위안을 모두 값이 싼 볏짚을 사는 데 쓰기로 했다. 그러나 막상 볏짚을 옮겨와서 보니, 창고의 절반도 채워지지 않는 것이었다. 둘째 아들은 100위안을 가지고 화장지를 샀다. 한 장 한 장의 화장지를 비벼서 흩어지게 하였다. 그러나 창고 전체의 1/3밖에 채워지지 않았다.

막내아들은 두 형의 행동을 지켜보았고, 형들이 실패하자, ²⁵그는 가벼운 걸음으로 창고에 들어갔다. 모든 창문을 꽉 닫은 후, 아버지와 두 형을 창고로 들어오게 하였다. 그리고 막내아들은 창고의 대문을 닫았다. 창고 전체는 순식간에 손의 다섯 손가락조차 볼 수 없도록 깜깜해졌다. 바로 그때, 막내아들이 창고의 천창을 열었고, 순식간에 칠흑 같던 창고는 햇빛으로 가득 찼다.

23 아버지는 아들들의 무엇을 시험하고자 했는가?
 A 지혜
 B 힘
 C 인내심
 D 안목

24 아버지는 아들들에게 무엇을 하도록 하였는가?
 A 100위안을 벌어오라고 했다
 B 어떻게 장사하는지 배우라고 했다
 C 각자 좋아하는 물건을 사도록 했다
 D 물건을 사서 창고를 가득 채우라고 했다

25 어떤 아들이 임무를 완수하였는가?
 A 큰아들
 B 둘째 아들
 C 막내아들
 D 아무도 완수하지 못했다

요약　제목: 아버지의 "지혜" 실험

주제어: 창고를 채우라는 아버지의 말에 막내아들은 창고를 빛으로 가득 차게 했다.

한 아버지는 자신의 아들 중 누가 지혜로운지 알기 위해 세 아들에게 100위안을 주며, 100㎡가 넘는 창고를 채우라고 했다. 큰아들은 100위안으로 볏짚을 사서 창고를 채웠으나, 절반도 채우지 못했다. 둘째 아들은 100위안으로 화장지를 사서 흩어지게 했으나, 창고의 1/3밖에 채우지 못했다. 이 모습을 본 막내아들은 아버지와 두 형을 창고에 들어가게 한 후, 창고의 문을 다 닫았다. 창고가 어두워지자, 막내아들은 천창을 열었다. 그러자 창고는 순식간에 햇빛으로 가득 차게 되었다.

해설 23) 아버지는 자신의 아들 중 누가 가장 똑똑한지를 알아보고 싶어했다. 따라서 답은 A이다.

24) 아버지는 아들에게 100위안을 주며, 창고를 가득 채울 수 있는 물건을 사라고 했다. 따라서 답은 D이다.

25) 막내아들은 매우 똑똑하여, 한 푼의 돈도 쓰지 않고, 빛으로 창고를 채웠다. 따라서 답은 C이다.

단어 **颇有 pōyǒu** 통 적지 않다. 많다 | **智慧 zhìhuì** 명 지혜 | **考验 kǎoyàn** 통 시험하다 | **装 zhuāng** 통 담다. 놓다 | **占地 zhàndì** 통 땅을 차지하다 | **平方米 píngfāngmǐ** 양 제곱미터(㎡) | **仓库 cāngkù** 명 창고 | **稻草 dàocǎo** 명 볏짚 | **卫生纸 wèishēngzhǐ** 명 화장지 | **揉 róu** 통 비비다 | **松松散散 sōngsōng sànsàn** 흩어지다 | **座 zuò** 양 채 [건축물 등 비교적 크고 튼튼하고, 고정된 물체 세는 양사] | **举动 jǔdòng** 명 행동 | **窗户 chuānghu** 명 창문 | **牢牢 láoláo** 통 확실히, 꽉 | **关 guān** 통 닫다. 잠그다 | **霎时 shàshí** 부 삽시간에, 순식간에 | **伸手 shēnshǒu** 통 손을 뻗다 | **五指 wǔzhǐ** 명 다섯 손가락 | **黑暗 hēi'àn** 형 어둡다. 깜깜하다 | **推开 tuīkāi** 통 열다 | **天窗 tiānchuāng** 명 천창 | **顿时 dùnshí** 부 갑자기 | **漆黑 qīhēi** 형 칠흑 같다. 어둡다

26-29

²⁶外语学习班新一期开学报名时，来了一位老人。登记的小姐问："您是给孩子报名？"²⁶老人答道："不，是给自己报名。"小姐听了很吃惊。老人解释："我的儿媳妇是个外国人，每次她说话叽里咕噜，我听了很着急。我想能够同她交流。"²⁷小姐问："您今年高寿？""68。""²⁸您至少要学两年，才有可能听懂他们的话。可两年以后您都70了！""姑娘，你以为我如果不学，两年以后就是66吗？"老人笑吟吟地反问。学习无止境，也无年龄的限制。²⁹只要你想学习，永远都不会晚。

²⁶새 학기 외국어 학습반 개강 등록신청을 하고 있는데, 한 노인이 찾아왔다. 접수하고 있던 아가씨가 물었다. "아이의 것을 등록하러 오셨군요?"²⁶노인이 대답했다. "아니요, 제가 들을 건데요." 아가씨는 깜짝 놀랐다. 노인이 말했다. "제 며느리가 외국인인데요. 매번 며느리가 중얼중얼 이야기하는데, 듣자니 마음이 조급해졌어요. 얼른 며느리랑 대화하고 싶었거든요."²⁷아가씨가 물었다. "할아버지 올해 연세가 어떻게 되세요?" "68세예요." "²⁸최소한 2년은 배우셔야 말을 알아들을 수 있어요. 근데 2년 후면 할아버지는 70세가 되시잖아요." "아가씨, 내가 만약 배우지 않는다면, 2년 후에 내가 66세가 되는 거라고 생각하진 않아요?" 노인은 미소 지으며 물었다. ²⁹배움에는 끝이 없고, 나이의 제한도 없는 것이다. 당신이 공부하고 싶다면, 그게 언제라도 늦은 것은 아니다.

26 老人打算做什么？

　　A 报名学习外语
　　B 找个外国老师
　　C 给儿媳妇报名
　　D 找人和儿媳妇交流

26 노인은 무엇을 하려고 하는가?

　　A 외국어 수업을 신청하려고 한다
　　B 외국인 선생님을 찾으려고 한다
　　C 며느리에게 수업을 신청해주려고 한다
　　D 며느리와 이야기해줄 사람을 찾으려고 한다

27 老人今年多大了？

　　A 66岁
　　B 68岁
　　C 70岁
　　D 72岁

27 노인은 올해 몇 세인가?

　　A 66세
　　B 68세
　　C 70세
　　D 72세

28 登记的小姐是什么意思？

　　A 老人的年纪太大了
　　B 学习班不收老年人
　　C 老人可能学不会外语
　　D 老人的接受能力不好

28 접수를 하고 있던 아가씨의 의도는 무엇인가?

　　A 노인은 나이가 너무 많다
　　B 노인은 수업을 들을 수 없다
　　C 노인은 외국어를 잘 배우지 못할 것이다
　　D 노인의 학습능력은 좋지 않다

29 这段话主要想告诉我们什么?
A 不能看不起老年人
B 学习外语能让人年轻
C 学习没有年龄限制
D 对老人来说学外语很难

29 이 글은 우리에게 무엇을 말해주고 있는가?
A 노인을 우습게 봐서는 안 된다
B 외국어를 배우는 것은 사람을 젊게 한다
C 공부에는 나이제한이 없다
D 노인에게 있어서 외국어를 배우는 것은 어려운 일이다

제목: 배움의 지속성

주제어: 지식을 배우는 데는 나이 제한이 없다.
한 노인은 외국인 며느리와 대화하기 위해 68세의 나이에도 불구하고, 외국어 수업을 신청하러 왔다. 노인을 본 아가씨는 외국어 수업을 마치는 데 최소 2년이 걸리는데, 그러면 할아버지는 70세가 될 텐데 그래도 배우겠냐고 물었다. 그러자 노인은 만약 외국어를 배우지 않는다면, 자신의 수준은 2년이 떨어진 66세가 될 거라고 말했다. 노인의 생각처럼 배움에는 나이 제한이 없으며, 늦은 때란 것이 없다.

26) 노인은 외국어 반에 등록하여, 외국어 수업을 들으려고 하고 있으므로 답은 A이다.
27) 지문에서 접수를 하고 있던 아가씨가 묻자, 노인은 자신이 올해 68세라고 대답하였다. 따라서 답은 B이다.
28) 접수를 하고 있던 아가씨는 노인이 70세가 되어서 비로소 외국어를 알아들을 수 있다고 말하고 있다. 즉, 이미 나이가 너무 많으니, 공부할 필요가 없다는 것이다. 따라서 답은 A이다.
29) 마지막 문장에서 배움에는 끝이 없고, 나이 제한도 없다고 말하고 있다. 따라서 답은 C이다.

新一期 xīnyīqī 몡 새학기 | 开学 kāixué 통 개강하다, 개학하다 | 报名 bàomíng 통 신청하다 | 登记 dēngjì 통 접수하다, 등록하다 | 吃惊 chījīng 통 놀라다 | 儿媳妇 érxífu 몡 며느리 | 叽里咕噜 jīlǐ gūlū 의성 속닥속닥, 중얼중얼 | 着急 zháojí 통 조급해하다, 조급하다 | 交流 jiāoliú 통 교류하다, 이야기하다 | 高寿 gāoshòu 몡 연세, 춘추(노인에게 나이를 묻는 말) | 至少 zhìshǎo 문 최소한 | 听懂 tīngdǒng 알아듣다 | 笑吟吟 xiàoyínyín 톙 미소 짓는 모양 | 止境 zhǐjìng 몡 끝, 한도 | 限制 xiànzhì 몡 제한

30-32

在与别人交往的时候，难免会有意想不到的状况。但是，机智的人却能够处理好突发事件。

³⁰有一个推销员，当着一大群人的面推销一种号称是不会摔破的钢化玻璃杯。在滔滔不绝地介绍完他的产品是如何的坚固、耐用之后，³¹他开始向客户做示范。他拿起一只杯子，向地上扔去，可他万万没想到的是，他碰巧拿了一只质量不过关的杯子，猛地一扔，杯子应声而碎。围观的人哄堂大笑。³²这位推销员先是一愣，然后急中生智，说："你们看，像这样的杯子，我就绝不会卖给你们的。"虽然又是一阵大笑，但尴尬的局面却就此化解了。

다른 사람과 교제할 때에는 생각지도 못한 상황이 벌어지기도 한다. 그러나 재치있는 사람은 갑자기 발생한 일도 잘 해결한다.

³⁰한 영업사원이 많은 사람들 앞에서 절대 깨지지 않는다는 열처리된 유리잔의 판촉활동을 하고 있었다. 그는 조금도 쉬지 않고, 그의 상품이 튼튼하여 오래 쓸 수 있다고 소개했고, 그리고는 ³¹고객에게 시범을 보이기 시작했다. 그는 컵 하나를 들어 바닥에 던졌다. 그러나 뜻밖에도 그가 하필이면 품질이 떨어지는 컵을 들었고, 땅에 던지자, 컵은 쨍그랑 소리와 함께 깨지고 말았다. 주변에서 구경하던 사람들은 크게 웃었다. ³²이 영업사원은 순간 멍하니 서 있었고, 갑자기 좋은 생각이 떠올랐다. 그리고 말했다. "보세요. 이런 컵을 우리는 절대 여러분들에게 팔지 않아요." 비록 또다시 웃음이 터져 나왔지만, 난처했던 상황은 이렇게 해결이 되었다.

30 推销员在干什么?
A 推销自己的产品
B 销毁不合格的产品
C 检验产品合格率
D 教客户如何使用产品

30 영업사원은 무엇을 하고 있었는가?
A 자신의 상품 판촉활동을 하고 있었다
B 합격하지 않은 상품을 처분하고 있었다
C 상품의 합격률을 검사하고 있었다
D 고객에게 어떻게 상품을 사용하는지 가르치고 있었다

31 围观的人为什么会大笑?

A 很喜欢这种杯子
B 得到了免费的杯子
C 推销员当众出丑
D 推销员的话很有趣

32 根据上文可以知道推销员是个什么样的人?

A 满嘴假话
B 聪明机智
C 认真工作
D 十分倒霉

31 주변에서 보고 있던 사람들은 왜 웃었는가?

A 그 컵을 좋아했기 때문에
B 공짜로 컵을 받았기 때문에
C 영업사원이 망신을 당했기 때문에
D 영업사원의 말이 재미 있었기 때문에

32 이 글에서 영업사원이 어떤 사람임을 알 수 있는가?

A 거짓말을 잘하는 사람
B 똑똑하고, 지혜로운 사람
C 열심히 일하는 사람
D 운이 없는 사람

요약

제목: 재치의 중요성

주제어: 재치를 발휘하면, 난처한 상황은 해결될 수 있다.

한 영업사원은 사람들 앞에서 절대 깨지지 않는다는 유리잔의 판촉활동을 하고 있었다. 그는 자신이 설명하고 있는 유리잔이 튼튼하다는 것을 증명하기 위해 유리잔 하나를 들어 바닥에 던졌다. 그러나 뜻밖에도 유리잔은 쨍그랑 소리와 함께 깨지고 말았다. 이를 보고 있는 사람들은 크게 웃었다. 하지만 영업사원은 자신은 이렇게 약한 컵은 절대 팔지 않는다고 둘러댔다. 그의 재치 있는 대응으로 난처한 상황은 이렇게 해결됐다.

해설

30) 영원사원은 많은 사람들에게 자신의 유리잔을 설명하며, 판매하려 하고 있었다. 따라서 답은 A이다.

31) 영원사원은 자신의 컵이 튼튼하다고 소개하였는데, 뜻밖에도 시범을 보일 때, 컵이 깨지고 말았다. 그때 이를 보고 있는 사람들은 크게 웃었다. 따라서 답은 C이다.

32) 영업사원은 매우 난감한 상황에서 지혜를 발휘하여 상황을 해결했다. 따라서 답은 B이다.

단어

交往 jiāowǎng 통 교제하다 | 难免 nánmiǎn 형 불가피하다 | 意想不到 yìxiǎng búdào 성 뜻밖에도, 예측하지 못하다 | 机智 jīzhì 형 재치있다 | 处理 chǔlǐ 통 처리하다 | 突发 tūfā 통 갑자기 발생하다 | 推销员 tuīxiāoyuán 명 영업사원 | 推销 tuīxiāo 통 판촉하다 | 号称 hàochēng ~라 불리다 | 摔破 shuāipò 통 던져서 부수다 | 钢化 gānghuà 통 열처리하다 | 玻璃杯 bōlíbēi 명 유리컵, 유리잔 | 滔滔不绝 tāotāo bùjué 끊임없이 | 坚固 jiāngù 형 튼튼하다, 견고하다 | 耐用 nàiyòng 형 오래가다, 오래 쓸 수 있다 | 示范 shìfàn 명 시범 | 只 zhī 양 개(个) | 杯子 bēizi 명 컵 | 扔 rēng 통 던지다 | 万万 wànwàn 부 절대로, 결코 | 碰巧 pèngqiǎo 부 공교롭게도, 하필이면 | 过关 guòguān 통 합격하다 | 应声而碎 yīngshēng'érsuì 쨍그랑 소리와 함께 깨지다 | 围观 wéiguān 통 둘러싸고 구경하다 | 哄堂大笑 hōngtáng dàxiào 크게 웃다 | 愣 lèng 통 멍청히 바라보다, 멍해지다 | 急中生智 jízhōng shēngzhì 성 다급한 때에 좋은 생각이 떠오르다 | 尴尬 gāngà 형 난감하다 | 化解 huàjiě 통 풀리다, 해결되다

33-35

有一位母亲盼星星盼月亮就盼着自己的孩子能够成才。

一天，³³她带着五岁的孩子找到一位著名的化学家，想了解这位大人物是如何走上成才之路的。知道来意后，化学家没有向她历数自己的奋斗经历和成才经验，而是要求他们随他一起去实验室。来到实验室，³⁴化学家将一瓶黄色的溶液放在孩子面前。孩子好奇地看着它，显得既兴奋又不知所措，过了一会儿终于试探性地将手伸向瓶子。这时，他的背后传来了一声急切的大喝，母亲快步走到孩子旁边，孩子吓得赶忙缩回了手。

한 어머니는 자신의 아이가 훌륭한 사람이 되길 간절히 바랐다.

어느 날, [33]그녀는 다섯 살 된 아이를 데리고 유명한 화학자를 찾아갔고, 그가 어떻게 훌륭한 사람이 되었는지 알고자 했다. 그녀가 온 뜻을 알고 나서, 화학자는 그녀에게 자신이 노력한 과정과 성공 후의 경험에 대해서 말해주지 않았다. 그냥 자신과 함께 실험실에 가자고 했을 뿐이었다. [34]실험실에서 화학자는 노란색의 용액 한 병을 아이의 앞에 놓았다. 아이는 신기하게 그것을 바라보았고, 흥분하여 어찌할 바를 몰라 했다. 잠시 후, 아이는 탐구심이 생겨 손을 병 쪽으로 뻗었다. 이 때, 그의 뒤에서 다급해하는 목소리가 들려왔고, 어머니는 아이 옆으로 성큼 다가왔다. 아이는 놀라서 손을 내려놓았다.

化学家哈哈笑了起来，对孩子的母亲说："我已经回答你的问题了。"母亲疑惑地看着化学家。化学家漫不经心地将自己的手放入溶液里，笑着说：35"其实这不过是一杯染过色的水而已。你的一声呵斥虽出自本能，但也呵斥走了一个天才。"

화학자는 웃기 시작했고, 아이의 어머니에게 말했다. "저는 어머니의 질문에 대한 답을 이미 주었어요." 어머니는 의심하는 눈길로 화학자를 쳐다보았다. 화학자는 이에 아랑곳하지 않고, 자신의 손을 용액에 넣었고, 웃으며 말했다. "사실 이건 그냥 염색한 물일 뿐이에요. 35어머니의 꾸짖음은 본능적이었지만, 천재가 되려는 것을 꾸짖은 것이기도 하지요."

33 母亲为什么去找化学家?

    A 希望化学家带孩子做实验

    B 想让孩子见识一下实验室

    C 想知道化学家是怎样工作的

    D 想学习化学家的成功经验

33 어머니는 왜 화학자를 찾아 갔는가?

    A 화학자가 아이와 함께 실험하기 바랐기 때문에

    B 아이에게 실험실을 둘러보게 하고 싶었기 때문에

    C 화학자가 어떻게 일을 하는지 보고 싶었기 때문에

    D 화학자의 성공 경험을 배우고 싶었기 때문에

34 化学家做了什么事?

    A 做了一个实验

    B 让孩子去调试溶液

    C 批评了孩子的胆小

    D 告诉孩子自己的故事

34 화학자는 무엇을 하였는가?

    A 실험을 하였다

    B 아이에게 용액을 가지고 실험하도록 하였다

    C 아이를 겁이 많다고 꾸짖었다

    D 아이에게 자신의 이야기를 해주었다

35 化学家的话是什么意思?

    A 母亲对孩子太严厉

    B 孩子的胆子非常小

    C 孩子不可能成为天才

    D 母亲约束孩子发展

35 화학자의 말은 무슨 뜻인가?

    A 어머니가 아이에게 너무 엄격하다

    B 아이가 매우 겁이 많다

    C 아이는 인재가 될 수 없다

    D 어머니가 아이의 발전을 막고 있다

요약 제목: 호기심을 길러주는 교육의 중요성

주제어: 아이의 잠재력을 키우기 위해서는 아이의 호기심을 가로막지 말아야 한다.

자신의 아이가 훌륭한 사람이 되길 바라던 어머니는 유명한 화학자를 찾아가 그의 성공 경험에 대해서 듣고자 했다. 하지만 화학자는 자신의 성공 경험에 대해서 말해주지 않았고, 단지 노란색 용액을 아이의 앞에 놓은 채 어머니의 반응을 살폈다. 호기심에 가득 찬 아이가 병 쪽으로 손을 뻗자, 어머니는 다급해하며 아이 옆으로 성큼 다가왔고, 이에 아이는 손을 내려놓았다. 이것을 본 화학자는 어머니의 꾸짖음은 천재가 되려는 아이를 꾸짖은 것이었다고 말했다. 즉, 어머니가 아이의 발전을 막고 있다는 것이다.

해설 33) 어머니는 화학자가 어떻게 성공하게 되었는가를 알고 싶어했다. 따라서 답은 D이다.

34) 화학자는 한 병의 용액으로 어머니가 아이에게 어떤 반응을 보이는가에 대해서 실험하였다. 따라서 답은 A이다.

35) 마지막 문장에서 화학자는 어머니는 아이에게 발전할 수 있는 여지를 주지 않고, 아이의 탐구심, 창의력을 억누르고 있다고 말하고 있다. 따라서 답은 D이다.

단어 盼星星盼月亮 pàn xīngxing pàn yuèliang 셍 간절히 바라다 | 盼 pàn 통 바라다 | 成才 chéngcái 통 훌륭한 사람이 되다, 인재가 되다 | 带 dài 통 데리고 가다 | 历数 lìshù 통 설명하다, 열거하나 | 经历 jīnglì 명 경험, 과정 | 实验室 shíyànshì 명 실험실 | 瓶 píng 양 병 | 溶液 róngyè 명 용액 | 好奇 hàoqí 형 호기심이 많다 | 兴奋 xīngfèn 형 흥분하다 | 不知所措 bùzhī suǒcuò 셍 어찌할 바를 모르다 | 试探性 shìtànxìng 명 탐구성 | 急切 jíqiè 형 다급하다, 절박하다 | 吓 xià 통 놀라다 | 疑惑 yíhuò 형 의문스럽다 | 漫不经心 mànbù jīngxīn 셍 아랑곳 하지 않다, 조금도 마음에 두지 않다 | 染色 rǎnsè 통 염색하다 | 呵斥 hēchì 통 꾸짖다, 혼내다

　　年前，父亲患上了中风，虽然及时去看了中医，病情得到了缓解，但还是半身麻木、口齿不清，严重时嘴斜眼歪。36父亲原来是个喜欢读书看报的人，可是自从患病以后，没了那份心情不说，眼力也跟不上了，常是拿起书本没几分钟就放下了。一次，我带他去中医院看病，候诊的时候，37碰到了一位病友，向父亲推荐大声朗读，还说这样能增强血液流动，起到活血化淤的功效。回到家里，父亲尝试着大声朗读。开始的时候，父亲不好意思开口，声音也很小，自己就躲到屋里去。想不到10分钟的大声朗读，让父亲浑身是汗，比走四五里路效果还明显。大声朗读后，父亲觉得身体真是轻松多了。接下来，父亲就给自己定了计划：每天早晨9点，朗读20分钟；午睡后，朗读25分钟；下午5点，朗读20分钟。半年坚持下来，父亲身体有了明显改善，不仅心情变得愉悦，中风后遗症也得到了有效改善，说话口齿清楚了，走路也稳了许多，腿也不麻了。38现在每次去看父亲，他都对我说，给我找几本好书读读。

36　父亲生病前是怎么样的？
　　A 经常锻炼
　　B 视力不好
　　C 爱看书报
　　D 喜欢朗读

37　父亲为什么开始大声朗读？
　　A 读给病友听
　　B 觉得家里太安静
　　C 想引起别人注意
　　D 觉得对身体有好处

38　父亲让我做什么事？
　　A 看望病友
　　B 去感谢医生
　　C 给他找些书
　　D 听自己朗读

지난해, 아버지가 중풍에 걸리셨다. 비록 제때에 한방치료를 받아 병세가 좋아지긴 했지만, 아직도 반신 마비에, 발음도 불분명하고, 심할 때에는 입과 눈이 비뚤어진다. 36아버지는 원래 책 읽고, 신문과 잡지 보는 걸 좋아하셨다. 하지만 병을 앓으면서, 그럴 마음이 없어졌을 뿐만 아니라, 시력 역시 이를 받쳐주지 않았다. 항상 책을 꺼내지만, 몇 분 만에 곧 내려놓으신다. 한번은 내가 아버지를 모시고 한의원에 갔는데, 진료를 기다리는 동안, 37동료환자를 만났고, 그는 아버지에게 큰소리로 책을 낭독해보라고 했다. 그렇게 하면 혈액 순환이 잘 되고, 혈액 움직임이 활발해져, 어혈도 사라지는 효과가 있다고 했다. 집으로 돌아와서, 아버지는 큰소리로 낭독했다. 처음에 아버지는 입을 떼기 부끄러워했고, 목소리도 작았으며, 자신의 방에서만 하셨다. 뜻밖에도 큰소리로 낭독한 지 10분 만에 아버지의 몸이 땀으로 범벅되었는데, 이는 4-5리의 길을 걷는 것보다 더 효과적이었다. 큰소리로 낭독한 후, 아버지는 몸이 가벼워진 것 같다고 했다. 그리고 나서 아버지는 목표를 세웠다. 매일 아침 9시에 20분 동안 낭독하고, 낮잠을 자고 나서 25분간 낭독하고, 또 오후 5시에 20분간 낭독하기로 말이다. 반년 동안 계속하면서, 아버지의 몸은 분명히 좋아졌는데, 기분만 좋아진 것이 아니라, 중풍 후유증도 개선되었고, 말씀도 더 분명하게 할 수 있게 되었다. 또 길을 걷는 것도 안정되고, 다리에도 마비가 오지 않았다. 38요즘 아버지를 뵈러 가면, 아버지는 나에게 읽을 만한 좋은 책을 갖다 달라고 하신다.

36　아버지는 병을 앓기 전에 어떠했는가?
　　A 항상 운동 하셨다
　　B 시력이 좋지 않으셨다
　　C 책이나 신문, 잡지 보는 것을 좋아하셨다
　　D 낭독하는 것을 좋아하셨다

37　아버지는 왜 큰소리로 낭독하기 시작하셨는가?
　　A 동료환자에게 들려주려고
　　B 집이 너무 조용하다고 생각했기 때문에
　　C 다른 사람에게 주목받고 싶었기 때문에
　　D 몸에 좋을 것이라고 생각했기 때문에

38　아버지는 나에게 무엇을 시키는가?
　　A 동료환자를 찾아 뵈라
　　B 의사에게 고마움을 표해라
　　C 자신에게 책을 갖다 달라
　　D 자신의 낭독을 들어보라

요약 제목: 낭독의 효과

주제어: 중풍에 걸리신 아버지가 책을 소리 내 낭독하면서, 건강과 기분이 모두 좋아지셨다.

원래 책 읽고, 신문과 잡지 보는 걸 좋아했던 아버지는 중풍을 앓기 시작하면서 책 보는 것을 힘겨워하셨다. 어느 날, 아버지를 모시고 한의원에 갔는데, 거기서 만난 동료환자는 아버지에게 큰소리로 책을 낭독하면 혈액 순환이 잘 돼서 몸에 좋을 것이라고 권했다. 집으로 돌아온 아버지는 큰소리로 책을 낭독하기 시작했고, 나중에는 목표를 세워가며 책을 낭독하셨다. 반년이 지나자, 아버지의 몸뿐만 아니라 기분도 매우 좋아지셨다. 그래서인지 요즘에 아버지를 뵈면, 아버지는 읽을 만한 좋은 책을 갖다 달라고 하신다.

해설 36) 아버지는 병을 앓기 전에 책을 읽고, 신문과 잡지를 보는 것을 좋아하셨다고 언급하고 있으므로 답은 C이다.

37) 동료환자는 아버지께 큰소리로 낭독하면 혈액 순환에 좋고, 혈액의 활발한 이동으로 어혈도 없어진다고 하였다. 따라서 답은 D이다.

38) 아버지는 나에게 자신이 읽을만한 좋은 책 몇 권을 갖다 달라고 하고 있다. 따라서 답은 C이다.

단어 中风 zhōngfēng 몡 중풍 | 及时 jíshí 閈 제때에, 적시에 | 缓解 huǎnjiě 동 완화하다 | 麻木 mámù 동 마비되다 | 口齿 kǒuchǐ 몡 발음 | 嘴斜眼歪 zuǐxié yǎnwāi 입이 삐뚤어지고, 눈도 삐뚤어지다 | 眼力 yǎnlì 몡 안목 | 看病 kànbìng 동 병원 가다, 치료받다 | 候诊 hòuzhěn 동 진료를 기다리다 | 病友 bìngyǒu 몡 동료환자 | 推荐 tuījiàn 동 추천하다, 권유하다 | 朗读 lǎngdú 동 낭독하다 | 血液流动 xuèyè liúdòng 혈액 순환, 혈액 흐름 | 化淤 huàyū 동 어혈을 삭이다, 어혈을 없애다 | 功效 gōngxiào 몡 효과, 효능 | 尝试 chángshì 동 시험해보다 | 开口 kāikǒu 동 입을 열다 | 躲 duǒ 동 피하다 | 轻松 qīngsōng 톙 가볍다, 홀가분하다 | 坚持 jiānchí 동 고수하다, 지속하다 | 后遗症 hòuyízhèng 몡 후유증

39-41

³⁹有个女人经常愁眉苦脸，一点小事就会引起她的不安和紧张。孩子的成绩不好，她一整天忧心；丈夫几句无心的话，又会让她伤心难过。她说：“一件小事情，都会让我的心情变坏，影响生活和工作。”有一天，她要参加一个重要会议，但是沮丧却挥之不去。看着镜子里自己无精打采的样子。她打电话问我：“⁴⁰我该怎么做？我的心情沮丧，我这种精神状况怎么参加重要会议？”我告诉她：“把令你沮丧的事放下，洗把脸，把无精打采的愁容洗掉，修饰一下仪容增强自信，想着自己就是得意快乐的人。注意，装成充满自信的样子，你的心情会好起来。”她照着去做，当天晚上在电话中对我说：“⁴¹我成功地开完了这个会议，争取到了新的计划和工作。我没想到强装信心，信心真的会来；假装好心情，坏心情真的就消失了。”

39 根据上文可以知道，这个女人是个什么样的人？

  A 有些悲观

  B 非常幸福

  C 懂得感恩

  D 充满自信

³⁹한 여자가 항상 수심에 가득 찬 얼굴을 하고 있었다. 작은 일에도 그녀는 불안해하고, 긴장했다. 아이의 성적이 좋지 않으면, 그녀는 하루 종일 근심했다. 남편이 아무 뜻 없이 한 말에도, 그녀는 상심하고, 괴로워했다. 그녀는 말했다. “아주 사소한 일에도 내 기분은 나빠지고, 내 생활과 일도 영향을 받고 있어.” 어느 날 그녀는 아주 중요한 회의에 참석해야 했는데, 우울한 마음이 사라지지 않는 것이었다. 거울 속에 풀이 죽은 자신의 모습을 보고, 그녀는 나에게 전화해 물었다. “⁴⁰나 어떻게 해야 하지? 내 기분이 이렇게 좋지 않은데, 이런 정신상태로 어떻게 중요한 회의에 참석하지?” 나는 그녀에게 말했다. “너를 기분 나쁘게 했던 일은 내버려두고, 세수를 해봐, 풀이 죽은 모습까지 씻어버려. 얼굴에 자신감 가득하도록 널 꾸미고, 네 스스로가 가장 즐거운 사람이라고 생각해. 자신 있게 행동하면, 네 기분도 좋아질 거라는 것을 느껴봐.” 그녀는 그렇게 했고, 그날 저녁 전화통화에서 나에게 말했다. “⁴¹회의를 성공적으로 마쳤고, 새로운 계획과 일을 맡게 되었어. 애써 자신 있게 행동했더니, 정말로 자신감이 생길 줄 몰랐어. 기분이 좋은 것처럼 행동하니까, 나쁜 기분도 정말 사라지던걸.”

39 이 글을 통해 이 여자는 어떤 사람임을 알 수 있는가?

  A 비관적이다

  B 매우 행복하다

  C 고마워할 줄 안다

  D 자신감이 넘친다

40 女人为什么打电话找"我"？
   A 让"我"去参加会议
   B 觉得自己的状态不好
   C 希望"我"代她开会
   D 让"我"帮她做皮肤护理

41 这段话主要讲了什么？
   A 怎样去参加会议
   B 如何争取到工作
   C 相信自己很重要
   D 人不能活得太真实

40 여자는 왜 "나"에게 전화하였는가?
   A "나"를 회의에 참가하게 하려고
   B 자신의 상태가 별로 좋지 않다고 생각해서
   C "내"가 자신을 대신해서 회의에 참석했으면 해서
   D "나"에게 자신의 피부관리를 도와달라고 하려고

41 이 글은 주로 무엇에 대해 이야기 하고 있는가?
   A 어떻게 회의에 참가해야 하는가
   B 어떻게 일을 맡게 될 수 있는가
   C 자신을 매우 중요하다고 여겨야 한다
   D 사람은 너무 진실되게 살아서는 안 된다

요약

제목: 낙관적인 생활태도의 중요성

주제어: 자신감을 가지고 자신을 중요하다고 생각하면, 상황은 좋아진다.

아주 사소한 일에도 기분 나빠하고, 불안해하는 여자는 늘 수심에 가득 찬 얼굴을 하고 있었다. 어느 날, 아주 중요한 회의에 참석해야 했던 그녀는 우울한 마음이 사라지지 않자, 나에게 전화해서 어떻게 해야 하는지 물었다. 나는 그녀에게 스스로 가장 즐거운 사람이라고 생각하고 자신감 있게 행동하라고 말해주었고, 그날 저녁 그녀는 나에게 전화해 말해준 그대로 했더니 정말 자신감이 생기고, 나쁜 기분이 사라지게 되었다며 즐거워했다. 즉, 스스로를 믿고 자신을 중요하다고 생각하면, 자신의 상황은 좋아지게 되는 것이다.

해설

39) 여자는 작은 일에도 기분이 나빠지고, 괴로워한다고 언급하고 있으므로 답은 A이다.

40) 여자는 자신의 상태가 좋지 않자, 중요한 회의에 참가할 것을 걱정하며, 어떻게 하면 회의를 잘 마칠 수 있을지 고민한다. 따라서 답은 B이다.

41) 자신이 있는 것처럼 행동하면 정말 자신감이 생기고, 기분이 좋은 것처럼 행동하면 좋지 않은 감정들이 사라진다. 즉 자기 스스로를 믿으면 자신의 상황을 바꿀 수 있다는 것이다. 따라서 답은 C이다.

단어

愁眉苦脸 chóuméi kǔliǎn ⑱ 수심이 가득 찬 얼굴 | **引起 yǐnqǐ** ⑧ 일으키다 | **忧心 yōuxīn** ⑧ 근심하다, 걱정하다 | **丈夫 zhàngfu** ⑲ 남편 | **无心 wúxīn** ⑧ 아무런 뜻이 없다 | **伤心 shāngxīn** ⑧ 상심하다 | **难过 nánguò** ⑲ 괴롭다 | **沮丧 jǔsàng** ⑲ 울상, 기죽은 모습 | **无精打采 wújīng dǎcǎi** ⑱ 풀이 죽다, 의기소침 하다 | **愁容 chóuróng** ⑲ 수심 어린 얼굴 | **修饰 xiūshì** ⑧ 꾸미다 | **仪容 yíróng** ⑲ 모습, 의용 | **快乐 kuàilè** ⑲ 유쾌하다 | **强装 qiángzhuāng** ⑧ 애써 ~인 것처럼 행동하다 | **假装 jiǎzhuāng** ⑧ ~인 것처럼 행동하다, ~인 체하다 | **消失 xiāoshī** ⑧ 사라지다

42-45

40岁的吴女士每次参加完同学聚会，心里就特别不愉快，她说："⁴²像我们这个年纪，同学聚会大家都会谈各自情况，做比较，什么职位、年薪、车子、房子等等，男人比成就，女人比老公。虽说觉得自己的日子过得还可以，但是一到聚会还是觉得心里别扭。" 这样的事例屡见不鲜。心理学认为：⁴³/⁴⁵现代社会精神压力不断增大，造成身心疾病多发、早发，比如女性应在55岁左右进入更年期，但现在40岁左右的女性就会出现更年期症状。又比如很多中年男性出现常年便秘、骨质疏松等本不属于中年人的健康问题。

40세의 우 여사는 매번 동창회만 갔다 오면, 기분이 매우 좋지 않았다. 그녀는 말했다. "⁴²우리 같은 나이의 사람은, 동창회에서 모두 각자의 상황을 이야기하죠. 서로 비교하면서, 직위, 연봉, 자가용, 집 등을 이야기해요. 남자들은 각자의 성과를 비교하고, 여자들은 남편을 비교하지요. 나는 내가 그런대로 잘 살고 있다고 생각하지만, 동창회에 갔다 오기만 하면, 마음이 불편해요." 이런 상황은 흔히 볼 수 있다. 심리학에서는 현대사회에서 ⁴³/⁴⁵정신적 스트레스가 계속 증가하고, 신체와 정신적인 질병이 자주, 그리고 일찍 발생한다고 말한다. 예를 들면, 여성은 55세쯤에 갱년기에 들어서는데, 현재는 40세 정도의 여성들도 갱년기 증상을 보인다는 것이다. 또 예를 들면, 많은 중년 남성에게서 변비와 골다공증 등 중년 남성에게 나타나지 않는 건강문제들이 나타나고 있다.

　　而这些情况，⁴⁵大部分是发生在知识层次高、生活条件好的家庭里。究其原因，恐怕主要还是由于工作压力大、生活节奏快影响身心健康所致。⁴⁴我们应努力做一个知足常乐的人，完善自我，不随意攀比，保持心理健康。

　　이런 상황은 ⁴⁵대부분이 지식인, 생활환경이 좋은 가정에서 나타난다. 원인을 살펴보면, 주로 업무적인 스트레스가 심하고 생활리듬이 빨라서, 이것이 정신과 신체 건강에 영향을 미치는 것이다. ⁴⁴따라서 우리는 스스로에게 만족하며, 즐거워할 줄 아는 사람이 되어야 하고, 스스로를 가꾸어야 한다. 또 함부로 남과 비교하지 않아야 하며, 건강한 심리상태를 유지해야 한다.

42 吴女士为什么觉得参加聚会不愉快?
　　A 不喜欢参加聚会
　　B 不希望见到老同学
　　C 要和别人比较
　　D 受到老同学的讽刺

42 우 여사는 왜 동창회에 참석하고 나면, 기분이 좋지 않다고 하는가?
　　A 모임에 나가는 것을 좋아하지 않기 때문에
　　B 옛 친구들을 만나는 것을 싫어하기 때문에
　　C 다른 사람과 비교해야 하기 때문에
　　D 옛 친구들에게 놀림을 받기 때문에

43 精神压力会让人怎么样?
　　A 失去健康
　　B 得到好的工作
　　C 更有上进心
　　D 让人显得年轻

43 정신적인 스트레스는 사람을 어떻게 만드는가?
　　A 건강을 잃게 한다
　　B 좋은 직업을 구할 수 있게 한다
　　C 진취심을 갖게 한다
　　D 사람을 더 젊어 보이게 한다

44 作者认为我们应该怎么做?
　　A 经常锻炼身体
　　B 调整好自己的心态
　　C 不去参加聚会
　　D 提高自己的知识面

44 글쓴이는 우리가 어떻게 해야 한다고 말하는가?
　　A 항상 운동을 해야 한다
　　B 자신의 마음상태를 조절해야 한다
　　C 동창회에 참석하지 말아야 한다
　　D 자신의 지식수준을 높여야 한다

45 这段话主要讲的是什么?
　　A 怎么预防疾病
　　B 攀比导致心情不好
　　C 中年女士的烦恼
　　D 压力过大对人的影响

45 이 글은 주로 무엇을 이야기하고 있는가?
　　A 어떻게 질병을 예방하는가
　　B 비교는 기분을 나쁘게 한다
　　C 중년 여성의 고민
　　D 과도한 스트레스는 사람에게 영향을 미친다

요약 제목: 즐거운 생활의 중요성
주제어: 스스로 만족하면서 즐겁게 생활하면, 건강한 신체와 정신을 유지할 수 있다.
　　40세의 우 여사는 동창회에 나가면, 서로 비교하기 때문에 기분이 좋지 않고 마음이 불편하다고 한다. 사실 정신적으로 불편한 상황은 생활에서 쉽게 볼 수 있다. 심리학에서는 현대사회에서 정신적인 스트레스가 증가하고, 신체와 정신적 질병이 자주, 그리고 일찍 발생한다고 한다. 그 원인으로 업무적인 스트레스, 빠른 생활리듬을 들 수 있다. 따라서 우리는 스스로에게 만족하고 즐거워할 줄 알아야 하며, 함부로 남과 비교하지 말고, 건강한 심리상태를 유지해야 한다.

해설 42) 우 여사는 남과 비교하면, 마음이 불편해진다고 말하고 있다. 따라서 답은 C이다.
　　43) 정신적인 스트레스는 정신적, 신체적으로 질병을 일으킨다고 언급하고 있으므로 답은 A이다.
　　44) 우리는 스스로를 가꾸고 자신의 상태를 잘 조절하여, 심리 건강을 유지하라고 언급하고 있으므로 답은 B이다.
　　45) 이 글은 우 여사의 이야기로 시작하여, 글의 마지막 부분에서 주제를 드러내고 있다. 마지막 부분에서는 주로 스트레스가 사람에게 주는 피해와 어떻게 스트레스에 대응해야 하는지 언급하고 있으므로 답은 D이다.

46-49

近年来，在教育领域对家长误导最严重的一句话，就是"别让孩子输在起跑线上"。[46]一些家长由于担心自己的孩子输在起跑线上，通过各种培训班给孩子灌输与其年龄不同步的知识，揠苗助长。

倘若将人生形容为一场竞赛，"起跑线"的比喻是恰当的。但是，"输在起跑线"上只适合短程竞赛，例如百米赛。如果是马拉松那样的长跑，就不存在输在起跑线上的担忧。相反，马拉松比赛赢在起跑线上的运动员，往往由于没有保存体力，致使起个大早，赶了晚集。长跑的要诀是保存实力，这和孩子学习知识的道理一样。当孩子没有一定的阅历时，给其灌输与孩子年龄不相符的知识，[47]孩子没有生活经验，对知识的感悟不会深刻，不但没有共鸣感，反而往往会产生厌恶。[48/49]衡量教育是否成功，不是看分数，而是看受教育者对所学知识的兴趣越来越大还是越来越小。如果受教育者对所学知识的兴趣越来越大，说明教育成功了，反之则相反。受教育者对于所学知识感兴趣的程度，除了老师的教授方法，还取决于孩子对知识的感悟程度。举个例子，一个五岁的孩子对于《静夜思》只是机械背诵，而一位远离家乡的20岁的青年如果第一次看到《静夜思》，则可能泪如泉涌，百感交集。

输在起跑线上，也许能赢得人生。赢在起跑线上，也许会输掉人生。

46   根据上文，可以知道家长们在担心什么？

　　A 孩子竞争不过别人

　　B 孩子的身体是否健康

　　C 孩子是不是好好儿学习

　　D 孩子上学是不是太累

요즘 교육에서 부모들이 가장 오해하고 있는 말은 바로 "아이가 출발선에서부터 지도록 해서는 안 된다"는 것이다. [46]일부 부모들은 자신의 아이가 출발선에서부터 질 것을 염려한다. 그래서 아이에게 각종 수업을 듣게 하고, 아이의 나이와 맞지 않는 지식을 주입하여, 일을 그르친다.

만약 인생을 하나의 경기에 비유한다면, "출발선"이라는 비유는 적절하다. 하지만 "출발선에서부터 지다"는 단거리 경기에만 맞는 말이다. 예로 들면 100m 달리기 말이다. 만약 마라톤같이 오래 달려야 한다면, 출발선에서 지는 것에 대해서는 걱정할 필요가 없다. 오히려 마라톤 경기에서는 출발선에서 앞서 나간 선수가 종종 체력을 잘 유지하지 못하여, 일찍 나섰지만 늦게 돌아오는 경우가 있다. 오래달리기의 비결은 바로 실력을 잘 유지하는 것인데, 이는 아이들의 공부와 같은 이치이다. [47]아이들이 많은 것을 경험하지 못한 때에 아이들에게 나이와 맞지 않는 지식을 주입 하면, 아이들은 생활에서 경험한 것이 없어, 지식에 대해 깊이 깨닫지 못하고, 공감하지도 못해, 오히려 싫증을 내게 된다. [48/49]교육이 성공했는가 하는 것은 점수가 아니라, 교육을 받는 아이가 배우는 것에 대해 점점 흥미를 갖느냐, 아니면 점점 흥미를 갖지 않느냐에 달려 있다. 만약 교육을 받는 아이가 지식을 배우는 것에 나날이 흥미를 느낀다면, 이는 교육이 성공했음을 보여주는 것이며, 이와 반대라면 실패한 것이다. 교육을 받는 아이가 배운 것에 느끼는 흥미의 정도는 선생님의 교수법 외에도, 아이가 배운 것에 대해서 얼마나 깨달았는가에 달려 있다. 예를 들면, 5살의 아이는 「정야사」를 기계적으로 암기할 뿐이지만, 집을 떠나온 한 20대의 청년은 처음 「정야사」를 읽고, 눈물을 흘리며, 만감이 교차함을 느낄 수 있는 것이다.

출발선 상에서 져도, 인생에서는 이길 수 있다. 또, 출발선 상에서 이겼다 하더라도, 인생에서는 질 수 있는 것이다.

46   이 글에서 부모들은 무엇을 걱정하는가?

　　A 아이가 경쟁에서 다른 사람에게 지는 것

　　B 아이의 몸이 건강한가

　　C 아이가 공부를 잘하는가

　　D 아이의 공부가 힘들지 않은가

47 孩子在什么时候可能会讨厌学习?

    A 老师布置了很多作业

    B 刚参加长跑比赛回来

    C 无法理解所学的知识

    D 遇到自己不喜欢的老师

48 怎样才能称得上是教育成功?

    A 孩子能考满分

    B 孩子越来越喜欢学习

    C 孩子知道的东西多

    D 孩子和老师产生共鸣

49 作者认为什么是最重要的?

    A 学到知识的多少

    B 孩子的聪明程度

    C 是否有健康的身体

    D 孩子对学习的兴趣

47 아이들은 언제 공부하는 것을 싫어하게 되는가?

    A 선생님이 숙제를 많이 내주었을 때

    B 오래달리기에 참가하고 돌아왔을 때

    C 배운 내용을 이해할 수 없을 때

    D 자기가 싫어하는 선생님을 만났을 때

48 무엇을 성공한 교육이라고 할 수 있는가?

    A 아이들이 만점을 받는 것

    B 아이들이 점점 배우는 것을 좋아하게 되는 것

    C 아이들이 많은 것을 아는 것

    D 아이들과 선생님이 서로 공감하는 것

49 글쓴이는 무엇이 가장 중요하다고 생각하는가?

    A 배운 지식이 얼마나 되는가

    B 아이들이 똑똑한가

    C 몸이 건강한가

    D 아이들이 공부에 갖는 흥미

요약 제목: 조기교육의 부정적 영향

주제어: 지나치게 일찍 교육을 시작하면, 아이들의 공부에 대한 흥미를 잃게 할 수 있다.

요즘 많은 부모들은 자신의 아이가 출발선에서 지게 되지 않을까 걱정한다. 그래서 아이에게 각종 수업을 듣게 하고, 나이에 맞지 않는 어려운 것도 배우게 한다. 아이들이 어려서 많은 경험을 하지 못한 때에 아이에게 나이와 맞지 않는 지식을 주입하면, 아이들은 이를 이해하지 못해 결국 싫증을 내게 된다. 교육의 성공을 가늠하는 기준은 점수가 아니라, 아이가 배우는 것에 흥미를 갖는가의 여부에 달려 있다. 따라서 아이들이 공부에 흥미를 가질 수 있도록 가르쳐야 한다. 출발선에서 졌다고, 인생에서 지는 것은 결코 아니다.

해설 46) 부모는 자신의 아이들이 배운 것이 매우 적어, 다른 사람과의 경쟁에서 질 것을 걱정하고 있다. 따라서 답은 A이다.

47) 아이들이 자신의 연령대와 맞지 않는 것을 배웠을 때, 어렵다고 느끼고, 이해할 수 없어, 싫증을 내게 된다고 언급하고 있으므로 답은 C이다.

48) 아이들이 배운 내용에 점점 더 흥미를 갖는다는 것이 성공한 교육이라고 언급하고 있으므로 답은 B이다.

49) 아이들이 공부에 흥미를 갖는가가 아이들에 대한 교육이 성공했는지를 결정하는 것이라고 말하고 있으므로 답은 D이다.

단어 输 shū 몡 지다 | 起跑线 qǐpǎoxiàn 몡 출발선, 스타트 라인 | 担心 dānxīn 통 걱정하다 | 培训 péixùn 몡 학습 | 灌输 guànshū 통 주입하다 | 揠苗助长 yàmiáo zhùzhǎng 솅 너무 서둘러 일을 그르치다 | 倘若 tǎngruò 젭 만약, 가령 | 竞赛 bǐsài 몡 경기, 시합 | 比喻 bǐyù 몡 비유 | 恰当 qiàdāng 톙 알맞다, 적절하다 | 短程竞赛 duǎnchéng jìngsài 몡 단거리 경기 | 马拉松 mǎlāsōng 몡 마라톤 | 长跑 chángpǎo 몡 오래달리기 | 赢 yíng 통 이기다 | 体力 tǐlì 몡 체력 | 致使 zhìshǐ 통 ~한 결과가 되다 | 阅历 yuèlì 몡 경험 | 相符 xiāngfú 통 서로 부합하다 | 感悟 gǎnwù 몡 깨달음 | 深刻 shēnkè 톙 깊다 | 共鸣感 gòngmínggǎn 몡 공감 | 厌恶 yànwù 몡 싫증, 혐오 | 衡量 héngliàng 통 가늠하다 | 分数 fēnshù 몡 점수 | 不是A 而是B búshì A érshì B A가 아니라 B이다 | 兴趣 xīngqù 몡 흥미 | 取决于 qǔjuéyú ~에 달려있다 | 例子 lìzi 몡 예 | 静夜思 jìngyèsī 정야사 [이백이 지은 시] | 泪如涌泉 lèirú yǒngquán 솅 눈물이 샘물처럼 솟다 | 百感交集 bǎigǎn jiāojí 솅 만감이 교차하다

一个孩子与父亲一起来到一个小农场。[50]孩子在玩耍时发现几棵无花果树中有一棵已经死了。它的树皮已经剥落，枝干也不再呈暗青色，完全枯黄了。孩子伸手碰了一下，只听"吧嗒"一声，枝干折断了。

[51]孩子对爸爸说："爸爸，那棵树早就死了，把它砍了吧！我们再种一棵。"可是爸爸阻止了他。他说："孩子，也许它的确是不行了。但是，冬天过去之后它可能还会萌芽抽枝的——它正在养精蓄锐呢！记住，孩子，冬天不要砍树。"

果然不出父亲所料，[52]第二年春天，那棵好像已经死去的无花果树居然真的重新萌生新芽，和其他树一样在春天里展露出生机。其实这棵树真正死去的只是几根枝杈，到了春天，整棵树枝繁叶茂，绿荫宜人，和其他的伙伴并没什么区别。

50 孩子发现了什么?
   A 一个小农场
   B 树上有虫子
   C 有棵树死了
   D 一片无花果树

51 孩子想怎么做?
   A 重新种一棵树
   B 明年春天来种树
   C 把枯死的树枝折掉
   D 把那几棵无花果树砍掉

52 第二年春天发生了什么事?
   A 那棵树没有结果
   B 无花果树活了过来
   C 农场里种了其他的树
   D 爸爸重新种了一棵树

한 아이가 아버지와 함께 작은 농장에 왔다. [50]아이는 즐겁게 놀다가, 여러 무화과나무 중 한 그루가 이미 죽은 것을 발견했다. 그 나무의 껍질은 이미 벗겨져 있었고, 나뭇가지와 줄기에는 더이상 푸른빛이 나지 않은 채, 노랗게 말라있었다. 아이가 손을 뻗어 만지자, 나무는 "퍽"하는 소리와 함께 부러지고 말았다.

[51]아이가 아버지에게 말했다. "아버지, 그 나무는 예전에 죽은 것 같아요. 그 나무를 베어요! 그리고 다시 한 그루를 심어요." 그러나 아버지는 아들을 가로막았다. 그리고 말했다. "아들아, 그 나무는 정말 죽은 것 같구나. 하지만 겨울이 지나면 그 나무에 새싹이 돋고, 가지가 뻗어날 수도 있단다. 지금 그런 준비를 하고 있는지도 몰라! 그리고 애야, 겨울에는 나무를 베는 것이 아니라는 것을 기억하렴"

과연 아버지의 예상대로 다음 해 봄이 되자, [52]이미 죽은 줄 알았던 무화과나무에서 뜻밖에도 새싹이 돋아났고, 다른 나무처럼 봄의 생명력을 보여주었다. 사실, 그 나무에서 정말로 죽은 것은 몇 개의 가지뿐이었다. 봄이 되자, 나무는 가지를 뻗어, 무성한 나뭇잎을 드러냈으며, 편안한 나무그늘을 만들어주었는데, 모든 면에서 다른 나무들과 전혀 다를 바가 없었다.

50 아이는 무엇을 발견하였는가?
   A 작은 농장
   B 나무 위의 벌레
   C 죽어 있던 나무
   D 무화과나무

51 아이는 어떻게 하려고 했는가?
   A 새로 한 그루의 나무를 심고 싶었다
   B 내년 봄에 나무를 심으려 했다
   C 죽은 나뭇가지를 잘라버리려고 했다
   D 몇 그루의 무화과나무를 베려고 했다

52 다음 해 봄에 어떤 일이 벌어졌는가?
   A 죽은 나무에는 어떤 변화도 없었다
   B 무화과나무는 다시 살아났다
   C 농장에 다른 나무를 심었다
   D 아버지는 다시 한 그루의 나무를 심었다

요약 제목: 나무의 생명력

주제어: 아이 눈에 죽은 것 같았던 나무는 이듬해 봄 다시 살아나 무성한 나뭇잎으로 나무그늘을 만들어주었다.

아버지와 농장에 간 아이는 그곳에서 껍질이 벗겨지고 나뭇가지와 줄기가 말라있는 무화과나무를 발견했다. 아이는 무화과나무가 죽은 것 같으니, 그 나무를 베고 다시 한 그루를 심자고 했다. 하지만 아버지는 봄이 되면, 그 무화과나무에 새싹이 돋고 가지가 날 수 있다며 아이를 가로막았다. 다음 해 봄이 되자, 아버지의 예상대로 이미 죽은 줄 알았던 무화과나무에서 뜻밖에도 새싹이 돋고 가지가 자라났으며, 나중엔 무성한 나뭇잎으로 편안한 나무그늘을 만들어 주었다.

해설
50) 아이는 놀다가 나무 한 그루가 죽어 있음을 발견하였다. 따라서 답은 C이다.

51) 아이는 죽은 나무를 베고, 다시 새로 나무를 심자고 아버지에게 말했으므로 답은 A이다.

52) 죽은 줄 알았던 나무가 다시 살아났는데, 알고 보니 나무 전체가 죽은 것이 아니라, 몇 개의 가지만 죽었던 것이었다. 따라서 답은 B이다.

단어
农场 nóngchǎng 몡 농장 | 玩耍 wánshuǎ 통 놀다 | 棵 kē 얭 그루, 포기[식물을 세는 양사] | 无花果 wúhuāguǒ 몡 무화과 | 树 shù 몡 나무 | 剥落 bōluò 통 벗겨지다 | 枝干 zhīgān 몡 가지와 줄기 | 呈 chéng 통 드러내다 | 枯黄 kūhuáng 통 노랗게 마르다 | 嗒 tà 탁, 툭 하는 소리 | 折断 zhéduàn 통 절단되다, 부러지다 | 砍 kǎn 통 베다 | 种 zhǒng 통 심다 | 阻止 zǔzhǐ 통 가로 막다 | 萌芽抽枝 méngyá chōuzhī 싹이 돋고 가지가 뻗다 | 养精蓄锐 yǎngjīng xùruì 셩 정신과 기세를 갈고 닦다, 준비하다 | 居然 jūrán 閉 뜻밖에 | 萌生 méngshēng 통 싹트다 | 生机 shēngjī 몡 생명력, 생기 | 枝杈 zhīchā 몡 가장귀, 가지가 갈라지는 부분 | 枝繁叶茂 zhīfán yèmào 가지가 많고 입이 무성하다 | 绿荫 lùyìn 몡 나무 그늘

53-55

山里住着一位以砍柴为生的樵夫，他每天辛苦地劳作，终于建成了一间可以遮风挡雨的房子。[53]有一天，他挑了砍好的木柴到城里卖，当他回家时，却发现他的房子起火了。

左邻右舍都前来帮忙救火，但是因为风势过于强大，所以还是没有办法将火扑灭，一群人只能静待一旁，眼睁睁地看着炽烈的火焰吞噬了整栋木屋。[54]当大火终于灭了的时候，只见这位樵夫手里拿了一根棍子，跑进倒塌的屋里不断地翻找着。围观的邻人以为他正在翻找着藏在屋里的宝贝，所以也都好奇地在一旁注视着他的举动。过了半晌，樵夫终于兴奋地叫着："我找到了！我找到了！"

邻人纷纷向前，一探究竟，[54]才发现樵夫手里捧着的是一把斧头，根本不是什么值钱的宝物。

只见樵夫兴奋地将木棍嵌进斧刀，充满自信地说："[54/55]只要有这把斧头，我就可以再建造一个更坚固耐用的家。"

53 樵夫遇到了什么事？

A 房子漏了

B 没卖掉柴

C 家中失火

D 遇到大风

54 樵夫在找什么？

A 父亲留下的宝物

B 藏在家里的财产

C 留在家里的亲人

D 赖以生存的工具

산속에는 나무를 하며 생계를 이어가던 나무꾼이 살고 있었다. 그는 매일 힘들게 일을 하여, 마침내 바람과 비를 막을 수 있는 집을 지었다. [53]어느 날, 그는 잘 패어진 나무를 골라 시내에서 팔고, 집으로 돌아왔을 때, 그의 집이 불타고 있는 것을 발견하였다.

주변의 이웃들이 모두 불을 끄는 것을 도왔지만, 바람이 너무 세서 불을 끌 수 없었다. 사람들은 조용히 옆에 서서, 세찬 불꽃이 통나무집을 삼키는 것을 바라볼 수밖에 없었다. [54]마침내 불이 꺼지자, 나무꾼은 몽둥이 하나를 들고, 무너진 집으로 들어가 무언가를 찾았다. 주변에서 보고 있던 이웃들은 그가 집에서 숨겨두었던 있던 보물을 찾고 있다고 생각했고, 궁금해하며 그의 행동을 옆에서 지켜보았다. 반나절이 지나서, 나무꾼은 마침내 흥분하며 소리쳤다. "찾았어요. 찾았다고요!"

이웃들은 하나 둘 앞으로 다가가, 어찌된 일인지 살펴보았고, [54]나무꾼이 도끼머리를 움켜쥐고 있다는 것을 발견했다. 사실, 도끼머리는 무슨 돈이 되는 보물은 아니었다.

나무꾼이 흥분하며, 나무막대를 도끼머리에 끼우고는 자신감 있게 말했다. "[54/55]이 도끼머리만 있으면, 저는 또다시 튼튼하고, 오래가는 집을 만들 수 있어요."

53 나무꾼은 어떤 상황을 맞았는가?

A 집이 샜다

B 땔감을 팔지 못했다

C 집에 불이 났다

D 강풍을 만났다

54 나무꾼은 무엇을 찾았는가?

A 아버지가 남겨주신 보물

B 집에 숨겨두었던 재산

C 집에 남아있던 아내

D 생계유지에 필요했던 물건

55 樵夫是个怎么样的人？	55 나무꾼은 어떤 사람인가？
A 乐于助人	A 남을 돕는 것을 좋아한다
B 非常倒霉	B 운이 없다
C 乐观自信	C 낙관적이고 자신감이 있다
D 十分糊涂	D 매우 멍청하다

요약

제목: 낙관적인 나무꾼

주제어: 나무꾼은 도끼머리로 집을 지으면 되기 때문에 집이 불탔어도 실망하지 않는다.

시내에서 나무를 팔고 돌아온 나무꾼은 집이 불타고 있는 것을 발견했다. 주변의 이웃들이 도왔지만, 결국 집은 모두 타버렸다. 불이 꺼지자, 나무꾼은 몽둥이를 들고 무너진 집으로 가서 무언가를 찾았다. 많은 사람이 숨겨놓은 보물을 찾을 거라고 생각했지만, 그가 찾은 것은 뜻밖에도 도끼머리였다. 그는 나무막대를 도끼머리에 끼우며 이 도끼머리만 있으면 다시 튼튼한 집을 만들 수 있다고 말했다.

해설

53) 나무꾼이 집에 돌아 왔을 때, 나무꾼의 집은 불타고 있었다. 따라서 답은 C이다.

54) 나무꾼은 자신의 생계를 이어갈 수 있는 물건이었던 도끼머리를 찾았다. 그리고 그 도끼머리만 있으면, 새로 집을 지을 수 있다고 언급하고 있으므로, 답은 D이다.

55) 나무꾼은 자신의 집에 불이 났을 때, 슬퍼하며 실망했다. 하지만 마지막 문장에서 그는 도끼를 가지고, 다시 집을 만들 수 있다고 말하고 있다. 어려움을 겪었지만, 다시 집을 지어 살 수 있다고 말하는 것에서 그가 낙관적이라는 것을 알 수 있으므로 답은 C이다.

단어

樵夫 qiáofū 명 나무꾼 | 砍柴 kǎnchái 통 땔나무를 하다 | 以……为生 yǐ~ wéi shēng ~으로 생계를 유지하다 | 辛苦 xīnkǔ 형 힘들다, 고생스럽다 | 劳作 láozuò 통 일을 하다 | 建成 jiànchéng 짓다 | 遮风挡雨 zhēfēng dǎngyǔ 바람을 막고, 비를 막다 | 房子 fángzi 명 방 | 起火 qǐhuǒ 통 불이 나다 | 风势 fēngshì 명 바람의 세기 | 扑灭 pūmiè 통 없애다 | 炽烈 chìliè 형 강렬하다 | 火焰 huǒyàn 명 화염, 불꽃 | 吞噬 tūnshì 삼키다 | 栋 dòng 양 채[건물을 세는 양사] | 木屋 mùwū 명 나무로 만든 집, 통나무집 | 棍子 gùnzi 명 몽둥이, 막대 | 围观 wéiguān 통 구경하다 | 藏 cáng 통 숨기다 | 宝贝 bǎobèi 명 보물 | 注视 zhùshì 통 주시하다, 주의깊게 보다 | 举动 jǔdòng 명 행동 | 半晌 bànshǎng 명 반나절 | 纷纷 fēnfēn 형 잇달아 | 捧 pěng 통 받쳐 들다 | 爷头 yétóu 명 도끼머리 | 值钱 zhíqián 통 돈이 되다 | 嵌 qiàn 통 끼워넣다, 끼우다 | 坚固 jiāngù 형 견고하다 | 耐用 nàiyòng 형 오래 쓸 수 있다 | 失火 shīhuǒ 통 불이 나다

56-58

56现在很多女孩坐在电脑、电视前的时间越来越长，眼睛常会出现干涩、看东西模糊、酸胀疲劳等症状，轻则导致视力下降，严重的则可能造成失明。

57每天吃点熟芝麻，是缓解眼睛干涩的好办法。从现代营养学的角度来看，58芝麻含有人体所需的多种营养素，都是维护眼睛功能正常的重要物质，炒熟后芝麻中的蛋白质、功能性脂类物质等营养成分能更好地被人体吸收。每天吃一两左右就行，如果不是每天都吃，可以稍微多些。因为芝麻有润肠的效果，脾胃虚弱的人要少吃一些。

56요즘 많은 여자아이들이 컴퓨터, 텔레비전 앞에 있는 시간이 길어지면서, 눈이 건조하고 물건이 잘 보이지 않으며, 붓고 피로한 증상이 나타난다. 가볍게는 시력 저하가 나타나지만, 심하면 실명이 될 수도 있다.

57매일 익힌 깨를 먹는 것은 안구 건조를 완화하는 좋은 방법이다. 현대 영양학의 관점에서 보면, 58깨에 있는 인체에 필요한 영양소는 모두 시력을 보호하는 중요할 물질이며, 구운 깨에 있는 단백질, 기능성 지방 등의 영양성분은 인체에 더 쉽게 흡수된다. 구운 깨는 매일 한 냥 정도 먹는 것이 좋으며, 만약 매일 먹을 수 없다면, 평상시에 조금 더 먹는 것이 좋다. 왜냐하면 깨는 위장에 영양분을 공급하는 역할을 하기 때문이다. 하지만 위가 약한 사람이라면 조금만 먹어야 한다.

56 现在的女孩大多遇到什么问题？	56 요즘 여자아이들은 대부분 어떤 문제가 있는가？
A 视力很差	A 시력이 좋지 않다
B 经常长时间看电视	B 장시간 텔레비전을 본다
C 眼睛过度疲劳	C 눈이 매우 피로하다
D 工作时必须要用电脑	D 일할 때 반드시 컴퓨터를 써야 한다

大前年我住在国外，看到一个邻居几乎整天整天地坐在屋檐下，望着他家的花园发呆，主动跟他打招呼也没反应。[62]后来我才知道，这位邻居中年丧妻，得了严重的抑郁症，还曾试图自杀过一次。可当我最近再次去的时候，发现他好像变了一个人，每天骑着自行车上班，周末也不休息，看到我还主动向我问好。有一天在门前相遇，[63]我问他为什么不开车，而骑自行车？他笑笑说，运动，快乐！锻炼为了健康。

一句话，我全明白了。原来他掌握了"运动等于快乐"这一武器，驱逐了抑郁，获得了健康！

[64]有研究说，运动对神经系统产生的影响是多方面的，可促使人体释放出更多的多巴胺和血清素等"快乐激素"，令人感觉更平静和愉悦。

[65]让自己快乐起来的方法很简单，选择中等强度的运动如慢跑、快走、徒步旅行、游泳等，每次30～60分钟，每周3～4次就足够了。

3년 전, 나는 외국에서 살면서, 한 이웃이 하루 종일 처마에 앉아 자기 집의 화원을 멍하니 쳐다보고 있는 것을 보았다. 먼저 인사를 건네도, 그는 아무런 반응을 보이지 않았다. [62]나중에 나는 그가 중년에 아내를 잃고, 심각한 우울증에 걸려서 자살을 시도한 적이 있다는 것을 알게 되었다. 최근에 나는 또 그곳에 가게 되었는데, 그때 그는 전혀 다른 사람 같았다. 매일 자전거를 타고 출근하고, 주말 역시 쉬지 않았으며, 나를 보고 먼저 인사하는 것이었다. 어느 날 문 앞에서 마주쳤고, [63]나는 그에게 왜 차를 타지 않고, 자전거를 타고 다니냐고 물었다. 그는 웃으면서 대답했다. 운동하면 즐겁고, 건강을 위해서 그러는 거라고 말이다.

한마디의 말에 나는 깨달았다. 알고 보니, 그는 "운동이 즐거움이다."라는 무기로 우울함을 몰아냈고, 건강을 되찾은 것이었다.

[64]한 연구에서는 운동이 신경계에 주는 영향은 매우 다양한데, 인체로 하여금 더 많은 도파민과 세로토닌 등 "사람을 즐겁게 하는 호르몬"을 더 많이 분비하도록 해, 사람을 더 편안하고 유쾌하도록 한다고 밝혔다.

[65]스스로를 즐겁게 하는 방법은 아주 간단하다. 난이도가 중간쯤 되는 운동을 하는 것이다. 예를 들면, 천천히 달리기, 경보, 도보여행, 수영 등을 말이다. 매번 30~60분 정도 하고, 매주 3~4번 정도 하면 충분하다.

62 邻居为什么不理"我"？
    A 不喜欢"我"
    B 嗓子不舒服
    C 心情不好
    D 不爱与人讲话

63 邻居骑自行车上班的原因是什么？
    A 保护环境
    B 没钱买车
    C 节省油钱
    D 锻炼身体

64 科学家的研究有什么结论？
    A 运动影响神经系统
    B 不开车上班可以获得快乐
    C 自行车让人感觉平静
    D 快乐可以让人体释放激素

62 이웃은 왜 "나"를 모른 척했는가?
    A "나"를 싫어했기 때문에
    B 목 상태가 좋지 않았기 때문에
    C 기분이 좋지 않았기 때문에
    D 다른 사람과 이야기하는 것을 싫어했기 때문에

63 이웃이 자전거를 타고 출근하는 이유는 무엇인가?
    A 환경을 보호하려고
    B 차를 살 돈이 없어서
    C 기름값을 절약하려고
    D 운동을 하려고

64 과학자의 연구 결과는 어떠한가?
    A 운동이 신경계에 영향을 미친다
    B 차를 타고 출근하지 않으면 즐거워진다
    C 자전거는 사람의 기분을 편안하게 한다
    D 즐거움은 우리 몸이 호르몬을 분비하도록 한다

65 作者认为怎么样做可以快乐?

  A 骑车上班
  B 多做运动
  C 参加工作
  D 得到健康

65 글쓴이는 어떻게 하면 즐거워질 수 있다고 하는가?

  A 자전거를 타고 출근한다
  B 운동을 많이 한다
  C 일을 한다
  D 건강을 되찾는다

요약 제목: 운동의 효과

주제어: 운동은 사람을 즐겁게 하는 호르몬을 분비하므로, 즐거워지고 싶다면 운동을 하면 된다.

3년 전 외국에 있을 때, 아내를 잃은 충격으로 종일 멍하니 처마에 앉아 인사를 건네도 대답을 하지 않던 한 이웃이 있었다. 하지만 최근에 다시 봤을 때, 그는 전혀 다른 사람이 되어 있었다. 매일 자전거로 출퇴근하고, 나를 보고 먼저 인사도 했다. 내가 왜 자전거를 타고 다니냐고 묻자, 그는 운동하면 즐겁고 건강에 좋기 때문이라고 했다. 한 연구에 따르면, 운동은 사람의 신경계에 영향을 주어 사람을 즐겁게 해주는 호르몬을 분비하게 한다고 한다. 만약 즐거워지고 싶다면, 방법은 어렵지 않다. 바로 난이도가 중간쯤 되는 운동을 하면 된다.

해설 62) 이 이웃은 아내가 먼저 세상을 떠나 우울증에 걸려서 자살을 시도한 적이 있었다. 따라서 그를 보고도 인사를 하지 않은 것은 기분이 좋지 않기 때문이므로, 답은 C이다.

63) 이웃이 자전거를 타고 출근하는 이유는 바로 운동으로 건강을 유지하려는 것이므로 답은 D이다.

64) 운동이 신경계에 큰 영향을 미쳐 더 많은 사람을 즐겁게 하는 호르몬을 분비하도록 하여, 사람을 편안하고 즐겁게 한다. 따라서 답은 A이다.

65) 이 글에서 운동은 사람을 즐겁게 한다고 말하고 있으며, 즐거워지고 싶다면 운동을 해야 한다고 언급하고 있으므로 답은 B이다.

단어 *大前年 dàqiánnián* 명 재재작년 | *邻居 línjū* 명 이웃 | *屋檐 wūyán* 명 처마 | *花园 huāyuán* 명 화원 | *发呆 fādāi* 동 멍하다 | *打招呼 dǎ zhāohu* 인사하다 | *丧妻 sàngqī* 동 아내를 잃다 | *忧郁症 yōuyùzhèng* 명 우울증 | *试图 shìtú* 동 시도하다 | *自杀 zìshā* 동 자살하다 | *骑 qí* 동 타다 | *自行车 zìxíngchē* 명 자전거 | *锻炼 duànliàn* 동 연습하다 | *掌握 zhǎngwò* 동 파악하다 | *武器 wǔqì* 명 무기 | *驱逐 qūzhú* 동 쫓아내다 | *促使 cùshǐ* ~하게 하다 | *释放 shìfàng* 동 분비하다, 내뿜다 | *多巴胺 duōbā'àn* 명 도파민 | *血清素 xuèqīngsù* 명 세로토닌 | *激素 jīsù* 명 호르몬 | *平静 píngjìng* 형 평온하다, 편안하다 | *慢跑 mànpǎo* 명 천천히 달리기 | *徒步 túbù* 명 도보 | *游泳 yóuyǒng* 명 수영

66-69

⁶⁶一位世界著名的音乐指挥家曾经去参加音乐指挥家大赛，决赛的时候他被安排在最后一位。指挥家拿到评委交给的乐谱后，稍做准备，便全神贯注地指挥起来。⁶⁷突然他发现乐曲中出现了一点不和谐。开始他以为是演奏错了，就让乐队停下来重新演奏，但仍觉得不和谐。至此，⁶⁸他认为乐谱确实有问题。可是在场的作曲家和评委会的权威人士都郑重声明：乐谱不会有问题，是他的错觉。面对几百名国际音乐的权威人士，他难免对自己的判断产生了犹豫。但是，他考虑再三，坚信自己的判断是正确的。于是，⁶⁸他斩钉截铁地大声说：“不！一定是乐谱错了！”他话音刚落，评委们立即站立起来，向他报以热烈的掌声。

⁶⁶한 세계적인 음악 지휘자가 지휘자 대회에 참가했다. 결승전에서 그의 순서는 마지막으로 배정되었다. 지휘자는 심사위원이 준 악보를 가지고, 살짝 준비한다는 것이 나중엔 온 힘을 다해 지휘하게 되었다. ⁶⁷갑자기 그는 노래에서 화음에 맞지 않은 부분을 발견하였다. 처음에는 연주가 잘못되었다고 생각하여 악단의 연주를 멈추고, 다시 연주하였는데, 그래도 화음이 맞지 않았다. 이때까지 이르자 ⁶⁸그는 악보에 문제가 있다고 생각했다. 그러나 시험장에 있던 작곡가와 심사위원 등 권위자들은 정중히 말했다. 악보에는 문제가 없고, 그의 착각이라고 말이다. 몇백 명의 국제 음악계 권위자들 앞에서, 그는 자신의 판단에 대해 망설이지 않을 수 없었다. 그러나 ⁶⁸그는 아무리 생각해봐도 자신의 판단이 정확하다고 생각하였다. 그리하여 그는 단호하게 큰 소리로 말했다. “아니요! 분명히 악보가 잘못됐어요!” 그의 말이 끝나기가 무섭게 심사위원들은 갑자기 자리에서 일어서서 그에게 열렬한 박수를 보냈다.

　　原来这是评委们精心设计的一个圈套，以试探指挥家们在发现错误而权威人士又不承认的情况下，是否能坚持自己正确的判断，因为只有具备这种素质的人，才真正称得上是世界一流的指挥家。

66　指挥家去做了什么事？
　　A 担任比赛评委
　　B 指挥一场音乐会
　　C 参加一场比赛
　　D 修改乐队的乐谱

67　他为什么让乐队停下来？
　　A 和作曲家发生争执
　　B 自己和乐队没配合好
　　C 发现自己没有准备好
　　D 认为乐队演奏出现失误

68　指挥家做出了什么判断？
　　A 乐谱需要修改
　　B 自己产生错觉
　　C 乐队需要调整
　　D 比赛是不公平的

69　指挥家为什么得到了掌声？
　　A 他发现了错误
　　B 勇于坚持自己的意见
　　C 他识破了圈套
　　D 他的指挥水平得到认可

알고 보니, 이것은 심사위원이 치밀하게 만든 함정이었다. 이런 함정으로 작곡가가 잘못된 부분을 발견하였지만, 권위자들이 인정하지 않는 상황 속에서 자신의 정확한 판단을 견지할 수 있는지를 시험한 것이다. 왜냐면 이런 자질을 가진 사람만이 세계 일류의 지휘자라고 불릴 수 있기 때문이다.

66　지휘자는 무슨 일을 하였는가?
　　A 대회의 심사위원을 맡았다
　　B 음악회를 지휘했다
　　C 한 대회에 참가하였다
　　D 악단의 악보를 고쳤다

67　그는 왜 악단을 멈추게 하였는가?
　　A 작곡가와 갈등이 생겼기 때문에
　　B 자기와 악단이 맞지 않았기 때문에
　　C 스스로 준비가 잘 된 것 같지 않았기 때문에
　　D 악단연주에 문제가 있다고 생각했기 때문에

68　지휘자는 어떻게 판단하였는가?
　　A 악보가 수정되어야 한다
　　B 스스로 잘못 생각하였다
　　C 악단을 조정해야 한다
　　D 대회가 불공평하다

69　지휘자는 왜 박수를 받았는가?
　　A 그가 잘못된 점을 발견해서
　　B 용감하게 자신의 의견을 고수해서
　　C 그가 함정임을 알아쳐려서
　　D 그의 지휘 수준을 인정받아서

요약　제목: 자신의 판단에 대한 믿음

주제어: 지휘자는 자신의 판단이 옳다는 것을 확신하여, 세계적인 지휘자로서 심사위원들의 인정을 받았다.

한 세계적인 음악 지휘자가 지휘자 대회에 참가했다. 결승전을 앞두고, 그는 심사위원이 준 악보로 지휘를 시작했고, 노래의 화음이 맞지 않는 것을 알게 되었다. 그는 악단의 연주가 잘못되었다고 생각해 악단의 연주를 멈추고 다시 연주했지만, 그래도 화음은 맞지 않았다. 처음에 그는 악보에 문제가 있다고 생각했다. 하지만 시험장에서 작곡가와 심사위원들은 악보엔 전혀 문제가 없다고 했다. 그럼에도 지휘자는 자신의 판단이 옳다고 믿었고, 결국 큰소리로 악보가 잘못된 것이라고 외쳤다. 그러자 심사위원들은 자리에서 일어나 그에게 뜨거운 박수를 보냈다. 그들은 자신의 판단이 옳다는 것을 확신하는 지휘자를 위해 이런 함정을 놓았던 것이다.

해설　66) 음악 지휘자는 지휘자 대회에 참가하였다고 언급하고 있으므로 답은 C이다.

67) 그는 음악에 화음이 맞지 않는 부분을 발견했고, 악단의 연주가 잘못되었다고 생각했다. 그래서 악단의 연주를 멈추고, 다시 연주하였던 것이다. 따라서 답은 D이다.

68) 지휘자는 화음에 맞지 않은 부분이 악단의 연주가 잘못된 것이 아니라 악보가 잘못된 것이라고 생각하였다. 따라서 답은 A이다.

69) 지휘자는 자신의 판단이 옳다고 확신했고 국제 음악계 권위자들 앞에서도 망설이지 않고 소신껏 자신의 의견을 고수했기 때문에 심사위원들에게 박수를 받았던 것이다. 따라서 답은 B이다.

단어 著名 zhùmíng 窗 유명하다, 저명하다 | 音乐 yīnyuè 窗 음악 | 指挥家 zhǐhuījiā 窗 지휘자 | 大赛 dàsài 窗 대회, 시합 | 安排 ānpái 窗 안배하다 | 评委 píngwěi 窗 심사위원 | 乐谱 yuèpǔ 窗 악보 | 全神贯注 quánshén guànzhù 窗 혼신의 힘을 다하다 | 乐曲 yuèqǔ 窗 악곡 | 和谐 héxié 窗 조화롭다, 화음이 잘 어울리다 | 演奏 yǎnzòu 窗 연주 | 乐队 yuèduì 窗 악단 | 错觉 cuòjué 窗 착각 | 权威人士 quánwēi rénshì 窗 권위자 | 判断 pànduàn 窗 판단 | 犹豫 yóuyù 窗 망설이다 | 坚信 jiānxìn 窗 굳게 믿다 | 斩钉截铁 zhǎndīng jiétiě 窗 단호하다 | 热烈 rèliè 窗 강렬하다, 열렬하다 | 掌声 zhǎngshēng 窗 박수, 박수소리 | 设计 shèjì 窗 (계책을) 꾸미다 | 圈套 quāntào 窗 함정, 책략 | 素质 sùzhì 窗 자질 | 称得上 chēng de shàng ~라 부를만하다

70-72

⁷⁰一群年轻人到处寻找快乐，但是，却遇到许多烦恼、忧愁和痛苦。他们向智者询问，快乐到底在哪里？智者说："⁷¹你们还是先帮我造一条船吧！"年轻人暂时把寻找快乐的事儿放到一边，找来造船的工具，用了七七四十九天，锯倒了一棵又高又大的树；挖空树心，造成了一条独木船。 独木船下水了，年轻人把智者请上船，一边合力荡桨，一边齐声唱起歌来。智者问："孩子们，你们快乐吗？" 学生齐声回答："快乐极了！"智者道："⁷²快乐就是这样，它往往在你忙于做别的事情时突然来访。"

70 年轻人找智者做什么？
  A 开导自己
  B 参加劳动
  C 寻求帮助
  D 出去游玩

71 智者让年轻人怎么做？
  A 好好儿工作
  B 去找工具
  C 一起唱歌
  D 帮助自己

72 这段话想告诉我们什么？
  A 得到帮助是快乐的
  B 学会造船会让人开心
  C 年轻人要尊敬老师
  D 不要刻意去寻找快乐

⁷⁰젊은이들이 여기저기서 즐거움을 찾고 있었다. 그러나 가는 곳마다 고민과 근심, 고통뿐이었다. 그들은 현인에게 물었다. 즐거움은 어디에 있나요? 현인이 말했다. "⁷¹너희들은 일단 나를 도와서 배를 하나 만드는 것이 어떠니!" 젊은이들은 잠시 즐거움을 찾는 일을 멈추고, 배를 만들 도구를 찾았다. 7X7의 49일 동안 톱질을 해서 높이, 그리고 크게 자란 나무를 쓰러뜨리고, 줄기 속 부분을 다 골라내어, 통나무 배를 만들었다. 통나무 배가 물 위에 뜨자, 젊은이들은 현인을 배에 태웠고, 노를 저으며, 함께 노래를 부르기 시작했다. 현인이 물었다. "얘들아, 너희들 즐겁니?" 아이들이 입을 모아 대답했다. "매우 즐거워요!" 현인이 말했다. "⁷²즐거움은 이렇단다. 종종 너희가 다른 일 하느라 정신없을 때, 갑자기 찾아오지."

70 젊은이들은 현인을 찾아가 무엇을 하였는가?
  A 자신을 지도해 달라고 했다
  B 일에 참여하라고 했다
  C 도움을 요청했다
  D 나가서 놀자고 했다

71 현인은 젊은이들에게 무엇을 하도록 하였는가?
  A 열심히 일하게 했다
  B 가서 도구들을 찾게 했다
  C 같이 노래를 부르게 했다
  D 자신을 돕도록 했다

72 이 글은 우리에게 무엇을 말해주고 있는가?
  A 도움을 받는 것은 즐겁다
  B 배를 만들 줄 알면 사람을 기쁘게 할 수 있다
  C 젊은이들은 선생님을 존경해야 한다
  D 즐거움을 찾으려고 애쓸 필요가 없다

요약 제목: 즐거움 찾기

주제어: 즐거움은 다른 데 몰두하고 있을 때 갑자기 찾아오므로 찾아다닐 필요가 없다.
여기저기서 즐거움을 찾던 젊은이들이 현인을 찾아가 즐거움이 어디에 있는지 물었다. 그러자 현인은 일단 자신을 도와서 배를 만들자고 했고, 이에 젊은이들은 즐거움을 찾는 일을 멈추고, 49일 동안 현인을 도와 통나무 배를 만들었다. 현인은 그 통나무 배에 젊은이들을 태웠고, 노를 저으며 함께 노래를 불렀다. 그때 현인은 젊은이들에게 즐거운지 물었고, 젊은이들은 모두 매우 즐겁다고 대답했다. 현인은 즐거움은 다른 데 몰두하고 있을 때 갑자기 찾아오니, 굳이 찾으러 다닐 필요는 없다고 말했다.

 70) 젊은이들은 주변을 돌아보면 즐겁지 않은 일들뿐이라고 생각하고, 현인을 찾아가 어디에 즐거움이 있는지 물었다. 따라서 현인에게 자신들이 궁금한 것에 대한 답을 들으려고 한 것이므로 답은 C이다.

71) 현인은 젊은이들에게 자신을 도와서 배를 만들자고 했다. 따라서 답은 D이다.

72) 젊은이들은 함께 배를 만드는 과정에서 즐거움을 느끼게 되었으며, 이때 현인은 젊은이들에게 다른 일에 몰두하고 있을 때, 즐거움은 갑자기 찾아온다고 말하고 있다. 따라서 답은 D이다.

 寻找 xúnzhǎo 동 찾다 | 快乐 kuàilè 명 즐거움 | 烦恼 fánnǎo 명 고민 | 忧愁 yōuchóu 명 근심 | 痛苦 tòngkǔ 명 고통 | 智者 zhìzhě 명 현인, 지자 | 询问 xúnwèn 동 질문하다 | 造 zào 동 만들다 | 条 tiáo 양 배, 강 등 가늘고 긴 느낌이 있는 것을 세는 단위 | 船 chuán 명 배 | 暂时 zànshí 명 잠깐 | 工具 gōngjù 명 도구 | 锯 jù 동 톱질하다 | 挖空 wākōng 동 파내다 | 树心 shùxīn 명 줄기 속의 빈 부분 | 独木船 dúmùchuán 명 통나무배 | 合力 hélì 동 힘을 합치다 | 荡桨 dàngjiǎng 동 노를 젓다 | 齐声 qíshēng 동 함께 소리를 내다 | 忙于 mángyú ~하느라 정신없다, 바쁘다 | 来访 láifǎng 동 오다, 방문하다

73-75

⁷³在邮局大厅内，一位老太太走到一个中年人跟前，客气地说："先生，请帮我在明信片上写上地址好吗？"

⁷⁴"当然可以。"中年人按老人的要求做了。

老太太又说："再帮我写上一小段话，好吗？谢谢！"

"好吧。"中年人照老太太的话写好后，微笑着问道："还有什么要帮忙的吗？"

"嗯，还有一件小事。"老太太看着明信片说："⁷⁵帮我在下面再加一句：字迹潦草，敬请原谅！"

⁷³우체국 로비에서 한 할머니가 중년의 직원 앞으로 걸어와서는, 정중하게 말했다. "저기요. 제 엽서에 주소 좀 써주실 수 있나요?"

⁷⁴"그럼요." 중년의 직원은 할머니가 부탁한 대로 했다.

할머니는 또 말했다. "또 몇 마디 더 적어주실 수 있어요? 네? 고마워요!"

"네." 중년의 직원은 할머니의 말대로 쓰고 나서, 웃으면서 물었다. "더 부탁하실 일이 있나요?"

"흠. 또 있어요." 할머니는 엽서를 보면서 말했다. "⁷⁵아래에 한마디만 더 써주세요. 글씨가 너무 조잡하니, 이해해주세요."

73 老太太是在哪儿寻求帮助?
    A 邮局
    B 大街上
    C 银行里
    D 候车大厅

74 中年人是个什么样的人?
    A 十分轻闲
    B 没有礼貌
    C 乐于助人
    D 工作认真

75 老太太最后一句话是什么意思?
    A 自己不会写字
    B 向朋友承认错误
    C 中年人的字不好
    D 送给朋友的东西不好

73 할머니는 어디에서 도움을 청하고 있는가?
    A 우체국
    B 거리
    C 은행
    D 대합실

74 중년의 직원은 어떤 사람인가?
    A 한가하다
    B 예의가 없다
    C 남을 잘 도와준다
    D 열심히 일한다

75 할머니의 마지막 말의 의미는 무엇인가?
    A 자신은 글을 쓸 줄 모른다
    B 친구에게 잘못을 시인한다
    C 중년의 직원이 글씨를 잘 쓰지 못했다
    D 친구에게 보낸 물건이 별로 좋지 않다

요약 제목: 글씨를 잘 못 쓴 우체국 직원

주제어: 글씨를 예쁘게 쓰지 못한 우체국 직원의 행동을 유머로 대처한 할머니

우체국 로비에서 한 할머니가 중년의 직원에게 다가와 엽서에 주소 좀 대신 써달라고 했다. 중년의 직원은 친절하게 할머니의 부탁을 들어주었고, 더 부탁할 것이 없느냐고 물었다. 그러자 할머니는 주소 아래쪽에 "글씨가 조잡하니 이해해 달라"는 문구를 써달라고 했다. 이것은 우체국 직원이 글씨를 잘 쓰지 못했다는 뜻으로 이해할 수 있다.

해설 73) 할머니는 우체국에서 직원에게 엽서에 글을 써달라고 하고 있으므로 답은 A이다.

74) 중년의 직원은 할머니의 부탁을 흔쾌히 받아들여, 할머니가 요구에 맞게 엽서에 글을 써주었다. 따라서 답은 C이다.

75) 할머니는 중년의 직원이 써준 글씨가 조잡해서, 이해해 달라는 문구를 적어달라고 말하고 있으므로 답은 C이다.

단어 **邮局 yóujú** 몡 우체국 | **大厅 dàtīng** 몡 로비 | **老太太 lǎotàitai** 몡 노부인, 할머니 | **跟前 gēnqián** 몡 앞, 곁 | **明信片 míngxìnpiàn** 몡 엽서 | **地址 dìzhǐ** 몡 주소 | **微笑 wēixiào** 통 미소짓다 | **字迹 zìjì** 몡 필적, 필체 | **潦草 liáocǎo** 혱 조잡하다, 난잡하다 | **原谅 yuánliàng** 통 양해하다, 이해하다

76-78

专家一项最新研究发现，[76/77]小学女教师们若对自己的数学能力不自信，这种焦虑很可能会传递给她们的女学生。

据报道，一个心理学研究小组对小学一、二年级的52名男生和65名女生进行了研究，为这些孩子们讲课的是17名女教师。研究结果显示，小学生们倾向于模仿和他们性别相同的成年人，如果女教师对数学表现出焦虑，那么她的小学生们也会留下"男生的数学能力比女生强"的印象。[78]心理学教授指出，相信女性数学能力弱的女孩会回避高深的数学课程，这种观念令女性无缘很多职位，特别是科技领域一些知名度高和待遇优越的职位。

76 研究小组在研究什么？

　A 男生与女生的区别

　B 孩子们的智力差别

　C 老师对学生的影响

　D 女老师的教学能力

77 小学女教师可能会把什么传递给女学生？

　A 性格爱好

　B 计算方法

　C 模仿能力

　D 焦虑情绪

전문가들의 최근 연구결과에 따르면, [76/77]초등학교 여교사가 만약 자신의 수학 실력에 자신 없어 하면, 이런 걱정이 그녀가 가르치는 여학생들에게 전달된다고 한다.

보도에 따르면, 한 심리학 연구팀은 초등학교 1학년, 2학년의 남학생 52명과 여학생 65명을 대상으로 연구를 진행하였는데, 17명의 여교사가 이 아이들에게 수업하도록 했다. 연구결과에 따르면, 초등학생은 성별이 같은 어른을 모방하는 경향이 있는데, 만약 여교사가 수학 수업을 걱정하면, 그녀의 학생들은 "남자의 수학 실력이 여자보다 뛰어나다"는 인상을 주게 된다고 한다. 심리학 교수는 [78]여자의 수학 실력이 떨어진다고 믿는 여자아이들은 더 깊이 있는 수학 수업을 회피하게 되고, 이런 생각은 여자아이들을 더 많은 직업과 멀어지게 하는데, 특히 과학분야에서 잘 알려지고 대우가 좋은 직업들과 멀어지게 된다.

76 연구팀은 무슨 연구를 하였는가？

　A 남학생들과 여학생들의 차이점

　B 아이들의 지적 능력의 차이

　C 교사가 학생에게 미치는 영향

　D 여교사의 수학 실력

77 초등학교 여교사는 여학생들에게 무엇을 전달하게 될 것이라고 하는가？

　A 성격 및 취미

　B 계산 방법

　C 모방능력

　D 걱정하는 마음

78 什么导致女性得不到科技领域好的职位？	78 무엇이 여학생들이 과학분야의 좋은 직업을 갖지 못하게 하는가？
A 数学能力弱	A 수학 실력이 떨어지는 것
B 没有自信心	B 자신감이 없는 것
C 计算能力差	C 계산능력이 떨어지는 것
D 智力不如男性	D 지적 능력이 남자보다 떨어지는 것

요약 제목: 교사가 학생에게 미치는 영향

주제어: 여교사가 수학 실력에 자신 없어 하면, 학생들은 남자의 수학 실력이 여자보다 뛰어나다고 믿게 된다.

연구 결과에 따르면 초등학교 여교사가 자신의 수학 실력을 걱정하면, 이런 걱정이 그녀가 가르치는 학생들에게 전달된다고 한다. 즉, 만약 여교사가 수학 수업을 걱정하고 자신 없어 하면, 남학생의 수학 실력이 여학생보다 뛰어나다는 인상을 주게 된다는 것이다. 여자의 수학 실력이 떨어진다고 믿는 여자아이들은 더 깊이 있는 수학 수업을 회피하게 되고, 자신감 부족으로 더 많은 직업과 멀어지게 되는데, 특히 과학분야가 그러하다.

해설 76) 전문가들은 연구를 통해, 만약 초등학교 여교사가 자신의 수학 실력에 자신이 없는 모습을 보이면, 여학생들이 그런 영향을 받아 "남학생의 수학 실력이 여학생보다 뛰어나다"고 생각하게 된다고 말하고 있다. 따라서 답은 C이다.

77) 여학생들이 여교사가 자신감이 없어 고민하는 마음을 전달받게 될 것이라고 말하고 있으므로 답은 D이다.

78) 일부 여학생들은 자신에게 자신감을 갖지 못하고, 더 깊이 있는 수학 수업을 회피하여 과학분야의 직업을 갖지 못하게 될 수 있다고 언급하고 있다. 따라서 답은 B이다.

단어 项 xiàng 양 가지, 항목 | 数学 shùxué 명 수학 | 焦虑 jiāolǜ 명 고민, 걱정 | 传递 chuándì 동 전달하다 | 研究 yánjiū 명 연구 | 小组 xiǎozǔ 명 팀 | 讲课 jiǎngkè 동 수업하다 | 显示 xiǎnshì 동 나타내다, 드러내다 | 倾向于 qīngxiàngyú ~하는 경향이 있다 | 模仿 mófǎng 동 모방하다 | 性别 xìngbié 명 성별 | 印象 yìnxiàng 명 인상 | 回避 huíbì 동 회피하다, 피하다 | 无缘 wúyuán 동 인연이 없다 | 知名度 zhīmíngdù 명 지명도, 알려진 정도 | 待遇 dàiyù 명 대우 | 优越 yōuyuè 형 우월하다 | 职位 zhíwèi 명 직위 [여기선 직업의 의미]

79-81

这是一个夏天的经历。

自行车坏了，我找到了一个中年修车人，很善谈，修车很快也很认真；自行车放倒后，彻底上油检修。我找了个板凳，坐在一边，和他聊着。

中途手机响了，他擦擦手上油污，高兴地应着："当然，当然，去，去。"过一会儿，手机再响，他又擦擦手，很有兴致地说："好好，放心，一定准时。"两回打断修车，他不好意思，^{79/80}告诉我："都是舞友，约晚上跳舞的。""您还有这兴致？""天天跳，生活一乐儿，白天累了晚上放松，音乐伴着，活动开身心，什么都忘了。"这时我才发现，修车人动作灵活，能想象出，脱掉这身修车服，以舞者身份进了舞场后的那份自如、洒脱。自此，⁸¹我的自行车坏了，不管走多远，都来找这个修车人，因为他是舞者。

이건 여름에 겪은 일이다.

자전거가 고장 나서, 나는 중년의 자전거 수리공을 찾았다. 그는 상냥했고, 자전거 수리도 빨리, 그리고 열심히 해주었다. 그는 자전거를 내려놓고, 기름을 바르고, 자전거를 분해하여 살펴보았다. 나는 의자에 앉아서 그와 이야기를 했다.

중간에 휴대전화가 울렸다. 그는 손에 있던 기름얼룩을 닦고, 즐겁게 전화를 받았다. "물론이야, 당연하지, 갈게, 갈거야." 조금 있다가 휴대전화가 또 울렸다. 그는 또다시 손을 닦고, 신이나서 말했다. "알았어, 걱정 마, 시간 맞춰서 갈 테니까." 두 번의 전화가 자전거 수리를 방해한 것에 그는 미안해했다. 그리고 ^{79/80}나에게 말했다. "모두 춤 친구들이에요. 밤에 춤추기로 했거든요." "그런 취미도 있으세요?" "날마다 춤춰요. 생활의 낙이지요. 낮에 힘들었으니, 저녁에는 좀 편안하게 있는거죠. 음악에 맞춰서 움직이면, 몸과 마음이 즐거워지고, 모든 것을 잊을 수 있어요." 이때 나는 자전거를 수리공의 동작이 민첩한 것에서 자전거 수리공이란 옷을 던져버리고, 춤꾼의 신분으로 무도장에 들어갈 때의 자유로움과 시원함을 상상할 수 있었다. 그때부터 ⁸¹나는 자전거가 고장나면, 거리가 얼마나 되는지 관계 없이, 이 수리공을 찾았다. 왜냐면 그는 댄서니까.

79 修车人是个什么样的人?

    A 生活贫困

    B 非常害羞

    C 懂得生活

    D 不认真工作

80 修车人打算晚上干什么?

    A 好好儿休息

    B 听音乐放松

    C 去舞场打工

    D 和朋友跳舞

81 我为什么总要找这个修车人修车?

    A 欣赏他的心态

    B 喜欢看他跳舞

    C 他的技术很好

    D 他的收费合理

79 수리공은 어떤 사람인가?

    A 생활이 어려운 사람

    B 부끄러움을 타는 사람

    C 생활을 즐길 줄 아는 사람

    D 열심히 일하지 않는 사람

80 수리공은 저녁에 무엇을 할 계획인가?

    A 휴식을 취한다

    B 음악을 들으면서 쉰다

    C 무도장에서 일을 한다

    D 친구들과 함께 춤을 춘다

81 나는 왜 이 수리공에게만 자전거를 고치려고 하는가?

    A 그의 자세를 좋게 보았기 때문에

    B 그의 춤추는 모습을 보는 것을 좋아하기 때문에

    C 그의 수리 기술이 좋기 때문에

    D 그가 받는 수리비가 합리적이기 때문에

요약 제목: 여가를 즐기는 자전거 수리공

주제어: 여가시간에 춤을 추며 삶을 즐기는 자전거 수리공의 모습이 참 보기 좋다.

여름에 나는 자전거를 고치기 위해 중년의 자전거 수리공을 찾았다. 그는 친절했고, 열심히 자전거를 고쳤다. 그러던 와중에 그의 전화벨이 두 번이나 울렸는데, 모두 춤 친구에게서 걸려온 것이었다. 그는 나에게 날마다 춤을 추러 가는데, 음악에 맞춰 춤을 추면 몸과 마음이 즐거워진다고 했다. 나는 그의 민첩한 동작에서 무도장에서의 자유로움, 시원함을 상상할 수 있었다. 그때부터 나는 자전거가 고장 나면, 무조건 그를 찾아갔다. 왜냐하면 그는 댄서이니까.

해설 79) 수리공은 일에만 몰두하는 것이 아니라 일을 하고 남은 시간에는 자신의 생활을 즐긴다. 따라서 답은 C이다.

80) 춤을 같이 추는 친구들의 전화를 받고, 그는 저녁에 춤을 추러 가기로 약속했다고 언급했으므로 답은 D이다.

81) 수리공은 생활을 즐길 줄 아는 사람으로, 화자는 그런 그의 생활태도를 좋게 보고 있다. 따라서 답은 A이다.

단어 夏天 xiàtiān 몡 여름 | 经历 jīnglì 몡 경험 | 修车 xiūchē 동 자전거를 고치다, 수리하다 | 上油 shàngyóu 동 기름을 바르다 | 检修 jiǎnxiū 동 분해하여 검사하다 | 手机 shǒujī 몡 휴대전화 | 响 xiǎng 동 울리다 | 擦 cā 동 문지르다, 닦다 | 油污 yóuwū 몡 기름얼룩 | 兴致 xìngzhì 몡 흥미, 재미 혱 흥미롭다 | 打断 dǎduàn 동 자르다, 끊다 | 跳舞 tiàowǔ 동 춤 추다 | 动作 dòngzuò 몡 동작 | 灵活 línghuó 혱 민첩하다 | 脱掉 tuōdiào 동 벗어 버리다 | 舞者 wǔzhě 몡 댄서 | 自如 zìrú 혱 자유롭다, 자유자재하다 | 洒脱 sǎtuō 혱 시원스럽다 | 不管 bùguǎn 접 ~에 관계 없이

有什么样的目标，就有什么样的人生。或许你觉得自己现在的地位是多么卑微，或者从事的工作是多么的微不足道，但是只要你强烈地渴望攀登成功的巅峰，将自己摆在整个社会的宏观世界之中，[82]认真做好人生定位，明确奋斗目标，并愿意为此付出艰辛的努力，那么总有一天你会如愿以偿，获得成功。

人生目标可分为长远目标和短期目标。如果一个人没有长远目标，那么他的人生将是盲目的，一切的努力都将是无用功。但如果一个人没有短期的目标，他将不知道自己每天要做些什么，脚步不知道朝什么方向迈出。[83]将人生的长远目标划分成一个个节点，就成了每一个时期的短期目标，仿佛人生的驿站。所有的短期目标都指向同一个方向，为长远目标做基础，这就是所有成功的人所遵循的公式。

"千里之行，始于足下"。即使有了目标，实现它也需要一个过程。成功的人是最有理想、最明智，也是最有毅力、最坚定的。[84/85]他们懂得一切的成功都不是一蹴而就的，都需要通过艰苦卓绝的努力，不断地改进和提高；成功的人绝不会只以事情做完为满足，而会要求自己不断地做得更好，以获取更大的成功。

82　要获得成功，应该要怎样?

　　A　放松心情

　　B　珍惜时间

　　C　制订目标

　　D　选择好的途径

83　关于长远目标和短期目标，下列哪项正确?

　　A　二者是相互联系的

　　B　短期目标决定人生方向

　　C　长远目标是最重要的

　　D　两种目标决定两种方向

84　作者认为要如何实现目标?

　　A　付出艰辛的努力

　　B　要使自己变得聪明

　　C　要找到理想的职业

　　D　需要成功的人来帮助

어떠한 목표가 있다면, 바로 그런 인생이 있기 마련이다. 당신은 현재 자신의 위치가 매우 낮다고 생각하거나, 혹은 하고 있는 일이 보잘것없다고 생각할 수 있다. 하지만 당신이 성공의 정상에 오르려는 간절한 마음이 있고, 자신을 사회 전체의 큰 세계에 올려놓고, [82]인생이 어디쯤 왔는지 파악하고, 목표를 명확하게 세워, 이를 위해 열심히 노력한다면, 언젠가 당신은 당신이 생각한 것처럼 성공할 수 있을 것이다.

인생의 목표는 장기적인 목표와 단기적인 목표로 나눠볼 수 있다. 만약 사람에게 장기적인 목표가 없다면 인생은 맹목적인 것이 될 것이고, 모든 노력이 수포로 돌아갈 것이다. 그러나 만약 사람에게 단기적인 목표가 없다면, 매일 무엇을 해야 하는지, 어떤 방향으로 나아가야 하는지조차 알지 못할 것이다. [83]인생의 장기적인 목표는 여러 개의 마디로 나눠볼 수 있는데, 각 마디는 매 시기의 단기적 목표가 된다. 마치 인생의 정거장처럼 말이다. 모든 단기적 목표는 하나의 방향으로 나아가야 하며, 장기적 목표를 위한 기반이 되어야 한다. 이것은 성공한 모든 사람이 따랐던 공식이다.

"천 리 길도 한 걸음부터" 설사 목표가 있다 하더라도, 그 목표를 실현하는 데에는 과정이 필요하다. 성공한 사람은 이상을 가지고 있는 매우 현명한 사람이지만, 가장 의지 있고 가장 꿋꿋한 사람이기도 하다. 그들은 모든 [84/85]성공이 하루아침에 이뤄지는 것이 아니며, 힘겨운 노력을 통해 꾸준히 개선하고 발전해야 함을 알고 있다. 성공한 사람은 절대 일을 마친 것에만 만족하지 않으며, 더 잘하려고 끊임없이 노력하여 더 크게 성공하려고 한다.

82　성공하려면, 어떻게 해야 하는가?

　　A　마음을 편하게 먹는다

　　B　시간을 소중히 생각한다

　　C　목표를 세운다

　　D　좋은 경로를 찾는다

83　장기적인 목표와 단기적인 목표에 관한 이야기 중 올바른 것은 무엇인가?

　　A　두 가지 목표는 서로 관련이 있다

　　B　단기적 목표가 인생의 방향을 결정한다

　　C　장기적 목표가 가장 중요하다

　　D　두 가지 목표는 두 가지 방향을 결정한다

84　글쓴이는 어떻게 목표를 실현할 수 있다고 하는가?

　　A　열심히 노력해야 한다

　　B　자신을 더 똑똑하게 해야 한다

　　C　이상적인 직업을 찾아야 한다

　　D　성공한 사람의 도움을 받아야 한다

85 这段话主要讲了什么？	85 이글은 주로 무엇을 이야기하고 있는가?
A 如何获得成功	A 어떻게 하면 성공할 수 있는가
B 怎样制定目标	B 어떻게 목표를 세우는가
C 长短目标的关系	C 장기적 목표와 단기적 목표와의 관계
D 了解什么是人生	D 무엇이 인생인가

요약 제목: 성공의 조건

주제어: 성공하고 싶다면, 목표를 세우고 이를 위해 끊임없이 노력하는 자세가 필요하다.

성공을 하고 싶다면, 당신은 자신의 인생이 어디쯤 왔는지 파악하고, 목표를 세워 열심히 노력해야 한다. 인생의 목표는 장기적인 목표와 단기적인 목표가 있는데 이 둘은 밀접한 관계가 있다. 장기적인 목표의 각 마디는 매 시기의 단기적 목표이다. 모든 단기적 목표는 하나의 방향으로 나가야 하고, 장기적 목표의 기반이 되어야 한다. 성공은 하루아침에 이뤄지는 것이 아니므로 목표에 맞게 끊임없이 노력하는 자세도 필요하다.

해설 82) 자신의 인생이 어디쯤 와있는 것인지, 인생의 위치를 파악하고 목표를 명확하게 하여, 열심히 노력한다면 성공할 수 있다고 언급하고 있으므로 답은 C이다.

83) 장기적인 목표는 단기적인 목표를 결정짓고, 단기적인 목표는 장기적인 목표를 위한 기반을 마련하는 것이라고 언급하고 있으므로 두 가지 목표는 서로 관련 있다고 할 수 있다. 따라서 답은 A이다.

84) 글쓴이는 성공하려면 열심히 노력해야 한다고 언급하고 있다. 따라서 답은 A이다.

85) 이 글에서는 주로 어떻게 하면, 성공할 수 있는지에 관해 이야기하고 있다. 성공을 하기 위한 방법으로 장기적 목표와 단기적 목표 세우고, 열심히 노력해야 한다고 말하고 있다. 따라서 답은 A이다.

단어 目标 mùbiāo 명 목표 | 地位 dìwèi 명 지위 | 卑微 bēiwēi 형 비천하다 | 微不足道 wēibù zúdào 성 보잘것없다 | 强烈 qiángliè 형 강렬하다 | 渴望 kěwàng 동 간절히 바라다 | 攀登 pāndēng 동 오르다 | 巅峰 diānfēng 명 정상, 꼭대기 | 摆 bǎi 동 놓다 | 宏观 hóngguān 형 거시적이다 | 定位 dìngwèi 동 위치를 정하다 | 明确 míngquè 동 명확하게 하다 | 奋斗 fèndòu 동 분투하다, 열심히 노력하다 | 付出 fùchū 동 바치다 | 艰辛 jiānxīn 형 고생스럽다 | 如愿以偿 rúyuàn yǐcháng 성 희망이 이루어지다 | 长期目标 chángqī mùbiāo 명 장기적인 목표 | 短期目标 duǎnqī mùbiāo 명 단기적인 목표 | 盲目 mángmù 형 맹목적이다 | 迈出 màichū 동 큰 발걸음으로 나아가다 | 节点 jiédiǎn 명 마디 | 仿佛 fǎngfú 부 마치 ~인 듯 하다 | 驿站 yìzhàn 명 역, 역참 | 基础 jīchǔ 명 기반, 기초 | 遵循 zūnxún 동 따르다 | 公式 gōngshì 명 공식 | 千里之行，始于足下 qiānlǐzhīxíng, shǐyúzúxià 성 천리길도 한 걸음부터 | 毅力 yìlì 명 의지 | 坚定 jiāndìng 형 꿋꿋하다 | 一蹴而就 yīcù érjiù 성 단번에 이루어지다, 하루아침에 이루어지다 | 卓绝 zhuōjué 형 뛰어나다

86-89

有个伐木工人在一家木材工厂找到一份合适的工作，由于薪资优厚，工作环境也相当好，伐木工很珍惜，也决心要认真努力地工作。

第一天，老板交给他一把锋利的斧头，划定一个伐木范围，让他去砍伐。非常努力的伐木工人，这天砍了18棵树，老板也相当满意，他对伐木工人说："非常好，你要继续保持这个水准！" 伐木工听见老板如此夸赞，非常开心，⁸⁶第二天他工作得更加卖力。但是，不知道为什么，这天他却只砍了15棵树。⁸⁷第三天，他为了弥补昨天的缺额，更加努力砍伐，可是这天却砍得更少，只砍了10棵树。

한 벌목꾼이 목재공장에서 자신에게 맞는 일자리를 찾았다. 임금도 후하고, 업무환경도 괜찮았다. 그래서 벌목꾼은 이를 소중히 여기며, 열심히 일할 것을 다짐했다.

첫날, 사장님은 그에게 날카로운 도끼머리를 주었고, 한 구역을 설정하여, 그에게 나무를 베라고 하였다. 벌목꾼은 이날 18그루의 나무를 베었고, 사장은 이에 매우 만족했다. 그는 벌목꾼에게 말했다. "아주 좋아, 앞으로 이 수준을 계속 유지하면 되겠어!" 벌목꾼은 사장님의 칭찬을 듣고, 매우 신이 났고, ⁸⁶다음 날 그는 더 힘껏 일했다. 그러나, 어찌된 영문인지, 이날 그는 15그루만 벨 수 있었다. ⁸⁷그 다음 날이 되자, 그는 어제 적게 벤 것을 만회하기 위해, 더 열심히 나무를 벴다. 그러나 벤 나무는 수는 오히려 더 줄었고, 단지 10그루만 벨 수 있었다.

伐木工人感到非常惭愧，他跑到老板那儿道歉：“老板，真对不起，我不知道为什么，力气好像越来越小了。”

老板温和地看着他，接着问：“[88]你上一次是什么时候磨斧头的？”

伐木工望着老板，诧异地回答说：“[88/89]磨斧头？我每天都忙着砍树，根本没有时间磨斧头啊！”

86　伐木工人第二天砍了多少棵树？

　　A 20棵

　　B 18棵

　　C 15棵

　　D 10棵

87　伐木工人为什么向老板道歉？

　　A 他打算换工作

　　B 他把斧头弄坏了

　　C 老板批评了他

　　D 他完成不了工作

88　为什么伐木工人开始时表现得好？

　　A 因为老板在一旁监督

　　B 开始时斧头比较锋利

　　C 那时砍的树都比较细

　　D 因为有别的工人帮他

89　这段话主要讲了什么意思？

　　A 做好准备工作很重要

　　B 犯了错误要及时道歉

　　C 力气小不能当伐木工

　　D 木材工厂的工作很辛苦

벌목꾼은 부끄러워하며, 사장님께 사과했다. “사장님, 정말 죄송합니다. 왜 그런지 모르겠지만, 체력이 나날이 약해지는 것 같아요.”

사장은 따듯하게 그를 바라보며, 물었다. “[88]언제 도끼머리를 갈았지?”

벌목꾼은 사장을 바라보았고, 의아해하며 대답했다. “[88/89]도끼머리를 갈아요? 저는 매일 벌목하느라고 도끼날을 갈 시간이 없었는걸요.”

86　벌목꾼은 둘째 날 몇 그루의 나무를 베었는가?

　　A 20그루

　　B 18그루

　　C 15그루

　　D 10그루

87　벌목꾼은 왜 사장에게 사과했는가?

　　A 이직을 하려고 하기 때문에

　　B 그가 도끼머리를 망가뜨렸기 때문에

　　C 사장이 그를 혼냈기 때문에

　　D 그가 일을 다 완수하지 못했기 때문에

88　벌목꾼은 왜 처음에 일을 잘하였는가?

　　A 사장님이 옆에서 지켜보고 있었기 때문에

　　B 일을 시작할 때, 도끼가 날카로웠기 때문에

　　C 처음에 벤 나무들이 얇았기 때문에

　　D 다른 벌목꾼이 그를 도와줬기 때문에

89　이 글은 주로 무엇을 말해주고 있는가?

　　A 준비를 잘하고 일하는 것이 중요하다

　　B 잘못을 저지르면 바로 사과를 해야 한다

　　C 체력이 좋지 않다면 벌목꾼이 될 수 없다

　　D 목재공장의 일은 매우 힘들다

요약　제목: 준비의 중요성

주제어: 일을 하려면, 그에 맞는 준비를 하고 시작해야 한다. (나무꾼은 도끼 머리를 갈 준비를 하지 않고 무작정 나무를 베었기 때문에 나무를 많이 벨 수 없었다.)

한 벌목꾼이 목재공장에서 일하게 되었다. 첫날 사장님은 그에게 날카로운 도끼머리를 주었고, 한 구역을 설정해 그에게 나무를 베라고 했다. 첫날 그는 18그루의 나무를 베었다. 하지만, 다음 날, 그리고 그 다음 날 그는 열심히 나무를 베었지만 각각 15그루, 10그루만 벨 수 있었다. 벌목꾼은 사장님께 나무를 점점 적게 벤 것에 대해 사과했다. 이에 사장님은 도끼머리를 언제 갈았는지 물었고, 벌목꾼은 지금껏 나무를 베느라 도끼머리를 간 적이 없다고 대답했다. 즉, 벌목꾼은 도끼머리가 점점 무뎌졌기 때문에 나무를 많이 벨 수 없었던 것이다.

해설 86) 벌목꾼은 첫째 날에는 18그루, 둘째 날에는 15그루, 마지막에는 10그루의 나무를 베었다. 따라서 답은 C이다.

87) 그는 자신이 체력이 점점 약해져 사장이 준 일을 다 못했다고 생각하였으며, 그래서 사장님께 사과하였다. 따라서 답은 D이다.

88) 벌목꾼이 처음에 사용한 것은 사장님이 그에게 준 날카로운 도끼였다. 그러나 며칠 동안 그가 나무 베는 것에만 신경 쓰면서 도끼는 무뎌졌으나 그는 도끼를 갈 생각을 하지 않았다. 즉, 무뎌진 도끼로 일을 하다 보니, 뒤로 갈수록 벨 수 있었던 나무 수가 줄었던 것이다. 따라서 답은 B이다.

89) 벌목꾼이 나무를 베는 것을 예로 들어 일을 할 때에는 먼저 준비를 잘하고 해야 하며, 그렇지 않으면 일이 잘 진행되기 어렵다는 것을 말해주고 있다. 따라서 답은 A이다.

단어 **薪资** xīnzī 몡 임금 | **优厚** yōuhòu 휑 후하다, 좋다 | **锋利** fēnglì 휑 날카롭다 | **斧头** fǔtóu 몡 도끼머리 | **砍** kǎn 동 베다 | **卖力** màilì 힘쓰다 | **缺额** quē'é 몡 부족 분 | **磨** mó 동 갈다

90-92

一个人要成功，必须找准个人能力和职业的最佳结合点。

　　^{90}现在有很多测试工具能帮助人们找准这个最佳结合点，一些知名企业在招聘员工时，也要对求职者做一番个性测试。因为人们知道，必须把不同个性的人放在最合适的岗位上，才能发挥出最大的潜能。比如一个喜新厌旧的人，对于一个保守的企业而言，可能是经常批评公司及主管的叛逆分子，令人头痛不已。但如果他去从事创意方面的工作，可能会大受欢迎，因为他总能提出新的想法。

　　^{91}要找准最佳结合点，更多的时候还是要靠自我发现。台湾著名漫画家朱德庸25岁红透宝岛，《双响炮》、《涩女郎》、《醋溜族》等作品在台湾深受喜爱；在内地，他的漫画也非常畅销。

　　^{92}可小时候的他却是一个问题孩子，并认为自己非常笨。十多岁以后，他发现自己对文字反应迟钝，但对图形很敏感。于是他在学校里画，回到家里也画，书和作业本上的空白地方都画得满满的；在学校受了哪个老师的批评，一回到家就画他，狠狠地画，让他"死"得非常惨。后来就有媒体发现了他，为他开设漫画专栏。因为找准了自己的最佳结合点，他成为一名优秀的漫画家。

사람은 성공하려면, 반드시 자신의 능력과 가장 잘 맞는 직업을 찾아야 한다.

^{90}현재 많은 테스트들이 직업을 찾는 데 큰 도움된다. 일부 유명기업들은 직원을 채용할 때, 구직자들에게 성격 테스트를 한다. 왜냐하면 그들은 서로 다른 성격의 사람들을 가장 적합한 업무에 배치해야만, 잠재력을 최대한 발휘 할 수 있다는 것을 알고 있기 때문이다. 만약 새로운 것을 좋아하고 옛것을 싫어하는 사람이라면, 보수적인 기업에서, 회사와 임원들을 비판하는 직원으로, 골칫거리가 될 수 있다. 하지만 만약 그가 창의력과 관련된 일에 종사하면 크게 환영받을 것이다. 왜냐면 그는 항상 새로운 생각을 제시할 테니 말이다.

^{91}자신의 능력과 직업이 가장 잘 어울리는지는 자기 스스로 찾아내야 한다. 타이완의 유명한 만화가인 주더용은 25세에 타이완에서 유명세를 타기 시작했으며, 「쌍향포」, 「삽여랑」, 「초유족」 등 작품이 타이완에서 크게 인기를 끌었다. 또 대륙에서도, 그의 만화는 베스트 셀러였다.

^{92}하지만 어릴 때의 그는 문제아였으며, 스스로도 자신이 매우 멍청하다고 생각했다. 열 살이 훌쩍 넘어서, 그는 자신이 글자에 대한 반응은 늦지만 그림에는 민감하다는 것을 알았다. 그래서 그는 학교에서도 그림을 그리고 집에서도 그렸으며, 책과 공책의 빈 곳을 모두 그림으로 가득 채웠다. 학교에서 선생님께 혼나면 집에 돌아와서 그 선생님을 그렸고, 그를 매섭게 그려 매우 난감하게 했다. 그러나 나중에 한 매체에서 그를 발견하고, 그에게 만화칼럼을 내도록 했다. 그는 자신과 가장 잘 맞는 직업을 찾았기 때문에, 뛰어난 만화가가 될 수 있었던 것이다.

90　为什么有的企业在招聘时做个性测试？
　　A 想增加招聘的难度
　　B 想更准确地分配工作
　　C 不想要不听话的员工
　　D 想招创意方面的人才

91　找准个人能力和职业的最佳结合点主要靠谁？
　　A 自己
　　B 老板
　　C 父母
　　D 老师

92　朱德庸小时候怎么样评价自己？
　　A 觉得自己不聪明
　　B 认为自己是个天才
　　C 自己是个好学生
　　D 各方面都比较普通

90　기업에서는 왜 채용할 때 성격 테스트를 하는가?
　　A 채용의 난이도를 높이기 위해서
　　B 알맞게 업무를 배치하려고
　　C 말을 듣지 않는 직원을 뽑지 않으려고
　　D 창의적인 인재를 뽑고 싶어서

91　개인의 능력이 직업과 가장 적합한지 찾는 것은 누구에게 달려 있는가?
　　A 자기 자신
　　B 사장님
　　C 부모
　　D 선생님

92　주더용은 어렸을 때의 자신을 어떻게 평가하는가?
　　A 스스로 멍청했다고 생각했다
　　B 자신은 천재라고 생각했다
　　C 자신은 좋은 학생이라고 생각했다
　　D 여러 가지 면에서 비교적 평범한 학생이라고 생각했다

요약　제목: 성공의 조건

주제어: 성공하려면 자신의 능력과 맞는 직업을 찾아야 한다.

사람이 성공을 하려면 자신의 능력과 맞는 직업을 찾아야 한다. 일부 기업은 직원을 채용할 때, 구직자를 대상으로 성격 테스트를 하는데, 목적은 이들에게 맞는 업무에 배치하기 위해서다. 자신에게 맞는 직업은 자기 스스로 찾아내야 한다. 한 예로, 주더용은 어릴 때 문제아였고, 그 스스로도 자신이 매우 멍청했다고 했다. 하지만 그는 자신이 그림에 민감하다는 것을 알았고, 선생님께 혼나면서도 늘 그림을 그렸다. 그 결과 그는 타이완뿐만 아니라 대륙에서도 유명한 만화가가 되었다.

해설　90) 직원들에 대해 많이 알고, 그들에게 알맞은 업무를 배치하기 위해서 이런 테스트를 진행하는 것이므로 답은 B이다.

91) 중간에서 개인의 능력과 가장 적합한 직업을 찾는 것은 스스로를 발견해야 한다고 하면서 타이완 만화가인 주더용을 예로 들고 있다. 따라서 답은 A이다.

92) 주더용은 어릴 때 자신은 문제아였으며 스스로 멍청하다고 생각했다고 언급하고 있으므로 답은 A이다.

단어　招聘 zhāopìn 图 채용하다 | 求职者 qiúzhízhě 阌 구직자 | 测试 cèshì 阌 테스트 | 潜能 qiánnéng 阌 잠재력 | 喜新厌旧 xǐxīn yànjiù 阌 새로운 것을 좋아하고, 옛 것을 싫어한다 | 朱德庸 Zhū Déyōng 阌 주더용(주덕용)[대만을 대표하는 만화가] | 宝岛 bǎodǎo 阌 여기서는 타이완을 지칭함 | 畅销 chàngxiāo 图 잘 팔리다 | 迟钝 chídùn 阌 반응이 느리다 | 狠狠 hěnhěn 阌 호되게, 매섭게 | 专栏 zhuānlán 阌 칼럼

실전모의고사

정답	1	A	2	D	3	A	4	A	5	C	6	B	7	B	8	D	9	D	10	A
	11	A	12	C	13	B	14	B	15	A	16	D	17	D	18	C	19	C	20	B
	21	A	22	B	23	D	24	A	25	B	26	B	27	A	28	D	29	A	30	B
	31	D	32	D	33	A	34	C	35	A	36	C	37	C	38	B	39	B	40	B
	41	D	42	A	43	B	44	D	45	D	46	B	47	D	48	A	49	B	50	C

제1부분

01

一家三口去饭店用餐。吃完后，爸爸付钱，而妈妈对服务员说："我可以把吃剩下的菜打包回家给狗吃吗？"服务员说："当然可以，您请。"旁边的儿子高兴地跳了起来，拍着手叫："我们家终于要买狗啦！"

A 家里并没有狗
B 妈妈很喜欢狗
C 儿子说了谎话
D 这家人想买只狗

세 식구가 식당에서 밥을 먹었다. 밥을 다 먹고 나서 아버지가 계산하자, 어머니는 식당직원에게 말했다. "제가 먹다 남은 음식들을 싸가지고 가서, 집에 있는 강아지에게 줘도 될까요?" 그러자 식당직원이 말했다. "물론이죠. 그렇게 하세요." 옆에 있던 아들은 신이 나서 펄쩍 뛰었다. 그리고 손뼉 치며 말했다. "우리집도 이제 강아지를 사게 됐다!"

A 집에는 강아지가 없다
B 어머니는 강아지를 좋아한다
C 아들은 거짓말을 했다
D 이 집사람들은 강아지를 사고 싶어 한다

해설 "우리 집도 이제 강아지를 사게 됐다"에서 집에 강아지를 키우고 있지 않음을 알 수 있으므로 답은 A이다.

단어 口 kǒu 양 식구 | 用餐 yòngcān 동 밥을 먹다 | 付钱 fùqián 동 돈을 지불하다, 계산하다 | 剩下 shèngxià 동 남다 | 打包 dǎbāo 동 포장하다, 싸가다 | 跳 tiào 동 뛰다 | 拍手 pāishǒu 동 박수 치다, 손뼉 치다 | 谎话 huǎnghuà 명 거짓말

“乐不思蜀”是指一个人到了另一个地方被吸引住了，不想回去了。出自这样一个典故，蜀国亡国后，后主刘禅被安置在魏国的都城洛阳，魏国的皇帝问他想念不想念蜀国，他说："此间乐，不思蜀。"

A 洛阳很美
B 刘禅很无能
C 刘禅被蜀国深深吸引
D 成语相当于"乐而忘返"

“안락하여 고향에 돌아가는 것을 잊다.”는 한 사람이 다른 지역에 매료되어, 다시 돌아가고 싶지 않다는 것을 말한다. 이러한 말이 나온 이유는 촉나라가 망하자, 마지막 군주인 유선이 위나라의 뤄양에서 살았는데, 위나라의 황제가 그에게 촉나라가 그립지 않느냐고 묻자, 그가 “여기서 즐거우니 촉을 그리워하지 않는다.”라고 했기 때문이다.

A 뤄양은 매우 아름답다
B 유선은 무능하다
C 유선은 촉 나라에 매료되었다
D 이 성어는 “즐거워 돌아가는 것을 잊다”와 비슷한 말이다

해설 "乐而忘返"과 "乐不思蜀"는 동의어이다. 따라서 답은 D이다.

단어 乐不思蜀 lèbù sīshǔ 성 안락하여, 고향에 돌아가는 것을 잊다 | 指 zhǐ 동 가리키다, 지칭하다 | 吸引 xīyǐn 동 매료시키다 | 典故 diǎngù 명 이유, 까닭 | 蜀国 shǔguó 명 촉나라 | 亡国 wángguó 동 나라가 망하다 | 后主 hòuzhǔ 명 마지막 군주 | 魏国 wèiguó 명 위나라 | 洛阳 Luòyáng 지명 뤄양(낙양) | 皇帝 huángdì 명 황제 | 乐而忘返 lè'ér wàngfǎn 성 즐거워 돌아가는 것을 잊다

徐太太走在路上，突然下雨了，她看到前面有一家小餐厅，就走了进去。徐太太向服务员询问道："我昨天吃完饭后，把雨伞忘在店里了，你们有没有看到？""请问您的伞是什么样子的呢？"服务员问。"随便什么样子，只要是伞就行！"徐太太答道。

A 徐太太想骗把伞用
B 徐太太昨天没带伞回家
C 徐太太忘记了伞的样子
D 徐太太昨天在小餐厅吃过饭

서 부인이 길을 걷고 있는데, 갑자기 비가 내렸다. 그녀는 앞에 있는 작은 식당을 발견하고는 안으로 들어갔다. 서 부인은 식당직원에게 물었다. "제가 어제 밥을 먹고, 식당에 우산을 뒀다는 걸 깜빡했어요. 혹시 보지 않으셨나요?" "부인의 우산은 어떻게 생겼나요?" 직원이 물었다. "어떻게 생긴 것이든 상관없어요. 우산이기만 하면 돼요." 서 부인이 대답했다.

A 서 부인은 속여서 우산을 가지려고 했다
B 서 부인은 어제 우산을 가지고 집에 가지 않았다
C 서 부인은 우산이 어떻게 생겼는지 까먹었다
D 서 부인은 어제 작은 상점에서 밥을 먹었다

해설 "어떻게 생긴 것이든 상관없어요. 우산이기만 하면 돼요"에서 서 부인은 어제 그 식당에서 밥을 먹지 않았으며, 우산을 놓고 간 적이 없는데도, 우산을 놓고 갔다고 속여 우산을 받으려고 하고 있음을 알 수 있다. 따라서 답은 A이다.

단어 太太 tàitai 명 부인 | 下雨 xiàyǔ 동 비가 오다 | 餐厅 cāntīng 명 식당 | 询问 xúnwèn 동 질문하다 | 把 bǎ 양 자루 [우산을 세는 양사] | 忘 wàng 동 잊다 | 随便 suíbiàn 부 마음대로, 아무거나 | 骗 piàn 동 속이다

04

拥有金钱并不能拥有一切，尊严比生命更可贵更重要。在有生的日子里，人要为了尊严而活，为心目中的目标和理想而活。用金钱来衡量人格是对人的尊严的一种莫大的侮辱。没有不屈的人，只有不屈的灵魂和尊严。

돈을 가지고 있다고 해서, 모든 것을 가진 것은 아니다. 존엄함이야말로 생명보다 더 귀하고, 더 중요한 것이다. 살아 있는 동안 사람은 존엄함을 위해 살고, 마음속의 목표와 이상을 위해 산다. 돈을 가지고 사람의 인격을 가늠하는 것은 인간의 존엄함에 대한 엄청난 모욕이다. 굴복하지 않는 사람은 없으며, 오직 굴복하지 않는 영혼과 존엄함이 있을 뿐이다.

A 目标和理想很重要
B 拥有尊严就能拥有一切
C 尊严是用人格来衡量的
D 坚强不屈的人才有尊严

A 목표와 이상은 중요하다
B 존엄함을 가진다는 것은 모든 것을 가진 것이다
C 존엄함은 인격으로 평가되는 것이다
D 절대 굽히지 않는 사람이 존엄하다

해설 B와 D는 지문의 내용과 일치하지 않으며, C는 지문에서 언급하지 않았다. 두 번째 문장에서 사람은 존엄함을 위해 살고, 마음속의 목표와 이상을 위해 산다고 언급한 점에서 목표와 이상의 중요성을 알 수 있다. 따라서 답은 A이다.

단어 拥有 yōngyǒu 통 가지다 | 金钱 jīnqián 명 돈 | 一切 yíqiè 명 일체, 모든 것 | 尊严 zūnyán 명 존엄함 | 生命 shēngmìng 명 생명 | 活 huó 통 살다 | 目标 mùbiāo 목표 | 理想 lǐxiǎng 명 이상 | 衡量 héngliang 통 가늠하다, 평가하다 | 莫大 mòdà 형 크다, 막대하다 | 侮辱 wǔrǔ 모욕 | 不屈 bùqū 굴복하지 않다 | 灵魂 línghún 명 영혼

05

据中央电视台报道，奥运会期间，奥运村的香蕉很受欢迎，每天消耗香蕉9000根。香蕉中糖含量较高，所含单糖可迅速被人体吸收，补充体力，不失为运动员在赛中迅速补充能量的佳品。

중앙방송국의 보도에 따르면, 올림픽 기간에 올림픽 선수촌에서는 바나나가 큰 인기를 얻고 있고, 매일 섭취되는 바나나는 9,000개에 이른다고 한다. 바나나는 당 함유량이 많으며, 함유된 단당류는 인체에 빠르게 흡수되어 체력을 보충해주기 때문에, 운동선수가 경기 중에 빠르게 열량을 보충할 수 있는 식품이라고 할 수 있다.

A 香蕉的含糖量最高
B 运动后必须吃香蕉
C 吃香蕉可以补充体能
D 运动员很喜欢吃香蕉

A 바나나의 당 함유량이 가장 높다
B 운동 후에는 반드시 바나나를 먹어야 한다
C 바나나를 먹으면 체력을 보충할 수 있다
D 운동선수는 바나나를 먹는 것을 좋아한다

해설 마지막 문장 "운동선수가 경기 중에 빠르게 열량을 보충할 수 있는 식품이라 할 수 있다"에서 바나나가 체력을 보충해줄 수 있는 식품이라는 것을 알 수 있으므로 답은 C이다.

단어 中央电视台 Zhōngyāng diànshìtái 명 중앙방송국, CCTV | 报道 bàodào 명 보도 | 奥运会 Àoyùnhuì 명 올림픽 | 奥运村 Àoyùncūn 명 올림픽 선수촌 | 香蕉 xiāngjiāo 명 바나나 | 消耗 xiāohào 통 소모하다 | 根 gēn 양 길고 가는 것을 세는 양사 | 含量 hánliàng 명 함유량 | 单糖 dāntáng 명 단당 | 吸收 xīshōu 통 흡수하다 | 补充 bǔchōng 통 보충하다 | 不失为 bùshīwéi ~라고 할 수 있다 | 能量 néngliàng 명 열량

06

　　公平对参赛者来说是最重要的，只有在公平、公正、公开的前提下进行的比赛，才会得到最令人满意的效果。一场不公平的较量，会使胜利者胜之不武，而失败者也会永不服输。其实，公平不只是在比赛时需要，在这个世界的多个角落，它都占有极其重要的位置。

A　只有公平才让人满意
B　任何时候公平都很重要
C　不公平会使胜利者不甘心
D　没有公平就不能开展竞赛

　　공평함은 경기에 참가하는 선수에게 있어서 가장 중요한 것이며 공평, 공정, 공개적이라는 전제 아래 진행된 경기여야만 모두가 만족하는 결과를 얻을 수 있다. 공평하지 않은 대결은 승리자에게는 승리했어도 영광스럽지 않으며, 패배자에게는 영원히 패배를 인정하지 않도록 할 수 있다. 사실 공평함은 경기에서만 필요한 것이 아니며, 우리 사회 곳곳에서 매우 중요한 위치를 차지하고 있다.

A　공평해야만 사람이 만족할 수 있다
B　어떤 때든 공평함은 매우 중요하다
C　불공평은 이긴 사람도 승리에 만족하게 않게 만든다
D　공평하지 않다면 경기를 할 수 없다

> **해설**　"공평함은 경기에서만 필요한 것이 아니라 우리 사회 곳곳에서 중요한 위치를 차지하고 있다"고 언급하고 있으므로 답은 B이다.

> **단어**　公平 gōngpíng 명 공평함 | 参赛者 cānsàizhě 명 경기 참가자 | 公正 gōngzhèng 명 공정 | 公开 gōngkāi 명 공개 | 前提 qiántí 명 전제 | 令人满意 lìngrén mǎnyì 만족스럽다 | 较量 jiàoliàng 명 대결, 겨룸 | 胜之不武 shèngzhī bùwǔ 이겨도 영광되지 않다 | 永不服输 yǒngbùfúshū 패배를 인정하지 않다 | 占有 zhànyǒu 동 점유하다, 차지하다 | 位置 wèizhì 명 위치 | 甘心 gānxīn 동 만족해하다

07

　　"冬吃萝卜夏吃姜，不用医生开药方"是个广为流传的俗语，不少人喜欢在夏天吃姜，以防病治病。事实上，夏天并不是人人都适合吃姜，体寒的人如风湿感冒患者吃姜可以祛病，而体质偏热的人夏天吃姜则容易上火，不易多吃。

A　吃姜容易上火
B　体质寒的可多吃姜
C　多吃萝卜可以治病
D　萝卜和姜是医生常用药方

　　"겨울에 무를 먹고, 여름에 생강을 먹으면, 의사의 처방을 받을 필요가 없다"는 널리 알려진 속담으로, 많은 사람들은 여름에 생강을 먹어 병을 예방하고, 치료했다. 사실 여름은 모든 사람이 생강을 먹기에 적합한 시기는 아니다. 몸이 차가운 사람들, 예를 들면 감기 환자는 생강을 먹어 병을 치료할 수 있지만, 몸에 열이 있는 체질인 사람이 여름에 생강을 먹으면 쉽게 열이 올라, 많이 먹을 수 없다.

A　생강을 먹으면 쉽게 열이 오른다
B　몸이 차가운 체질이면 생강을 많이 먹어도 된다
C　무를 많이 먹으면 병을 치료할 수 있다
D　무와 생강은 의사들이 자주 사용하는 약이다

> **해설**　체질적으로 몸이 차가운 사람, 예를 들면 감기 환자들이 생강을 많이 먹으면, 병을 치료할 수 있다고 언급하고 있으므로 답은 B이다.

> **단어**　萝卜 luóbo 명 무 | 姜 jiāng 명 생강 | 开方药 kāifāngyào 약을 처방하다 | 流传 liúchuán 동 널리 퍼지다 | 俗语 súyǔ 명 속담 | 防病 fángbìng 동 병을 예방하다 | 治病 zhìbìng 동 병을 치료하다 | 适合 shìhé 동 적합하다 | 体寒 tǐhán 몸이 차갑다 | 风湿感冒 fēngshī gǎnmào 명 감기 | 祛病 qūbìng 동 병을 제거하다 | 体质 tǐzhì 명 체질 | 上火 shànghuǒ 열이 오르다

08

"舞龙"是中国民间艺术的一种。通常在元旦至元宵间活动，用竹木做龙头、龙尾，以布绸饰其外。分若干节，由青壮年男子手举枝节，在彩绸内部舞动龙身互相戏弄。遇旱灾则舞水龙，遇水灾舞火龙，以求消灾解难，风调雨顺。

A 遇旱灾通常舞火龙
B 舞龙是官方活动
C 舞龙通常在中秋节进行
D 龙头和龙尾是竹子做的

"용춤"은 중국 민간예술의 하나이다. 일반적으로 원단에서 정월대보름 사이에 추며, 대나무로 용의 머리, 용의 꼬리를 만들고 천과 비단으로 그 외의 부분을 만든다. 내용을 들여다보면, 청장년의 남자들은 손에 나뭇가지를 들고 비단 속에서 용의 몸을 흔들어 서로 놀린다. 가뭄이 들었을 때는 수용춤을 추고 수해가 발생했을 때는 화용춤을 추어, 재난을 없애고 날씨가 좋기를 기원한다.

A 가뭄이 발생했을 때는 화용춤을 춘다
B 용춤을 추는 것은 정부의 행사이다
C 용춤을 추는 것은 주로 중추절에 진행된다
D 용머리와 용 꼬리는 대나무로 만든다

해설 대나무로 용의 머리, 용의 꼬리를 만들며 천과 비단으로 그 외의 부분을 만든다고 언급하고 있으므로 답은 D이다.

단어 龙 lóng 몡 용 | 民间 mínjiān 몡 민간 | 艺术 yìshù 몡 예술 | 元旦 yuándàn 몡 원단, 양력 설날 | 元宵 yuánxiāo 몡 정월대보름 | 竹木 zhúmù 몡 대나무 | 龙头 lóngtóu 몡 용머리 | 龙尾 lóngwěi 몡 용 꼬리 | 布绸 bùchóu 몡 천과 비단 | 青壮年 qīngzhuàngnián 몡 청장년 | 技节 jìjié 나뭇가지와 마디 | 舞动 wǔdòng 통 흔들다 | 龙身 lóngshēn 용 몸, 용신 | 戏弄 xìnòng 통 놀리다 | 旱灾 hànzāi 몡 가뭄 | 水灾 shuǐzāi 몡 수해 | 求 qiú 통 기원하다, 바라다 | 消 xiāo 통 없애다 | 风调雨顺 fēngtiáo yǔshùn 쉥 날씨가 좋다. 비와 바람이 순조롭다 | 中秋节 Zhōngqiūjié 몡 중추절. 추석

09

空调病是空调给人们带来舒爽的同时，所带来的一种"疾病"。长时间在空调环境下工作学习的人，因空气不流通，环境得不到改善，会出现鼻塞、头昏、打喷嚏、耳鸣、乏力以及一些皮肤过敏的症状，如皮肤发紧发干、易过敏、皮肤变差等等。

A 空调病不好治
B 夏天尽量不要吹空调
C 感冒是空调病的一种
D 不应该长时间在空调房里

냉방병은 에어컨이 사람에게 시원함을 제공하는 동시에 나타나는 하나의 "질병"이다. 오랫동안 에어컨을 켠 상황에서 공부하고 일하는 사람은 공기가 통하지 않고, 그런 환경이 개선되지 않으면 코 막힘, 어지러움, 재채기, 이명현상, 기력저하 및 피부 알레르기 반응 등 증상이 나타나게 된다. 예를 들면 피부가 갑갑하고 건조하며, 쉽게 알레르기 증상이 나타나고, 피부색이 안 좋아지는 것 등이 있다.

A 냉방병은 치료하기 어렵다
B 여름엔 최대한 에어컨을 켜지 말아야 한다
C 감기는 하나의 냉방병이다
D 오랫동안 에어컨이 있는 방에 있으면 안 된다

해설 지문의 "오랫동안 에어컨을 켠 상황에서 일하고, 공부하는 사람"에게서 코 막힘, 어지러움 등의 증상이 나타난다고 하는 부분에서 오랫동안 에어컨이 있는 방에 있으면 안 된다는 것을 알 수 있다. 따라서 답은 D이다.

단어 空调病 kōngtiáobìng 몡 냉방병 | 空调 kōngtiáo 몡 에어컨 | 舒爽 shūshuǎng 휑 시원하다 | 疾病 jíbìng 몡 질병 | 流通 liútōng 통 통하다 | 改善 gǎishàn 통 나아지다. 개선되다 | 鼻塞 bísāi 몡 코 막힘 | 头晕 tóuyūn 몡 어지러움 | 打喷嚏 dǎ pēntì 통 재채기하다 | 耳鸣 ěrmíng 몡 이명현상 | 乏力 fálì 몡 기력저하 | 过敏 guòmǐn 몡 알레르기, 과민반응 | 症状 zhèngzhuàng 몡 증상 | 发紧 fājǐn 휑 갑갑하다 | 发干 fāgān 휑 건조하다 | 吹空调 chuī kōngtiáo 통 에어컨을 켜다

10

　　中国古代所谓"衣"，既指身上穿的衣服，又指上衣，还可以指一切蔽体的东西。头上戴的叫头衣，又称"元服"，上身穿的是上衣，下身穿的为下衣，又叫"裳"，脚上穿的叫足衣，包括鞋和袜。

A　古代的"衣"所指范围广
B　上身穿的"衣"也叫元服
C　古代头上戴的"衣"又叫"裳"
D　古代的"衣"和现在的完全不同

　　중국 고대에서 소위 말하는 "의"는 몸에 걸친 의복을 말할 뿐만 아니라 웃옷을 말하기도 하며, 몸을 가리는 모든 것을 가리키기도 한다. 머리에 쓴 것을 머리옷이라고 하거나 "원복"이라고 하며, 상반신에 걸친 것을 상의라고 하고, 하반신에 걸친 것을 하의라고 하거나 "치마"라고 하였다. 또 발에 신는 것을 족의라고 하였는데, 신발과 양말이 포함된다.

A　고대의 "의"가 의미하는 것은 매우 광범위하다
B　상반신에 입은 "의"는 원복이라고 불린다
C　고대의 머리에 쓴 "의"는 "치마"라고 불렸다
D　고대의 "의"는 현재와 의미가 완전히 다르다

해설　B,C,D 모두 지문의 내용과 일치하지 않으며, 고대의 "의"는 단순한 의복이 아니라, 머리에서부터 발에 신는 양말과 신발까지 포함하고 있다. 따라서 답은 A이다.

단어　**古代 gǔdài** 명 고대 | **指 zhǐ** 동 지칭하다, 가리키다 | **蔽 bì** 동 가리다, 덮다 | **戴 dài** 동 쓰다, 착용하다 | **元服 yuánfú** 명 원복, 머리에 쓰는 것 | **上身 shàngshēn** 명 상반신 | **上衣 shàngyī** 명 상의 | **下身 xiàshēn** 명 하반신 | **下衣 xiàyī** 명 하의 | **裳 cháng** 명 치마 | **足衣 zúyī** 명 족의 | **鞋 xié** 명 신발 | **袜 wà** 명 양말 | **范围 fànwéi** 명 범위

11

　　《红楼梦》是中国四大名著之一，它把中国人最文雅的表达方式——诗、词、曲、赋全吸纳进来，把中国古典文化的方方面面——建筑、美食、园林、绘画全运用起来，充满了一般小说达不到的雅趣。有人甚至说，中国可以没有万里长城，但是不能没有《红楼梦》。

A　《红楼梦》充满了雅趣
B　《红楼梦》在世界上很有名
C　《红楼梦》展现了现代文化
D　《红楼梦》比万里长城更重要

　　「홍루몽」은 중국의 4대 명작 중 하나로서, 중국인의 가장 우아한 표현방식인 시, 사, 곡, 부가 모두 포함되어 있다. 또 건축, 음식, 원림, 회화 등 중국 고전문화의 여러 분야가 모두 활용되어 보통의 소설이 따라갈 수 없는 우아한 정취로 가득 차 있다. 어떤 이는 심지어 중국에 만리장성은 없어도, 「홍루몽」이 없어서는 안 된다고 말한다.

A　「홍루몽」은 우아한 정취로 가득하다
B　「홍루몽」은 세계에서 매우 유명하다
C　「홍루몽」은 현대 문화를 표현하고 있다
D　「홍루몽」은 만리장성보다 더 중요하다

해설　「홍루몽」은 중국인의 가장 우아한 표현방식을 망라하고 있으며, 중국 고전문화의 소재를 모두 사용한, 보통의 소설이 이를 수 없는 우아한 정취로 가득 차 있다고 언급하고 있으므로 답은 A이다.

단어　**红楼梦 Hónglóumèng** 명 홍루몽 (중국 청대 조설근이 쓴 소설) | **名著 míngzhù** 명 명작 | **文雅 wényǎ** 형 우아하다 | **诗 shī** 명 시 | **词 cí** 명 구절, 사 [중국 고전문학 중 운문의 일종으로 5언시나 7언시, 민간가요에서 발전한 것임] | **曲 qǔ** 명 곡 [일종의 운문 형식으로 민간가곡의 영향을 받아 구와 구어를 사용해 한 곡조를 부르거나 여러 곡조를 합쳐 부름] | **赋 fù** 명 부 [한(漢)나라와 육조(六朝)시대에 성행했던 문체의 일종] | **古典 gǔdiǎn** 명 고전 | **园林 yuánlín** 명 원림 | **绘画 huìhuà** 명 회화 | **雅趣 yǎqù** 명 우아한 정취 | **万里长城 Wànlǐ chángchéng** 명 만리장성

12

蚂蚁的勤劳历来为人所赞赏，但只是具有这种精神是不够的。忙忙碌碌、无目的地奔走，如热锅上的蚂蚁一样，徒然耗费大量的时间和精力。而老虎则精心策划，静静积聚力量，等待时机，一旦时机成熟便奋然出击，这种等待就是志在必得。

A 老虎很勤劳
B 人要学习蚂蚁的精神
C 人要有目的地活着
D 老虎做事通常是无目的的

개미의 부지런함은 지금까지 사람들에게 좋게 평가됐지만, 이런 정신만 가져서는 부족하다. 바쁘기만 하고 목적 없이 분주하면, 뜨거운 가마 속의 개미처럼 쓸데없이 많은 시간과 정신을 소모하게 된다. 반대로 호랑이는 치밀하게 계획을 세우고, 조용히 힘을 모으면서 시기를 기다렸다가, 때가 되면 갑자기 나타나 공격하는데, 이런 기다림은 바로 반드시 이뤄낼 것이라는 의지를 다지는 것이다.

A 호랑이는 매우 부지런하다
B 사람은 개미의 정신을 배워야 한다
C 사람은 목적을 가지고 살아야 한다
D 호랑이는 일할 때 항상 목적지가 없다

해설 개미는 매우 부지런하여 사람들이 좋게 평가하지만, "목적 없이 분주하여 시간과 에너지를 낭비한다"는 것에서 이런 개미의 정신만으로는 부족하며, 호랑이처럼 목적을 가지고 힘을 모으는 자세가 필요하다는 것을 알 수 있다. 따라서 답은 C이다.

단어 蚂蚁 mǎyǐ 몡 개미 | 勤劳 qínláo 동 부지런히 일하다 | 赞赏 zànshǎng 동 좋게 평가하다, 높이 평가하다 | 精神 jīngshén 몡 정신 | 忙忙碌碌 mángmang lùlù 혱 매우 분주한 모양 | 奔走 bēnzǒu 동 분주하게 움직이다 | 热锅上的蚂蚁 règuōshàng de mǎyǐ 젱 가마솥 속의 개미 | 徒然 túrán 뮈 쓸데없이, 헛되이 | 耗费 hàofèi 동 쓰다, 소모하다 | 老虎 lǎohǔ 몡 호랑이 | 精心 jīngxīn 혱 치밀하다, 세심하다 | 划策 huácè 동 계획하다, 기획하다 | 集聚 jíjù 동 모으다 | 奋然出击 fènrán chūjī 갑자기 나타나 공격하다 | 志在必得 zhìzài bìdé 반드시 성취할 것을 결심하다

13

北京时间2010年7月9日，国际足联公布了此次南非世界杯金球奖的十名候选球员和最佳新秀的三名候选人，打进决赛的西班牙队和荷兰队共有五人入围，阿根廷球星梅西也名列其中。

A 此次共有13人获奖
B 有三名最佳新秀候选人
C 阿根廷队进入世界杯决赛
D 南非足联公布了候选人名单

베이징 시간으로 2010년 7월 9일, 국제축구연맹은 이번 남아프리카공화국 월드컵의 골든볼 상 후보선수 10명과 최우수 신인상 후보선수 3명을 발표하였다. 그 중 결승에 진출한 스페인과 네덜란드의 선수 5명이 선정되었으며, 아르헨티나의 축구스타 메시도 후보명단에 포함되어 있다.

A 이번에 모두 13명이 상을 받았다
B 3명의 최우수 신인상 후보가 있다
C 아르헨티나는 월드컵 결승에 진출하였다
D 남아프리카공화국 축구연맹은 수상후보의 명단을 발표했다

해설 지문에서 "골든볼 상 후보선수 10명과 최우수 신인상 후보선수 3명"이라고 언급하고 있으므로 답은 B이다.

단어 国际足联 Guójì zúlián 몡 국제축구연맹, FIFA | 公布 gōngbù 동 발표하다 | 南非世界杯 Nánfēi shìjièbēi 남아프리카공화국 월드컵 | 金球奖 jīnqiújiǎng 몡 골든볼 상 | 候选球员 hòuxuǎn qiúyuán 몡 후보선수 | 最佳 zuìjiā 혱 가장 우수하다 | 新秀 xīnxiù 몡 우수한 신인, 신예 | 决赛 juésài 몡 결승전 | 西班牙 Xībānyá 지몡 스페인 | 荷兰 Hélán 지몡 네덜란드 | 入围 rùwéi 동 (수상자 후보에) 들어가다, 선정되다 | 阿根廷 Āgēntíng 지몡 아르헨티나 | 梅西 Méixī 인몡 메시 | 名列其中 míngliè qízhōng 이름이 명단에 포함되다

14

珠穆朗玛峰是中国的最高峰，也是世界最高峰。2005年3月，中国科学院、国家测绘局、西藏自治区人民政府组织登山队再次攀登珠穆朗玛峰，开展珠峰地区综合考察，重新精确测定珠穆朗玛峰高度，其科学意义重大，社会影响显著。

A 没有人知道山峰的高度
B 珠穆朗玛峰在世界上最高
C 以前测算的高度是错误的
D 2005年3月首次登顶成功

주무랑마봉은 중국에서 가장 높은 봉우리이자, 세계에서 가장 높은 봉우리이다. 2005년 3월 중국과학원, 국가측회국, 티베트자치구 인민정부는 등반원정대를 조직하여 주무랑마봉에 올라갔다. 그리고 주봉지역에 대한 종합적인 조사를 진행하였고, 주무랑마봉의 고도를 다시 측정하였는데, 그 과학적 의미는 매우 크며, 사회에 미친 영향도 컸다.

A 아무도 산봉우리의 고도를 모른다
B 주무랑마봉은 세계에서 가장 높다
C 이전에 측정한 고도는 잘못된 것이다
D 2005년 3월에 처음으로 등정에 성공했다

해설 첫 번째 문장에서 주무랑마봉은 중국에서 가장 높은 봉우리인 동시에 세계에서 가장 높은 봉우리라고 언급하고 있으므로 답은 B이다.

단어 珠穆朗玛峰 Zhūmùlǎngmǎfēng 명 주무랑마봉 | 高峰 gāofēng 명 봉우리 | 登山队 dēngshānduì 명 등산원정대, 등반원정대 | 攀登 pāndēng 동 오르다 | 考察 kǎochá 동 (자세히) 조사하다 | 测定 cèdìng 동 측정하다 | 显著 xiǎnzhù 형 명확하다, 눈에 띄다 | 登顶 dēngdǐng 동 등정하다, 봉우리에 오르다

15

他是中国当今最受大众欢迎的节目主持人，他是大学讲堂上博学多才的阿拉伯语老师，他还是众多影视节目中的重要演员。他主持的《快乐大本营》给千千万万个家庭带来了欢笑，他小小的身材在主持、演艺、教师等领域大红大紫，他就是人称"三面小生"的著名主持人何炅！

A 他很受观众的喜爱
B 他演过很多电视剧
C 他最喜欢的职业是教师
D 他是中国最著名的主持人

그는 중국에서 현재 가장 인기 있는 프로그램 진행자이고, 대학강당에서는 학식이 깊고 재주가 많은 아랍어 선생님이며, 많은 영화와 텔레비전 속의 중요한 연기자이다. 그가 진행하는 「쾌락대본영」은 많은 가정에 웃음을 가져다주고 있으며, 그의 작은 체구는 진행, 연기, 교사 등의 분야에서 대단한 역할을 하고 있다. 그는 바로 "삼면소생"이라고 불리는 유명한 진행자인 허지웅이다.

A 그는 대중의 사랑을 받고 있다
B 그는 많은 연속극에서 연기했다
C 그가 가장 좋아하는 직업은 선생님이다
D 그는 중국에서 가장 유명한 진행자이다

해설 첫 번째 문장에서 그는 중국에서 가장 인기 있는 진행자라고 언급하고 있다. 따라서 답은 A이다.

단어 当今 dāngjīn 명 현재, 지금 | 节目 jiémù 명 프로그램 | 主持人 zhǔchírén 명 진행자 | 讲堂 jiǎngtáng 명 강당 | 博学多才 bóxué duōcái 학식이 깊고, 재주가 많다 | 阿拉伯语 Ālābóyǔ 명 아랍어 | 影视 yǐngshì 명 영화와 텔레비전 | 快乐大本营 Kuàilè dàběnyíng 쾌락대본영 [중국의 오락 프로그램으로 한국 가수, 연예인도 많이 출연하고 있음] | 欢笑 huānxiào 명 웃음 | 身材 shēncái 명 체격, 체구 | 演艺 yǎnyì 명 연기 | 大红大紫 dàhóng dàzǐ 성 (위세가) 대단하다 | 著名 zhùmíng 형 저명하다, 유명하다

16-20

女：今天我们非常荣幸地请到了著名作家，也可以说是著名的昆曲推广人——白先勇先生，欢迎。您个人认为，昆曲的精华在哪儿？

男：¹⁶昆曲是把文学、音乐、艺术、戏剧、美术甚至于武术，整个结合起来，糅和成的一种几乎天衣无缝的完美艺术。它的美学是充满抽象、写意、抒情、诗画的一种美学。昆曲把美学发挥得淋漓尽致。如果用很简单的话给昆曲定义，应该说昆曲是把我们中国文化中很重要的抒情诗的传统，具体地用歌跟舞表现在舞台上。

女：您想通过昆曲这样一种表现形式带给观众怎样的感悟和体验？

男：我想我在做这个昆曲，不仅是演昆曲，更是做一出戏，我们有几千年的传统文化，中华民族的传统文化有过它辉煌的历史。对我们过去的辉煌，一定有一种要使它重现光芒的一种渴望。¹⁷我做的昆曲也是希望把这个做出来以后，让没有接触到我们传统文化的一些年轻观众看到我们传统文化的美，让他们去亲近它，让他们去欣赏它。

女：您觉得昆曲与京剧相比有什么不同之处？

男：¹⁸昆曲是载歌载舞的，甚至可以说是无歌不舞。昆曲有个很重要的不同点，它的文本，很多是文学经典。

女：作为作家，您写完作品之后有什么感觉？

男：¹⁹挺复杂的，写完之后，有一种失落的感觉。我记得，我写完《台北人》的时候，写到早上八点钟，我到大海边散步了，一方面是很高兴，这部作品写完了。但是又感觉好像少了什么似的。写作对我来说是很沉重的一件事情。

女：您有没有什么独特的写作习惯？

여: 오늘은 유명작가이시며, 곤곡 홍보인사라고 할 수 있는 바이시엔용 선생님을 모셨습니다. 어서 오세요. 선생님께서는 곤곡의 정수가 어디에 있다고 생각하시나요?

남: ¹⁶곤곡은 문학, 음악, 예술, 연극, 미술, 심지어 무술을 결합하여 한데 섞어 만든 무결점의 완벽한 예술이에요. 곤곡은 추상적이며, 전달하고자 하는 메시지를 드러내고, 정서를 표현하는 시와 그림이 가득한 하나의 미학이지요. 또 곤곡은 미학이란 무엇인지를 제대로 보여주기도 해요. 만약 간단하게 곤곡을 정의한다면, 곤곡은 우리 중국 문화에서 매우 중요한 서정시를 음악, 춤과 함께 무대에서 구체적으로 표현한 것이라고 할 수 있어요.

여: 선생님은 곤곡 같은 표현방식을 통해 관중에게 어떤 깨달음과 느낌을 주고 싶으세요?

남: 곤곡을 만들 때, 저는 내가 곤곡을 연기하고 있고, 하나의 연극을 하고 있다고 생각해요. 우리는 몇천 년의 전통문화를 가지고 있고, 중화민족의 전통문화는 찬란했던 역사를 가지고 있지요. 저는 과거에 찬란했던 문화에 대해서 다시 빛나게 하고 싶다는 바람이 있어요. ¹⁷내가 만든 곤곡도 다 만들어지고 나서, 우리 전통문화를 접해보지 못한 젊은 관객들이 우리의 전통문화의 아름다움을 보고 그들이 전통문화와 가까워져, 전통을 즐길 수 있게 하길 바라고 있을 거예요.

여: 선생님께서는 곤곡은 경극과 비교했을 때, 무엇이 다르다고 생각하시나요?

남: ¹⁸곤곡은 흥겹게 노래하며 춤추는 것인데요. 심지어 이 노래 없이는 춤을 출 수 없다고도 하지요. 곤곡의 가장 중요한 차이점은 바로 곤곡의 원문이 대부분 문학경전이라는 것이에요.

여: 작가로서 선생님은 작품을 다 쓰고 나면, 어떤 느낌이 드나요?

남: ¹⁹아주 복잡해요. 다 쓰고 나면, 뭔가 잃어버린 느낌이 들어요. 예전에 「대북인」을 쓰고 나니, 아침 8시가 되었어요. 그래서 바다에 나가 산책을 했는데, 한편으로는 즐거웠어요. 작품을 다 끝냈으니까요. 하지만 또 한편으로 뭔가 빠진 느낌이 들었어요. 작품을 쓰는 것은 저에게 매우 힘든 일이거든요.

여: 선생님께서는 독특한 창작 습관이 있나요?

男： 每个人都有自己的习惯，像我必须在一个非常安静的环境中，一写起来就"六亲不认"，而且写作的时候必须要喝茶。有的人在火车上、飞机上都可以写，而且写得很好，我不行，我必须在很安静的地方才能写出来，而且到现在为止，我还不会用电脑写作，[20]必须要用稿纸，而且必须要用台湾的那种600字孔雀牌的纸，必须要用黑色的笔，我写作的毛病多了，这样才写得出来。

16　男的认为昆曲的精华是什么？

　　A　比较完美

　　B　表现很到位

　　C　属于美学范畴

　　D　是一个综合艺术

17　男的做昆曲的目的是什么？

　　A　重现昆曲辉煌

　　B　做观众爱看的戏

　　C　让年轻观众了解昆曲

　　D　让观众感受传统文化美

18　昆曲有什么重要特点？

　　A　比较抽象

　　B　是完美艺术

　　C　具有文学底蕴

　　D　把抒情诗表演出来

19　男的是怎样评价写作的？

　　A　很累

　　B　很简单

　　C　不轻松

　　D　智力游戏

20　关于男的写作习惯，下列哪项正确？

　　A　喜欢用电脑写

　　B　稿纸很有讲究

　　C　可以在飞机上写

　　D　一定要用钢笔写

남: 모든 사람들은 자기만의 습관이 있어요. 저만 해도 반드시 조용한 환경에서 있어야 하고, 한번 쓰기 시작하면 "사람들을 모른 체"하죠. 게다가 작품을 쓸 때, 반드시 차를 마셔야 해요. 어떤 사람들은 기차나 비행기에서 작품을 쓰고, 게다가 내용도 좋죠. 하지만 저는 아니에요. 저는 조용한 곳에서 있어야만 작품을 쓸 수 있어요. 그리고 아직도 저는 컴퓨터로 작품을 쓰지 못해요. [20]반드시 원고지를 사용해야 하는데, 꼭 대만의 600자 공작표 원고지여야 하죠. 그리고 반드시 검은색 연필을 써요. 제가 작품을 쓸 때의 징크스가 많지만, 저는 이렇게 해야만 작품을 쓸 수 있어요.

16　남자는 곤곡의 정수가 무엇이라고 생각하는가?

　　A　비교적 완벽하다

　　B　표현이 아주 적절하다

　　C　미학의 범주에 속해있다

　　D　하나의 종합예술이다

17　남자가 곤곡을 만드는 목적은 무엇인가?

　　A　곤곡의 찬란함을 다시 재연하고 싶어서

　　B　관중이 좋아하는 극을 만들고 싶어서

　　C　젊은 관객들이 곤곡을 이해하도록 하고 싶어서

　　D　관객들이 전통문화의 아름다움을 느낄 수 있도록 하고 싶어서

18　곤곡은 어떤 중요한 특징을 가지고 있는가?

　　A　비교적 추상적이다

　　B　완벽한 예술이다

　　C　문학적인 내용들이 가득하다

　　D　서정시를 연출해낸 것이다

19　남자는 어떻게 자신의 작품활동을 평가하는가?

　　A　매우 피곤하다

　　B　매우 간단하다

　　C　수월하지 않다

　　D　지능 게임이다

20　남자의 창작 습관에 관한 이야기 중 올바른 것은 무엇인가?

　　A　컴퓨터로 작업하는 것을 좋아한다

　　B　원고지에 매우 신경 쓴다

　　C　비행기에서도 작업할 수 있다

　　D　볼펜으로만 써야 한다

요약 곤곡의 홍보인사라고 할 수 있는 바이시엔용은 곤곡을 문학, 음악, 예술, 연극, 미술, 무술을 결합해 만든 완벽한 종합 예술이라고 말한다. 그는 곤곡을 만들 때, 전통문화를 접하지 못한 관객들이 전통문화의 아름다움을 느낄 수 있도록 하고 싶다는 마음을 담는다고 한다. 곤곡은 경극과 달리 원문이 문학경전으로 문학적인 내용이 가득하다. 그는 작품을 다 쓰면 뭔가 잃어버린 느낌이 들고, 자신에게 작품을 쓰는 일은 매우 힘든 일이라고 한다. 그에게는 작품을 쓸 때 자신만의 습관이 있는데 그것은 반드시 공작표 원고지와 검은색 연필을 써야 한다는 것이다.

해설 16) 곤곡은 문학, 음악, 예술, 연극, 미술, 심지어 무술을 결합하여 한데 섞은 종합예술이라고 설명하고 있으므로 답은 D이다.

17) 남자는 일부 젊은 관객들이 중국 전통문화의 아름다움을 보도록 하고 싶다고 언급하고 있으므로 답은 D이다.

18) 곤곡은 중요한 특징을 가지고 있는데, 바로 극본이 대부분 문학경전이라는 것이라는 것이다. 즉, 극본이 문학경전 이므로 곤곡에는 문학적인 소재들이 가득하다는 것을 알 수 있다. 따라서 답은 C이다.

19) 남자는 작품활동이 매우 복잡하며 버겁다고 언급하고 있으므로 답은 C이다.

20) 남자는 반드시 대만에서 만든 600자 공작표 원고지를 써야 하며, 또 검은색 연필을 써야 한다고 언급하고 있으므로 답은 B이다.

단어 荣幸 róngxìng 혱 영광스럽다 | 著名 zhùmíng 혱 유명하다, 저명하다 | 作家 zuòjiā 몡 작가 | 昆曲 Kūnqǔ 몡 곤곡 [장쑤성성 남부와 베이징, 허베이 등지에서 유행했던 지방 희곡] | 推广 tuīguǎng 몡 홍보 | 精华 jīnghuá 몡 정수 | 文学 wénxué 몡 문학 | 音乐 yīnyuè 몡 음악 | 艺术 yìshù 몡 예술 | 戏剧 xìjù 몡 연극 | 美术 měishù 몡 미술 | 武术 wǔshù 몡 무술 | 结合 jiéhé 동 결합하다 | 糅合 róuhé 동 섞다 | 几乎 jīhū 부 거의 | 天衣无缝 tiānyī wúféng 솅 천인의 옷에는 바느질 자리가 없다, 완벽하다, 완전무결하다 | 完美 wánměi 혱 완벽하다, 결함이 없다 | 抽象 chōuxiàng 혱 추상적이다 | 写意 xiěyì 사의, 전달하고자 하는 메시지 | 抒情 shūqíng 동 감정을 표현하다 | 诗画 shīhuà 시와 그림 | 美学 měixué 몡 미학, 아름다움의 의미를 찾는 학문 | 淋漓尽致 línlí jìnzhì 남김없이 다 드러내다, 다 표현하다 | 定义 dìngyì 몡 정의 | 抒情诗 shūqíngshī 몡 서정시 | 表现 biǎoxiàn 동 표현하다 | 舞台 wǔtái 몡 무대 | 观众 guānzhòng 몡 관객, 관중 | 感悟 gǎnwù 몡 깨달음 | 体验 tǐyàn 몡 느낌, 체험 | 演 yǎn 동 연기하다 | 做戏 zuòxì 연극을 하다 | 辉煌 huīhuáng 혱 찬란하다, 휘황찬란하다 | 历史 lìshǐ 몡 역사 | 光芒 guāngmáng 몡 빛 | 渴望 kěwàng 몡 갈망, 바람 | 接触 jiēchù 동 접하다 | 亲近 qīnjìn 동 가까워지다 | 欣赏 xīnshǎng 동 즐기다, 감상하다 | 京剧 jīngjù 몡 경극 | 载歌载舞 zàigē zàiwǔ 솅 흥겹게 노래하며, 춤추다 | 文本 wénběn 몡 원본, 원문 | 经典 jīngdiǎn 몡 경전 | 感觉 gǎnjué 몡 느낌 | 复杂 fùzá 혱 복잡하다 | 失落 shīluò 동 잃어버리다 | 散布 sànbù 동 산책하다 | 沉重 chénzhòng 혱 무겁다, 버겁다 | 独特 dútè 혱 독특하다 | 安静 ānjìng 혱 조용하다 | 六亲不认 liùqīn búrèn 솅 모든 친척을 모른 체 하다 | 喝茶 hēchá 동 차를 마시다 | 电脑 diànnǎo 몡 컴퓨터 | 稿纸 gǎozhǐ 몡 원고지 | 孔雀牌 kǒngquèpái 공작표 | 黑色 hēisè 몡 검은색 | 毛病 máobìng 몡 (나쁜) 버릇, 습관 | 到位 dàowèi 알맞다 | 范畴 fànchóu 몡 범주, 범위 | 底蕴 dǐyùn 몡 내용 | 钢笔 gāngbǐ 몡 볼펜

21-25

男: 今天这位特殊的嘉宾就是享誉中外舞台的著名舞蹈艺术家杨丽萍。首先您能谈谈为什么喜欢跳舞吗？

女: 这大概是我们 21白族人民崇尚大自然，崇尚生活的本质吧。其实我没有进过什么舞蹈学校。但是在我们的家乡，爱好舞蹈是我们生活的一部分，比如说婚丧嫁娶、节庆日，我们经常用歌舞的形式表现自己对大自然，对生活的美好向往。那种对舞蹈的感觉，我觉得是与生俱来的。

男: 那您从小就是一个能歌善舞的孩子吗？

女: 主要还是跳舞，唱歌一个八度都上不去，所以我特吃亏，我就眼看着别人唱歌，我实在不会唱，因为从小不太喜欢说话，所以我的嗓子一直没开，什么都唱不上去。

남: 오늘의 특별 손님은 국제무대에서 널리 알려진 무용예술가이신 양리핑 선생님입니다. 먼저, 선생님께서 왜 춤 추는 것을 좋아하는지 말씀해주시겠어요?

여: 아마도 우리 21백족 사람들의 자연을 숭상하고, 생활을 숭상하는 본성 때문일 거예요. 사실 저는 무용학교에 가본 적이 없거든요. 하지만 제 고향에서는 춤을 사랑하는 것이 생활의 일부분이었어요. 예를 들어 결혼과 장례, 명절에 우리는 항상 노래와 춤으로 대자연에 대한, 그리고 생활에 대한 바람을 표현했죠. 그래서 저는 무용에 대한 애정이 태어날 때부터 있었던 것 같아요.

남: 선생님을 어릴 때부터 노래와 춤을 잘하는 아이였나요?

여: 주로 춤을 췄죠. 노래는 한 옥타브도 잘 올라가지 않아서 늘 불리했죠. 저는 다른 사람이 노래하는 것을 보고만 있었어요. 실제로 저는 노래를 잘 못해요. 왜냐하면 어렸을 때부터 말하는 것을 좋아하지 않아서, 목이 항상 잠겨 있었거든요. 그래서 무슨 노래든 잘 부르지 못하죠.

男： 当年您的"孔雀公主"形象是深入人心的，您是怎么看"孔雀舞"的？

女： [22]孔雀舞是表现男女之间的爱，或者是搞仪式的时候就会跳。对我来说并不是演出，而是一个仪式。我认为孔雀在世界上是最好的题材。我对孔雀这种形象情有独钟，赋予了很多的情感，它是比较深入人心的题材。例如天鹅是西方人最好的题材，东方人比较喜欢绚丽的，与西方的审美观点不同。西方喜欢天鹅的高贵、洁白。

男： 这么多年过去了，您如何保持超凡的舞姿？

女： [23/25]跳舞的人对形态有很高的要求，有些国际大师93岁了，腰板还直直的，虽然形态老了，但还是很敏捷、矫健，这是与舞蹈有关。体育运动员就不同，年轻时搞，后来不练，就改变了。我们要经常练习。

男： 您对舞蹈尽心尽力，那么对现在的生活有什么要求？

女： 我认为生活有很多不同的方式和态度。[24]对于我来说，喜欢穿粗布、绣花鞋，用木头的杯子喝水，或者用蜡染的台布。不像有些人，喜欢用金子做的杯子。我的生活很有趣味，我会在两棵树之间吊一个床，用两块木板搭建一个桌子，也不用花费很多钱，我认为这很有味道。

21　女的为什么喜欢跳舞？

　　A 是天生的

　　B 舞蹈就是生活

　　C 跳舞能表达感情

　　D 家人都喜欢跳舞

22　女的为什么最喜欢孔雀舞？

　　A 孔雀很高贵

　　B 孔雀的题材好

　　C 孔雀的寓意很多

　　D 孔雀舞能够吸引人

남: 예전에 선생님의 "공작공주"의 이미지가 사람들의 마음속에 깊이 기억되고 있는데요. 선생님은 "공작무"를 어떻게 생각하시나요?

여: [22]공작무는 남녀 간의 사랑을 표현한 것이고, 또 의식을 진행할 때 추는 것이기도 해요. 저는 연기한 것이 아니었고, 의식에서 주로 추었죠. 저는 공작이 세계에서 가장 좋은 소재라고 생각해요. 저는 공작이 이런 이미지를 특별하게 생각해서, 많은 감정을 부여하는데요. 공작은 정말 사람의 마음에 깊이 들어갈 수 있는 소재예요. 예로 들면, 백조는 서양인들에게 가장 좋은 소재이지만, 동양인들은 비교적 화려한 것을 좋아하죠. 서양과 미에 대한 관념이 좀 다르다고 할 수 있어요. 서양에서는 백조의 고귀함과 순결을 좋아하니까요.

남: 이렇게 많은 시간이 흘렀는데도, 선생님께서는 어떻게 훌륭한 자태를 계속 유지하시는 거죠?

여: [23/25]춤을 추는 사람은 겉모습에 대해 요구하는 것이 많죠. 어떤 국제적인 무용수는 93세인데도 허리와 등이 곧아요. 비록 겉모습은 늙었지만, 민첩하고 힘이 있죠. 이것은 무용과 관련이 있어요. 운동선수들은 좀 달라요. 젊었을 때 운동을 하고, 후에 훈련하지 않아서 변하게 되죠. 따라서 우리는 늘 운동을 해야 해요.

남: 선생님은 무용에 온 힘을 기울이셨는데, 현재 생활에 바라는 것이 있으신가요?

여: 저는 생활에도 여러 가지 방식과 태도가 있다고 생각해요. [24]저는 무명옷을 입고, 수놓은 신발을 신는 것을 좋아하고, 나무로 만든 컵에 물을 마시고 라란 염색된 식탁보를 쓰는 걸 좋아하죠. 다른 사람들처럼 금으로 만든 컵을 쓰는 걸 좋아하지 않아요. 제 생활은 매우 흥미로운데요. 저는 두 개의 나무 사이에 침대 하나를 매달고, 두 개의 나무판으로 탁자를 만들 거예요. 많은 돈을 쓰지 않아도 되지요. 저는 이렇게 사는 것도 멋이 있다고 생각해요.

21　여자는 왜 춤추는 것을 좋아하는가?

　　A 천성이기 때문에

　　B 무용이 바로 생활이기 때문에

　　C 춤을 추면 감정을 표현할 수 있기 때문에

　　D 가족들이 모두 춤추는 것을 좋아하기 때문에

22　여자는 왜 공작무를 좋아하는가?

　　A 공작이 고귀하기 때문에

　　B 공작이란 소재가 좋기 때문에

　　C 공작을 빗대어 표현할 수 있는 것이 많기 때문에

　　D 공작무가 사람들을 매료시킬 수 있기 때문에

23 女的认为保持优美舞姿的关键是什么？	23 여자는 우아한 자태를 유지하는 관건은 무엇이라고 생각하는가?
A 身材	A 몸매
B 年龄	B 나이
C 动作敏捷	C 동작의 민첩성
D 坚持练习	D 지속적인 운동
24 关于女的的生活，下列哪项正确？	24 여자의 생활에 관한 이야기 중 올바른 것은 무엇인가?
A 很质朴	A 비교적 소박하다
B 比较辛苦	B 비교적 고생스럽다
C 要求很高	C 바라는 것이 많다
D 追求高品质	D 고품격의 생활을 추구한다
25 关于女的，可以知道什么？	25 여자에 관해서 알 수 있는 것은 무엇인가?
A 能歌善舞	A 노래와 춤에 능하다
B 很注重形态	B 겉모습을 중시한다
C 对自己要求很严格	C 스스로에게 엄격하다
D 经过专业的舞蹈培训	D 전문적인 무용 교육을 받았다

요약 양리핑은 중국의 무용예술가이다. 그녀가 춤을 좋아하는 것은 백족 사람들이 자연을 숭상하고 생활을 숭상하는 천성을 가지고 있기 때문이라고 말한다. 무용학교에 가본 적은 없지만 그녀는 태어날 때부터 춤에 대한 애정이 있었던 것 같다고 생각한다. 그녀는 공작무에 대해서 말하며, 서양과 달리 동양에서는 화려한 것을 좋아하기 때문에 공작은 아주 좋은 소재라고 밝혔다. 춤추는 사람은 겉모습에 대한 요구가 많아서 겉모습에 신경을 써야 한다고 하면서 가장 좋은 방법은 늘 운동하는 것임을 알려주었다. 삶의 방식에 대해서 그녀는 무명옷을 입고, 수놓은 신발을 신는 등 소박한 삶도 멋있다고 말한다.

해설 21) 여자는 백족 사람으로서, 백족 사람들이 가지는 대자연을 숭상하고, 생활을 숭상하는 본성을 가졌다. 또 첫 번째 질문에 대한 대답을 보면, 천성적으로 무용을 좋아했다는 것을 알 수 있으므로 답은 A이다.

22) 여자는 공작은 세계에서 가장 좋은 예술 소재라고 언급하고 있으므로 답은 B이다.

23) 여자는 우아한 자태를 유지하는 관건이 운동을 꾸준히 하는 것이라고 언급하고 있으므로 답은 D이다.

24) 마지막 질문에 대한 대답에서 여자의 생활이 소박하고 간단하며, 고품격의 생활을 바라지 않고 있다는 것을 알 수 있으므로 답은 A이다.

25) 여자는 무용하고 있는 사람은 겉모습에 대한 요구가 많다고 언급하고 있다. 따라서 답은 B이다.

단어 特殊 tèshū 웹 특별하다 | 嘉宾 jiābīn 명 손님 | 享誉中外 xiǎngyù zhōngwài 중국 밖에서 유명하다. 해외에서 이름을 날리다 | 舞台 wǔtái 명 무대 | 舞蹈 wǔdǎo 명 무용 | 艺术家 yìshùjiā 명 예술가 | 跳舞 tiàowǔ 동 춤을 추다 | 白族 báizú 명 백족 | 崇尚 chóngshàng 동 숭상하다 | 本质 běnzhì 명 본성, 본질 | 家乡 jiāxiāng 명 고향 | 婚丧嫁娶 hūnsāng jiàqǔ 명 혼례와 장례 | 节庆日 jiéqìngrì 명 명절, 기념일 | 向往 xiàngwǎng 명 바람, 소망 | 与生俱来 yǔshēng jùlái 태어나면서부터 있다 | 八度 bādù 명 8개 음, 한 옥타브 | 吃亏 chīkuī 동 불리하다 | 嗓子 sǎngzi 명 목 | 孔雀 kǒngquè 명 공작 | 孔雀舞 kǒngquèwǔ 공작무 | 仪式 yíshì 명 의식 | 题材 tícái 명 소재 | 情有独钟 qíngyǒu dúzhōng 특별한 감정을 가지고 있다 | 赋予 fùyú 동 부여하다 | 深入人心 shēnrù rénxīn 성 마음 속 깊이 들어가다 | 天鹅 tiān'é 명 백조 | 绚丽 xuànlì 동 화려하다 | 审美观 shěnměiguān 명 심미관, 미에 대한 관념 | 高贵 gāoguì 웹 고귀하다 | 洁白 jiébái 웹 순결하다 | 超凡 chāofán 웹 훌륭하다. 비범하다 | 舞姿 wǔzī 명 무용 자태 | 形态 xíngtài 명 겉모습 | 腰板 yāobǎn 명 허리와 등 | 敏捷 mǐnjié 웹 민첩하다 | 矫健 jiǎojiàn 웹 힘이 있다 | 练习 liànxí 동 훈련하다. 운동하다 | 尽心尽力 jìnxīn jìnlì 모든 힘을 쏟다. 몸과 마음을 다하다 | 粗布 cūbù 명 무명 천 | 绣花 xiùhuā 동 수를 놓다 | 蜡染 làrǎn 명 라란 염색 | 台布 táibù 명 식탁보 | 棵 kē 양 그루 [나무를 세는 양사] | 吊 diào 동 매달다 | 搭建 dājiàn 동 만들다, 세우다 | 桌子 zhuōzi 명 탁자

男：今天请到的嘉宾是乒乓球世界冠军邓亚萍，欢迎您。能不能先总结一下您成功的经验？

女：²⁶我不比别人聪明，但我能管住自己。我一旦设定了目标，绝不轻易放弃。也许这就是我成功的一个经验吧。

男：您怎么看您拿的那些冠军？

女：我一直不是说非要去拿这个冠军，有的时候，真太难了！它会有很多的因素促成。重要的是每一场比赛，你是否把十分力都使了，该发挥的技术都发挥了，我只是要求我自己尽力。

男：走下球场的这几年，经历了高等学府的培养，国际组织的历练，各项活动的打磨，大家都觉得您更有大家风范，更有魅力了。您怎么看自己的魅力？

女：²⁷我觉得做事情要有原则，或者说要有性格。什么叫魅力？往往这个人有点性格，可能魅力会更强一些，你要是四平八稳的，可能魅力就小些。

男：以您现在的身份，您在工作中有什么困难或者困惑吗？

女：运动员的转型真的是非常非常难，压力也是非常大的。²⁸因为大家对你的期待和要求都比较高。正是因为你有名气，有成绩，所以你要付出的东西更多。辉煌，会附加给你很多的东西。所以感到自己要学的东西还是很多，更加的要去努力。

男：竞技体育对我国发展有什么贡献？

女：²⁹竞技体育场上那种永不言败，永不服输的拼搏精神，影响着中国年轻一代，激励着全国人民的爱国热情和奉献精神。

男：您的运动员生涯给您的最大财富是什么？

女：经历。不光是因为我拿了冠军什么的，³⁰我觉得它是训练人的一种过程。这种经历对我后面的人生非常重要。

남：오늘 모신 손님은 탁구 세계챔피언이신 덩야핑 선수입니다. 어서 오세요. 본인의 성공비결에 대해서 이야기해주실 수 있나요?

여：²⁶저는 다른 사람보다 똑똑하지 않은데요. 하지만 스스로를 잘 관리하죠. 저는 일단 목표를 세우면, 절대 쉽게 포기하지 않아요. 아마도 이것이 바로 저의 성공비결일 거예요.

남：본인의 우승에 대해서는 어떻게 생각하시죠?

여：저는 항상 반드시 우승해야겠다고 말하지 않아요. 어떤 때에는 정말로 어렵거든요. 우승은 많은 요소로 얻어지는 것이기도 하고요. 중요한 것은 매번 경기에 나설 때마다, 실력을 다 보여줬는가, 할 수 있는 기술들을 다 보여줬는가 하는 것이에요. 저는 최선을 다하자는 것만 생각하죠.

남：경기장을 떠나고 최근 몇 년 동안, 우수한 학교에서 공부하고, 국제 조직에서 경험을 쌓았는데요. 이런 각종 활동을 통한 노력에서, 많은 사람들은 덩 선수를 재능과 패기가 있고 매력이 있다고 생각해요. 덩 선수는 자신의 매력에 대해서 어떻게 생각하시나요?

여：²⁷저는 일을 할 때는 원칙이 있어야 한다고 생각해요. 혹은 개성이 있어야 한다고 말할 수 있죠. 무엇을 매력이라고 할까요? 어떤 사람에게 개성이 있다면, 매력은 더 많아질 거라고 생각해요. 만약 당신이 조심하고 보수적인 성격이라면, 매력은 좀 적을 것 같네요.

남：지금과 같은 신분으로, 일할 때 어려움이나 곤란한 것이 있나요?

여：운동선수의 전업은 정말 어려워요. 스트레스 역시 많죠. ²⁸왜냐하면 많은 사람이 당신에 대한 기대와 요구가 많기 때문이에요. 이름이 알려져 있고, 좋은 성적을 냈었기 때문에 더 많은 것을 보여줘야 한다는 것이지요. 화려했던 과거는 당신에게 더 많은 것을 요구할 수 있어요. 그래서 내가 배워야할 것이 아직도 많구나 하며, 더 노력해야 한다는 것을 느끼게 되죠.

남：우승을 겨루는 운동이 중국의 발전에 어떤 기여를 했나요?

여：²⁹실패를 입에 담지 않고, 패배를 받아들이지 않는다는 경기장의 대결 정신이 중국 젊은이들에게 큰 영향을 미쳤고, 전 국민의 애국심과 헌신정신을 고무시켰다고 생각해요.

남：덩 선수의 선수생활이 당신에게 준 가장 큰 선물은 무엇이죠?

여：경력이죠. 제가 우승을 했기 때문만은 아니에요. ³⁰저는 경력은 사람을 단련시키는 하나의 과정이라고 생각해요. 이런 경력은 앞으로 저의 인생에서 매우 중요하죠.

26	女的成功的经验是什么?	26	여자의 성공비결은 무엇인가?
	A 头脑聪明		A 똑똑함
	B 坚持不懈		B 끊임 없는 노력
	C 机遇加努力		C 기회와 노력
	D 设定远大目标		D 원대한 목표를 세움
27	女的认为自己的魅力是什么?	27	여자는 자신의 매력이 무엇이라고 생각하는가?
	A 有个性		A 개성이 있다
	B 球技好		B 기술이 좋다
	C 赛场上的表现		C 경기장에서의 실력발휘를 잘한다
	D 多次获得冠军		D 여러 차례 우승을 거머쥐었다
28	女的为什么会感到有压力?	28	여자는 왜 스트레스를 받는다고 하였는가?
	A 名气太大		A 이름이 유명하다
	B 工作不顺利		B 일이 잘 풀리지 않는다
	C 社会太复杂		C 사회가 너무 복잡하다
	D 别人的期待值高		D 다른 사람의 기대가 매우 높다
29	女的认为竞技体育的贡献是什么?	29	여자는 우승을 겨루는 경기가 어떤 기여를 했다고 생각하는가?
	A 鼓舞人心		A 사람들의 마음을 고무시켰다
	B 使人乐于奉献		B 사람들이 즐겁게 헌신하도록 했다
	C 增强人民体质		C 사람들의 체력을 증강시켰다
	D 提高国家影响力		D 국가의 영향력을 향상시켰다
30	关于女的，可以知道什么?	30	여자에 관해 알 수 있는 것은?
	A 生活很轻松		A 생활이 편하다
	B 比较注重过程		B 과정을 비교적 중시한다
	C 很看重冠军头衔		C 우승과 명예를 중시한다
	D 觉得拿冠军很容易		D 우승을 하는 것은 매우 쉽다고 생각한다

요약 탁구 세계챔피언 덩야핑은 자신의 성공비결이 일단 목표를 세우면 절대 포기하지 않는 것이라고 밝혔다. 그녀의 활발한 활동을 보고 많은 사람들은 그녀를 매력있는 사람이라고 평가하지만, 덩야핑은 개성을 가지고 자신만의 원칙에 맞게 일을 하는 것이 자신의 매력이라고 생각한다. 운동선수가 아닌 또 다른 인생을 사는 그녀는 운동선수의 전업은 사람들의 기대가 크고, 요구가 많기 때문에 매우 어렵다고 말한다. 그녀는 승패를 가르는 운동의 대결정신이 중국인의 애국심과 헌신정신을 고무시켰다고 생각하며, 선수생활에서 가장 좋았던 경험은 바로 경력을 쌓을 수 있었다는 것이라고 한다. 왜냐하면 경력은 하나의 과정으로 이런 과정을 밟아나가는 것이 인생에서 매우 중요하기 때문이다.

해설 26) 여자는 일단 목표를 세우면, 쉽게 포기하지 않았다고 말했다. 즉, 쉽게 포기하지 않고 끝까지 노력했다는 것이다. 따라서 답은 B이다.

27) 여자는 자기만의 개성이 있는 사람이 매력있는 것이라고 언급하고 있으므로 답은 A이다.

28) 좋은 성적을 낸 운동선수는 사람들이 자신에게 기대하는 바가 크기 때문에 스트레스를 받는다고 말했으므로, 답은 D가 된다.

29) 운동선수의 패배를 입에 담지 않는 대결 정신이 사람들을 고무시켰다고 언급하고 있으므로 답은 A이다.

30) 여자는 경력이 사람을 단련시키는 하나의 과정이라고 언급하고 있다. 이 말에서 여자는 결과보다 과정을 중요하게 생각한다는 것을 알 수 있으므로 답은 B이다.

단어 乒乓球 pīngpāngqiú 몡 탁구 | 冠军 guànjūn 몡 우승, 챔피언 | 管 guǎn 동 관리하다, 통제하다 | 设定 shèdìng 동 설정하다, 세우다 | 轻易 qīngyì 뷔 쉽게, 가볍게 | 放弃 fàngqì 동 포기하다 | 因素 yīnsù 몡 요소 | 促成 cùchéng 동 이루어지게 하다 | 使 shǐ 동 쓰다 | 发挥 fāhuī 동 발휘하다 | 尽力 jìnlì 동 힘을 다하다 | 球场 qiúchǎng 몡 경기장 | 经历 jīnglì 동 겪다, 경험하다 몡 경력, 경험 | 学府 xuéfǔ 몡 학부, 학교 | 历练 lìliàn 동 경험을 쌓다, 단련하다 | 打磨 dǎmó 동 단련하다 | 风范 fēngfàn 몡 재능과 패기 | 魅力 mèilì 몡 매력 | 原则 yuánzé 몡 원칙 | 性格 xìnggé 몡 성격, 개성 | 四平八稳 sìpíng bāwěn 셍 지나치게 조심하고, 보수적이다 | 困惑 kùnhuò 몡 어려움, 곤혹 | 转型 zhuǎnxíng 동 전환하다 | 期待 qīdài 동 기대 | 名气 míngqì 몡 명성, 평판 | 付出 fùchū 동 내놓다, 지불하다 | 竞技 jìngjì 몡 경기, 우승을 겨룸 | 永不言败 yǒngbùyánbài 영원히 실패를 입에 담지 않다 | 永不服输 yǒngbù fúshū 영원히 패배를 받아들이지 않다 | 拼搏 pīnbó 동 대결하다, 끝까지 싸우다 | 激励 jīlì 동 격려하다, 고무시키다 | 生涯 shēngyá 몡 생애 | 训练 xùnliàn 몡 단련, 훈련

제3부분

31-33

有个说法不知你信不信：一个人朝另外一个人由衷地微笑，需要调动三十几块肌肉；一个人鼓足勇气对另一个人说"我爱你"，至少需要消耗三个苹果的热量；假设当一个人命中注定会遇见另一个人并且决定与之白头偕老，31则需要花费至少二十年左右的时间来"等待"，还得用掉七十年的岁月才会最后完成。

一个人的一生所流出的汗水与泪水所包含的盐分，足够给亲朋好友做出几十道大菜；一个四肢健全的人一生要走的路加起来可以绕地球七十圈以上。在这个广大的世界上32一个人与另一个人相遇的可能性是千万分之一，成为朋友的可能性大约是两亿分之一，而最终成为伴侣的可能性则只有五十亿分之一。

33如果我们把看似平凡的事情都看成来之不易的，我们便会更加珍惜。

당신이 이런 말을 믿을지 안 믿을지 모르겠다. 한 사람이 다른 사람을 향해 진심 어린 웃음을 보일 때, 30개의 근육이 움직인다. 한 사람이 용기 내어 다른 사람에게 "사랑해"라고 말할 때, 최소 사과 3개의 열량을 소모한다. 만약 한 사람이 운명처럼 사람을 만나 백년해로하려고 결심했다면, 31최소한 20년 정도의 "기다림"과 70년 정도의 세월이 지나야 비로소 완성될 수 있다.

한 사람이 살아가면서 흘리는 땀과 눈물 속의 염분은 친한 친구에게 10코스의 요리를 해줄 수 있는 양이다. 사지가 멀쩡한 사람이 평생 걷는 길을 합치면 지구를 70바퀴 이상 돌 수 있다. 또 이렇게 넓은 세상에서 32한 사람이 다른 사람과 만날 가능성은 1,000만분의 1이며, 친구가 될 가능성은 대략 2억 분의 1이다. 그리고 마지막에 배우자가 될 가능성은 50억 분의 1에 지나지 않는다.

33만약 우리가 일상적으로 보이는 것들을 손에 넣기 힘든 것이라고 생각한다면, 우리는 이를 더 소중히 여기게 될 것이다.

31 假设两个人在命运安排下遇见并且决定白头偕老，大概需要多长时间最后完成？

A 二十年

B 五十年

C 七十年

D 九十年

31 만약 두 사람이 운명적으로 만나서, 백년해로할 것을 결심하려면, 어느 정도의 시간이 지나야 완성될 수 있는가?

A 20년

B 50년

C 70년

D 90년

32 根据短文，下列哪项正确？	32 이 글에 따르면, 다음 중 올바른 것은 무엇인가？
A 说"我爱你"是很困难的	A "사랑해"라고 말하는 것은 어려운 일이다
B 人的相遇要花二十年的时间	B 사람이 서로 만나려면 20년의 시간이 걸린다
C 一个人一生要绕地球七十圈	C 사람은 일생 동안 지구를 70바퀴 돌아야 한다
D 人相遇的可能性是千万分之一	D 사람이 서로 만날 가능성은 천만분의 1이다
33 这段话主要想告诉我们什么？	33 이 글은 주로 무엇을 이야기 하고 있는가？
A 要懂得珍惜	A 소중히 할 줄 알아야 한다
B 人活着很不容易	B 사람이 살아가는 것은 쉬운 것이 아니다
C 要善于观察和发现	C 관찰과 발견을 잘 해야 한다
D 要学会统计和计算	D 통계와 계산하는 것을 배워야 한다

요약 제목: 일상적인 것의 소중함

주제어: 일상적인 것을 손에 넣기 힘든 것이라고 생각하면, 이를 더 소중히 여기게 될 것이다.

사람이 서로 만나 백년해로하려면, 최소 20년의 기다림과 70년 정도의 세월이 지나야 한다. 사람이 평생 걷는 길을 합치면 지구를 70바퀴 이상 돌 수 있다. 이 세상에서 두 사람이 마주칠 확률은 1,000만 분의 1, 친구가 될 가능성은 2억 분의 1, 배우자가 될 가능성은 50억분의 1이다. 우리가 일상적인 것이라고 생각하는 것을 손에 넣기 힘든 것이라고 생각하면, 우리는 이를 더 소중히 여기게 될 것이다.

해설 31) 20년의 시간동안 "기다려"야 하고, 70년의 시간이 지나야 완성될 수 있다고 언급하고 있으므로 답은 이 둘을 합한 90년이다. 따라서 답은 D이다.

32) 사람과 사람이 만날 가능성은 천만분의 1이라고 언급하고 있으므로 답은 D이다.

33) 마지막 문장에서 사람은 일상적으로 보이는 평범한 것을 소중하게 생각해야 한다고 언급하고 있으므로 답은 A이다.

단어 朝 cháo 젠 ~를 향하여 | 由衷 yóuzhōng 통 진심에서 우러나오다 | 微笑 wēixiào 통 웃다 | 调动 diàodòng 통 동원하다. 사용하다 | 肌肉 jīròu 명 근육 | 鼓足勇气 gǔzú yǒngqì 용기를 내어 | 消耗 xiāohào 통 소모하다 | 热量 rèliàng 명 열량 | 假设 jiǎshè 통 가정하다 | 命中注定 mìngzhōng zhùdìng 운명으로 정해져 있다 | 白头偕老 báitóu xiélǎo 성 백년해로하다 | 汗水 hànshuǐ 명 땀 | 泪水 lèishuǐ 명 눈물 | 盐分 yánfēn 명 염분 | 道 dào 양 코스 [횟수를 셀 때 쓰임] | 四肢 sìzhī 명 사지 | 绕 rào 통 돌다 | 圈 quān 양 바퀴 | 伴侣 bànlǚ 명 배우자 | 平凡 píngfán 형 평범하다 | 来之不易 láizhī búyì 성 손에 넣기가 쉽지 않다 | 珍惜 zhēnxī 통 소중하게 생각하다

34-36

手势语是一种表现力很强的体态语言，³⁴它通过手和手指的活动变化使所要表达的思想和情感内容更加丰富，更具说服力和吸引力。因此，有人称："³⁵手势是口语表达的第二语言。"

生活中³⁶人们常用手势来增强口语的感情色彩，比如人在高兴的时候常常会拍手；悲痛时捶胸脯、揉眼睛；为难时会搓手；悔恨时自拍脑门；紧张时摸头发；称赞时竖起大拇指；蔑视、小看人时伸出小拇指。经常有人在结束演讲时，举起右手握拳，伸出食指和中指构成"V"字形，以象征英文"胜利"一词的开头字母，结果引起了全场欢呼。现在人们多用它来表示祝愿和信心。

수화는 표현력이 아주 좋은 바디랭귀지이다. ³⁴수화는 손과 손가락의 움직임을 통해 표현하고 싶은 생각이나 감정들을 더욱 풍부하게 하여, 설득력과 흡인력을 가진다. 그래서 사람들은 ³⁵수화는 구어를 표현하는 제 2의 언어"라고 말한다.

생활에서 ³⁶사람들은 항상 손짓을 통해서 자신이 하는 말에 대한 감정을 더욱 잘 표현해낸다. 예로 들면, 사람은 기쁠 때, 항상 박수를 친다. 슬플 때는 가슴을 두드리고, 눈을 비빈다. 난감할 때는 손을 비비고, 후회스러울 때는 이마를 친다. 긴장했을 때는 머리카락을 쓰다듬으며, 칭찬할 때는 엄지손가락을 세운다. 사람을 멸시하거나, 우습게 볼 때는 새끼손가락을 뻗는다. 사람들은 공연을 마쳤을 때, 주먹 진 오른손을 들고, 검지손가락과 중지손가락을 뻗어 "V"자를 만든다. 이렇게 영어의 "Victory"의 첫 글자를 표현하여, 전체 공연장의 환호성을 자아낸다. 그리고 요즘 사람들은 "V"를 사용하여, 기원과 믿음을 표현한다.

34 手势语有什么作用?	34 수화는 어떤 역할을 하는가?
A 表示祝福	A 축복을 표현한다
B 缓解身体不适	B 몸이 불편한 문제를 완화해준다
C 使口语更加形象	C 대화내용을 더욱 구체적으로 표현한다
D 使仪态更大方得体	D 자세를 더욱 대범하게 한다

35 关于手势语, 下列说法正确的是?	35 수화에 관한 이야기 중 올바른 것은 무엇인가?
A 是一种辅助语言	A 보조적인 언어이다
B 摸头发是表示为难	B 머리를 쓰다듬는 것은 난감하다는 뜻이다
C 弥补了口语的缺点	C 구어의 단점을 보완해 준다
D "V"字形手势表示胜利	D "V"자 수화는 승리를 나타낸다

36 这段话主要讲了什么?	36 이 글은 주로 무엇을 이야기하고 있는가?
A 手势语的产生	A 수화의 탄생
B 手势语的特点	B 수화의 특징
C 手势语的用处	C 수화의 쓰임새
D 手势语和口语的区别	D 수화와 구어의 차이점

요약 제목: 수화의 쓰임새

주제어: 수화는 사람이 표현하고 싶은 감정들을 더 구체적으로 표현해 준다.

수화는 손과 손가락의 움직임을 통해 표현하고 싶은 생각이나 감정들을 더욱 구체적으로 표현하여 설득력과 흡인력을 가진다. 그래서 수화는 구어를 표현하는 제2의 언어라고 불린다. 일상생활에서 기쁠 때는 박수를, 슬플 때는 가슴을 두드리고, 난감할 때는 손을 비비며, 후회스러울 때는 이마를 치고, 공연장에서는 검지손가락과 중지손가락으로 "V"자를 만들어 환호성을 자아낸다. 이렇듯 사람들은 손짓을 통해 자신이 하는 말의 감정을 더 잘 표현해낸다.

해설 34) 수화는 표현하고자 하는 생각과 감정을 더욱 풍부하게 하므로, 대화의 내용을 더욱 구체적으로 표현한다고 할 수 있다. 따라서 답은 C이다.

35) 수화는 구어를 표현하는 제2의 언어라고 언급하는 것에서, 수화가 구어를 사용할 때 표현력을 더욱 풍부하게 해주는 역할을 하고 있다는 것을 알 수 있다. 따라서 답은 A이다.

36) 이 글에서 수화는 구어 속의 감정을 더 잘 표현하게 해준다고 언급하면서, 수화의 역할을 말해주고 있다. 따라서 답은 C이다.

단어 手势语 shǒushìyǔ 명 수화 | 表现力 biǎoxiànlì 명 표현력 | 体态 tǐtài 명 바디랭귀지 | 手指 shǒuzhǐ 명 손가락 | 思想 sīxiǎng 명 사상, 생각 | 感情 gǎnqíng 명 감정 | 手势 shǒushì 명 손짓 | 口语 kǒuyǔ 명 구어, 입말 | 拍手 pāishǒu 동 박수 치다 | 捶 chuí 동 두드리다, 치다 | 胸脯 xiōngpú 명 가슴 | 揉 róu 동 비비다, 문지르다 | 搓手 cuōshǒu 동 비비다, 문지르다 | 悔恨 huǐhèn 동 후회하다 | 脑门 nǎomén 명 이마 | 摸 mō 동 쓰다듬다 | 竖 shù 동 세우다 | 大拇指 dàmǔzhǐ 명 엄지손가락 | 蔑视 mièshì 동 멸시하다 | 伸出 shēnchū 동 뻗다 | 小拇指 xiǎomǔzhǐ 명 새끼손가락 | 握拳 wò quán 동 주먹 쥐다 | 食指 shízhǐ 명 검지손가락 | 中指 zhōngzhǐ 명 중지손가락 | 开头字母 kāitóuzìmǔ 명 첫 글자 자음 | 祝福 zhùfú 명 축복 | 仪态 yítài 명 몸 가짐, 자세 | 辅助 fǔzhù 형 보조하다 | 用处 yòngchù 명 쓰임새

中国的书法成为一种独特的艺术，还和使用的工具有直接的关系。37笔、墨、纸、砚是中国书法的独特工具，人们把这四种工具叫做"文房四宝"。

笔，就是毛笔，是书写汉字的主要工具。中国很早就有了毛笔，据说新石器时代彩陶上的花纹和图画就是拿毛笔画的。常见的毛笔笔头是羊毫和狼毫，羊毫较软，适宜写大字，狼毫较硬，适宜写小字。中国最好的毛笔是浙江省湖州制作的，这就是著名的"湖笔"。

墨为黑色，一般为长方块形。墨的发明也很早，甲骨文中就有用墨书写的字，好墨颜色黑而有光泽，写出的字永远不掉色。40安徽省徽州生产的"徽墨"名气最大。

纸，是书写汉字的重要材料。纸的种类很多，最好的纸是宣纸，宣纸吸墨，能表现书法的韵味。宣纸是安徽省宣城的特产，已经有1800年的历史，所以在各种宣纸中，40"徽宣"最受欢迎。

38砚，俗称砚台，是磨墨的工具，39砚台的历史也很久远。砚台有石砚、陶砚、玉砚、瓷砚多种，现在最常用的是石砚。在石砚中，最有名的是广东省肇庆生产的"端砚"。

37 "文房四宝"是哪四宝?
  A 笔、墨、书、画
  B 诗、书、纸、砚
  C 笔、墨、纸、砚
  D 诗、词、纸、笔

38 关于"文房四宝"，下列哪项正确?
  A 墨有多种颜色
  B 砚是用来磨墨的
  C 宣纸不容易吸墨
  D "笔"是指钢笔

39 现在哪一种砚台最常用?
  A 陶砚
  B 石砚
  C 端砚
  D 瓷砚

중국 서예는 하나의 독특한 예술이 되었는데, 이는 사용하는 도구와 직접적인 관계가 있다. 37붓, 먹, 종이, 벼루는 중국 서예의 독특한 도구로서, 사람들은 이 네 가지 도구를 "문방사보"라고 부른다.

붓은 바로 털 붓을 말하는데, 한자를 쓰는 주된 도구이다. 중국은 예로부터 붓이 있었는데, 신석기시대 채색토기의 무늬나 그림이 바로 붓을 사용해서 그린 것이라고 한다. 쉽게 찾아볼 수 있는 붓은 양털과 족제비털 붓인데, 양털은 비교적 부드러워 큰 글자를 쓸 때 적합하며, 족제비털은 딱딱하여 작은 글자를 쓰는 데 적합하다. 중국에서 가장 좋은 붓은 절강성 호주에서 만들어진 것으로, 이것이 바로 그 유명한 "호필"이다.

먹은 검은색이며, 일반적으로 직사각형이다. 먹은 아주 오래전에 발명되었는데, 갑골문에도 먹으로 쓴 글자가 있다. 좋은 먹은 색이 검고 광택이 나며, 이미 쓴 글자는 영원히 색을 잃지 않는다. 40안휘성 휘주에서 생산한 "휘먹"이 가장 유명하다.

종이는 한자를 쓸 때의 중요한 재료이다. 종이의 종류는 매우 많은데, 가장 좋은 종이는 선지이다. 선지는 먹을 흡수하여, 서법의 정취를 표현할 수 있다. 선지는 안휘성 선성의 특산물이며, 이미 1,800년의 역사를 가지고 있다. 여러 선지 가운데 40"휘선"이 가장 인기 있다.

38벼루는 보통 연태라고 불렸으며, 먹을 가는 도구이다. 39벼루의 역사는 아주 오래되었다. 벼루에는 돌 벼루, 도기 벼루, 옥 벼루, 자기 벼루 등 여러 가지가 있으며, 현재 가장 많이 사용되는 것은 돌 벼루이다. 돌 벼루 중에서 가장 유명한 것은 광동성 조경에서 생산한 "단연"이다.

37 "문방사보"는 무엇인가?
  A 붓, 먹, 책, 그림
  B 시, 책, 종이, 벼루
  C 붓, 먹, 종이, 벼루
  D 시, 사, 종이, 붓

38 "문방사보"에 관한 것 중 올바른 것은 무엇인가?
  A 먹에는 다양한 색이 있다
  B 벼루는 먹을 가는 것이다
  C 선지는 먹을 쉽게 흡수하지 못한다
  D "붓"은 볼펜을 말하는 것이다

39 어떤 벼루가 자주 사용되는가?
  A 도기 벼루
  B 돌 벼루
  C 단석 벼루
  D 자기 벼루

40	根据短文，可以知道什么？

A 书法的历史并不是很长

B "徽墨"与"徽宣"都很有名

C "文房四宝"已不常用了

D "文房四宝"是收藏的热点

40 이 글을 통해서 알 수 있는 것은 무엇인가?

A 서예의 역사는 매우 길지 않다

B "휘먹"과 "휘선"은 모두 유명하다

C "문방사보"는 이미 잘 사용되지 않는다

D "문방사보"는 인기 있는 수집품이다

요약 제목: 중국의 문방사보

주제어: 중국의 문방사보는 각각 유명한 생산지가 있다.

붓, 먹, 종이, 벼루는 중국 서예의 독특한 도구로 "문방사보"라 불린다. 붓은 큰 글자를 쓸 때 적합한 양털 붓과 작은 글자를 쓰는 데 적합한 족제비털 붓이 있는데, 중국에서 가장 좋은 붓은 절강성 호주에서 만들어지는 "호필"이다. 먹은 색이 검고 광택이 나며, 쓴 글자는 색이 바래지 않는 것이 좋은데 안휘성 휘주의 "휘먹"이 유명하다. 종이 중에서 가장 좋은 종이는 선지로, 가장 인기 있는 선지는 안휘성 선성의 "휘선"이다. 벼루에는 돌 벼루, 도기 벼루, 옥 벼루, 자기 벼루 등이 있는데 가장 많이 사용되는 것은 돌 벼루이며, 가장 유명한 것은 광동성의 "단연"이다.

해설 37) 붓, 먹, 종이, 벼루를 말하며, 중국 서예의 중요한 도구로서, "문방사보"라고 불린다고 언급하고 있으므로 답은 C 이다.

38) 벼루는 먹을 가는 도구라고 설명하고 있으므로 답은 B이다.

39) 보기의 벼루들 중에 가장 많이 사용되는 것은 돌 벼루이며, 그 중 가장 유명한 것이 "단연" 즉 단석 벼루이다. 지문에서는 유명한 벼루가 아닌, 가장 잘 사용되는 벼루를 물었으므로 답은 B이다.

40) 먹과 종이를 설명하는 부분을 보면, 안휘성에서 생산되는 "휘먹"과 "휘선"은 모두 유명하다는 것을 알 수 있다. 따라서 답은 B이다.

단어 书法 shūfǎ 명 서예 | 笔 bǐ 명 붓, 필 | 墨 mò 명 먹, 묵 | 纸 zhǐ 명 종이, 지 | 砚 yàn 명 벼루, 연 | 文房四宝 wénfángsìbǎo 명 문방사보 | 毛笔 máobǐ 명 붓 | 新石器时代 xīnshíqì shídài 명 신석기시대 | 彩陶 cǎitáo 명 채색토기 | 花纹 huāwén 명 무늬 | 图画 túhuà 명 그림 | 羊毫 yángh áo 명 양털 붓 | 狼毫 lángháo 명 족제비털 붓 | 长方型 chángfāngxíng 명 직사각형, 장방형 | 甲骨文 jiǎgǔwén 명 갑골문 | 光泽 guāngzé 명 광택 | 掉色 diàosè 동 색을 잃다 | 名气 míngqì 명 명성 | 宣纸 xuānzhǐ 명 선지 | 韵味 yùnwèi 명 정취 | 特产 tèchǎn 명 특산품 | 砚台 yàntái 명 연태, 벼루 | 磨 mó 동 갈다 | 石砚 shíyàn 명 돌 벼루 | 陶砚 táoyàn 명 도기 벼루 | 玉砚 yùyàn 명 옥 벼루 | 瓷砚 cíyàn 명 자기 벼루

41-43

傍晚，猎人为了追赶一只被打伤的野兔独自闯入山林，眼看就要捉到野兔，这时一只正在寻食的恶狼出现了。**41猎人的弹药已经用完，他立即掉头就逃。**狼已经饿了一天，当然不会轻易放过眼前的猎物，于是拼命在后边追。突然，狼掉进一个陷阱，可与此同时，它也一口咬住了猎人的一条腿。好在猎人抱住了旁边的一棵树，才没有被狼拖下去。猎人知道，如果他松开手，就会和狼一块掉进陷阱；可他如果就这样耗着，很快力气就会耗尽。而且他知道狼群就快要来了。

现在，最好的办法就是把狼打死，可狼的整个身体已没入陷阱，猎人根本打不着它。于是，猎人做出决定，为了活命，他宁愿放弃一条腿。**42他从腰中抽出手锯，一只手搂住小树，一只手锯断了自己的腿。**腿断了，狼和那条腿一起掉入陷阱。**42猎人拖着一条腿安全地离开了。**

해질 무렵, 사냥꾼은 이미 상처 입은 산토끼를 잡기 위해, 혼자 산속으로 들어갔다. 자기가 잡으려는 토끼를 쫓으며 가고 있는데, 이때 먹이를 찾던 이리를 발견하였다. **41사냥꾼은 이미 탄환을 다 써버렸기 때문에, 곧바로 도망가기 시작했다.** 이미 하루를 굶은 이리가 눈앞에 있는 먹이를 쉽게 놓아줄 리 없었고, 이리는 있는 힘껏 그를 쫓았다. 그러다 이리는 갑자기 함정에 빠졌고, 동시에 사냥꾼의 한쪽 다리를 물었다. 사냥꾼은 다행히도 옆에 있던 나무를 안아서 이리와 함께 밀려 내려가진 않았다. 사냥꾼은 만약 그가 손을 놓는다면, 이리와 함께 함정에 빠지게 될 것이고, 만약 이렇게 계속 있는다면, 금새 힘이 빠지게 될 것이라는 것을 알았다. 그리고 그는 이리떼가 곧 올 것임을 알았다.

현재 가장 좋은 방법은 이리를 때려죽이는 것인데, 이리의 몸 전체가 함정에 빠진 것은 아니었기 때문에 사냥꾼은 이리를 때릴 방도가 없었다. 그래서 사냥꾼은 결정했다. 살기 위해서 차라리 한쪽 다리를 포기하기로 말이다. **42그는 허리에서 작은 톱을 꺼내어 한 손으로 나무를 잡고, 다른 한 손으로 자신의 다리를 절단했다.** 다리가 절단되었고, 이리와 한쪽 다리가 함께 함정으로 떨어졌다. 그리고 **42사냥꾼은 한쪽 다리를 끌면서 안전하게 산을 떠났다.**

41 猎人为什么见到狼立即就逃跑?

    A 很胆小

    B 没带枪

    C 没有力气

    D 没有子弹了

42 猎人最后怎样了?

    A 摆脱了饿狼

    B 掉入了陷阱

    C 锯断了狼腿

    D 把狼打死了

43 这段话主要想告诉我们什么?

    A 要学会坚持

    B 选择很重要

    C 要善于思考

    D 生命是无价的

41 사냥꾼은 왜 이리를 보자 도망가기 시작했는가?

    A 겁이 많기 때문에

    B 총을 가지고 오지 않았기 때문에

    C 힘이 없었기 때문에

    D 탄환이 없었기 때문에

42 사냥꾼은 마지막에 어떻게 했는가?

    A 굶주린 이리에게서 벗어났다

    B 함정에 빠지게 되었다

    C 이리의 다리를 절단했다

    D 이리를 때려 죽였다

43 이 글은 우리에게 무엇을 말해주는가?

    A 끝까지 견지하는 방법을 배워야 한다

    B 선택은 매우 중요하다

    C 생각을 잘 할 줄 알아야 한다

    D 생명에는 값이라는 것이 없다

요약 제목: 선택의 중요성

주제어: 위기의 순간 현명한 선택은 매우 중요하다.

산토끼를 쫓던 사냥꾼은 먹이를 찾고 있는 이리를 발견하였다. 이미 탄환을 다 써버렸기 때문에 그는 곧바로 도망가기 시작했다. 굶주려 있던 이리는 사냥꾼을 힘껏 쫓다가 갑자기 함정에 빠지면서 사냥꾼의 한쪽 다리를 물었다. 사냥꾼은 다행히 나무를 안아서 이리와 함께 밀려 내려가지 않았지만, 이 순간 사냥꾼은 어떻게 할지 생각하였다. 결국 작은 톱을 꺼내 자신의 다리를 절단했고, 잘린 다리와 이리가 함께 함정 속으로 떨어졌다. 비록 사냥꾼은 한쪽 다리를 잃었지만, 현명한 선택으로 무사히 산에서 내려올 수 있었다.

해설 41) 사냥꾼에게는 이미 탄환이 없었고, 그래서 그는 이리를 보자 도망갔던 것이다. 따라서 답은 D이다.

42) 사냥꾼은 한쪽 손으로 나무를 잡고 한쪽 손으로 다리를 절단하여, 함정에서 벗어났다. 따라서 답은 A이다.

43) 사냥꾼은 여러 상황을 생각하다, 중요한 순간에 다리를 자를 것을 결심하여 함정에서 벗어났다. 즉, 중요한 순간의 선택이 이런 결과를 가져다준 것이다. 따라서 답은 B이다.

단어 傍晚 bàngwǎn 몡 해질 무렵 | 猎人 lièrén 몡 사냥꾼 | 追赶 zhuīgǎn 통 쫓다, 추격하다 | 野兔 yětù 몡 산토끼 | 捉 zhuō 통 잡다, 포획하다 | 寻食 xúnshí 통 먹이를 찾다 | 狼 láng 몡 이리 | 弹药 dànyào 몡 탄환, 탄알 | 逃 táo 통 도망가다 | 猎物 lièwù 몡 먹이감 | 陷阱 xiànjǐng 몡 함정 | 咬 yǎo 통 물다 | 抱 bào 통 안다 | 耗尽 hàojìn 통 소진하다, 다 써버리다 | 狼群 lángqún 몡 이리 떼 | 宁愿 níngyuàn 뵘 차라리 ~하다 | 手锯 shǒujù 몡 작은 톱 | 锯段 jùduàn 통 절단하다

44-46

有一位成绩优秀的学生，经常感到很不快乐。他常为自己犯过的错误自怨自艾：交完试卷后，他常会半夜里睡不着，怕没办法考及格；[44]老是想着做过的事情，希望当初没有那样做；总在想说过的话，希望当时能把那些话说得更好。

한 학생은 성적이 우수했지만, 항상 기분이 좋지 않았다. 그는 늘 자신이 저지른 잘못을 후회했다. 시험지를 제출한 뒤에도, 그는 항상 밤새 잠을 자지 못한 채, 시험에 합격하지 못할까 걱정했다. [44]항상 이미 한 일들을 생각하며 그때 그렇게 하지 말았어야 했다고 생각하고, 이미 뱉은 말을 생각하며 그때 말을 더 잘했어야 했다고 후회한다.

一天早晨，全班同学来到物理实验室，发现一瓶牛奶正静静地摆在桌子上。这时班主任突然伸出手，一掌把牛奶打碎在水槽里一面大声说道："45不要为打翻的牛奶哭泣。"然后他叫所有的同学都到水槽边去，看着那瓶被打碎的牛奶。"好好儿看一看"，班主任说："因为我要你们这辈子都记住这一课，这瓶牛奶已经没有了。无论你怎么急，怎么抱怨，都没有办法再挽回一滴，它已经漏光了，只要事先加以防范，那瓶牛奶就可以保住。可是现在已经太迟了。我们所能做到的，只是把它忘掉。"这次小小的表演，使这位学生忘掉了所有的烦恼和忧愁。他明白了：46尽可能不要打翻牛奶，但万一牛奶被打翻，整个漏光之后，就要彻底把这件事忘掉。

어느 날 아침, 반 전체의 학생이 물리실험실에 나왔고, 우유 한 병이 탁자 위에 놓여 있는 것을 보았다. 이때 담임 선생님은 손을 뻗어, 우유병을 깨뜨렸고, 우유를 수조 속에 넣으며 큰소리로 말했다. "45엎질러진 우유 때문에 울지 마라."그리고 그는 모든 학생들에게 수조 쪽으로 가서, 이미 깨진 우유를 보라고 말했다. "잘 보렴." 담임선생님이 말했다. "나는 너희들이 평생 이 수업을 기억하게 할 테니까. 이 병의 우유는 이미 없어졌다. 네가 조급해하고, 어떤 원망 해도 한 방울도 되돌릴 수 없어. 우유는 이미 엎질러졌으니까. 먼저 대비를 했다면, 우유는 멀쩡했을 거야. 하지만 이미 늦었어. 우리가 할 수 있는 거라곤, 그것을 잊는 것뿐이야."이 작은 연기로 그 학생은 모든 걱정을 잊어버렸다. 그는 46우유가 엎질러지지 않도록 해야 하지만, 만약 이미 우유가 엎질러져서, 다 쏟아졌다면, 그 일을 잊어야 한다는 것을 알게 되었다.

44　这个学生为什么感到不快乐?
 A 试卷没有做完
 B 担心成绩下降
 C 觉得自己不优秀
 D 总想发生过的事情

44　이 학생은 왜 항상 즐겁지 않은가?
 A 시험문제를 다 풀지 못했기 때문에
 B 성적이 떨어질까 걱정이 되었기 때문에
 C 자신이 이미 우수하지 않다는 것을 느꼈기 때문에
 D 항상 지난 일을 생각하기 때문에

45　班主任把牛奶打翻是要说明什么?
 A 要处处小心
 B 要做好防范工作
 C 牛奶很容易打碎
 D 要忘掉所有的不愉快

45　담임 선생님이 우유를 엎지른 것은 무엇을 알려주기 위해서였는가?
 A 항상 조심해라
 B 항상 미리 대비해야 한다
 C 우유는 쉽게 엎질러질 수 있다
 D 즐겁지 않은 일을 모두 잊어라

46　这段话主要想告诉我们什么?
 A 预防很重要
 B 一切要向前看
 C 不要杞人忧天
 D 犯错是无法避免的

46　이 글은 우리에게 무엇을 말해 주는가?
 A 예방은 매우 중요하다
 B 모든 것은 앞을 향해 가야 한다
 C 불필요한 걱정을 할 필요 없다
 D 잘못을 저지르면, 되돌릴 수 없다

요약 제목: 앞을 향해 나가기

주제어: 지난 일에 대해 후회하지 말고, 앞을 향해 나아가야 한다.

성적이 우수했지만, 항상 기분이 좋지 않은 학생이 있었다. 그는 항상 이미 한 일들과 이미 뱉은 말을 생각하며 후회했다. 어느 날, 담임 선생님은 실험실에 우유 한 병을 놓았고, 학생이 보는 앞에서 우유를 깨뜨렸다. 그러면서 학생들에게 말했다. "엎질러진 우유 때문에 울지 마라. 우유는 이미 없으니, 네가 후회를 한다고 해도 되돌릴 수 없다. 우리가 할 수 있는 건 그것을 잊는 것 뿐이야" 이 수업을 받은 뒤부터 그 학생은 모든 걱정을 잊었다. 우유가 엎질러지지 않도록 해야 하지만, 이미 엎질러졌다면 그 일을 잊어야 한다는 것을 알게 되었기 때문이다.

해설 44) 이 학생은 항상 이전에 발생했던 일을 고민하고, 생각해서 늘 즐겁지 않은 것이다. 따라서 답은 D이다.

45) 선생님은 이미 지나간 일은 되돌릴 수 없다는 것을 설명하기 위해서 우유를 이용했고, 이로써 이미 지난 일은 잊으라고 이야기해주고 있다. 따라서 답은 D이다.

46) 이 글은 과거에 발생한 일은 이미 벌어진 일이니 이에 신경 쓰지 말고, 앞으로 나아가야 한다는 것을 말해주고 있다. 따라서 답은 B이다.

단어 优秀 yōuxiù 휑 우수하다 | 自愿自艾 zìyuàn zìyì 휑 자신의 잘못을 뉘우치고, 후회하다 | 试卷 shìjuàn 휑 시험지 | 瓶 píng 휑 병 | 伸出 shēnchū 휑 뻗다 | 打碎 dǎsuì 휑 깨다 | 水槽 shuǐcáo 휑 수조, 물통 | 哭泣 kūqì 휑 울다 | 抱怨 bàoyuàn 휑 원망하다 | 漏 lòu 휑 새다, 새나가다 | 防范 fángfàn 휑 예방하다, 대비하다 | 烦恼 fánnǎo 휑 고민 | 忧愁 yōuchóu 휑 걱정 | 杞人忧天 qǐrén yōutiān 휑 기우, 쓸데없는 걱정

47-50

有两个南方商人，他们各自带了一大批雨伞到北方去卖，⁴⁷因为南方的伞质量好而且便宜。可到了北方，他们渐渐发现，⁴⁸北方人很少用伞，因为那里的天气常年干旱少雨，两个商人都陷入了困境。

一个月后，两个商人在回家的路上相遇，商人甲垂头丧气，商人乙却志得意满。甲说："看你这样子是把伞都卖了，赚了不少的钱吧？"乙说："是啊，都卖了。"甲又问："北方不常下雨，谁用雨伞啊？我都为此破产了，你是怎么卖掉的？"乙说："伞还是那些伞，⁴⁹我只是卖的时候把所有'雨伞'字样都改成了'阳伞'，伞可以挡雨，难道就不能遮阳吗？"

⁵⁰我们的失败，常常因为我们的思维定势，而成功也许只是思维创新的一点小火花，让思维跳出固有的圈子，你肯定会有令人惊奇的收获。

남쪽에서 온 두 상인은 각자 한 무더기의 우산을 들고, 북쪽에서 팔려고 하였다. ⁴⁷왜냐하면 남쪽의 우산은 질이 좋고, 값도 싸기 때문이다. 그러나 북쪽에 와서 그들은 ⁴⁸북쪽의 사람들은 우산을 잘 쓰지 않는데, 이는 날씨가 건조하고, 비가 적게 오기 때문이라는 것을 알았다. 그래서 이 두 상인은 곤경에 빠지게 되었다.

한 달 후, 두 상인이 집으로 돌아가는 길에 만났다. A상인은 의기소침해져 있었으나, B상인은 매우 득의양양했다. A상인이 말했다. "당신의 모습을 보니, 우산을 다 판 것 같네요. 많은 돈을 벌었나 봐요?" B상인이 말했다. "네, 다 팔았어요." A상인이 또 물었다. "북부지역은 비가 자주 오지 않는데, 누가 우산을 쓰죠? 저는 이것 때문에 망하게 생겼어요. 당신은 어떻게 팔았나요?" B상인이 말했다. "산(傘)은 산(傘)이지요. ⁴⁹제가 우산을 팔 때, 모든 '우산'이란 글자를 '양산'이라고 고쳤거든요. 산(傘)은 비를 막아주기도 하지만, 햇볕을 가려주는 것도 하잖아요."

⁵⁰우리의 실패는 항상 우리 생각이 고정되어 있기 때문이고, 성공은 단지 창의적인 생각이 스파크를 일으키기 때문인 것이다. 생각을 고정된 틀에서 벗어나게 한다면, 당신은 사람들을 놀라게 할만한 수확을 얻게 될 것이다.

47 为什么两个南方商人都进了大批雨伞到北方卖？
    A 南方雨伞不好卖
    B 北方多阴雨天气
    C 北方的伞价格高
    D 南方雨伞物美价廉

48 什么原因使两个商人陷入了困境？
    A 天气
    B 价钱
    C 质量
    D 数量

47 왜 두 상인은 많은 우산을 북쪽에 팔려고 했는가?
    A 남쪽에서는 우산이 팔리지 않기 때문에
    B 북쪽은 흐리고, 비가 자주 내기리 때문에
    C 북쪽은 우산의 가격이 비싸기 때문에
    D 남쪽의 우산은 저렴하고, 질이 좋기 때문에

48 무엇 때문에 두 상인은 곤경에 빠지게 되었는가?
    A 날씨
    B 가격
    C 질량
    D 수량

49 商人乙的伞为什么卖完了？	49 B상인의 우산은 왜 다 팔렸는가?
A 降低了价格	A 가격을 낮췄기 때문에
B 更换了名称	B 이름을 바꿨기 때문에
C 进的货比较少	C 가지고 온 물건이 많지 않았기 때문에
D 重新购进了阳伞	D 다시 양산을 사들였기 때문에
50 这段话主要想告诉我们什么？	50 이 글은 우리에게 무엇을 말해주는가?
A 要有眼光	A 안목이 있어야 한다
B 要三思而后行	B 신중하게 생각해야 한다
C 要换个角度思考	C 다른 방면으로도 생각할 줄 알아야 한다
D 一切要从实际出发	D 모든 일은 현실을 바탕으로 해야 한다

요약 제목: 생각의 틀을 깨기

주제어: 고정된 틀에서 벗어나 생각하면, 좋은 결과를 얻을 수 있다.

남부지역의 우산은 질도 좋고, 값도 싸기 때문에 남쪽에서 온 상인들은 이를 북쪽에서 팔려고 했다. 그러나 북쪽에 와서, 그들은 북부지역의 날씨가 건조하고, 비가 적게 와서, 사람들이 우산을 잘 쓰지 않는다는 것을 알게 되었다. 한 달 후 두 상인은 집으로 돌아가는 길에 만났다. 우산을 팔지 못한 A상인은 의기소침해 있었으나, B상인은 우산을 다 팔아 득의양양했다. 비결을 묻자, B상인은 '우산'을 '양산'이라고 해서 팔았다고 했다. 당신도 고정된 틀에서 벗어나 생각한다면, 분명히 좋은 결과를 얻을 수 있을 것이다.

해설 47) 두 상인은 남쪽의 우산은 질이 좋고 값이 저렴하여, 북쪽에 가서 팔면 이윤이 날 것이라고 생각했던 것이다. 따라서 답은 D이다.

48) 두 상인이 북쪽에 와서 보니, 북쪽은 건조하고, 비가 자주 오지 않는 날씨라는 것을 알게 되었고, 이 때문에 곤란하게 되었다. 따라서 답은 A이다.

49) 그는 우산을 양산이라고 바꿔 부르면서, 우산을 다 팔았다고 언급하고 있으므로 답은 B이다.

50) 마지막 문장에서 생각을 바꿔서 일하면, 생각지도 못한 좋은 결과를 얻을 수 있다고 언급하고 있으므로 답은 C이다.

단어 雨伞 yǔsǎn 몡 우산 | 干旱少雨 gānhàn shǎoyǔ 가물고, 비가 적게 오다 | 陷入 xiànrù 통 빠지다 | 困境 kùnjìng 몡 곤경 | 垂头丧气 chuítóu sàngqì 졩 의기소침하다 | 志得意满 zhìdé yìmǎn 뜻이 이루어져 득의양양하다 | 破产 pòchǎn 통 파산하다, 망하다 | 阳伞 yángsǎn 몡 양산 | 挡 dǎng 통 막다 | 遮 zhē 통 가리다 | 思维 sīwéi 몡 생각, 사고 | 火花 huǒhuā 몡 불꽃, 스파크

정답	1	B	2	B	3	D	4	C	5	A	6	C	7	B	8	A	9	A	10	A
	11	D	12	B	13	B	14	D	15	D	16	A	17	D	18	A	19	A	20	A
	21	A	22	D	23	C	24	B	25	B	26	A	27	B	28	D	29	D	30	D
	31	D	32	C	33	B	34	B	35	C	36	D	37	B	38	C	39	B	40	D
	41	C	42	B	43	D	44	B	45	C	46	A	47	A	48	A	49	D	50	B

제1부분

01

一辆载满乘客的公共汽车沿着下坡路快速前进着，有一个人后面紧紧地追赶着这辆车子。一个乘客从车窗中伸出头来对追车子的人说：“老兄！算啦，你追不上了。”“我必须追上它”，这人气喘吁吁地说：“我是这辆车的司机。”

A 车开得不快
B 司机没有上车
C 有乘客忘上车了
D 追车子的人想找司机

승객을 가득 태운 버스가 내리막길을 빠르게 달리고 있었다. 한 사람이 뒤에서 이 차를 다급하게 쫓아왔다. 한 승객이 창문 밖으로 머리를 내밀어 차를 쫓아오고 있던 사람에게 말했다. “이봐요! 그만두세요. 당신은 차를 따라잡지 못해요.”“저는 반드시 이 차를 타야 해요.”이 사람은 헐떡거리며 말했다.“제가 이 차의 운전사란 말이에요.”

A 차는 빠르게 달리지 않았다
B 운전사가 차에 타지 않았다
C 어느 승객은 차에 타는 것을 깜빡했다
D 차를 쫓던 사람은 운전사를 만나고 싶어한다

해설 마지막 문장에서 차를 쫓고 있던 사람은 운전사였다는 것을 알 수 있으므로 답은 B이다.

단어 载满 zàimǎn 图 가득 싣다, 가득 태우다 | 乘客 chéngkè 图 승객 | 沿 yán 젠 ~을 따라 | 下坡路 xiàpōlù 내리막길을 가다 | 追赶 zhuīgǎn 图 쫓다 | 伸出 shēnchū 图 뻗다 | 气喘吁吁 qìchuǎn xūxū 图 숨을 헐떡거리다, 숨이 가빠서 식식거리는 모양 | 司机 sījī 图 운전사, 기사

02

“滥竽充数”指不会吹竽的人混在吹竽的队伍里充数。比喻没有本领的人冒充有本领，次品冒充好货。毫无疑问，那些弄虚作假的人虽能蒙混一时，但是无法蒙混一世，他们经不住时间的考验，终究会露出马脚的。

“재능이 없으면서, 끼어들어 머리 숫자만 채우다”는 피리를 불지 못하는 사람이 피리를 부는 사람들 사이에 껴서, 머리 숫자만 채우는 것을 말한다. 실력도 없는 사람이 실력이 있는 척하는 것이며, 불량품이 우량품인 척하는 것을 비유하는 말이다. 분명한 것은 속임수로 남을 속이는 사람은 비록 한순간은 남을 속일 수 있으나, 한평생 남을 속일 수는 없다는 것이다. 그들은 시간이 흘러가면서 이를 견디지 못할 것이고, 마지막엔 결국 빈틈을 보이게 될 것이다.

A 吹竽很难学

B 不要弄虚作假

C 好货自然不便宜

D 时间能够检验一切

A 피리를 부는 것을 배우기는 어렵다

B 속임수를 써서 남을 속여서는 안 된다

C 질 좋은 물건은 싸지 않다

D 시간이 모든 것을 검증할 것이다

해설 재능이 없는 사람은 마지막에 빈틈을 들어내게 되므로, 속임수로 사람을 속여서는 안 된다. 따라서 답은 B이다.

단어 滥竽充数 lànyú chōngshù 쉥 재능이 없으면서, 끼어들어 머리 숫자만 채우다 | 吹竽 chuīyú 통 피리를 불다 | 充数 chōngshù 통 숫자를 채우다 | 冒充 màochōng 통 ~인 척하다 | 次品 cìpǐn 평 불량품 | 好货 hǎohuò 평 우량품. 질이 좋은 상품 | 弄虚作假 nòngxū zuòjiǎ 쉥 속임수로 남을 속이다 | 蒙混 ménghùn 통 남을 속이다. 기만하다 | 露出马脚 lùchū mǎjiǎo 마각을 드러내다. 빈틈을 드러내다

03

张虎说：“新搬来的邻居好可恶，昨天晚上三更半夜、夜深人静之时突然跑来猛按我家的门铃。”李龙说：“的确可恶！你有没有马上报警？”张虎说：“没有。我当他们是疯子，继续弹我的琴。”

장후가 말했다. "새로 이사를 온 사람 정말 짜증나. 어제 한밤중에 인적도 없는 시간에 갑자기 우리 집 초인종을 마구 누르더라." 이롱이 말했다. "정말 짜증났겠다. 너 경찰에 신고 했니?" 장후가 말했다. "아니, 나는 그냥 그 사람들을 미친 사람이라고 생각하고, 계속 피아노를 쳤지."

A 邻居很讨厌

B 张虎报警了

C 邻居喜欢音乐

D 张虎影响邻居休息

A 이웃은 정말 짜증나는 사람이다

B 장후는 경찰에 신고했다

C 이웃은 음악을 좋아한다

D 장후는 이웃이 쉬는 데 피해를 주었다

해설 한밤중이고, 인적도 드문 시간인데도 장후는 피아노를 쳤고, 이 때문에 쉬지 못했던 이웃이 달려와 초인종을 누른 것이다. 따라서 답은 D이다.

단어 邻居 línjū 평 이웃 | 可恶 kěwù 평 싫다. 짜증나다 | 三更半夜 sāngēng bànyè 쉥 한밤중. 심야 | 夜深人静 yèshēn rénjìng 쉥 밤이 깊어 인기척이 없다 | 门铃 ménlíng 평 초인종 | 报警 bàojǐng 통 경찰에 신고하다 | 疯子 fēngzi 평 미친 사람 | 弹琴 tánqín 통 피아노 치다

04

有一个律师办公室的桌上放着一块牌子，上面写着：“回答一个问题，收100块钱。”有位老太太来咨询，看到桌上的牌子很惊讶，问道：“回答一个问题真要收一百元呀？”律师回答：“是的，请提第二个问题！”

한 변호사 사무실의 탁자 위에 팻말이 놓여 있었다. 그 팻말에는 "질문 한 번에 100위안 받습니다."라고 써 있었다. 한 노부인이 상담을 받으러 왔고, 탁자 위에 있는 팻말을 보고 놀라 물었다. "질문 하나에 정말 100위안을 받으시는 거예요?" 변호사가 대답했다. "네, 이제 그럼 두 번째 질문을 하시죠!"

A 老太太被骗了

B 律师不会赚钱

C 老太太要付100元

D 律师不想帮助老太太

A 노부인은 속았다

B 변호사는 돈을 벌 수 없다

C 노부인은 100위안을 줘야 한다

D 변호사는 노부인을 돕고 싶어하지 않는다

해설 마지막 문장에서 변호사는 노부인에게 두 번째 질문을 하라고 말한다. 이것은 노부인이 벌써 첫 번째 질문을 했다는 것을 의미하므로, 질문 하나에 대한 대가인 100위안을 내야 한다는 것이다. 따라서 답은 C이다.

단어   律师 lùshī 몡 변호사 | 牌子 páizi 몡 팻말 | 收 shōu 통 받다 | 咨询 zīxún 통 상담하다 | 惊讶 jīngyà 톙 놀라고, 의아하다 | 提 tí 통 제시하다 | 骗 piàn 통 속이다 | 付 fù 통 지불하다

05

吃西瓜不同于喝水或饮料，它对人体不仅仅是水分的补充，西瓜汁里还含有多种重要的有益健康和美容的成分。而西瓜的这些成分，最容易被皮肤吸收，对面部皮肤的滋润、防晒效果很好。

수박을 먹는 것은 물이나 음료수를 마시는 것과 다르다. 수박은 인체에 수분을 보충해줄 뿐만 아니라, 수박즙에는 건강과 미용에 좋은 중요한 성분이 다량 함유되어 있기 때문이다. 수박의 이런 성분은 피부에 가장 잘 흡수되어, 얼굴을 촉촉하게 하며, 햇볕을 차단해주는 효과가 뛰어나다.

A 西瓜可以美容
B 西瓜不含矿物质
C 西瓜的含水量很高
D 西瓜比较容易消化

A 수박은 미용에 좋다
B 수박은 광물질을 함유하지 않는다
C 수박은 수분함유량이 매우 높다
D 수박은 비교적 소화가 잘된다

해설   수박은 수분을 보충해줄 뿐만 아니라, 미용에도 좋다고 언급하고 있으므로 답은 A이다.

단어   西瓜 xīguā 몡 수박 | 饮料 yǐnliào 몡 음료 | 水分 shuǐfēn 몡 수분 | 补充 bǔchōng 통 보충하다 | 西瓜汁 xīguāzhī 수박 즙 | 美容 měiróng 몡 미용 | 皮肤 pífū 몡 피부 | 吸收 xīshōu 통 흡수하다 | 滋润 zīrùn 톙 촉촉하다 | 防晒 fángshài 통 햇빛을 차단하다 | 矿物质 kuàngwùzhì 몡 광물질 | 消化 xiāohuà 통 소화하다

06

沉默并不是一味地不说话，而是一种成竹在胸、沉着冷静的姿态，尤其在神态上更是要表现出一种优势在握的感觉，从而逼迫对方沉不住气，先亮底牌。如果你神态沮丧，像霜打的茄子一般，只能是山穷水尽的表现了。

침묵은 계속 말하지 않는 것이 아니라 이미 마음속으로 모든 것을 고려하여, 냉정한 태도를 보이는 것을 말한다. 특히 표정과 태도에서 우세를 점했다는 것을 드러내어, 상대방이 감정을 억누르지 못하고 백기를 들도록 하는 것이다. 만약 당신의 표정과 태도가 의기소침하고 서리 맞은 가지처럼 풀이 죽어 있다면, 이는 결국 막다른 골목에 이르렀다는 것을 보여주는 것이 된다.

A 越沉默越好
B 沉默没有力量
C 沉默是一种技巧
D 沉默就是不说话

A 침묵할수록 좋다
B 침묵은 힘이 없다는 것이다
C 침묵은 하나의 기교이다
D 침묵은 말을 하지 않는 것이다

해설   침묵은 단순히 말을 하지 않는 것이 아니며, 일종이 상대방에게 백기를 들게 하는 기술, 기교이다. 따라서 답은 C이다.

단어   沉默 chénmò 몡 침묵 | 成竹在胸 chéngzhú zàixiōng 셩 마음속으로 모든 것을 고려하다 | 冷静 lěngjìng 톙 냉정하다 | 姿态 zītài 몡 태도 | 神态 shéntài 몡 표정과 태도 | 在握 zàiwò (손에) 쥐고 있다 | 逼迫 bīpò 통 핍박하다 | 沉不住气 chénbu zhùqì 감정을 억누르지 못하다 | 底牌 dǐpái 몡 히든카드, 마지막 카드 | 沮丧 jǔsàng 통 풀이 죽다, 기가 꺾이다 | 霜打的茄子 shuāngdǎ de qiézi 서리 맞은 가지 | 山穷水尽 shānqióng shuǐjìn 셩 막다른 골목에 몰리다, 궁지에 빠지다 | 技巧 jìqiǎo 몡 기교, 기법

07

臭豆腐是一种流行于中国各地的豆腐发酵制品，但各地的制作方式有相当大的差异。臭豆腐分臭豆腐干和臭豆腐乳两种，都是相当流行的小吃。臭豆腐乳曾作为御膳小菜送往宫廷，受到慈禧太后的喜爱，亲赐名"御青方"。

A 臭豆腐的种类很多
B 臭豆腐乳又叫御青方
C 臭豆腐没有经过发酵
D 臭豆腐制作方法大同小异

처우떠우푸는 중국 각지에서 유행하는 두부 발효 식품으로, 각 지역마다 제조 방법이 크게 차이가 난다. 처우떠우푸는 처우떠우푸간과 처우떠우푸루로 두 종류로 나뉘며, 둘 다 상당히 인기 있는 간식거리이다. 처우떠우푸는 일찍이 임금의 간식거리로 궁에 보내졌으며, 서태후는 이를 매우 좋아하여 "어청방"이라는 이름을 하사하기도 했다.

A 처우떠우푸의 종류는 많다
B 처우떠우푸루는 어청방이라고도 불린다
C 처우떠우푸는 발효되지 않은 것이다
D 처우떠우푸 제조방법은 비슷하다

해설 서태후(자희태후)는 처우떠우푸루에 어청방이라는 이름을 하사하였다고 언급하고 있으므로 답은 B이다.

단어 臭豆腐 chòudòufu 명 처우떠우푸 [취두부 : 두부를 소금에 절여 발효시킨 후, 다시 독 속에 넣고 석회로 봉해 만든 고약한 냄새가 있는 식품] | 发酵 fājiào 동 발효하다 | 臭豆腐干 chòudòufugān 명 처우떠우푸간 [처우떠우푸를 말린 것] | 臭豆腐乳 chòudòufurǔ 명 처우떠우푸루 [처우떠우푸를 삭인 것] | 小吃 xiǎochī 명 간식 | 御膳 yùshàn 명 임금의 식사 | 宫廷 gōngtíng 명 궁, 왕궁 | 慈禧太后 Cíxǐ tàihòu 인명 서태후 (자희태후) | 赐 cì 동 하사하다

08

近日，气象专家表示，立秋是一年中气温由升温向降温的转折期，预示着令人难以忍受的"桑拿天"逐渐减少，秋天即将来临。根据气象定义，立秋后出现连续五日日平均气温低于22℃，则为气象入秋，而上海常年平均入秋日为9月27日。

A 立秋后天气较为凉爽
B 立秋就是真正进入秋天
C 气象入秋后的气温比较低
D 上海每年都是在9月初入秋

최근 기상전문가는 입추는 일 년 중 기온이 상승하던 것에서 하강하게 되는 전환점이며, 사람들이 견디기 힘들었던 "사우나 같은 날"들이 점점 줄어들고, 곧 가을이 다가온다는 것을 예고하는 날이라고 밝혔다. 기상학에서는 입추가 지나고, 연속 5일 동안의 하루 평균기온이 22℃보다 낮으면, 가을이 온 것이라고 한다. 그러나 상하이에 가을이 들어서는 날은 평균적으로 9월 27일이다.

A 입추가 지난 뒤의 날씨는 비교적 시원하다
B 입추는 정말로 가을이 들어서는 날이다
C 날씨가 가을로 들어서면, 기온은 비교적 낮아진다
D 상하이는 매년 9월 초에 가을에 들어선다

해설 입추가 지나면 연속 5일 동안의 평균기온이 22℃보다 낮을 수 있으며, 이렇게 되면 가을이 온 것이다. 따라서 입추가 지나야 날씨가 시원해질 수 있다는 것을 말한다. 따라서 답은 A이다.

단어 气象 qìxiàng 명 기상, 날씨 | 立秋 lìqiū 명 입추 | 转折期 zhuǎnzhéqī 명 전환기 | 预示 yùshì 동 예고하다, 예시하다 | 桑拿 sāngná 명 사우나 | 入秋 rùqiū 동 가을로 들어서다 | 凉爽 liángshuǎng 형 시원하고, 상쾌하다

09

我国的城市，特别是大中城市，水资源短缺较为严重。我国人均水资源占有量仅为世界平均水平的四分之一，而水消耗量却十分巨大。像北京的人均耗水量是世界平均水平的4倍。

중국의 도시, 특히 대도시의 수자원 부족현상이 매우 심각하다. 중국인 1인당 수자원 점유량은 세계 평균 수준의 4분의 1밖에 되지 않는데, 일인당 물소비량은 매우 많다. 베이징 같은 도시의 1인당 물 소비량은 세계 평균 수준의 4배에 달한다.

A　节约用水迫在眉睫
B　北京的水资源丰富
C　我国人均用水量不多
D　我国水资源人均占有量很多

A　물을 절약하는 것은 매우 시급한 일이다
B　베이징의 수자원은 풍부하다
C　중국의 1인당 물 사용량은 많지 않다
D　중국의 1인당 수자원 점유량은 매우 많다

해설　중국의 수자원은 매우 부족한데, 사람들의 물 사용량이 많다고 언급하고 있다. 따라서 답은 A이다.

단어　水资源 shuǐzīyuán 圆 수자원 | 短缺 duǎnquē 屠 부족하다 | 人均 rénjūn 圆 1인당 | 占有量 zhànyǒuliàng 圆 점유량 | 消耗 xiāohào 屠 소모하다 | 迫在眉睫 pòzài méijié 성 대단히 긴박하다. 눈앞에 임박하다

10

　　网络广告可以通过互联网把广告信息24小时不间断地传播到世界各地，这些效果是传统媒体无法达到的。另外，报纸、电视等传统广告都具有很强的强迫性，而网络广告的过程是开放的、非强迫性的，这一点同传统传媒有本质的不同。

A　网络广告具有开放性
B　网络广告具有强迫性
C　网络广告比电视广告好
D　网络广告属于传统广告

　　인터넷 광고는 인터넷을 통해 광고내용을 24시간 동안 끊김 없이 세계 각지로 전파할 수 있으며, 이것의 효과는 전통적인 매체가 달성할 수 없는 것이다. 그 밖에 신문, 텔레비전 등 전통적인 광고는 모두 강제성을 가지고 있지만, 인터넷 광고는 개방적이고, 강제성이 없다. 이 점이 기존의 매체와 본질적으로 다른 부분이라 할 수 있다.

A　인터넷 광고는 개방적이다
B　인터넷 광고는 강제성이 있다
C　인터넷 광고는 텔레비전 광고보다 좋다
D　인터넷 광고는 전통적인 광고에 속한다

해설　인터넷 광고는 개방적이고, 강제성이 없다는 특징을 가진다고 언급하고 있으므로 답은 A이다.

단어　网络 wǎngluò 圆 인터넷 | 广告 guǎnggào 圆 광고 | 互联网 hùliánwǎng 圆 인터넷 | 传播 chuánbō 屠 전파하다 | 传统媒体 chuántǒng méitǐ 圆 기존의 매체 [예를 들면 텔레비전, 라디오, 신문 등] | 强迫性 qiángpòxìng 圆 강제성 | 开放 kāifàng 屠 개방적이다 | 本质 běnzhì 圆 본질

11

　　冰箱是家里耗电量最大的电器之一。冰箱里食物不要塞得太满。因为冰箱的耗电量与所容纳食物的多少是直接相关的，装的东西越多，冰箱的负荷就越大，就越费电。而且食物之间要留有空隙，以便冷空气对流，加快降温，达到省电的目的。

A　冰箱食物越少越费电
B　可以通过关闭电源来省电
C　冰箱在家电中耗电量最大
D　冰箱里的食物不要集中放置

　　냉장고는 가정에서 전력소모가 가장 많은 전기제품 중의 하나이다. 냉장고 안에 음식물을 너무 많이 넣어선 안 된다. 왜냐하면 냉장고의 전력소모량은 냉장고 안에 음식들이 얼마나 있는지와 직접적인 관계가 있기 때문이다. 넣은 음식물이 많을수록, 냉장고의 부담이 커져, 전력을 더 소모하게 된다. 또한 음식물 사이에도 공간을 남겨놓아야 한다. 이렇게 하면 차가운 공기가 잘 흘러, 온도를 빨리 낮추어 전기 절약의 목적을 달성할 수 있다.

A　냉장고 안의 음식물이 적을수록 전력이 더 소모된다
B　전원을 끄면 전기를 절약할 수 있다
C　냉장고는 가전제품 중 전력량이 가장 큰 제품이다
D　냉장고 안의 음식물을 한곳에 모아놓으면 안 된다

해설　첫 번째 문장에서 C가 오답임을 알 수 있으며, 마지막 문장에서 냉장고 안의 음식물 사이에도 공간을 남겨놓아야 한다고 언급하고 있으므로 답은 D이다.

단어 冰箱 bīngxiāng 몡 냉장고 | 耗电 hàodiàn 동 전기를 소모하다 | 电器 diànqì 몡 전기제품 | 食物 shíwù 몡 음식물 | 塞 sāi 동 집어넣다, 채우다 | 容纳 róngnà 동 받아들이다, 수용하다 | 负荷 fùhé 몡 부하, 부담 | 空隙 kòngxì 몡 공간 | 对流 duìliú 동 (기체가) 유동하다, 흐르다 | 省电 shěngdiàn 전기를 절약하다, 아끼다 | 电源 diànyuán 몡 전원

12

家长如果给孩子吃过多甜食，宝宝的口味就会逐渐变重。一般的食物，如口味比较清淡的食物就不再能满足他的需要了。他必须吃如巧克力、糖果等糖分高、口味浓的食物，才能满足胃欲的需求。

A 宝宝对食物很挑剔
B 要控制宝宝吃甜食
C 口味比较清淡的食物好
D 宝宝喜欢口味重的食物

부모가 아이에게 단 음식을 너무 많이 주면, 아이의 입맛은 점점 자극적으로 변하게 된다. 일반적인 음식, 예를 들어 맛이 비교적 싱거운 음식은 더 이상 아이의 입맛을 충족시켜주지 못하게 되는 것이다. 그러면 아이들은 초콜릿이나, 사탕과 같은 당분이 많은 단 음식만 먹으려 하며, 그렇게 해야 비로소 식욕이 충족된다.

A 아이들은 음식에 대해 매우 까다롭다
B 아이들이 단 음식을 먹는 것을 관리해야 한다
C 맛이 비교적 싱거운 음식이 좋다
D 아이들은 매우 단 음식을 좋아한다

해설 단 음식을 너무 많이 주면, 아이들은 더 이상 싱거운 음식을 먹지 않고 단 음식만 찾게 되므로 아이들이 단 음식을 먹는 것을 관리해야 한다. 따라서 답은 B이다.

단어 甜食 tiánshí 몡 단 음식 | 宝宝 bǎobao 몡 아이 | 口味 kǒuwèi 몡 입맛 | 清淡 qīngdàn 혱 싱겁다 | 食物 shíwù 몡 음식물 | 巧克力 qiǎokèlì 몡 초콜릿 | 糖果 tángguǒ 몡 사탕 | 糖分 tángfèn 몡 당분 | 挑剔 tiāotī 동 까다롭다

13

蜡染，是我国古老的民间传统纺织印染手工艺，与扎染、镂空印花并称为我国古代三大印花技艺。由于蜡染图案丰富，色调素雅，风格独特，用于制作服装服饰和各种生活实用品时，显得朴实大方、清新悦目，富有民族特色。

A 蜡染颜色很鲜艳
B 蜡染是民间手工艺
C 蜡染是一种印刷技艺
D 杯子不能用蜡染制作

라란은 중국에서 예부터 내려오는 민간의 전통적인 방직물 염색 수공예로, 찰란, 루콩날염와 함께 중국 고대 3대 날염 기법으로 불린다. 라란은 그림이 다양하고 색이 우아하며 풍격이 독특하여, 옷과 장신구 및 각종 생활실용품을 만드는 데 사용되었으며, 소박하고 대범하며 신선한 아름다움으로 민족적인 특색을 잘 보여준다.

A 라란의 색은 매우 눈부시게 아름답다
B 라란은 민간 수공예이다
C 라란은 일종의 인쇄기법이다
D 컵은 라란 기법을 이용해 만들 수 없다

해설 첫 번째 문장에서 라란은 오래 전부터 내려오는 민간의 염색 수공예라고 언급하고 있으므로 답은 B이다.

단어 蜡染 làrǎn 몡 라란 염색법 [염색법의 한 가지로 녹인 황랍을 천의 무늬 위에 붓고, 염색 후 제거하여 그 부분만 백색으로 남김] | 古老 gǔlǎo 혱 오래되다 | 纺织 fǎngzhī 몡 방직물 | 印染 yìnrǎn 동 날염하다 몡 날염 | 扎染 zhārǎn 몡 찰란 [천을 묶어서 염색한 후, 천을 푸르면 묶인 부분이 하얗게 남게 되는 염색 기법] | 镂空印花 lòukōng yìnhuā 몡 루콩날염 [염색기법의 하나로, 조각재를 이용하여 염색하는 방법] | 色调素雅 sèdiào sùyǎ 색이 우아하다 | 服装 fúzhuāng 몡 복장, 옷 | 服饰 fúshì 몡 장신구 | 清新 qīngxīn 혱 맑고 깨끗하다 | 悦目 yuèmù 혱 아름답다, 보기 좋다 | 鲜艳 xiānyàn 혱 눈부시게 아름답다

14

社会中的人脉关系非常重要，而你选择加入的朋友圈也会对你的人生有很大的影响。如果你的朋友都是一些积极向上乐观的人，你也会被他们感染的。如果你的朋友是一个悲观主义者，整天只知道抱怨生活，却不会脚踏实地地工作，时间久了，你同样会被感染。

A 要积极乐观
B 要多交朋友
C 多个朋友多条路
D 朋友会影响你的人生

사회에서 인간관계는 매우 중요하다. 당신이 사귀는 친구들은 당신의 인생에 큰 영향을 미친다. 만약 당신의 친구가 모두 진취적이며 낙관적인 사람이라면, 당신은 그들에게 동화될 것이다. 반대로 만약 당신의 친구들이 비관적인 사람이라서, 하루 종일 세상만 원망하고 착실하게 일을 하지 않는다면, 오랜 시간이 지나서 당신도 그들처럼 변하게 될 것이다.

A 적극적이고 낙관적이어야 한다
B 친구를 많이 사귀어야 한다
C 친구가 많으면 문제 해결이 쉽다
D 친구가 당신의 인생에 영향을 미칠 수 있다

해설 낙관적인 사람을 만나면 낙관적인 성격을 닮게 되고, 비관적으로 세상만 원망하는 사람을 사귀면 비관적이 된다고 언급하고 있으므로 답은 D이다.

단어 **人脉关系** rénmài guānxì 몡 인간관계, 인맥 | **朋友圈** péngyouquān 몡 친구들, 친구 부류 | **积极向上** jījí xiàngshàng 적극적으로 앞으로 나가다, 진취적이다 | **感染** gǎnrǎn 동 감염되다, 동화하다, 닮아가다 | **悲观** bēiguān 톙 비관적이다 | **抱怨** bàoyuàn 동 원망하다 | **脚踏实地** jiǎotà shídì 솅 착실하게 일하다

15

韩寒，80后作家的代表人物，他的经历和作品都颇受争议。因为他的作品中毫不保留地谈到社会现实中的各种问题。他的文学作品曾多次获奖，并受到许多文学专家的关注，但他也因为其不佳的学习成绩和特立独行的作风而遭到许多非议。

A 他很有才华
B 他的思想很保守
C 他的学习成绩很好
D 他的作品获过很多奖

한한은 80년대 이후에 태어난 작가를 대표하는 인물로, 그의 경력과 작품은 많은 논쟁을 불러왔다. 왜냐면 그의 작품이 현실 속의 각종 문제를 적나라하게 이야기하고 있기 때문이다. 그의 문학작품은 일찍이 여러 차례 상을 받았으며, 많은 문학전문가들의 주목도 받았다. 하지만 그는 좋지 않은 학업 성적과 독자적인 작품으로 인해 많은 비난도 받고 있다.

A 그는 재능이 있다
B 그의 사상은 매우 보수적이다
C 그의 학업성적은 매우 좋다
D 그의 작품은 여러 차례 수상했다

해설 그의 문학작품은 일찍이 여러 차례 상을 받았다고 언급하고 있으므로 답은 D이다.

단어 **80后** bālíng hòu 80년대 이후에 태어난 사람들 | **经历** jīnglì 몡 경력 | **争议** zhēngyì 몡 논쟁 | **毫不保留** háobù bǎoliú 조금도 남김없이 | **获奖** huòjiǎng 동 수상하다, 상을 받다 | **关注** guānzhù 몡 관심 | **不佳** bùjiā 톙 좋지 않다, 나쁘다 | **特立独行** tèlì dúxíng 솅 (자신의 신념에 따라) 독자적으로 밀고 나가다

16-20

女：今天的嘉宾是深受观众喜爱的喜剧之王周星驰先生。将来的电影您想往动作方面发展吗？

男：¹⁶我觉得我们拍电影的从来都是看市场。现在我看的是更广的市场，不光是香港或是内地的市场，还要看国际的市场。我们构思出来一个电影是花很多工夫的，像《少林足球》看起来很简单，但其实越简单的东西越不容易想出来。

女：现在中国很多年轻的一代，一提到后现代，就谈到您的《大话西游》，能不能谈谈您当初创作的初衷？

男：我拍《大话西游》的时候就没有想过关于后现代，¹⁷我完全是因为很喜欢《西游记》这部小说，我觉得它很精彩。如果要把《西游记》里面很精彩的情节都拍出来，要花很多钱。我们当时钱是不够的，其实现在拍钱一定也不够，因为有太多好玩儿的、经典的场面了。

女：您曾经说过您的偶像是李小龙，您为什么特别崇拜他呢？

男：其实李小龙对于我来说是非常重要的。¹⁸因为他除了功夫非常好之外，他还是一个非常有创意的人，所以我就非常喜欢他。像他自己就创了一个门派——截拳道。他说截拳道里面没有固定的形式，这一点我就非常佩服，这是一个非常有创意的想法。

女：您当初进入电影圈时，家里人是什么态度？

男：说来我要感谢妈妈，因为我当初说要进入演艺界时，妈妈上下打量了我半天，结果一句话都没说就走了。我想好啊，妈妈没有反对就是默许了，于是很高兴地就去报演艺培训班了。

女：您是从很底层的工作做起的，但现在却非常成功，您觉得怎么才能改变自己的命运？

여: 오늘의 손님은 많은 분들이 좋아하시는 코미디의 왕 저우 씽츠 선생님입니다. 앞으로도 계속 액션영화를 찍으실 건가요?

남: ¹⁶저같이 영화를 찍는 사람들은 항상 시장을 고려해요. 이제 저는 더 넓은 시장에 진출할 생각인데요. 홍콩 혹은 대륙의 시장뿐만 아니라 외국 시장도 고려하고 있어요. 우리가 영화를 한 편 구상해 내기까지 많은 노력이 필요해요. 「소림축구」만 봐도 겉보기엔 매우 간단해 보이지만, 사실 간단한 것일수록 생각해내기가 쉽지 않지요.

여: 요즘 중국의 많은 젊은이들이 포스트모더니즘이라고 하면, 바로 선생님의 「대화서유」를 이야기하는데요. 처음 만들 때의 생각을 말씀해주시겠어요?

남: 제가 「대화서유」를 만들 때, 포스트모더니즘에 대해서 생각해본 적은 없어요. ¹⁷저는 단지 소설 「서유기」를 매우 좋아했고, 무척 재미있다고 생각해서 만들었던 거예요. 만약 「서유기」 안의 재미있는 줄거리를 다 찍는다면, 많은 돈을 써야 할 거예요. 우리는 당시에 돈이 부족했거든요. 사실 지금 찍는다 해도 돈은 부족할 거예요. 왜냐하면, 볼거리와 고전적인 장면이 많으니까요.

여: 선생님은 예전에 자신의 우상이 리샤오롱이라고 대답했는데요. 왜 그렇게 좋아하시는 건가요?

남: 사실 리샤오롱은 저에게 있어서 매우 중요한 분 이예요. ¹⁸왜냐면 그는 쿵후를 잘할 뿐만 아니라, 아주 창의적 사람이니까요. 그래서 저는 그를 매우 좋아하죠. 그는 또 스스로 절권도라고 하는 하나의 파계를 만들기도 했어요. 그는 절권도에는 고정된 형식이 없다고 했는데, 여기서 저는 매우 감탄했어요. 이것은 아주 창의적인 생각이니까요.

여: 처음 영화계에 진출하겠다 했을 때, 가족들은 어떤 반응을 보였나요?

남: 말하자면, 저는 어머니께 감사해야 해요. 왜냐면 애초 연예계에 발을 들여 놓겠다고 했을 때, 어머니께서 저를 한참 동안 보고는 한마디 말도 하지 않고 가셨거든요. 저는 잘됐다고 생각했어요. 어머니가 반대하지 않는다는 것은 묵묵히 허락해주는 거라고 생각했거든요. 그래서 저는 아주 기쁘게 연기 수업을 신청했죠.

여: 선생님은 밑바닥부터 일을 시작하셨지만, 지금은 매우 성공하셨잖아요. 어떻게 하면 자신의 운명을 바꿀 수 있다고 생각하세요?

男：我当初的第一份工作很烂，但我要说的是，每个人的机会不会都那么好，人人都要等待，要学会坚持。[20]我一直有信心，相信机会一定有光顾我的那天，机会来的时候我们一定要抓住，这就是我的一点体会。

女：您的电影一直都能保持很高的水准，使得您本人也一直受到非常高的关注，您是怎么样保持这种状态的？

男：最重要的是我对电影的喜爱。我每做一部电影之前都要花费很多时间，[19]仔细地想究竟这部电影有没有创新的地方，这点很重要。我每次都力图做出一种从来没有的类型，这样大家才能有新鲜感。另外，我还需要身边的人全力的支持。

16　男的拍电影主要看什么？
　　A　市场需要
　　B　制作成本
　　C　演员阵容
　　D　构思是否独特

17　男的为什么要拍《大话西游》？
　　A　想出名
　　B　觉得会赚钱
　　C　年轻人喜欢后现代
　　D　觉得《西游记》很精彩

18　男的喜欢李小龙的最主要原因是什么？
　　A　有创意
　　B　功夫一流
　　C　是国际影星
　　D　演技特别好

19　男的的电影一直保持高水平的原因是什么？
　　A　力求创新
　　B　剧本很好
　　C　运用特技
　　D　内容新颖

남: 제가 맨 처음에 한 일은 정말 힘들었어요. 하지만 제가 말하고 싶은 것은 모든 사람에게 주어진 기회가 다 좋지는 않을 것이라는 거예요. 그래서 사람은 기다려야 하고, 계속 꾸준히 노력해야 하는 거죠. [20]저는 항상 자신감을 가지고 있었고, 기회가 나에게만 찾아올 날이 있을 거라고 생각했어요. 그리고 기회가 왔을 때, 우리는 꼭 잡아야 해요. 이것이 바로 제 경험이에요.

여: 선생님의 영화 수준이 항상 높다 보니, 선생님도 항상 많은 주목을 받으시는데요. 선생님께선 어떻게 그런 수준을 계속 유지하시는 건가요?

남: 가장 중요한 것은 영화에 대한 사랑인 것 같아요. 저는 매번 영화를 찍기 전에 많은 시간을 써서, [19]이 영화에 참신한 것이 있는지 곰곰이 생각하는데, 이것이 매우 중요하죠. 제가 매번 그전에 없었던 것을 생각해내야만, 관객들이 신선함을 느낄 수 있으니까요. 그 밖에 주변 사람들의 전폭적인 지지가 있어야겠죠.

16　남자는 영화를 찍을 때 무엇을 고려하는가?
　　A　시장의 수요
　　B　제작비용
　　C　연기자 구성
　　D　생각의 독창성

17　남자는 왜 「대화서유」를 만들었는가?
　　A　유명해지고 싶었기 때문에
　　B　돈을 벌 수 있을 것 같았기 때문에
　　C　젊은 사람들은 포스트모더니즘을 좋아하기 때문에
　　D　「서유기」가 매우 재미있었기 때문에

18　남자가 리샤오룽을 좋아하는 가장 큰 이유는 무엇인가?
　　A　창의성이 있기 때문에
　　B　무술을 잘하기 때문에
　　C　국제적인 스타이기 때문에
　　D　연기력이 뛰어나기 때문에

19　남자의 영화가 늘 높은 수준을 유지하는 이유는 무엇인가?
　　A　새로운 것을 추구하기 때문에
　　B　극본이 좋기 때문에
　　C　특수촬영을 하기 때문에
　　D　내용이 새롭기 때문에

20 关于男的，下列哪项正确?

  A 很自信

  B 没有偶像

  C 不需要别人的帮助

  D 家人反对他进入影视圈

20 남자에 관한 이야기 중 올바른 것은 무엇인가?

  A 자신감이 있다

  B 우상이 없다

  C 다른 사람의 도움은 필요하지 않다

  D 가족은 그가 영화계에 진출하는 것을 반대했다

요약 코미디의 왕이라 불리는 저우씽츠는 소설 「서유기」를 무척 좋아하여, 「대화서유」를 만들었다. 그는 영화를 만들 때 항상 시장의 수요를 고려한다. 그리고 그가 수준 높은 영화를 만드는 것은 항상 참신한 것이 있는지 생각하기 때문이다. 그는 리샤오롱을 특히 좋아하는데, 그 이유는 그가 쿵후도 잘하면서 절권도라는 하나의 파계를 만들 만큼 아주 창의적인 사람이기 때문이다. 그는 항상 자신감을 가지고, 기회가 나에게 다가올 날이 있을 것이라고 믿었고, 기회가 오면 이를 놓치지 않았던 것이 자신의 성공비결이라고 말한다.

해설 16) 남자는 영화를 찍을 때 시장을 고려한다고 말하고 있다. 따라서 답은 A이다.

17) 남자는 「서유기」가 재미있어서 「대화서유」를 만들게 되었다고 언급하고 있으므로 답은 D이다.

18) 남자는 리샤오롱이 매우 창의적인 사람이기 때문에 그를 좋아한다고 언급하고 있다. 따라서 답은 A이다.

19) 남자는 항상 새로운 방법을 추구하며, 끊임없이 노력하여 항상 높은 수준의 영화를 내놓는다고 언급하고 있으므로 답은 A이다.

20) 남자는 힘든 일부터 시작했지만 언젠가 자신에게도 기회가 올 것이라고 믿었으며, 기회가 오면 꼭 잡을 것이라고 말하고 있다. 따라서 답은 A이다.

단어 嘉宾 jiābīn 명 손님, 게스트 | 喜剧 xǐjù 명 코미디, 희극 | 周星驰 Zhōu Xīngchí 인명 저우씽츠(주성치) | 拍电影 pāi diànyǐng 영화를 찍다 | 构思 gòusī 통 구상하다 | 工夫 gōngfu 명 노력 | 少林足球 Shàolín zúqiú 소림축구 [주성치 각본, 감독의 작품으로 직접 연기도 함] | 后现代 hòuxiàndài 명 포스트 모더니즘 | 大话西游 Dàhuà xīyóu 대화서유 [주성치가 서유기를 보고 만든 게임] | 西游记 Xīyóujì 명 서유기 | 精彩 jīngcǎi 훌륭하다, 재미있다, 근사하다 | 情节 qíngjié 명 줄거리 | 偶像 ǒuxiàng 명 우상 | 崇拜 chóngbài 통 숭배하다, 좋아하다 | 功夫 gōngfu 명 쿵후 | 创意 chuàngyì 명 창의성 | 截拳道 jiéquándào 명 절권도 | 佩服 pèifú 통 감탄하다, 탄복하다 | 电影圈 diànyǐngquān 명 영화계 | 演艺界 yǎnyìjiè 명 연예계 | 打量 dǎliang 통 살펴보다, 관찰하다 | 默认 mòrèn 통 묵인하다, 묵묵하게 승인하다 | 地层 dìcéng 명 저층, 바닥 | 烂 làn 형 뒤죽박죽이다 | 光顾 guānggù ~만 보다 | 创新 chuàngxīn 명 창조성 | 新鲜感 xīnxiāngǎn 명 신선함

21-25

女: 我们今天的嘉宾是深圳万科企业股份有限公司董事长王石，欢迎您。您是什么时候把环保和企业联系在一起的?

男: 应该说万科如何将环保与生产产品结合起来，是从不自觉到自觉的过程，从契合到自觉推动的过程。1997年我们在100多家房地产上市公司中排第一位。万科必须通过标准化，住宅产业化，才能既保证质量，又保证速度。²¹住宅产业化可以大量减少对木材的消耗，大量减少污染。²²精装修和毛坯房相比，一套房子至少平均少排放2吨垃圾。2009年中国商品房供应量是600万套，精装修不到20%，它意味着光这一项就要多排放建筑垃圾1000万吨。从全球变暖，低碳经济的角度来看，这对企业来说不仅仅是责任，更是一种竞争力，不这样做会被淘汰。

여: 오늘 모실 손님은 션전의 완커 주식회사 대표이사이신 왕스 선생님입니다. 어서 오세요. 선생님께서는 언제부터 환경보호와 기업을 연계시키셨나요?

남: 완커가 어떻게 환경보호와 제품생산을 연계시켰냐는 것은 깨닫지 못했던 것을 깨달은 과정이었다고 할 수 있어요. 즉, 서로 뭉치기만 하던 것에서 스스로 깨닫기 시작한 과정이요. 1997년 우리가 100개의 부동산 상장회사 중에서 1위를 차지했는데요. 완커가 표준화를 거쳐, 주택산업화를 이뤄야만 제품의 품질을 보장하고, 공사속도를 보장할 수 있다고 생각해요. ²¹주택을 산업화하면, 목재에 대한 소비를 대량 줄일 수 있으며, 오염도 줄일 수 있어요. ²²완제품 주택은(내부설비가 다 갖춰진 집) 반제품 주택(내부설비가 다 갖춰지지 않은 집)에 비해, 집 한 채당 평균 2t의 쓰레기를 덜 배출합니다. 2009년 중국 상품 주택의 공급량은 600만 세대였지만, 그 중 완제품 주택은 20%도 되지 않았지요. 여기에서만 1,000만t의 건축쓰레기가 더 나온 것이지요. 지구 온난화, 저탄소 경제의 각도에서 보면, 이것은 기업에 있어서 의무일 뿐만 아니라, 하나의 경쟁력이라고 볼 수 있어요. 그렇지 않으면 시장에서 도태되게 될 테니까요.

女：中国的消费者基于对环保理念的认可程度，会愿意为您的差异化竞争买单吗？

男：目前没有，这不是一蹴而就的，但我相信一定会有。你会发现，绿色环保也是一种差异。比如说麦当劳和星巴克，[23]感觉是完全不同的，一种感觉是不环保、垃圾食品；另一种感觉咖啡和环保是结合起来的。因为星巴克宣称他们的咖啡是保护了咖啡农的利益，而不是把原有的森林砍掉了。二者的理念完全不同。

女：中国需要建筑节能减排的标准吗？

男：我个人看，[24]住宅产业化的关键不是制定标准，而是对标准要不要严格执行的问题。所以我这回参加会议不是探讨行业标准问题，而是要在这里表明，作为中国企业家群体的一种态度，表明我们的想法，表明我们将来怎么做，而且做法是有时间表的，而且不仅仅是定性的，是定量的，时间上是确定下来的。对万科来讲，不是要讨论什么标准，而是要按照标准执行。

女：万科在执行标准上的时间表是什么？

男：我们已经非常清楚了：第一步是精装修，今年万科精装修已经达到80%，而整个行业精装修还没到20%，明年万科将全部实现。第二步是住宅产业化。设想在2014年基本完成。如果政府在这方面能有一些鼓励政策，可能提前到2012年、2013年。

女：然后呢？

男：第三步是绿色能源。绿色建筑最终还是减少碳排放。如我们会在更多小区解决自身所需的替代能源问题，如采用光伏发电、风能发电、垃圾发电、地热发电等。[25]万科用得较早的是光伏发电，我们早在2000年就在路灯上使用了这种技术。

여: 중국의 소비자가 지금과 같은 환경보호에 대한 인식을 바탕으로 선생님의 차별화된 경쟁을 위해 주머니를 열 것이라고 생각하세요?

남: 지금은 아니겠죠. 단번에 해결될 문제는 아니니까요. 하지만 저는 분명히 그렇게 될 거라고 생각해요. 녹색환경보호는 하나의 차별화된 운영방법이거든요. 맥도날드와 스타벅스를 예로 들면, [23]이 둘의 느낌은 완전히 달라요. 하나는 환경보호를 하지 않는 쓰레기 배출 식품이고, 또 다른 하나는 커피와 환경보호를 결합한 것이에요. 왜냐하면, 스타벅스는 그들의 커피는 기존의 산림을 채벌하지 않고, 커피를 재배하는 농민의 이익을 보호하는 것이라고 말하니까요. 이 두 회사의 이념은 완전히 다른 것이지요.

여: 중국은 건축의 에너지 절약, 배출량 감소 표준을 마련해야 하나요?

남: 전 개인적으로 [24]주택 산업화의 관건은 표준을 제정하는 것이 아니라, 표준을 엄격하게 집행하는 데 있다고 생각해요. 제가 이번에 회의에 참석한 것은 산업 표준에 대해서 이야기하려는 것이 아니에요. 여기에서 중국의 기업가로서, 우리의 생각을 말하고 우리가 앞으로 어떻게 해야 하는지, 우리가 실천할 것에 대한 시간표를 짜자는 것이에요. 즉, 우리가 하는 일의 성격을 명확히 하는 것뿐만 아니라, 이를 정량화하여 시기를 확정하자는 것이지요. 다시 말해, 완커는 어떤 표준에 대해서 이야기하자는 것이 아니라 표준에 맞게 실천하자고 말하려는 것이에요.

여: 완커는 표준을 실천함에 있어서 어떤 계획을 세우고 있나요?

남: 우리는 우리가 해야 할 일을 잘 알고 있어요. 첫째는 완제품 주택을 만드는 것이에요. 올해 완커가 지은 완제품 주택은 이미 80% 이르지만, 산업 전체의 완제품 주택은 20%가 되지 않아요. 완커는 내년에 모두 완제품 주택만 지을 생각이에요. 두 번째로 주택의 산업화예요. 2014년까지 기본적으로 완성할 생각이죠. 만약 정부가 이 부분에 대해서 장려 정책을 편다면, 2012년, 2013년에 조기 완성할 수 있어요.

여: 그 다음은요?

남: 세 번째는 녹색에너지사용입니다. 녹색건축이란 결론적으로 탄소 배출량을 낮추는 거예요. 즉, 우리가 더 많은 단지에서 스스로 필요한 대체에너지를 자급자족하는 것이지요. 예로 들어, 태양광발전, 풍력발전, 쓰레기발전, 지열발전 등을 사용하는 것이에요. [25]완커는 일찍이 태양광발전을 사용했는데, 2000년부터 가로등에서 이 기술을 사용하기 시작했어요.

| 21 | 男的为什么要实行住宅产业化? | 21 | 남자는 왜 주택 산업화를 실천하려고 하는가? |

21 男的为什么要实行住宅产业化?
- A 减少污染
- B 利润最大
- C 保证速度
- D 适应世界潮流

21 남자는 왜 주택 산업화를 실천하려고 하는가?
- A 오염을 줄이기 위해서
- B 이윤을 극대화하기 위해서
- C 공사 속도를 보장하기 위해서
- D 세계적인 흐름에 맞추기 위해서

22 与毛坯房相比，精装修有什么特点?
- A 价格高
- B 成本低
- C 质量好
- D 污染少

22 반제품 주택과 비교했을 때, 완제품 주택은 어떤 특징을 가지고 있는가?
- A 가격이 비싸다
- B 원가가 낮다
- C 질이 좋다
- D 오염이 적다

23 男的认为麦当劳和星巴克的差别是什么?
- A 消费理念
- B 消费水平
- C 环保理念
- D 产品价位

23 남자는 맥도날드와 스타벅스의 차이가 무엇이라고 생각하는가?
- A 소비 관념
- B 소비 수준
- C 환경보호 이념
- D 상품 가격대

24 男的认为住宅产业化的关键是什么?
- A 标准的制定
- B 标准的执行
- C 政府的态度
- D 居民的支持

24 남자는 주택 산업화의 관건이 무엇이라고 생각하는가?
- A 표준을 제정하는 것
- B 표준을 실천하는 것
- C 정부의 태도
- D 주민들의 지지

25 男的最早使用的是什么绿色能源?
- A 风能
- B 光能
- C 地热
- D 微生物

25 남자는 최초에 어떤 녹색에너지를 사용했는가?
- A 풍력에너지
- B 태양광에너지
- C 지열에너지
- D 미생물에너지

요약 완커 주식회사의 왕시 대표이사는 환경보호와 기업을 연계하였다. 환경보호와 연계된 기업의 예로는 스타벅스가 있다. 쓰레기 배출 식품을 파는 맥도날드와 달리, 스타벅스는 산림을 채벌하지 않는 등 자연을 보호한다. 부동산 회사인 완커는 주택을 산업화하면 목재에 대한 소비를 줄여서 오염도 줄일 수 있다고 말한다. 또, 완제품 주택은 반제품 주택 보다 배출하는 쓰레기양도 적다. 왕시 대표이사는 주택산업화의 관건은 표준을 제정하는 것이 아닌 표준을 엄격히 적용하는 데 있다고 말한다. 완커는 완제품 주택 공급, 주택의 산업화를 실행하고 마지막으로 녹색에너지를 사용하려고 하는데, 완커는 일찍이 가로등에서 태양광 발전을 사용한 바 있다.

해설
21) 남자는 주택의 산업화는 오염을 줄일 수 있다고 언급하고 있으므로 답은 A이다.
22) 완제품 주택을 짓는 과정에서 나오는 쓰레기가 적어, 오염이 적을 것이라고 언급하고 있으므로 답은 D이다.
23) 맥도날드는 환경보호를 하지 않고 쓰레기를 많이 배출하지만, 스타벅스는 커피재배를 위해서 산림을 파괴하지 않는다고 언급하고 있다. 따라서 답은 C이다.
24) 남자는 주택의 산업화의 관건은 제정된 표준을 엄격하게 집행하는 것이라고 언급하고 있으므로 답은 B이다.
25) 남자는 2000년부터 태양광에너지를 가로등에서부터 사용하기 시작했다고 언급하고 있다. 따라서 답은 B이다.

단어　万科股份有限公司 wànkē gǔfèn yǒuxiàn gōngsī 완커 주식회사 [중국 최대 부동산 개발 업체] | **股份有限公司** gǔfèn yǒuxiàn gōngsī 명 주식회사 | **环保** huánbǎo 명 환경보호 | **联系** liánxì 동 연계하다 | **自觉** zìjué 동 자각하다 | **契合** qìhé 동 의기투합하다, 똘똘 뭉치다 | **上市公司** shàngshì gōngsī 명 상장회사 | **住宅** zhùzhái 명 주택 | **精装修** jīngzhuāngxiū 명 완제품 주택 [내부 설비가 다 갖춰진 주택, 인테리어가 다 된 주택] | **毛坯房** máopīfáng 명 반제품 주택 [내부설비가 다 갖춰지지 않은 주택, 인테리어가 되어 있지 않은 주택] | **吨** dūn 양 톤(t) | **商品房** shāngpǐnfáng 명 상품 주택, 판매용 주택, 오피스텔 [상업용 점포를 모두 상품 주택이라함] | **低碳经济** dītàn jīngjì 명 저탄소 경제 | **淘汰** táotài 동 도태되다 | **买单** mǎidān 동 계산하다, 지불하다 | **一蹴而就** yícù érjiù 성 단번에 이루어지다 | **麦当劳** Màidāngláo 명 맥도날드 | **星巴克** Xīngbākè 명 스타벅스 | **砍** kǎn 동 채벌하다, 벌채하다 | **节能减排** jiénéng jiǎnpái 에너지 절약, 배출량 감축 | **探讨** tàntǎo 동 토론하다, 탐구하다 | **时间表** shíjiānbiǎo 명 시간표 | **设想** shèxiǎng 동 구상하다, 생각하다 | **鼓励政策** gǔlì zhèngcè 명 장려정책 | **碳排放** tànpáifàng 명 탄소 배출량 | **替代能源** tìdài néngyuán 명 대체 에너지 | **光伏发电** guāngfú fādiàn 명 태양광에너지 발전, 태양빛 에너지 발전 | **风能发电** fēngnéng fādiàn 명 풍력발전 | **地热发电** dìrè fādiàn 명 지열발전 | **路灯** lùdēng 명 가로등 | **潮流** cháoliú 명 흐름, 추세 | **微生物** wēishēngwù 명 미생물

26-30

女: 我们今天的嘉宾是著名作家刘墉，欢迎。您对新书《爱原来可以如此豁达》中的"豁达"是怎样理解的?

男: ²⁶我对于"豁达"的理解，就好像"五十而知天命，六十而耳顺"。"知天命"是你知道这个世界上有可为，有不可为。有的事情年轻的时候办得到，现在办不到，有的事情年轻的时候没有办到，一直很怨恨，现在知道不属于自己的就算了。"六十而耳顺"，别人以前讲的扎心的话，现在不扎心了，以前比较狭隘的观点，现在宽阔了，所以"成事不说，遂事不谏，既往不咎"，就是一种豁达的想法。

女: 您读过《中庸》，如何理解"中庸之道"?

男: ²⁷"中庸之道"缺点是由于施行没有魄力，不能够早上下令，晚上就整个通行。但是"中庸"使我们不至于产生过大的伤害。"中庸"是中国人的一种特殊的智慧，经过长久的乱世所达到的一种豁达。

女: 您有没有一段时间特别不想写文章?

男: 会的。因为我也是画家。有人在早期会说，刘墉右手画画，左手写作，他们现在还问，说刘墉你还画不画画儿，我说当然会画。所以我用画画来作为写作的休闲，当我实在写得很枯燥，我会去画画，我会去种菜，我会种花。²⁸因为你写作的品质下降，可能是因为你的眼睛太靠近你的作品而见木不见林，在这种状况下面，我们要到其他的领域里面去涉猎。

여: 오늘 손님은 유명작가이신 리우용 선생님을 모셨습니다. 어서 오세요. 선생님의 신작 「사랑은 원래 이렇게 너그럽다」에서 「너그럽다」를 어떻게 이해해야 하나요?

남: ²⁶"너그럽다"는 마치 "50에 하늘의 뜻을 알고, 60엔 귀가 순해진다"과 같다고 생각해요. "하늘의 뜻을 알다"는 이 세상에서 할 수 있는 것과 할 수 없는 것을 아는 것을 말하죠. 어떤 일은 젊었을 때 할 수 있지만 지금은 할 수 없고, 또 어떤 일은 젊었을 때 해내지 못하고 항상 원망만 하다가, 이제서야 이것이 내 일이 아니란 것을 알고 포기하게 되잖아요. "육십에 귀가 순해진다"는 가슴을 아프게 했던 다른 사람의 말에 이젠 더이상 마음이 아프지 않게 되는데요. 이는 편협했던 시야가 넓어지게 되었다는 것이지요. 즉, "지난 일을 말하지 않고 옛일을 고치라고 하지 않으며, 과거의 잘못을 나무라지 않게" 되죠. 이것이 바로 "너그러운" 생각이죠.

여: 선생님은 「중용」을 읽으셨다 하셨는데, "중용의 도"를 어떻게 이해하셨어요?

남: ²⁷"중용의 도"의 단점은 일을 행함에 박력이 없다는 거예요. 아침에 어떤 명령을 하면, 밤이 되어도 진행되지 않아요. 그러나 "중용"은 우리에게 큰 상처를 주진 않아요. "중용"은 중국사람들의 일종의 지혜이고, 어려운 시대를 살면서 깨닫게 된 너그러움이니까요.

여: 선생님은 정말 글을 쓰기 싫다고 생각했던 적이 있었나요?

남: 있죠. 왜냐면 저는 화가이기도 하니까요. 어떤 사람은 이전에 리우용은 오른손으로는 그림을 그리고 왼손으로는 글을 쓴다고 말하기도 했고, 리우용이 지금도 그림을 그릴 수 있냐고 묻기도 해요. 그럼 저는 당연히 그릴 수 있다고 말하죠. 저는 그림을 그리는 것을 작품활동 속의 여가생활이라고 생각해요. 글이 너무 무미건조하다고 생각될 때, 저는 그림을 그리고, 채소를 심고 꽃을 심죠. ²⁸왜냐하면 작품의 질이 떨어지게 되었다는 것은 너무 작품에만 치우친 나머지, 나무만 보고 숲을 보지 못했기 때문이거든요. 이런 상황에서는 다른 분야에 눈을 돌려야 해요.

女：很多作家说写作是件很辛苦的事，您觉得辛苦吗？

男：²⁹我知道，应该是辛苦的，但是我乐此不疲。不是因为我的书畅销所以乐此不疲。我觉得那是一种乐子，我也要对自己有一番的挑战，而且我也很好奇，当我把那样一本书放在市场上去的时候，大家会怎么样的惊讶，像是我的女儿喝北京的酸豆汁，喝一口马上就吐出来了，可是我的母亲却会说，想了几十年，终于喝到了，所以我会做各种的尝试，希望有突破。

女：您作为一名作家，您的灵感除了来自家庭还来自哪里？

男：灵感是向内找的，也是向外找的。中国的艺术往往都朝里面找。就好像看书法，我们说这个人的字或者是柳字，或者是王字，就是说你在临摹之后，又在自己发挥。³⁰我觉得写作跟绘画同样，我们向自己内心去关照的时候，是向里面去找，但是如果你没有外在的关照，你就没有内心的世界。这就是我讲的你必须要去广泛地阅读。

26　男的是怎样理解"豁达"的？

　　A　心胸宽广

　　B　知错能改

　　C　绝不生气

　　D　怨恨消失

27　男的认为中庸的缺点是什么？

　　A　伤害大

　　B　不果断

　　C　没有创新

　　D　使人退步

28　男的为什么要涉及其他领域？

　　A　喜欢挑战

　　B　兴趣广泛

　　C　希望有所突破

　　D　对写作有帮助

여: 많은 작가들은 작품을 쓰는 것이 힘든 일이라고 하는데요. 선생님도 힘드세요?

남: ²⁹알죠. 정말 힘든 일이죠. 하지만 저는 그렇기 때문에 즐거워요. 저의 책이 잘 팔려서 즐겁다는 것은 아니에요. 저는 힘든 것도 하나의 즐거움이라고 생각해요. 그리고 저는 자신에게 도전을 해야 한다고 생각하거든요. 전 매우 궁금해요. 내가 이런 책을 출판했을 때, 사람들이 어떻게 놀랄지 말이죠. 제 딸 아이가 베이징의 콩즙을 마실 때처럼, 한 모금 마시고 바로 토해낼지 반대로 저의 어머니처럼 몇십 년을 기다린 끝에 마침내 마시게 되었다고 좋아할지 말이죠. 그래서 저는 여러 가지 시험을 해요. 더 발전하려고요.

여: 작가로서, 선생님은 가족들 외에도 어디서 영감을 얻으시나요?

남: 영감은 안에서도 찾고, 밖에서도 찾는 것이라고 생각해요. 중국의 예술은 종종 안에서만 영감을 찾죠. 마치 서예를 보는 것 같아요. 우리는 어떤 사람의 글자를 보고, 이것은 유자체 혹은 왕자체라고 하는데요. 저는 모방을 하고 나서, 자신의 능력을 발휘해야 한다고 생각해요. ³⁰저는 글을 쓰는 것은 그림을 그리는 것과 같다고 생각해요. 우리가 자신의 내면을 들여다 볼때, 내면에서 영감을 찾게 되는 것이지요. 그러나 만약 당신이 외부를 내다보지 않는다면, 내부의 세계는 없다고도 할 수 있어요. 이것이 바로 제가 말하려 하는 광범위한 독서를 해야 하는 이유죠.

26　남자는 "너그럽다"를 어떻게 이해했는가?

　　A　마음이 넓다

　　B　잘못을 알면 바로 고칠 수 있다

　　C　절대 화내지 않는다

　　D　원망이 사라지다

27　남자는 중용의 단점을 무엇이라고 생각하는가?

　　A　상처를 크게 준다

　　B　과감하지 못하다

　　C　혁신적이지 못하다

　　D　사람을 뒤떨어지게 한다

28　남자는 왜 다른 영역에까지 관심을 갖는가?

　　A　도전하는 것을 좋아하기 때문에

　　B　취미가 많기 때문에

　　C　새로운 발전을 이루고 싶기 때문에

　　D　글을 쓰는 데 도움이 되기 대문에

29 男的是怎样看待写作的？
　A 很轻松
　B 灵感很重要
　C 知识面要广
　D 有苦更有乐

30 关于男的，下列哪项正确？
　A 好奇心很强
　B 画画儿水平更高
　C 希望自己的书很畅销
　D 认为灵感要内外兼顾

29 남자는 작품활동을 어떻게 생각하는가?
　A 아주 쉽다
　B 영감이 중요하다
　C 많은 것을 알아야 한다
　D 어려움이 있어야 더 큰 즐거움이 있다

30 남자에 관한 이야기 중 올바른 것은 무엇인가?
　A 호기심이 많다
　B 그림을 아주 잘 그린다
　C 자신의 책이 잘 팔리길 바란다
　D 영감은 내부와 외부를 모두 신경 써야 얻을 수 있는 것이다

요약 리우용은 자신의 신작 「사랑은 원래 이렇게 너그럽다」를 발표했고, 이 제목에서 "너그럽다"의 의미는 편협했던 시야가 넓어지는 것을 뜻한다고 밝혔다. 자신이 읽은 「중용」에서 말하는 중용의 도가 가진 단점은 일을 과감하게 행하지 못한 것이라고 말했다. 작품을 쓰는 것은 어려운 일이지만, 그렇기 때문에 좋아한다는 그는 작품활동을 하면서 그림도 그리고, 채소를 심고 꽃도 심는데 이것이 글을 쓰는 데 도움이 되기 때문이다. 그는 글을 쓸 때 영감은 내부에서도 찾고, 외부에서도 찾아야 하기 때문에 광범위한 독서가 필요하다고 밝혔다.

해설 26) 남자는 "너그럽다"를 하늘의 뜻을 알고, 귀가 순해진다는 것이라고 말하고 있다. 특히 귀가 순해지는 것은 과거의 일을 다시 꺼내어 언급하지 않는 것으로, 편협했던 생각이 넓어지는 것을 의미한다고 언급하고 있다. 따라서 답은 A이다.
27) 남자는 중용은 결정한 일이 빨리 행동에 옮겨지지 않는 것이라고 언급하고 있다. 이는 과감하게 일을 진행하지 못하는 것이라고 볼 수 있으므로 답은 B이다.
28) 남자가 많은 영역에 관심을 갖는 것은 자신의 작품활동에 도움이 되기 때문이다. 따라서 답은 D이다.
29) 그는 글을 쓰는 것은 매우 어려운 일이지만, 그렇기 때문에 더 즐겁다고 말하고 있다. 따라서 답은 D이다.
30) 남자는 영감은 내부와 외부를 모두 신경 써야 얻을 수 있는 것이라고 언급하고 있으므로 답은 D이다.

단어 豁达 huòdá 혱 확 트이다. (도량, 통이) 크다. 마음이 넓다 | 知天命 zhītiānmìng 하늘의 뜻을 알다 | 耳顺 ěrshùn 귀가 순하여 진다 | 怨恨 yuànhèn 동 원망하다 | 属于 shǔyú ～에 속하다 | 扎心 zhāxīn 동 마음을 찌르다, 아프게 하다 | 狭隘 xiá'ài 혱 편협하다, 좁다 | 宽阔 kuānkuò 혱 넓다, 크다 | 成事 chéngshì 명 이전 일 | 遂事 suìshì 명 이미 지나간 일 | 谏 jiàn 동 간언하다 | 既往 jìwǎng 명 지난 일 | 中庸 zhōngyōng 명 중용, 한쪽으로 치우치지 않음 | 魄力 pòlì 명 패기, 박력 | 下令 xiàlìng 동 명령하다 | 通行 tōngxíng 동 전반적으로 행하다 | 休闲 xiūxián 명 휴식, 여가, 오락 | 枯燥 kūzào 혱 고리타분하다 | 见木不见林 jiàn mù bújiàn lín 나무만 보고, 숲을 보지 못하다 | 涉猎 shèliè 동 두루 접촉하다 | 乐此不疲 lècǐ bùpí 젱 즐거워서 피곤하지 않다 | 畅销 chàngxiāo 동 잘 팔리다 | 挑战 tiāozhàn 명 도전 | 酸豆汁 suāndòuzhī 명 신맛이 나는 콩 즙 [녹두가루로 만들 때 나오는 즙으로 신맛이 있음] | 吐 tǔ 동 뱉다, 토하다 | 突破 tūpò 동 돌파하다, 새로운 진전을 이루다 | 灵感 línggǎn 명 영감 | 柳字 liǔzì 명 유자, 유체 [중국 서예의 한 종류] | 王字 wángzì 명 왕자, 왕자체 [중국 서예의 한 종류] | 关照 guānzhào 동 돌보다, 살피다 | 阅读 yuèdú 동 열독하다, 독서하다 | 兼顾 jiāngù 동 두루 살피다, 두루 고려하다

31-33

[33]幽默是一个人的学识、才华、智慧、灵感在语言表达中的闪现，是一种善于捕捉笑料和诙谐的能力，是对社会上的种种不协调及不合理的荒谬现象、偏颇、弊端、矛盾实质的揭示和对某些反常规言行的描述。

在通常情况下，[31]真正精于谈话艺术的人，其实就是那些既善于引导话题，同时又善于使无意义的谈话转变为风趣幽默的人。这种人在社交场合往往如鱼得水，左右逢源，可算作社交谈话中的幽默大师。单调的谈话令人生厌，因此，[32]善谈者必善幽默。但这种幽默，并不意味着对一切事物都可以拿来打趣。例如关于宗教、政治、伟人以及关于某种令人同情的痛苦等。在有的人看来，说话如果不幽默，便不足以显示自己的聪明，这种想法又不免有些偏激。

31 关于真正精通谈话艺术的人，下列哪项正确？
 A 拥有学识和才华
 B 能揭示事情真相
 C 勇于取笑宗教政治
 D 能够控制谈话主题

32 根据短文，可以知道什么？
 A 幽默的人一定很聪明
 B 有学识的人往往很幽默
 C 善于交谈的人一定很幽默
 D 一切事物都可以用来幽默

33 这段话主要讲了什么？
 A 怎样培养幽默
 B 什么才是幽默
 C 幽默的副作用
 D 幽默的注意事项

[33]유머는 한 사람의 학식, 재능, 지혜, 영감이 언어로 표현되는 것으로, 웃음거리를 포착하여 이를 조화시키는 능력이다. 사회에 나타나는 여러 가지 부조화 및 비합리적인 황당한 현상, 불공평, 폐단, 갈등을 표현하는 것이며, 비정상적인 언행을 묘사해내는 것이기도 하다.

일반적으로, [31]정말 말을 잘하는 사람은 사실 화제를 잘 이끌어내는 사람이며, 동시에 아무 의미가 없던 말도 재미있고 익살스럽게 잘 바꾸는 사람이다. 이런 사람들은 사람들과 만나는 장소에서 마치 물을 만난 물고기와 같으며, 일도 순조롭게 진행하는데, 사람을 사귀고 말을 하는 분야의 대가라고 할 수 있다. 단조로운 말은 사람을 싫증 나게 하는데, 그래서인지 [32]말을 잘하는 사람은 다 재미가 있다. 그러나 유머가 모든 것을 재미의 대상으로 삼아야 한다는 것을 의미하진 않는다. 예를 들어 종교, 정치, 위인 및 힘겨운 고통 앞에서는 특히 그렇다. 어떤 사람은 말을 재미있게 못 하는 것은 자신의 똑똑하다는 것을 드러내지 못하는 것이라고 말한다. 하지만 이런 생각은 너무 극단적이다.

31 말을 잘하는 사람에 관한 이야기 중 올바른 것은 무엇인가?
 A 학식과 재능이 있다
 B 사건의 진상을 드러낸다
 C 종교와 정치에 대해 조롱한다
 D 이야기 주체를 잘 제어한다

32 이 글에서 알 수 있는 것은 무엇인가?
 A 유머가 있는 사람들은 다 똑똑하다
 B 학식이 있는 사람은 종종 유머가 있다
 C 이야기를 잘하는 사람들은 다 유머가 있다
 D 모든 일들이 다 유머에 사용될 수 있다

33 이 글은 우리에게 무엇을 말해주는가?
 A 어떻게 유머감각을 기르는가
 B 무엇이 유머인가
 C 유머의 부작용
 D 유머에서의 주의사항

요약 제목: 무엇이 유머인가
주제어: 유머는 웃음거리를 포착, 조화시키는 능력이다.
유머는 한 사람의 학식, 재능, 지혜 등이 언어로 표현되는 것으로 웃음거리를 포착하여, 이를 조화시키는 능력이다. 일반적으로 말을 잘하는 사람은 화제를 잘 이끌어내며, 말을 잘하는 사람은 다 재미가 있다. 하지만 유머가 모든 것을 재미의 대상으로 삼아야 한다는 것을 뜻하진 않는다. 종교, 정치, 위인, 힘겨운 고통 앞에서는 특히 그러하다.

해설 31) 정말 말을 잘하는 사람은 대화의 주제를 잘 이끈다고 언급하고 있으므로 답은 D이다.

32) 이야기를 잘하는 사람은 다 유머가 있다고 언급하고 있으므로 답은 C이다.

33) 첫 문장에서 이 글에서 주로 유머가 무엇인지에 대해서 언급할 것임을 알 수 있다. 따라서 답은 B이다.

단어 **幽默 yōumò** 몡 유머 혱 재미있다, 익살스럽다 | **闪现 shǎnxiàn** 통 언뜻 드러나다 | **协调 xiétiáo** 통 조화하다, 협조하다 | **荒谬 huāngmiù** 혱 황당하다, 터무니 없다 | **偏颇 piānpō** 혱 편파적이다, 불공평하다 | **弊端 bìduān** 몡 폐단 | **揭示 jiēshì** 통 드러내다 | **反常规 fǎnchángguī** 일반적이지 않다, 비정상적이다 | **精于 jīngyú** ~에 정통하다 | **引导 yǐndǎo** 통 이끌다 | **风趣 fēngqù** 몡 재미, 해학, 유머 | **如鱼得水 rúyú déshuǐ** 솅 고기가 물을 만난 것 같다 | **左右逢源 zuǒyòu féngyuán** 솅 일이 모두 순조롭다 | **打趣 dǎqù** 통 놀리다, 야유하다 | **偏激 piānjī** 혱 극단적이다

34-37

太极拳是深受人们喜欢的一种拳术。太极拳动作柔和缓慢，形神兼备，既可以用于技击，又 ³⁴有增强体质、防治疾病的作用，所以 ³⁶老年人和体弱多病的人都喜欢打太极拳。目前，这项运动已经成为国际武术比赛的项目了。

³⁵在中国武术中，最富有哲学色彩的便是太极拳了，它的名字本身也显示了这一点，因而太极拳又有"哲拳"之称。宋代有人画了一幅太极图，用来解释宇宙、自然的发展规律及其变化。太极图是圆的，太极拳的每一个动作也是圆的。动作有大圆、小圆、椭圆、半圆、弧形、螺旋形，从开始打拳到动作结束，动静相连，环环相绕，一种圆接一种圆，动作舒展而优美。

静、松、灵、活、守是练好太极拳的基本要求，而意守丹田、稳定重心更是练好太极拳的关键。

学打太极拳并不是很难的事。初学时，可以按照书中的图解与说明，一个动作一个动作地学做，然后再一段一段地连起来做，最后形成一个连贯完整的套路，能够熟练地掌握套路动作后，主要就是动作的节奏了。³⁷只要牢记太极拳的动作要点，虚心向老师学习，坚持不断地练下去，一定会打一手好太极拳的。

태극권은 많은 사람들이 좋아하는 하나의 권법이다. 태극권의 동작은 부드럽고 느리며, 형식과 정신적인 면을 모두 갖추어 무술로도 사용된다. 또 ³⁴체력을 강화하고, 질병을 예방하는 역할도 한다. 그래서 ³⁶노인과 몸이 약하고, 병이 있는 사람들은 모두 태극권 하는 것을 좋아한다. 그리고 현재, 이 운동은 이미 국제 무술경기의 종목이 되었다.

³⁵중국 무술 가운데 가장 철학적인 색채를 띠는 것이 태극권이다. 그 이름에서도 이 점을 알 수 있는데, 이 때문에 태극권은 "철권"이라고도 불린다. 송나라 때, 어떤 사람이 태극도를 그려서, 그 그림으로 우주, 자연의 발전 규칙과 변화를 설명하였다. 태극도는 둥근 그림이었으며, 태극권의 모든 동작 역시 둥글다. 동작에는 큰 원, 작은 원, 타원형, 반원, 궁형, 나선형 등이 있으며, 태극권을 시작되고 끝날 때까지 동작은 서로 연결되어 휘감기면서, 하나의 원이 또 다른 원을 받는 형식으로 진행되는데, 동작이 편안하고 매우 우아하다.

고요함, 느슨함, 날쌤, 생동감, 절제는 태극권을 연마하는 기본 조건이며, 단전에 신경 쓰고 중심을 지키는 것은 태극권을 잘 배우기 위한 핵심이다.

사실 태극권을 배우는 것은 어려운 일이 아니다. 처음 시작할 때, 책의 그림과 설명에 따라서 한 동작, 한 동작 익히고, 그 뒤 동작들을 서로 연결해서 익히면, 마지막에 완벽한 무술동작이 완성된다. 무술동작을 제대로 익히고 나면, 동작의 리듬만 생각하면 된다. ³⁷태극권 동작의 요점을 기억하고, 겸허하게 선생님을 따라 익히고 꾸준히 배워나가기만 한다면, 분명히 태극권을 잘하게 될 것이다.

34 太极拳为什么深受喜爱?

　A 动作优美

　B 能锻炼身体

　C 相对易学

　D 是国际比赛项目

34 태극권은 왜 인기가 있는가?

　A 동작이 우아하고, 아름답기 때문에

　B 몸을 단련시킬 수 있기 때문에

　C 배우기 쉽기 때문에

　D 국제 경기의 종목이기 때문에

35 太极拳为什么又叫“哲拳”?

  A 动作舒展柔和

  B 名字有哲学色彩

  C 有一定的哲学精髓

  D 太极图和动作都是圆的

36 关于太极拳，下列哪项不正确?

  A 动作很慢

  B 静是基本要求

  C 稳定重心是关键

  D 是一项老年人运动

37 关于学习太极拳，下列哪项正确?

  A 很不容易

  B 坚持很重要

  C 不能先练单个动作

  D 首先要注意动作节奏

35 태극권은 왜 “철권”이라고도 불리는가?

  A 동작이 편안하게 전개되기 때문에

  B 이름에 철학적인 색채를 띠기 때문에

  C 철학의 정수를 담고 있기 때문에

  D 태극도와 동작이 모두 둥근 원이기 때문에

36 태극권에 관한 이야기 중 올바르지 않은 것은?

  A 동작이 느리다

  B 고요함은 기본적인 조건이다

  C 중심을 안정되게 유지하는 것이 관건이다

  D 노인들이 하는 운동이다

37 태극권을 배우는 것에 관한 이야기 중 올바른 것은 무엇인가?

  A 배우기 쉽지 않다

  B 꾸준히 하는 것이 중요하다

  C 부분의 동작을 먼저 익혀서는 안 된다

  D 먼저 동작의 리듬을 신경 써야 한다

요약 제목: 태극권의 성격과 내용

주제어: 태극권은 철학적인 색채를 띠며, 고요함, 느슨함, 날쌤, 생동감, 절제를 기본으로 한다.

태극권은 동작이 부드럽고, 느리며, 형식과 정신적인 면을 모두 갖춘 권법으로 체력을 강화하고 질병을 예방하는 역할을 한다. 이 때문에 많은 사람들이 태극권을 좋아한다. 태극권은 중국 무술 가운데 가장 철학적인 색채를 띠어 철권이라고도 불린다. 고요함, 느슨함, 날쌤, 생동감, 절제는 태극권의 기본 조건이며, 단전에 신경 쓰고 중심을 지키는 것이 태극권을 배우는 핵심이다. 사실 태극권을 배우는 것은 어려운 일이 아니다. 책의 그림과 설명에 따라 동작을 읽히고 꾸준히 배워나가면 태극권을 잘할 수 있다.

해설 34) 태극권은 체력을 강화하고 질병을 예방하는 역할을 한다고 언급하고 있다. 따라서 답은 B이다.

35) 태극권은 철학적인 색채를 띠며, 철학의 정수를 보여준다. 그것은 이름에서도 알 수 있고, 그래서 “철권”이라고도 불리는 것이다. 따라서 답은 C이다.

36) 노인들과 몸이 약하고, 병이 있는 사람들은 태극권을 하는 것을 좋아한다고 말하고 있다. 단지 노인들만 좋아하는 운동은 아니므로 답은 D이다.

37) 태극권은 배우기 쉬우며, 꾸준히 해야 하고, 부분의 동작부터 시작하여 전체 동작을 연습한 뒤, 마지막에 리듬에 신경 써야 한다고 언급하고 있으므로 답은 B이다.

단어 太极拳 tàijíquán 명 태극권 | 拳术 quánshù 명 권법, 무술 | 柔和 róuhé 형 부드럽다 | 缓慢 huǎnmàn 형 느리다, 완만하다 | 体弱 tǐruò 몸이 약하다 | 项目 xiàngmù 명 항목, 종목 | 哲学 zhéxué 명 철학 | 哲拳 zhéquán 명 철권 | 椭圆 tuǒyuán 명 타원 | 弧形 húxíng 명 궁형 | 螺旋形 luóxuánxíng 명 나선형 | 舒展 shūzhǎn 형 편안하다 | 优美 yōuměi 형 우아하고, 아름답다 | 丹田 dāntián 명 단전 | 初学 chūxué 동 처음 배우기 시작하다 | 套路 tàolù 명 무술 동작 | 熟练 shúliàn 형 숙련되다 | 掌握 zhǎngwò 동 파악하다, 숙달하다 | 节奏 jiézòu 명 리듬, 박자 | 牢记 láojì 동 기억하다, 마음에 새기다 | 要点 yàodiǎn 명 요점 | 虚心 xūxīn 형 겸허하다 | 精髓 jīngsuǐ 명 정수

有一天，王安外出玩耍。路经一棵大树的时候，突然有什么东西掉在他的头上。他伸手一抓，原来是个鸟巢。他怕鸟粪弄脏了衣服，于是赶紧用手拨开。鸟巢掉在了地上，从里面滚出了一只嗷嗷待哺的小麻雀。他很喜欢它，决定把它带回去喂养，于是连鸟巢一起带回了家。王安回到家，走到门口，38忽然想起妈妈不允许他在家里养小动物。他犹豫了好久，最后，他轻轻地把小麻雀放在门口，匆忙走进室内，请求妈妈的允许。在他的苦苦哀求下，妈妈破例答应了儿子的请求。王安兴奋地跑到门口，不料，39小麻雀已经不见了。一只黑猫正在那里意犹未尽地擦拭着嘴巴。王安为此伤心了好久。

38　王安为什么不把小麻雀带进家里？
　　A 觉得它脏
　　B 不想让猫发现
　　C 怕妈妈不同意
　　D 家里没有地方养

39　关于小麻雀，下列哪项正确？
　　A 飞走了
　　B 被吃掉了
　　C 被猫藏起来了
　　D 从鸟巢里掉了下来

40　这段话主要想告诉我们什么？
　　A 要有爱心
　　B 机会很重要
　　C 凡事要自己做主
　　D 作决定时不要犹豫

어느 날, 왕안이 밖에서 놀고 있었다. 나무를 지나가는데, 갑자기 무언가가 머리로 떨어졌다. 손으로 잡아 살펴보니 새 둥지였다. 그는 새똥이 옷을 더럽힐까 봐 곧바로 손을 뗐다. 새 둥지가 땅에 떨어졌고, 안에서 먹이를 기다리던 새끼 참새 한 마리가 짹짹 울며 굴러 나왔다. 그는 참새가 매우 좋아서, 참새를 데려가 키우겠다고 결심했다. 그래서 그는 새 둥지와 함께 집으로 돌아왔다. 왕안이 집으로 돌아와, 문 앞에 이르자, 그는 38갑자기 엄마가 집에서 동물을 키우는 것을 허락하지 않을 것이라는 생각이 들었다. 그는 한참을 망설이다가, 결국 새끼 참새를 문 앞에 놓고, 서둘러 집으로 들어가서 엄마에게 허락해달라고 했다. 그가 애걸복걸하자, 엄마는 특별히 아들의 요청을 받아들였다. 왕안은 흥분해서 문 앞으로 뛰어나왔다. 그러나 뜻밖에도 39새끼 참새는 보이지 않았다. 그리고 검은 고양이 한 마리가 바로 그 자리에서 좀 아쉬운 듯 입을 핥고 있었다. 왕안은 이 일로 오랫동안 마음이 아팠다.

38　왕안은 왜 새끼 참새를 집으로 데리고 들어가지 않았는가?
　　A 참새가 더럽다고 생각했기 때문에
　　B 고양이한테 들키지 않고 싶었기 때문에
　　C 엄마가 허락하지 않을 것 같았기 때문에
　　D 집에는 동물을 키울 곳이 없었기 때문에

39　새끼 참새에 관한 이야기 중 올바른 것은 무엇인가?
　　A 날아갔다
　　B 잡혀먹혔다
　　C 고양이가 숨겨주었다
　　D 새 둥지에서 떨어졌다

40　이 글은 우리에게 무엇을 말해주는가?
　　A 애정을 가져야 한다
　　B 기회는 매우 중요하다
　　C 모든 일에 앞장서야 한다
　　D 결정을 했을 때는 망설이지 말아야 한다

요약　제목: 망설임의 결과
주제어: 왕안이 망설여서 참새가 죽었다. 따라서 결정을 했을 때는 망설이지 말아야 한다.
왕안이 밖에서 놀고 있을 때, 새 둥지가 머리로 떨어졌다. 그 둥지에서는 새끼 참새 한 마리가 짹짹 울며 굴러 나왔다. 왕안은 참새를 데려가 키우겠다고 결심했다. 집 문 앞에 이르자, 그는 엄마가 참새를 키우는 것을 허락하지 않으리라고 생각했고, 망설이다가 참새를 문 앞에 놓고 집으로 들어갔다. 엄마의 허락을 받고 밖으로 나왔을 때, 새끼참 새는 보이지 않고 검은 고양이가 그 자리에서 입을 핥고 있었다. 왕안이 망설이는 바람에 참새가 고양이에게 잡아먹힌 것이다.

해설 38) 엄마가 동물을 키우는 것을 허락하지 않을 것 같아서, 왕안은 참새를 문 앞에 놓았다. 따라서 답은 C이다.

39) 검은 고양이는 참새를 놓았던 곳에서 좀 아쉬운 듯 입을 핥고 있었다. 여기서 고양이가 참새를 잡아먹었다는 것을 알 수 있다. 따라서 답은 B이다.

40) 왕안은 참새를 키우겠다는 결심을 했지만, 엄마의 허락을 받을 생각에 참새를 밖에 놓았고, 결국 참새를 잃었다. 만약 왕안이 결정을 한 뒤에 망설이지 않았다면, 참새를 잃지 않았을 것이다. 따라서 답은 D이다.

단어 玩耍 wánshuǎ 图 놀다 | 棵 kē 窗 그루 [식물을 세는 단위] | 鸟巢 niǎocháo 圀 새 둥지 | 粪 fèn 圀 대변, 똥 | 拨 bō 图 밀어 움직이다, 튀기다 | 滚 gǔn 图 뒹굴다, 구르다 | 嗷嗷待哺 áoáo dàibǔ 圀 새끼가 먹이를 기다리며 슬픈 소리를 내다 | 小麻雀 xiǎo máquè 圀 새끼 참새 | 喂养 wèiyǎng 图 기르다, 사육하다 | 允许 yǔnxǔ 图 허락하다, 허가하다 | 犹豫 yóuyù 图 망설이다 | 匆忙 cōngmáng 圀 매우 바쁘다 | 意犹未尽 yìyóu wèijìn 아쉬워하다 | 擦拭 cāshì 图 닦다 | 嘴巴 zuǐba 圀 입

41-43

吉吉超市新购进一大批高档杯子，41样式新颖，图案雅致，超市艾经理相信它们一定能成为一批抢手货。然而，奇怪的是，一周过去了，一个月过去了，顾客购买的却很少。看到这么漂亮的杯子，许多顾客先是一阵惊喜，但当拿到手仔细看过之后，均摇摇头，放下杯子走开了。艾经理百思不得其解，就去求教一位心理学家。心理学家拿起杯子，细细看过之后，便叫经理马上派人把这批杯子上的盖子全部取走，但杯子仍放在柜台上原价出售。"这批杯子，杯身设计新颖，做工精细，42但它们的盖子却很普通与杯子不相衬，顾客们想买下杯子，却又总觉得买了吃亏。43如今盖子一去，它们又成为完美的杯子。"十天后，这批杯子被抢购一空。

지지 슈퍼마켓은 고급 컵을 새로 들여왔는데, 41디자인이 신선하고 그림이 우아하여, 슈퍼마켓의 아이 사장은 그 컵이 인기상품이 될 것이라고 확신했다. 그러나 이상하게도 한 주가 지나고 한 달이 지나도, 고객들이 사가는 양은 매우 적었다. 이렇게 예쁜 컵을 보고, 많은 고객들은 놀라며 기뻐하다가도, 그 컵을 들어서 자세히 보고 난 다음에는 고개를 돌리며, 컵을 놓고 가는 것이었다. 아이 사장은 이해가 되지 않아서 한 심리학자를 찾아갔다. 심리학자는 컵을 들어 자세히 살펴보고는 사장한테 이 컵의 뚜껑을 빼고 컵은 변함없이 카운터에 놓고서 원래의 가격으로 팔라고 하였다. "이 컵은 컵 자체의 디자인은 신선하고, 아주 정교하게 만들어졌어요. 42하지만 컵 뚜껑은 일반적이고 컵과 잘 어울리지 않아요. 고객들이 컵을 사려고 해도, 뭔가 손해보는 느낌을 들게 하죠. 43지금부터 컵 뚜껑을 빼면, 완벽한 컵이 될 거예요." 열흘이 지나자, 이 컵은 다 팔렸다.

41 艾经理为什么会购进很多杯子？

    A 杯子档次高

    B 杯子很好用

    C 觉得会卖得很火

    D 认为杯子很完美

41 아이 사장은 왜 많은 컵을 들여왔는가？

    A 컵의 품질이 좋았기 때문에

    B 컵이 실용적이었기 때문에

    C 잘 팔릴 것이라고 생각했기 때문에

    D 컵이 결함이 없이 완벽하다고 생각했기 때문에

42 为什么很少有人买杯子？

    A 很贵

    B 不完美

    C 做工太粗

    D 设计不漂亮

42 왜 소수의 고객만 컵을 사갔는가？

    A 비싸서

    B 완벽하지 않아서

    C 정교하지 않아서

    D 디자인이 예쁘지 않아서

43 心理学家有什么建议？

    A 降价

    B 退货

    C 做广告

    D 拿走不完美的盖子

43 심리학자는 어떤 제안을 하였는가？

    A 가격을 내려라

    B 물건을 반품해라

    C 광고를 해라

    D 잘 어울리지 않는 뚜껑을 빼라

요약 제목: 조화의 중요성

주제어: 컵과 조화를 이루지 못하는 뚜껑을 빼자, 컵이 잘 팔렸다.

지지 슈퍼마켓은 디자인이 신선하고 그림이 우아한 고급 컵을 들여왔는데, 아이 사장은 그 컵이 인기상품이 될 것이라고 확신했다. 그러나 그 컵을 사가는 고객은 매우 적었다. 아이 사장은 도무지 이해가 되지 않아서 한 심리학자를 찾아갔다. 그 심리학자는 고급 컵의 뚜껑을 빼고, 컵을 원가 그대로 팔라고 하였다. 컵은 아주 신선하게 잘 만들어졌지만, 뚜껑은 일반적이어서 어울리지 않는다는 것이었다. 그렇게 하고 열흘이 지나자 이 컵은 다 팔렸다.

해설 41) 아이 사장은 컵의 모양이 신선하고 그림도 예뻐서, 분명히 잘 팔릴 것이라고 생각했다. 따라서 답은 C이다.

42) 컵은 컵 뚜껑과 잘 어울리지 않았다. 컵과 뚜껑과의 조화가 완벽하지 않기 때문이므로 답은 B이다.

43) 심리학자는 컵과 어울리지 않는 뚜껑을 빼고, 원가에 그대로 팔라고 했다. 따라서 답은 D이다.

단어 高档 gāodàng 형 고급의 | 新颖 xīnyǐng 형 참신하다, 새롭다 | 雅致 yǎzhì 형 우아하다 | 抢手货 qiǎngshǒuhuò 명 인기상품 | 惊喜 jīngxǐ 놀라고, 기뻐하다 | 摇头 yáotóu 동 고개를 돌리다 | 百思不待其解 bǎisī búdài qíjiě 성 도무지 이해가 되지 않다 | 盖子 gàizi 명 뚜껑 | 柜台 guìtái 명 카운터, 계산대 | 不相衬 bùxiāngchèn 서로 어울리지 않다 | 吃亏 chīkuī 동 손해보다

44-47

一队伐木工人进驻高山林区，⁴⁴由于山上的气温和平地相差极大，又得随时提防因山区大雨所造成的山洪暴发，这群伐木工人一直相当注意气候的变化。在林场的日子久了，他们和当地的土著渐渐熟悉了，他们发现土著人有着一种特殊的本能，能准确地预测第二天的天气，只要土著断言第二天不会下雨，就必定是晴朗的好天气。

从此以后，伐木工人不再收听收音机的预报，改为向土著请教天气的变化，而土著也不厌其烦地每天准确预报。⁴⁵伐木工人对于土著这种令人难以置信的本事非常佩服，直到有一天土著告诉他们说，再也无法预报天气了。伐木工人大感诧异，问道："为什么不能，难道你们的本事在一夜间全都失去了？"土著严肃地回答："收不到了。"伐木工人更是诧异："什么收不到？"土著说：⁴⁶"我们族里有一部收音机，天线昨晚被小孩弄断了，再也收不到了。"

44 伐木工人为什么会格外关注天气变化？

 A 习惯

 B 工作需要

 C 当地天气恶劣

 D 山上气温很低

45 关于土著的本能，下列哪项正确？

 A 是生活的积累

 B 能够预知未来

 C 让工人感到很惊奇

 D 是当地人特殊的本领

벌목꾼들이 고산지대에 들어가 살게 되었다. ⁴⁴산속과 평지의 기온 차가 매우 크고, 산속에서 큰 비로 홍수가 날 수 있었기 때문에 그들은 수시로 제방에 신경 써야 했다. 그래서 이 벌목꾼들은 항상 날씨 변화에 주목했다. 산속 벌채구역에서의 생활이 오래되면서 그들은 토착민들과 점점 친해지게 되었고, 토착민들에게는 다음날 날씨를 정확하게 예측할 수 있는 능력이 있다는 것을 알게 되었다. 토착민들이 다음날에 비가오지 않는다고 단언하면, 다음날 날씨는 정말로 맑았다.

이때부터 벌목꾼들은 라디오의 일기예보를 더는 듣지 않고, 토착민들에게 날씨의 변화를 알려달라고 하기 시작했다. 그리고 토착민들은 이를 귀찮아하지 않고, 매일 정확하게 날씨를 알려주었다. 토착민들이 그들에게 다시는 날씨를 알려줄 수 없다고 말하기 전까지 ⁴⁵벌목꾼들은 토착민들의 믿을 수 없는 능력에 감탄하였다. 벌목꾼들은 이상하게 생각하며 물었다. "왜 날씨를 알려줄 수 없나요? 설마 당신들의 능력이 하루아침에 없어진 건가요? 토착민들이 심각하게 대답했다. "들을 수가 없어요." 벌목꾼들은 더욱 이상하다는 듯이 물었다. "왜 들을 수 없죠?" 토착민이 대답했다. "⁴⁶우리에게는 한 개의 라디오가 있었는데요. 아이들이 안테나를 부러뜨렸어요. 그래서 더는 일기예보를 들을 수가 없어요."

44 벌목꾼들은 왜 날씨의 변화에 주목했는가?

 A 습관 때문에

 B 일할 때, 알아야 했기 때문에

 C 그 지역의 날씨가 좋지 않았기 때문에

 D 산의 기온이 매우 낮았기 때문에

45 토착민들의 능력에 관한 이야기 중 올바른 것은 무엇인가?

 A 생활하면서 쌓인 능력이다

 B 미래를 예측할 수 있다

 C 벌목꾼들은 이를 놀랍다고 생각했다

 D 현지인의 특별한 능력이다

46 为什么土著不能再预测天气了?

A 工具坏了

B 工人不相信了

C 失去了特殊能力

D 天气一直都没有变化

47 根据短文，可以知道什么?

A 工人很盲目

B 土著故意欺骗工人

C 土著的收音机是工人的

D 天气预报不如土著本能准确

46 토착민들은 왜 다시는 일기예보를 할 수 없다고 하였는가?

A 라디오가 망가졌기 때문에

B 벌목꾼들이 믿지 않았기 때문에

C 특별한 능력을 잃었기 때문에

D 날씨가 계속 변하지 않았기 때문에

47 이 글에서 알 수 있는 것은 무엇인가?

A 벌목꾼들은 맹목적이다

B 토착민은 일부러 벌목꾼을 속였다

C 토착민들의 라디오는 벌목꾼들의 것이었다

D 토착민들의 능력이 일기예보보다 뛰어나다

요약 제목: 벌목꾼들의 맹신

주제어: 벌목꾼들은 라디오를 듣는 토착민의 날씨 예측능력을 과도하게 믿었다.

벌목꾼들이 벌채를 위해 고산지대에서 살게 되었다. 그들은 기온 차가 크고, 큰 비로 홍수가 날 수 있기 때문에 벌목꾼들은 항상 날씨 변화에 주목했다. 산속에서 살면서 토착민들과 친해진 벌목꾼들은 토착민들에게 날씨를 예측하는 능력이 있다는 것을 알았고, 이런 능력에 감탄하였다. 그래서 더는 일기예보를 듣지 않고 토착민에게 날씨를 알려달라고 했다. 그러나 어느 날, 토착민들은 더는 날씨를 알려줄 수 없다고 했다. 그 이유는 토착민들이 가진 라디오의 안테나가 부러져 이제는 일기예보를 들을 수 없었기 때문이다.

해설 44) 벌목꾼들은 비가 오면, 일할 때 매우 위험해질 수 있었다. 그래서 날씨의 변화에 주목하였다. 따라서 답은 B이다.

45) 토착민들의 날씨 예측 능력에 벌목꾼들은 놀라고 감탄했다. 따라서 답은 C이다.

46) 토착민은 라디오로 다음날의 날씨를 알았던 것이다. 그러나 아이들이 안테나를 부러뜨리면서, 일기예보를 들을 수 없었고, 이 때문에 벌목꾼에게 다신 날씨를 알려줄 수 없다고 했다. 따라서 답은 A이다.

47) 벌목꾼들은 토착민의 능력이 일기예보보다 더 신빙성이 있다고 생각하고, 이제는 일기예보를 듣지 않았다는 점에서 답이 A임을 알 수 있다.

단어 伐木工人 fámù gōngrén 몡 벌목꾼 | 提坊 dīfáng 통 제방하다 | 山洪 shānhóng 몡 산 홍수 | 林场 línchǎng 몡 삼림을 육성, 벌채하는 장소 | 土著 tǔzhù 몡 토착민 | 预测 yùcè 통 예측하다 | 晴朗 qínglǎng 혱 맑다, 청명하다 | 不厌其烦 búyàn qífán 셩 귀찮아 하지 않다 | 置信 zhìxìn 통 믿다 | 佩服 pèifú 통 감탄하다 | 诧异 chàyì 통 의아하게 여기다 | 难道 nándào 뷔 설마 ~란 말인가 | 天线 tiānxiàn 몡 안테나

48-50

随着现代心理学的进展，对梦的研究越来越深入，千百年笼罩在梦境中的神秘面纱被渐渐撩开。⁴⁸"有梦睡眠有助于大脑健康"，就是最近的研究结论之一。做梦是人体一种正常的、必不可少的生理和心理现象。⁴⁹人入睡后，一小部分脑细胞仍在活动，这就是梦的基础。

현대 심리학이 발달하면서 꿈에 대한 연구가 점점 깊이 있게 진행되었고, 오랫동안 꿈에 대한 가려졌던 신비로움이 밝혀지기 시작했다. [48]"꿈이 있는 수면은 대뇌건강에 이롭다"는 최근에 얻은 연구결론 중 하나이다. 꿈은 정상적이고, 없어서는 안 될 생리적, 심리적 현상이다. [49]사람이 잠이 들면, 일부 뇌세포가 계속 활동하는데, 이 때문에 사람은 꿈을 꾸게 된다.

据研究，⁵⁰人们的睡眠是由快波睡眠和慢波睡眠两种形式交替进行，在快波睡眠中被唤醒的人有80％正在做梦，在慢波睡眠中被唤醒的人有7％正在做梦。一个人每晚的梦境可间断持续1.5小时左右。由于梦相伴睡眠周期循环规律，所以在快波睡眠中醒来的人，感觉梦多，而在慢波睡眠中醒来的人，感觉梦少。此外，人能记住的梦多在快进入觉醒时，而刚入睡的梦早就消逝得无影无踪了，这也是人们感觉梦多或少的另一原因。

연구결과에 따르면, ⁵⁰수면은 렘수면과 논렘수면이 서로 교대하면서 진행되며, 렘수면 중 깨는 사람의 80%가 꿈을 꾸고, 논렘수면 중 깨는 사람의 7%만이 꿈을 꾼다. 또 사람은 매일 밤 1.5시간 동안 꿈을 꾼다. 꿈과 수면에는 순환주기가 있어서, 렘수면 중에 깬 사람은 꿈을 많이 꾼 것 같고 논렘수면 중에 깬 사람은 꿈을 많이 꾸지 않은 것 같은 느낌을 받게 된다. 또한 사람이 기억하는 꿈은 대부분 깨어날 때 꾼 꿈이며, 막 잠에 들었을 때의 꿈은 이미 기억에서 사라지고 없다. 이것도 사람들에게 꿈을 많이 혹은 적게 꾼 것 같은 느낌을 주는 또 하나의 원인이다.

48 关于做梦，下列哪项正确?
  A 有益健康
  B 影响睡眠
  C 梦越多越好
  D 对身体没有好处

48 꿈에 관한 이야기 중 올바른 것은 무엇인가?
  A 건강에 좋다
  B 수면에 영향을 미친다
  C 꿈을 많이 꿀수록 좋다
  D 몸에 이롭지 않다

49 做梦的基础是什么?
  A 睡眠比较浅
  B 生活压力大
  C 作息没有规律
  D 大脑仍在活动

49 꿈을 꾸게 되는 기초는 무엇인가?
  A 얕은 수면을 한다
  B 생활의 스트레스가 크다
  C 일과 휴식이 규칙적이지 않다
  D 대뇌가 계속 활동한다

50 这段话主要谈的是什么?
  A 睡眠形式
  B 梦与睡眠
  C 人为什么会做梦
  D 人怎样才能不做梦

50 이 글은 주로 무엇을 이야기하고 있는가?
  A 수면의 형태
  B 꿈과 수면
  C 사람은 왜 꿈을 꾸는가
  D 사람은 어떻게 해야 꿈을 안 꿀 수 있는가

요약 제목: 꿈과 수면의 관계
주제어: 렘수면 중 깨는 사람의 80%, 논렘수면 중 깨는 사람의 7%가 꿈을 꾼다.
최근 연구에서 "꿈이 있는 수면은 대뇌 건강에 이롭다"는 결론을 얻게 되었다. 꿈을 꾸게 되는 원인은 사람이 잠들어도 뇌 세포가 계속 활동하기 때문이다. 수면은 렘수면과 논렘수면이 교대로 진행되며, 렘수면 중 깨는 사람의 80%, 논렘수면 중 깨는 사람의 7%가 꿈을 꾼다. 렘수면 중에 깨면 꿈을 많이 꾼 것 같고, 논렘수면 중에 깨면 꿈을 많이 꾸지 않은 것 같은 느낌이 든다.

해설 48) 꿈을 꾸는 것은 건강에 이로우며, 꿈은 없어서는 안 될 생리적인 현상이라고 언급하고 있으므로 답은 A이다.
49) 대뇌의 뇌세포가 계속 활동하여, 꿈을 꾸게 되므로 답은 D이다.
50) 이 글은 주로 꿈과 수면의 관계에 대해서 언급하고 있다. 따라서 답은 B이다.

단어 深入 shēnrù 통 깊이 들어가다 | 笼罩 lóngzhào 통 뒤덮다, 가려지다 | 面纱 miànshā 명 면사포 | 撩开 liáokāi 통 걷어 올리다, 치켜 들다 | 细胞 xìbāo 명 세포 | 快波睡眠 kuàibō shuìmián 렘수면 [안구가 빠르게 움직이는 수면] | 慢波睡眠 mànbō shuìmián 논렘수면 [안구가 빠르게 움직이지 않는 수면] | 交替 jiāotì 통 교대하다, 교체하다 | 唤醒 huànxǐng 통 깨우다 | 相伴 xiāngbàn 통 동반하다, 함께 하다 | 无影无踪 wúyǐng wúzōng 성 흔적도 없이 사라지다, 자취를 감추다

정답																			
1	C	2	D	3	B	4	C	5	B	6	B	7	A	8	D	9	D	10	C
11	A	12	D	13	A	14	C	15	B	16	C	17	B	18	D	19	D	20	A
21	C	22	A	23	C	24	D	25	D	26	A	27	C	28	C	29	D	30	A
31	B	32	C	33	C	34	C	35	C	36	D	37	B	38	D	39	D	40	D
41	A	42	D	43	D	44	C	45	A	46	A	47	B	48	D	49	D	50	D

제1부분

01

一个爱唠叨的女病人终于坚持不住了，她对医生说：“您让我把舌头伸出来，已经过去五分多钟了，你却不给我检查，这是为什么？”医生说：“让你把舌头伸出来，是为了让你别打扰我给你开处方。”

A 医生要检查舌头
B 病人要求开处方
C 医生不想让病人说话
D 医生叫病人再等五分钟

수다 떨기 좋아하는 한 여성환자가 결국 참지 못하고 의사에게 말했다. “혀를 내밀어 보라고 한 지 벌써 5분이 지났는데, 아직도 진료하지 않으시네요. 왜 그런 거죠?” 의사가 대답했다. “혀를 내밀라고 한 건, 내가 처방을 하는 동안 당신이 방해하지 않도록 하기 위해서에요.”

A 의사는 혀를 검사하려 한다
B 환자가 처방을 요구한다
C 의사는 환자가 말하길 바라지 않는다
D 의사는 환자에게 5분을 더 기다리라고 한다

해설 의사가 여자에게 혀를 내밀라고 한 것은 그녀가 말을 많이 하지 않길 바랐기 때문이다. 따라서 답은 C이다.

단어 唠叨 láodao 〔동〕 잔소리하다, 되풀이 하여 말하다 | 终于 zhōngyú 〔부〕 마침내, 결국 | 坚持 jiānchí 〔동〕 지속하다, 유지하다 | 舌头 shétou 〔명〕 혀 | 伸 shēn 〔동〕 펴다, 펼치다, 내밀다 | 检查 jiǎnchá 〔동〕 검사하다, 조사하다 | 打扰 dǎrǎo 〔동〕 방해하다, 지장을 주다 | 开 kāi 〔동〕 작성하다, 기술하다 | 处方 chǔfāng 〔명〕 처방(처방전)

02

“囫囵吞枣”比喻对事物不加分析思考，笼统地接受。我们学习知识时，首先把要学的知识理解清楚，然后再认真去掌握它。如果只是追求速度，就不会学到真正的知识。

“대추를 통째로 삼킨다”라는 말은 사물을 분석하지 않거나, 대강 받아들이는 것을 비유한다. 우리는 지식을 습득할 때, 우선 배우고자 하는 내용에 대해 충분히 이해한 뒤, 그 내용을 제대로 파악해야 한다. 만약 지식을 빨리 습득하는 데만 치중한다면, 진정한 지식을 습득할 수 없다.

A 知识改变人生
B 枣子是健康食品
C 学习应由浅入深
D 学知识重在消化吸收

A 지식은 인생을 바꾼다
B 대추는 건강식품이다
C 학습은 얕은 뜻으로부터 심오한 뜻으로 심화해야 한다
D 지식 학습은 얼마나 소화하고, 흡수하느냐에 중점이 있다

해설 "대추를 통째로 삼킨다"라는 지식을 습득할 때, 먼저 소화하고 다시 흡수해야 하며 그렇지 않으면 진정한 지식을 습득할 수 없다는 것을 의미한다. 따라서 답은 D이다.

단어 囫囵吞枣 húlún tūnzǎo 셍 대추를 통째로 삼키다, 무비판적으로 받아 들이다 | 分析 fēnxi 동 분석하다 | 思考 sīkǎo 동 사고하다, 생각하다 | 笼统 lǒngtǒng 형 개괄적이다, 두루뭉실하다 | 知识 zhīshi 명 지식 | 掌握 zhǎngwò 동 정통하다, 파악하다 | 追求 zhuīqiú 동 추구하다 | 速度 sùdù 명 속도 | 枣子 zǎozi 대추 | 健康食品 jiànkāng shípǐn 건강식품 | 由浅入深 yóuqiǎn rùshēn 셍 인식이 얕은 뜻으로부터 심오한 뜻으로 심화되다

03

一位妇女匆匆走进一家商店说：“五分钟前，我的儿子到您的商店买了一瓶果酱，可是分量不够，这个怎么解释？”售货员非常有礼貌地答道：“请您回家称称您的儿子。”

한 아줌마가 어느 상점으로 급하게 들어가 말했다. "5분 전에 우리 아들이 여기에서 과일잼 한 병을 샀는데요. 양이 너무 적던데, 이걸 어떻게 설명하실 거죠?" 직원이 예의 있게 대답했다. "집으로 돌아가서, 아들의 무게를 한번 달아보세요."

A 售货员很生气
B 小孩偷吃了果酱
C 售货员分量没给足
D 售货员不想和妇女争吵

A 직원이 화가 났다
B 아이가 잼을 몰래 먹었다
C 직원이 양을 적게 주었다
D 직원은 아줌마와 말다툼하고 싶지 않다

해설 직원은 아이가 사간 과일잼을 몰래 먹었다고 생각하여, 어머니에게 아들의 무게를 달아보라고 말한 것이다. 따라서 답은 B이다.

단어 匆匆 cōngcōng 형 급급한 모양 | 果酱 guǒjiàng 명 과일잼 | 分量 fènliàng 명 중량 무게 | 不够 búgòu 형 부족하다, 충분치 못하다 | 解释 jiěshì 동 설명하다 | 答道 dádào 동 대답하다 | 称 chēng 동 무게를 달다, 재다 | 偷吃 tōuchī 남몰래 먹다 | 足 zú 부 충분히, 넉넉히 | 争吵 zhēngchǎo 동 말다툼하다, 큰소리로 언쟁하다

04

一个顾客对画家说：“您的这幅画虽稍贵了点，不过我仍准备把它买下来。”画家说：“你要买的东西并不贵，我为它整整花了十年的时间。”顾客很惊讶：“十年？”画家说：“真是十年!我花了两天把它画完，其余的时间就是等着把它卖掉。”

한 손님이 화가에게 말했다. "당신 그림의 가격이 좀 비싸긴 하지만, 그래도 저는 이 그림을 살 생각이예요." 화가가 대답했다. "당신이 사려는 그림은 절대 비싼 것이 아니에요. 제가 이 그림을 위해 10년이나 썼는걸요." 그러자 손님은 매우 놀라며 말했다. "10년이요?" 화가가 대답했다. "정말 10년이 걸렸는데요. 이틀 만에 이 그림을 완성했고, 남은 시간 동안 이 그림이 팔리길 기다렸으니까요."

A　画很便宜	A　그림이 매우 싸다
B　顾客不想买画	B　손님은 그림을 사고 싶지 않다
C　画十年都没有卖出去	C　그림은 10년간 팔리지 않았다
D　这幅画画了很长时间	D　이 그림을 그리는 데 매우 많은 시간이 걸렸다

해설　마지막 문장에서 이 그림은 이틀 만에 그림을 완성됐지만, 10년 만에 팔렸음을 알 수 있다. 따라서 답은 C이다.

단어　顾客 gùkè 圀 고객, 손님 | 画家 huàjiā 圀 화가 | 幅 fú 窿 폭 [옷감, 종이, 그림 등을 세는 양사] | 画 huà 圄 그림 그리다 圀 그림 | 画画 huàhuà 그림 그리다 | 稍 shāo 炤 약간, 조금 | 仍 réng 炤 여전히, 아직도 | 整整 zhěngzhěng 炤 꼬박, 온전히 | 惊讶 jīngyà 圅 놀랍다 | 卖掉 màidiào 圄 팔아먹다

05

目前，番茄作为一种蔬菜，已被证明含有多种维生素和营养成分。特别是茄红素，对人体的健康更有益处，而一些水果如西瓜、杏只含有少量的茄红素。人们称番茄为"爱情果"，还因为此果真有如爱情一般的功效，可以让女孩子们更加美丽。

현재, 토마토는 하나의 채소로서, 여러 종류의 비타민과 영양성분을 함유하고 있다고 알려졌다. 그중에 리코펜은 인체 건강에 매우 유익하다. 수박, 살구와 같은 과일에는 리코펜이 소량 함유돼 있다. 그래서 사람들은 토마토를 "사랑의 과일"이라고도 부른다. 이는 이 토마토가 사랑에 빠졌을 때와 같은 효과를 내어, 여자를 더욱 아름답게 만들기 때문이다.

A　番茄是水果	A　토마토는 과일이다
B　番茄可以美容	B　토마토는 미용에 좋다
C　番茄代表爱情	C　토마토는 사랑을 대표한다
D　西瓜中没有茄红素	D　수박에는 리코펜이 함유되어 있지 않다

해설　"토마토는 사랑에 빠졌을 때와 같은 효과가 내어, 여자를 아름답게 만들어준다"를 통해 토마토가 미용에 효과적이라는 것을 알 수 있다. 따라서 답은 B이다.

단어　番茄 fānqié 圀 토마토 | 蔬菜 shūcài 圀 채소, 야채 | 证明 zhèngmíng 圄 증명하다 | 含有 hányǒu 圄 함유하다, 포함하다 | 维生素 wéishēngsù 圀 비타민 | 营养 yíngyǎng 圀 영양 | 成分 chéngfèn 圀 성분, 요소 | 茄红素 qiéhóngsù 리코펜 [토마토 따위의 붉은 색소] | 益处 yìchu 圀 좋은 점, 장점 | 杏 xìng 圀 살구, 살구나무 | 如 rú 圄 ～와 같다 | 功效 gōngxiào 圀 효능, 효과 | 美丽 měilì 圅 아름답다, 예쁘다 | 美容 měiróng 圄 용모를 아름답게 가꾸다 | 代表 dàibiǎo 圄 대표하다

06

传记大体分两大类：一类是以记述翔实史事为主的史传或一般纪传文字；另一类属文学范围，传记作者在记述传主事迹过程中，可能会掺杂自己的某些情感、想象或者推断，但和小说不同，传记一般不虚构，纪实性是传记的基本要求。

전기는 크게 두 종류로 나눌 수 있다. 하나는 역사적 사건을 상세하고 확실하게 기술하는 역사전기 혹은 보통의 기전체 글을 말하며, 또 다른 하나는 문학에 속하는 것으로, 작가가 전기기록 대상자의 사적을 기술하는 과정에서 작가 자신의 감정이나 상상, 혹은 판단을 섞는 것을 말한다. 하지만 소설과 다른 것은 전기는 허구가 아닌 사실을 기본으로 한다는 것이다.

A　传记的要求很严格	A　전기의 기본요소는 매우 엄격하다
B　传记要以事实为依据	B　전기는 사실을 바탕으로 해야 한다
C　传记一般是历史题材的	C　전기는 보통 역사소재를 다룬다
D　传记不能带作者的情感	D　전기에는 작가의 감정을 개입시켜서는 안 된다

해설　전기는 보통 허구적일 수 없으며, 전기의 기본요소는 사실을 기록하는 데 있다고 언급하고 있으므로 답은 B이다.

단어 **传记 zhuànjì** 몡 전기 | **大体 dàtǐ** 閉 대체적으로, 대략적으로 | **记述 jìshù** 동 기술하다 | **翔实 xiángshí** 閿 상세하고, 확실하다 | **史事 shǐshì** 몡 역사적 사건 | **史传 shǐzhuàn** 몡 역사 전기 | **纪传 jìzhuàn** 기전 [연대나 인물에 중점을 두고 기술하는 역사편찬 방식] | **属 shǔ** 동 ~에 속하다 | **范围 fànwéi** 몡 범위 | **传主 zhuànzhǔ** 몡 전기의 기록대상 | **事迹 shìjì** 몡 사적, (지나간) 일의 차례 | **掺杂 chānzá** 동 뒤섞다, 섞다 | **情感 qínggǎn** 몡 감정, 느낌 | **想象 xiǎngxiàng** 몡 상상 | **推断 tuīduàn** 몡 추정, 추론 | **虚构 xūgòu** 동 꾸며내다, 날조하다 | **纪实 jìshí** 동 실제상황을 기록하다 | **严格 yángé** 혱 엄격하다, 엄하다 | **依据 yījù** 동 의거하다, 근거하다 | **题材 tícái** 몡 제재, (문학, 예술 작품 등의) 소재

07

蜂蜜，是昆虫蜜蜂从开花植物的花中采得的花蜜在蜂巢中经酿制而成。蜂蜜是一种天然食品，味道甜蜜，所含的单糖，很快就可以被人体吸收，对妇幼特别是老人更具有良好的保健作用，因而被称为"老人的牛奶"。

A 蜂蜜容易被吸收
B 蜂蜜的含糖量很高
C 蜂蜜比牛奶更加营养
D 蜂蜜是蜜蜂在花上采的蜜

꿀은 꿀벌이 개화한 꽃에서 채취한 벌꿀을 벌집에 넣어 만든 것이다. 꿀은 하나의 천연식품으로 맛이 달콤하고, 함유된 단당류가 인체에 재빨리 흡수되기 때문에 여성과 아이, 특히 노인의 건강에 매우 좋다. 이 때문에 꿀은 "노인의 우유"라고 불리기도 한다.

A 꿀은 쉽게 흡수된다
B 꿀의 당분함량은 매우 높다
C 꿀은 우유보다 더욱 영양가 있다
D 꿀은 벌이 꽃에서 채집한 꿀이다

해설 꿀은 단당류를 함유하여, 인체에 재빨리 흡수된다고 언급하고 있으므로 답은 A이다.

단어 **蜂蜜 fēngmì** 몡 꿀, 벌꿀 | **昆虫 kūnchóng** 몡 곤충 | **蜜蜂 mìfēng** 몡 꿀벌, 벌 | **植物 zhíwù** 몡 식물 | **花蜜 huāmì** 몡 화밀, 벌꿀 | **蜂巢 fēngcháo** 몡 벌집 | **经 jīng** 동 ~을 통하다, 거치다 | **酿制 niàngzhì** 동 양조하다, 만들다 | **天然食品 tiānrán shípǐn** 몡 천연식품 | **单糖 dāntáng** 몡 (포도당, 과당, 젖당 등의) 단당류 | **吸收 xīshōu** 동 섭취하다, 흡수하다 | **保健 bǎojiàn** 혱 건강에 좋다

08

机会偏爱有心人，它只留意那些有准备的头脑，只垂青那些懂得追求它的人，只喜欢有理想的实干家。倘若饱食终日，无所用心，或一处逆境就悲观失望，灰心丧气，那么，机会是不会自动来拜访的。

A 机会偏爱聪明人
B 机会靠自己创造
C 机会往往有两面性
D 机会只留给有准备的人

기회는 뜻이 있는 사람을 편애하며, 준비된 생각에만 관심을 기울인다. 또 기회는 기회를 잡는 것을 아는 자에게만 호의를 보이며, 이상이 있는 성실한 사람만 좋아한다. 만약 종일 무위도식하거나 혹은 역경에 빠졌다고 해서 비관하고 실망하여 낙담하고만 있다면, 기회는 찾아오지 않을 것이다.

A 기회는 똑똑한 사람을 편애한다
B 기회는 자신이 창조해야 한다
C 기회는 늘 양면성을 지닌다
D 기회는 준비된 자에게만 주어진다

해설 기회는 뜻이 있는 사람을 편애하고, 준비된 사고에 관심을 기울인다고 언급하고 있으므로 답은 D이다.

단어 **偏爱 piān'ài** 동 편애하다 | **有心人 yǒuxīnrén** 몡 뜻이 있는 사람 | **留意 liúyì** 동 주의를 기울이다, 관심을 갖다 | **头脑 tóunǎo** 몡 두뇌, 머리, 사고 | **垂青 chuíqīng** 동 중시하다, 호의를 보이다 | **实干家 shígànjiā** 몡 성실한 사람 | **倘若 tǎngruò** 젭 만일(가령) ~한다면 | **饱食终日，无所用心 bǎoshí zhōngrì, wúsuǒ yòngxīn** 졩 온종일 무위도식하다 | **逆境 nìjìng** 몡 역경 | **灰心丧气 huīxīn sàngqì** 졩 낙담하다, 의기소침하다 | **拜访 bàifǎng** 동 찾아뵙다, 방문하다

今年中秋节当日，北京各大超市纷纷抛售名牌月饼，节前7元一块的月饼，最低卖到1.5元；98元一盒的月饼，最后以30元两盒的超低价出售。当日，月饼的销售量超过节前的五倍。

올해 중추절 당일, 베이징의 여러 대형마켓들은 잇따라 고급 월병을 저가 판매했다. 중추절 전날 1개에 7위안이었던 월병은 최저 1.5위안에 판매되었으며, 한 상자에 98위안이었던 월병은 마지막에 30위안에 두 상자라는 최저가에 판매되었다. 그리고 중추절 당일 월병 판매량은 전날의 5배가 넘었다.

A 名牌月饼很贵	A 고급 월병은 매우 비싸다
B 月饼多以半价出售	B 월병은 대부분 반값에 판매되었다
C 节前很少有人买月饼	C 중추절 전날 월병을 산 사람은 많지 않다
D 中秋节当天月饼卖得很火	D 중추절 당일 월병이 가장 잘 팔렸다

해설 월병은 중추절 당일에 저가로 판매되었으며, 마지막 문장에서 중추절 당일의 월병 판매량이 전날에 5배가 넘었다는 것에서 중추절 당일 월병이 가장 잘 팔렸다는 것을 알 수 있다. 따라서 답은 D이다.

단어 中秋节 Zhōngqiū Jié 똉 중추절, 추석 | 纷纷 fēnfēn 뿐 잇달아 | 抛售 pāoshòu 똉 염가 판매하다, 덤핑 처분하다 | 月饼 yuèbing 똉 위에빙 [월병, 중국 한가위 때 먹는 음식으로 소를 넣어 만든 음식] | 超低价 chāodījià 똉 초염가, 최저가 | 销售量 xiāoshòuliàng 똉 판매량 | 超过 chāoguò 똉 초과하다, 넘다 | 半价 bànjià 똉 반값 | 火 huǒ 똉 왕성하다, 번창하다

除了教辅书如今青少年的课外读物，就数恐怖小说了。如果听任这类图书盲目增长，势必导致读者"偏食"和阅读趣味紊乱，何况恐怖小说反映的往往是一种扭曲的心理和虚幻的思维，对于涉世不深的读者难免会产生一些负面作用。

참고서를 제외하고, 요즘 청소년들의 교과서 외의 읽을거리로 공포소설을 꼽을 수 있는데, 만약 이러한 책들이 증가하는 것을 무턱대고 내버려 둔다면, 독자들의 "편식"과 책 읽는 즐거움에 혼란을 가져다줄 것이다. 하물며 공포소설은 때때로 왜곡된 심리와 비현실적인 생각들을 반영한다. 이는 세상물정에 어두운 독자에게 부정적 영향을 가져다줄 것이다.

A 恐怖小说最热销	A 공포소설은 가장 잘 팔린다
B 恐怖小说是低级阅读	B 공포소설은 저급한 독서물이다
C 恐怖小说对青少年不利	C 공포소설은 청소년에게 유익하지 않다
D 恐怖小说是对现实的反映	D 공포소설은 현실을 반영한다

해설 공포소설은 왜곡된 심리와 비현실적인 생각이 반영되어, 청소년의 몸과 마음에 해롭다는 점을 알 수 있다. 따라서 답은 C이다.

단어 除了 chúle 쥅 ～을 제외하고 | 教辅书 jiàofǔshū 똉 참고서, 보조교과서 | 读物 dúwù 똉 (신문, 책 등의) 읽을 거리 | 数 shǔ 똉 손꼽히다 | 听任 tīngrèn 똉 내버려 두다 | 盲目 mángmù 똉 무작정 | 势必 shìbì 뿐 반드시, 필연코 | 导致 dǎozhì 똉 (어떤 사태를) 야기하다, 일으키다 | 紊乱 wěnluàn 똉 혼란 시키다 | 何况 hékuàng 쥅 하물며 | 反映 fǎnyìng 똉 반영하다 | 往往 wǎngwǎng 뿐 종종, 때때로 | 扭曲 niǔqū 똉 비틀리다, 왜곡하다 | 虚幻 xūhuàn 똉 비현실적이다, 허황되다 | 涉世不深 shèshì bùshēn 세상물정에 어둡다 | 负面作用 fùmiàn zuòyòng 똉 부정적인 영향

11

7月的北京，天空中竟然飘起了雪花。昨天下午，天空突然乌云密布，片片小雪花飘落在东三环附近。在短暂的半个小时里，人们经历了冬与夏的转换。虽然仅仅持续了五分钟左右，但是附近不少的居民都看到了这次意外的飘雪。

A 居民感到很意外
B 雪下了半个小时
C 看到下雪的人不多
D 整个北京城都下雪了

7월의 베이징에 뜻밖에도 눈꽃이 날렸다. 어제 오후, 하늘이 갑자기 먹구름으로 뒤덮이면서 작은 눈송이가 동싼환 부근에 떨어졌다. 30분이라는 짧은 시간 동안, 사람들은 겨울과 여름이 뒤바뀌는 것을 경험했다. 비록 눈꽃은 5분 정도 지속되었지만, 인근에 사는 많은 주민들은 예상치 못한 눈꽃을 보았다.

A 주민들은 뜻밖이라고 느꼈다
B 30분간 눈이 내렸다
C 눈이 내리는 모습을 본 사람이 적다
D 베이징 시 전체에 눈이 내렸다

해설 7월의 베이징은 찌는 듯한 더위가 기승을 부린다. 첫 번째 문장에서 뜻밖에 눈꽃이 날렸다는 것에서 사람들이 매우 의외라고 느꼈다는 것을 짐작할 수 있다. 따라서 답은 A이다.

단어 竟然 jìngrán 凰 뜻밖에도, 의외로 | 飘落 piāoluò 동 날리며, 떨어지다 | 乌云密布 wūyún mìbù 먹구름으로 뒤덮이다 | 东三环 Dōngsānhuán 지명 동싼산환 | 短暂 duǎnzàn 형 (시간이) 짧다 | 经历 jīnglì 동 경험하다, 체험하다 | 持续 chíxù 동 지속하다 | 意外 yìwài 형 의외에, 뜻밖에

12

运动虽能消耗人体内的热量，但仅靠运动减肥效果并不明显，研究表明，即使每天打数小时网球，但只要多吃几块饼干，辛辛苦苦的减肥成果便会化为乌有。因此，要想获得持久的减肥效果，除了运动外，还应从饮食上进行合理调控。

A 减肥伤身体
B 要坚持做运动
C 运动对减肥最有效
D 运动和控制饮食要相结合

운동으로 인체의 열량을 소모할 수는 있지만, 운동만으로 다이어트 효과가 나타나지는 않는다. 연구결과에 따르면, 매일 몇 시간씩 테니스를 친다고 하더라도 과자 몇 조각을 더 먹으면, 힘겹게 한 다이어트는 물거품이 된다. 따라서 지속적인 다이어트 효과를 보기 위해서는 운동 외에도 적당한 식이요법이 필요하다.

A 다이어트는 몸을 상하게 한다
B 계속해서 운동해야 한다
C 운동은 다이어트에 가장 효과적이다
D 운동과 음식조절은 잘 병행되어야 한다

해설 마지막 문장에서 운동과 음식의 적절한 조화가 지속적인 다이어트에 효과가 있다는 것을 알 수 있다. 따라서 답은 D이다.

단어 消耗 xiāohào 동 (정신, 힘, 물자 등을) 소모하다 | 热量 rèliàng 명 열량 | 仅 jǐn 凰 단지 | 靠 kào 동 기대다 | 减肥 jiǎnféi 동 살을 빼다, 체중을 줄이다 | 即使 jíshǐ 접 설령 ～라 하더라도 | 辛辛苦苦 xīnxīn kǔkǔ 형 고생스럽다 | 化为乌有 huàwéi wūyǒu 형 헛수고가 되다, 수포로 돌아가다 | 持久 chíjiǔ 동 유지되다, 지속되다 | 合理 hélǐ 형 합리적이다 | 调控 tiáokòng 동 제어하다, 조정하다 | 坚持 jiānchí 동 견지하다, 유지하다 | 控制 kòngzhì 동 억제하다, 조절하다 | 结合 jiéhé 동 결합되다, 결부되다

13

市场上最近流行一种更有营养、更健康的彩色豆腐。彩色豆腐与传统豆腐一样，都是以大豆为原料。不同的是，它在制作中加入天然蔬菜果汁辅料，形成天然色彩，且含有丰富的营养成分，保存了蔬菜中的纤维质，有利于人体消化吸收。

A 彩色豆腐更容易消化
B 彩色豆腐的原料是蔬菜
C 彩色豆腐中加入了果汁
D 彩色豆腐的制作方法简单

시장에서는 요즘 영양가가 있고 건강에 더 좋다는 천연색 두부가 유행이다. 이 천연색 두부는 기존의 두부와 마찬가지로 콩을 원료로 하고 있다. 다른 점은 제조과정에서 채소나 과즙 등 천연 보조재료를 첨가함으로써, 천연색상을 띠게 하였다는 것이다. 또한, 영양분이 풍부하게 함유되어 있고, 채소 중에 함유된 섬유질을 잘 보존하여 인체의 소화, 흡수에 매우 좋다.

A 천연색 두부는 소화가 잘 된다
B 천연색 두부의 원료는 채소이다
C 천연색 두부에는 과즙을 첨가한다
D 천연색 두부의 제작방법은 간단하다

해설 마지막 문장에서 천연색 두부에는 채소 중의 섬유질이 함유되어 있어, 인체에 소화 흡수에 좋다고 언급하고 있으므로 답은 A이다.

단어 流行 liúxíng 통 유행하다 | 彩色 cǎisè 명 컬러, 채색 | 豆腐 dòufu 명 두부 | 传统 chuántǒng 명 전통, 기존의 | 大豆 dàdòu 명 콩 | 原料 yuánliào 명 원료 | 加入 jiārù 통 넣다, 첨가하다 | 辅料 fǔliào 명 보조재료 | 色彩 sècǎi 명 색채, 색깔 | 保存 bǎocún 통 보존하다, 간직하다 | 纤维质 xiānwéizhì 명 섬유질 | 有利于 yǒulìyú ~에 좋다, 이롭다

14

此前有研究表明，听音乐能舒缓焦虑和抑郁，改善情绪，并促进认知。但未对听音乐与学习效率的关系进行研究。有新研究显示，一边听音乐一边完成记忆任务的效果比较差，无论听的是喜欢还是不喜欢的音乐。

A 听音乐有助于康复
B 听音乐有助于记忆
C 边听音乐边记忆效率差
D 听不喜欢的音乐影响情绪

이전 연구에 따르면, 음악감상은 초조, 우울한 감정을 완화시켜, 기분을 좋게 해주고, 인지활동을 더욱 촉진시킨다고 한다. 하지만 음악감상과 학습능률의 관계에 대해서는 아직도 연구가 진행되지 않고 있다. 최근 연구결과에 따르면, 듣고 있는 것이 좋아하는 음악이든, 그렇지 않든 관계없이 음악을 듣고 있을 때, 무언가를 기억해내는 능력이 비교적 떨어지는 것으로 나타났다.

A 음악감상은 건강회복에 도움이 된다
B 음악감상은 기억력에 도움이 된다
C 음악을 들으면서 무언가를 기억해내기는 어렵다
D 좋아하지 않는 음악을 듣는 것은 기분에 영향을 미친다

해설 음악을 들으면서, 무언가를 기억해내는 능력이 비교적 떨어지는 것으로 나타났다고 언급하고 있으므로 답은 C이다.

단어 此前 cǐqián 명 이전 | 表明 biǎomíng 통 분명하게 밝히다, 표명하다 | 舒缓 shūhuǎn 형 완만하게 하다, 느슨하게 하다 | 焦虑 jiāolù 명 초조한 마음 | 抑郁 yìyù 형 울적하다, 우울하다 | 改善 gǎishàn 통 개선하다 | 情绪 qíngxù 명 감정, 정서 | 促进 cùjìn 통 촉진시키다 | 认知 rènzhī 통 인지하다, 인식하다 | 效率 xiàolù 명 (작업등의) 능률 | 记忆 jìyì 통 기억하다, 떠올리다 | 康复 kāngfù 통 건강을 회복하다

<table>
<tr><td>

15

他第一次为中国、为亚洲赢得了110米栏的世界冠军。他不但夺得了金牌，而且以12秒88的成绩打破了沉睡13年之久的世界纪录。他是中国的骄傲，也是亚洲的骄傲。他就是我们喜爱的运动员，我们心目中的英雄刘翔。

A 他感到很自豪
B 他打破了世界纪录
C 他是100米世界冠军
D 他的纪录保持了多年

</td><td>

그는 중국과 아시아에서 처음으로 110m 허들경기에서 올림픽 우승을 차지했다. 그는 금메달을 획득했을 뿐 아니라, 12초 88이라는 성적으로 13년 동안 깊은 잠을 자던 세계기록을 경신했다. 그는 중국의 자랑일 뿐만 아니라 아시아의 자랑이다. 그는 바로 우리가 좋아하는 운동선수이며, 우리 마음속의 영웅인 리우씨앙이다.

A 그는 자긍심을 느낀다
B 그는 세계기록을 깼다
C 그는 100m 세계챔피언이다
D 그의 기록은 여러 해 동안 유지되었다

</td></tr>
</table>

해설 "깊은 잠을 자던 세계기록"에서 다년간 세계기록이 깨지지 않았음을 알 수 있다. 따라서 답은 B이다

단어 赢得 yíngdé 동 얻다, 획득하다 | 110米栏 yìbǎi yīshí mǐ lán 명 110m 허들 | 冠军 guànjūn 명 우승 | 夺得 duóde 동 달성하다, 얻다 | 金牌 jīnpái 명 금메달 | 打破 dǎpò 동 깨뜨리다, 타파하다 | 沉睡 chénshuì 동 깊이 잠들다 | 骄傲 jiāo'ào 명 자랑거리 | 心目 xīnmù 명 마음속 | 英雄 yīngxióng 명 영웅 | 自豪 zìháo 동 스스로 긍지를 느끼다, 스스로 자랑스럽게 느끼다 | 保持 bǎochí 동 유지하다

제2부분

16-20

<table>
<tr><td>

女：我们今天的嘉宾是奥运冠军兼企业家李宁先生。最初要成立李宁公司的时候，给您带来最大的那种激励是什么方面的？

男：16为中国队比赛的时候我就没有穿过国产的品牌，所以那时候特别想做一个中国的品牌，就是因为这样才做了李宁牌。其实想法也很简单，也很单纯，也不知道结果会怎么样。

女：除了家庭，还有哪些人对您影响较大？

男：在父母之外，对我影响最大的就是教练。我从八岁到队里参加集训，就开始过集体生活。17最初的人生观、价值观都是来自教练，他们不仅在体操基本功、技术动作方面教导我，也在如何认识世界、接触世界、建立目标、追寻目标、克服困难、增加信心等方面给了我很大的影响。

</td><td>

여: 오늘 저희가 모실 분은 올림픽챔피언이자, 기업가인 리닝 선생님입니다. 처음 리닝 회사를 세우려고 할 때, 선생님께 가장 큰 동기를 부여했던 것은 무엇이었나요?

남: 16중국선수로 경기에 나설 때, 저는 국내브랜드를 입은 적이 없었어요. 그래서 그때 중국브랜드를 만들고 싶다고 생각했고, 이 때문에 리닝이 탄생하게 되었던 거예요. 사실 이런 생각은 정말 간단하고 단순한 것이었고, 나중에 결과가 어떻게 될지는 알 수 없었지요.

여: 가족을 제외하고, 누가 선생님께 가장 큰 영향을 주었나요?

남: 부모님을 제외하고, 저에게 가장 큰 영향을 준 사람은 바로 코치선생님이세요. 저는 8살 때부터 팀에서 합숙훈련을 시작했는데, 그때부터 단체생활을 하게 되었어요. 17맨 처음의 인생관이나 가치관은 모두 코치선생님께 배운 것이에요. 또 코치선생님들은 체조의 기본기, 기술동작 등을 가르쳐 주셨을 뿐만 아니라, 어떻게 세계를 인식하고 세상과 접촉하는지, 어떻게 목표를 세우고 이를 추구하며, 어려움을 극복하고 자신감을 가지는지 등 저에게 큰 영향을 주셨어요.

</td></tr>
</table>

女：企业从创办至今已有近20年的历史，您总结自己在这个过程中，最大的贡献是什么？

男：[18]我最擅长的就是做梦，而且能够把"梦"与所有的员工一起分享，最后将一个人的梦变成了一个集体的梦。

女：能说说在企业经营过程中经历的最低谷吗？

男：我们实际上天天都处在低谷。企业发展的最初有现金的困难、人才的困难、技术上的困难以及市场开发的困难。直到今天，推出一个系列的产品以后，仍众口难调、褒贬不一，但还得继续做。虽然没有大起大落，但基本天天都是如此。

女：现在业务量已经几十个亿了，已经成为中国最顶尖的体育品牌了，怎么还天天都是低谷？怎么可能呢？

男：[19]基本上在中国我们还算可以，但是相比世界上的同行业，我们还是处在发展阶段。这个行业里面的那些高手，我们跟他们还有相当大的距离。我们的目标就是缩短距离。

女：您怎么理解企业家精神？

男：没有研究过，但我感觉，[20]企业家最主要是要有极大的热情，否则他的创造性就会枯萎；其次，还要有一些独到的、不可复制的想象力，主要是对未来充满好奇；第三，要有很强的韧性，就是一种坚持的精神，不要一失败就想放弃，也不要一得意就自满。他有自己的一套逻辑，艰难地走路，激情地生活。

16　男的最初成立公司的原因是什么？

　　A　想成功转型

　　B　想当企业家

　　C　拥有自己的品牌

　　D　为体育事业做贡献

17　为什么教练对男的的影响最大？

　　A　教他体操

　　B　教他做人

　　C　教他知识

　　D　教他学习

여：기업을 세운 지 벌써 20년이 다 되어가는데요. 선생님께서는 이 과정에서 가장 큰 공헌은 뭐라고 생각하시나요？

남：[18]제가 가장 잘하는 것은 꿈꾸는 것이고, 또 이 "꿈"을 다른 모든 직원과 함께 나누도록 하는 것이에요. 그리고 마지막에 한 사람의 꿈이 모든 사람의 꿈이 되도록 하는 것이지요.

여：기업을 운영하면서 경험한 최악의 상황에 대해 말씀해주실 수 있나요？

남：사실 날마다 최악의 상황에 놓여 있다고 볼 수 있어요. 회사의 성장 초기에는 현금, 인재, 기술이 없어서 어려웠고, 시장을 개척하는 데도 어려움이 있었어요. 그리고 지금까지 일련의 상품을 출시하였지만, 아직도 대중의 입맛을 맞추기는 어렵고 평가는 엇갈리고 있어요. 하지만 그래도 계속해야 해요. 큰 기복이 있는 것은 아니지만 거의 매일 이런 상황에 있어요.

여：현재 업무가 수십억 개에 이르고, 이미 중국의 최고 스포츠브랜드가 되었는데, 어떻게 매일매일이 어려운 상황이라고 하시는 건가요？ 그게 가능한가요？

남：[19]사실 중국에선 저희 브랜드가 괜찮은 편이지만, 세계 동종업계와 비교했을 때, 우리는 여전히 저희 업체는 성장 단계에 있다고 볼 수 있어요. 이 업계에 있는 고수들과 비교해보아도 여전히 큰 차이가 있지요. 저희의 목표는 바로 이 차이를 줄여가는 것이에요.

여：선생님께서는 기업가 정신에 대해 어떻게 생각하시나요？

남：생각해본 적은 없습니다만, 저는 [20]기업가에게 가장 필요한 것은 강한 열정이라고 생각해요. 만약 이 열정이 없다면, 창의력은 시들기 마련이거든요. 다음은 독보적인, 누구도 따라 할 수 없는 상상력이겠지요. 주로 미래에 대한 호기심이 많아야 해요. 세 번째로는 강한 근성이 필요한데요. 바로 계속 추진해 나갈 수 있는 정신력 말이지요. 실패했다고 해서 포기해버려서는 안 되고, 뜻을 이루었다고 해서 자만해서는 안 돼요. 스스로 논리에 맞게, 열심히 걸어 나가야 하고, 열정을 가지고 살아야 해요.

16　남자가 최초로 회사설립을 하게 된 원인은 무엇인가？

　　A　성공하고 싶었기 때문에 전업하였다

　　B　기업가가 되고 싶었기 때문에

　　C　자신만의 브랜드를 갖고 싶었기 때문에

　　D　스포츠사업에 공헌하고 싶었기 때문에

17　코치는 왜 남자에게 가장 큰 영향을 주었는가？

　　A　그에게 체조를 가르쳤기 때문에

　　B　그에게 사람됨을 가르쳤기 때문에

　　C　그에게 지식을 가르쳤기 때문에

　　D　그에게 공부를 가르쳤기 때문에

18 男的擅长做梦的 "梦" 最有可能指什么?
A 幻想
B 白日梦
C 生活理想
D 企业发展目标

18 남자가 가장 잘한다는 꿈 꾸기에서 "꿈"은 무엇을 의미하는가?
A 환상
B 백일몽
C 생활 속의 이상
D 기업발전의 목표

19 男的现阶段的目标是什么?
A 不断开发市场
B 让所有人都满意
C 成为中国顶尖品牌
D 缩小与世界名牌的差距

19 남자의 지금 목표는 무엇인가?
A 계속해서 시장 개발을 하는 것
B 모든 사람들을 만족하게 하는 것
C 중국 최고 브랜드가 되는 것
D 세계 명품브랜드와의 차이를 좁혀가는 것

20 男的认为企业家最重要的精神是什么?
A 热情
B 坚强
C 好奇心
D 想象力

20 남자는 기업가들에게 있어 가장 중요한 정신은 무엇이라 생각하는가?
A 열정
B 굳건함
C 호기심
D 상상력

요약 올림픽 챔피언이자, 기업가인 리닝은 선수로 경기에 나설 때 한 번도 국내브랜드의 옷을 입은 적이 없었다. 이 때문에 그는 스포츠브랜드인 리닝을 만들게 되었다. 그에게 가장 큰 영향을 준 사람은 코치선생님으로 그는 코치선생님으로부터 체조에 관한 것뿐만 아니라 사람으로서의 됨됨이도 배웠다. 그는 기업가로서 자신이 가장 잘하는 것은 꿈꾸는 것으로 이 "꿈"은 바로 직원들과 모든 사람들과 기업의 목표를 실현하는 것이다. 기업 현재의 목표는 세계 동종업계의 고수들과 차이를 줄여나가는 것이라고 밝혔다. 그는 기업가에게 가장 중요한 것이 있다면, 첫 째는 열정이고 다음은 상상력, 강한 근성이라고 말한다.

해설 16) 남자는 경기에 참여할 때, 국내브랜드를 입어본 적이 없어서, 중국만의 브랜드를 만들고 싶었다고 언급하고 있으므로 답은 C이다.
17) 코치는 리닝에게 운동 이외에도 어떻게 사람이 되어야 하는지를 가르쳤고, 리닝은 이 때문에 초기의 인생관과 가치관을 형성하는 등 큰 영향을 받았다. 따라서 답은 B이다.
18) 기업을 세우고 20년 동안의 공헌에 대해서 자신의 꿈을 모두의 꿈으로 만들었다고 말하고 있다. 이는 기업발전의 목표를 실현하여 자신이 생각했던 꿈을 모두가 누릴 수 있도록 하겠다는 것이다. 따라서 답은 D이다.
19) 남자는 지금의 목표는 동종업계에 종사하고 있는 세계 유명업체와의 차이를 줄여가는 것이라고 언급하고 있으므로 답은 D이다.
20) 남자는 열정이 기업가에게 있어 가장 중요하며, 열정이 없다면 창조력도 시들기 마련이라고 언급하고 있으므로 답은 A이다.

단어 嘉宾 jiābīn 명 귀빈, 내빈 | 兼 jiān 동 겸하다 | 李宁 Lǐ Níng 인명 리닝 [중국 유명한 체조선수로 "체조의 왕"으로 불리기도 했다. 은퇴 후, 기업가로서 자신의 이름을 따서 만든 "리닝회사"를 설립, 중국 국내 스포츠 브랜드를 만들었다] | 成立 chénglì 동 창립하다, 설립하다 | 激励 jīlì 동 동기를 부여하다, 자극을 주다 | 品牌 pǐnpái 명 상표, 브랜드 | 想法 xiǎngfa 명 의견, 생각, 견해 | 单纯 dānchún 형 단순하다 | 教练 jiàoliàn 명 감독, 코치 | 集训 jíxùn 동 합숙 훈련하다 | 来自 láizì 동 ~로부터 오다, ~로부터 생겨나다 | 基本功 jīběngōng 명 기본기, 기초적 훈련 | 教导 jiàodǎo 동 가르치다, 지도하다 | 如何 rúhé 대 어떻게 | 接触 jiēchù 동 접촉하다, 왕래하다, 관계를 갖다 | 追寻 zhuīxún 동 추구하다, 탐구하다 | 总结 zǒngjié 동 총괄하다 | 贡献 gòngxiàn 동 공헌하다, 기여하다 | 擅长 shàncháng 동 (어떤 방면에) 뛰어나다 | 员工 yuángōng 명 직원 | 分享 fēnxiǎng 동 함께 누리다 | 低谷 dīgǔ 명 바닥세, 최저점 | 推出 tuīchū 동 (신상품, 제품 등을) 출시하다 | 众口难调 zhòngkǒu nántiáo 성 모든 사람의 입맛을 모두 맞출 순 없다 | 褒贬不一 bāobiǎn bùyī 좋고 나쁨에 대한 평가기준이 일정치 않다 | 大起大落 dàqǐ dàluò 동 (인생이나 벼슬길에서) 풍파를 많이 겪다 | 顶尖 dǐngjiān 형 일류의, 최고의, 최상급의 | 阶段 jiēduàn 명 단계 | 高手 gāoshǒu 명 고수 | 缩短 suōduǎn 동 단축하다, 줄이다 | 枯萎 kūwěi 동 시들다, 마르다 | 独到 dúdào 형 남다르다, 독창적이다 | 韧性 rènxìng 명 강인성 | 得意 déyì 동 뜻을 이루다 | 自满 zìmǎn 동 자만하다 | 逻辑 luójí 명 논리, 객관적 규율 | 艰难 jiānnán 형 어렵다, 힘들다 | 激情 jīqíng 명 격정, 열정

21-25

女：我们今天的嘉宾是著名导演王家卫，欢迎您。听说您总是边改剧本边拍摄，甚至还有人说您根本没有剧本，大家都认为您的这种工作方式是您的一种风格，您是怎么看的？

男：²¹所谓的风格其实就是你解决问题的方法。导演就是要解决问题。就像我在拍《重庆森林》的时候，因为我们遇到了很多困难，所以最终只好采用偷拍的方式。拍摄过程中有人会入镜出镜，就只好剪掉。很多人认为这是很有风格的前卫的剪辑和拍摄，其实只是解决问题的办法。

女：在您心中，编剧应该是怎样一个位置？

男：²²其实编剧就是导演的心理医生，因为导演在拍摄过程中总会有很多怀疑，需要有人与他交流。但我是自己的编剧，我只能和自己交流。有人说我拍戏没剧本，其实只是没有完整的剧本。

女：您影片中的人物也总是"未完待续"，给观众的感受往往是悲观的情绪。悲观是不是您心里最想表达的部分？

男：其实我的电影很简单，没有什么是我一定要去表达的东西，²³我只是想拍那些让我感动的事情。因为你拍电影的时候，你要有一个点：为什么要拍这部电影？这个故事为什么要这样讲？能够打动你的，就是你要拍的。

여：저희가 오늘 모신 분은 저명한 감독님이신 왕지아웨이 선생님입니다. 어서 오세요. 선생님은 늘 대본을 고치면서 촬영을 하신다고 들었어요. 심지어 어떤 사람은 선생님에게는 대본 자체가 없다고 말하기도 하는데요. 모두 이러한 방식이 선생님만의 독특한 스타일이라고 생각하고 있어요. 이것에 대해서 어떻게 생각하시는지요?

남：²¹소위 말하는 스타일은 사실 사람들이 문제를 해결하는 방법을 말하는 것이에요. (영화에서는) 감독이 바로 문제를 해결해야 하지요. 제가 「중경삼림」을 찍을 때를 예로 들어보면, 정말 어려운 점이 많았어요. 그래서 나중에는 몰래 촬영하는 방법을 쓸 수밖에 없었지요. 촬영하는 과정에서 어떤 사람이 카메라 앵글에 잡혀 얼굴이 찍히면, 어쩔 수 없이 편집해야 했어요. 많은 사람들은 이것을 자기 스타일을 가진 감독의 편집과 촬영이라고 말하지만, 사실은 제가 문제를 해결하는 방법일 뿐이에요.

여：선생님 마음속에 시나리오 작가는 어떤 위치를 차지하고 있나요?

남：²²사실 시나리오 작가는 감독에게 있어 심리치료사와 같아요. 감독은 촬영을 하는 과정에서 늘 많은 추측을 하게 되고, 많은 사람과의 교류를 해야 하지요. 하지만 제가 저의 시나리오 작가이다 보니, 저는 오직 저 혼자 교류를 할 수밖에 없어요. 어떤 사람은 저의 촬영에 대본이 없다고 하는데, 사실은 대본 자체가 없는 것이 아니라 다 짜여진 완성된 대본이 없다는 것을 의미하는 것이지요.

여：선생님의 작품 속 인물들은 늘 "다음에 계속"되곤 하는데요. 이것은 늘 관중에게 절망적인 기분을 들게 해요. 이런 절망이 바로 선생님께서 가장 표현하고자 하는 부분인가요?

남：사실 제 영화는 아주 단순해요. 내가 반드시 표현해야 한다고 생각한 것은 없지요. ²³단지 나에게 감동을 주는 이야기들을 찍고 싶은 것뿐이에요. 왜냐하면, 영화를 찍을 때에는 3가지를 갖춰야 하니까요. 왜 이 영화를 찍으려는 하는가? 이 이야기는 왜 이런 방식으로 진행되어야 하는가? 그리고 감동적인 것이 있다면, 바로 그것을 찍어야 하죠.

女：对往日的回忆常常是您电影中一个隐含的主角，影片里总会出现20世纪的六十年代，出现对老上海的怀旧情绪。为什么？

男：我为什么那么爱拍20世纪六十年代？ [24]第一，因为我是在这个环境里长大的，我很熟悉。但今天我已经看不到这样一个形态，它消失了。所以我想在银幕上把它还原。这是我个人的原因。第二，我发现那个时代的人在电影中几乎是一段空白，从来没有被好好儿展现过。女：您的电影总是有饱满的情绪，但是故事总是残缺的，甚至是不存在的。而且很少给出固定的结局或者答案，为什么？

男：我感觉如果有明确的故事和结局，那就是一个死的东西，必须强迫观众认识这个悲惨的结局或者开心的结局。[25]所以我把故事的结局设置成开放式的，让观众参与思考。

21 关于男的的风格，下列哪项正确？
    A 迎难而上
    B 行事比较果断
    C 能够解决问题
    D 拍摄方式很特别

22 男的是怎样看待编剧的？
    A 是交流的对象
    B 编写剧本的人
    C 作用比导演要大
    D 是导演怀疑的对象

23 男的最想拍什么？
    A 悲惨的事情
    B 简单的故事
    C 感人的事情
    D 人物内心感情

24 男的爱拍20世纪六十年代的个人原因是什么？
    A 那个时代故事多
    B 那个时代的电影少
    C 想表现那个时代的人
    D 对那个时代比较熟悉

여: 감독님의 지난날을 회상하는 마음을 항상 영화 속에서 은연중에 나타난 주인공이 1960년대를 배경으로 옛 상하이를 그리워하는 정서로 표현하시는데요. 왜 그러시는 건가요?

남: 제가 왜 그렇게 1960년대를 배경으로 찍는 것을 좋아할까요? [24]첫 번째는 제가 그런 환경에서 자라서 익숙하기 때문이죠. 하지만 요즘엔 예전의 모습을 찾아볼 수가 없어요. 다 사라져 버렸으니까요. 그래서 저는 스크린에 이를 다시 복원해보고 싶었어요. 이건 제 개인적인 이유지요. 두 번째는 1960년대의 사람은 영화에서 백지상태로 남아 있어, 지금까지 한 번도 그려진 적이 없기 때문이에요.

여: 선생님의 영화는 늘 여러 감정으로 꽉 차 있지만, 스토리는 늘 불완전하고, 심지어 스토리 자체가 없기도 해요. 게다가 이야기의 정해진 결말이나 답도 제시하지 않는데요. 왜 그런 건가요?

남: 저는 만약 명확한 스토리나 결말이 있다면, 그건 바로 죽은 것과 다름없다고 생각해요. 관중들에게 비극적인 결말이나 해피엔딩과 같은 결말을 강요하게 되지요. [25]그래서 저는 스토리의 결말을 개방적으로 설정함으로써, 관중들도 생각을 하도록 한 것이에요.

21 남자의 스타일에 관한 이야기 중 올바른 것은 무엇인가?
    A 어려운 방향으로 흘러간다
    B 일 처리에 결단력이 있는 편이다
    C 문제를 해결할 수 있다
    D 촬영방식이 매우 특이하다

22 남자는 시나리오 작가에 대해 어떻게 생각하는가?
    A 교류의 대상자로 여기고 있다
    B 시나리오를 쓰는 작가로 생각한다
    C 감독보다 훨씬 많은 역할을 한다고 생각한다
    D 감독이 의심하는 대상이라고 여긴다

23 남자가 가장 찍고 싶어하는 것은 무엇인가?
    A 비극적인 이야기
    B 단순한 이야기
    C 감동적인 이야기
    D 인물의 내적 감정

24 남자가 1960년대를 배경으로 한 영화를 찍기 좋아하는 개인적인 이유는 무엇인가?
    A 그 시대에 얽힌 이야기가 많기 때문에
    B 그 시대의 영화가 적기 때문에
    C 그 시대의 사람들은 표현해내고 싶기 때문에
    D 그 시대가 비교적 익숙하기 때문에

25 关于男的的电影，下列哪项正确？	25 남자의 영화에 관한 이야기 중 올바른 것은 무엇인가？
A 情绪很低落	A 감정이 매우 쳐져 있다
B 故事比较完整	B 스토리가 비교적 완전하다
C 大部分是悲剧	C 대부분은 비극이다
D 结局多是开放的	D 결말은 대부분 개방되어 있다

요약 왕지아웨이 감독은 사람들이 말하는 자신의 스타일이라는 것은 사실 자신이 문제를 해결하는 방법이라고 말한다. 한 예로, 「중경삼림」을 찍을 때, 그는 몰래 촬영하는 방법을 택했다. 사람들은 이것을 왕지아웨이 감독의 스타일이라고 했지만, 사실은 그만의 문제해결 방법이었던 것이다. 시나리오 작가는 감독과 항상 교류해야 하는데, 그의 영화의 시나리오 작가는 자신이라서 혼자 교류해야 한다고 밝혔다. 그는 대부분 자신에게 감동을 주는 이야기를 영화로 만든다. 특히 그는 1960대를 배경으로 찍는데 그것은 그가 그런 환경에서 자라서 익숙하기 때문이다. 그의 영화는 항상 결말을 개방적으로 설정하여 관중들도 결말을 생각하도록 한다.

해설 21) 감독은 촬영과정에서 어려움에 부딪혔을 때, 문제를 해결하는 방법으로 그만의 독특한 촬영기법을 쓴다고 말하고 있다. 즉, 촬영할 때 감독으로서 문제해결의 능력이 있었음을 알 수 있다. 따라서 답은 C이다.

22) 그는 시나리오 작가는 감독의 심리치료사로 교류하는 대상으로 여기고 있다는 것을 알 수 있으므로 답은 A이다.

23) 남자는 인터뷰 중에 자신에게 감동을 주는 이야기가 있다면 찍고 싶다고 언급했다. 따라서 답은 C이다.

24) 남자는 그 시대에 자랐기 때문에 그 시대가 비교적 익숙하다고 언급하고 있으므로 답은 D이다.

25) 남자는 영화의 결말에 대해 언급하면서, 스토리의 결말을 정해놓는다면 죽은 것과 다름이 없다고 말했다. 그러면서 자신은 결말을 개방적으로 설정하여, 관객들이 생각할 수 있도록 한다고 말하고 있다. 따라서 답은 D이다.

단어 导演 dǎoyǎn 圆 감독 | 剧本 jùběn 圆 대본 | 拍摄 pāishè 圄 촬영하다 | 根本 gēnběn 團 원래 | 风格 fēnggé 圆 풍격, 스타일 | 采用 cǎiyòng 圄 채용하다. 적합한 것을 골라 쓰다 | 偷拍 tōupāi 圄 몰래 촬영하다 | 入镜 rùjìng 圄 카메라 앵글에 잡히다 | 出镜 chūjìng 圄 화면에 등장하다 | 前卫 qiánwèi 圆 최전방에 있는 사람 | 剪辑 jiǎnjí 圆 편집 | 编剧 biānjù 圆 시나리오 작가 | 怀疑 huáiyí 圄 의심하다 | 完整 wánzhěng 圈 완전하다. 완벽하다 | 往日 wǎngrì 圆 지난날, 이전 | 回忆 huíyì 圄 회상하다 | 隐含 yǐnhán 圄 은연중 내포하다 | 怀旧 huáijiù 圄 옛일을 회상하다. 추억하다 | 情绪 qíngxù 圆 정서, 감정 | 熟悉 shúxī 圈 익숙하다. 잘 알다 | 银幕 yínmù 圆 스크린 | 还原 huányuán 圄 환원하다. 복원하다 | 几乎 jīhū 團 거의 | 空白 kòngbái 圆 공백, 여백 | 展现 zhǎnxiàn 圄 들어내다. 나타내다 | 饱满 bǎomǎn 圈 충만하다 | 残缺 cánquē 圈 갖춰져 있지 않다. 모자라다 | 结局 jiéjú 圆 (이야기의) 결말 | 强迫 qiǎngpò 圄 강요하다 | 设置 shèzhì 圄 설립하다. 설치하다 | 参与 cānyù 圄 참여하다

26-30

女 : 我们今天的嘉宾是著名经济学家厉以宁，欢迎您。您一直提倡要通过体制改革来走出投资怪圈，这方面具体应该怎么做呢？

男 : 投资怪圈，主要是投资决策体制要改变，²⁶应该是在竞争性行业内，由市场主导决策，而不能由政府主导决策。因为政府主导决策，它考虑的跟民营企业不一样。民营企业觉得如果产品将来没销路，或者产品将来多了以后，价格会下跌，它就必须要慎重了；政府因为它没有一个自负盈亏的问题，他为了地方经济着想，所以仍然可以继续原来的投资计划。首先，在竞争性领域内，投资决策体制应该转换，当然，影响到国家安全的，国防的、重大民生问题的，这些可以考虑由政府决策投资，但是在竞争行业不要这样做。

여 : 오늘은 저명한 경제학자이신 리이닝 선생님을 모셨습니다. 어서 오세요. 선생님께서는 줄곧 체제 개혁을 통해 투자의 악순환에서 벗어나야 한다고 말씀하셨는데요. 구체적으로 어떻게 해야 하는 건가요？

남 : 투자의 악순환을 해결하려면, 투자정책을 결정하는 주체를 바꿔야 해요. 즉, ²⁶경쟁적인 산업에서는 시장 주도로 정책을 결정해야지. 정부 주도로 정책을 결정해서는 안 돼요. 왜냐하면 정부가 정책을 주도할 때, 정부가 고려하는 부분들이 민간기업(이 고려하는 부분)과 크게 다르기 때문이죠. 민간기업은 상품이 판로가 없거나 상품이 많아지면, 가격을 낮추는데요. 이때 민간기업은 매우 신중해요. 하지만 정부는 손익책임과 같은 문제가 없어서 지역경제를 고려해 원래의 투자계획을 계속 진행하지요. 따라서 우선은 경쟁적인 산업에서 투자정책의 결정 주체는 바꾸어야 해요. 물론 국가의 안보, 국방, 중차대한 민생문제 등에 영향을 미치는 것은 정부가 주도해야 하죠. 하지만 경쟁적인 산업에서는 이렇게 하면 안 돼요.

²⁷第二，资源价格不合理会助长那些投资者，因为他觉得资源价格挺便宜，所以说资源价格合理的调整还是必要的。

女：您对就业问题很有研究，今年出现了一些让大家比较难以理解的现象，比如说一方面沿海地区出现了用工荒，另外一方面很多大学生又面临着就业难，很多大学生毕业几年了都还没有就业，对这种现象您有什么解释呢？

男：应该看到，后一个问题，找工作难是主流，民工荒是暂时现象。对企业来说，比较大型的、管理规范的企业民工是比较愿意去的。我在广东调查过，民工不愿意到什么样的企业去呢？工资很低的，没有社会保障的，劳动时间经常超时的，有时候还不按月发工资的。农民出来打工成本是很高的，在这种情况下他就想你工资还那么低，我到这里打工划不来的，所以他就会挑工作，这不能怪工人，²⁸应该根据物价上涨给他们提高工资。

女：您是怎么看中国改革的？

男：²⁹我认为中国的改革中最重要的不是放开价格，而是要重新构造社会主义的微观经济主体，用什么方式来构造呢？就是用股份制改革国有企业，把它变成一个多元投资主体的适应市场的企业。

女：您在诗词方面的造诣我们也都是非常钦佩的，我本人也读过您的诗词专辑，作为一个经济学家，您怎么会对诗词如此感兴趣？

男：上中学的时候，老师的指点。老师会介绍、推荐你看一些前人的诗词，唐诗、宋词嘛，从小就有这层原因，这个和经济学是没有关系的，那时候我也不知道自己将来会学经济学，³⁰所以这是我从小受老师的影响。家里倒对我没有这方面的要求，有些人是受家庭的影响，但是家庭对我毫无影响。因为诗词完全是从学校、老师那里学来的。

²⁷두 번째로, 자원의 가격이 비합리적이면, 투기꾼들이 몰리게 돼요. 왜냐하면 자원의 가격이 매우 싸니까요. 따라서 자원가격도 합리적으로 조절해야 해요.

여: 선생님은 취업문제에 대해서도 많은 연구를 하셨는데요. 올해에 사람들이 이해하기 어려운 현상들이 나타나고 있어요. 예를 들어, 연해 지역에서는 노동자 부족현상이 나타나고 있는데, 반면 많은 대학생들이 취업난에 직면해 있다는 것이죠. 대학졸업 후에도 여전히 취업하지 못한 학생이 상당수라 하는데요. 이러한 현상을 어떻게 설명해야 하는 건가요?

남: 후자의 문제, 즉 일자리를 구하기 어렵다는 것은 주된 문제가 되고 있지만, 노동자 부족현상은 일시적인 현상이라 생각해요. 노동자들은 규모가 크고, 경영이 체계화된 기업에서 일하길 원하죠. 제가 광둥에서 진행한 조사결과를 보면, 노동자들이 싫어하는 기업이 어떤 곳인지 아세요? 월급은 적고 사회보장이 되지 않으며, 노동시간이 길고 월급이 제때에 지급되지 않는 그런 기업이었어요. 농촌노동자들이 도시로 나와 일을 할 때는 생활비가 많이 들거든요. 이러한 상황에서 그들이 받는 임금이 적다면, 일해도 돈을 벌 수 없는 거죠. 그래서 농촌노동자들은 일자리 고르게 되는 거에요. 노동자들의 탓만 할 수는 없어요. ²⁸물가상승률에 맞추어 그들의 임금도 올려줘야 해요.

여: 선생님은 중국의 개혁에 대해 어떻게 생각하세요?

남: ²⁹저는 중국의 개혁 중 가장 중요한 것은 가격개방이 아니라 사회주의 미시경제 주체를 다시 세우는 것이라고 생각해요. 어떤 방법으로 세워야 하냐고요? 바로 주주제로 국유기업을 개혁해서 국유기업을 다방면의 투자를 이끄는 주체이자, 시장경제에 적응할 수 있는 기업으로 성장시키는 거죠.

여: 선생님께서는 시와 사에 관한 조예가 남달라 많은 사람들이 감탄을 금치 못할 정도인데요. 저도 선생님의 시사전집을 읽은 적이 있어요. 경제학자로써 어떻게 시와 사에 흥미를 갖게 되었나요?

남: 중학교 때, 선생님의 가르침 덕분이에요. 선생님은 선인들의 시사, 당시, 송사 등을 소개해주시고, 추천도 해주셨는데요. 어린 시절의 이런 과정이 있었기 때문인 것 같아요. 시와 사는 경제학과 아무 관련도 없잖아요. 당시 저 자신도 경제학을 공부하게 될지 몰랐으니, ³⁰어릴 때 선생님의 영향을 받은 것이라 할 수 있지요. 집에서는 오히려 시와 사에 관해 저에게 기대하지 않았어요. 어떤 사람들은 가정에서 영향을 받기도 했다는데, 저는 집이나 가족들의 영향은 전혀 없었어요. 왜냐하면 이 시와 사는 어디까지나 학교에서 선생님께 배운 것이니까요.

26 竞争性行业应该由谁来主导投资决策？

  A 市场

  B 政府

  C 国有企业

  D 民营企业

27 要走出投资怪圈，除了转变投资体制，还要做什么？

  A 管理要规范

  B 为产品找出路

  C 调整资源价格

  D 加大市场监管力度

28 对于用工荒现象，男的有什么建议？

  A 降低自己要求

  B 加大企业的管理

  C 要给工人涨工资

  D 给工人社会保障

29 男的认为中国改革最重要的是什么？

  A 放开价格

  B 改变观念

  C 改革企业

  D 构造经济主体

30 男的为什么会对诗词很感兴趣？

  A 受老师影响

  B 家庭要求的

  C 对经济学有益

  D 想提高自身素养

---

26 경쟁적인 산업에서는 누가 투자정책을 주도해야 하는가?

  A 시장

  B 정부

  C 국유기업

  D 민간기업

27 투자 악순환을 벗어나기 위해서 투자주체를 바꾸는 것 외에 무엇을 해야 하는가?

  A 관리를 규범화해야 한다

  B 상품의 판매경로를 찾아야 한다

  C 자원가격을 조절해야 한다

  D 시장 감시·관리를 강화해야 한다

28 노동자 부족현상에 대해 남자는 무엇을 제안하고 있는가?

  A 스스로의 요구사항을 낮춰야 한다

  B 기업관리를 더 높여야 한다

  C 노동자의 임금을 높여주어야 한다

  D 노동자에게 사회보장을 해주어야 한다

29 남자는 중국의 개혁에 있어 가장 중요한 것은 무엇이라 생각하는가?

  A 가격개방

  B 관념의 변화

  C 기업개혁

  D 경제주체 세우기

30 남자는 왜 시와 사에 흥미를 갖게 되었는가?

  A 선생님의 영향을 받았기 때문에

  B 집에서 요구했기 때문에

  C 경제학에 유용하기 때문에

  D 자신의 소양을 높이고 싶었기 때문에

요약 중국의 경제학자 리이닝은 투자 악순환을 해결하려면 경쟁적인 산업에서는 시장 주도로 정책을 결정해야 하고, 자원의 가격을 합리적으로 개선해 투기꾼이 몰리는 현상을 없애야 한다고 말한다. 대학생들의 취업난과 연해지역의 노동자 부족현상에 대해 그는 대학생들의 취업난은 주된 문제라고 할 수 있지만, 노동자 부족현상은 일시적인 것으로 이 문제를 해결하려면 물가상승률에 맞춰 노동자의 임금을 올려야 한다고 밝혔다. 그는 중국의 개혁에 있어서 미시경제의 주체를 바꿔야 하는데, 한 예로, 국유기업을 투자를 이끄는 주체이며, 시장경제에 적응할 수 있는 기업으로 바꿔야 한다고 말했다. 특이한 것이 있다면, 그는 경제학자이지만, 시와 사에 대한 조예도 남다른데 이는 어릴 때 선생님의 영향을 받았기 때문이다.

해설

26) 남자는 경쟁적인 산업은 정부가 아닌 시장이 투자정책을 주도해야 한다고 언급하고 있으므로 답은 A이다.

27) 투자 악순환을 벗어나기 위해서는 투자의 주체를 바꾸는 것 외에도 자원의 합리적인 가격조절이 필요하다고 언급하고 있으므로 답은 C이다.

28) 남자는 노동자들이 도시로 나와 일할 때 드는 비용이 많이 들기 때문에 그들이 일자리를 고르게 되는 것이라면서, 물가 상승률에 맞추어 임금 역시 상승되어야 한다고 말하고 있다. 따라서 답은 C이다.

29) 남자는 중국의 개혁에 있어서 가장 중요한 것이 사회주의 미시경제 주체를 다시 세워야 한다고 언급하고 있으므로 답은 D이다.

30) 남자는 시 · 사에 흥미를 갖게 된 것은 가정의 영향이 아닌, 어린 시절 학교와 선생님의 영향이라고 언급하고 있으므로 답은 A이다.

단어

提倡 tíchàng 통 제창하다 | 体制 tǐzhì 명 체제, 형식 | 投资怪圈 tóuzī guàiquān 명 투자악순환 | 竞争性 jìngzhēngxìng 명 경쟁성, 경쟁력 | 由……主导 yóu~ zhǔdǎo ~이 주도하다 | 民营企业 mínyíng qǐyè 명 민영기업, 민간기업 | 销路 xiāolù 명 (상품의) 판로 | 下跌 xiàdiē 통 (상품 가격 등이) 떨어지다, 하락하다 | 慎重 shènzhòng 통 신중하다 | 自负盈亏 zìfù yíngkuī 성 본인의 손익을 책임지다 | 着想 zhuóxiǎng 통 생각하다, 고려하다, 염두에 두다 | 助长 zhùzhǎng 통 (나쁜 경향이나 현상을) 조장하다 | 调整 tiáozhěng 통 조정하다, 조절하다 | 沿海地区 yánhǎi dìqū 명 연해지역 | 用工荒 yònggōnghuāng 명 최근 새로 생긴 단어로 노동인력 부족현상을 뜻함 | 就业难 jiùyènán 명 고용난, 취업난 | 主流 zhǔliú 명 주류 | 民工荒 míngōnghuāng 명 농민출신 노동자 수가 줄어들어 생긴 노동자 부족현상 | 暂时 zànshí 명 잠시, 일시 | 成本 chéngběn 명 원가, 자본금 | 挑 tiāo 통 고르다, 가려내다 | 怪 guài 통 책망하다, 탓하다, 원망하다 | 上涨 shàngzhǎng 통 (물가, 수위 등이) 오르다 | 构造 gòuzào 통 짓다, 세우다 | 微观经济 wēiguān jīngjì 명 미시경제 (↔ 거시경제) | 股份制 gǔfènzhì 명 주주제 | 多元投资 duōyuán tóuzī 명 다방면투자, 투자의 다원화 | 诗词 shīcí 명 시 와 사 | 唐诗 Tángshī 명 당시 (당대의 시) | 宋词 Sòngcí 명 송사 (송대의 사) | 造诣 zàoyì 명 (학술, 예술 등 방면의) 조예 | 钦佩 qīnpèi 통 탄복하다 | 指点 zhǐdiǎn 통 가리켜 일깨워주다, 이끌어주다 | 毫无 háowú 부 조금도 ~없다

제3부분

31-33

一只猴子在猎人遗弃的木屋里发现了一支老旧破烂的猎枪。³¹猴子知道这种能够喷火的玩意儿很厉害，凶猛的老虎、残忍的狼和力大无穷的熊都怕它。于是，猴子欣喜若狂地把枪扛在了肩上。³²猴子觉得自己瞬间威武了许多，趾高气扬地在山林中绕了一圈，动物见了它无不俯首称臣，这使它胆子更大了，它扛着枪闯进了一座城市。

人们在喧闹的大街上发现了这只不可一世的猴子。由于它扛枪的样子十分滑稽，逗得围观的人哈哈大笑。猴子见人非但不怕它，而且还拿自己开心，特别恼火，便把枪口对准了人群。也就在此时，猴子猛然想起了一个最关键的问题——它不会开枪。猴子于是彻底绝望了，垂头丧气地把枪扔在地上，仓皇逃离城市，回到了属于它的山林。

원숭이 한 마리가 사냥꾼이 버리고 떠난 통나무 집에서 낡고, 오래된 사냥총을 발견했다. ³¹원숭이는 총알을 쏠 수 있는 이 물건이 무시무시한 것이며, 사나운 호랑이도, 잔인한 늑대도 힘이 센 곰도 모두 이것을 두려워한다는 것을 알고 있었다. 원숭이는 매우 기뻐하며 총을 어깨에 둘러멨다. ³²원숭이는 순식간에 큰 힘을 얻은 듯했고, 우쭐거리며 숲을 한 바퀴 돌았다. 원숭이와 마주친 동물들은 모두 고개를 숙여 굴복했고, 이에 간이 커질 대로 커진 원숭이는 총을 둘러메고, 도시로 뛰어들어 갔다.

사람들은 시끌벅적한 대로변에서 아주 거만한 원숭이를 발견했다. 원숭이가 총을 메고 있는 모습이 매우 웃겨 원숭이를 둘러싸고 있던 사람들은 크게 웃었다. 원숭이는 사람이 무서운 건 아니었지만, 자신을 보고 웃는 것을 보니, 매우 화가 나서 총구를 사람들 쪽으로 겨누었다. 그 순간 원숭이는 불현듯 자신이 총을 쏠 줄 모른다는 생각이 들었다. 이에 크게 낙담한 원숭이는 의기소침해져 총을 버리고, 황급히 도시를 떠나 원래 살았던 숲으로 돌아갔다.

31 猴子在发现枪后，为什么感到很高兴？	31 원숭이는 총을 발견하고, 왜 기뻐하였는가?

31 猴子在发现枪后，为什么感到很高兴？

    A 枪很新

    B 枪很神奇

    C 枪可以吓人

    D 它喜欢打枪

32 猴子为什么会扛枪进城？

    A 想去逗人玩

    B 想用枪打人

    C 想征服人类

    D 厌烦了山林生活

33 这段话主要想告诉我们什么？

    A 做事要抓关键

    B 骄傲导致失败

    C 不要盲目自大

    D 武力不是万能的

31 원숭이는 총을 발견하고, 왜 기뻐하였는가?

    A 총이 새것이었기 때문에

    B 총이 신기했기 때문에

    C 총이 사람을 놀라게 할 수 있기 때문에

    D 원숭이는 총 쏘는 것을 좋아하기 때문에

32 원숭이는 왜 총을 메고 도시로 갔는가?

    A 사람들을 놀려주고 싶어서

    B 총으로 사람을 쏘고 싶어서

    C 인류를 정복하기 위해서

    D 숲에서 생활이 지겨워서

33 이 글에서 말하고자 하는 것은 무엇인가?

    A 일을 처리할 땐 반드시 핵심을 잡아야 한다

    B 거만함은 반드시 실패를 불러온다

    C 함부로 잘난 척해서는 안 된다

    D 무력은 만능이 아니다

요약

제목: 총을 멘 원숭이

주제어: 총을 쏠 줄도 모르면서 도시에서 잘난 척하던 원숭이는 결국 숲으로 돌아왔다.

사냥꾼이 버리고 간 통나무 집에서 사냥총을 발견한 원숭이는 이것이 신기한 물건이며, 모두 이것을 두려워한다는 것을 알고는 매우 기뻐서 총을 둘러멨다. 그리고 우쭐거리며 숲을 한 바퀴 돌았고, 이때 원숭이와 마주친 동물들이 모두 굴복하자, 사람들도 굴복할 것이라고 생각한 원숭이는 총을 둘러메고 도시로 들어갔다. 하지만 사람들은 총을 메고 있는 원숭이를 보고, 그 모습이 웃겨 크게 웃었다. 그러자 원숭이는 총을 사람들에게 겨누었는데, 순간 자신이 총을 쏠 줄 모른다는 것을 알았다. 결국 의기소침해진 원숭이는 총을 버리고, 자신이 살던 숲으로 돌아갔다.

해설

31) 원숭이는 총이 총알을 쏠 수도 있는 신기한 물건이란 것을 알았다고 언급하고 있으므로 답은 B이다.

32) 원숭이는 숲 속에 동물들을 굴복시킨 뒤, 간이 커져 사람들도 정복할 수 있다고 생각한 것이다. 따라서 답은 C이다.

33) 원숭이는 총도 쏠 줄 모르면서 동물뿐 아니라 사람들까지 정복하려고 했다. 원숭이는 자신을 과대평가한 것이다. 따라서 답은 C이다.

단어

猴子 hóuzi 몡 원숭이 | 猎人 lièrén 몡 사냥꾼 | 遗弃 yíqì 동 내버리다. 포기하다 | 破烂 pòlàn 톙 낡고 헤지다 | 猎枪 lièqiāng 몡 사냥총, 엽총 | 喷火 pènhuǒ 탄약을 내뿜다 | 力大无穷 lìdà wúqióng 힘이 세다 | 欣喜若狂 xīnxǐ ruòkuáng 솅 기뻐서 어쩔 줄 모르다 | 扛 káng 동 어깨에 매다 | 威武 wēiwǔ 몡 권세와 무력 | 趾高气扬 zhǐgāo qìyáng 솅 의기양양하다 | 绕 rào 동 돌다. 우회하다 | 俯首 fǔshǒu 동 머리를 숙이다. 순종하다 | 称臣 chēngchén 동 굴복하다. 항복하다 | 不可一世 bùkě yíshì 솅 아주 오만하며 잘난척하다 | 滑稽 huájī 톙 (말, 행동, 자태가) 우스꽝스럽다. 익살스럽다 | 非但……而且 fēidàn~ érqiě 젭 비단 ~일 뿐만 아니라 | 恼火 nǎohuǒ 톙 짜증나다. 괴롭다 | 猛然 měngrán 뷔 돌연히, 문득 | 彻底 chèdǐ 뷔 철저히 | 垂头丧气 chuítóu sàngqì 솅 의기소침하다 | 仓皇 cānghuáng 톙 황급하다. 다급하다 | 逃离 táolí 동 달아나다. 도망치다

有一家生产牙膏的公司，它所生产的牙膏品质优良，包装精美，很受消费者喜爱，营业额连续10年递增，每年的增长率都在10%到20%。34可是到了第11年，业绩停滞下来，以后两年也是如此。公司总裁召开高级会议，商讨对策。会议中，公司总裁许诺说：谁能想出解决的办法，让公司业绩增长，重奖10万元。有位年轻经理站起来，递给总裁一张纸条，总裁打开纸条看完之后，马上签了一张10万元的支票给这位经理。那张纸条上只写了一句话：35将现在牙膏的开口扩大1毫米。消费者每天早晨挤出同样长度的牙膏，牙膏开口扩大1毫米，每个消费者就多用1毫米宽的牙膏，每天牙膏的消费量将多出多少呀！公司立即开始投入生产。第14年，公司的营业额增加了32%。

36我们常常生活在一种习惯里，面对生活中的变化，我们常常习惯于过去的思维方式，思维有了定式，心路就狭窄，许多事情会想不开。一个小小的改变，往往会引起意想不到的结果。

34　牙膏公司的业绩连续停滞了几年？

    A　1年

    B　2年

    C　3年

    D　4年

35　年轻经理的建议是什么？

    A　扩大销量

    B　提高价格

    C　更改设计

    D　开发新产品

36　短文主要想告诉我们什么？

    A　要尊重消费习惯

    B　要狠抓产品质量

    C　要多听取别人意见

    D　要善于打破常规思维

치약을 생산하는 회사가 있었다. 이 회사에서 생산한 치약은 품질이 우수하고 포장이 예뻐서, 소비자들에게 큰 사랑을 받았다. 판매액이 10년 연속 증가했고, 매년 증가율이 10~20%에 달했다. 34하지만 11년째 되는 해부터 업무성과가 부진하기 시작하더니, 이런 상황이 그 후 2년간 계속되었다. 회장은 고급간부회의를 열어 대책을 논의했다. 회의에서 회장이 말했다. 누구라도 해결방법을 제시하여 회사의 업적을 증가시킨다면, 그 사람에게 보너스 10만 위안을 주겠다고 말이다. 그러자, 한 젊은 사장이 일어나서 회장에게 종이 한 장을 건넸다. 종이를 받아 든 회장은 종이에 적힌 글을 보고, 곧바로 사인했고, 10만 위안짜리 수표를 사장에게 건냈다. 그 종이에는 단 한 줄만 적혀 있었다. "35현재 치약의 입구를 1mm 넓히겠다."라고 말이다. 소비자들은 매일 아침, 같은 길이의 치약을 짠다. 만약 치약의 입구를 1mm 넓힌다면, 소비자 한 사람마다 1mm의 치약을 더 쓰게 되고, 매일 치약의 소비량 역시 이에 따라 늘지 않겠는가! 회사는 곧바로 생산에 착수했고, 14년이 되던 해 회사의 판매액은 32%나 증가했다.

36우리는 늘 반복되는 습관 속에서 살고 있기 때문에 변화가 생기면 이전의 사고방식으로만 생각하려 한다. 이렇게 사고가 정형화되면 생각이 좁아지고, 많은 것들을 폭넓게 생각하지 못하게 된다. 이럴 때일수록 작은 변화 하나가 생각지도 못한 결과를 가져다줄 수 있다는 것을 알아야 한다.

34　치약회사의 업무실적은 연속하여 몇 년간 정체되었는가?

    A　1년

    B　2년

    C　3년

    D　4년

35　젊은 사장이 제안한 것은 무엇인가?

    A　판매량 늘리기

    B　가격 올리기

    C　디자인 바꾸기

    D　신제품 개발하기

36　이 글에서 말하고자 하는 것은 무엇인가?

    A　소비습관을 존중해야 한다

    B　상품의 질을 엄격하게 관리하다

    C　다른 사람의 의견을 귀담아 들어야 한다.

    D　일반적인 생각의 틀을 깰 줄 알아야 한다

요약 제목: 생각의 틀을 깨기

주제어: 생각의 틀을 깨면, 생각지도 못한 좋은 결과가 나타날 수 있다.

치약을 생산하는 회사가 있었다. 이 회사의 치약은 품질이 우수하고 포장이 예뻐 소비자의 사랑을 받았다. 하지만 11년째 되는 해부터 판매성과가 부진해졌고, 그 후로 2년간 이런 상황이 계속되었다. 그러자 회장은 좋은 아이디어를 내는 사람에게 10만 위안을 주겠다고 했고, 사장은 회장에게 치약의 입구를 1mm를 넓히면, 치약의 소비량이 늘어나 판매가 증가할 것이라고 했다. 회사는 이 의견에 따라 치약을 판매했고, 결국 14년이 되던 해 회사의 판매액은 32%나 증가했다. 이처럼 기존의 틀을 깨면, 생각지도 못한 좋은 결과가 나타날 수 있다.

해설 34) 11년째 되던 해와 그 뒤로 2년간 업무 실적이 정체되었으므로 답은 3년 C이다.

35) 사장은 치약의 입구 지름을 넓히자고 하였으므로 답은 C이다.

37) 마지막 부분에서 생각이 정형화되면, 많은 일들에 대해 폭넓게 생각할 수 없다고 언급하고 있으므로 답은 D이다.

단어 **牙膏 yágāo** 몡 치약 | **优良 yōuliáng** 혱 (품질 등) 우수하다 | **精美 jīngměi** 혱 아름답다. 정교하다 | **营业额 yíngyè'é** 몡 거래액. 총매상고 | **停滞 tíngzhì** 동 정체되다. 막히다. 침체하다 | **总裁 zǒngcái** 몡 기업의 총재 | **商讨 shāngtǎo** 동 논의하다. 협의 검토하다 | **许诺 xǔnuò** 몡 약속. 허락한 말 | **重奖 zhòngjiǎng** 몡 거액의 보너스 | **支票 zhīpiào** 몡 수표 | **挤 jǐ** 동 짜다 | **毫米 háomǐ** 몡 밀리미터 | **立即 lìjí** 뮈 곧. 즉시 | **狭窄 xiázhǎi** 혱 (견식, 도량 등이) 협소하다. 좁다 | **想不开 xiǎngbukāi** 동 (생각이) 막혀있다. 답답하다 | **意想不到 yìxiǎng búdào** 생각지도 못하게

37-40

在河边，一只狼要带好几只小狼过河。以我们粗浅的经验，它一定会一只一只地叼过去。但事实并非如此。老狼因怕子女受伤害，它会咬死一只动物，把动物的胃吹足气，然后再用牙咬住开口处，做成一只鼓鼓囊囊的皮筏。[37]借着这只生命的皮筏，全家安全渡河。

在动物界，狼是一种非常聪明的动物，如果让单个的狗与单个的狼搏斗，败北的肯定是狗。虽然狗与狼是近亲，它们的体型也难分伯仲。但为什么败北的总是狗呢？有人曾就这问题仔细地将狗与狼做对比研究。结果发现，经人类长期豢养的[38]狗，因为没有面临生存的危机，脑容量远远小于狼；[39]而生长在野外的狼，为了生存，它们的大脑被很好地开发，不但非常有创造性，而且有着异乎寻常的生存智慧。狗并不是天生就比狼愚蠢，而是后天豢养的结果。[40]因为万事万物皆有惰性，一旦条件优越，就难免不思进取。

이리 한 마리가 새끼 몇 마리를 데리고 강을 건너고 있었다. 우리의 짧은 경험에 빗대어 생각하면, 이리가 새끼들을 한 마리씩 입에 물고 강을 건너갈 것이라고 생각한다. 그러나 사실은 그렇지 않다. 어미 이리는 새끼들이 다칠까 봐, 다른 동물 한 마리를 물어 죽인 뒤, 그 동물의 위에 충분한 바람을 불어 넣고, 이빨로 입구를 문다. 이렇게 하면, 빵빵 한 가죽 뗏목이 완성되는 것이다. [37]한 생명의 가죽 뗏목을 이용하여 전 가족이 안전하게 강을 건넜다.

동물의 세계에서 이리는 매우 똑똑한 동물 중 하나로, 개 한 마리와 이리 한 마리가 싸운다면, 개가 진다. 개와 이리는 비슷한 종에 속하고, 체형 역시 우열을 가릴 수 없을 정도로 비슷하다. 하지만 왜 항상 개가 질까? 어떤 이는 일찍이 개와 이리에 대한 대조연구를 진행하였다. 연구결과에 따르면, 인류가 오랜 시간 [38]개를 사육해서, 개는 생존위기에 처해본 적이 없기 때문에 뇌의 용량이 이리보다 매우 작다고 한다. [39]하지만 야생에서 자라는 이리는 생존을 생각하다 보니, 그들의 대뇌는 크게 발달했고, 창의력뿐만 아니라, 남다른 생존의 지혜도 가지고 있다고 한다. 개는 비록 선천적으로 이리보다 멍청한 것은 아니지만, 후천적인 사육 때문에 이런 결과가 나타난 것이라고 할 수 있다. [40]왜냐하면 모든 만물에는 타성이 있어, 일단 조건이 좋아지면 무언가를 이루겠다는 생각을 버리기 때문이다.

37 为什么狼会做皮筏运小狼过河而不用嘴叼小狼过河?
　　A 省事
　　B 安全
　　C 舒服
　　D 速度快

38 狼和狗打架，为什么总是狗失败?
　　A 狗很懒惰
　　B 狗很愚蠢
　　C 狼很强壮
　　D 狼的脑容量大

39 关于狼，下列哪项正确?
　　A 比狗勇敢
　　B 天生比狗聪明
　　C 脑容量比狗小
　　D 更懂得生存之道

40 这段话主要讲了什么?
　　A 狗的缺点
　　B 狼的特点
　　C 狼和狗的相似点
　　D 狼更聪明的原因

---

37 이리는 왜 입으로 새끼를 물고 강을 건너지 않고, 가죽 뗏목에 새끼를 태워 강을 건너는 것인가?
　　A 수고를 덜기 위해
　　B 안전을 위해
　　C 편하기 때문
　　D 속도가 빠르기 때문

38 이리와 개가 싸우면, 왜 항상 개가 지는 것인가?
　　A 개가 게으르기 때문에
　　B 개는 멍청하기 때문에
　　C 이리의 몸집이 더 건장하기 때문에
　　D 이리의 뇌 용량이 더 크기 때문에

39 이리에 관한 이야기 중 올바른 것은 무엇인가?
　　A 개보다 용감하다
　　B 천성적으로 개보다 총명하다
　　C 뇌 용량이 개보다 작다
　　D 생존의 법칙을 더 잘 알고 있다

40 이 글에서 말하고자 하는 것은 무엇인가?
　　A 개의 단점
　　B 이리의 특징
　　C 이리와 개의 비슷한 점
　　D 이리가 더 똑똑한 이유

요약　제목: 이리의 지혜

주제어: 야생에서 사는 이리는 대뇌가 발달해 남다른 생존 지혜를 가지고 있다.

이리가 강을 건널 때, 사람들은 새끼를 한 마리씩 물어서 건널 것이라고 생각하지만, 그렇지 않다. 이리는 새끼들이 다칠까 봐 다른 동물을 물어 죽인 뒤, 그 동물의 가죽으로 뗏목을 만들어 강을 건넌다. 이렇듯 이리는 매우 똑똑한 동물로 개와 싸우면 반드시 이리가 이긴다. 그 이유는 개는 사육되면서 생존위기에 처해 본 적이 없기 때문의 뇌의 용량이 이리보다 작기 때문이다. 하지만 이리는 야생에서 생존하다 보니 대뇌는 크게 발달해 남다른 생존 지혜를 가지고 있는 것이다.

해설　37) 가죽 뗏목을 이용하면 안전하므로 새끼들이 다칠 염려가 없다. 따라서 답은 B이다

38) 개의 뇌 용량은 이리보다 훨씬 작다. 오랜 기간에 걸쳐 인간에게 길들여져 있기 때문에 개의 대뇌는 크게 발달할 수 없었다. 따라서 답은 D이다.

39) 이리는 매우 총명하다. 어떻게 해야만 살아남을 수 있는지 잘 알고 있다고 언급하고 있으므로 답은 D이다.

40) 본문에서는 이리가 더 똑똑할 수밖에 없는 이유를 구체적으로 밝히고 있다. 따라서 답은 D이다.

단어　粗浅 cūqiǎn 형 얄팍하다, 허술하다 | 叼 diāo 통 물체의 일부분을 입에 물다 | 咬 yǎo 통 물다, 깨물다 | 鼓鼓囊囊 gǔgu nāngnāng 형 볼록하다 | 皮筏 pífá 명 가죽 뗏목 | 渡河 dùhé 강을 건너다 | 伯仲 bózhòng 통 우열을 가릴 수 없다 | 败北 bàiběi 통 패배하다 | 豢养 huànyǎng 통 사육하다 | 危机 wēijī 명 위기 | 远远 yuǎnyuǎn 부 크게, 몹시, 상당히 | 异乎寻常 yìhū xúncháng 성 보통 때와 다르다, 범상치 않다 | 智慧 zhìhuì 명 지혜 | 愚蠢 yúchǔn 형 어리석다, 멍청하다 | 天生 tiānshēng 형 타고난, 선천적인 | 后天 hòutiān 형 후천적인 | 惰性 duòxìng 명 타성, 오래되어 굳어져 버린 버릇 | 进取 jìnqǔ 통 이룩하고자 노력하다

有一个心理学家做了一个很有意思的实验，他要求一群实验者在周日晚上，把未来7天所有烦恼的事情都写下来，然后投入一个大型的"烦恼箱"。到了第三周的星期天，他在实验者面前打开这个箱子，逐一与成员核对每一项"烦恼"，结果发现其中有九成烦恼并未真正发生。接着，他又要求大家把那剩下的字条重新丢入纸箱中，等过了三周，再来寻找解决之道。结果到了那一天，他开箱后，发现那些烦恼也不再是烦恼了。烦恼是自己找来的，这就是所谓的"自寻烦恼"。据统计，一般人的忧虑有40%是属于现在，而92%的忧虑从未发生过，剩下的8%则是你能够轻易应付的。

有一个秘密是医生都知道的，那就是：[41]大多数疾病都可以不治而愈。同样的，大多数的烦恼都会在第二天早晨好很多。[42]克服忧虑的秘诀是养成一种超然的态度，把心头泛滥的愁烦看作流过去的江水，不任凭自己沉溺在里面，常常把心神集中在现实和身边的事物，并且务必养成凡事感恩的习惯。有时我们的心如置身在严冬的黑夜中，要求自己把值得快乐的理由一一写下来，可以引导我们快速地从忧愁的迷宫中脱身。

41 关于"烦恼"，下列哪项正确？
A 可以自愈
B 能够转化为快乐
C 有一半属于现在
D 都不会真正发生

42 面对烦恼，我们应该保持什么态度？
A 无法忍受
B 认真对待
C 漠不关心
D 积极乐观

43 这段话主要谈的是什么？
A 烦恼的坏处
B 烦恼的种类
C 人为什么会烦恼
D 怎样才能摆脱烦恼

한 심리학자가 재미있는 실험을 했다. 그는 일요일 저녁, 실험 대상자들에게 앞으로 일주일간의 고민을 적어, 큰 "고민 상자"에 넣으라고 했다. 3주가 지난 일요일, 그는 실험 대상자들 앞에서 이 상자를 열었고, 이들과 각각의 "고민"을 맞추어봤다. 그 결과, 그 중 90%의 고민이 발생하지 않았다는 것을 알 수 있었다. 계속해서 그는 남은 쪽지를 종이상자에 다시 넣게 하고, 3주 후에 해결방안을 찾아보자고 했다. 3주가 지나서 상자를 열어보니, 원래 고민이었던 것들은 더는 고민거리가 아니었다. 즉, 고민은 자신이 만드는 것이며, 바로 "스스로 만든 걱정거리"였던 것이다. 통계로는 일반사람들의 걱정 중 40%는 현재의 고민이었다. 92%에 고민은 발생하지도 않은 것이고, 남은 8%는 자신이 가볍게 대처할 수 있는 것으로 나타났다.

의사들은 [41]대부분 질병은 치료하지 않아도 나을 수 있다는 것을 알고 있다. 마찬가지로, 대부분의 고민은 다음 날 아침이면, 모두 괜찮아지는 경우가 많다. 따라서 [42]걱정을 이겨내는 비결은 초연한 마음가짐을 갖는 데 있다는 것을 알 수 있다. 마음에 넘쳐나는 걱정을 흘러가는 강물이라 여기고, 스스로 그 고민에 빠져들지 않게 해야 한다. 마음을 늘 현실과 주변의 사물에만 집중하도록 하고, 매사에 감사하는 습관을 갖도록 해야 한다. 가끔 우리의 마음이 춥고, 깜깜한 밤과 같다 하더라도, 스스로 즐거운 이유들을 하나하나 써보자. 그러면 걱정스러운 마음에서 벗어날 수 있을 것이다.

41 "고민"에 관해, 아래에 보기 중 옳은 것은？
A 스스로 치료할 수 있다
B 즐거움으로 바꿀 수 있다
C 반은 현재의 고민에 속한다
D 모두 실제로 발생하지 않는다

42 고민에 대처하는 방법으로 우리는 어떤 마음가짐을 유지해야 하는가？
A 참을 방법이 없다
B 진지하게 대해야 한다
C 관심만한 것이 없다
D 적극적이고 낙관적이어야 한다

43 이 글은 주로 무엇을 이야기하고 있는가？
A 고민의 나쁜 점
B 고민의 종류
C 사람은 왜 고민을 하는가
D 어떻게 고민에서 벗어날 수 있는가

요약

제목: 고민의 실상

주제어: 대부분의 고민은 혼자 해결할 수 있다.

한 심리학자가 재미있는 실험을 했다. 실험 대상자들에게 일주일간의 고민을 적어 고민 상자에 넣으라고 했다. 이런 실험을 두 번 연속 반복하였고, 3주가 지나서 고민 상자를 열어보았다. 그 결과 원래 고민이었던 것이 이제 더는 고민거리가 아니라는 것을 알 수 있었다. 즉, 고민은 스스로 만든 걱정거리였던 것이다. 사실 대부분의 고민은 쉽게 해결될 수 있거나, 아직 발생하지 않은 것으로 혼자 해결할 수 있다. 마음의 걱정을 흘러가는 강물이라 여기며, 초연하고 낙관적인 마음가짐을 가지면 고민을 이겨낼 수 있다.

해설

41) 이 글에 따르면, 고민은 스스로 치유할 수 있는 것이라 언급하고 있다. 따라서 답은 A이다.

42) 고민에 대처하는 방법으로 초연한 마음가짐이 필요하며, 적극적이고 낙관적인 마음가짐이 필요하다고 언급하고 있으므로 답은 D이다.

43) 첫 번째 단락은 고민에 대한 실험에 관한 내용이며, 두 번째 단락은 고민을 이겨내는 비결에 대해 설명하고 있다. 따라서 답은 D이다.

단어

实验 shíyàn 몡 실험 | 烦恼 fánnǎo 휑 번뇌하다. 걱정하다 | 投入 tóurù 됭 투입하다. 넣다 | 逐一 zhúyī 뷔 일일이 하나하나 | 核对 héduì 됭 대조 확인하다 | 九成 jiǔchéng 90%. 9할 | 自寻烦恼 zìxún fánnǎo 셍 스스로 걱정거리를 만들다 | 忧虑 yōulǜ 됭 걱정하다. 우려하다 | 属于 shǔyú 됭 ~에 속하다 | 应付 yìngfù 됭 대응하다. 대처하다 | 不治而愈 búzhì éryù 치료받지 않고서 낫다 | 超然 chāorán 휑 초탈하다. 초연하다 | 泛滥 fànlàn 됭 (물이나 못된 것이) 범람하다 | 愁烦 chóufán 근심걱정에 답답하다 | 任凭 rènpíng 됭 마음대로 하게 하다 | 凡事感恩 fánshì gǎn'ēn 매사에 감사하다 | 忧愁 yōuchóu 휑 슬프다. 근심스럽다. 걱정스럽다 | 迷宫 mígōng 몡 미궁 | 脱身 tuōshēn 됭 몸을 빼다. 벗어나다

44-46

前不久，一位科学家对两只小老鼠做了一次试验：他把两只小老鼠放在一个仿真的自然环境中，并把其中一只小白鼠的压力基因全部抽取出来。结果那只未被抽取压力基因的灰老鼠走路或者觅食时总是小心翼翼的。在那个面积约500平方米的仿真自然环境里面，灰老鼠一连生活了十几天，没有出现任何意外。它甚至开始为自己积蓄过冬的粮食，也开始习惯这一种没有人类恐吓它和音乐等噪音影响它的仿真空间。⁴⁴而另外一只被抽取了压力基因的小白鼠则从一开始就生活在兴奋之中。它的好奇心远远大于那只小灰鼠，它只是惧怕仿真空间所在自然保护区忽然而至的大风把空间里的一些东西刮得东倒西摇。

据统计数字表明，小白鼠只用一天的时间就把500平方米的全部空间都大摇大摆地观察了一遍，灰老鼠用了近四天的时间才把整个仿真空间全部熟悉。白鼠最后爬上了仿真空间里高达13米的假山，而灰老鼠最高只爬上了那个仅高2米的盛有食物的吊篮。结果小白鼠在仿真空间的第三天，因为没有任何压力而爬上那个高达13米的假山，在试验能不能通过一个小石头块时一下子摔下来，死了。而⁴⁵灰老鼠因为有一定的压力，处处谨慎小心，在试验进行了十几天后，它活着出来了。

얼마 전, 한 과학자가 두 마리 쥐를 가지고 실험을 했다. 그는 이 쥐들을 현실과 같은 자연환경에 풀어놓았고, 흰색 쥐의 스트레스 유전자는 모두 제거하였다. 스트레스 유전자를 제거하지 않은 회색 쥐는 길로 다니거나, 먹이를 구하는 등 매사에 조심스럽게 행동했다. 또 500㎡에 달하는 현실처럼 꾸며진 자연환경 속에서 열흘을 넘게 생활했지만, 회색 쥐에게는 어떤 사고도 발생하지 않았다. 심지어 회색 쥐는 자신의 겨울나기 식량을 쌓아놓는가 하면, 사람 때문에 놀라거나 음악 등 잡음의 영향이 전혀 없는 이 환경 속에 잘 적응해 갔다. ⁴⁴이와 반대로 스트레스 유전자를 모두 제거한 흰색 쥐는 시작과 동시에 흥분하여 즐겁게 생활했다. 흰색 쥐는 호기심이 회색 쥐보다 훨씬 강하였는데, 흰색 쥐는 자연보호구역 안에 만들어진 생활공간에서 오로지 가끔 불어오는 강풍으로 이곳의 물건이 이리저리 흔들리는 것만 무서워할 뿐이었다.

통계 데이터에 따르면, 흰색 쥐는 하루 만에 약 500㎡가 넘는 공간을 자유롭게 관찰했으나, 회색 쥐는 4일이 지나서야 전체 구역에 익숙해질 수 있었다. 흰색 쥐는 마지막에 실험 공간 안에 있는 높이 13m의 가짜 산에 올랐으나, 회색 쥐는 겨우 2m 남짓한 곳에 매달아 놓은 음식 바구니 위를 올라갈 뿐이었다. 결과는 다음과 같았다. 흰색 쥐는 이곳에서 생활한지 3일째 되는 날, 아무런 스트레스를 받지 않았기 때문에 13m나 되는 높은 산까지 올라갔고, 작은 돌멩이를 건너가다가 떨어져 죽었다. 반면에 ⁴⁵회색 쥐는 적당한 스트레스를 받고 있었기 때문에 가는 곳마다 신중하고, 조심스럽게 행동하여, 열흘이 넘는 실험을 무사히 마치고 살아나올 수 있었다.

44 关于小白鼠，下列哪项正确？	44 흰색 쥐에 관한 이야기 중 올바른 것은 무엇인가？

44 关于小白鼠，下列哪项正确？

A 很凶猛

B 什么都不怕

C 一直都很兴奋

D 花两天把空间巡视一遍

45 为什么灰老鼠没有出现意外？

A 特别谨慎

B 没有好奇心

C 习惯了新生活

D 能够储备粮食

46 这段话主要讲了什么的作用？

A 压力

B 竞争

C 能力

D 心态

44 흰색 쥐에 관한 이야기 중 올바른 것은 무엇인가?

A 매우 사납다

B 어떤 것도 두려워하지 않다

C 줄곧 흥분했다

D 이틀이란 시간 동안 공간 안을 살펴봤다

45 회색 쥐는 왜 어떠한 의외의 사고도 발생하지 않았는가?

A 매우 신중했기 때문에

B 호기심이 없었기 때문에

C 새로운 생활에 적응했기 때문에

D 식량을 저장할 수 있었기 때문에

46 이 글은 무엇의 역할을 말해주고 있는가?

A 스트레스

B 경쟁

C 능력

D 마음상태

요약 제목: 스트레스의 필요성

주제어: 적당한 스트레스는 우리에게 유익하다.

한 과학자는 두 마리의 쥐를 가지고 실험을 했다. 스트레스 유전자를 모두 제거한 흰색 쥐와 본래 상태로 둔 회색 쥐를 현실과 같은 자연환경에 풀어놓는 것이었다. 회색 쥐는 길로 다니거나 먹이를 구할 때 항상 조심스럽게 행동하여 어떤 사고 없이 열흘이 넘는 실험을 무사히 마칠 수 있었다. 하지만 흰색 쥐는 실험 시작과 동시에 흥분하여 즐겁게 생활하였고, 실험 3일째 되는 날 작은 돌멩이를 건너가다가 떨어져 죽었다. 이로써 적당한 스트레스는 나쁜 것이 아님을 알 수 있다.

해설 44) 흰색 쥐는 이 복제공간에 온 첫날부터 흥분한 상태에서 생활을 했다고 언급하고 있으므로 답은 C이다.

45) 회색 쥐는 생활한 첫날부터 매사에 조심했고, 신중하게 행동했기 때문에 실험이 진행되는 동안 어떠한 사고도 발생하지 않았다. 따라서 답은 A이다

46) 적당한 스트레스는 나쁜 것이 아님을 글을 통해 알 수 있으므로 답은 A이다.

단어 仿真 fǎngzhēn 혱 진짜 같다 | 压力基因 yālì jīyīn 스트레스 유전자 | 抽取 chōuqǔ 통 일부를 취하다, 거둬들이다 | 觅食 mìshí 통 먹이를 찾다, 먹이를 구하다 | 小心翼翼 xiǎoxīn yìyì 혱 조심하고 신중하여 추호도 소홀함이 없다 | 意外 yìwài 몡 뜻하지 않는 사고 | 恐吓 kǒnghè 통 협박하다, 위협하다 | 噪音 zàoyīn 몡 소음 | 惧怕 jùpà 통 겁내다, 두려워하다 | 忽然而至 hūrán érzhì 갑자기 이르다, 갑자기 도착하다 | 大摇大摆 dàyáo dàbǎi 혱 어깨를 으쓱거리며 걷다, 우쭐대며 걷다 | 吊篮 diàolán 몡 매달려 있는 바구니 | 摔 shuāi 통 (아주 빨리) 떨어지다, 추락하다 | 谨慎小心 jǐnshèn xiǎoxīn 혱 아주 꼼꼼하다, 아주 신중하다

鲨鱼的攻击性极强，只要被鲨鱼发现，很少有人能够逃生。不过，奇怪的是，一位海洋生物学家对鲨鱼研究了多年，经常穿着潜水衣游到鲨鱼的身边，与鲨鱼近距离接触，可鲨鱼好像并不介意他的存在。这位生物学家介绍说："[47]鲨鱼其实并不可怕。可怕的是你一见到鲨鱼，自己就先害怕了。"是的，的确如此。[48]只要你见到鲨鱼时，心里不害怕，那么你就很安全。人们在遇到鲨鱼时，心跳就会加速，正是那快速跳动的心脏引起了鲨鱼的注意。[49]鲨鱼就是从那快速跳动的心脏在水中的感应波发现猎物的。如果在鲨鱼面前，你能够心情坦然，毫不惊慌，那么鲨鱼对你就不构成任何威胁，哪怕它不小心触到了你的身体，也不会实施任何侵犯，马上又从你的身边游走去寻找它的猎物去了。反之，如果你一见到鲨鱼就吓得浑身发抖，心跳加速，然后只想快点逃命，那么你就注定会成为鲨鱼的一顿美餐。

[50]看似凶险的东西，只要坦然地面对，镇定地处理，其实最终都可以解决。有时，困住我们的只是我们自己。

47 关于鲨鱼，海洋生物学家的研究说明了什么？
　　A 没有攻击性
　　B 没有想象中恐怖
　　C 对人并没有威胁
　　D 是不能够触摸的

48 如果遇到鲨鱼，怎样才能逃生？
　　A 不要动
　　B 给它食物
　　C 快速逃跑
　　D 不要害怕

49 鲨鱼靠什么发现猎物的？
　　A 水波
　　B 视觉
　　C 触觉
　　D 心脏感应波

상어는 공격성이 매우 강해서 상어에게 발견되면, 소수 사람만이 목숨을 건진다. 상어를 대상으로 다년간 연구를 한 해양생물학자가 잠수복만을 입은 채, 상어에게 다가가서 상어와 근거리에서 접촉하였다. 하지만 신기하게도 상어는 그를 전혀 개의치 않았다고 한다. 이 생물학자는 말했다. "[47]상어는 사실 무서운 존재가 아니에요. 무서운 것은 당신이 상어를 발견한 뒤, 스스로 겁을 먹는다는 것이지요." 사실 정말 그렇다. [48]당신이 상어를 만났을 때, 두려워하지 않는다면 당신은 매우 안전하다. 사람들은 상어가 나타나면 심장 박동이 빨라지고, 바로 이 때문에 상어의 관심을 끌게 된다. [49]상어는 바로 이 빠르게 뛰는 심장에서 나오는 파장을 물속에서 감지하여 먹잇감을 발견하는 것이다. 만약 상어가 바로 앞에 있더라도, 당신이 편안한 마음을 가지고 놀라지 않는다면, 상어는 당신에게 어떤 위협도 가하지 않는다. 설사 상어와 당신의 몸이 접촉하였다 하더라도 상어는 어떤 공격도 하지 않을 것이고, 곧 당신에게서 멀어져 다른 사냥감을 찾으러 갈 것이다. 반대로 만약 당신이 상어를 보자마자 놀란 나머지 온몸을 떨고, 심장박동이 빨라지며, 오로지 도망칠 생각만 한다면, 당신은 곧 상어의 맛있는 한 끼 식사감이 될 것이다.

[50]위험의 순간에 직면했을 때, 편안한 마음으로 침착하게 대응한다면, 결국은 모두 다 해결할 수 있다. 때때로 우리를 옭아매는 것은 다름 아닌 바로 우리 자신이다.

47 상어에 관한 해양학자의 연구는 무엇을 설명해주는가?
　　A 공격성이 없다
　　B 상상하는 것만큼 무섭지 않다
　　C 사람에게 위협적이지 않다
　　D 건드려서는 안 된다

48 만약 상어를 만난다면, 어떻게 해야 목숨을 건질 수 있는가?
　　A 움직이지 마라
　　B 상어에게 먹을 것을 주어라
　　C 빠른 속도로 도망쳐라
　　D 두려워하지 마라

49 상어는 어떻게 사냥감을 찾는가?
　　A 물결
　　B 시각
　　C 촉각
　　D 심장의 파장을 감지

50 这段话主要想告诉我们什么?	50 이 글에서 말하고자 하는 것은 무엇인가?
A 要学会观察	A 관찰하는 방법을 배워야 한다
B 要善于突破自我	B 자신을 넘어서는 것에 능숙해야 한다
C 不要被假象所迷惑	C 가상에 빠져들어선 안 된다
D 遇到危险要保持镇定	D 어려움에 처했을 때 침착함을 유지해야 한다

요약 제목: 위기의 대처 방법

주제어: 위기의 순간에 침착하게 대응하면 모두 해결할 수 있다.

한 해양생물학자는 잠수복만 입은 채 상어와 근거리 접촉을 했지만 상어는 그를 전혀 개의치 않았다. 그는 상어가 무서운 존재가 아니라고 말한다. 사실 사람이 상어를 만났을 때 두려워하지 않는다면 안전하다. 왜냐하면 상어는 심장에서 나오는 파장을 물속에서 감지하여 먹이감을 발견하기 때문이다. 사람들이 상어를 보자마자 온몸을 떨고, 심장박동이 빨라지면, 곧 상어의 관심을 끌 수 있다. 위기의 순간에 편안한 마음으로 침착하게 대응하면, 모두 해결할 수 있는 것이다.

해설 47) 해양학자는 상어에 대해 다년간 연구를 진행하였고, 상어가 그리 무서운 존재만은 아니란 것을 말해주고 있다. 따라서 답은 B이다.

48) 두려워해선 안 된다. 두려워하게 되면 심장이 빨리 뛰어서 상어의 관심을 끌게 된다. 따라서 답은 D이다.

49) 상어는 물속에서 심장이 뛸 때 감지되는 파장으로 먹이감을 찾는다. 따라서 답은 D이다.

50) 마지막 부분에서 어떤 어려움에도 침착하게 처리한다면 모두 해결될 것이라 언급하고 있다. 따라서 답은 D이다.

단어 鲨鱼 shāyú 몡 상어 | 攻击性 gōngjīxìng 몡 공격성 | 逃生 táoshēng 통 목숨을 건지다 | 潜水衣 qiánshuǐyī 몡 잠수복 | 介意 jièyì 통 마음속에 두다. 신경 쓰다 | 的确 díquè 뷔 확실히. 분명히 | 心跳 xīntiào 통 심장이 뛴다 | 加速 jiāsù 통 가속하다. 빨라지다 | 感应波 gǎnyìngbō 유도파장(감지되는 파장) | 猎物 lièwù 몡 사냥감 | 坦然 tǎnrán 톙 마음이 편안한 모양 | 惊慌 jīnghuāng 톙 놀라서 허둥지둥하다 | 威胁 wēixié 통 위협하다 | 侵犯 qīnfàn 통 침범하다 | 浑身发抖 húnshēn fādǒu 온몸을 떨다 | 凶险 xiōngxiǎn 톙 음흉하다. 위태하다 | 镇定 zhèndìng 톙 침착하다. 차분하다 | 困住 kùnzhù 통 꼼짝달싹 못하게 되다

정답	1	B	2	B	3	D	4	D	5	C	6	B	7	C	8	D	9	C	10	B
	11	D	12	B	13	D	14	A	15	A	16	B	17	D	18	C	19	B	20	B
	21	C	22	D	23	A	24	B	25	A	26	B	27	B	28	C	29	B	30	C
	31	C	32	D	33	C	34	B	35	C	36	D	37	C	38	A	39	A	40	D
	41	A	42	B	43	A	44	A	45	B	46	C	47	C	48	C	49	C	50	A

제1부분

01

一个商人在旅馆和主人聊天，主人向他抱怨最近生意很糟。"可是每次我开车经过这儿，你都挂上了'客满'的牌子啊。"商人说。主人回答说："可是过去我一夜就谢绝三十几个人，最近只能谢绝十几个人。"

A 这个旅馆总是住不满
B 最近住旅馆的人变少了
C 这个旅馆的生意不太好
D 这个旅馆能住三十多人

한 상인이 여관에서 주인과 이야기를 나누고 있었다. 주인은 그에게 요즘 장사가 잘 안 된다고 투덜거렸다. "하지만 매번 제가 이곳을 지나칠 때, 항상 '만실'이라는 팻말이 걸려 있던데요." 그러자 상인이 말했다. 그러자 주인이 대답했다. "옛날에는 하루에 30명의 손님이 발길을 돌렸지만, 요즘은 10명 남짓밖에 안 돼요."

A 이 여관은 언제든 남는 방이 있다
B 최근 여관에 묵는 사람이 줄었다
C 이 여관은 장사가 잘 안 된다
D 이 여관에는 30여 명이 묵을 수 있다

해설 예전에는 하루에 30여 명의 손님을 거절했지만, 최근에는 그 거절하는 수가 10여 명으로 줄었다. 이는 최근 여관을 찾는 사람이 줄어들었음을 의미한다. 따라서 답은 B이다.

단어 旅馆 lǚguǎn 圀 여관 | 聊天 liáotiān 图 이야기하다 | 抱怨 bàoyuàn 图 불평하다, 투덜거리다 | 生意 shēngyi 圀 영업, 장사 | 牌子 páizi 圀 간판, 팻말 | 谢绝 xièjué 图 정중히 거절하다

02

从清洁的角度讲，肥皂的效果比洗手液更好些。因为大多数洗手液中都含有酒精，酒精虽然能杀死细菌，但不能有效去除手上的一些脏东西，如灰尘、泥土等，所以，一旦手上沾染这些脏东西，应使用肥皂来洗手。

청결한 것을 따지자면, 비누가 손 세정액보다 더 효과적이다. 대부분의 손 세정액은 알코올을 함유하고 있는데, 알코올이 손의 세균을 죽일 수는 있지만, 먼지나 진흙 같은 더러운 것을 닦아낼 수는 없기 때문이다. 따라서 손에 이런 더러운 것이 묻으면, 반드시 비누로 손을 닦아야 한다.

A 洗手液起不到清洁作用

B 手上的灰尘应用肥皂洗净

C 应同时使用洗手液和肥皂

D 肥皂的清洁作用来自酒精

A 손 세정액은 청결제로 효과가 없다

B 손에 묻은 먼지는 반드시 비누로 닦아야 한다

C 비누와 손 세정액을 동시에 사용해야 한다

D 비누의 알코올 성분이 청결 작용을 한다

해설 손의 먼지나 진흙 등은 비누로만 닦아낼 수 있다. 따라서 답은 B이다.

단어 清洁 qīngjié 동 청결하다 | 肥皂 féizào 명 비누 | 洗手液 xǐshǒuyè 명 손 세정액 | 酒精 jiǔjīng 명 알코올 | 杀死 shāsǐ 동 죽이다 | 细菌 xìjūn 명 세균 | 脏 zāng 형 더럽다 | 灰尘 huīchén 명 먼지 | 泥土 nítǔ 명 진흙 | 沾染 zhānrǎn 동 오염된다. 감염된다

03

水下的世界是否真如人们想象的那样寂静无声？研究人员发现，水中的鱼儿其实也会彼此"说话"。它们会通过发出各种不同的声响互相交流。而且，所有的鱼儿都有听觉，但不是全部都会发出声响。

물속의 세계는 우리가 상상하는 것처럼 정말로 아무런 소리 없이 고요할까? 연구원들은 물속의 물고기들도 서로 "대화"를 한다는 사실을 발견했다. 물고기들은 서로 다른 소리를 냄으로써 의사소통한다. 한편 물고기들은 모두 소리를 들을 수는 있지만 모두가 소리를 낼 수 있는 것은 아니다.

A 有的鱼儿听不到声音

B 所有的鱼儿都会"说话"

C 人类对水下世界很了解

D 水下世界的声音很丰富

A 일부 물고기들은 소리를 듣지 못한다

B 모든 물고기들은 말을 할 수 있다

C 사람들은 물속 세계를 잘 알고 있다

D 물속 세계의 소리는 매우 다양하다

해설 물고기는 여러 가지 소리로 의사소통한다. 그래서 물속의 소리가 매우 다양하다고 한 D가 답이다.

단어 寂静无声 jìjìng wúshēng 성 소리 없이 적막하다 | 鱼儿 yúr 명 작은 물고기 | 彼此 bǐcǐ 대 서로 | 发出 fāchū 동 (냄새, 소리 등을) 내다. 내보내다 | 声响 shēngxiǎng 명 소리 | 交流 jiāoliú 동 교류하다 | 听觉 tīngjué 명 청각

04

宴会后，一个孩子跟着父亲回家，在路上问："爸爸，醉是什么意思？"父亲说："你看，前面站着两个警察，如果你看成四个警察，那你就是醉了。""可是爸爸，"孩子不解地回答："那里只有一个警察呀！"

파티가 끝난 후, 아빠와 함께 집에 돌아가던 아이가 물었다. "아빠, 술에 취한 게 뭐에요?" 아빠가 대답했다. "봐봐, 저기 경찰이 두 명 있지? 근데 만약 저것이 4명으로 보이면, 그게 바로 취한 거야." 그러자 아이가 이해할 수 없다는 듯이 말했다. "그런데요, 저기엔 경찰이 한 명밖에 없어요."

A 路上站着两个警察

B 路上站着四个警察

C 孩子的视力不太好

D 孩子的父亲喝醉了

A 길에는 두 명의 경찰이 서 있다

B 길에는 네 명의 경찰이 서 있다

C 아이의 시력이 좋지 않다

D 아이의 아빠는 취했다

해설 아빠의 눈에는 경찰이 두 명으로 보이는데, 아이가 볼 때에는 한 명밖에 없다. 이는 곧 아빠가 취했다는 뜻이다. 따라서 답은 D이다.

단어 宴会 yànhuì 명 연회. 파티 | 醉 zuì 동 취하다 | 警察 jǐngchá 명 경찰 | 不解 bùjiě 동 이해하지 못하다

　　面试前一定要提前去面试场地踩点。面试当天要比约定时间提前一点儿到达面试地点，整理着装，这样有助于在面试中放轻松。面试时，要主动与面试官交流，同时，也要清晰、有逻辑地回答面试官的问题。

A　面试当天要准时到达
B　要提前与面试官沟通
C　要提前察看面试地点
D　合适的服装有助于放松

　　면접을 보기 전에는 반드시 면접 장소에 미리 가봐야 한다. 면접 당일에는 면접 시간보다 일찍 면접 장소에 도착하여, 옷매무새를 가다듬고 기다려야, 면접의 긴장감을 줄일 수 있다. 면접에 응할 때에는 능동적으로 면접관과 소통을 해야 하며, 면접관의 질문에 명확하고, 논리적으로 대답해야 한다.

A　면접 당일에는 정시에 도착해야 한다
B　사전에 면접관과 의사소통해야 한다
C　사전에 면접 장소를 살펴봐야 한다
D　적합한 복장은 긴장을 푸는 데 도움이 된다

해설　면접 전에는 반드시 사전에 면접 장소를 찾아가 봄으로써 그 환경에 익숙해질 필요가 있다. 따라서 정답은 C이다.

단어　**面试 miànshì** 몡 면접 | **提前 tíqián** 통 앞당기다 | **踩点 cǎidiǎn** 통 사전답사하다 | **约定 yuēdìng** 통 약속하다 | **整理 zhěnglǐ** 통 정리하다 | **着装 zhuózhuāng** 몡 복장 | **放轻松 fàng qīngsōng** 통 마음을 편하게 갖다 | **主动 zhǔdòng** 톙 주동적이다 | **清晰 qīngxī** 톙 분명하다, 똑똑하다 | **逻辑 luójí** 몡 논리

　　民间流传的、富于民族色彩的歌曲，称为民歌。民歌的历史都很悠久，故其作者多不知姓名。民歌的内容十分丰富，包括宗教、爱情、战争、劳动等等。民歌表现了一个民族的感情与习俗，具有强烈的民族气质。

A　民歌以爱情歌曲为主
B　民歌体现了民族特色
C　民歌的作者都没有名气
D　民歌是流行歌曲的一种

　　민간에서 전해 내려오는, 민족적 색채가 농후한 노래를 민요라고 부른다. 민요의 역사는 매우 길고, 대개가 작자를 알 수 없다. 민요의 내용은 종교, 사랑, 전쟁, 노동에 이르기까지 다양하다. 민요는 한 민족의 감정과 풍습을 여실히 드러내며, 강한 민족적 기품을 보여준다.

A　민요는 사랑 노래가 주를 이룬다
B　민요는 민족적 특색을 드러낸다
C　민요의 작가는 유명하지 않다
D　민요는 유행가의 일종이다

해설　민요는 한 민족의 여러 가지 특색을 보여준다. 따라서 답은 B이다.

단어　**民间 mínjiān** 몡 민간 | **流传 liúchuán** 통 전하다, 퍼지다 | **歌曲 gēqǔ** 몡 노래 | **悠久 yōujiǔ** 톙 유구하다 | **宗教 zōngjiào** 몡 종교 | **爱情 àiqíng** 몡 애정 | **战争 zhànzhēng** 몡 전쟁 | **劳动 láodòng** 몡 노동 | **感情 gǎnqíng** 몡 감정 | **习俗 xísú** 몡 풍속 | **气质 qìzhì** 몡 기질, 기개, 풍격

　　上海为保存上海话的读音，在多个所属区县挑选发音人，进行语音录存。一般选择20世纪四十年代和七十年代出生的人，父母也是本地人，本人未在外地连续生活二年以上。四十年代出生的发音人本身还不能是教师。

　　상하이시는 상하이 방언을 보존하기 위해, 상하이시의 구와 현에서 상하이 방언을 제대로 구사하는 사람을 선발해 녹취를 하기로 했다. 선발 대상자는 1940년 대 혹은 1970년대 출생자로서, 부모가 모두 상하이 토박이이어야 하고, 연달아 2년 이상 외지에서 생활한 경험이 있어서는 안 된다. 또한 1940년대 출생자 중에서 선생님은 제외된다.

A 发音人应是非教师职业
B 发音人应从未到外地生活
C 发音人包括两个年龄阶段
D 对发音人的父母没有限制

A 방언 녹취를 하는 사람은 선생님이 아닌 집단에서 선발한다
B 방언 녹취를 하는 사람은 외지 생활 경험이 있어서는 안 된다
C 방언 녹취를 하는 사람은 두 개의 연령층에서 선발한다
D 방언 녹취를 하는 사람의 부모에 대한 제약 사항은 없다

해설 본문에 따르면 1940년대와 1970년대에 태어난 사람 가운데 상하이 방언을 녹취할 사람을 선발한다. 따라서 답은 C이다.

단어 保存 bǎocún 图 보존하다, 저장하다 | 读音 dúyīn 圆 독음 (글자를 읽는 방법 혹은 글자의 발음) | 挑选 tiāoxuǎn 图 고르다, 선택하다 | 录存 lùcún 图 녹음해 보관하다 | 本地人 běndìrén 圆 현지인, 본토박이 | 连续 liánxù 图 연속하다 | 教师 jiàoshī 圆 교사

08

护士长拦住一个惊慌地从手术室跑出来的病人，这个病人说他听见护士说：“勇敢些，别害怕，这是个非常简单的手术。”护士长说：“这话没错呀，你怕什么呢？”病人回答：“她是对要给我做手术的医生说的！”

수간호사가 수술실에서 황급히 뛰쳐나오는 환자를 막아섰다. 이 환자는 수술실에서 간호사가 "용기를 내요, 두려워하지 마세요. 이건 정말 간단한 수술이에요."라고 말하는 것을 들었다고 했다. 수간호사가 말했다. "맞아요. 뭘 그렇게 무서워해요?" 환자가 대답했다. "그게 내가 아니라 수술할 의사한테 한 말이었거든요."

A 病人很害怕做手术
B 护士鼓励病人要勇敢
C 病人觉得自己没生病
D 病人担心医生的医术

A 환자는 수술을 두려워한다
B 간호사는 환자에게 격려를 해주었다
C 환자는 자신이 아프지 않다고 생각한다
D 환자는 의사의 실력을 걱정한다

해설 수술을 하기 전, 간호사가 위로한 것은 환자가 아닌 의사였다. 이는 환자가 의사의 실력을 믿지 못하고 있음을 의미한다. 따라서 답은 D이다.

단어 护士 hùshi 圆 간호사 | 拦住 lánzhù 图 차단하다 | 惊慌 jīnghuāng 图 허둥지둥하다, 당황하다 | 勇敢 yǒnggǎn 图 용감하다 | 害怕 hàipà 图 두려워하다, 무서워하다 | 手术 shǒushù 圆 수술

09

如今，酸奶和酸奶类饮料的品种众多，你很有可能把不是酸奶的“酸奶”买回了家。酸奶是由优质的牛奶制成的，本质上属于牛奶；而酸奶类饮料只是饮料的一种，其营养只有酸奶的三分之一左右。

요즘에는 요구르트와 요구르트 음료의 종류가 매우 다양하기 때문에, 사람들은 진짜 요구르트가 아닌 "요구르트"를 살 수 있다. 요구르트는 양질의 우유로 만든 것이기 때문에, 본질적으로 우유의 일종이다. 그러나 요구르트 음료는 단지 음료수의 한 종류로서, 영양도 요구르트의 1/3에 불과하다.

A 酸奶类饮料是酸奶的一种
B 酸奶类饮料中没有牛奶成分
C 酸奶类饮料不如酸奶有营养
D 酸奶类饮料不利于身体健康

A 요구르트 음료는 요구르트의 일종이다
B 요구르트 음료에는 우유 성분이 없다
C 요구르트 음료보다 요구르트의 영양이 훨씬 풍부하다
D 요구르트 음료는 건강에 해롭다

해설 본문에 따르면 요구르트 음료의 영양은 요구르트의 1/3에 불과하다. 따라서 답은 C이다.

단어 酸奶 suānnǎi 몡 요구르트 | 饮料 yǐnliào 몡 음료 | 品种 pǐnzhǒng 몡 품종 | 优质 yōuzhì 몡 품질이 우수하다 | 制成 zhìchéng 통 만들다 | 营养 yíngyǎng 몡 영양

10

中国魏晋时期就有了茶馆，专供过路的人解渴休息。经过一千多年的发展，现代茶馆已成为供人们休闲娱乐的综合性文化场所。茶馆是茶文化的一个组成部分，各地的茶馆折射出各地区不同的文化特征。

중국의 위진시대에 처음 찻집이 생겼다. 주로 여행객들이 목을 축이고, 지친 몸을 쉬어가는 장소였다. 천 년의 세월을 거쳐, 현대의 찻집은 사람들이 여가와 휴식을 즐길 수 있는 종합문화공간으로 발전해 왔다. 찻집은 차 문화의 구성 요소로써, 각 지역의 찻집은 그 지역의 문화적 특징을 반영한다.

A 中国茶馆出现于汉代
B 茶馆反映了当地的文化特征
C 现代茶馆主要是为行人解渴
D 茶馆展现了中国的饮食文化

A 중국의 찻집은 한나라 때 생겼다
B 찻집은 현지의 문화적 특징을 반영한다
C 현대의 찻집은 주로 여행객의 갈증을 해소하는 장소이다
D 찻집은 중국의 음료 문화를 보여준다

해설 각지의 찻집은 그 지역의 문화적 특징을 보여줄 수 있다. 따라서 답은 B이다.

단어 魏晋时期 wèijìn shíqī 위진시대 [중국 역사상 후한(後漢)이 멸망한 다음 해부터 수(隋)의 문제(文帝)가 진(陳)을 멸망시키기까지(221~589)의 시대] | 茶馆 cháguǎn 몡 찻집 | 专供 zhuāngòng 통 전문적으로 제공하다 | 解渴 jiěkě 통 갈증을 해소하다 | 休闲娱乐 xiūxián yúlè 몡 여가휴식 | 折射 zhéshè 통 투영하다 | 特征 tèzhēng 몡 특징

11

由于受语言限制，现在的互联网要求网民多少懂一点英语。当广播、电视和互联网实现三网融合后，电视机将有望成为一个网络的终端，不会英文和拼音的中老年人也可以通过简单的操作，利用电视机上网冲浪。

언어의 제약을 받기 때문에, 지금의 인터넷은 네티즌에게 일정 수준 이상의 영어 수준을 요구한다. 방송, 텔레비전, 인터넷이 결합하면, 텔레비전은 통신 단말기로서의 역할을 하게 될 것이다. 그렇게 되면 영어를 못하거나 한어병음을 잘 모르는 중장년층도 간단한 조작만으로 텔레비전을 통해 인터넷 서핑을 즐길 수 있다.

A 精通英语才能上网
B 中老年人不喜欢上网
C 上网冲浪会越来越复杂
D 未来可以通过电视上网

A 영어를 잘해야 인터넷을 할 수 있다
B 중장년층은 인터넷에 접속하는 것을 좋아하지 않는다
C 인터넷 서핑은 점점 복잡해질 것이다
D 앞으로 텔레비전을 통해 인터넷을 할 수 있다

해설 본문에 따르면 텔레비전은 점차 인터넷을 즐길 수 있는 단말기로 주목받고 있으며 많은 사람들이 텔레비전을 통해 인터넷에 접속할 수 있을 것이다. 따라서 답은 D이다.

단어 限制 xiànzhì 图 제한하다, 규제하다 | 互联网 hùliánwǎng 图 인터넷 | 网民 wǎngmín 图 네티즌 | 广播 guǎngbō 图 방송 | 网络 wǎngluò 图 네트워크 | 终端 zhōngduān 图 단말기 | 拼音 pīnyīn 图 한어병음 | 操作 cāozuò 图 조작하다 | 上网 shàngwǎng 图 인터넷을 하다 | 冲浪 chōnglàng 图 서핑하다

12

如今，上学不花钱已成为再平常不过的事。从农村贫困学生开始实施的义务教育阶段免费政策已在全国各地推行，免除学生全部学费、杂费和课本费。同时，除语文、数学、外语等主科用书外的课本将实现循环使用。

A 免费政策主要面向贫困学生
B 免费政策限于义务教育阶段
C 义务教育阶段只收取课本费
D 所有教科书将实现循环使用

오늘날, 돈을 내지 않고 학교에 다니는 것은 아주 당연한 일이 되었다. 주로 농촌의 가난한 학생을 대상으로 시작했던 무상의무교육은 이미 전국적인 범위에서 확대 시행되고 있으며, 등록금, 기타 운영 비용 및 교과서 값 등을 모두 면제해주고 있다. 또한 언어, 수학, 외국어 등 주요 과목의 교과서 이외의 다른 과목 교과서는 대대로 물려주어 반복 사용을 하고 있다.

A 무상교육 정책은 주로 가난한 학생이 대상이다
B 무상교육 정책은 의무교육 단계에만 국한한다
C 의무교육 단계에서는 교과서 값만 받는다
D 모든 교과서는 반복해서 사용된다

해설 의무교육 단계에서의 무상교육 정책은 이미 전국적으로 시행되고 있으며, 주로 농촌의 가난한 학생들을 대상으로 한다. 따라서 답은 B이다.

단어 花钱 huāqián 图 돈을 쓰다 | 平常不过 píngcháng búguò 图 일상적이다 | 贫困 pínkùn 图 가난하다 | 实施 shíshī 图 실시하다 | 义务教育 yìwù jiàoyù 图 의무교육 | 免费 miǎnfèi 图 무료로 하다 | 推行 tuīxíng 图 보급하다, 널리 시행하다 | 免除 miǎnchú 图 제거하다, 면제하다 | 杂费 záfèi 图 잡비 | 课本 kèběn 图 교과서 | 主课 zhǔkè 图 주요 과목 | 循环 xúnhuán 图 순환하다

13

蚊子大都喜欢弱光。无论是白天还是晚间活动的蚊子，都想躲避强光。深色的衣服因为光线较暗，符合蚊子的习性，浅色衣服反射的光较强，对蚊子就有一定驱赶作用。所以穿深色衣服的人更容易被蚊子叮咬。

A 深色衣服容易反射光线
B 蚊子都爱在晚间出来活动
C 穿浅色衣服的人不会被叮咬
D 穿深色衣服的人更吸引蚊子

모기는 대개 약한 빛을 좋아한다. 그래서 낮에 활동하는 모기든, 밤에 활동하는 모기든 모두 강한 빛은 피하는 경향이 있다. 진한색 옷의 빛깔은 비교적 어둡기 때문에 빛을 싫어하는 모기의 습성과 잘 맞는다. 반면 밝은색 옷이 반사하는 빛은 비교적 강하기 때문에, 어느 정도 모기를 쫓아내는 효과가 있다. 따라서 진한색 옷을 입은 사람이 모기에게 더 잘 물린다.

A 진한색의 옷은 빛을 잘 반사한다
B 모기는 밤에 활동하는 것을 좋아한다
C 밝은색 옷을 입는 사람은 모기에 물리지 않는다
D 진한색 옷을 입는 사람에게 모기가 더 많이 몰린다

해설 본문에서 진한색 옷을 입는 사람이 모기에게 더 잘 물린다고 하였다. 따라서 답은 D이다.

단어 蚊子 wénzi 图 모기 | 弱光 ruòguāng 图 약한 빛 | 白天 báitiān 图 대낮 | 躲避 duǒbì 图 피하다, 숨다 | 反射 fǎnshè 图 반사하다 | 驱赶 qūgǎn 图 내쫓다, 몰아내다 | 叮咬 dīngyǎo 图 물다

14

　　秧歌舞，又称扭秧歌，在民间为大众表演的各种舞蹈中很有代表性。舞队由十多人至百人组成，扮成历史故事、神话传说和现实生活中的人物边舞边走，舞姿丰富多彩，队形时常变换，非常热闹，深受群众的欢迎。

A　秧歌舞是一种民间舞蹈
B　秧歌舞是一种单人舞蹈
C　秧歌舞不表现现实生活
D　秧歌舞主要在舞台上表演

　　앙가무는 앙가에 맞춰 추는 춤으로, 민간에서 전해 내려오는 가장 대표적인 전통 무용이다. 적게는 십여 명에서 많게는 백 명으로 구성되며, 역사 이야기, 신화, 전설, 현실 속 인물 등을 주제로 하여 춤을 추고, 연기를 한다. 춤의 동작이 매우 다양하고, 춤을 추는 대형도 시시때때로 바뀐다. 또한 매우 화려하고 많은 대중의 사랑을 받는다.

A　앙가무는 일종의 민간 무용이다
B　앙가무는 개인 무용이다
C　앙가무는 현실 생활을 나타내지 않는다
D　앙가무는 주로 무대에서 공연된다

해설　앙가무는 일종의 민간에서 전해 내려오는 전통 무용이다. 따라서 답은 A이다.

단어　秧歌舞 yānggēwǔ 몡 앙가무 [오페레타와 비슷한 민속 무용으로, 북으로 연주를 하며, 어떤 지역에서는 줄거리도 가미하기도 한다. 중국의 북방 농촌에서 광범위하게 유행한다] | 扭秧歌 niǔyānggē 동 앙가를 부르며 춤을 추다 | 舞蹈 wǔdǎo 몡 춤, 무용 | 舞队 wǔduì 몡 무용단 | 组成 zǔchéng 동 구성하다 | 扮成 bànchéng 동 ~로 꾸미다, 분장하다 | 神话 shénhuà 몡 신화 | 舞姿 wǔzī 몡 무용의 자태 | 时常 shícháng 틧 늘, 자주 | 变换 biànhuàn 동 바꾸다 | 热闹 rènao 혱 떠들썩하다, 시끌벅적하다

15

　　很多人习惯早上什么都不吃，就喝点牛奶。实际上，牛奶中大部分是水分，空腹饮用牛奶，会稀释胃液，影响牛奶营养成分的消化和吸收。所以早上喝牛奶时，最好同时吃一些面包、饼干等食物。

A　牛奶不应空腹饮用
B　牛奶能帮助胃部消化
C　牛奶不适合在早上喝
D　牛奶的营养很难被吸收

　　많은 사람들이 습관적으로 아침에 아무것도 먹지 않고, 우유만 조금 마신다. 실제로 우유는 대부분이 수분으로, 공복에 마시는 우유는 위액을 희석해, 우유 영양 성분의 소화와 흡수를 저해한다. 따라서 아침에 우유를 마실 때는 빵이나 비스킷과 같은 음식과 함께 먹는 것이 좋다.

A　우유는 공복에 마시면 안 된다
B　우유는 위장의 소화를 돕는다
C　우유는 아침에 마시기에 적합하지 않다
D　우유의 영양 성분은 흡수되기 어렵다

해설　본문에서 공복에 우유를 마시면 위액을 희석시켜 우유의 영양 성분의 소화와 흡수를 저해한다고 하였다. 따라서 답은 A이다.

단어　空腹 kōngfù 동 공복이다 | 饮用 yǐnyòng 동 마시다 | 稀释 xīshì 동 희석하다 | 胃液 wèiyè 몡 위액 | 消化 xiāohuà 동 소화하다 | 吸收 xīshōu 동 흡수하다 | 面包 miànbāo 몡 빵 | 饼干 bǐnggān 몡 비스킷, 쿠키

16-20

女：观众朋友们大家好，我们今天要为大家介绍的是百度董事长兼CEO李彦宏先生。百度是全球最大的中文网络搜索公司，它是如何成功的呢？

男：[16]百度和之前所有的中国网络企业不同，百度的游戏、短信业务收费里没有直接来自网民的，而是来自企业。百度从2001年9月开始，通过竞价排名的方式，为企业提供有价值的信息传播，并向企业收取一定费用，也就是说，企业出的钱越多，其信息在百度搜索中排位就越靠前，而这样的经营模式，也赢得众多中小企业的喜爱。

女：谷歌也是一家很有竞争力的网络搜索公司，您有什么理由让人才选择来百度而不是为谷歌工作？

男：就是因为[17]百度是中国的，我作为创始人是一个中国人，我对中国的语言、中国的文化不仅了解而且热爱。这方面我觉得任何一个国外的公司都是不可能做到的。

女：除了人才，百度和谷歌竞争还有什么优势？

男：谷歌的最高领导者不在中国，他们可能连十分之一的精力都没有放在中国。但是很多的决定需要最高领导者才能够定下来。这一点上，百度就会灵活很多，[18]更关键的就是我们做得非常专注，就做这一件事情，过去的六年，就做中文搜索这一件事情，以后的很多年可能也一直会是这个样子。

女：能谈谈您的成长过程吗？

男：[20]我出生在山西的一个普通工人家庭，上面有三个姐姐，我是家里唯一的男孩，姐姐们全都是品学兼优的好学生，童年时我就强烈地感觉到排名带来的竞争压力，所以我一直表现出争强好胜的性格。高中二年级面临着选择文科还是理科的问题，[19]平时跟我竞争的人都去学理科去了。我想，如果我要去学文科，就没有人跟我竞争了，没有人和我竞争，我就会觉得这样的学习没什么意思了，我就是这样选择了理科。

여：시청자 여러분 안녕하세요. 오늘 소개할 분은 포털 사이트 바이두의 대표이사이자, 최고경영자이신 리엔훙 씨입니다. 바이두는 세계 최대의 중문 인터넷 검색 기업인데요, 바이두의 성공 비결은 무엇인가요?

남：[16]바이두는 기존의 중국 인터넷 기업과 달라요. 바이두의 게임, 문자메시지 등의 비용은 네티즌에게서 받지 않고, 오직 기업들의 자금으로만 충당하지요. 바이두는 2001년 9월부터 가격에 따른 순위 방식으로 기업에 가치 있는 정보를 제공하고, 그 대가로 일정의 비용을 받았어요. 다시 말해, 기업이 돈을 많이 낼수록 바이두에서 검색했을 때 먼저 나타나게 되지요. 이러한 경영 모델은 많은 중소기업의 사랑을 받게 되었어요.

여：구글 역시 매우 경쟁력 있는 인터넷 검색 회사인데요. 직원들이 구글이 아닌 바이두를 선택하는 이유는 무엇인가요?

남：그것은 바로 [17]바이두가 중국 회사이기 때문이에요. 창업자인 저도 중국인이고, 우리는 중국의 언어, 중국의 문화에 익숙한 것에 그치지 않고 그것을 매우 사랑하지요. 이러한 것들은 어떤 외국 기업이 절대 할 수 없는 것이지요.

여：우수한 인력 이외에 바이두가 구글보다 뛰어난 점은 무엇인가요?

남：구글의 고위 경영진은 중국에 있지 않아요. 그들은 10% 정도의 힘만 중국에 쏟을 뿐이에요. 그러나 대개 중요한 결정 사항은 고위 경영진이 있어야 내릴 수 있는 것이 다반사죠. 이러한 점에서 바이두는 훨씬 유연하다고 할 수 있어요. [18]더욱 눈여겨볼 점은 우리가 특정 업무에 집중한다는 사실이에요. 우리는 지난 6년간 중문 검색 일에만 몰두했고, 앞으로도 중문 검색 엔진을 만드는 일에 계속해서 집중할 거예요.

여：선생님의 성장 과정에 대해서 말씀해주실 수 있나요?

남：[20]저는 산시의 평범한 노동자 가정에서 태어났어요. 제 위로 3명의 누나가 있고, 저는 외아들이에요. 누나들은 모두 품행이 바르고, 공부도 잘하는 모범생이었어요. 어린 시절 저는 순위가 가져다주는 경쟁을 깨달았는데요. 그래서 저는 항상 승부욕이 아주 강한 아이였어요. 고등학교 2학년 때 문과와 이과를 선택해야 했는데, [19]평소 저와 경쟁을 하던 친구들이 모두 이과를 선택했어요. 그때 저는 제가 만약 문과를 선택한다면, 더는 저와 경쟁을 할 사람이 없어질 거라고 생각했고, 그렇게 공부한다면 재미가 없을 거라 생각했죠. 그래서 이과를 선택했어요.

16 百度和中国以前的网络企业有什么不同?
A 是搜索公司
B 只向企业收费
C 提供企业宣传
D 没有游戏、短信

16 바이두가 중국의 기존 인터넷 기업과 다른 점은 무엇인가?
A 검색 회사이다
B 기업에게만 돈을 받았다
C 기업의 홍보를 담당했다
D 게임과 문자 메시지 서비스가 없다

17 百度有什么吸引人才的地方?
A 领导者很专心
B 工作条件优越
C 企业很有竞争力
D 与中国紧密联系

17 바이두가 우수한 인재를 끌어들일 수 있는 매력은 무엇인가?
A 최고경영자가 매우 열심이다
B 업무 조건이 좋다
C 기업이 경쟁력이 있다
D 중국과 긴밀한 관계가 있다

18 百度的专注体现在什么地方?
A 热爱中国
B 办事灵活
C 做中文搜索
D 领导者在中国

18 바이두는 주로 어느 부분에 집중하는가?
A 중국을 사랑한다
B 일 처리가 유연하다
C 중문 검색을 한다
D 경영진이 중국에 있다

19 男的为什么选择理科?
A 文科太难
B 喜欢竞争
C 理科有意思
D 学理科的人多

19 남자는 왜 이과를 선택했는가?
A 문과가 어려워서
B 경쟁을 좋아해서
C 이과는 재미가 없어서
D 이과를 선택하는 사람이 많아서

20 关于男的，下列说法哪项正确?
A 出生在农村
B 父母是工人
C 从小成绩优秀
D 是最大的孩子

20 남자에 관한 이야기 중 올바른 것은?
A 농촌에서 태어났다
B 부모가 노동자이다
C 어려서부터 성적이 좋았다
D 첫째이다

요약 평범한 노동자 가정에서 태어난 리옌훙은 세계 최대 중문 인터넷 검색 기업인 바이두의 대표이사이자 최고경영자이다. 그는 바이두의 성공비결은 기존의 기업과 달리 게임, 문자메시지의 비용을 네티즌에게는 받지 않고, 오직 기업들에만 받은 것이라고 말한다. 많은 인재들이 바이두를 찾는 이유에 대해서 바이두는 중국 회사로서 창업자도 중국인이며, 모두가 중국 문화를 매우 사랑하기 때문이라고 밝혔다. 특히 바이두의 업무는 중문 검색에만 집중되어 있고, 앞으로도 이 사업에만 매진할 계획으로, 이런 점이 구글보다 뛰어난 면이라고 말한다. 그는 어린 시절 경쟁하던 친구들이 모두 이과를 택해서 자신도 이과를 선택했다고 말한다. 여기서 그가 경쟁을 즐기는 사람이란 것을 알 수 있다.

16) 바이두는 기업에게만 돈을 받고, 네티즌에게는 돈을 받지 않았다. 따라서 답은 B이다.

17) 바이두는 중국인이 중국에서 설립한 기업이다. 그래서 중국 문화를 잘 알고 있으며, 누구보다 중국 문화를 사랑한다. 즉, 바이두는 중국과 밀접한 관계가 있으며, 이는 외국 기업으로서는 절대 할 수 없는 부분이다. 따라서 답은 D이다.

18) 과거 바이두는 줄곧 중문 검색 서비스를 제공했으며, 앞으로도 같은 서비스를 제공할 것이다. 따라서 답은 C이다.

19) 남자는 다른 사람과 경쟁을 하는 것을 좋아했다. 평소 남자와 경쟁을 하던 사람들이 모두 이과를 선택했기 때문에, 남자도 이과를 선택했다. 따라서 답은 B이다.

20) 남자는 평범한 노동자 가정에서 태어났다. 따라서 답은 B이다.

단어

观众 guānzhòng 몡 시청자, 관중 | 白度 báidù 몡 바이두 [중국의 유명 포털 사이트] | 搜索 sōusuǒ 통 수색하다, 수사하다 | 游戏 yóuxì 몡 오락, 게임 | 短信 duǎnxìn 몡 문자메시지 | 收费 shōufèi 통 비용을 받다 | 竞价 jìngjià 통 가격을 경쟁하다 | 排名 páimíng 통 순위를 매기다 | 传播 chuánbō 통 전파하다, 널리 알리다 | 收取 shōuqǔ 통 돈을 받다 | 喜爱 xǐ'ài 통 호감을 느끼다, 사랑하다 | 谷歌 gǔgē 몡 구글 [세계 최대의 인터넷 검색 엔진] | 竞争力 jìngzhēnglì 몡 경쟁력 | 选择 xuǎnzé 통 선택하다 | 创始人 chuàngshǐrén 몡 창시자, 창립자 | 优势 yōushì 몡 우세, 우위 | 精力 jīnglì 몡 정력, 정신과 체력 | 领导 lǐngdǎo 통 이끌다, 통솔하다 | 灵活 línghuó 혱 민첩하다, 재빠르다 | 关键 guānjiàn 몡 관건, 키포인트 | 专注 zhuānzhù 혱 집중하다, 몰두하다 | 品学兼优 pǐnxué jiānyōu 셩 품행과 학업이 모두 우수하다 | 童年 tóngnián 몡 어린 시절 | 争强好胜 zhēngqiáng hàoshèng 셩 승부욕이 강하다 | 面临 miànlín 통 직면하다

21-25

女: 大家好，今天我们很荣幸请到了万科公司董事长王石先生。不少人认为 "有什么样的老板就有什么样的企业"，请问王先生是如何看待企业家对企业的影响的？

男: 企业家性格和企业文化在某种程度上是相通的，而且往往在创始人身上表现得尤为明显。在中国，当企业还未达到一定规模、企业文化尚未成型的时候，创业者的个人影响会比较微弱。²¹但是，一旦企业文化得到关注，创业者的性格强势就会凸显，从而对企业文化产生决定性作用。但是等到企业文化真正形成以后，无论谁当总裁，都不可能依靠个性去改变它的文化。

女: 万科在发展中受到了您的哪些影响呢？

男: 万科成立时是一个贸易公司，营销的特点非常明显。现在，万科已成为房地产专业公司，实现了从营销向研发的转变。我是做营销出身，对研发和技术的认识有一定局限，这就对企业的创造性有所限制。²²但是我的营销出身，能够对市场保持敏感，快速行动。比如国家准备对房地产进行宏观调控时，我以营销人员的眼光看到了一些迹象，立刻在万科进行价格调整。事实证明这种调整是正确的。

여: 여러분 안녕하세요. 오늘은 부동산 개발업체인 완커의 왕시 대표이사를 모시게 되었습니다. 많은 사람들이 "사장이 어떤 사람이냐에 따라 어떤 회사가 되는지가 달려 있다"라고 말하는데요, 왕 선생님께서는 기업가가 기업에 미치는 영향에 대해서 어떻게 생각하세요?

남: 기업가의 성격과 기업의 문화는 어느 정도 통하는 면이 있습니다. 특히 창업주에게서 그 특징이 명확히 드러나지요. 중국에서 기업이 일정 규모에 이르지 못하고, 기업 문화가 형성되지 않았을 때, 창업주 개인이 미치는 영향은 미미했습니다. ²¹그러나 기업 문화가 주목받게 되면 창업주의 성격이 강하게 나타나고, 기업 문화 형성에 결정적 역할을 하게 되죠. 하지만 기업 문화가 형성된 이후에는 누가 리더가 되든지 상관없이 개인의 성격에 따라 기업 문화를 변화시킬 수는 없어요.

여: 완커가 발전하는 과정에서 왕 선생님의 어떤 영향을 받았나요?

남: 완커가 창립될 때는 무역회사에 불과했고, 영업과 판매적 성격이 짙었어요. 현재 완커는 부동산 전문 기업으로써, 영업 위주 기업에서 R&D 위주 기업으로 탈바꿈하였지요. 저는 영업사원 출신으로 R&D나 기술에 대한 지식은 한계가 있어요. 이는 기업의 창의성을 억압하는 것이라고 볼 수 있지요. ²²그러나 저는 영업사원이었기 때문에 시장에 민감하게 반응하고, 빠르게 행동할 수 있었지요. 예를 들어 정부에서 부동산 시장에 대해 거시 조정을 하려고 하면, 저는 영업사원의 안목으로 그 조짐을 미리 파악하고, 즉시 완커의 가격 조정을 단행했어요. 실제로 저의 조정 결정은 항상 맞아떨어졌지요.

女： 看来您有独特的能力，从而带领企业走向了成功。

男： 应该说我们本身有一些理性的分析工具。除此之外，并不是我们比别人聪明，只是跟有些同行相比，我们不那么贪婪。当大家都觉得"这个市场还很好"、"能赚那么多钱为什么不赚"的时候，23我们早在20世纪九十年代就提出了"不做利润超过20%的生意"等观点。

女： 也就是说企业赚钱要有底线，要懂得放弃。

男： 不能说懂得放弃就一定会成功，争取和放弃都应该服从企业伦理。24刚才说不能贪婪，因为一个差价大、利润高的行业，一定会吸引很多其他行业的投资，导致资金大量流入，造成供应过剩的局面，最后会亏得很多。所以真正从长远来看，一定要坚守一颗平常心，讲求效率、公平。

21 什么情况下创业者对企业文化的影响最大？

A 在中国办企业

B 刚开始办企业

C 企业文化得到关注

D 企业文化真正成型

22 男的的出身有什么优势？

A 会理性分析

B 熟悉价格调整

C 熟悉研发和技术

D 对市场保持敏感

23 20世纪九十年代，万科提出了什么观点？

A 控制利润

B 懂得放弃

C 重视企业文化

D 讲求效率和公平

여: 들어보니 왕 선생님의 독특한 능력으로 회사가 성공할 수 있게 된 것 같은데요.

남: 물론 제가 이성적으로 시장을 분석했기 때문에 성공할 수 있었던 면이 있지요. 그렇지만 제가 다른 사람보다 더 똑똑하다는 것이 아니라 다만 동종 업계 종사자와 비교했을 때, 욕심을 부리지 않았을 뿐이에요. 모두가 "이 시장은 상황이 좋다" "돈을 벌 수 있는데 왜 돈을 벌지 않느냐"라고 했지만, 23저는 1990년대부터 '이윤이 20%가 넘는 사업은 하지 않겠다'라고 공언한 바 있어요.

여: 기업이 이윤을 추구하는 데에도 한계가 있고, 적당할 때에 포기할 줄 알아야 한다는 말씀이시죠?

남: 포기할 줄 알아야 성공을 한다고 말할 수는 없지만, 쟁취하는 것과 포기하는 것은 기업의 윤리에 따라야 해요. 24방금 제가 욕심을 부리지 말아야 한다고 말했는데요. 왜냐하면 가격 차이가 크고 이윤이 높은 산업은 다른 업계의 투자를 받기 마련이고, 많은 자금이 흘러들어오게 되지요. 이렇게 되면 과잉 공급을 가져오고, 결국에는 큰 손해를 보게 되기 때문이에요. 그렇기 때문에 장기적으로 보았을 때, 항상 평정심을 갖고 효율성과 공정성을 추구해야 하지요.

21 어떠한 상황에서 창업주가 기업 문화에 가장 큰 영향을 끼치는가?

A 중국에서 회사를 세울 때

B 막 회사를 시작했을 때

C 기업 문화가 주목을 받을 때

D 기업 문화가 제대로 형성되었을 때

22 남자의 출신이 갖는 장점은 무엇인가?

A 이성적으로 분석할 수 있다

B 가격 조정에 익숙하다

C R&D와 기술을 잘 알고 있다

D 시장에 민감하게 반응한다

23 1990년 대 완커는 어떠한 관점을 내세웠는가?

A 이윤을 통제한다

B 포기할 때를 안다

C 기업 문화를 중시한다

D 효율성과 공정성을 추구한다

24 企业贪婪会有什么后果?
    A 资金不足
    B 供应过剩
    C 竞争残酷
    D 破坏企业文化

24 기업이 욕심 부릴 때의 결과는 어떠한가?
    A 자금이 부족하다
    B 과잉 공급이 발생한다
    C 경쟁이 매우 치열하다
    D 기업 문화를 저해한다

25 关于男的, 下列说法哪项正确?
    A 富有预见性
    B 房地产出身
    C 参与政府决策
    D 重视企业创造性

25 남자에 관해 올바른 것은?
    A 미래를 보는 안목이 좋다
    B 부동산 업계 출신이다
    C 정부 정책에 참여한다
    D 기업의 창의성을 중시한다

요약 부동산 개발업체인 왕커의 왕시 대표이사는 기업가와 기업 문화는 상통하는 면이 있으며, 기업 문화가 주목받을 때, 창업주의 성격이 강하게 나타나서, 이것이 기업 문화의 형성에 결정적 역할을 하게 된다고 밝혔다. 그는 과거에 영업사원으로 일한 적이 있기 때문에 시장에 민감하게 반응하여, 항상 발 빠르게 대응할 수 있었고, 실제로 그런 대응은 잘 맞아 떨어졌다고 말한다. 기업 운영에 관해 그는 기업이 이윤이 높은 산업은 다른 업계의 투자를 받게 되고, 결국 과잉공급으로 이어져 큰 손해를 보게 된다고 말한다. 그래서 그는 1990년대부터 이윤이 20%가 넘는 사업은 하지 않겠다고 공언하였다.

해설 21) 창업주가 기업 문화의 형성에 관심을 기울일 때, 창업주의 성격이 기업 문화의 형성에 큰 영향을 끼친다. 따라서 답은 C이다.

22) 남자는 영업사원 출신이기 때문에 시장의 변화에 민감하게 반응하고, 빠르게 대처할 수 있었다. 따라서 답은 D이다.

23) "이윤이 20%가 넘는 사업은 하지 않는다"라는 것은 이윤을 통제한다는 뜻이다. 따라서 답은 A이다.

24) 기업이 욕심을 부리면 이윤이 높은 산업에 투자를 하게 되고, 이러한 산업은 다량의 자금을 유입한 후 과잉 공급을 초래하게 된다. 따라서 답은 B이다.

25) 남자는 영업사원의 안목으로 정부가 부동산에 대해 거시 조정할 것을 미리 예견했다. 따라서 답은 A이다.

단어 荣幸 róngxìng 형 영광스럽다 | 万科 Wànkē 명 완커 [중국 최대 부동산 개발업체] | 董事长 dǒngshìzhǎng 명 이사장, 대표이사 | 老板 lǎobǎn 명 사장 | 相通 xiāngtōng 동 상통하다 | 规模 guīmó 명 규모 | 成型 chéngxíng 동 성형하다, 가공을 통해 필요한 형태로 만들다 | 微弱 wēiruò 동 미약하다 | 关注 guānzhù 동 관심을 가지다 | 强势 qiángshì 명 강세 | 凸显 tūxiǎn 동 분명하게 드러나다 | 真正 zhēnzhèng 형 참되다 | 总裁 zǒngcái 명 총재 | 依靠 yīkào 동 의지하다, 기대다 | 营销 yíngxiāo 동 영업하고 판매하다 | 房地产 fángdìchǎn 명 부동산 | 研发 yánfā 동 연구 제작하여 개발하다 | 转变 zhuǎnbiàn 동 바꾸다, 바뀌다 | 敏感 mǐngǎn 형 민감하다, 예민하다 | 宏观调控 hóngguān tiáokòng 명 거시 조정 | 眼光 yǎnguāng 명 식견, 안목 | 迹象 jìxiàng 명 흔적, 조짐 | 调整 tiáozhěng 동 조절하다 | 独特 dútè 형 독특하다 | 带领 dàilǐng 동 인솔하다, 이끌다 | 理性 lǐxìng 명 이성적인 | 分析 fēnxī 동 분석하다 | 聪明 cōngming 형 똑똑하다 | 同行 tóngháng 명 동종업자 | 贪婪 tānlán 형 탐욕스럽다 | 利润 lìrùn 명 이윤 | 底线 dǐxiàn 명 최저한도, 최저조건 | 争取 zhēngqǔ 동 쟁취하다, 얻다 | 过剩 guòshèng 동 과잉되다 | 亏 kuī 동 손실을 보다, 밑지다 | 颗 kē 양 알, 알갱이 | 平常心 píngchángxīn 명 공정심, 정상 심리

女：今天我们很荣幸请来了大导演冯小刚先生。冯导，我们知道您的电影给投资方带来了丰厚的收入，为什么不自己当老板投资电影呢？

男：²⁶我觉得我与普通百姓之间存在着感情通道，所以让他们爱看我的片子不是一件困难的事情。但是作为一个老板，投资电影必须要有决心。但是我就缺少花几千万元投资一个电影的决心。王中军就可以同时投好几个，董平也是。我跟他们不是一类人，但是我确实是可以帮他们赚钱。

女：从《甲方乙方》、《大腕》到《贵族》，您的电影里一直有中国先富阶层的形象，您对他们到底怎么看？

男：²⁷我觉得那些成功、年轻的企业家跟中国社会有点脱节。他们活跃在北京、上海等发达城市，坐飞机的头等舱，在银泰中心抽着雪茄高谈阔论，谈论几百亿的并购，久而久之形成了一种假象，让人误以为我们是一个发达国家，我们有很多钱似的。我作为一个导演经常要深入到中小城市甚至县城里面去，在那里看到的还是愚昧和落后，这使我心里很矛盾。

女：16年拍了14部电影，您的动力是什么？

男：²⁸拍电影首先让我很有快感。能挣钱也是动力之一。刚开始为了糊口，后来就是致富了。另外，拍电影还能让人有影响力、知名度。这些都是拍电影对我的诱惑。

女：您觉得拍电影有什么特别的地方吗？

男：我始终觉得电影是一个文化产品，跟工业产品不太一样。对很多企业来说，一加一就等于二了，但拍电影不是。²⁹大明星来了，名导演也来了，大投资也来了，但拍出来不等于好票房，什么原因呢？就是你的故事讲得不好听，别人不喜欢。

女：现在的您可以说是名利双收，但是是否也存在危机感呢？

男：虽然通过拍电影，我成为了先富阶层中的一员，³⁰但是看到农村的贫穷落后我也会不舒服，我也会冷静地思考我们国家的社会问题。

여：오늘 펑샤오강 감독님을 모시게 되어 대단히 영광입니다. 펑 감독님, 감독님의 영화는 투자자들에게 많은 수익을 가져다주는 것으로 유명한데요. 감독님이 직접 투자 회사의 사장님이 될 생각은 없으세요?

남：²⁶저는 일반 사람들과 감정적으로 교감하고 있다고 생각해요. 그렇게 때문에 사람들이 제 영화를 좋아하도록 하는 것은 어려운 일은 아니지요. 그러나 사장으로서 영화에 투자하려면 결단력이 있어야 해요. 그런데 저는 수천만 위안을 영화 한 편에 투자하는 결단력이 부족해요. 왕중쥔 같은 사람은 동시에 여러 편에 투자할 수 있지요. 둥핑도 그렇고요. 저는 그들과 달라서 직접은 못해도, 그 사람들이 돈을 벌게 도와줄 수는 있어요.

여：「갑방을방」에서 「대완」, 「귀족」에 이르기까지 펑 감독님의 영화는 중국의 경제 발전과 함께 부유해진 사람들을 주로 그렸는데요. 감독님께선 그들을 어떻게 바라보시나요?

남：²⁷저는 성공한 젊은 기업가들은 현재의 중국 사회와는 동떨어져 있다고 생각해요. 그들은 베이징, 상하이 등 대도시에서 활발히 활동하며, 비행기는 일등석만 타고 다녀요. 인타이 센터에서 시가를 꺼내 물고, 몇백 억에 달하는 기업 합병과 같은 이야기를 나눕니다. 그런데 이러한 것들은 하나의 허상이 되어, 우리가 마치 선진국이고 부자가 된 듯한 착각을 하게 합니다. 저는 영화감독으로서 중소도시와 시골을 자주 찾는데, 그곳에서는 배우지 못한 사람과 낙후된 모습을 보게 돼요. 그러면 일종의 모순된 감정을 느끼게 되죠.

여：16년 동안 14편의 영화를 찍으셨는데요. 그 원동력은 무엇인가요?

남：²⁸우선 영화를 찍는 것 자체가 짜릿해요. 그리고 돈을 벌 수 있다는 것도 원동력 중 하나이고요. 처음에는 입에 풀칠이나 하려고 시작했는데, 결과적으로 돈을 많이 벌었어요. 또 영화를 찍으면 영향력 있고, 인지도가 높은 사람이 될 수 있지요. 이런 것들이 바로 제가 영화를 찍을 수 있는 원동력이에요.

여：펑 감독님께서는 영화 촬영의 매력이 무엇이라 생각하세요?

남：저는 줄곧 영화를 하나의 문화 상품으로 보았어요. 공산품과 다른 상품이요. 대부분의 기업에 1 더하기 1은 2이지만 영화는 달라요. ²⁹유명 배우가 출연하고 스타 감독이 연출을 하고, 많은 투자자를 모았다 해도 흥행에 참패하는 경우가 있어요. 왜 그런 줄 아세요? 바로 이야기가 재미없어서 그래요. 그래서 사람들이 좋아하지 않는 것이죠.

여：현재 펑 감독님은 부와 명예를 모두 잡으셨는데도 위기감을 느끼시나요?

남：영화를 찍으면서, 저도 부유한 사람 중의 한 사람이 되었죠. ³⁰하지만 농촌의 가난하고 낙후된 사람들을 보면 마음이 편치 않아요. 저도 냉정하게 우리 사회의 문제를 생각하려고 하지요.

26 男的为什么能帮投资方赚到钱？	26 남자는 왜 투자자가 돈을 벌 수 있도록 도와줄 수 있는가?
A 经验丰富	A 경험이 풍부해서
B 了解百姓需求	B 사람들의 수요를 파악하고 있어서
C 热爱电影事业	C 영화 산업을 사랑하기 때문에
D 资金较为充裕	D 자금이 비교적 풍부해서

27 成功的企业家造成了什么假象？	27 성공한 기업가들은 어떠한 허상을 만들었는가?
A 有钱人很多	A 부자가 아주 많다
B 国家很发达	B 나라가 아주 발전했다
C 市场已经成熟	C 시장이 이미 성숙기에 접어들었다
D 贫富差距拉大	D 빈부 격차가 커진다

28 以下哪项不是拍电影对男的的诱惑？	28 다음 중 남자가 영화를 찍는 이유가 아닌 것은 무엇인가?
A 出名	A 유명세
B 快乐	B 즐거움
C 挑战性	C 도전정신
D 收入高	D 높은 수입

29 拍电影有什么特点？	29 영화 촬영은 어떤 특징이 있는가?
A 有明星参加	A 유명 배우가 참여한다
B 有叙述技巧	B 이야기 서술의 기교가 있다
C 像生产产品	C 상품 생산과 같다
D 符合经济规律	D 경제 규칙과 부합한다

30 男的对什么有顾虑？	30 남자는 무엇을 걱정하는가?
A 票房	A 흥행 수입
B 投资	B 투자
C 国情	C 국가 정세
D 先富阶层	D 먼저 부유해진 계층

요약 평샤오강 감독의 영화는 항상 투자자들에게 많은 수익을 안겨준다. 그 이유는 바로 평샤오강 감독이 늘 사람들과 교감을 하여, 사람들이 무엇을 좋아하는지 알기 때문이다. 그는 영화에서 주로 경제발전과 함께 부유해진 사람들의 이야기를 주로 다루었는데, 현실에서 이런 사람들은 나라가 이미 선진국이 되었고 부자가 된 것 같은 착각을 하게 한다고 밝혔다. 영화를 만드는 이유에 대해 그는 영화를 찍는 것이 즐겁고 돈과 명예도 얻을 수 있기 때문이라고 했다. 또 영화는 이야기의 기교가 없으면 유명배우, 투자자가 있어도 흥행에 참패할 수 있다고 말한다. 그는 농촌의 가난한 사람들을 보면 마음이 편치 않다며, 국가 정세에 대한 걱정도 드러내었다.

해설 26) 남자는 사람들의 감정을 잘 파악하고 있기 때문에 쉽게 사람들이 좋아하는 영화를 찍을 수 있었다. 그래서 투자자
들도 많은 수익을 올릴 수 있다. 따라서 답은 B이다.

27) 성공한 기업가들의 모든 행동양식은 중국 사회와는 동떨어져 있었다. 그들은 마치 중국이 선진국이고 부유한 것 같
은 허상을 만들어냈다. 따라서 답은 B이다.

28) 남자는 영화를 찍는 것이 즐거움을 가져다 줌과 동시에 돈과 명예도 함께 준다고 생각한다. 이러한 것들이 모두 남
자가 영화를 찍는 이유이다. 따라서 답은 C이다.

29) 영화 촬영의 특징은 배우와 감독의 유명세, 풍부한 자금에 기대는 것만으로는 부족하고 좋은 이야기가 가미되어야
관객이 좋아하고 흥행에도 성공할 수 있다. 따라서 답은 B이다.

30) 남자의 위기감은 농촌의 낙후된 모습과 오늘날 국가의 상황에서 비롯된 것이다. 따라서 답은 C이다.

단어 **导演 dǎoyǎn** 명 감독 | **投资方 tóuzīfāng** 명 투자자 | **丰厚 fēnghòu** 형 풍부하다, 풍성하다 | **通道 tōngdào** 명 통로, 큰길 | **片子 piānzi** 명 영화필름 | **困难 kùnnan** 형 어렵다, 곤란하다 | **决心 juéxīn** 명 결심, 결의 | **缺少 quēshǎo** 동 부족하다, 모자라다 | **王中军 Wáng Zhōngjūn** 인명 왕중쥔 [중국 영화배급사 화이브라더스 회장] | **董平 Dǒng Píng** 인명 둥핑 [중국 영화 배급사 바오리화이전 사장] | **先富 xiānfù** 먼저 부를 축적하다 | **阶层 jiēcéng** 명 계급, 계층 | **形象 xíngxiàng** 명 형상, 이미지 | **年轻 niánqīng** 형 젊다 | **脱节 tuōjié** 동 연결이 끊어지다 | **活跃 huóyuè** 형 활발하고 적극적이다 | **头等舱 tóuděngcāng** 명 일등석 | **银泰中心 Yíntài zhōngxīn** 명 인타이 센터 [베이징 시내에 위치한 고급 종합 쇼핑몰] | **抽 chōu** 동 빼내다, 뽑아내다 | **雪茄 xuějiā** 명 시가(cigar) | **高谈阔论 gāotán kuòlùn** 성 끊임없이 공론을 늘어놓다 | **并购 bìnggòu** 동 기업을 합병하다 | **愚昧 yúmèi** 형 우매하다, 어리석다 | **落后 luòhòu** 동 뒤처지다 | **动力 dònglì** 명 원동력 | **拍 pāi** 동 촬영하다, 찍다 | **糊口 húkǒu** 동 입에 풀칠하다 | **致富 zhìfù** 동 부자가 되다 | **知名度 zhīmíngdù** 명 인지도 | **诱惑 yòuhuò** 동 유혹하다 | **始终 shǐzhōng** 명 시종, 처음과 끝 | **明星 míngxīng** 명 스타 | **票房 piàofáng** 명 매표소, 박스오피스 | **名利双收 mínglì shuāngshōu** 성 명예와 재물을 함께 얻다 | **危机感 wēijīgǎn** 명 위기감 | **舒服 shūfu** 형 편안하다, 안락하다 | **冷静 lěngjìng** 형 냉정하다, 침착하다

제3부분

31-34

湖中的小岛上住着一对渔民夫妇。丈夫摇船捕鱼，妻子养鸡喂鸭，很少与外界往来。这年秋天，一群天鹅从遥远的北方飞来，准备去南方过冬。[31]老夫妇看到这群远方来客，非常高兴，因为他们在这儿住了这么多年，还没有谁来拜访过。他们拿出喂鸡的饲料和打来的小鱼招待天鹅，渐渐地，这群天鹅就和老夫妇成了朋友。

冬天来了，这群极受关爱的天鹅竟然没有南飞之意，它们白天在湖上吃着老夫妇的鸡饲料和小鱼，晚上在小岛上栖息。当湖面封冻的时候，[32]老夫妇就敞开他们的茅屋让它们进屋取暖。这种关爱一直持续到春天来临，湖面解冻。日复一日，年复一年，老夫妇一直这样奉献着他们的爱心。后来，他们老了，离开了小岛，天鹅也从此消失了。不过它们不是飞向了南方，而是在[33]第二年湖面封冻的时候被冻死、饿死在了小岛上。

호수 가운데 있는 작은 섬에 어부 부부가 살고 있었다. 남편은 배를 타며 물고기를 잡고, 부인은 닭과 오리를 키우며 외부와 거의 왕래 없이 지냈다. 어느 해 가을, 백조 몇 마리가 멀리 북쪽에서 날아왔다가 겨울을 나기 위해 남쪽으로 갈 채비를 하고 있었다. [31]노부부는 멀리서 온 손님들을 보고 매우 기뻤다. 왜냐하면 그들이 이곳에 이렇게 오래 살았지만, 아무도 노부부를 찾아오지 않았기 때문이다. 그들은 닭에게 주는 사료와 호수에서 잡아온 물고기를 백조에게 주었고, 백조들은 점차 노부부의 친구가 되었다.

겨울이 되었지만 노부부의 사랑을 받은 백조들은 남쪽으로 갈 생각을 하지 않았다. 백조들은 낮에는 호숫가에서 노부부가 주는 사료와 물고기를 먹고, 밤에는 섬에서 서식했다. 호수가 얼어붙자 [32]노부부는 그들의 초가집에 백조들을 들여 따뜻하게 겨울을 나게 했다. 이런 정성은 봄이 오고 얼음이 녹을 때까지 계속되었다.

하루가 지나고, 일 년이 지나도록 노부부는 변함없이 지극정성으로 백조들을 돌봤다. 나중에 노부부가 늙어 섬을 떠나자 백조들도 더 이상 보이지 않았다. 백조들은 남쪽으로 떠난 것이 아니라 [33]이듬해 호수가 얼었을 때, 계속 섬에 남아 있다가 얼어 죽거나 굶어 죽었다.

31	老夫妇看到天鹅为什么特别高兴?	31	노부부는 백조를 보고 왜 기뻐했는가?

31　老夫妇看到天鹅为什么特别高兴?

　A　天鹅很美丽
　B　天鹅很温顺
　C　从来没有客人
　D　岛上没有小动物

31　노부부는 백조를 보고 왜 기뻐했는가?

　A　백조가 매우 아름다워서
　B　백조가 아주 온순해서
　C　한 번도 손님이 온 적이 없어서
　D　섬에 살고 있는 동물이 없어서

32　当天冷的时候, 天鹅在什么地方栖息?

　A　树上
　B　水里
　C　窝里
　D　屋内

32　날씨가 추워졌을 때, 백조는 어디에 머물렀는가?

　A　나무 위
　B　물속
　C　둥지 안
　D　집 안

33　老夫妇离开了小岛之后, 天鹅怎么样了?

　A　飞向南方
　B　飞回北方
　C　全都死了
　D　到处找老夫妇

33　노부부가 섬을 떠난 뒤에 백조는 어떻게 되었는가?

　A　남쪽으로 날아갔다
　B　북쪽으로 날아갔다
　C　모두 죽었다
　D　노부부를 찾으러 돌아다녔다

34　根据短文, 下面哪项正确?

　A　天鹅找不到目的地
　B　天鹅过于依赖老夫妇
　C　老夫妇不让天鹅离开
　D　老夫妇被子女接走了

34　이 글에 관한 이야기 중 올바른 것은 무엇인가?

　A　백조는 목적지를 찾지 못했다
　B　백조는 노부부에게 과도하게 의지했다
　C　노부부는 백조가 떠나지 못하도록 했다
　D　노부부는 자녀들과 함께 떠났다

요약　제목: 노부부에게 의지한 백조

주제어: 노부부에게 의지한 백조는 그들이 떠나자 얼어 죽거나 굶어 죽었다.

호수 가운데 있는 작은 섬에 어부 부부가 살고 있었다. 그들은 외부와 거의 왕래 없이 지냈다. 어느 날, 백조들이 날아와 겨울을 나기 위해 남쪽으로 갈 채비를 하고 있었다. 노부부는 이곳에 오래 살았지만, 아무도 자신들을 찾아오지 않았기 때문에, 이런 백조들을 보고 매우 기뻐했다. 백조에게 먹이를 주고, 겨울에는 그들의 초가집에 백조들을 들여 겨울을 나게 했다. 나중에 노부부가 늙어 섬을 떠나자 백조들도 보이지 않았는데, 이는 노부부에게 과도하게 의지한 백조들이 계속 섬에 남아 있다가 얼어 죽거나 굶어 죽었기 때문이다.

해설　31) 오랜 시간 동안 노부부를 찾는 손님이 없었다. 백조들은 그들의 무미건조했던 삶에 새로운 활력을 주었으므로 노부부는 매우 기뻐했다. 따라서 답은 C이다.

32) 날씨가 추워졌을 때, 노부부는 백조를 방에 들여 따뜻하게 지내도록 했다. 따라서 답은 D이다.

33) 부부가 죽은 이후, 백조들에게 따뜻한 집을 제공하며 겨울을 나도록 도와주는 사람들이 없었고, 또한 먹이를 주는 사람들도 없었다. 그래서 백조들은 얼어 죽거나 굶어 죽었다. 따라서 답은 C이다.

34) 노부부는 백조들을 지극 정성으로 보살폈다. 그 결과 백조들이 과도하게 노부부에게 의지하게 되어 생존 능력을 잃게 되었던 것이다. 따라서 답은 B이다.

단어　湖 hú 閣 호수 | 小岛 xiǎodǎo 閣 작은 섬 | 渔民 yúmín 閣 어민 | 丈夫 zhàngfu 閣 남편 | 摇船 yáochuán 閣 배를 젓다 | 捕鱼 bǔyú 閣 물고기를 잡다 | 妻子 qīzi 閣 아내 | 养 yǎng 閣 키우다, 기르다 | 喂 wèi 閣 먹이를 주다, 기르다 | 往来 wǎnglái 閣 왕래하다, 오고 가다 | 天鹅 tiān'é 閣 백조 | 遥远 yáoyuǎn 閣 아득히 멀다, 요원하다 | 过冬 guòdōng 閣 겨울을 보내다 | 拜访 bàifǎng 閣 방문하다, 문안하다 | 饲料 sìliào 閣 사료 | 招待 zhāodài 閣 접대하다 | 关爱 guān'ài 閣 관심을 갖고 애호하다 | 栖息 qīxī 閣 서식하다 | 封冻 fēngdòng 閣 수면이 얼어붙다, 결빙하다 | 敞开 chǎngkāi 閣 활짝 열다 | 茅屋 máowū 閣 초가집 | 取暖 qǔnuǎn 閣 몸을 따뜻하게 하다 | 解冻 jiědòng 閣 (얼었던 것이) 풀리다, 녹다 | 奉献 fèngxiàn 閣 바치다 | 消失 xiāoshī 閣 없어지다, 사라지다

在海洋世界里，有许多弱小的鱼，由于身体具备某些特殊的器官，总能以小胜大，使一些大鱼甘拜下风。形如鳗鱼的七鳃鳗，³⁵其吸盘状的口内长满了角质齿，它能吸附在大鱼身上，将大鱼皮肤咬个洞，然后吸大鱼的血，并分泌出一种防止血液凝固的物质。大鱼由于失血过多，不久便死亡了。

在海洋世界里的350多种鲨鱼中，有一种体型很小的鲨鱼，它身长只有40厘米，但牙齿却很厉害。这种小鲨鱼极其凶猛，甚至敢于向体重达七八百公斤的大鲨鱼发动进攻，它能咬破大鲨鱼的皮肤，进入其体内使其致死。生活在海洋中的电鳐，身体虽小，却能把处在它形成的电场中的大鱼击伤。人们在海洋里还发现一种头上长着两只尖角的鱼，它的嗅觉特别灵敏，能闻到几千米以外的血腥味。³⁶当它被大鱼吞食后，它也毫不在乎，待进到大鱼腹中后，它就用又硬又尖的双角钻破鱼腹，转眼之间便可从大鱼肚子里钻出，逃之夭夭，而那条大鱼却慢慢死去。在红海，人们发现了一种扁平的小鱼——豹鳎，它能分泌一种乳白色的毒液。这种毒液只需一小滴，就能使大鲨鱼瘫痪。

35　关于七鳃鳗，可以知道什么？
　　A 大鱼都怕它
　　B 身上有吸盘
　　C 牙齿很厉害
　　D 喜欢吃鱼肉

36　关于尖角鱼，下列哪项正确？
　　A 很凶猛
　　B 味觉很灵
　　C 能电死大鱼
　　D 能从鱼肚里逃生

37　这段话主要讲了什么？
　　A 弱小的鱼种类
　　B 弱小的鱼的生活习性
　　C 弱小的鱼的特殊器官
　　D 鲨鱼是怎样保护自己的

바닷속에는 작은 물고기들이 많다. 이 작은 물고기들은 특별한 신체기관을 가지고 있기 때문에, 비록 몸집은 작아도 큰 물고기에 대적하여 큰 물고기들을 물리칠 수 있었다. 뱀장어처럼 생긴 칠성장어는 ³⁵빨판 모양의 입 안쪽에 각치가 나 있어, 큰 물고기의 몸에 붙어 있다가 물고기 피부에 구멍을 뚫는다. 그런 다음 큰 물고기의 피를 빨아먹고, 피가 응고되는 것을 방지하는 물질을 분비한다. 큰 물고기는 결국 피를 많이 흘려 결국 죽게 된다.

바닷속에는 350여 종의 상어가 있다. 그 중 몸집이 아주 작은 상어도 있는데, 몸 길이는 40cm에 불과하지만, 아주 날카로운 이빨을 가졌다. 이런 종류의 상어는 매우 난폭해, 심지어 체중이 700~800kg 정도가 되는 큰 상어를 공격하기도 한다. 또한 이 상어는 큰 상어의 피부를 물어뜯고, 그 안으로 파고들어 큰 상어를 죽게 한다. 바다에 사는 전기가오리는 몸집은 매우 작지만, 그가 만들어낸 전기장에 있는 큰 물고기에 상처를 입힌다. 사람들은 종종 바다에서 머리에 두 개의 날카로운 뿔이 난 물고기를 발견하곤 하는데, 이 물고기의 후각은 특히 예민해서 수천 미터 밖의 피비린내도 맡을 수 있다. ³⁶큰 물고기에게 잡아먹혀도 전혀 걱정하지 않는다. 이 물고기는 바로 큰 물고기의 뱃속으로 들어가 딱딱하고 날카로운 뿔을 이용해 큰 물고기의 배에 구멍을 뚫는다. 작은 물고기는 순식간에 큰 물고기의 배를 뚫고 나와 도망을 가고, 공격을 당한 큰 물고기는 서서히 죽어간다. 홍해에서 사람들은 아주 납작한 작은 고기를 발견하게 되는데, 바로 가자미과의 납서대이다. 이 물고기는 유백색의 독액을 분비하는데, 이 독액은 한 방울만 있어도 큰 상어를 마비시킬 수 있다.

35　칠성장어에 관한 이야기 중 올바른 것은 무엇인가?
　　A 큰 물고기가 무서워한다
　　B 몸에 빨판이 있다
　　C 이빨이 아주 날카롭다
　　D 물고기를 먹는 것을 좋아한다

36　날카로운 뿔이 있는 물고기에 관한 이야기 중 올바른 것은 무엇인가?
　　A 매우 사납다
　　B 미각이 뛰어나다
　　C 전기로 큰 물고기를 죽일 수 있다
　　D 물고기의 뱃속에서 도망칠 수 있다

37　이 글은 무엇을 말해주고 있는가?
　　A 작은 물고기의 종류
　　B 작은 물고기의 생활 습관
　　C 작은 물고기의 특별한 기관
　　D 상어가 자신을 보호하는 법

제목: 작은 물고기들이 큰 물고기들을 이기는 방법

주제어: 작은 물고기들은 자기만의 방법으로 큰 물고기들로부터 자신을 지킨다.

바닷속의 작은 물고기들은 특별한 신체기관을 가지고 있기 때문에 큰 물고기들을 물리칠 수 있다. 칠성장어는 입안에 날카로운 이빨이 있어, 큰 물고기의 피부에 구멍을 뚫어서 피를 빨아먹고 피가 응고되지 않게 한다. 몸길이가 40cm에 불과한 작은 상어는 날카로운 이빨로 큰 상어를 죽게 하기도 하며, 전기가오리는 전기장을 이용해 큰 물고기에게 상처를 입힌다. 머리에 날카로운 뿔이 달린 물고기는 큰 물고기에게 잡힌 뒤, 그 물고기의 뱃속에서 배를 뚫어 죽게 한다. 가자미와 납서대는 독액을 분비하여 큰 상어를 마비시키기도 한다.

해설

35) 칠성장어의 빨판 모양의 입속에는 이빨이 가득하다. 따라서 답은 C이다.

36) 이 물고기는 딱딱하고 날카로운 두 개의 뿔을 이용해 잡아먹힌 물고기의 뱃속에서 도망갈 수 있다. 따라서 답은 D이다.

37) 바닷속에서 작고 약한 물고기는 특별한 신체기관을 이용해 작은 몸집으로 큰 물고기에게 대항한다. 따라서 답은 C이다.

단어

海洋 hǎiyáng 명 해양 | 弱小 ruòxiǎo 형 약소하다 | 特殊 tèshū 형 특수하다. 특별하다 | 器官 qìguān 명 기관 | 甘拜下风 gānbài xiàfēng 성 진심으로 탄복해 그에게 미치지 못함을 인정하다 | 鳗鱼 mányú 명 뱀장어 | 七鳃鳗 qīsāimán 명 칠성장어 | 吸盘 xīpán 명 빨판 | 长满 zhǎngmǎn 동 가득 생기다 | 角质齿 jiǎozhìchǐ 명 각치 | 吸附 xīfù 명 흡착 | 咬洞 yǎodòng 동 구멍을 뚫다 | 分泌 fēnmì 동 분비하다 | 防止 fángzhǐ 동 방지하다 | 凝固 nínggù 동 응고하다. 굳다 | 失血 shīxuè 동 피를 흘리다 | 鲨鱼 shāyú 명 상어 | 体型 tǐxíng 명 체형 | 厘米 límǐ 양 센티미터(cm) | 凶猛 xiōngměng 형 세차다. 사납다 | 公斤 gōngjīn 양 킬로그램(kg) | 进攻 jìngōng 동 공격하다. 진격하다 | 电鳐 diànyáo 명 전기가오리 | 击伤 jīshāng 동 상처를 입히다 | 嗅觉 xiùjué 명 후각 | 血腥 xuèxīng 명 피비린내 | 吞食 tūnshí 명 통째로 삼키다 | 转眼间 zhuǎnyǎnjiān 부 눈 깜짝할 사이에. 순식간에 | 逃之夭夭 táozhī yāoyāo 성 도망치다 | 扁平 biǎnpíng 형 납작하다. 편평하다 | 豹鳎 bàotǎ 명 납서대 | 毒液 dúyè 명 독액. 독즙 | 瘫痪 tānhuàn 동 마비되다

38-40

有一家大型书店，³⁸每年都会丢失很多图书，这让老板很是苦恼。他把丢失的图书名称及数量都记好，归纳成一个表格，悬挂在书店里，提醒员工要特别注意。某天，一个出版社的负责人来到了这家书店，他驻足于那张表格下，猛然一道灵光闪过，顿时兴奋不已。后来，在一次国际书展上，这家出版社打出了不一样的宣传牌：³⁹展示了一份"被偷窃次数最多的十大书籍"名单。这份名单马上抓住了书商们的眼球，被偷窃得越多，不正说明这本书越火吗？他们纷纷订了大量的货，无疑，这家出版社成了书展上的大赢家。

어느 대형서점은 ³⁸해마다 많은 책을 도난당해, 사장이 골머리를 앓았다. 그래서 사장은 잃어버린 책의 이름과 수량을 기록해 놓았다가 표로 만들어 서점 한쪽에 붙여 놓고, 직원들이 특별히 주의하도록 했다. 어느 날, 한 출판사의 담당자가 이 서점에 왔다. 그는 서점에 붙여 놓은 표를 보고, 문득 좋은 생각이 떠올라 매우 기뻐했다. 나중에 국제 도서박람회에서 이 출판사는 독특한 홍보판을 내걸었다. ³⁹바로 "도난당한 횟수가 가장 많은 서적"의 리스트였다. 이 리스트는 곧바로 도서 판매업자의 눈길을 끌었다. 자주 도난당할수록, 그 책이 인기가 있다는 것을 의미하는 것이었다. 도서 판매업자들은 그 책을 대량 주문하였고, 이 출판사는 이번 도서박람회의 최대의 수혜자가 되었다.

38 书店老板为什么感到很烦恼？

  A 总是丢书

  B 书太多了

  C 员工偷书

  D 生意不好

38 서점 사장은 왜 골머리를 앓고 있었는가?

  A 책을 자주 잃어버려서

  B 책이 너무 많아서

  C 직원들이 책을 훔쳐가서

  D 장사가 잘 되지 않아서

39 出版社负责人看到表格后为什么很兴奋?

A 看到了商机

B 书商订了大量的货

C 书店老板是他的朋友

D 自己出版社的书卖得很火

40 这段话主要想告诉我们什么?

A 要善于观察

B 做事要细心

C 努力就会有收获

D 逆向思维也能成功

39 출판사 담당자는 표를 본 이후 왜 기뻐했는가?

A 상업적 기회를 포착하였기 때문에

B 도서 판매업자들이 많은 책을 구매했기 대문에

C 서점 사장이 그의 친구였기 때문에

D 자신의 출판사의 책이 잘 팔렸기 때문에

40 이 글에서 말하고자 하는 것은 무엇인가?

A 관찰을 잘해야 한다

B 세심하게 일을 해야 한다

C 열심히 노력하면 좋은 성과를 얻을 수 있다

D 생각을 바꾸면 성공을 할 수 있다

요약 제목: "도난 서적" 리스트의 홍보 효과

주제어: 한 출판사는 서점에 붙어있던 "도난 서적" 리스트를 이용해 도서박람회의 최대 수혜자가 되었다.

한 대형서점의 사장은 해마다 많은 책을 도난당해 골머리를 앓았다. 그래서 그는 잃어버린 책들의 이름과 수량을 표로 만들어 서점에 붙여놓고 직원들에게 주의하도록 했다. 어느 날, 한 출판사 담당자는 이 표를 보고 매우 기뻐했다. 뒤에 도서박람회에서 이 출판사는 "도난당한 횟수가 많은 서적"리스트를 내걸었다. 자주 도난당할수록 인기가 있다는 것이기 때문이다. 도서 판매업자들은 표에 적힌 책들을 대량 주문했고, 이 출판사는 도서박람회의 최대 수혜자가 됐다.

해설 38) 책을 자주 도난당하는 것이 사장의 골칫거리였다. 따라서 답은 A이다.

39) 그는 표를 보고, 책을 잘 팔 수 있는 묘안을 떠올렸다. 따라서 답은 A이다.

40) 책을 훔쳐가는 것은 나쁜 일이다. 그러나 출판사의 입장에서는 책을 많이 도난당한다는 것은 그 책이 인기가 좋은 것으로 해석할 수 있고, 이러한 점을 이용해 출판사는 책을 많이 팔 수 있었다. 따라서 답은 D이다.

단어 丢失 diūshī 图 분실하다, 잃어버리다 | 苦恼 kǔnǎo 图 고통스럽다, 괴롭다 | 归纳 guīnà 图 귀납하다 | 悬挂 xuánguà 图 매달다 | 提醒 tíxǐng 图 일깨우다 | 驻足 zhùzú 图 발걸음을 멈추다 | 表格 biǎogé 图 표 | 猛然 měngrán 图 갑자기, 별안간 | 灵光 língguāng 图 신기한 빛 | 顿时 dùnshí 图 즉시 | 书展 shūzhǎn 图 도서박람회 | 偷窃 tōuqiè 图 훔치다 | 书籍 shūjí 图 서적 | 书商 shūshāng 图 도서 판매업자 | 眼球 yǎnqiú 图 안구 | 无疑 wúyí 图 의심할 여지가 없다 | 赢家 yíngjiā 图 승자

41-43

有位建筑商，以精明著称于业内。他曾经以1万元作为本金，短短几年后资产突飞猛进到1亿元，拼搏多年后达到100亿元，创造了一个商业神话。有一次，他来到大学演讲，在此期间不断有学生提问，问他将1万元变成100亿元到底有何秘诀。他笑着回答："⁴¹因为我一直坚持少拿2分。"学生们听得犹如坠入云里雾里。望着莘莘学子渴望成功的眼神，他终于揭秘了一段往事。他说，当年我在街头看见一张采访李泽楷的报纸，读后很有感触。记者问李泽楷，你的父亲李嘉诚究竟教会了你怎样的赚钱秘诀? 李泽楷说，我的父亲从没告诉我赚钱的方法，⁴²只教了我一些做人处世的道理。记者大惊，不信。李泽楷又说，父亲叮嘱过，和别人合作，假如拿了7分合理，8分也可以，那我们李家拿6分就可以了。

한 건축가는 업계에서 매우 꼼꼼하기로 유명했다. 그는 1만 위안의 자본금으로 몇 년 만에 재산을 1억 위안으로 불렸다. 또 몇 년이 흐른 후, 1,000억 위안의 자산을 보유하게 되면서, 업계의 신화가 되었다. 한 번은 그가 대학에서 강연하게 되었는데, 학생들의 질문이 끊이지 않았다. 대부분이 1만 위안으로 100억 위안을 만들 수 있는 비결을 묻는 것이었다. 그는 웃으며 답했다. "⁴¹비결은 바로 제가 다른 사람보다 20%씩 적게 받았기 때문이에요." 학생들은 도무지 그 뜻을 알 수가 없었다. 성공을 열망하는 학생들의 수많은 눈동자를 보고, 그는 마침내 하나의 에피소드를 말하기 시작했다. 예전에 그가 길을 걷고 있을 때 우연히 리저카이의 인터뷰가 실린 신문을 보게 되었다. 그 기사를 읽고 난 후 매우 그는 큰 감명을 받았다. 기자가 리저카이에게 물었다. "당신의 아버지인 리자청이 어떻게 돈을 벌어야 하는지를 알려주었습니까?" 리저카이가 말했다. "우리 아버지는 돈을 버는 방법을 알려준 적은 한 번도 없습니다. ⁴²오직 세상을 살아가는 방법만을 알려주셨지요." 기자는 매우 놀랄 뿐, 믿지 않았다. 리저카이가 말했다. 아버지께선 항상 다른 사람과 협력하라고 당부하셨습니다. 예를 들어

　　李嘉诚总是让别人多赚2分，因此每个人都知道，跟他合作会赚到便宜，所以就有更多的人愿意与他合作。如此一来，虽然他只拿6分，但生意却多了100个，假如拿8分的话，100个会变成5个。到底哪个更赚呢，奥妙就在其中。

41　建筑商赚钱的秘诀是什么？
　　A 吃亏精神
　　B 要多合作
　　C 看准商机
　　D 信任别人

42　李嘉诚教给李泽楷什么？
　　A 赚钱方法
　　B 做人道理
　　C 乐观性格
　　D 学会独立

43　根据短文，精明的最高境界是什么？
　　A 厚道
　　B 忍耐
　　C 毅力
　　D 拼搏

70%나 80% 정도가 합리적인 수준일 때, 우리는 60%만 얻을 수 있어도 협력을 했습니다.
　리자청은 항상 다른 사람이 20%를 더 벌도록 했다. 그랬기 때문에 사람들은 그와 협력을 하면 돈을 더 잘 벌 수 있는 것을 알고 있었고, 그래서 더 많은 사람들이 그와 협력을 하려고 했다. 이와 같은 이유로 그는 60%의 수익만 가져가도, 100을 얻을 수 있었다. 그러나 만약 그가 80%를 가지려 했다면, 100은커녕 5밖에 얻지 못했을 것이다. 어느 것이 돈을 버는 방법인지, 그 오묘한 이치가 여기에 있다.

41　건축업자가 돈을 벌 수 있었던 비결은 무엇인가?
　　A 손해를 감수하는 정신
　　B 최대한 협력을 하는 것
　　C 상업적 기회를 잘 포착하는 것
　　D 다른 사람들을 믿는 것

42　리자청은 리저카이에게 무엇을 가르쳐주었는가?
　　A 돈을 버는 방법
　　B 인간의 도리
　　C 낙천적 성격
　　D 독립하는 방법

43　이 글에서 말하는 가장 꼼꼼한 경지는 무엇인가?
　　A 관대함
　　B 인내
　　C 끈기
　　D 치열함

요약　제목: 한 건축가의 돈 버는 방법
주제어: 한 건축가는 상대방이 20%를 더 벌도록 하는 방법으로 큰 부자가 되었다.
한 건축가는 1만 위안의 자본금으로 1,000억 위안의 자산을 보유하게 되어, 업계의 신화가 되었다. 돈 버는 비결을 묻는 학생들에게 그는 비결이라면 다른 사람과 협력할 때, 항상 20%씩 적게 받았다고 말하면서 에피소드 하나를 말해 주었다. 리저카이는 아버지 리자청에게 돈 버는 방법이 아닌 세상을 살아가는 방법을 배웠다고 말한 인터뷰였다. 리자청은 항상 70%나 80%의 이익을 벌 수 있을 때 60%만 받아도 협력을 했고, 항상 상대방이 20%를 더 벌도록 했다. 그 결과 많은 사람들이 그와 협력하려고 했고, 이것이 바로 그가 돈을 버는 방법이었다.

해설　41) 그는 줄곧 20%의 이익을 적게 받는 손해를 감수하며 일을 해왔다. 따라서 답은 A이다.
42) 리저카이는 아버지에게 세상을 살아가는 처세법을 배웠다. 따라서 답은 B이다.
43) 관대하게 사람을 대하는 것이 더 많은 동업을 이룰 수 있는 밑거름이 되었다. 따라서 답은 A이다.

단어　建筑 jiànzhù 몡 건축물 | 精明 jīngmíng 혱 눈치가 빠르고 꼼꼼하다 | 著称 zhùchēng 혱 유명하다 | 业内 yènèi 몡 업계 내 | 本金 běnjīn 몡 본전, 원금 | 突飞猛进 tūfēi měngjìn 성 갑자기 맹렬히 날아가다 | 拼搏 pīnbó 동 죽을 힘을 다하여 싸우다 | 神话 shénhuà 몡 신화 | 演讲 yǎnjiǎng 동 강연하다 | 提问 tíwèn 동 질문하다 | 秘诀 mìjué 몡 비결 | 坚持 jiānchí 동 굳게 지키다, 견지하다 | 犹如 yóurú 동 ～와 같다 | 堕入 duòrù 동 빠지다, 떨어지다 | 莘莘学子 shēnshēn xuézǐ 많은 학생들 | 揭秘 jiēmì 동 비밀을 폭로하다 | 采访 cǎifǎng 동 취재하다, 탐방하다 | 李嘉诚 Lǐ Jiāchéng 인명 리자청 [창장그룹의 창업주이자 아시아 최고의 갑부로 유명함] | 李泽楷 Lǐ Zékǎi 인명 리저카이 [리자청의 차남, 본인도 전 세계 8대 억만장자임] | 感触 gǎnchù 몡 감동, 감명 | 处世 chǔshì 동 처세하다 | 叮嘱 dīngzhǔ 동 신신당부하다 | 奥妙 àomiào 동 오묘하다

有一个书法家教学生练字。一次，一个经常用废旧报纸练字的学生很苦恼地说，他[44]自己已经跟着书法家学了很长时间，可一直没有大的进步。书法家就对他说："[45]你改用最好的纸试试，可能会写得更好。"那个学生按照他说的去做了。果然，没过多久，他的字进步很快。他好奇地问书法家是什么原因。书法家说："因为你用旧报纸练字的时候，总会感觉是在打草稿，即使写得不好也无所谓，反正还有的是纸，所以就不能完全专心；而用最好的纸，你会心疼好纸，会感觉机会的珍贵，从而心态投入，也就比平常练习时更加专心致志。用心去写，字当然会进步。"

确实，平常的日子总会被我们不经意地当做不值钱的"废旧报纸"，涂抹坏了也不心疼，总以为来日方长，平淡的"旧报纸"还有很多。实际上，[46]这样的心态可能使我们每一天都在与机会擦肩而过。

44　学生为什么苦恼？
　　A 没有进步
　　B 难以坚持
　　C 缺乏耐心
　　D 没有时间练字

45　书法家建议学生怎样做？
　　A 多练
　　B 用好纸
　　C 用好毛笔
　　D 不要打草稿

46　短文主要想告诉我们什么？
　　A 学会变废为宝
　　B 机遇至关重要
　　C 心态决定成败
　　D 成功贵在坚持

한 서예가가 학생들에게 붓글씨를 가르치고 있었다. 한 번은 항상 낡은 신문지에 글씨 연습을 하는 학생이 괴로워하며 말했다. 그는 [44]선생님에게 한참을 배웠지만, 실력이 전혀 늘지가 않았다. 서예가가 학생에게 말했다. "[45]그럼 앞으로는 좋은 종이로 바꿔서 다시 한번 해보렴. 아마 훨씬 좋아질 거야." 학생은 서예가가 말한 대로 했다. 과연 얼마 지나지 않아 실력이 크게 늘었다. 그는 매우 신기해서 서예가에게 그 원인을 물었다. 서예가가 답했다. "네가 낡은 종이를 사용했을 때는 언제나 초고를 쓰는 것으로 여겨 제대로 안 되더라도 크게 개의치 않았지. 그리고 헌 종이가 많이 있으니 열심히 할 수 없었겠지. 그러나 아주 좋은 종이에 쓸 때는 종이가 아까워서, 한 번 한 번이 매우 소중한 기회였을 거야. 그래서 온 정신을 쏟을 수 있었고, 평소 연습할 때보다 더 잘 쓸 수 있었던 것이란다. 온 마음을 기울여 쓰다 보니 자연스레 실력이 향상된 것이지."

마찬가지로 평소 우리는 마치 "낡은 종이"에 연습을 하듯 하루하루를 의미 없이 보내는 경우가 많다. 하루를 허송세월 보내듯 지내도 크게 신경을 쓰지 않는다. 앞으로 남은 날이 창창하다고 여기기 때문이다. 하지만 실제로 [46]이러한 마음가짐은 매일 찾아오는 기회를 허투루 날려버리는 것과 같다.

44　학생은 왜 괴로워하였는가？
　　A 실력이 향상되지 않았기 때문에
　　B 현재의 상황을 유지하기 어려웠기 때문에
　　C 인내심이 부족했기 때문에
　　D 글씨 연습을 할 시간이 없었기 때문에

45　서예가는 학생에게 무엇을 제안했는가？
　　A 많은 연습을 한다
　　B 좋은 종이를 사용한다
　　C 좋은 붓을 사용한다
　　D 초고를 쓰지 않는다

46　이 글에서는 무엇을 말하고자 하는가？
　　A 배움은 낡은 것을 귀하게 바꾼다
　　B 기회는 매우 중요하다
　　C 마음가짐이 성패를 결정한다
　　D 성공은 계속 유지하는 것에 달려있다

요약　제목: 마음가짐의 중요성

주제어: 마음가짐이 다르면, 일에 몰두하는 정도도 달라진다.

항상 낡은 종이로 서예를 연습하던 학생이 선생님에게 한참을 배워도 실력이 늘지 않는다고 말했다. 그러자 선생님은 좋은 종이로 바꿔서 연습하라고 했고, 얼마 지나지 않아 학생의 실력은 크게 늘었다. 학생이 그 이유를 묻자, 선생님은 낡은 종이를 쓸 때, 항상 초고를 쓰는 것으로 생각해 제대로 안 되더라도 개의치 않았지만, 좋은 종이에 쓸 때는 종이가 아까워 집중해 쓰다 보니 실력이 향상된 것이라고 말했다. 만약 우리가 "낡은 종이"에 연습하는 마음가짐으로 산다면, 매일 찾아오는 기회를 날리게 될 것이다.

44) 학생은 노력을 해도 실력이 늘지 않아 괴로워했다. 따라서 답은 A이다.

45) 서예가는 학생에게 가장 좋은 종이로 글씨 연습을 하기를 권했다. 따라서 답은 B이다.

46) 마음가짐이 성공을 결정한다. 마음가짐이 다르면, 일에 몰두하는 정도도 달라진다. 따라서 답은 C이다.

단어   **书法家 shūfǎjiā** 몡 서예가 | **练字 liànzì** 동 글자 연습을 하다 | **废旧 fèijiù** 혱 오래되다, 낡다 | **改用 gǎiyòng** 동 고쳐 쓰다 | **试试 shìshi** 동 시험 삼아 해보다 | **果然 guǒrán** 뷔 과연, 역시 | **好奇 hàoqí** 혱 호기심이 많다 | **原因 yuányīn** 몡 원인 | **草稿 cǎogǎo** 몡 초고 | **无所谓 wúsuǒwèi** 동 개의치 않다, 관계가 없다 | **反正 fǎnzhèng** 뷔 어차피, 어쨌든 | **专心 zhuānxīn** 혱 열중하다 | **心疼 xīnténg** 동 매우 사랑하다 | **珍贵 zhēnguì** 혱 귀중하다 | **心态 xīntài** 몡 심리상태 | **致志 zhìzhì** 동 뜻을 두다 | **用心 yòngxīn** 동 심혈을 기울이다, 마음을 쓰다 | **确实 quèshí** 동 확실하다, 틀림없다 | **不经意 bùjīngyì** 동 조심하지 않다 | **涂抹 túmǒ** 동 바르다 | **来日方长 láirì fāngcháng** 솅 앞날이 창창하다 | **擦肩而过 cājiān érguò** 솅 어깨를 스치고 지나가다, 만날 듯 말 듯 하다

47-50

有一个聪明的年轻人，⁴⁹很想在一切方面都比他身边的人强，⁴⁷他尤其想成为一名大学问家。可是，许多年过去了，他的其他方面都不错，⁴⁸学业却没有长进。年轻人很苦恼，就去向一个大师求教。

大师说："我们登山吧，到山顶你就知道该如何做了。"那山上有许多晶莹的小石头，特别迷人。每见到他喜欢的石头，大师就让他装进袋子里背着，很快，他就吃不消了。"大师，再背，别说到山顶了，恐怕连动也不能动了。"他疑惑地望着大师。"是呀，那该怎么办呢？"大师微微一笑。"该放下。""那为何不放下呢？背着石头怎么能登山呢？"大师笑了。年轻人一愣，忽觉心中一亮，向大师道了谢走了。之后，他一心做学问，进步飞快。其实，⁵⁰人要懂得有所得必然有所失。只有学会放弃，才有可能登上人生的顶峰。

한 영특한 청년은 ⁴⁹모든 측면에서 주변 사람보다 뛰어나기를 바랐다. ⁴⁷특히 그는 유명한 학자가 되고 싶었다. 그러나 몇 년이 지나도 다른 영역에서의 성과는 나쁘지 않았지만, ⁴⁸학문적 영역에서는 진전이 없었다. 이 청년은 고심 끝에 대가를 찾아 가르침을 구했다.

대가가 말했다. "우리 함께 등산을 갑시다. 산 정상에 서면, 앞으로 어떻게 해야 할지를 알게 될 것이오." 그들이 간 산에는 작고 예쁜 돌멩이가 많았고, 사람들을 충분히 매료시킬 만했다. 그가 좋아하는 돌을 볼 때마다, 대가는 그것을 자루에 담아지고 가게 했다. 얼마 지나지 않아, 자루가 무거워 도저히 맬 수 없게 되었다. "스승님, 이것을 지고 꼭 정상까지 가야 하나요? 한 발짝도 움직일 수가 없어요." 그는 대가를 의아하게 바라보았다. "그래, 그럼 어떻게 해야 하겠소?" 대가가 미소를 지으며 말했다. "내려놓아야지요." "그럼 왜 내려놓지 않소? 돌덩이를 지고 어떻게 산에 오르겠단 말이오?" 대가가 웃으며 말했다. 청년은 순간 어안이 벙벙했지만, 불현듯 깨달았다. 그는 대가에게 고맙다고 말하고 그 자리를 떠났다. 그 뒤에 청년은 학문에만 몰두하여 실력이 빠르게 향상되었다. 사실 ⁵⁰사람들은 얻는 것이 있으면, 잃는 것도 있다는 사실을 알고 있다. 포기할 줄도 알아야 인생의 정상에 오를 수 있다.

47 年轻人最想当什么？
A 艺术家
B 思想家
C 学问家
D 哲学家

47 청년은 무엇이 되고 싶어 했는가?
A 예술가
B 사상가
C 학자
D 철학자

48 年轻人为什么会苦恼？
A 自己一无是处
B 没有老师指点
C 学业停滞不前
D 各方面都很差

48 청년은 무엇 때문에 괴로워했는가?
A 자신에게 올바른 부분이 하나도 없어서
B 선생님의 가르침을 받지 못해서
C 학문에 진전이 없어서
D 모든 방면에서 부족해서

49　关于年轻人，下列哪项正确?

　　A 没长性
　　B 很诚实
　　C 特别好强
　　D 悟性很低

50　这段话主要想告诉我们什么?

　　A 要学会放弃
　　B 多虚心请教
　　C 要有自信心
　　D 要给自己压力

49　청년에 관한 이야기 중 올바른 것은 무엇인가?

　　A 끈기가 없다
　　B 매우 성실하다
　　C 승부욕이 강하다
　　D 깨달음이 얕다

50　이 글에서 말하려고 하는 것은 무엇인가?

　　A 포기할 줄을 배워야 한다
　　B 겸손한 태도로 가르침을 구해야 한다
　　C 항상 자신감을 가져야 한다
　　D 자신에게 압박을 가해야 한다

요약　제목: 인생의 정상에 오르는 방법

주제어: 얻는 것이 있으면 잃는 것이 있듯이, 포기할 줄도 알아야 인생의 정상에 오를 수 있다.

모든 면에서 주변 사람보다 뛰어나고자 했던 청년은 유명한 학자가 되길 바랐다. 하지만 학문에서 진전이 없자, 그는 대가를 찾아갔다. 대가는 그에게 등산을 가자고 했다. 산에는 예쁜 돌멩이가 많았고, 대가는 그에게 그것을 자루에 담아 지고 가게 했다. 얼마 지나지 않아 자루가 무거워졌다. 이것을 꼭 지고 가야 하냐고 묻는 청년에게 대가는 지고 갈 수 없다면 내려놓으라고 했다. 그때 청년은 불현듯 자신의 문제점을 깨닫게 되었다. 그 후로 그는 학문에만 몰두하였고 실력이 빠르게 향상되었다. 얻는 것이 있으면 잃는 것이 있듯, 포기할 줄도 알아야 정상에 오를 수 있다.

해설　47) 그는 유명한 학자가 되고 싶어 했다. 따라서 답은 C이다.

48) 청년은 학문에 진전이 없어 괴로워했다. 따라서 답은 C이다.

49) 청년은 자신에 대한 요구치가 매우 높았다. 이는 그가 승부욕이 강한 사람임을 보여준다. 따라서 답은 C이다.

50) 인생은 얻는 것이 있으면, 잃는 것도 있는 법이다. 포기할 줄도 알아야 더 많은 것을 얻을 수 있다. 따라서 답은 A 이다.

단어　一切 yíqiè ㈝ 모두, 일체 | 身边 shēnbiān ㈐ 몸의 주변, 신변 | 尤其 yóuqí ㈛ 특히 | 长进 zhǎngjìn ㈢ 향상되다, 진보가 있다 | 大师 dàshī ㈐ 대가 | 求教 qiújiào ㈢ 가르침을 청하다 | 登山 dēngshān ㈢ 산에 오르다 | 山顶 shāndǐng ㈐ 산꼭대기 | 迷人 mírén ㈛ 매혹적이다 | 装 zhuāng ㈢ 집어넣다, 담다 | 袋子 dàizi ㈐ 주머니, 자루, 포대 | 吃不消 chībùxiāo ㈢ 견딜 수 없다 | 疑惑 yíhuò ㈢ 수상히 여기다 | 愣 lèng ㈢ 어리둥절하다 | 顶峰 dǐngfēng ㈐ 정상

정답																			
1	A	2	D	3	A	4	D	5	A	6	C	7	B	8	C	9	D	10	C
11	C	12	C	13	C	14	A	15	D	16	D	17	D	18	C	19	C	20	B
21	B	22	C	23	B	24	D	25	B	26	B	27	D	28	A	29	A	30	D
31	A	32	D	33	D	34	D	35	B	36	C	37	A	38	D	39	D	40	D
41	D	42	C	43	D	44	B	45	A	46	D	47	D	48	C	49	B	50	C

제1부분

01

　一个穷人奋不顾身地跳到河里，把失足落水的富人救了上来。富人只给了穷人一块钱的报酬。围观的人愤愤不平，要把富人再推到河里去。这时，一个人说：“大家放了他吧，他知道自己生命的价值。”

A 富人非常小气
B 富人很感激穷人
C 穷人不应该救富人
D 富人是被推到河里的

　한 가난한 사람이 용감하게 물에 뛰어들어, 발을 헛디디며 물에 빠진 부자를 구했다. 부자는 그에게 사례비로 1위안을 건넸다. 이를 보고 있던 사람들은 매우 화가 나서 다시 그를 물속으로 밀어버렸다. 이때 그 중 한 사람이 말했다. “이번에는 구해주지 말고 그냥 둡시다. 자기 목숨 값은 충분히 알고 있는 것 같으니까요.”

A 부자는 매우 속이 좁다
B 부자는 가난한 사람에게 매우 감동했다
C 가난한 사람은 부자를 구해줘서는 안 된다
D 누군가가 부자를 물속으로 밀었다

해설 가난한 사람이 부자를 구해주었지만, 부자는 그에게 단돈 1위안을 주었다. 이는 부자가 매우 속이 좁은 사람이라는 것을 보여준다. 따라서 답은 A이다.

단어 奋不顾身 fènbú gùshēn 성 자신을 돌보지 않고 용감하게 나아가다 | 失足 shīzú 동 발을 헛디디다 | 落水 luòshuǐ 동 물에 빠지다 | 报酬 bàochou 명 보수, 사례비 | 愤愤不平 fènfèn bùpíng 성 (분노, 번민으로) 마음이 평온하지 않다 | 小气 xiǎoqi 형 속이 좁다, 인색하다

02

　很多人认为，感冒的人应该多喝鸡汤。相关研究已证实，鸡汤确实有助于减少因感冒引起的喉咙充血。因此，世界上的妈妈们在孩子感冒不舒服时，还是应该让他们多喝点儿鸡汤。

　사람들은 감기에 걸렸을 때, 닭국을 많이 먹는 것이 좋다고 생각한다. 관련 연구를 통해 닭국이 감기로 부은 목을 진정시키는 데 아주 효과적이라는 것이 밝혀졌다. 그래서 많은 엄마들이 아이가 감기에 걸렸을 때, 닭국을 많이 먹인다.

A 小孩儿很容易得感冒
B 孩子们都不喜欢喝鸡汤
C 鸡汤能减轻咳嗽的症状
D 鸡汤对治疗感冒有好处

A 어린아이들은 쉽게 감기에 걸린다
B 아이들은 모두 닭국을 싫어한다
C 닭국은 기침을 완화할 수 있다
D 닭국은 감기 치료에 효과가 있다

해설 관련 연구에 따르면, 닭국은 감기로 부은 목을 진정시키는 데 도움이 된다. 따라서 답은 D이다.

단어 感冒 gǎnmào 圆 감기 | 鸡汤 jītāng 圆 닭국 | 证实 zhèngshí 圄 증명하다 | 有助于 yóuzhùyú ~에 도움이 되다 | 喉咙 hóulóng 圆 목구멍 | 充血 chōngxuè 圄 충혈되다

03

随着新能源在汽车行业的研究和推广渐成热点，航空业也不愿落后，各种各样的新能源飞机正在研究之中，这些飞机二氧化碳的排放量都很低。一些新能源飞机甚至已经成功完成了首飞，就等成本的下降了。

신 에너지가 자동차 산업의 연구와 보급에서 점차 각광을 받고 있는 가운데, 항공 산업 역시 이 흐름에 뒤처지지 않기 위해, 여러 가지 신 에너지 비행기를 연구하고 있다. 이 비행기들은 이산화탄소 배출량이 매우 적으며, 일부 신 에너지 비행기는 심지어 이미 첫 비행을 성공적으로 마쳤고, 원가가 떨어질 수 있기를 기다리고 있다.

A 新能源飞机的成本比较高
B 新能源飞机刚刚开始研究
C 新能源飞机已经投入市场
D 新能源飞机不排放二氧化碳

A 신 에너지 비행기의 원가가 매우 높다
B 신 에너지 비행기는 이제 막 연구를 시작했다
C 신 에너지 비행기는 이미 시장에 출시되었다
D 신 에너지 비행기는 이산화탄소를 배출하지 않는다

해설 신 에너지 비행기는 비용을 절감해야 시장에서 상용화 될 수 있다. 이는 현재 비용이 높음을 말한다. 따라서 답은 A 이다.

단어 新能源 xīnnéngyuán 圆 신 에너지 | 汽车行业 qìchē hángyè 圆 자동차 산업 | 推广 tuīguǎng 圄 보급하다 | 热点 rèdiǎn 圆 관심사, 뜨거운 감자 | 航空业 hángkōngyè 圆 항공 산업 | 落后 luòhòu 圄 낙후되다, 뒤처지다 | 二氧化碳 èryǎnghuàtàn 圆 이산화탄소 | 排放量 páifàngliàng 圆 배출량 | 首飞 shǒufēi 圆 첫 비행

04

一个古董收集者路过一个小店，店里的猫正在舔一个值钱的古董盘子。收集者花20元买了那只猫，然后恳求店主把盘子送给他。"对不起，"店主说，"这只盘子能给我带来好运。你不知道，这一周我卖了68只猫！"

한 골동품 수집가가 작은 가게 앞을 지나고 있을 때, 가게의 고양이가 값비싼 골동품 쟁반을 핥고 있는 것을 보았다. 수집가는 20위안에 고양이를 사고, 주인에게 쟁반도 함께 줄 수 없느냐고 물었다. "죄송하지만 안됩니다." 주인이 말했다. "이건 행운의 쟁반이에요. 아세요? 이 쟁반 덕분에 이번 주에만 고양이를 68마리나 팔았다고요!"

A 收集者很喜欢那只猫
B 这个小店是家古董店
C 那个旧盘子卖了20元
D 收集者没买到那个旧盘子

A 수집가는 그 고양이를 매우 좋아한다
B 이 가게는 골동품 가게이다
C 낡은 쟁반은 20위안에 팔렸다
D 수집가는 낡은 쟁반을 사지 못했다

해설 가게 주인은 쟁반을 미끼로 많은 고양이를 팔았기 때문에 쟁반을 수집가에게 팔지 않았다. 따라서 답은 D이다.

단어 | **古董 gǔdǒng** 몡 골동품 | **猫 māo** 몡 고양이 | **舔 tiǎn** 통 핥다 | **值钱 zhíqián** 혱 값어치가 있다. 값지다 | **盘子 pánzi** 몡 쟁반 | **恳求 kěnqiú** 통 간곡히 부탁하다 | **好运 hǎoyùn** 몡 행운

05

你看到合适的房子就去租，也不考虑租房给你的人是不是房主，他有没有权利出租。另外，这房子到底租给几个人，你不事先约定，有的房主就可以连客厅都隔成好几间出租，弄得你生活没质量，安全没保障。

A 租房要注意陷阱
B 租房会降低生活质量
C 有的房主喜欢乱涨价
D 有的房主只出租客厅

사람들은 흔히 적당한 집이 있으면 바로 빌리고, 집을 세 놓는 사람이 집주인인지, 집을 세놓을 권리가 있는 사람인지 전혀 고려하지 않는다. 이 밖에 이 집을 몇 명에게 세 놓는 것인지, 집을 빌리기 전에 따져보아야 한다. 왜냐하면, 어떤 집주인들은 거실까지도 몇 칸으로 나누어 세를 놓기 때문이다. 그러면 삶의 질도 떨어지고, 개인의 안전도 보장할 수 없다.

A 집을 빌릴 때는 함정을 조심해야 한다
B 집을 빌리면 삶의 질이 떨어진다
C 일부 집주인은 가격을 함부로 올린다
D 일부 집주인은 거실만 세를 놓는다

해설 집을 빌릴 때, 집을 세놓는 사람이 집주인인지의 여부를 꼭 살펴봐야 한다. 어떤 사람은 월세를 더 많이 받기 위해 무분별하게 세를 놓아 당신의 삶의 질을 떨어뜨리고, 안전도 위협할 수 있기 때문이다. 따라서 답은 A이다.

단어 | **合适 héshì** 통 알맞다. 적합하다 | **租房 zūfáng** 통 방을 빌리다. 집을 세내다 | **房主 fángzhǔ** 몡 집주인 | **出租 chūzū** 통 세주다. 세놓다 | **事先 shìxiān** 몡 사전 | **客厅 kètīng** 몡 거실 | **隔成 géchéng** ~부분으로 막아서 나누다

06

由于数字和网络技术的进步，数字出版业正在以远远高于传统出版业的速度发展，二者的差距在逐渐缩小。但专家也提醒，在数字化阅读时代，别只顾着推广新技术，而丢失了数字出版的"灵魂"——内容。

A 传统出版业比较落后
B 传统出版业已经被取代
C 数字出版业要注重内容
D 技术对数字出版业最重要

디지털 정보통신의 발달로 디지털 출판 산업은 기존의 출판 산업의 발전 속도를 추월하여, 그 격차가 점차 좁아지고 있다. 그러나 전문가들은 디지털 독서시대에 기술 보급에만 신경 쓰다가, 디지털 출판의 "영혼"이라 할 수 있는 콘텐츠를 잃어서는 안 된다고 말한다.

A 기존의 출판 산업은 비교적 낙후되었다
B 기존의 출판 산업은 이미 대체되었다
C 디지털 출판은 콘텐츠를 중시해야 한다
D 디지털 출판에서 기술이 가장 중요하다

해설 디지털 독서 시대에 신기술도 중요하지만, 콘텐츠도 중요하다고 언급하고 있으므로 답은 C이다.

단어 | **数字 shùzì** 몡 디지털 | **网络 wǎngluò** 몡 네트워크 | **出版业 chūbǎnyè** 몡 출판 산업 | **内容 nèiróng** 몡 콘텐츠(contents)

07

未来10年，城市居民买车首选将是电动汽车。与传统汽车相比，新能源电动车的性能尚有一定距离，但是政府为鼓励新能源汽车消费将会推出一系列补贴政策，从价格上最大程度吸引消费者，从而刺激消费需求。

앞으로 10년 동안, 도시 사람들은 자동차를 살 때 우선적으로 전기 자동차를 고려할 것이다. 일반 자동차와 비교할 때, 신 에너지 전기 자동차의 성능은 아직 차이가 있다. 하지만 정부는 전기자동차의 소비를 장려하기 위해 보조 정책을 시행할 것이며, 가격적인 면에서 소비자를 매료시켜 소비를 촉진할 것이다.

A	电动汽车比传统汽车好用	A	전기 자동차는 일반 자동차보다 쓸모가 있다
B	电动汽车将使用新型能源	B	전기 자동차는 새로운 에너지를 사용할 것이다
C	消费者最看重汽车的价格	C	소비자가 가장 중시하는 것은 차량의 가격이다
D	政府鼓励电动汽车降价销售	D	정부는 전기 자동차의 가격을 낮춰 판매하는 것을 장려한다

해설 일반 자동차와 비교했을 때, 신 에너지 전기 자동차의 성능은 아직 차이가 있다는 것은 전기 자동차와 일반 자동차가 다르다는 것을 말해주는 것이고, 신형 에너지원을 사용할 것임을 의미하는 것이다. 따라서 답은 B이다.

단어 **电动汽车 diàndòng qìchē** 몡 전기 자동차 | **性能 xìngnéng** 몡 성능 | **鼓励 gǔlì** 동 격려하다 | **补贴 bǔtiē** 몡 보조금

08

一天，教授给学生进行一次考试。所有人交了考卷以后，教授注意到一个学生在考卷上放了100元，并且注明"1分1元"。第二次上课时，教授把批阅后的考卷发了下来。那个学生拿回自己的试卷，上面附了64元。

어느 날, 교수는 학생들에게 시험을 보게 했다. 모든 학생이 시험지를 제출한 후, 교수는 시험지 위에 100위안 놓여 있고, '1점에 1위안'이라고 적힌 것을 보았다. 이튿날 수업시간에 교수는 채점한 시험지를 학생들에게 나누어 주었다. 100위안 시험지를 제출한 학생은 64위안이 붙어있는 시험지를 받게 되었다.

A	学生考试得了满分	A	학생은 만점을 받았다
B	学生考试得了64分	B	학생은 64점을 받았다
C	学生想用钱贿赂教授	C	학생은 교수에게 뇌물을 주려 했다
D	教授没有收学生的钱	D	교수는 학생의 돈을 받지 않았다

해설 어느 학생이 시험지에 100위안을 붙여 놓고 '1점에 1위안'이라고 적어 놓았다. 학생은 100점을 받고 싶어했지만, 교수는 학생의 바람을 들어주지 않았다. 100위안 시험지를 제출한 학생이 교수로부터 64위안을 돌려받은 것으로 보아 시험에서 학생은 32점을 받은 것을 알 수 있다. 교수는 학생의 시험 점수만큼 돈을 가져가고 나머지 돈은 학생에게 돌려준 것이다. 따라서 답은 C이다.

단어 **交 jiāo** 동 제출하다 | **考卷 kǎojuàn** 몡 시험지, 답안지 | **注明 zhùmíng** 동 주를 달다 | **批阅 pīyuè** 동 읽고 지시하거나 수정하다 | **试卷 shìjuàn** 몡 답안지

09

实验证明，一个正在说谎的人会用更多时间来思考和回答别人的问题，因此生理上会发生一些细微的反应和变化，如瞳孔放大等。这些反应和变化虽然肉眼发现不了，但都逃不过测谎仪器的"眼睛"。

실험 조사에 따르면, 거짓말을 하는 사람은 다른 사람의 질문에 대답하기 위해 더 오래 생각을 한다. 그래서 생리적으로 미세한 반응이 나타나는데, 예로 들면 동공이 확대된다. 이러한 반응과 변화는 비록 육안으로는 관찰되지 않지만, 거짓말 탐지기의 "눈"을 피할 수는 없다.

A	撒谎很容易被人察觉出来	A	거짓말은 다른 사람에게 쉽게 들킨다
B	撒谎者的表情会发生变化	B	거짓말을 하는 사람의 표정에는 변화가 있다
C	撒谎者回答问题的速度很慢	C	거짓말을 하는 사람의 대답 속도는 매우 느리다
D	测谎仪能测出人是否在撒谎	D	거짓말 탐지기는 사람의 거짓말 여부를 알아낼 수 있다

해설 지문의 마지막 부분에서 거짓말을 하는 사람의 미세한 반응은 모두 거짓말 탐지기의 "눈"을 피할 수 없다고 언급하고 있으므로 답은 D이다.

단어 说谎 shuōhuǎng 통 거짓말 하다 | 细微 xìwēi 형 미세하다, 사소하다 | 瞳孔 tóngkǒng 명 동공 | 放大 fàngdà 통 확대하다, 크게 하다 | 肉眼 ròuyǎn 명 육안 | 测谎仪器 cèhuǎng yíqì 명 거짓말 탐지기

10

川剧是流行于四川、重庆、贵州、云南等地区的地方剧种。变脸即改换脸谱，是川剧的表演特技，用于表现剧中人物的内心及思想感情的变化，但观众熟悉的一些人物一般不变脸。如今，变脸已被其他剧种借鉴。

쓰촨극은 쓰촨, 충칭, 구이저우, 윈난 등지에서 유행한 지역극의 일종이다. 변검은 순식간에 얼굴을 바꾸는 공연 예술로 쓰촨극의 특수한 표현 기교이며, 등장인물의 내면과 감정의 변화를 나타낼 때 사용된다. 그러나 관객에게 익숙한 일부 인물은 얼굴을 바꾸지 않는다. 오늘날 변검은 다른 극의 모범이 되었다.

A 每个川剧人物都会变脸
B 变脸是川剧独有的特技
C 变脸反映人物内心的变化
D 川剧主要在四川省内流行

A 모든 쓰촨극의 등장인물은 얼굴을 바꾼다
B 변검은 쓰촨극의 독특한 표현 기교이다
C 변검은 인물 내면의 변화를 반영한다
D 쓰촨극은 주로 쓰촨성에서 유행한다

해설 변검은 극중 인물의 내면과 감정 변화를 나타낸다고 언급하고 있으므로 답은 C이다.

단어 川剧 chuānjù 명 쓰촨극 [쓰촨 지방 전통극으로 쓰촨(四川), 충칭(重庆)과 구이저우(贵州), 윈난(云南)의 일부 지역에서 유행함] | 变脸 biànliǎn 명 변검 [전통극 공연에서 빠른 동작으로 배우의 얼굴 모습을 바꾸는 연기하는 것] | 脸谱 liǎnpǔ 명 (전통극에서 인물의 성격과 특징을 나타내기 위해) 배우들의 얼굴에 그린 분장 | 特技 tèjì 명 특기, 특별한 기교 | 熟悉 shúxī 통 숙지하다, 잘 알다 | 借鉴 jièjiàn 통 본보기로 삼다, 참고로 하다

11

作为刚工作的新人，要懂得放弃学生时代的成功经验。在学生时代，只要努力成绩就不会差。在工作中，则要靠团队协作，仅靠个人努力是不够的。另外，当学生时你可以尽力表现自己，但是工作以后要学会适时地表现。

이제 막 입사한 신입사원은 학생 시절의 성공 경험을 잊을 필요가 있다. 학생 시절에는 노력만 하면 괜찮은 성과를 거둘 수 있었다. 그러나 회사에서는 조직의 협력에 의존해야지, 개인의 노력에만 기대면 안 된다. 또한 학생일 때는 최대한 자신을 표현하려 애쓰지만, 일을 시작하고 나서는 적절한 때에 표현하는 방법을 알아야 한다.

A 新人要尽力表现自己
B 个人努力在工作中没有用
C 员工的角色和学生不一样
D 学生时代的经验是错误的

A 신입사원은 자신을 표현하기 위해 애써야 한다
B 회사에서 개인의 노력은 쓸모가 없다
C 회사원의 역할과 학생의 역할은 다르다
D 학생의 경험은 틀린 것이다

해설 입사 이후, 일하는 방법은 학생 때와 다르다고 언급하고 있으며, 이는 회사원과 학생의 역할이 다름을 의미한다. 따라서 답은 C이다.

단어 新人 xīnrén 명 신입사원 | 懂得 dǒngde 통 이해하다, 알다 | 放弃 fàngqì 통 포기하다 | 团队 tuánduì 명 단체, 팀 | 协作 xiézuò 통 협력하다 | 尽力 jìnlì 통 애쓰다, 모든 힘을 다하다 | 适时 shìshí 형 적절하다, 때맞다 | 员工 yuángōng 명 종업원, 직원 | 角色 juésè 명 역할 | 经验 jīngyàn 명 경험

12

目前，大城市的家电租赁需求越来越大。虽然家电租赁方便而且节省开销，但租的家电产品本身比较老旧，时刻要担心它的安全问题。有的消费者认为，现在家电产品大都价廉物美，还不如多加点钱买新的。

오늘날 대도시의 가전제품 임대 수요는 갈수록 증가하고 있다. 그러나 가전제품의 임대가 수월하고, 지출을 줄일 수 있지만, 빌린 가전제품은 비교적 오래된 것이기 때문에 항상 안전 문제를 걱정하게 된다. 일부 소비자는 요즘의 가전제품은 값도 저렴하고, 품질도 좋아서 돈을 조금 더 주고 새것을 사는 편이 더 낫다고 생각한다.

A 新家电的价格比较高
B 消费者更愿意租家电
C 家电租赁存在安全隐患
D 家电租赁主要出租新家电

A 새로운 가전제품의 가격은 비교적 비싸다
B 소비자는 가전제품 임대를 더 선호한다
C 가전제품 임대에는 안전 문제가 있을 수 있다
D 가전제품 임대는 주로 새 제품을 빌리는 것이다

해설 지문에서 빌린 가전제품은 비교적 오래된 것이기 때문에 항상 안전 문제를 걱정해야 한다고 언급하고 있으므로 답은 C이다.

단어 家电 jiādiàn 몡 가전제품 | 租赁 zūlìn 동 빌려 쓰다, 임대하다 | 节省 jiéshěng 동 절약하다, 아끼다 | 开销 kāixiāo 동 비용을 치르다, 지불하다 | 老旧 lǎojiù 톙 낡다, 시대에 처지다 | 时刻 shíkè 틘 시시각각, 늘, 언제나 | 担心 dānxīn 동 걱정하다 | 价廉物美 jiàlián wùměi 솅 값이 싸고 품질도 좋다 | 隐患 yǐnhuàn 몡 잠복해있는 위험

13

吃过饭以后，胃肠需要大量血液帮助消化。如果马上从事剧烈的体力活动或紧张的脑力劳动，留在胃肠的血液就少了，食物不能很好消化，会导致胃病。所以饭后应休息一会儿，最好是散散步，帮助胃肠消化。

밥을 먹고 난 뒤에 위에서는 많은 양의 혈액이 소화를 돕는다. 만약 밥을 먹은 직후에 격렬한 운동을 하거나, 극도로 신경을 쓰는 일을 한다면, 위에 남아 있는 혈액량이 줄어들어, 음식물이 소화가 잘 되지 않고 심하면 위장병이 나타나기도 한다. 따라서 식후에는 반드시 적당한 휴식을 취해야 하며, 가벼운 산책을 하여 위의 소화를 돕는 것이 가장 좋다.

A 刚吃完饭尽量不要活动
B 刚吃过饭应该睡一会觉
C 饭后散步是最好的选择
D 吃完饭可以从事脑力劳动

A 밥을 먹은 직후에는 움직이지 않는 것이 좋다
B 밥을 먹은 직후에는 잠을 자야 한다
C 식후 산책은 가장 좋은 방법이다
D 식후 정신노동을 해도 된다

해설 식후에는 반드시 적당한 휴식을 취해야 하며, 가벼운 산책을 하여 소화를 돕는 것이 좋다고 언급하고 있으므로 답은 C이다.

단어 胃肠 wèicháng 몡 위 | 血液 xuèyè 몡 혈액 | 消化 xiāohuà 몡 소화 | 脑力劳动 nǎolì láodòng 몡 정신노동 | 胃病 wèibìng 몡 위장병

14

拉萨是西藏的首府，日照时间长，辐射强，有"日光城"的美称。拉萨的年最高气温是28℃，最低气温零下14℃。雨季集中在6月到9月。总的来说，3月到10月气候温暖湿润，氧气充足，是拉萨最好的旅游季节。

라사는 티베트의 행정부 소재지로 일조시간이 길고, 태양 복사량이 많아 '태양의 도시'라는 별칭이 있다. 라사의 연중 최고기온은 28℃이고, 최저기온은 영하 14℃이다. 우기는 6월부터 9월에 집중되어 있다. 다시 말해 3월부터 10월까지의 날씨는 따뜻하고 습윤하며, 산소가 풍부해 라사를 여행하기 가장 좋은 계절이다.

A 拉萨的日照很强

B 拉萨的夏天很热

C 春天是拉萨的雨季

D 夏天不要到拉萨旅游

A 라사의 일조량은 많다

B 라사의 여름은 매우 덥다

C 봄은 라사의 우기이다

D 여름에는 라사에 여행가지 않아야 한다

해설 라사는 해가 일찍 뜨고 늦게 저서, 일조시간이 길다고 언급하고 있으므로 답은 A이다.

단어 拉萨 Lāsà [지명] 라사 | 西藏 Xīzàng [지명] 티베트(시짱자치구) | 首府 shǒufǔ [명] 자치구의 행정부 소재지 | 日照 rìzhào [명] 일조 | 辐射 fúshè [명] 복사 | 湿润 shīrùn [형] 습윤하다, 축축하다 | 氧气 yǎngqì [명] 산소

15

鸡蛋拥有天然食品中最优秀的蛋白质，但也不能吃得太多。因为蛋白质需要和水结合，食入大量的蛋白质会使体内的水分大量丢失。此外，多余的蛋白质如不能及时消化，还会在体内细菌的作用下产生有毒物质。

계란은 천연 식품 가운데 가장 우수한 단백질을 함유하고 있지만, 너무 많이 먹어서는 안 된다. 단백질은 물과 결합해야 하는데, 다량의 단백질을 섭취하게 되면 체내의 수분을 뺏기기 때문이다. 이밖에 과도한 단백질이 제때에 소화되지 않으면, 체내의 세균이 독소를 만들어내기도 한다.

A 鸡蛋中含有有毒物质

B 鸡蛋吃多了也没有关系

C 鸡蛋中的蛋白质不易消化

D 吃鸡蛋时最好多补充水分

A 계란에는 독소가 함유되어 있다

B 계란은 많이 먹어도 상관이 없다

C 계란의 단백질은 쉽게 소화되지 않는다

D 계란을 먹을 때는 수분을 보충해주는 것이 좋다

해설 단백질은 체내의 수분을 빼앗기 때문에, 계란을 먹을 때는 수분을 보충해주는 것이 좋다. 따라서 답은 D이다.

단어 优秀 yōuxiù [형] 뛰어나다, 우수하다 | 蛋白质 dànbáizhì [명] 단백질 | 食入 shírù [동] 섭취하다 | 多余 duōyú [형] 여분의 | 细菌 xìjūn [명] 세균 | 毒物质 dúwùzhì [명] 독성물질, 독소

제2부분

16-20

女: 大家好！今天我们的客人是著名收藏家马未都先生。马先生，当时是怎么样的一个机会让您走进《百家讲坛》的？

男: 我觉得是一拍即合吧。《百家讲坛》找到我，我也对这个节目感兴趣。之前我参加过的电视节目都比较娱乐化，或者有些传奇化，请我讲一些收藏故事和经历。[16]而我自己更喜欢讲思维方式。在这方面，《百家讲坛》是一个很好的平台，通过它可以传达我的收藏理念。

여: 안녕하세요. 오늘의 손님은 유명한 수집가이신 마웨이두 선생님입니다. 마 선생님, 「백가강단」에 출연하게 된 계기가 무엇인가요?

남: 서로의 이해가 맞아떨어진 거죠. 「백가강단」에서도 제가 출연하길 바랐고, 저도 그 프로그램에 관심이 있었어요. 그전까지 제가 출연했던 프로그램은 대개 오락적 성향이 짙거나 전기적인 성격이 있어서, 저에게 수집 이야기와 경험을 이야기를 해달라고 했지요. [16]그런데 저는 사상적인 이야기를 하는 것을 더 좋아해요. 그런 면에서 「백가강단」은 아주 좋은 기회였어요. 그 프로그램을 통해서 수집에 대한 저의 생각을 전할 수 있었으니까요.

女：您觉得是什么原因让《百家讲坛》邀请您来讲收藏，而不是找一个考古学的专家、教授来讲？

男：我觉得可能是因为我的讲课方式不太规范，不太像老师，能让观众们觉得新鲜。我算打破了《百家讲坛》之前的沉闷，17过去讲和珅，讲武则天，讲的是人，讲三国、水浒、红楼，讲的是故事。而我讲的是收藏的知识，我觉得今天的老百姓多知道一点知识是快乐的。

女：您是怎么讲课的呢？

男：18我大部分都在讲一个文化成因和背景，这跟我的经历有关，我出身编辑嘛，年轻时又酷爱文学。至于文物中的故事和收藏中的经历是顺带说的，不是我要讲的主要的部分。

女：在风格上，19您和以往《百家讲坛》还是挺符合的，都是引经据典的。

男：刚开始我还是有点拘谨，19我想往《百家讲坛》这个一贯的模式上面靠，就是凡事必须要说明出处。但是经过一段时间，我越讲越放得开了，引经据典越到后面越少，效果反而越好了。

女：现在有些人把学习收藏知识当成为自己挣钱的手段，目的并不是为了学习文化，您对此怎么看？

男：我不反对以经济目的进入收藏，20但是我相信他最终会走向文化的乐趣上。我觉得文化发展到今天，人们应该有这样一个认识：乐趣不仅仅是钱带来的。我认识很多人就是以追求钱为目的进入收藏这一行的，最后都不想卖文物了，甚至打算把它们捐了。

16　男的更喜欢参加什么样的节目？

　　A 娱乐化

　　B 传奇化

　　C 讲收藏

　　D 讲理念

여: 그렇다면 선생님께서는 「백가강단」에서 선생님께 수집이야기를 들으려고 한 이유가 뭐라고 생각하시나요? 고고학 전문가나 교수를 초청하지 않고 말이죠.

남: 아마도 저의 강의 방식이 독특하고, 선생님 같지 않은 모습이 청중들에게 새롭게 느껴졌기 때문이겠죠. 저는 「백가강단」의 기존의 비교적 무거운 분위기를 바꿔보고 싶었어요. 17이를테면 허선, 측천무후 같은 인물이나 삼국지, 수호전, 홍루몽 등의 이야기를 하는 것 말이에요. 제가 이야기할 것은 수집에 관한 지식인데, 저는 요즘 사람들이 더 다양한 지식을 습득하는 것도 매우 기쁜 일이라고 생각해요.

여: 선생님은 어떻게 강의를 하세요?

남: 18저는 대부분 문화적인 원인과 배경을 설명해요. 이것은 저의 경험과 관련이 있는데요. 제가 편집자 출신이잖아요. 젊어서는 문학을 아주 사랑했지요. 그리고 문화재에 관한 이야기와 수집 과정 중의 경험은 말하다 보니 하게 된 것이지, 원래 제가 말하려고 하는 내용은 아니었어요.

여: 스타일 면에서 19선생님과 이전의 「백가강단」은 꽤 잘 어울렸어요. 모두 고사를 인용하여 이론을 설명하는 것 말이죠.

남: 처음에는 방송이 어색해서 19「백가강단」의 방식을 따르려 했었어요. 모든 설명에 출처를 밝히는 방식 말이에요. 그런데 시간이 지나면서, 강의할수록 점점 편해지다 보니, 경전을 인용하는 횟수가 점점 줄어들게 되었고, 효과는 오히려 더 좋아지게 되었죠.

여: 요즘 일부 사람들은 수집에 관한 지식을 배우는 것을 돈을 벌기 위한 수단으로 여기고 있는데, 그 목적은 문화를 배우는 것에 있는 것이 아닌거죠. 선생님께서는 이런 현상에 대해서 어떻게 생각하세요?

남: 저는 경제적인 목적으로 수집하는 것을 반대하지 않아요. 20이 사람들이 결국에는 문화에 흥미를 느낄 것이라고 믿기 때문이죠. 문화가 오늘날까지 발전하게 된 것은 사람들에게 이런 생각이 있었기 때문인 것 같아요. '취미는 돈으로만 살 수 있는 것만은 아니다.'라는 생각 말이죠. 제가 아는 대다수의 사람들은 돈을 쫓아 수집에 발을 들여 놓았지만, 결국엔 문화재를 팔지 않고 심지어는 그것을 기증하기도 하거든요.

16　남자는 어떤 프로그램에 출연하는 것을 더 좋아하는가?

　　A 오락적인 프로그램

　　B 전기적인 프로그램

　　C 수집 강연 프로그램

　　D 사상 강연 프로그램

17	关于男的的讲课方式，哪一点和以往不同？	17	남자의 강의 방식에서 어떤 점이 기존의 방식과 다른가？
	A 更正规		A 기본적인 내용
	B 讲人物		B 인물 강의
	C 讲故事		C 이야기 소개
	D 讲知识		D 지식 강의

18	男的讲课的主要部分是什么？	18	남자의 강의에서 주된 내용은 무엇인가？
	A 文学知识		A 문학지식
	B 收藏经历		B 수집경험
	C 文化背景		C 문화배경
	D 文物故事		D 문화재이야기

19	关于引经据典，以下哪项正确？	19	경전을 인용해 설명을 하는 것에 관한 이야기 중 올바른 것은 무엇인가？
	A 男的喜欢引经据典		A 남자는 경전을 인용해 설명하는 것을 좋아한다
	B 引经据典的效果好		B 경전을 인용해 설명을 하는 것은 효과가 좋다
	C 以往的节目偏引经据典		C 기존의 프로그램은 경전을 인용해 설명하는 방식에 치우쳐져 있었다
	D 引经据典是节目的要求		D 경전을 인용해 설명을 하는 것은 프로그램이 요구하는 방향이다

20	男的对于收藏有什么主张？	20	수집에 대해 남자는 어떻게 생각하는가？
	A 文物应该捐出去		A 반드시 문화재를 기증해야 한다
	B 在收藏中发现文化乐趣		B 수집 과정에서 문화적 흥미를 발견한다
	C 反对为了投资而进入收藏		C 투자를 위해 수집을 하는 것을 반대한다
	D 收藏应该与文化共同进步		D 수집은 문화적 소양과 함께 발전해야 한다

요약 유명한 수집가인 마웨이두는 「백가강단」에 출연하였다. 사상적인 이야기를 하길 좋아하는 그에게 「백가강단」은 좋은 기회였다. 「백가강단」은 원래 인물과 소설에 관한 이야기를 중심으로 하는데 그는 이런 이야기보다 수집에 관한 이야기를 했다. 또 「백가강단」은 고사를 인용하는 방식에 치우쳐져 있었다. 처음에 그도 이 방식을 따랐지만, 강의가 편해지면서 경전을 인용하는 횟수가 줄어들었고, 강의 효과는 더 좋아졌다. 그의 강의의 특징은 문화적인 원인과 배경을 이야기하는 것을 중심으로 한다는 것이다. 사람들이 돈을 벌기 위해 수집하는 것에 대해 그는 반대하지 않는다. 그런 사람들도 결국에는 문화에 흥미를 느끼게 될 것이라고 생각하기 때문이다.

해설 16) 남자는 사상적인 이야기하는 것을 좋아하며, 이 프로그램을 통해 자신의 생각을 전달하게 된 것을 기쁘게 생각하고 있다고 언급하고 있다. 따라서 답은 D이다.

17) 과거의 강연 내용은 소설이나 인물에 집중되었지만, 남자가 주로 말하고자 하는 것은 지식의 전달이다. 따라서 답은 D이다.

18) 남자가 주로 이야기하는 것은 문화의 발생과 배경을 소개하는 것이라고 언급하고 있으므로 답은 C이다.

19) 여자와 남자는 모두 경전을 인용해 설명하는 것이 프로그램의 일관된 성격이라고 언급하였다. 따라서 답은 C이다.

20) 남자는 일부 사람들이 경제적인 이유로 수집을 시작하더라도, 그들이 수집 과정에서 문화적인 흥미를 발견할 것이라 믿고 있다. 따라서 답은 B이다.

단어　客人 kèrén 圀 게스트 | 收藏家 shōucángjiā 圀 수집가 | 百家讲坛 Bǎijiā jiǎngtán 백가강단 [유명 전문가를 초청하여 강의를 듣는 중국의 시사 교양 프로그램] | 一拍即合 yìpāi jíhé 図 단번에 일치하다, 단번에 들어맞다 | 节目 jiémù 圀 프로그램 | 娱乐 yúlè 圀 오락, 즐거움 | 传奇 chuánqí 圀 전기 | 邀请 yāoqǐng 園 초대하다 | 考古学 kǎogǔxué 圀 고고학 | 专家 zhuānjiā 圀 전문가 | 打破 dǎpò 園 타파하다, 깨뜨리다 | 沉闷 chénmèn 園 음침하다, 무겁다 | 和珅 Hé Shēn 인圀 화신 [중국 청나라 중기의 정치가. 건륭제의 총애를 받아, 자신의 지위를 이용해 뇌물을 모으는 등 횡포가 극에 달하였고, 건륭제가 퇴위한 후 가경제는 그를 체포하여, 대죄 20조를 들어 스스로 목숨을 끊게 하였음] | 武则天 Wǔ Zétiān 인圀 측천무후 [중국에서 여성으로 유일하게 황제가 되었던 인물로 당 고종의 황후였지만 690년 국호를 주(周)로 고치고 스스로 황제가 되어 15년 동안 중국을 통치함] | 水浒 Shuǐhǔ 圀 수호전 | 红楼 Hónglóu 圀 홍루몽 | 成因 chéngyīn 圀 원인 | 背景 bèijǐng 圀 배경 | 编辑 biānjí 園 편집하다 圀 편집자, 저작 | 酷爱 kù'ài 園 매우 좋아하다 | 顺带 shùndài 閉 ~하는 바에, 내친김에 | 风格 fēnggé 圀 품격, 태도 | 引经据典 yǐnjīng jùdiǎn 図 (연설을 하거나 문장을 쓸 때) 경전이나 서적의 어구나 고사를 인용하여 논증의 근거로 삼다 | 拘谨 jūjǐn 園 어색하다, 부자연스럽다 | 挣钱 zhèngqián 園 돈을 벌다 | 乐趣 lèqù 圀 즐거움, 재미 | 捐 juān 園 기부하다, 바치다

21-25

女：马云，非常高兴和您聊天！您给您的网站取名阿里巴巴，是不是想学习民间故事里那个发现宝藏的青年，自己也发大财？

男：也不完全是。[21]我们创立公司时，希望做成一家至少维持80年的企业，希望成为全世界的十大网站之一，希望全世界的商人都使用我们的网站，那么[22A]品牌的名字必须响亮，让全世界的人都记得住！经过长时间的考虑后，选择了阿里巴巴这个名字。[22B]这个名字不仅容易记，而且全世界的发音都一样。[22D]故事里阿里巴巴是一个善良正直的青年，他希望把财富给别人而不是自己独占，我们要给中小型企业在网上开启财富的大门，[22C]但没有想自己发大财，也从来没想过自己能发大财！

女：听说八年前开始做这个商务网站的时候，有人说您是骗子，是真的吗？

男：是有过的。我们成立这家网络公司时，中国还没有互联网。在当时人看来，我们做的是一个不存在的东西。而且我自己学的不是计算机，我对电脑几乎是不懂的。[23]所以一个不懂电脑的人告诉别人：有着这么一个神秘的网络，他们觉得我在骗人。

女：阿里巴巴不是按交易收取佣金，而是采取会员费的形式。以后还会坚持这个形式吗？

男：从交易中收取佣金，在中国的未来两三年内是不可能实现的。信息时代瞬息万变，我们也会不断地变化，在变化中求存。[24]但是给客户创造价值的宗旨是不会变的。

여: 마윈 씨, 이렇게 함께 이야기할 수 있어서 매우 기쁘네요! 마윈 씨는 인터넷 사이트 이름을 알리바바라고 지었는데 혹시 동화 속의 보물을 발견한 청년처럼, 자신도 큰 돈을 벌고 싶은 마음에 그런 건가요?

남: 꼭 그렇지만은 않아요. [21]제가 회사를 차렸을 때, 최소 80년은 이어갈 수 있는 기업이 되고 싶었어요. 또한 세계 10대 인터넷 사이트 중의 하나가 되길 바랐고, 전 세계 기업이 모두 우리 사이트를 사용하도록 하고 싶었어요. 그러려면 [22A]회사이름은 반드시 기발한 것이어야 했고, 그래야 전 세계 사람들이 모두 기억할 수 있지요. 오랜 고민 끝에 알리바바라는 이름을 선택했어요. [22B]이 이름은 기억하기도 쉬울 뿐만 아니라, 전 세계에서 발음이 모두 같아요. [22D]동화 속의 알리바바는 착하고, 정직한 청년이에요. 그는 재산을 다른 사람에게 나누어 주려고 했지, 혼자 독차지하려고 하지 않았어요. 우리는 중소기업이 인터넷 상에서 돈을 벌 수 있게 돕고 싶었어요. [22C]애초에 우리가 큰돈을 벌려고 하지도 않았고, 스스로 큰돈을 벌 수 있을 것이라고는 생각해본 적도 없었지요.

여: 8년 전 이 비즈니스 사이트를 만들었을 때, 사람들이 마윈 씨를 사기꾼이라고 했다던데, 사실인가요?

남: 네. 사실이에요. 우리가 이 온라인 회사를 차렸을 당시, 중국에는 인터넷이 없었어요. 당시 사람들 눈에는 우리가 다루는 것이 보이지 않았지요. 게다가 제 전공이 컴퓨터도 아니고, 저 역시 컴퓨터에 대한 지식이 거의 없었어요. [23]그러니 컴퓨터도 잘 모르는 사람이 신비로운 네트워크가 있다고 말하니, 사람들한테는 사기꾼으로 보였겠죠.

여: 알리바바는 거래가 진행되면 수수료를 받는 것이 아니라, 회원비를 받는 형식인데요. 앞으로도 이 방식을 유지하실 건가요?

남: 거래 당 수수료를 떼는 방식은 앞으로 2~3년 안에 사라지게 될 것입니다. 정보화 시대는 쉴새 없이 변하니, 우리도 계속 변해야 해요. 변화 속에서 생존해야 하니까요. [24]그러나 고객에게 가치를 창조한다는 목표만은 절대 변하지 않을 거예요.

女： 为什么收佣金的形式未来两三年不能实现?
男： 因为我是为中小型企业服务的。他们每次交易的利润很薄。很薄的利润还要收取人家一块钱佣金，我觉得没有必要。25中国人喜欢自助餐的形式。花一次钱后，爱怎么吃就怎么吃。吃一个东西交一次钱，我觉得中国人不一定会习惯，不一定很喜欢。所以我觉得年费是比较符合中国人自己的电子商务方式。

여: 수수료를 받는 방식이 왜 2~3년 안에 사라진다는 것이죠?
남: 그것은 우리가 중소기업을 대상으로 일하기 때문입니다. 중소기업의 거래 이익은 매우 적어요. 그 얼마 되지 않는 적은 이윤에서 수수료까지 떼어서는 안 된다고 생각해요. 25중국인들은 뷔페식당을 좋아해요. 한 번 돈을 내고, 먹고 싶은 대로 마음껏 음식을 먹지요. 한 번 먹을 때 마다 돈을 내는 것은 중국 사람들의 습관에도 맞지 않고, 별로 좋아할 것 같지 않아요. 그래서 저는 연회비를 내는 방식이 비교적 적합한 전자 비즈니스라고 생각해요.

21 男的是做什么的?
   A 写故事的
   B 办网站的
   C 开银行的
   D 办小企业的

21 남자는 무슨 일을 하는가?
   A 이야기를 쓴다
   B 인터넷 사이트를 운영한다
   C 은행을 운영한다
   D 소기업을 운영한다

22 以下哪项不是选择"阿里巴巴"这个名字的原因?
   A 响亮好记
   B 全世界发音相同
   C 希望可以发大财
   D 人物的形象良好

22 다음 중 "알리바바"라는 이름을 선택한 이유가 아닌 것은?
   A 기억하기 쉽기 때문에
   B 전 세계 발음이 같기 때문에
   C 큰돈을 벌고 싶기 때문에
   D 캐릭터의 이미지가 좋기 때문에

23 男的事业起步时的情况是什么样的?
   A 了解网络知识
   B 受到怀疑和否定
   C 互联网在中国兴起
   D 从计算机专业毕业

23 남자가 사업을 시작할 때의 상황은 어떠했나?
   A 네트워크를 잘 이해하고 있다
   B 사람들의 의심과 부정적 시선을 받았다
   C 인터넷이 중국에서 붐을 이루었다
   D 컴퓨터학과를 졸업했다

24 男的说不会改变的是什么?
   A 收费形式
   B 收费数量
   C 服务对象
   D 服务宗旨

24 남자는 무엇이 변하지 않을 것이라고 말했는가?
   A 비용 지불 방식
   B 서비스 금액
   C 서비스 대상
   D 서비스 목표

25 为什么采取年费的形式?
   A 更容易赚到钱
   B 符合中国人习惯
   C 中小企业提出的
   D 符合行业的规定

25 알리바바는 왜 연회비를 받는 방식을 채택했는가?
   A 더 쉽게 돈을 벌기 위해
   B 중국인의 습관과 부합하기 때문에
   C 중소기업의 요청에 따라
   D 업계 규정에 적합하기 때문에

요약 마윈은 인터넷 사이트를 운영하고 있다. 처음 그가 회사를 세웠을 때, 중국에는 인터넷이 없었고, 그가 컴퓨터를 전공하지도 않았기 때문에 사람들이 그를 사기꾼으로 생각했다. 그래도 그는 세계의 기업이 모두 자신의 인터넷 사이트를 이용하길 바랐고, 그래서 사이트 이름을 기억하기 쉽고 전 세계에서 발음이 모두 같은 알리바바라고 정했다. 그는 동화 속 알리바바가 재산을 나눠주려 한 것처럼 자신의 사이트를 통해 중소기업이 돈을 벌도록 돕길 바랐다. 시대가 변해도, 그에게 변하지 않는 것이 있다면 고객에게 가치를 창조한다는 목표다. 그는 수수료를 받는 방식을 없애고 연회비를 받는 방식을 택해 중국인들이 마음껏 서비스를 즐기도록 할 것이라고 밝혔다. 왜냐면 그것이 중국인의 생활 습관에 맞는 전자비즈니스라고 생각하기 때문이다.

해설 21) 남자는 인터넷 사이트를 운영한다. 따라서 답은 B이다.

22) 남자는 결코 큰돈을 벌 생각도 없었고 큰돈을 벌 것이라고 생각해보지도 않았다고 말했다. 따라서 답은 C이다.

23) 당시 사람들은 네트워크에 대해 잘 알지 못했으며, 남자를 사기꾼으로 여겼다. 따라서 답은 B이다.

24) 남자는 고객의 가치 창출을 위한다는 서비스 목표를 지속적으로 유지할 것이라고 했다. 따라서 답은 D이다.

25) 남자는 중국인들이 연회비를 납부하는 방식을 선호하며, 이는 중국 기업인들의 습관과 부합한다고 여긴다. 따라서 답은 B이다.

단어 网站 wǎngzhàn 몡 인터넷 사이트 | 取名 qǔmíng 통 이름을 짓다 | 阿里巴巴 Ālǐbābā 몡 알리바바 [중국의 유명 B2B거래 사이트] | 宝藏 bǎozàng 몡 진귀한 보물 | 发财 fācái 통 돈을 벌다 | 响亮 xiǎngliàng 톙 소리가 우렁차다. 매우 크다 | 独占 dúzhàn 통 독차지하다 | 骗子 piànzi 몡 사기꾼 | 互联网 hùliánwǎng 몡 인터넷 | 神秘 shénmì 톙 불가사의하다, 신비하다 | 网络 wǎngluò 몡 네트워크 | 收取 shōuqǔ 통 돈을 받다 | 佣金 yòngjīn 몡 수수료 | 会员费 huìyuánfèi 몡 회원비 | 瞬息万变 shùnxī wànbiàn 솅 변화가 매우 빠르고 많다 | 宗旨 zōngzhǐ 몡 목표, 목적 | 自助餐 zìzhùcān 몡 뷔페 | 商务 shāngwù 몡 비즈니스 업무

26-30

女：欢迎新东方教育集团董事长俞敏洪来到我们节目做客。俞老师，您怎样看待自己教育家与企业家的双重身份？

男：在中国的传统观念中，好像做教师的就不能做商人，做商人的就不能教书。其实这两个身份是可以结合在一起的。26我认为老师做企业家是比较容易成功的，他们有两个优势。第一是他们通人性，理解人性需求。第二个是老师的道德意识相对比较强，他们不会出现什么道德上的问题。

女：当学生利益与商业利益之间发生冲突时，您如何选择？

男：27学生利益和商业利益的冲突，市场会自动平衡。如果学费太贵学生负担不起，他们就不会来了；或者学生交了很多钱，我们提供的教育质量学生不满意，这个钱就收不成了。

女：教授知识是一种商业行为吗？

여: 신동방 교육그룹 위민홍 이사장님을 저희 프로그램의 초대 손님으로 모시게 되어 매우 기쁩니다. 위 선생님, 선생님께서는 교육가이자, 기업가인 자신의 역할을 어떻게 평가하세요?

남: 중국의 전통 가치관으로 보았을 때, 교육가는 결코 장사치가 될 수 없고, 장사치는 결코 교육가가 될 수 없어요. 하지만 사실 이 두 가지 직업은 아주 잘 어울리는 것이에요. 26저는 교사가 사업을 하면, 쉽게 성공할 수 있다고 생각합니다. 왜냐면 두 가지 면에서 장점이 있기 때문이죠. 첫째로 교사들은 인성과 인품이 매우 훌륭하며, 둘째로 교사들의 윤리 의식은 비교적 높아, 도덕적인 문제를 잘 일으키지 않으니까요.

여: 학생들의 이익과 사업적 이익이 상충될 때, 어떻게 결정을 하세요?

남: 27학생들의 이익과 사업적 이익이 상충하더라도, 시장이 알아서 균형을 이루죠. 교육비가 학생들이 감당할 수 없는 수준까지 오르면 학생들이 오지 않아요. 반대로 학생들이 돈을 많이 냈는데 우리가 제공하는 교육 서비스가 만족스럽지 않다면, 그 돈은 받을 수가 없죠.

여: 수업도 일종의 상업활동이라고 볼 수 있나요?

男： 中国传统观念认为老师就应该免费传播知识。孔子说，你来读书给我一捆肉就可以了，于是大家就认为孔子教书不要钱。其实那时候一捆肉很值钱的，孔子实际上是很坦诚地说，你不给我东西我就不给你上课。²⁸我现在也是这么给学生说，你不给我学费，我肯定不给你上课。

女： 面对同类教育机构的竞争，您将如何应对？

男： 尽管他们可能在某些方面给新东方带来不利，²⁹但没有竞争对手，就会使我们失去活力。我希望他们能做大，更多地吸引国外的资金来发展中国的教育。如果他们做得比我们好，运作能力比我们强，就算将来收购新东方也没有问题。

女： 新东方经营模式有问题吗？

男： 有，我们的经营模式还很不成熟。我们在各个城市开学校，学校开教学点，形式过于单一，³⁰而且我们在二三线城市中的竞争还很不够。新东方还要进入其他领域。但是其他领域都有竞争对手，我们如何进入是个问题。此外，我们进入新领域后，投入的资金和力量也不够。

26 男的对老师和商人的看法如何？

   A 商人不适合教书

   B 老师从商有优势

   C 商人要向老师学习

   D 符合中国传统观念

27 市场会对新东方起到什么影响？

   A 提供收费的依据

   B 吸引学生前来就读

   C 促进教学质量的提高

   D 平衡学生和学校利益冲突

28 男的是怎么看待知识的传播的？

   A 是一种商业行为

   B 老师就应该上课

   C 学费并不是前提

   D 应该遵循中国传统

남: 중국 전통 사상에서는 스승은 대가 없이 지식을 전달해야 한다고 말하죠. 공자는 배움을 하고자 할 때는, 고기 한 덩어리만으로도 충분하다고 했어요. 때문에 많은 사람들은 공자가 돈을 받지 않고, 학문을 가르쳤다고 알고 있는데요. 그러나 당시 고기 한 덩어리가 매우 귀한 것임을 고려한다면, 공자의 이 말은 매우 직설적으로 대가 없이는 배울 수 없다고 말한 것임을 알 수 있어요. ²⁸따라서 저는 지금도 학생들에게 이렇게 말해요. "교육비를 내지 않으면, 배울 수 없다."라고 말이에요.

여: 동종 업계의 다른 교육기관과의 경쟁에는 어떻게 대처하세요?

남: 그들이 어떤 부분에서 우리 신동방 그룹에 안 좋은 영향을 끼치는 것은 사실이지만, ²⁹이러한 경쟁 상대가 없으면 우리는 활력을 잃게 될 거예요. 우리는 더 발전하고, 더 많은 해외 자본을 들여와 중국 교육계의 발전을 이끌 수 있길 바라요. 만약 다른 기업이 우리보다 더 경영을 잘하고 운영 능력이 우리보다 낫다면, 나중에 신동방을 인수해도 문제가 되지 않아요.

여: 신동방의 경영 방식에 문제가 있나요?

남: 있지요. 우리의 경영 모델은 아직 불완전해요. 현재 우리는 각 도시에 학교를 세워, 교육 서비스를 제공하고 있는데, 이 구조가 매우 단순하죠. ³⁰게다가 2선, 3선 도시에서는 경쟁력이 취약해요. 이 밖에 신동방은 다른 영역에도 진출할 필요가 있는데요. 그러나 다른 영역에는 이미 경쟁자가 존재하고 있으며, 어떻게 진출하느냐도 문제예요. 또한 새로운 영역에 진출한 뒤에 투자할 자금과 역량도 부족해요.

26 남자는 선생님과 사업가에 대해 어떤 생각을 갖고 있나?

   A 사업가는 교사에 적합하지 않다

   B 교사가 사업을 하는 것은 장점이 있다

   C 사업가는 교사에게 배워야 한다

   D 중국 전통 사상에 부합한다

27 시장은 신동방에 어떠한 영향을 끼치는가?

   A 가격을 결정하는 근거를 제공한다

   B 수강생을 유치한다

   C 교육 품질 향상을 촉진한다

   D 학생과 학교의 이익이 충돌할 때 균형을 유지해 준다

28 남자는 지식의 전파에 어떤 태도를 보이는가?

   A 일종의 비즈니스 활동이다

   B 선생님은 반드시 수업해야 한다

   C 수업료가 전제되어서는 안 된다

   D 중국의 전통 사상을 따라야 한다

29 关于同行的竞争，下面哪项不正确?
 A 使新东方失去活力
 B 男的希望对手强大
 C 会给自己带来不利
 D 有超过新东方的可能

30 下列哪项不是新东方的弱点?
 A 教学形式单一
 B 资金和力量不足
 C 进入新领域有困难
 D 在大城市缺乏竞争力

29 다음 중 동종 업계의 경쟁에 관한 이야기 중 올바르지 않은 것은?
 A 신동방이 활력을 잃게 한다
 B 남자는 경쟁상대가 강해지는 것을 바란다
 C 신동방에 불리한 영향을 끼친다
 D 신동방을 능가할 수도 있다

30 다음 중 신동방의 약점이 아닌 것은 무엇인가?
 A 교육 방식이 단일하다
 B 자금과 역량이 부족하다
 C 새로운 영역에 진출하는 데 어려움이 있다
 D 대도시에서 경쟁력이 부족하다

요약 신동방 교육그룹의 위민홍 이사장을 인터뷰한 한 남성은 그는 인품이 훌륭하고 윤리 의식이 높아 사업하면 성공할 것이라고 했다. 위민홍 이사장은 교육을 일종의 비즈니스라고 생각한다. 그래서 학생들에게 교육비를 내지 않으면 배울 수 없다고 말하기도 한다. 교육에도 시장의 논리가 적용된다. 교육비가 오르면 학생들이 오지 않고, 돈을 많이 냈는데 교육서비스가 좋지 않으면 돈을 받을 수 없다. 다시 말해, 학생과 사업적 이익이 상충될 때 시장이 균형을 이루도록 한다. 동종업계와의 경쟁에 대해 묻자, 위민홍 이사장은 경쟁기업이 없다면 신동방은 활력을 잃게 될 것이라고 답했다. 현재 신동방은 구조가 단순하고 2선, 3선 도시에서 경쟁력이 약하며, 새로운 영역에 진출하는 것도 문제지만, 진출하더라도 투자금이 부족한 문제에 직면해있다.

해설 26) 남자는 교사가 사업을 하면 성공하기 쉽고, 그만의 장점이 있다고 언급하고 있으므로 답은 B이다.
27) 남자는 학생과 학교 간의 이익 충돌이 생길 때, 시장은 균형을 유지하는 역할을 한다고 말했다. 따라서 답은 D이다.
28) 남자는 지식의 전파도 일종의 비즈니스이며, 학생이 돈을 지불해야 만 수업을 들을 수 있다고 언급하고 있다. 따라서 답은 A이다.
29) 남자는 경쟁 상대가 없으면, 신동방이 활력을 잃을 것이라고 언급했으므로 답은 A이다.
30) 남자는 신동방은 중소도시에서 경쟁력이 부족하다고 했을 뿐, 대도시의 상황은 언급하지 않았다. 따라서 답은 D이다.

단어 新东方 xīndōngfāng 몡 신동방 [중국 최대의 종합교육문화그룹] | 董事长 dǒngshìzhǎng 몡 이사장, 회장 | 人性 rénxìng 몡 인성 | 冲突 chōngtū 통 충돌하다 | 学费 xuéfèi 몡 수업료, 등록금 | 负担 fùdān 통 부담하다 | 满意 mǎnyì 혱 만족하다, 흡족하다 | 传播 chuánbō 통 전파하다, 널리 퍼뜨리다 | 捆 kǔn 양 묶음, 다발 | 值钱 zhíqián 혱 값지다, 값어치가 나가다 | 坦诚 tǎnchéng 혱 솔직하다 | 机构 jīgòu 몡 기구, 기관 | 活力 huólì 몡 활력 | 收购 shōugòu 통 사들이다 | 模式 móshì 몡 유형, 패턴 | 单一 dānyī 혱 단일하다 | 力量 lìliang 몡 힘, 역량

31-33

如今，科学家通过研究发现：蛇是有听力系统的，[31]它们的听力系统就是它们的腭骨。在捕捉远方声讯信息的时候，蛇总将它们的腭部静止地贴着地面。[32]一旦有声波经由地面传来，蛇的腭骨就能感知到，蛇从而将腭骨"听"到的声音迅速传入大脑。这种听觉传导方式就是人们平常所说的"骨传导听觉"。头部越大，腭骨当然就越宽阔，与地的接触面也就越大，对声音的感知也就必然会增强。[32]"信息就是生产力"，有了更为强大的"信息支撑"，有了这种"生产力"，也就为蛇熬过漫长的饥饿时节又增添了若干胜算的把握。凡进凡退，[33]一切都是为了适应环境，一切都是为了生存。心脏退缩也只不过是它们的权宜之计，一旦能获取一顿营养大餐，它们也就迅速完成自己心脏的重建。另据有关资料表明，全世界现有蛇类13科，400多属，2700多种。蛇如此庞大的家族，可以说全在于它们灵活实用的"进进退退"。

최근 과학자들은 연구를 통해 뱀에 청력기관이 있으며, [31]뱀의 청력기관이 입천장 골에 존재한다는 사실을 발견했다. 먼 곳의 소리를 들을 때, 뱀은 입천장 골을 가만히 땅에 댄다. [32]음파가 지면을 통해 전달되면, 뱀의 입천장 골은 이를 인지하고, 입천장 골에서는 들은 소리를 빠르게 대뇌로 전달한다. 이러한 청각 전달 방식이 사람들이 흔히 말하는 "골전도 청각"이다. 머리가 클수록 입천장 골도 크고, 땅과 접촉 면적이 더 커져, 소리 인지 능력이 향상된다. [32]"정보 수집 능력은 생존 능력이다" "정보 수집"에 능할수록, "생존"에는 더욱 유리한 것이며, 이것이 뱀이 오랜 시간 굶주림에도 살 수 있도록 하는 것이다. 나왔다 들어갔다 하는 뱀의 행동들은 [33]모두 환경에 적응하고, 생존하기 위한 것이다. 심장 수축 역시 생존을 위한 임시적 방편에 지나지 않는다. 일단 영양이 풍부한 음식을 먹으면, 뱀은 빠르게 심장의 기능을 회복시킨다. 또 다른 자료에 따르면, 전 세계에는 13과, 400여 속, 2,700여 종의 뱀이 있는데, 뱀의 종류가 이렇게 많은 것은 뱀이 세계 각지에서 유연하게 "시기에 맞춰 나왔다가 들어가"며 적응을 잘한다는 것을 보여준다.

31 蛇的听力系统在哪儿？

    A 头部

    B 尾部

    C 肚皮下

    D 身体中间部位

32 蛇的听力系统为蛇提供了什么？

    A 灵敏度

    B 营养大餐

    C 进化的准备

    D 捕捉食物的信息

33 关于蛇，可以知道什么？

    A 有待保护

    B 没有听觉

    C 心脏很小

    D 适应能力强

31 뱀의 청각 기관은 어디에 있나?

    A 머리

    B 꼬리

    C 배

    D 몸통 중간

32 뱀의 청각 기관은 뱀에게 무엇을 제공하나?

    A 민첩성

    B 영양이 풍부한 음식

    C 진화 준비

    D 음식을 구하기 위한 정보

33 뱀에 대해서 알 수 있는 것은 무엇인가?

    A 보호를 받아야 한다

    B 청각이 없다

    C 심장이 매우 작다

    D 적응 능력이 강하다

요약

제목: 뱀의 생존 능력

주제어: 정보 수집 능력으로 뱀은 환경에 유연하게 적응하고 있다.

최근 과학자들은 뱀의 입천장 골에 청력기관이 있다는 것을 발견했다. 지면을 통해 전달되는 음파가 뱀의 입천장 골을 통해 대뇌로 전달된다. 머리가 클수록 입천장 골도 커서, 소리 인지 능력이 향상되는데 이런 뱀의 정보 수집 능력은 뱀의 생존 능력과 비례한다. 뱀의 행동들은 환경에 적응하고 생존하기 위한 것이다. 현재 전 세계 13과, 400여 속, 2,700여종의 뱀이 있다. 이는 뱀이 환경에 유연하게 적응하고 있다는 것을 보여주는 것이다.

해설

31) 뱀의 청력 기관은 입천장 골에 자리 잡고 있다. 따라서 답은 A이다.

32) 뱀의 청각기관은 인지한 정보를 대뇌로 전달하여, 음식물을 찾기 위한 준비를 한다. 따라서 답은 D이다.

33) 뱀의 모든 변화는 환경에 적응하기 위함이다. 따라서 답은 D이다.

단어

腭骨 ègǔ 명 입천장 골, 입천장뼈 | 捕捉 bǔzhuō 동 포착하다, 붙잡다 | 声讯 shēngxùn 명 음성정보 | 信息 xìnxī 명 소식, 뉴스 | 静止 jìngzhǐ 동 운동하지 않다, 움직이지 않다 | 贴 tiē 동 붙이다 | 声波 shēngbō 명 음파 | 感知 gǎnzhī 동 감지하다 | 传入 chuánrù 동 전달되다 | 大脑 dànǎo 명 대뇌 | 传导方式 chuándǎo fāngshì 전도방식 | 头部 tóubù 명 머리 | 宽阔 kuānkuò 형 넓다, 광활하다 | 增强 zēngqiáng 동 강화하다 | 支撑 zhīcheng 동 받치다, 유지하다 | 熬 áo 동 견디다, 참다 | 饥饿 jī'è 명 굶주림, 기아 | 胜算 shèngsuàn 명 승산 | 退缩 tuìsuō 동 뒷걸음질 치다, 움츠러들다 | 权宜之计 quányí zhǐjì 성 임시방편 | 营养 yíngyǎng 명 영양, 양분 | 重建 chóngjiàn 동 재건하다 | 庞大 pángdà 동 방대하다, 거대하다 | 灵活 línghuó 형 민첩하다, 융통성 있다, 탄력적이다

34-37

从前，有一只很喜欢吃樱桃的猴子。一天，它看到了一个非常美味的樱桃，就从树上下来捡起它。但是，樱桃竟然是在一个干净的玻璃瓶里。经过一番试验之后，猴子发现，它可以通过将手从瓶口伸进去的方法，把樱桃抓住。它将手伸进去之后，立即就抓住樱桃，³⁴但此时它发现自己无法将抓住樱桃的拳头退出来了，因为拳头比瓶口要大。其实，所有这一切都是有意安排的，³⁵因为玻璃瓶里的樱桃是一位捕抓猴子的猎人设的陷阱，他知道猴子的思维方式。猎人听到猴子的说话声，走了过来，猴子企图逃跑。但是，³⁶它的手卡在玻璃瓶里，跑不快，所以无法逃脱。但是，猴子认为自己仍然拥有那只樱桃。猎人把它抱起来。过了一会儿，³⁷猎人使劲拍了一下猴子的肘部，让它突然松开抓着樱桃的手。猴子摆脱了玻璃瓶，同时也被捕抓了。

옛날에 앵두를 매우 좋아하는 원숭이가 있었다. 어느 날, 원숭이는 아주 맛있게 생긴 앵두를 보고, 나무에서 내려와 그것을 주웠다. 그러나 앵두는 아주 깨끗한 유리병 안에 있었다. 여러 번 시도해본 결과, 원숭이는 손을 병 안으로 넣으면 앵두를 잡을 수 있다는 것을 알아차렸다. 원숭이는 손을 집어넣어 앵두를 집었다. ³⁴그러나 원숭이는 앵두를 잡은 손을 병 밖으로 꺼낼 수 없다는 것을 깨달았다. 왜냐하면, 주먹 쥔 손이 병 입구보다 컸기 때문이다. 사실, 이 모든 것이 고의로 계획된 것이었다. ³⁵유리병 속의 앵두는 원숭이를 잡으려는 사냥꾼이 파놓은 함정이었다. 그는 원숭이의 사고방식을 간파하고 있었던 것이다. 사냥꾼은 원숭이의 소리를 듣고, 재빨리 뛰어갔다. 원숭이는 도망을 치려 했다. 하지만 ³⁶원숭이의 손이 유리병 속에 끼어 있어서, 빨리 달릴 수 없으며, 결국 도망치지 못했다. 그런데도 원숭이는 여전히 그 앵두를 갖고 있다고 생각했다. 이 때, 사냥꾼이 원숭이를 끌어 안았고, 조금 뒤에 ³⁷사냥꾼은 있는 힘껏 원숭이의 팔을 내려쳐, 손에 쥔 앵두를 놓게 했다. 덕분에 원숭이는 유리병에서 벗어날 수 있었지만, 사냥꾼에게 잡히고 말았다.

34 猴子为什么不能把樱桃拿出来？

　A 瓶口特别小

　B 够不着樱桃

　C 手伸不进去

　D 拳头比瓶口大

34 원숭이는 왜 앵두를 꺼낼 수 없었는가?

　A 병 입구가 너무 작았기 때문에

　B 앵두에 손이 닿지 않았기 때문에

　C 손을 집어 넣을 수 없었기 때문에

　D 주먹이 병 입구보다 컸기 때문에

35 玻璃瓶里的樱桃是谁放的?

    A 猴子

    B 猎人

    C 路人

    D 卖水果的

36 玻璃瓶里的樱桃是谁放的?

    A 中枪了

    B 没有力气

    C 手被卡住了

    D 掉到陷阱里了

37 猴子为什么没有逃脱?

    A 松开了手

    B 使劲儿甩瓶子

    C 把瓶子打破了

    D 瓶子自动脱落

35 유리병 안의 앵두는 누가 넣어 놓은 것인가?

    A 원숭이

    B 사냥꾼

    C 행인

    D 과일 장수

36 원숭이는 왜 도망치지 못했는가?

    A 총에 맞았기 때문에

    B 힘이 없었기 때문에

    C 손이 걸려 있었기 때문에

    D 함정에 빠져 있었기 때문에

37 원숭이는 어떻게 병에서 풀려났나?

    A 손을 풀어져서

    B 있는 힘껏 병을 걷어차서

    C 병을 깨트려서

    D 병이 스스로 빠졌다

요약

제목: 원숭이의 생각을 꿰뚫어본 사냥꾼

주제어: 원숭이는 사냥꾼의 함정에 빠져, 먹이도 잃고 사냥꾼에게 잡히게 되었다.

앵두를 좋아하는 원숭이가 있었다. 어느 날, 유리병 안에 있는 앵두를 발견한 원숭이는 나무에서 내려와 유리병 안에 손을 넣었다. 앵두를 잡은 손을 빼려고 할 때, 원숭이는 손이 빠지지 않는다는 것을 알았다. 왜냐하면, 주먹 쥔 손이 병 입구보다 컸기 때문이다. 이 모든 것은 사냥꾼이 원숭이를 잡기 위해 파놓은 함정이었다. 사냥꾼을 보고 원숭이는 도망쳤지만 유리병이 끼어 있어서 결국 사냥꾼에게 잡혔다. 원숭이를 잡은 사냥꾼은 힘껏 원숭이 팔을 내려쳐 앵두를 놓게 했다. 덕분에 원숭이는 유리병에서 벗어날 수 있었지만, 사냥꾼에게 잡히고 말았다.

해설

34) 주먹이 병 입구보다 커서, 앵두를 꺼낼 수 없었다고 언급하고 있으므로 답은 D이다.

35) 앵두는 사냥꾼이 일부러 넣어 둔 것이다. 따라서 답은 B이다.

36) 원숭이는 병에 손이 걸려 있어서, 빨리 달릴 수 없었고, 결국 사냥꾼에게 잡혔다. 따라서 답은 C이다.

37) 사냥꾼은 원숭이의 팔을 내려쳤고, 원숭이는 앵두를 쥐었던 손을 놓게 되었다. 따라서 답은 A이다.

단어

樱桃 yīngtáo 몡 앵두, 체리 | 猴子 hóuzi 몡 원숭이 | 美味 měiwèi 몡 맛 좋은 음식 | 捡 jiǎn 동 줍다 | 玻璃 bōlí 몡 유리 | 拳头 quántou 몡 주먹 | 瓶口 píngkǒu 몡 병 입구 | 有意 yǒuyì 閅 고의로, 일부러 | 猎人 lièrén 몡 사냥꾼 | 陷阱 xiànjǐng 몡 함정 | 企图 qǐtú 동 의도하다. 도모하다 | 逃跑 táopǎo 동 도망가다. 달아나다 | 卡 qiǎ 동 걸리다. 막히다 | 逃脱 táotuō 동 도망치다. 탈출하다 | 拍 pāi 동 치다. 두드리다 | 肘部 zhǒubù 몡 팔꿈치 | 松开 sōngkāi 동 풀어지다. 놓다 | 捕抓 bǔzhuā 동 붙잡다 |

38-40

一位画家无法评判自己画作的优劣，于是想出个办法，把自己的画放在闹市区，³⁸请行人在认为是缺点的地方打叉，当晚，³⁹他沮丧地发现，那幅画上全是叉叉。他把这个郁闷的结果告诉了一个朋友，朋友没说什么，只是笑笑。第二天，这位朋友请人临摹了这幅画，继续将它摆放在闹市同一位置，请路人在认为是优点的地方打钩。当晚，画家惊喜地看到，画上密密麻麻打满了钩钩。

한 화가는 자신의 그림의 장단점을 알 수 없었다. 그래서 한 가지 방법을 생각해냈는데, 바로 자신의 그림을 번화가에 놓고, 38지나가는 사람들에게 부족한 부분에 가위 표시를 해달라고 하는 것이었다. 그날 저녁 39그는 풀이 죽어서, 그림이 가위표로 가득한 것을 보았다. 그는 이 답답한 결과를 친구에게 알려주었다. 친구는 어떤 말도 하지 않고, 그저 웃기만 했다. 이튿날 이 친구는 사람을 시켜, 그 그림을 비슷하게 그리게 하고, 번화가의 같은 자리에 놓고는 지나가는 사람에게 잘 그린 곳에 동그라미를 쳐달라고 했다. 그날 저녁 화가는 매우 기뻤다. 그림 한가득 동그라미가 그려져 있었기 때문이다.

38 画家为什么要把画放在闹市区？
   A 做画展
   B 想做宣传
   C 比较好卖
   D 让行人评判

39 晚上画家为什么感到很难过？
   A 画没有卖出
   B 朋友笑话他
   C 很少有人看他的画
   D 行人觉得他的画很差

40 短文主要想告诉我们什么？
   A 要有眼光
   B 自信很重要
   C 不要在意他人的评价
   D 要善于发现积极的一面

38 화가는 왜 그림을 번화가에 놓았는가?
   A 전시회를 하려고
   B 홍보를 하려고
   C 잘 팔려서
   D 행인들에게 평가를 받으려고

39 저녁에 화가는 왜 풀이 죽었는가?
   A 그림이 팔리지 않아서
   B 친구가 그를 비웃어서
   C 그의 그림을 본 사람이 적어서
   D 행인들이 그의 그림이 형편없다고 평가해서

40 이 글은 우리에게 무엇을 말해주고 있는가?
   A 안목이 있어야 한다
   B 자신감이 매우 중요하다
   C 타인의 평가에 개의치 말아야 한다
   D 긍정적인 부분을 발견할 줄 알아야 한다

요약 제목: 같은 그림의 서로 다른 평가
주제어: 그림의 장점과 단점 중 무엇을 더 중요하게 보느냐에 따라서 평가가 달라진다.
한 화가는 자신의 그림의 장단점을 알 수 없었다. 그래서 자신의 그림을 번화가에 놓고 지나가는 사람들에게 부족한 부분에 가위표를 해달라고 했다. 그날 저녁, 자신의 그림이 가위표로 가득한 것을 보고, 그는 친구에게 이 답답한 결과를 말해주었다. 이튿날 이 친구는 비슷한 그림을 번화가의 같은 자리에 놓고 지나가는 사람에게 잘 그린 곳에 동그라미를 쳐달라고 했다. 그날 저녁 화가는 그림 한가득 동그라미가 있는 것을 보고 매우 기뻐했다. 단점이 많다고 생각한 그림도 다르게 보면 많은 장점이 있다는 것을 몰랐던 것이다.

해설 38) 화가는 행인들이 자신의 그림을 평가해주기를 바랐다. 따라서 답은 D이다.
39) 그림에 가위표가 가득했다는 것은 부족한 부분이 많다는 의미이므로 답은 D이다.
40) 한 폭의 그림에는 장점과 단점이 모두 있다. 중요한 것은 어떻게 보느냐 이다. 따라서 답은 D이다.

단어 批判 pīpàn 통 비평하다, 비판하다 | 优劣 yōuliè 명 우열, 장점과 단점 | 闹市区 nàoshìqū 명 중심가, 번화가 | 缺点 quēdiǎn 명 결점, 단점 | 打叉 dǎchā 통 X표시를 하다, 가위 표시를 하다 | 沮丧 jǔsàng 형 풀이 죽다, 의기소침하다 | 郁闷 yùmèn 형 답답하고 괴롭다 | 临摹 línmó 통 베끼다, 모사하다 | 打钩 dǎgōu 통 체크 표시를 하다, 동그라미를 치다 | 惊喜 jīngxǐ 형 놀랍고 기쁘다 | 密密麻麻 mìmi mámá 형 많고 빽빽하다

41-43

有一个孩子在同学中的人缘并不好，因为他经常"说谎"。譬如捡到了一枚怪异的石头，他会对同学们说："这是一枚宝石，可能价值连城。"同学们当然哄堂大笑。可是他并不在意，41他常会对身边的东西发表另外一种看法。久而久之，老师把他的问题反映到了孩子的父亲那里，但父亲没有批评他，只是暗中观察。

한 아이는 교우관계가 원만하지 않았는데, 그것은 그가 늘 "거짓말"을 하기 때문이었다. 예를 들면, 이상한 모양의 돌을 줍고는 친구들에게 말했다. "이건 보석이야. 아주 비싸다니까." 친구들은 당연히 매우 크게 웃었다. 그러나 그는 전혀 개의치 않고, 41항상 주위의 물건을 남들과 다른 관점에서 보았다. 오랜 시간이 흘러, 선생님은 아이의 문제를 아이 아빠에게 알렸다. 그러나 아이 아빠는 아이를 혼내지 않고, 오히려 아이의 행동을 몰래 지켜보았다.

有一次，孩子在泥地里捡到了一枚硬币，他神秘地拿给他的姐姐说：“这是一个古罗马造的硬币。”孩子的姐姐拿过来看，却发现这是十分普通的旧币，只是由于受潮生锈，显得有些古旧罢了。孩子的姐姐便把这件事告诉了父亲，42希望父亲好好儿惩罚他，让他改掉那种令人讨厌的“说谎”习惯。可是父亲听了后却叫过孩子说：“43我怎么能责备你呢，你的想象力真伟大。”对于孩子父亲的行为，许多人都不以为然，认为这势必害了孩子，他长大以后会变成一个满口大话的虚伪的人。但是，谁也没有料到这个孩子长大以后却成了著名的科学家，他的名字叫达尔文。

41 达尔文小时候为什么人缘不好？
  A 很小气
  B 不爱交际
  C 脾气很怪
  D 想法很奇怪

42 姐姐为什么要把达尔文“说谎”的事告诉父亲？
  A 让父亲打他
  B 让父亲开导他
  C 让父亲惩罚他
  D 让父亲更好地了解他

43 对于达尔文说“谎话”，父亲有什么反应？
  A 很生气
  B 很骄傲
  C 批评了他
  D 表扬了他

한 번은 아이가 진흙 속에서 동전 하나를 주웠다. 그는 신기해하며 누나에게 다가가 말했다. "이건 고대 로마시대의 동전이야." 누나가 동전을 받아 자세히 보고, 그것이 그저 평범한 오래된 동전이라는 것을 알았다. 습기가 차고, 녹이 슬어 아주 오래된 것으로 보일 뿐이었다. 누나는 아빠에게 이 사실을 알렸다. 42누나는 아빠가 동생을 혼내서 사람들이 싫어하는 "거짓말"을 하는 습관을 고칠 수 있기를 바랐다. 그러나 아빠는 누나의 말을 듣고는 아이에게 말했다. "43내가 어떻게 널 나무랄 수 있겠니. 너의 상상력은 정말 훌륭하구나!" 아이에 대한 아빠의 태도에 많은 사람들은 의아해했다. 사람들은 아빠의 태도가 아이를 망칠 것이며, 장차 커서 허풍만 떠는 사람이 될 것이라고 했다. 그러나 그 누구도 이 아이가 자라서 유명한 과학자가 될 것이라고는 생각하지 못했다. 그가 바로 찰스 다윈이다.

41 다윈이 어렸을 때 인간관계가 좋지 않았던 이유는 무엇인가?
  A 매우 인색했기 때문에
  B 사람들과 어울리는 것을 좋아하지 않았기 때문에
  C 성격이 이상했기 때문에
  D 생각이 독특했기 때문에

42 누나는 왜 다윈의 거짓말을 아빠에게 일렀는가?
  A 아빠가 다윈을 때려주길 바라서
  B 아빠가 다윈을 일깨워주길 바라서
  C 아빠가 다윈을 혼내주길 바라서
  D 아빠가 다윈을 더 잘 이해할 수 있도록 하고 싶어서

43 다윈이 "거짓말"을 하는 것에 대해 아빠는 어떻게 반응했는가?
  A 크게 화를 냈다
  B 매우 자랑스러워 했다
  C 그를 꾸짖었다
  D 그를 칭찬했다

요약 제목: 찰스 다윈을 이해해준 아버지

주제어: 찰스 다윈의 남다른 행동을 이해해준 아버지 덕분에 그는 유명한 과학자가 될 수 있었다.

늘 "거짓말"을 하는 아이가 있었다. 그 아이는 이상한 모양의 돌을 줍고는 그것을 보석이라고 말해 친구들의 비웃음을 샀다. 그 아이는 항상 주위의 것을 남들과 다른 시선으로 보았던 것이다. 한 번은 아이가 진흙 속에서 주운 동전을 로마시대의 동전이라고 누나에게 말했다. 이것이 "거짓말"임을 안 누나는 아빠에게 일렀다. 아빠가 혼내 동생의 "거짓말" 하는 습관을 고칠 수 있길 바랐지만, 아빠는 오히려 상상력이 풍부하다며 칭찬해주었다. 모두들 아빠의 이런 태도가 아이를 망칠 것이라고 생각했지만, 이 아이는 커서 유명한 과학자가 되었다. 그가 바로 찰스 다윈이다.

해설 41) 그는 줄곧 다른 사람과 다른 의견을 말했다. 따라서 답은 D이다.

42) 누나는 아빠가 다윈을 혼내서 거짓말하는 습관을 고치기를 바랐다. 따라서 답은 C이다.

43) 아빠는 다윈의 상상력이 대단하다고 칭찬을 했다. 따라서 답은 D이다.

단어　人缘 rényuán 圀 관계, 인맥 | 说谎 shuōhuǎng 圄 거짓말하다 | 譬如 pìrú 圄 예를 들다 | 枚 méi 圀 개, 매, 장 | 怪异 guàiyì 圀 별나다, 묘하다 | 价值连城 jiàzhí liánchéng 圀 가치를 헤아릴 수 없을 만큼 소중하다 | 哄堂大笑 hōngtáng dàxiào 圀 장내가 떠들썩 하게 크게 웃다 | 在意 zàiyì 圄 마음에 두다, 거리끼다 | 久而久之 jiǔ'ér jiǔzhī 圀 상당히 긴 시간이 지나다 | 暗中 ànzhōng 圄 몰래, 비밀리에 | 泥地 nídì 圀 진흙탕 | 硬币 yìngbì 圀 동전 | 神秘 shénmì 圀 신비하다 | 古罗马 gǔluómǎ 圀 고대 로마 | 受潮 shòucháo 圄 습기가 차다 | 生锈 shēngxiù 圄 녹이 슬다 | 惩罚 chéngfá 圄 처벌하다, 징벌하다 | 改掉 gǎidiào 圄 고쳐버리다 | 责备 zébèi 圄 꾸짖다, 나무라다 | 不以为然 bùyǐ wéirán 圀 그렇게 여기지 않다 | 势必 shìbì 圄 꼭, 반드시 | 大话 dàhuà 圀 허튼 소리 | 虚伪 xūwěi 圀 허위적이다, 위선적이다 | 达尔文 Dá'ěrwén 圀 찰스 다윈 [영국의 생물학자이자 철학자, 저서 「종의 기원」에서 진화론을 주장했음]

44-47

近日，"趣味科学网"撰文指出，手、脚、眼睛、耳朵里面藏着不少"玄机"。

男性用左手的多。男性使用左手的概率比女性高出了3%。此外，⁴⁴左手的温度比右手高，右手的力量比左手大。关于手，还有一些你不知道的趣闻。第一，⁴⁵手泡在水里不仅起皱还不能出汗。向手掌皮肤传送感觉的神经被切断，该部分的皮肤会变得麻木，手潮湿时，就会出现这种现象。第二，别看手掌不大，它的容量可不小，⁴⁵每只手不仅各有29块骨头，还被30多条动脉和众多小血管滋养着。第三，把手指绷紧，通常情况下，食指、无名指和小拇指只能倾向中指弯曲，而不能笔直地竖直向上。这是因为，手骨骼位于手掌外侧的面是直的，内侧的面是弯曲的。

刚出生时左脚没反应。研究发现，刺激新生儿的脚底，右脚大多会做出反应，左脚却无反应。到了20～50岁之间，无论男女，左脚接触地面的面积比右脚大。而且，在站立和行动时，左脚主要起支撑地面的作用，右脚主要用来做各种动作。

右眼使用频率比左眼高。右眼的使用频率比左眼高一倍，而且主要使用右眼的人，90%的视觉任务都靠右眼完成。左耳听力好，右耳记话牢。无论在任何音频下，⁴⁶左耳识别声音的能力都比右耳强。但是，右耳听到的话记得更牢，因为右耳听到的信息会转入左脑进行处理，左脑的记忆力比右脑好。不同情绪用不同鼻孔呼吸。人在情绪波动时，多用右鼻孔呼吸，情绪稳定或犯困时多用左鼻孔呼吸。大多数人的鼻尖偏向左侧。

최근 「취미과학망」에 기고된 칼럼에서는 손, 발, 눈, 귀 안에 "오묘한 이치"가 숨어 있다고 했다.

남자 중에는 왼손잡이가 많다. 남자가 왼손을 사용하는 비율은 여자보다 3%나 높다. 이외에도, ⁴⁴왼손 온도가 오른손 보다 높고, 오른손의 힘이 왼손보다 강하다. 또 손에 대해서 몰랐던 재미있는 이야기가 더 있다. 첫째, ⁴⁵손을 물에 담그면 주름이 지고, 땀이 나지 않는다. 손바닥에 감각을 전달하는 신경이 끊어지면, 이 부위의 피부 감각이 마비되는데, 손에 물기가 있을 때, 이런 현상이 나타난다. 둘째, 손바닥이 크지 않다고 해서, 그 용량이 적다고 생각하면 안 된다. ⁴⁵한쪽 손에만 29개의 뼈가 있고, 30여 개의 동맥과 수많은 모세혈관이 영양분을 운반한다. 셋째, 손가락을 당기면 일반적으로 검지, 약지, 새끼손가락이 가운뎃손가락 쪽으로 기울고, 곧게 펴지지 않는다. 이는 손 골격이 손등 쪽은 곧고, 손바닥 쪽은 구부러졌기 때문이다.

갓 태어났을 때는 왼발에는 감각이 없다. 한 연구에서 신생아의 발바닥을 자극했을 때, 오른발은 반응을 하지만, 왼발은 반응을 하지 않는다는 사실을 발견했다. 20~50세에는 남녀에 관계없이, 왼발의 지면 접촉 면적이 오른발보다 넓다. 게다가 서 있거나 움직일 때, 왼발은 주로 땅을 디디는 역할을 하고, 오른발은 움직이는 역할을 한다.

오른쪽 눈의 사용 빈도가 왼쪽 눈보다 많다. 오른쪽 눈의 사용 빈도는 왼쪽 눈의 2배이다. 게다가 오른쪽 눈을 주로 사용하는 사람은 시각의 90%를 오른쪽 눈에 의지한다. 왼쪽 귀는 청력이 좋고, 오른쪽 귀는 말을 잘 기억한다. 어떠한 가청주파수라도 ⁴⁶왼쪽 귀의 식별능력은 오른쪽 귀보다 강하다. 그러나 오른쪽 귀로 들은 내용이 더 오래 기억한다. 왜냐하면 오른쪽 귀로 들은 정보가 좌뇌로 전달되는데, 좌뇌의 기억력이 우뇌보다 좋기 때문이다. 감정에 따라 서로 다른 콧구멍으로 숨을 쉰다. 감정이 불안정할 때에는 오른쪽 콧구멍으로 숨을 쉬고, 편안하거나 졸릴 때는 왼쪽 콧구멍으로 숨을 쉰다. 대다수 사람들은 코끝이 왼쪽으로 치우쳐져 있다.

44	和右手相比，左手有什么不同？	44	오른손과 비교했을 때 왼손이 다른 점은 무엇인가？

44　和右手相比，左手有什么不同？

A　力气大
B　温度高
C　使用率高
D　不易起皱

44　오른손과 비교했을 때 왼손이 다른 점은 무엇인가?

A　힘이 세다
B　온도가 높다
C　사용 빈도가 많다
D　주름이 잘 지지 않는다

45　关于手，下列哪项正确？

A　构成很复杂
B　手部神经很脆弱
C　手骨骼不易弯曲
D　泡在水里容易出汗

45　손에 관한 이야기 중 올바른 것은 무엇인가?

A　매우 복잡하게 구성되어있다
B　손의 신경은 매우 약하다
C　손의 골격은 쉽게 휘어지지 않는다
D　물에 담그면 땀이 잘 난다

46　关于左耳，可以知道什么？

A　听力不好
B　记话能力强
C　使用频率低
D　识别声音能力强

46　왼쪽 귀에 대해서 알 수 있는 것은 무엇인가?

A　청력이 좋지 않다.
B　말을 기억하는 능력이 좋다
C　사용 빈도가 낮다
D　소리를 식별하는 능력이 강하다

47　短文主要讲了什么？

A　手的趣闻
B　身体的秘密
C　人体的不和谐
D　人体的“左右法则”

47　이 글은 주로 무엇을 이야기하고 있는가?

A　손에 대한 재미있는 이야기
B　신체의 신비
C　인체의 부조화
D　인체의 ‘좌우법칙’

요약　제목: 우리 몸의 오묘한 이치

주제어: 우리 몸의 손, 발, 눈, 귀, 코의 오른쪽과 왼쪽에는 오묘한 이치가 숨어있다.

1. 손, 발, 눈, 귀 안의 "오묘한 이치"
   - 손: 왼손 온도가 오른손보다 높고, 오른손 힘이 왼손보다 강하다.
     손을 물에 담그면, 주름이 지고 땀이 나지 않는다.
     손의 크기와 관계 없이 한쪽 손에만 29개의 뼈와 30개 동맥, 수많은 모세혈관이 있다.
     손가락을 당기면, 모두 가운뎃손가락 쪽으로 기울고, 곧게 펴지지 않는다.
   - 발: 20~50세의 남녀 모두 왼발의 접촉 면적이 오른발보다 넓다.
     움직일 때 왼발은 주로 디디는 역할, 오른발은 움직이는 역할을 한다.
   - 눈: 눈은 오른쪽 눈의 사용 빈도가 왼쪽 눈보다 많다.
   - 귀: 왼쪽 귀는 청력이 좋고, 오른쪽 귀는 말을 잘 기억한다.
     왼쪽 귀의 식별 능력은 오른쪽보다 강하다.
   - 코: 감정이 불안할 때는 오른쪽 콧구멍으로 숨을 쉬고, 편안하거나 졸릴 때는 왼쪽 콧구멍으로 숨을 쉰다.
     대부분 사람의 코끝은 왼쪽으로 치우쳐 있다.

2. 손, 발, 눈, 귀, 코의 "오묘한 이치"

손	온도 힘	오른손 〉 왼손 오른손 〈 왼손 *손을 물에 담그면, 주름이 지고 땀이 나지 않음. *손의 크기와 관계 없이 한쪽 손에만 29개의 뼈와 30개 동맥, 수많은 모세혈관이 있음. *손가락을 당기면, 모두 가운데 손가락 쪽으로 기울고 곧게 펴지지 않음.
발	접촉면	오른발 〉 왼발 *움직일 때 왼발은 주로 디디는 역할, 오른발은 움직이는 역할을 함.
눈	사용 빈도	오른쪽 눈 〉 왼쪽 눈
귀	청력 기억력	오른쪽 귀 〈 왼쪽 귀 오른쪽 귀 〉 왼쪽 귀
코	불안할 때 졸릴 때	오른쪽 콧구멍으로 호흡 왼쪽 콧구멍으로 호흡 *대부분 사람의 코끝은 왼쪽으로 치우쳐 있음.

해설 44) 왼손의 온도가 오른손보다 높다. 따라서 답은 B이다.

45) 지문의 내용을 보면 B, C, D가 틀렸음을 알 수 있다. 따라서 답은 A이다.

46) 왼쪽 귀의 소리 식별 능력은 오른쪽 귀보다 강하다고 언급하고 있으므로 답은 D이다.

47) 이 글은 인체의 좌우 대칭적 기관을 소개함으로써, 좌우 법칙에 대해서 언급하고 있다. 따라서 답은 D이다.

단어 撰文 zhuànwén 图 글을 쓰다 | 玄机 xuánjī 명 심오한 이치 | 概率 gàilǜ 명 확률 | 趣闻 qùwén 명 재미있는 소식 | 泡 pào 图 담그다 | 起皱 qǐzhòu 图 주름이 지다 | 出汗 chūhàn 图 땀이 나다 | 手掌 shǒuzhǎng 명 손바닥 | 切断 qiēduàn 图 절단하다, 끊다 | 麻木 mámù 图 마비되다 | 潮湿 cháoshī 图 축축하다, 눅눅하다 | 容量 róngliàng 명 용량 | 滋养 zīyǎng 图 양분을 공급하다 | 绷紧 bēngjǐn 图 잡아당기다 | 食指 shízhǐ 명 집게손가락, 검지 | 无名指 wúmíngzhǐ 명 넷째 손가락, 약지 | 小拇指 xiǎomuzhǐ 명 새끼손가락 | 中指 zhōngzhǐ 명 가운뎃손가락, 중지 | 弯曲 wānqū 图 구불구불하다 | 竖直 shùzhí 명 수직 | 骨骼 gǔgé 명 뼈대, 골격 | 脚底 jiǎodǐ 명 발바닥 | 频率 pínlǜ 명 빈도, 주파수 | 记话牢 jìhuàláo 图 말을 잘 기억하다 | 音频 yīnpín 명 가청주파수 | 鼻孔 bíkǒng 명 콧구멍 | 犯困 fànkùn 图 졸리다, 잠이 오다 | 鼻尖 bíjiān 명 코 끝

48-50

　　几年前，⁴⁸一个年轻人在湖边散步，发现一块圆滑的鹅卵石，于是想出一招赚钱的妙计。他把鹅卵石装进一个木盒里，底下垫了些干草，美其名曰"宠石"，并另附一本小册子：⁴⁹如何爱护你的宠石。这种玩物不像狗那样邋遢；不像猫那样黏人；不需要喂食；不需要清理粪便。时逢过年，包装精美的"宠石"很快成了全国热门的礼品，每个只卖5元，人们争相购买。那个年轻人在4个月之内净赚了140多万元，成了百万富翁。⁵⁰发财致富其实就是这么简单。如果一辈子发不了财，那绝对只能怪自己，怨不得上天不公平。

　　몇 년 전 ⁴⁸한 청년이 호숫가를 걷다가, 반질반질하고 매끄러운 자갈을 하나 발견했다. 그때 문득 돈을 벌 수 있는 묘안이 떠올랐다. 그는 자갈을 나무 상자에 넣고, 그 바닥에 마른 풀을 깔았다. 그리고 "애완돌멩이"라는 그럴싸한 이름도 붙이고, 작은 책자도 하나 첨부했다. 책에는 ⁴⁹어떻게 돌봐야 하는지, 이 애완돌멩이는 강아지처럼 지저분하지도 않고, 고양이처럼 사람에게 치근대지도 않으며, 사료를 줄 필요도 없고, 대소변을 치울 필요도 없었다는 내용이 있었다. 때마침 새해가 되면서, 화려한 포장의 "애완돌멩이"는 순식간에 인기 있는 선물이 되었다. 한 개에 5위안에 팔리는 이 돌을 사람들은 앞다투어 사갔다. 이 청년은 4개월 만에 약 140만 위안을 벌어, 큰 부자가 되었다. ⁵⁰돈을 벌고 부자가 되는 것은 매우 간단하다. 평생 돈을 벌 수 없다면, 자신을 나무랄 수밖에 없다. 세상이 불공평하다고 탓할 수는 없으니까.

48	关于年轻人，可以知道什么？	48	청년에 대해서 알 수 있는 것은 무엇인가?
	A 住在湖边		A 호숫가에 산다
	B 不喜欢宠物		B 애완동물을 좋아하지 않는다
	C 很有生意头脑		C 사업 수완이 좋다
	D 对鹅卵石很有研究		D 자갈에 대해 많은 연구를 했다

49	为什么"宠石"会卖得很火？	49	"애완돌멩이"가 폭발적으로 팔린 이유는 무엇인가?
	A 比较吉祥		A 상서로운 의미가 있어서
	B 便宜又实惠		B 저렴하고 실용적이라서
	C 宣传做得好		C 홍보를 잘해서
	D 市场上很少见		D 시장에서 보기 드문 것이라서

50	短文主要想告诉我们什么？	50	이 글은 우리에게 무엇을 말하고자 하는가?
	A 发财要靠运气		A 돈을 버는 것은 운에 맡겨야 한다
	B 不要怨天尤人		B 남 탓을 해서는 안 된다
	C 创意带来财富		C 창의력이 재물을 부른다
	D 机会对每个人都很公平		D 기회는 모든 사람에게 공평하게 제공된다

요약 제목: 부자를 만드는 간단한 아이디어

주제어: 간단한 아이디어로 누구나 부자가 될 수 있으므로, 가난하다면 자신을 탓해야 한다.

한 청년이 호숫가에서 반질반질한 자갈을 발견했다. 그때 그에게 좋은 생각이 떠올랐다. 자갈을 나무 상자에 넣어 꾸민 뒤 "애완돌멩이"라는 이름을 붙이고 책자도 첨부했다. 책에는 돌멩이를 돌보는 방법, 지저분하지 않고 대소변을 치울 필요도 없는 등의 편리하다는 내용이 있었다. 새해가 되면서 이 돌멩이는 순식간에 인기선물이 되었고, 이 청년은 4개월 만에 140위안을 벌었다. 돈을 벌고 부자가 되는 것은 간단하다. 따라서 돈을 벌지 못했다면 자신을 탓할 수밖에 없다.

해설 48) 평범한 돌에서 사업적 기회를 발견했다는 것은 그가 사업적 수완이 뛰어나다는 것을 말해주는 것이다. 따라서 답은 C이다.

49) "애완돌멩이"는 저렴하면서도 실용적이다. 청소를 할 필요도 없고, 편리하게 오래 사용할 수 있다. 따라서 답은 B 이다.

50) 돈을 버는 방법은 다양하다. 간단한 생각이 돈을 벌 수 있다. 따라서 답은 C이다.

단어 圆滑 yuánhuá 🔶 매끄럽다 | 鹅卵石 éluǎnshí 🔶 자갈 [크기가 거위 알과 비슷하다고 하여 붙여진 이름] | 妙计 miàojì 🔶 묘책, 계책 | 木盒 mùhé 🔶 나무상자 | 垫 diàn 🔶 깔다, 펴다 | 干草 gāncǎo 🔶 마른풀, 건초 | 美其名曰 měiqí míngyuē 🔶 그럴싸한 이름을 붙이다 | 另附 lìngfù 🔶 별도로 첨부하다 | 小册 xiǎocè 🔶 소책자, 팜플릿 | 爱护 àihù 🔶 아끼고 보호하다 | 玩物 wánwù 🔶 노리개, 감상품 | 邋遢 lāta 🔶 지저분하다 | 黏 nián 🔶 끈적하다 | 喂食 wèishí 🔶 먹이를 먹이다 | 清理 qīnglǐ 🔶 정리하다 | 粪便 fènbiàn 🔶 대소변 | 争相 zhēngxiāng 🔶 앞다투다 | 富翁 fùwēng 🔶 부자, 재력가 | 致富 zhìfù 🔶 부자가 되다, 부를 쌓다 | 怪 guài 🔶 탓하다, 나무라다 | 怨不得 yuànbude 🔶 탓할 수 없다